Die Bundesländer in der Europäischen Union

Verfassungs- und Verwaltungsrecht unter dem Grundgesetz

Herausgegeben von
Paul Kirchhof, Edzard Schmidt-Jortzig, Rainer Wahl

Band 22

PETER LANG
Frankfurt am Main · Berlin · Bern · New York · Paris · Wien

Hans-Peter Donoth

Die Bundesländer in der Europäischen Union

Die bundesstaatliche Ordnung in der Bundesrepublik Deutschland bei der Verwirklichung der Europäischen Union – eine Analyse unter besonderer Berücksichtigung des neugefaßten Art. 23 GG

PETER LANG
Europäischer Verlag der Wissenschaften

Die Deutsche Bibliothek - CIP-Einheitsaufnahme

Donoth, Hans-Peter:

Die Bundesländer in der Europäischen Union : die bundesstaatliche Ordnung in der Bundesrepublik Deutschland bei der Verwirklichung der Europäischen Union - eine Analyse unter besonderer Berücksichtigung des neugefaßten Art. 23 GG / Hans-Peter Donoth. - Frankfurt am Main ; Berlin ; Bern ; New York ; Paris ; Wien : Lang, 1996
(Verfassungs- und Verwaltungsrecht unter dem Grundgesetz ; Bd. 22)
Zugl.: Kiel, Univ., Diss., 1996
ISBN 3-631-30625-3

NE: GT

D 8
ISSN 0175-1425
ISBN 3-631-30625-3

Für Angela

VORWORT

Die vorliegende Arbeit wurde im Wintersemester 1995 / 96 von der Juristischen Fakultät der Christian-Albrechts-Universität zu Kiel als Dissertation angenommen. Das Manuskript wurde im Januar 1996 abgeschlossen.

Mein besonderer Dank gilt meinem Doktorvater, Herrn Bundesjustizminister Prof. Dr. *Edzard Schmidt-Jortzig*, der die Arbeit durch fachlichen Rat, detailliertes Interesse sowie große akademische Freiheit gefördert hat. Ihm danke ich – ebenso wie den Professoren Dr. *Paul Kirchhof*, Heidelberg, und Dr. *Rainer Wahl*, Freiburg – auch für die Aufnahme in diese Schriftenreihe. In gleicher Weise danke ich meinem Zweitgutachter Professor Dr. *Jost Delbrück*, LL.M. (Indiana), für seine wertvollen Anregungen und Hinweise.

Den praktischen Zugang zum Thema ermöglichten mir u. a. der Direktor des Schleswig-Holsteinischen Landtages, Herr Dr. *Jürgen Schöning*, sowie die Mitglieder des Wissenschaftlichen Dienstes des Schleswig-Holsteinischen Landtages, wofür ich stellvertretend Herrn Dr. *Horst Wuttke* sehr herzlich danken möchte.

Schließlich gilt mein herzlicher Dank für stets offenen Gedankenaustausch in fachlicher und menschlicher Hinsicht meinem Freund *Stephan Berkau.*

Gefördert wurde die Arbeit durch ein Promotionsstipendium des Landes Schleswig-Holstein, das es mir erlaubte, mich ausschließlich auf meine Arbeit zu konzentrieren.

Kiel / Molfsee, im Mai 1996 Hans-Peter Donoth

INHALTSÜBERSICHT

INHALT

EINFÜHRUNG IN DIE PROBLEMATIK

Das bittere Ende des Zweiten Weltkriegs hat gezeigt, daß sich das System der Nationalstaaten mit ihrer machtorientierten Außenpolitik des Imperialismus und der Überbetonung nationaler Interessen als ungeeignet erwiesen hat, den internationalen Frieden zu bewahren[1]. Dadurch wuchs das Bedürfnis für neue, die Nationalstaatsidee überwindende Formen des politischen Zusammenlebens der Völker Europas[2]. Die Gründung der Montanunion, der Europäischen Wirtschaftsgemeinschaft und der Europäischen Union waren bedeutende Meilensteine in der Geschichte des sich vereinigenden Europas. Das Handeln der Väter der europäischen Idee war noch von den Erfahrungen der beiden Weltkriege in diesem Jahrhundert dominiert.

Für die heute in der Verantwortung stehende Generation ist dagegen in erster Linie der Gedanke leitend, daß viele gegenwärtige Probleme auf nationalstaatlicher Ebene nicht mehr lösbar sind[3]; beispielhaft sei an dieser Stelle der Schutz der natürlichen Lebensgrundlagen des Menschen, der Trend zur Entstehung von drei großen Blöcken in der Weltwirtschaft und die – präventive wie repressive – Regelung militärischer Konflikte genannt[4]. Der weltweit sich verschärfende Wettbewerb macht eine weitere Homogenisierung der Wirtschaftsbedingungen innerhalb der Gemeinschaft – mit dem Ziel eines effizienten und leistungsfähigen europäischen „Mega-Marktes“ – unumgänglich. Die „jungen“ mittel- und osteuropäischen Demokratien setzen ihre Hoffnungen auf die politisch und wirtschaftlich stabilisierende Wirkung der Gemeinschaft als Symbol eines neuen, selbstbewußten, freiheitlichen und sozialen Europa. Nur eine starke und leistungsfähige Europäische Union vermag den erwarteten und notwendigen Bei-

---

1 *Steinberger*, in: Hommelhoff/Kirchhof (Hrsg.), Staatenverbund, S. 25 (27), unter Hinweis auf *Walter Hallstein*: „Das System der Nationalstaaten hat den wichtigsten Test des 20. Jahrhunderts nicht bestanden“; *Schmidhuber*, in: Festschrift für Herbert Helmrich, S. 395 (396/397).

2 Vgl. die am 20. 7. 1994 gehaltene Antrittsrede des Präsidenten des *Europäischen Parlaments*, Klaus Hänsch, abgedruckt in: EA 1994, S. D 532 ff. (D 535), in der er die Erhaltung des Friedens maßgeblich der europäischen Integrationsentwicklung zugeschrieben hat.

3 *Steinberger*, in: Hommelhoff/Kirchhof (Hrsg.), Staatenverbund, S. 25 (30).

4 Ferner sind dazu zu rechnen das Problem der internationalen Wanderbewegungen sowie Fragen der Energiewirtschaft, der Forschung, der Technologie und der Entwicklungshilfe, vgl. *Stauffenberg/Langenfeld*, ZRP 1992, S. 252 (253); *Schmidhuber*, in: Festschrift für Herbert Helmrich, S. 395 (396/397).

trag zur politischen und wirtschaftlichen Stabilisierung dieser Länder zu leisten.[5]

Die Bundesrepublik Deutschland war und ist der einzige Mitgliedstaat der Europäischen Union mit einer ausgeprägt föderativen Struktur, in dem neben dem Bund auch die Länder die Qualität von etablierten Gliedstaaten haben[6]. Die organisierte Eingliederung in die Gemeinschaft hat somit notwendig Auswirkungen auf die bundesstaatliche Ordnung nach dem Grundgesetz. Die Bundesländer sind seit jeher darum bemüht, Methoden zu entwickeln, mit deren Hilfe ihre Teilhabe an den Entscheidungen des europäischen Einigungsvorganges sichergestellt werden kann[7], wenngleich sie zunächst die Dynamik der (west-)europäischen Integration unterschätzt hatten[8].

Hinzu kommt, daß Hilfe für die Länder von seiten der europäischen Ebene nicht zu erwarten war und ist. Das primäre Gemeinschaftsrecht sieht eine unmittelbare Beteiligung der Länder am Entscheidungsprozeß in Gemeinschaftsangelegenheiten nicht vor[9]; die Gemeinschaftsorgane sind mit der vielzitierten „Landes-Blindheit" geschlagen[10]. Selbst eine Garantie der Selbstverwaltungsautonomie von staatlichen Untergliederungen – vergleichbar der Regelung des Art. 28 Abs. 2 GG für die Gemeinden – ist den Gemeinschaftsverträgen fremd; insofern

---

5 *Stauffenberg/Langenfeld*, ZRP 1992, S. 252 (253).

6 *Hrbek*, in: Festschrift für Bodo Börner, S. 125 (146); *Kirchner/Haas*, JZ 1993, 768; *Isensee*, in: HdB StR IV, § 98, Rdnr. 284 ff.; *Rojahn*, in: v. Münch 2, Art. 24 GG, Rdnr. 38; im Unterschied dazu gibt es andere Mitgliedstaaten mit „präföderaler" Struktur wie Belgien, Italien, Spanien; vgl. hierzu *Schäffer*, DÖV 1994, S. 181 (185), mit umfangreichen Nachweisen, und *Weber*, DVBl. 1986, S. 800 (800/801). Der Begriff der Regionen beschreibt die territorialen Einheiten unterhalb der Ebene des Nationalstaats; diese treten in den einzelnen Mitgliedstaaten in ganz unterschiedlicher Form auf, was rechtlichen Status und politisches Gewicht betrifft; vgl. *Hrbek*, a.a.O.; a. A. *Blanke*, Föderalismus und Integrationsgewalt, S. 358 ff., der die Einteilung nach den Merkmalen einer eigenen Verfassungsgebungskompetenz und einer eigenen Verfassungsgerichtsbarkeit kritisiert.

7 *Ziller*, in: Hrbek/Thaysen (Hrsg.), Die Deutschen Länder und die Europäischen Gemeinschaften, S. 89.

8 *Graf Vitzthum*, AöR 115 (1990), S. 281 (289).

9 *Schwan*, Die deutschen Bundesländer im Entscheidungssystem der Europäischen Gemeinschaften, S. 90/91. Auch seit der Einrichtung eines Ausschusses der Regionen hat sich dieser Zustand im Grundsatz nicht geändert, vgl. dazu unten S. 306 ff.

10 *Ipsen*, in: Festschrift für Walter Hallstein, S. 248 (256); *ders.*, Festschrift für Bodo Börner, S. 163 (176).

ließe sich behaupten, die deutschen Bundesländer hätten gemeinschaftsrechtlich nicht einmal die Stellung der Kommunen nach dem Grundgesetz[11].

Die Heterogenität der Handlungsebenen wird durch den Beitritt weiterer europäischer Staaten grundsätzlich verstärkt; einzig die Zusammenarbeit mit der Bundesrepublik Österreich läßt erwarten, die föderale Minderheit in der Europäischen Union zu stärken[12]. Zwar zeigen sich in den letzten Jahren in allen Mitgliedstaaten verstärkt Tendenzen zur Regionalisierung, jedoch weisen die rechtliche Ausgestaltung, der Kompetenzrahmen und der Institutionalisierungsgrad der Regionen erhebliche Unterschiede auf[13].

Die Europäische Gemeinschaft verstand sich bisher – den Zielsetzungen der Gründungsverträge entsprechend – als vornehmlich wirtschaftspolitischer Zusammenschluß, obwohl die „Gründungsväter" bereits die Erwartung hegten, das wirtschaftliche werde zu einem politischen Bündnis mutieren[14].

Durch den am 9. und 10. Dezember 1991 in Maastricht beschlossenen, am 7. Februar 1992 unterzeichneten und am 1. November 1993 in Kraft getretenen Vertrag über die Schaffung der Europäischen Union haben die Mitgliedstaaten der Europäischen Gemeinschaft nunmehr ihre Entschlossenheit in der Präambel zum Ausdruck gebracht, den mit der Gründung der Europäischen Gemeinschaften eingeleiteten Prozeß der europäischen Integration auf eine neue Stufe zu heben. Gleichzeitig wurde der Wunsch bekräftigt, die Organe in die Lage zu versetzen, die ihnen übertragenen Aufgaben in einem einheitlichen institutionellen Rahmen besser wahrzunehmen. Die Grundlagen der Europäischen Union nach diesem Vertragswerk sind neben dem – um die Wirtschafts- und Währungsunion und weitere Materien erweiterten – EG-Vertrag die Gemeinsame Außen- und Sicherheitspolitik (GASP) sowie die Zusammenarbeit in der Innen- und Rechtspolitik[15].

---

11 *Schweitzer*, VVDStRL 53 (1994), S. 48 (57).

12 Der Bundespräsident Österreichs, *Dr. Thomas Klestil*, hat im Jahre 1992 den Föderalismus als „jenes moderne staatsrechtliche Leitbild, das am besten geeignet erscheint, den Wünschen der Menschen und den Herausforderungen des europäischen Integrationsprozesses zu entsprechen", bezeichnet; zitiert nach *Kalbfleisch-Kottsieper*, DÖV 1993, S. 541 (551).

13 *Stewing*, Subsidiarität und Föderalismus in der Europäischen Union, S. 162 ff. (168).

14 *Ossenbühl*, DVBl. 1993, 629.

15 Vgl. Titel I Art. A Satz 3 sowie Titel V und VI EUV.

Auch wenn die Befürchtung im Schrifttum, mit der Generalklausel des Art. F Abs. 3 EUV[16] werde das noch für die Europäische Gemeinschaft geltende Prinzip der begrenzten Einzelermächtigung zugunsten einer „Kompetenz-Kompetenz“ zu Grabe getragen[17], durch die Entscheidung des *Bundesverfassungsgerichts* vom 12. Oktober 1993[18] aus dem Feld geräumt worden ist[19], wurde die Vorschrift vom Gericht dennoch als „politisch-programmatische“ Absichtserklärung, daß die Europäische Union von den Mitgliedstaaten „mit hinreichenden Mitteln“ ausgestattet werde, interpretiert[20].

Der anfängliche Konsens in der Bevölkerung ist mittlerweile einer eher skeptischen Haltung zu europäischen Fragen gewichen. Bemängelt wird insbesondere die sich stets vergrößernde, dabei jedoch bürgerfern arbeitende europäische Bürokratie. Aber auch von politischer Seite wird vor einem „europäischen Zentralismus“ gewarnt; Ziel sei dagegen ein Europa, in dem kulturelle Eigenarten, die gesellschaftliche Vielfalt und eine bürgernahe Politik gewährleistet bleiben[21].

Der vom Schweizer Volk mehrheitlich abgelehnte Beitritt zum Europäischen Wirtschaftsraum[22] und die nur knappen Ergebnisse der Referenden in Frankreich und Dänemark sowie in den zum 1. Januar 1995 beigetretenen Staaten Österreich, Schweden und Finnland haben die Integrationsmaßnahmen durch den Maastrichter Vertrag deutlich in das Bewußtsein der europäischen Bürger gerückt und die – einst so sicheren und selbstbewußten – Regierungen wachge-

16 „Die Union stattet sich mit den Mitteln aus, die zum Erreichen ihrer Ziele und zur Durchführung ihrer Politiken erforderlich sind.“

17 *Wolf*, JZ 1993, S. 594 (596); *Ress*, JuS 1992, S. 985 (987); *Schachtschneider u.a.*, JZ 1993, S. 751 (753/754).

18 BVerfGE 89, 155; EuGRZ 1993, S. 429 ff.

19 „Art. F Abs. 3 EUV ermächtigt die Union nicht, sich aus eigener Macht die Finanzmittel oder sonstigen Handlungsmittel zu verschaffen, die sie zur Erfüllung ihrer Zwecke für erforderlich erachtet“; vgl. hierzu die Rezensionen von *König*, ZaöRV 54 (1994), S. 17 (31 ff.), und *Hobe*, GYIL 37 (1994), S. 113 ff..

20 BVerfGE 89, 155 (194/195).

21 *Schelter*, EuZW 1990, S. 217.

22 Der Beitrittsbeschluß in der Schweiz wurde mit 1.786.708 Nein-Stimmen gegen 1.762.872 Ja-Stimmen, von den Kantonen mit 14½ Nein-Stimmen gegen 6½ Ja-Stimmen abgelehnt (Bundesblatt 1993 I, S. 167); zu den Ursachen vgl. *Schindler*, VVDStRL 53 (1994), S. 70 (75 ff.), und *Thürer*, Das schweizerische Nein zum Europäischen Wirtschaftsraum, S. 3 ff. (16/17).

rüttelt[23]. Durch verschiedene Maßnahmen im Vertrag über die Europäische Union, wie z. B. das Subsidiaritätsprinzip, soll sichergestellt werden, daß die Bürger sich wieder mit Europa identifizieren können[24].

Aber auch die Gründung der Europäischen Union gestaltet das politische Bündnis Europas noch nicht endgültig; der evolutionäre Einigungsprozeß solle sich nach dem Willen der Beteiligten vielmehr in der Europäischen Union fortsetzen[25]. Die weitere Entwicklung der Europäischen Union ist im Vertragswerk von Maastricht bereits angelegt worden: Im Jahre 1996 soll gemäß Art. N Abs. 2 EUV eine Folgekonferenz stattfinden, um im Lichte der bis dahin gewonnenen Erfahrungen über die weitere Fortentwicklung zu beschließen.

Es liegt also auf der Hand, daß sich die „Abwanderung" von Kompetenzen – darunter auch solche der Länder – an die europäischen Gremien auch in Zukunft weiter verstärken wird. Dies führt zwangsläufig zu einer Auszehrung des in Art. 20 Abs. 1 GG normierten und durch Art. 79 Abs. 3 GG manifestierten Prinzips der bundesstaatlichen Ordnung in der Bundesrepublik Deutschland, auch wenn vielleicht niemals jemand wagen würde, den Ländern die Staatsqualität bei einem bestimmten Stand der Integration abzusprechen und sie zu „reinen Verwaltungseinheiten"[26] zu degradieren. Sollte jedoch der Kompetenzentzug dazu führen, daß den Ländern kein substantielles Eigengewicht gegenüber dem Bund und der Europäischen Union mehr zukommt, wären diese kaum in der Lage, ihren Staatlichkeitsanspruch auf Dauer aufrechtzuerhalten[27]. Die deutschen Bundesländer haben sich dem entgegenzusetzen versucht und zuletzt bei der Einführung des Art. 23 GG ihre Zustimmung zum Maastricht-Vertrag

23 *Weber*, JZ 1993, S. 325.

24 *Schelter*, EuZW 1990, S. 217.

25 Kommissionspräsident *Delors*, Entwicklungsperspektiven der Europäischen Gemeinschaft, in: Aus Politik und Zeitgeschichte, Beilage zur Wochenzeitung Das Parlament, B 1/1993, S. 3 ff.; *Everling*, in: Hrbek (Hrsg.), Die Entwicklung der EG zur Politischen Union und zur Wirtschafts- und Währungsunion unter der Sonde der Wissenschaft, S. 12 (23), vermutet, daß die Gemeinschaft zur Zeit einen Stand erreicht hat, der ihrem gesellschaftlichen Integrationsgrad vorauseilt.

26 So die inzwischen geflügelten Worte des nordrhein-westfälischen Ministerpräsidenten *Karl Arnold* in der 61. Sitzung des Bundesrates vom 27.6./7.7.1951.

27 *Tomuschat*, in: Magiera/Merten (Hrsg.), Bundesländer und Europäische Gemeinschaft, S. 21.

von der Installation eines Bundesrats-Mitwirkungsverfahrens abhängig gemacht[28].

In diesem Stadium eines geschwächten deutschen Föderalismus haben auch andere Staaten der Europäischen Union den Wert einer nach diesem Muster ausgestalteten vertikalen Gewaltenteilung erkannt[29]. In einer ganzen Reihe westeuropäischer Staaten sind in den letzten Jahren vermehrt Dezentralisierungs-, Regionalisierungs- und Föderalisierungstendenzen auszumachen[30]. Der frühere Präsident der Kommission, *Delors*, hat sich mit zwei Argumenten für den Föderalismus ausgesprochen[31]: Erstens, weil dies das demokratischste System sei, da auf jeder Ebene definiert werden müsse, wer wofür zuständig sei. Zweitens sei er für den Föderalismus, weil es sich um die einzige Form handele, um eine Entscheidung zu treffen und gemeinsame Aktionen zu führen, die es erlaubten, etwas in angemessener Zeit mit Effektivität zu erledigen[32].

Damit sind die Problemschwerpunkte dieser Untersuchung bereits vorgezeichnet: Untersucht werden soll zum einen, ob eine Beteiligung der Länder – direkt oder mediatisiert durch den Bundesrat – zur Wahrung der bundesstaatlichen Ordnung verfassungsrechtlich geboten ist. Zum anderen soll – nach der Darstellung der bisherigen Bemühungen des Bundesrates und der Länder, ein Mitwirkungsverfahren durchzusetzen – geprüft werden, ob die in Art. 23 GG vorgesehene Mitwirkung des Bundesrates in Angelegenheiten der Europäischen

---

28 Allgemein zu den Verhandlungen der *Gemeinsamen Verfassungskommission*: *Scholz*, NJW 1992, S. 2593 (2594).

29 Nach dem Bericht der von der Ministerpräsidentenkonferenz im Oktober 1989 eingesetzten Arbeitsgruppe der Staats- und Senatskanzleien vom 22. 5. 1990 (abgedruckt bei *Bauer*, Europa der Regionen, S. 41 ff.) gewinnen „Länder und Regionen in Europa ... für den europäischen Integrationsprozeß immer größere Bedeutung"; „die Vorteile von Föderalismus und Regionalismus (Erhaltung der kulturellen Eigenarten und der gesellschaftlichen Vielfalt, vertikale Gewaltenteilung, Gewährleistung ausgewogener Wirtschaftsentwicklung, Bürgernähe der Entscheidungen)" werden „zunehmend auch in anderen Mitgliedstaaten der EG und von der EG selbst erkannt".

30 Insbesondere in Belgien und in Spanien, aber auch in Italien und in Frankreich; siehe Bericht der Arbeitsgruppe der Staats- und Senatskanzleien vom 22. 5. 1990, abgedruckt bei *Bauer*, Europa der Regionen, S. 41 (43); vgl. auch *Hrbek*, in: Festschrift für Bodo Börner, S. 125 (134), m. w. N.

31 Am 31.8.1992, d. h. kurz vor dem französischen Referendum zum Maastricht-Vertrag, gegenüber französischen Journalisten.

32 Agence Europe, 1.9.1992 (Nr. 5806); zitiert nach *Kalbfleisch-Kottsieper*, DÖV 1993, S. 541 (542).

Union verfassungsrechtlich zulässig ist und den Erwartungen der Länder, als Kompensation für entgangene Befugnisse ein wirksames Mitspracherecht auf dem europäischen Parkett zu erhalten, gerecht werden kann. Anschließend soll nach sonstigen Möglichkeiten, den Einfluß der Länder auf europäischer Ebene zu stärken, gesucht werden. Zum Schluß sollen die Auswirkungen auf die Landesparlamente, denen als Legislativorganen eine Schlüsselfunktion im demokratischen Gemeinwesen zukommt, beleuchtet werden.

KAPITEL 1: INTEGRATIONSBEDINGTE KOMPETENZVERLUSTE DER DEUTSCHEN BUNDESLÄNDER UND DIE BEMÜHUNGEN UM DEREN KOMPENSATION

A. ANALYSE DER KOMPETENZVERLUSTE DER LÄNDER

I. PROBLEMSTANDORT

Das in den Art. 20 Abs. 1, 28 Abs. 1, 30 GG verankerte bundesstaatliche Prinzip stellt einen wesentlichen Pfeiler der Bundesverfassung dar. Die Länder sind als Glieder des Bundes Staaten mit eigener – wenn auch gegenständlich beschränkter – nicht vom Bund abgeleiteter, sondern von ihm anerkannter staatlicher Hoheitsmacht[1]. Diese bundesstaatliche Ordnung des Grundgesetzes wird zusätzlich in Art. 79 Abs. 3 GG einer Verfassungsänderung und damit sogar einer einvernehmlichen Disposition aller Beteiligter entzogen. Der Schutz der „Gliederung des Bundes in Länder" bedeutet dabei nicht nur das formale Bestehen mehrerer als solcher bezeichneter Bundesländer, sondern – materiell – daß diese Länder auch ein hinreichendes Maß an Eigenstaatlichkeit aufweisen[2]. Den Ländern wird eine eigene, nicht vom Bund abgeleitete Staatsqualität mit daraus folgender Verfassungsautonomie zuerkannt, die allerdings durch das Grundgesetz – insbesondere durch das Homogenitätsgebot des Art. 28 Abs. 1 GG – begrenzt wird[3]. Bund und Länder müssen gleichgeordnete Teilstaaten sein, auf die sich die staatliche Souveränität verteilt[4]. Der Schutz erstreckt sich zwar nicht auf bestimmte, den Ländern derzeit zugewiesene Kompetenzen, jedoch ist es wegen ihrer vom Grundgesetz vorausgesetzten Qualifikation als Staaten notwendig, daß ihnen ein quantitativer Kern eigener Aufgaben als „Hausgut" unentziehbar verbleibt[5]. Dieses unantastbare „Hausgut" umfaßt neben der Verfassungshoheit die Organisations-, Ämter-, Personal- und Finanzhoheit, d. h. das Selbstbestimmungsrecht über das Vollzugsinstrumentarium[6].

---

1 BVerfGE 1, 14 (34).

2 *Eiselstein*, NVwZ 1989, S. 323.

3 BVerfGE 1, 14 (34); 36, 342 (360/361).

4 BVerfGE 13, 54 (77/78).

5 BVerfGE 34, 9 (20).

6 *Isensee*, in: HdB StR IV, § 98, Rdnr. 276; *Stein*, VVDStRL 53 (1994), S. 26 (33).

Aus den genannten Erwägungen folgt, daß eine Kompetenzverlagerung weg von den Ländern dann verfassungsrechtliche Relevanz erlangt, wenn ein quantitatives Element hinzukommt, d. h. wenn ein neuerlicher Verlust gemeinsam mit den vorangegangenen eine „kritische Masse“ bildete, so daß der – schwer zu bestimmende – Sprung von der Quantität zur Qualität vollzogen wäre[7].

Die durch Art. 79 Abs. 3 GG geschützte föderative Verfassung mit eigener Staatsqualität der Gliedstaaten erfordert also, daß den Ländern eigene Kompetenzen und damit ein eigenständiger politischer Gestaltungsspielraum auch in einer Europäischen Union verbleibt; darüber hinaus sind sie in den bundespolitischen Entscheidungsprozeß maßgeblich einzubeziehen, indem sie bei der Gesetzgebung und Verwaltung des Bundes – auch in Angelegenheiten der Europäischen Union – mitwirken (vgl. Art. 50 GG).[8] Gerade in den achtziger Jahren hat sich die Integration der Gemeinschaft rasch vertieft, was eine stetige Erweiterung ihres Aufgaben- und Aktivitätsspielraums bewirkt hat. Zu den immer zahlreicher werdenden Politikbereichen mit europäischem Einfluß gehören auch solche, die innerstaatlich zur alleinigen Kompetenz der Länder zählen.[9] Dies trifft die Länder deshalb in besonderer Weise, weil sie seit dem Bestehen der Bundesrepublik auch den Zentralisierungstendenzen des Bundes – insbesondere durch eine extensive Interpretation des Art. 72 Abs. 2 GG – ausgesetzt sind. Die Handlungsspielräume der Länder werden dadurch von zwei Seiten eingeengt, so daß eine hohe Sensibilität gegenüber integrationspolitischen Maßnahmen besteht[10]. Zusätzlich wird die bundesstaatliche Verfassung der Bundesrepublik durch spezifische Merkmale des europäischen Entscheidungssystems belastet: Im Rat als wichtigstem Rechtsetzungsorgan der Gemeinschaft ist – auch auf Gebieten mit Länderbezug – grundsätzlich die Bundesregierung vertreten, obwohl sie innerstaatlich in diesen Fällen gar keine Entscheidungs- und Gestaltungsmöglichkeiten hätte.[11]

Zwar ist zu konstatieren, daß eine eigene – vollwertige – Rechtsordnung in jedem Bundesland infolge gestiegener und weiter steigender Mobilität der Be-

---

7 *Eiselstein*, NVwZ 1989, S. 323.

8 *Hrbek*, in: Festschrift für Bodo Börner, S. 125 (126).

9 *Hrbek*, in: Festschrift für Bodo Börner, S. 125 (126/127).

10 Vgl. auch: *Classen*, ZRP 1993, S. 57, und *Graf Vitzthum*, AöR 115 (1990), S. 281 (291), der die Opfer für den „Altar Europa“ in erster Linie als von den Bundesländern erbracht sieht.

11 *Hrbek*, in: Festschrift für Bodo Börner, S. 125 (127); zu der Möglichkeit, bei Betroffenheit ausschließlicher Länderkompetenzen gemäß Art. 23 Abs. 6 GG einen Vertreter der Länder in den Rat zu entsenden, unten S. 219 ff.

völkerung nicht mehr denkbar erscheint[12]. Ist aber den Ländern noch - wie es das *Bundesverfassungsgericht* altfränkisch formulierend[13] in einer vielzitierten Entscheidung aus dem Jahre 1972[14] ausdrücklich verlangte - ein quantitativer Kern eigener Aufgaben als „Hausgut" verblieben oder ist die Entstaatlichung bereits so weit fortgeschritten, daß der Rubikon des Art. 79 Abs. 3 GG[15] bereits erreicht oder sogar überschritten ist?

Die bundesstaatliche Verfassung der Bundesrepublik erfordert es mithin, nach Methoden zu suchen, mit deren Hilfe die Teilhabe der Bundesländer an den Entscheidungen auf europäischer Ebene sichergestellt werden kann[16]. Dabei ist zunächst von dem im Grundgesetz selbst angelegten Spannungsverhältnis zwischen der im Kern vor dem verfassungsändernden Gesetzgeber geschützten bundesstaatlichen Ordnung (Art. 20 Abs. 1 und 79 Abs. 3 GG) und dem in der Präambel des Grundgesetzes niedergelegten Bekenntnis zu einem vereinten Europa auszugehen[17]. Durch die 1992 eingefügte Norm des Art. 23 Abs. 1 GG, die dem Bund die „Mitwirkung bei der Verwirklichung der Europäischen Union" gestattet, ist dieser Zielkonflikt im Ergebnis eher noch verstärkt worden.

1. Exkurs: Kompetenzabwanderungen an den Bund

Nach Art. 30 GG ist die Ausübung der staatlichen Befugnisse Sache der Länder, soweit das Grundgesetz keine andere Regelung trifft oder zuläßt. Dieser Grundsatz wird in Art. 70 GG für die Gesetzgebung, in Art. 83 GG für die Verwaltung und in Art. 104a GG für den Bereich der Finanzverfassung präzisiert. Die Verfassungswirklichkeit steht zu diesem scheinbaren Vorrang der Länderkompetenzen allerdings in krassem Widerspruch, zumal es sich bei den genannten Regelungen lediglich um formal zu handhabende Vermutungen ohne inhaltliche Grenze für die Bundeskompetenzen handelt[18].

---

12 Gegen einen solchen „Gesetzespartikularismus" *Mußgnug*, VVDStRL 53 (1994), S. 144/145 (Aussprache).

13 Vgl. *Graf Vitzthum*, AöR 115 (1990), S. 281 (283).

14 BVerfGE 34, 9 (19); vgl. auch: *Graf Vitzthum*, AöR 115 (1990), S. 281 (283); *Kewenig*, JZ 1990, S. 458 (460/461).

15 Vgl. *Ossenbühl*, DVBl. 1993, S. 629 (632).

16 *Ziller*, in: Hrbek/Thaysen (Hrsg.), Die Deutschen Länder und die Europäischen Gemeinschaften, S. 89.

17 *Graf Vitzthum*, AöR 115 (1990), S. 281 (283).

18 *Eiselstein*, NVwZ 1989, S. 323 (324).

Das Schwergewicht der Legislativbefugnisse findet sich nach den Verteilungsregeln der Art. 70 ff. GG beim Bund. Der Verfassunggeber hat die drei Staatsgewalten nicht paritätisch auf Bund und Länder verteilt, sondern sich dafür entschieden, den Schwerpunkt der Gesetzgebungskompetenzen dem Gesamtstaat, den der Verwaltung hingegen grundsätzlich den Ländern zuzuweisen[19]. Den Ländern zu schaffen machen auf diesem Gebiet zunächst die zahlreichen Erweiterungen der Kataloge der Art. 73 und 74 GG seit dem Inkrafttreten des Grundgesetzes[20]. Hinzu kommt, daß sowohl die – von der Anzahl der Sachgebiete her überaus bedeutenden – konkurrierenden Gesetzgebungsbefugnisse als auch die Rahmenzuständigkeiten Kompetenzverschiebungen zum Bund hin begünstigen[21]. In beiden Fällen ist zwar stets festzustellen, ob ein Bedürfnis nach bundeseinheitlicher Regelung besteht[22]. Diese eigentlich als Kompetenzschranke des Bundes vorgesehene Regelung lief in der Verfassungspraxis in der Vergangenheit jedoch weitgehend leer, weil das *Bundesverfassungsgericht* in seiner bisherigen Rechtsprechung dem Bundesgesetzgeber anläßlich der Ausübung konkurrierender Gesetzgebungskompetenzen bei der Prüfung des Bedürfnisses nach bundeseinheitlicher Regelung eine richterlich nicht nachprüfbare politische Einschätzungsprärogative einräumte[23].

Am Ende der 60er Jahre begann die Entwicklung zum „kooperativen Föderalismus“[24], der sich durch eine Verzahnung der Aktivitäten von Bund und Ländern vor allem im Bereich der Konjunkturpolitik (Stabilitätsgesetz 1967, Haushaltsgrundsätzegesetz) und der kostenintensiven Strukturpolitik (Gemeinschaftsaufgaben nach Art. 91a und b GG; Finanzhilfen gemäß Art. 104a Abs. 4 GG[25]) auszeichnet[26]. Dadurch wurde in Teilbereichen die bisherige relativ klare Trennung der Aufgabenkreise mit getrennten Verantwortlichkei-

---

19 *Hesse*, Verfassungsrecht, Rdnr. 235 ff.

20 Vgl. *Rubel*, JA 1993, S. 12 (14).

21 *Stewing*, Subsidiarität und Föderalismus in der Europäischen Union, S. 131.

22 Art. 72 Abs. 2 und Art. 75 i. V. m. Art. 72 Abs. 2 GG.

23 *Scholz*, in: Festschrift für Herbert Helmrich, S. 411 (416/417); *Stewing*, Subsidiarität und Föderalismus in der Europäischen Union, S. 131/132; diese auf der restriktiven, auf Ermessensfehler beschränkten Kontrolle der Bedürfnisklausel durch das *Bundesverfassungsgericht* beruhende, (st. Rspr. seit BVerfGE 2, 213 [224 ff.]) nahezu unbegrenzte Möglichkeit des Bundes, von den Materien Gebrauch zu machen, ist durch das Gesetz zur Änderung des Grundgesetzes vom 27.10.1994 (BGBl. I, S. 3146) eingeschränkt worden, vgl. unten S. 36 ff.

24 Vgl. dazu grundlegend *Kisker*, Kooperation im Bundesstaat.

25 Zu dieser Problematik *Eiselstein*, NVwZ 1989, S. 323 (324/325).

26 *Rubel*, JA 1993, S. 12 (14); vgl. auch unten S. 54.

ten durch eine Aufgaben- und Kompetenzenverflechtung mit gemeinsamer Verantwortung der Organe beider staatlicher Ebenen ersetzt. Diese Politikverflechtung ist zwischenzeitlich zu einem regelrechten Verbundsystem ausgeweitet worden, in das auch Bundesaufgaben einbezogen wurden. Durch das Netzwerk der Länder untereinander in Form der Selbstkoordination ist es weiter verdichtet worden. Den positiven Aspekten (effizienter Mitteleinsatz, Verringerung regionaler Disparitäten durch das sekundäre Finanzausgleichssystem) stehen jedoch nachteilige Folgen für das politisch-administrative System gegenüber. Hierzu gehören vor allem mangelnde tatsächliche Effizienz, hoher Verwaltungsaufwand, Einschränkung des Gestaltungsspielraums von Bund und Ländern, Kontrolldefizite, Verwischung der Verantwortlichkeiten sowie Reduzierung der Einflußmöglichkeiten der Parlamente, insbesondere der Landtage, auf Politikformulierung und Politikkontrolle.[27]

Im wesentlichen ist die Gesetzgebungskompetenz der Länder heute auf das interne Organisations-,[28] Haushalts- und Verfahrensrecht, das Kommunalrecht, das Polizei- und Ordnungsrecht, das Kulturrecht sowie einige kleinere Gegenstände[29] beschränkt[30]. Allerdings ist auch zu konstatieren, daß sich die Länder in den ihnen verbliebenen Bereichen durch Selbstkoordination in Gestalt von Staatsverträgen, Verwaltungsabkommen und Mustergesetzentwürfen ihrer Gestaltungsspielräume begeben haben[31].

Das Schwergewicht der Länderkompetenzen liegt mehr denn je im Verwaltungsbereich, denn in der Regel erfolgt die Ausführung der Gesetze durch Behörden der Länder. Allerdings ist auch dieser Bereich nicht frei von Einflußnahmemöglichkeiten des Bundes: Zu nennen sind hier vor allem die Aufsichtsrechte des Bundes[32], die im Bereich der Auftragsverwaltung empfindliche In-

---

27 *Klatt*, in: Hessischer Landtag, Die Rolle der Bundesländer in einem geeinten Deutschland und geeinten Europa, S. 95 (97).

28 Einschließlich der Verfassungsgerichtsbarkeit der Länder, vgl. HessStGH, NVwZ 1990, S. 552.

29 Zu nennen ist hier beispielsweise das Denkmalschutzrecht (vgl. BVerfGE 78, 205 [209]), das Presserecht (vorbehaltlich Art. 75 Nr. 2 GG), das Straßen- und Wegerecht ausschließlich Boden-, Fernstraßen- und Straßenverkehrsrecht (vgl. BVerfGE 26, 338 [370]) und das Feiertagsrecht (vgl. BayVerfGHE 35, 10 [18 / 19]).

30 *Pieroth*, in: Jarass / Pieroth, Art. 70 GG, Rdnr. 11; *Hesse*, Verfassungsrecht, Rdnr. 244; *Eiselstein*, NVwZ 1989, S. 323 (324), der im einzelnen nachweist, daß auch in den verbliebenen Reservaten der Länder Einschränkungen durch sich überschneidende Bundeskompetenzen hingenommen werden müssen.

31 *Rubel*, JA 1993, S. 12 (14), m. w. N.

32 Art. 84 Abs. 3 – 5, Art. 85 Abs. 2 – 4 GG.

tensität annehmen können[33]. Ferner kann der Bund durch Verfahrensgesetze in Materien, die der Bundesgesetzgebung unterliegen, die Organisationsgewalt der Länder nicht unerheblich zurückdrängen[34]. Die Organisationshoheit der Länder wird zusätzlich durch die weit gefaßten Zuständigkeiten des Bundes im Bereich des öffentlichen Dienstrechts reduziert[35].

Auf Empfehlung der Gemeinsamen Verfassungskommission[36] sind die Vorschriften über die Verteilung der Gesetzgebungskompetenzen im Rahmen der Verfassungsreform durch das Gesetz zur Änderung des Grundgesetzes vom 27. Oktober 1994[37] zugunsten der Bundesländer modifiziert worden. Nach Art. 72 Abs. 1 GG haben die Länder nunmehr die Gesetzgebungsbefugnis, „solange und soweit der Bund von seiner Gesetzgebungszuständigkeit nicht durch Gesetz Gebrauch gemacht hat". Damit ist klargestellt worden, daß die Verdrängungswirkung erst mit dem Erlaß des konkurrierenden Bundesgesetzes eintritt und auf die konkrete Materie des Gesetzes beschränkt ist[38]. Absatz 2 ist dahingehend geändert worden, daß anstelle der „Wahrung der Einheitlichkeit der Lebensverhältnisse" nunmehr maßgeblich ist, ob und inwieweit „die Herstellung gleichwertiger Lebensverhältnisse im Bundesgebiet oder die Wahrung der Rechtseinheit im gesamtstaatlichen Interesse eine bundesgesetzliche Regelung erforderlich macht". In Absatz 3 ist eine Rückholermächtigung installiert worden, um den Ländern den Zugriff auf bereits an den Bund abgeflossene Materien zu ermöglichen[39]; da dies mittels Bundesgesetz geschehen soll („Durch Bundesgesetz kann bestimmt werden, daß eine bundesgesetzliche Regelung, für die eine Erforderlichkeit ... nicht mehr besteht, durch Landesrecht ersetzt werden kann"), wird die Vorschrift voraussichtlich keine allzu große Bedeutung haben[40]. Gleichzeitig sind die Kompetenzkataloge der Art. 74 und 75 GG an-

---

33 *Eiselstein*, NVwZ 1989, S. 323 (324).

34 Art. 84 Abs. 1 und 85 Abs. 1 GG.

35 Zu nennen ist hier das auf der Rahmenkompetenz des Bundes nach Art. 75 Nr. 1 GG beruhende Beamtenrechtsrahmengesetz (BRRG), das allgemein für die Rechtsverhältnisse aller Beamten und in den Vorschriften der §§ 121 – 133 unmittelbar für Beamte gilt, und das auf der konkurrierenden Zuständigkeit des Bundes nach Art. 74a GG basierende Bundesbesoldungsgesetz (BBesG); vgl. hierzu *Eiselstein*, NVwZ 1989, S. 323 (324), der zusätzlich auf das bislang kaum beachtete „Gefährdungspotential" im Zusammenhang mit Art. 87 Abs. 3 GG hinweist.

36 *Bundestags*-Drucksache 12/6000, S. 16 ff., 33 ff.

37 BGBl. I, S. 3146.

38 *V. Stetten*, in: Festschrift für Herbert Helmrich, S. 303 (307).

39 *Rubel*, JA 1993, S. 12 (15).

40 Vgl. *Rohn/Sannwald*, ZRP 1994, S. 65 (68).

gepaßt[41] und der Klagenkatalog des Art. 93 Abs. 1 GG um eine Nr. 2a ergänzt worden[42].

2. Kompetenzauszehrung durch Verlagerung von Materien in die europäische Zuständigkeit

Die Europapolitik verstand sich bisher als Ausdruck der – ausschließlichen – Kompetenz des Bundes für auswärtige Angelegenheiten (Art. 32, 59, 72 Nr. 1 GG); die Bundesrepublik Deutschland wurde in den EG-Organen folgerichtig nur durch die Bundesregierung vertreten. Die Beteiligung der Länder fand nur in sehr begrenztem Umfang statt, obwohl Regelungen und Zuständigkeiten der Europäischen Gemeinschaft zunehmend mehr, innerstaatlich gesehen, auch in die Kompetenzfelder der Länder vordrangen[43].

Im Folgenden ist zunächst auf die verfassungsrechtlichen Grundlagen für die Übertragung und die Ausübung von Hoheitsrechten einzugehen; anschließend sind die Folgen dieses Wirkens für die Bundesländer seit dem Abschluß des Montanvertrages im Jahre 1951 einzugehen.

a) Verfassungsrechtliche Legitimation für die Übertragung von Zuständigkeiten

Nach der Ermächtigungsnorm des Art. 24 Abs. 1 GG, die vor der Einführung des Art. 23 Abs. 1 GG[44] auch für die Übertragung von Hoheitsrechten an europäische Einrichtungen Gültigkeit hatte, stand ausschließlich dem Bund die Integrationsgewalt, d. h. die Befugnis zu, Hoheitsrechte durch Gesetz zu übertragen[45]. Aus dem Wortlaut des Art. 24 Abs. 1 GG („Der Bund kann ... Hoheits-

---

41 Hierbei handelt es sich um eher „bescheidene Korrekturen“, vgl. *v. Stetten*, in: Festschrift für Herbert Helmrich, S. 303 (309/310).

42 In diesem Verfahren sind auch die Landesparlamente klagebefugt; vgl. hierzu auch die Empfehlungen in der *Bundesrats*-Drucksache 886/93; vgl. auch *Rubel*, JA 1993, S. 12 (15/16) sowie *Rohn/Sannwald*, ZRP 1994, S. 65 (68). Zu den Ergebnissen der *Gemeinsamen Verfassungskommission* Bundestags-Drucksache 12/6000, S. 30 ff.

43 Wörtlich *Scholz*, NJW 1992, 2596; die Position der Länder im (bisherigen) europäischen Einigungsprozeß beschreibt *Fuhrmann-Mittlmeier*, Die deutschen Länder im Prozeß der Europäischen Einigung, S. 181 ff., 273 ff.

44 Durch Gesetz vom 21.12.1992.

45 *Winkelmann*, DVBl. 1993, S. 1128 (1133); *Haas*, DÖV 1988, S. 613 (615); *Weber*, DVBl. 1986, S. 800 (801); *Grewe*, AöR 112 (1987), S. 521 (538); *Rojahn*, in: v. Münch 2, Art. 24 GG, Rdnr. 10, 37; *Stern*, Staatsrecht I, § 15 II 8 (S. 534 ff.); *Ipsen*, Europäi-

→

rechte ... übertragen") wurde im Verhältnis zu Art. 24 Abs. 2 GG („Beschränkungen *seiner* Hoheitsrechte") gefolgert, daß dem Bund auch die Übertragung von Kompetenzen und Mitwirkungsbefugnissen der Bundesländer auf zwischenstaatliche Einrichtungen, zu denen auch die Europäische Gemeinschaft zählte, auf diesem Wege gestattet ist[46]. Für eine solche Auslegung spricht auch die Entstehungsgeschichte der Verfassungsnorm: Der Parlamentarische Rat hat einen Antrag auf Einführung eines Zustimmungsvorbehaltes zugunsten des Bundesrates abgelehnt[47]. Das *Bundesverfassungsgericht* hat die mit solchen Transferakten verbundenen materiellen Verfassungsdurchbrechungen bis zur Grenze der „Identität der geltenden Verfassungsordnung" zugelassen[48].

Art. 32 GG als Kompetenzverteilungsregel für Bund und Länder im Bereich der auswärtigen Gewalt[49] beantwortet hingegen die Frage, welcher Verband bei der Ausübung der transferierten Hoheitsrechte auf europäischer Ebene mitwirken darf[50]. Nach allgemeiner Ansicht gehört die Mitwirkung an der Gemeinschaftsrechtsetzung zur Wahrnehmung auswärtiger Gewalt i. S. d. Art. 32

---

sches Gemeinschaftsrecht, § 2, Rdnr. 12 (S. 55); *Birke*, Die deutschen Bundesländer in den Europäischen Gemeinschaften, S. 86 (95); vgl. auch die Monographie von *Ruppert*, Die Integrationsgewalt.

46 Allgemeine Ansicht, z. B.: *Fastenrath*, Kompetenzverteilung, S. 149; *Ress*, EuGRZ 1986, S. 549 (554); *Bleckmann*, RIW 1978, S. 144; *Birke*, Die Deutschen Bundesländer in den Europäischen Gemeinschaften, S. 86 ff.; *Bethge*, in: Kremer (Hrsg.), Die Bundesrepublik Deutschland und das Königreich Spanien 1992, S. 22 (37); *Stern*, Staatsrecht I, § 15 II 8 (S. 534 ff.); *Grabitz*, Die Rechtsetzungsbefugnis von Bund und Ländern bei der Durchführung von Gemeinschaftsrecht, AöR 1986, S. 1 (3 ff.); *Ress*, EuGRZ 1986, S. 549 (554); *Rudolf*, in: Festschrift für Karl Carstens, Bd. 2, S. 757 (768); *Stewing*, Subsidiarität und Föderalismus in der Europäischen Union, S. 57; *Ipsen*, Europäisches Gemeinschaftsrecht, § 2, Rdnr. 12 (S. 55), spricht von einer „Mutation" der Verfassung infolge der verfassungsrechtlich zulässigen Übertragung von Länderhoheitsrechten.

47 JöR n.F. Bd. 1 (1951), S. 228; vgl. *Birke*, Die Deutschen Bundesländer in den Europäischen Gemeinschaften, S. 97.

48 BVerfGE 37, 271 (279 ff.); 73, 339 (375). In den Verfassungsordnungen anderer Mitgliedstaaten sind integrationsbedingte materielle Verfassungsdurchbrechungen nicht ohne vorherige (formelle) Verfassungsänderung möglich; vgl. für *Spanien* die Rezension zur Maastricht-Erklärung des Spanischen Verfassungsgerichts von *Castillo/Polakiewicz* in EuGRZ 1993, S. 277 (281). Die Verfassung *Frankreichs* erlaubt eine präventive verfassungsrechtliche Kontrolle völkerrechtlicher Verpflichtungen durch den Verfassungsrat (Art. 54 frz. Verf.), vgl. die Rezension zu den Maastricht-Entscheidungen des Französischen Verfassungsrats von *Walter* in EuGRZ 1993, S. 183 (184).

49 *Jarass*, in: Jarass/Pieroth, Art. 32 GG, Rdnr. 1.

50 *Winkelmann*, DVBl. 1993, S. 1128 (1133).

Abs. 1 GG, mithin zur Verbandskompetenz des Bundes[51]. Im Innenverhältnis liegt die Organkompetenz nicht beim Bundestag oder Bundesrat, sondern primär bei der Bundesregierung[52]. Im Europäischen Rat sind die verbündeten Regierungsvertreter der Mitgliedstaaten die „Herren" der Europäischen Union; es trifft durchaus den Kern der Problematik, diese Kompetenzkonzentration in der Hand der Staatsregierungen als „Exekutivföderalismus" zu bezeichnen[53].

Da diese Handlungsmacht der Bundesregierung unabhängig von der innerstaatlichen Kompetenzverteilung der Art. 70 ff. GG gilt, kann sie auch auf Gebieten tätig werden, für die nach der Kompetenzordnung des Grundgesetzes die Länder auch oder sogar ausschließlich zuständig sind[54]. Dieser Umstand führt – insbesondere im Bereich der ausschließlichen Kompetenz der Länder – durch den fortschreitenden Integrationsprozeß zu einer schleichenden Erosion der Länderkompetenzen zugunsten der Bundesexekutive.

Der Bund konnte also über die Integrationsnorm des Art. 24 Abs. 1 GG indirekt die bundesstaatliche Ordnung verändern[55]. Diese Modifikation wirkte dabei in zweifacher Hinsicht: Zum einen wurde infolge der Kompetenzübertragung auf die Gemeinschaft der Bund auch in solchen Bereichen zuständig, die ehemals zum Kernbereich der Länder gehörten; zum anderen wurde anstelle des Parlaments die Regierung, also ein Exekutivorgan, tätig[56]. Im Ministerrat ent-

---

51 *Grabitz*, in: Hrbek / Thaysen (Hrsg.), Die Deutschen Länder und die Europäischen Gemeinschaften, S. 169 (172 / 173); *Bleckmann*, RIW 1978, S. 144 (146 / 147); *Stewing*, Subsidiarität und Föderalismus in der Europäischen Union, S. 63 ff.; *v. Welck*, Die Bundesländer und die Einheitliche Europäische Akte, S. 114 ff., der auch einen Überblick über die Argumente der abweichenden Ansichten gibt; vgl. auch: *Fastenrath*, Kompetenzverteilung, S. 81 ff.; nach *Kruis*, in: Festschrift für Willi Geiger, S. 155 (161), ergebe sich dies aus der Natur der Sache heraus als notwendige Folge der Integrationskompetenz.

52 Allgemeine Ansicht, vgl. *Maunz*, in: Maunz / Dürig, Art. 32 GG, Rdnr. 9; *Tomuschat*, in: Bonner Kommentar, Art. 24 GG, Rdnr. 103; a. A. *Memminger*, in: Magiera / Merten (Hrsg.), Bundesländer und Europäische Gemeinschaft, S. 61 (64 / 65).

53 So ausdrücklich: *Graf Vitzthum*, AöR 115 (1990), S. 281 (286); zust.: *Schweitzer*, VVDStRL 53 (1994), S. 48 (61).

54 *Grabitz*, EuR 1987, S. 310 (311); *Jaspert*, in: Magiera / Merten (Hrsg.), Bundesländer und Europäische Gemeinschaft, S. 87 (89); *Busch*, Bundesländer und Grundgesetz, S. 28 ff.

55 *Isensee*, in: HdB StR IV, § 98, Rdnr. 287; *Ipsen*, in: Festschrift für Walter Hallstein, S. 248 (254, 264).

56 *Memminger*, in: Magiera / Merten (Hrsg.), Bundesländer und Europäische Gemeinschaft, S. 61 / 62.

schied die Bundesregierung mit ihrer Beschlußfassung maßgeblich über die Angelegenheiten der Bundesländer mit[57].

Diese – unwiderrufliche – Kompetenzauszehrung der Bundesländer wurde nach der grundgesetzlichen Konzeption vor der Einführung des neuen Art. 23 GG nicht durch Mitwirkungsmöglichkeiten auf europäischer Ebene kompensiert[58]. Auch das Recht der Europäischen Gemeinschaft bzw. der Europäischen Union hält auch nach Maastricht keinen Mechanismus bereit, um integrationsbedingte Kompetenzverluste der Länder auszugleichen[59]. Die deutschen Bundesländer haben aus diesem Grunde stets darauf gedrängt, als Ausgleich für die entzogenen Gesetzgebungskompetenzen Mitwirkungsbefugnisse im gemeinschaftlichen Sekundärrechtsetzungsverfahren zu erhalten.

Mit der Einfügung des neuen Art. 23 in das Grundgesetz ist in dessen Absatz 1 eine spezielle Ermächtigung für die europäische Integration geschaffen worden[60]. Die Übertragung von Hoheitsrechten, auch solcher der Bundesländer, ist danach im Grundsatz weiterhin zulässig. Die Länder sind lediglich am Verfahren über den Bundesrat obligatorisch zu beteiligen[61]. Die Beteiligung des Bundesrates und der Länder unmittelbar ist in Art. 23 Abs. 4 – 6 GG festgeschrieben worden[62].

b) Eingriffe in die Bereiche ausschließlicher Länderzuständigkeit durch EG-Rechtsakte

Die mit dem Unionsvertrag vorgenommene Erweiterung der Gemeinschaftszuständigkeiten hat die deutschen Länder erneut in Sorge um ihren Kompetenzbestand versetzt[63]. Als unvertretbar werden von den Ländern Eingriffe in die

---

57 *Hailbronner*, JZ 1990, S. 149; *Isensee*, in: HdB StR IV, § 98, Rdnr. 287; *Ress*, EuGRZ 1986, S. 549 (554).

58 *Hailbronner*, JZ 1990, S. 149 (154/155).

59 Dies stellte *Ipsen* bereits 1966 in der Festschrift für Walter Hallstein, S. 248 (256 ff.) fest; vgl. auch: *Graf Vitzthum*, AöR 115 (1990), S. 281 (287).

60 Vgl. *Winkelmann*, DVBl. 1993, S. 1128 (1130/1131).

61 Näher zu den einzelnen Beteiligungsrechten unten im 2. Teil.

62 Vgl. dazu unten den 3. Teil.

63 Die gemeinschaftsrechtlichen Eingriffe in den Kompetenzfundus der Länder ist im Schrifttum bereits vielfach dargestellt worden, z. B. *Ipsen*, in: Festschrift für Walter Hallstein, S. 248 ff.; *Birke*, Die deutschen Bundesländer in den Europäischen Gemeinschaften, S. 17 ff.; *Bleckmann*, RIW 1978, S. 144; *Schwan*, Die deutschen Bundesländer →

Bereiche Bildung (Art. 126, 127 EGV), Kultur[64] (Art. 128 EGV) – einschließlich der Rundfunkpolitik –, Gesundheit[65] (Art. 129 EGV) und der regionalen Wirtschaftsförderung (Art. 130 a EGV), die zusammen zum Kernbestand der Länderkompetenzen gehören, eingestuft[66]. Obwohl die Bestimmungen des EG-Vertrages den europäischen Organen äußerste Zurückhaltung auferlegen[67], wurde durch diese „Eroberung" das bisherige Ländermonopol durchbrochen; aus Sicht der Länder ist bei weiteren Integrationsfortschritten ein Ausbau auf der Grundlage dieser Basis zu befürchten[68].

Es soll nachstehend untersucht werden, inwieweit die klassischen „Domänen" der Länder durch die Rechtsetzungstätigkeit europäischer Organe beeinträchtigt worden sind; dabei soll besonders auf die mit dem Unionsvertrag verbundenen Kompetenzänderungen eingegangen werden.

aa) Bereiche Kultur und Bildung

Der ursprünglichen Konzeption als Wirtschaftsgemeinschaft entsprechend gibt es im Kulturbereich zwar auch nach Maastricht nur vereinzelte Zuständigkeiten der Europäischen Gemeinschaft[69]. Von den den Ländern im wesentlichen verbliebenen Kompetenzen[70] steht ihre Kulturhoheit („Kulturföderalismus") als Kern ihrer Eigenstaatlichkeit dennoch im Mittel-

---

im Entscheidungssystem der Europäischen Gemeinschaft, S. 14 ff.; *Schröder*, JöR 35 (1986), S. 85 ff.; *Busch*, Bundesländer und Grundgesetz, S. 28 ff.

64 Vgl. dazu *Ress*, DÖV 1992, S. 944 ff.

65 *Stein*, VVDStRL 53 (1994), S. 26 (35), weist anhand des Beispiels des „Entwurfs einer Entschließung über künftige Maßnahmen im Bereich der öffentlichen Gesundheit" darauf hin, daß die Kommission diese Begrenzung der Kompetenz nur widerwillig akzeptiert und nach Möglichkeit zu überspringen trachtet; zur Gesundheitskompetenz näher *Kaiser*, in: Merten (Hrsg.), Föderalismus und Europäische Gemeinschaften, S. 137 ff.

66 *Stoiber*, EA 1987, S. 543 ff.

67 Vgl. z. B. Art. 126 Abs. 4, 127 Abs. 4 und 128 Abs. 5 EGV. Eine Harmonisierung mitgliedstaatlicher Rechts- und Verwaltungsvorschriften ist danach ausdrücklich untersagt, die Kompetenzen sind auf die Förderung der Zusammenarbeit begrenzt; vgl. *Stein*, VVD-StRL 53 (1994), S. 26 (35).

68 Vgl. zu den genannten Kompetenzen *Hobe*, JA 1993, S. 229 (233).

69 Vgl. *Graf Vitzthum*, AöR 115 (1990), S. 281 (288).

70 Hierzu zählen insbesondere die Bereiche internes Organisations- und Verfahrensrecht, Kommunalrecht, Polizei- und Ordnungsrecht sowie Kulturrecht.

punkt der Sorge um zunehmende Kompetenzausweitungen der Gemeinschaft zu Lasten des Föderalismus[71].

Beanstandet wird von den Ländern zum einen die Weiterentwicklung der Grundsatzkompetenz für Berufsausbildung nach den Art. 126 und 127 EGV zu einer vom Diskriminierungsverbot des Art. 6 EGV gestalteten europäischen Bildungspolitik[72]. Darüber hinaus wird befürchtet, daß die Nutzung der vertraglichen Kompetenzen zur Realisierung des europäischen Binnenmarktes, insbesondere der Freizügigkeit und der Dienstleistungsfreiheit, zur Harmonisierung der nationalen Kulturpolitik führt[73]. Der inzwischen vom *Bundesverfassungsgericht* entschiedene Streit um die EG-Fernsehrichtlinie stellt das wohl prominenteste Beispiel für die wachsende Sorge um die Erhaltung eines Restbereichs an Kompetenzen dar[74]. Das Gericht hat in seiner Entscheidung vom 22. März 1995 die Sorge der Länder im Grunde anerkannt und festgestellt, daß die Bundesregierung aus dem Bundestreueprinzip heraus verpflichtet sei, bei der Vorbereitung von Rechtsetzungsakten, welche die Gesetzgebungszuständigkeit der Länder betreffen, als Sachwalter der Länder die ihnen durch das Grundgesetz zugewiesenen und nach dem Gemeinschaftsvertrag verbliebenen Gesetzgebungskompetenzen wirksam zu vertreten[75].

Auch durch die im Zuge der Einheitlichen Europäischen Akte im Jahre 1986 eingeführten Bestimmungen der Art. 130f – 130p EGV über die „Forschung und technologische Entwicklung" werden Länderzuständigkeiten berührt. Die sogenannte „Technologiegemeinschaft" ist nicht auf wirtschaftsbezogene Maßnahmen beschränkt, sondern greift auch in die Bereiche Gesundheitswesen, Arbeitssicherheit und allgemeine Lebensqualität über[76]. Zwar sollen Maßnahmen auf diesen Gebieten die nationalen Aktionen gemäß Art. 130g EGV nur ergänzen; allerdings sind Eingriffe in die – mit Ausnahme der Gemeinschaftszustän-

---

71 *Graf Vitzthum*, AöR 115 (1990), S. 281 (289); *Pernice*, DVBl. 1993, S. 909 (912).

72 *Pernice*, DVBl. 1993, S. 909 (912).

73 *Jooss/Scheuerle*, EuR 1989, S. 226 (228 f.); *Pernice*, DVBl. 1993, S. 909 (912).

74 Siehe dazu *Kirchhof*, in: Merten (Hrsg.), Föderalismus und Europäische Gemeinschaften, S. 114 ff.; *Kewenig*, JZ 1990, S. 458 ff. Näher zum Thema Rundfunk und europäische Integration *Flesch*, in: Bohr (Hrsg.), Rundfunk und europäische Integration, S. 15 ff.; in derselben Schrift ab S. 27 wird der „Beitrag des Rundfunks zum europäischen Föderalismus" von *Reinhold Kopp* untersucht.

75 BVerfG, EuZW 1995, S. 277 (280); die Entscheidung ist noch nicht auf der Grundlage des neuen Art. 23 GG ergangen, vgl. insoweit unten S. 64 ff.

76 *Bundesrat*, Drucksache 150/86, S. 27.

digkeit nach Art. 91b GG – zum Kompetenzbestand der Länder gehörenden Hochschulautonomie naheliegend.[77]

Besonders problematisch ist die Ausgestaltung der europäischen Tätigkeit auf diesen Gebieten in Form von Mischkompetenzen[78], bei denen die Union die Förderung und Unterstützung nationaler Maßnahmen übernimmt. Sind mit diesen Fördermaßnahmen Finanzhilfen verbunden, erlauben diese der Gemeinschaft mittelbar die Einwirkung auf nationale Kompetenzen. Die Etablierung der Gemeinschaftsaufgaben nach Art. 91a, 91b GG oder der Finanzhilfen des Bundes nach Art. 104a Abs. 4 GG[79] in der Bundesrepublik hat gezeigt, daß mit der Ausgabentragung auch die Einflußnahme steigt[80].

bb) Regionale Strukturpolitik

Die von der Kommission ausgeübte Beihilfenkontrolle nach Art. 92 ff. EGV tangiert den weitgehend in die Länderverantwortung fallenden Bereich regionaler Wirtschaftsförderung[81]. Ziel dieser Maßnahmen ist es, in Konkretisierung des Art. 3 lit. g) EGV innerhalb des Gemeinsamen Marktes ein System unverfälschten Wettbewerbs aufrechtzuerhalten und einen für alle Mitgliedstaaten schädlichen Subventionswettlauf zu verhindern[82].

Stoiber sieht durch das im Rahmen der Einheitlichen Europäischen Akte institutionalisierte und präzisierte Institut gar das „Ende der eigenständigen Strukturpolitik und damit einer wichtigen Zuständigkeit der Länder" herannahen[83]. Indes ist zu konstatieren, daß ein vor der Wiedervereinigung im deutschen Vergleich „armes" Land in Relation zu europäischen Regionen durchaus als privilegiert erscheinen und damit den gemeinschaftsrechtlichen Zulässigkeitskriterien für Beihilfen widersprechen kann[84]. Beihilfen, die zur Herstellung der Einheitlichkeit der Lebensverhältnisse nach dem Beitritt der DDR zur

---

77 *Schröder*, JöR 35 (1986), S. 83 (87).

78 Z. B. Art. 126 Abs. 1 EGV für den Bereich der Bildung.

79 Beide eingeführt durch Gesetz vom 12.5.1969 (BGBl. I, S. 359).

80 *Weber*, VVDStRL 53 (1994), S. 117/118 (Aussprache); näher zur Problematik unten S. 54 ff.

81 Vgl. Art. 91a Abs. 1 Nr. 2 GG.

82 *Pernice*, DVBl. 1993, S. 909 (913).

83 In: EA 1987, S. 543 (547).

84 *Pernice*, DVBl. 1993, S. 909 (913).

Bundesrepublik erforderlich werden, sind in weitem Umfang von den Beihilfeverboten ausgenommen[85].

Die Eingriffe in Länderkompetenzen sind allerdings aus mehreren Erwägungen als relativ gering zu veranschlagen: Die europäische Beihilfenkontrolle setzt nur dann ein, wenn ein Bezug zum Gemeinsamen Binnenmarkt gegeben ist. Dabei werden nur äußere Grenzen gesetzt, die den Ländern einen beträchtlichen Handlungsspielraum belassen, zumal diverse Ausnahmeregelungen vorgesehen sind. Im übrigen ist festzustellen, daß weniger der neuralgische Bereich der Ländergesetzgebungskompetenzen als vielmehr der Bereich eigenständiger administrativer Sozialgestaltung betroffen ist.[86] Insgesamt betrachtet scheint dieser Bereich die Eigenstaatlichkeit der Länder nicht wesentlich schmälern zu können[87].

cc) Umweltpolitik

Da der Bund im Bereich des Umweltschutzes nur vereinzelte Zuständigkeiten besitzt[88], führen europäische Rechtsakte im Bereich der Querschnittsaufgabe Umweltschutz häufig zu Eingriffen in umweltrechtliche Länderkompetenzen[89]. Zu nennen sind hier beispielsweise[90] die auf Art. 130s EGV basierenden Richtlinien zur Erhaltung der natürlichen und naturnahen Lebensräume sowie der wildlebenden Tiere und Pflanzen[91], zum Schutz der Gewässer vor Verunreinigung durch Nitrat aus landwirtschaftlichen Quellen[92] sowie über die Behandlung von kommunalem Abwasser[93]. Ob die dem europäischen Umweltrecht immanente Tendenz, immer neue, auch gliedstaatlich relevante Rechtsbereiche unter Umweltgesichtspunkten zu harmonisieren, durch das Subsidiaritätsprinzip gebremst werden kann, erscheint insbesondere deshalb fraglich, weil das Ziel

---

85 Vgl. Art. 92 Abs. 2 lit. c) EGV.

86 *Pernice*, DVBl. 1993, S. 909 (914).

87 Vgl. *Graf Vitzthum*, AöR 115 (1990), S. 281 (288); kritisch *Schröder*, JöR 35 (1986), S. 83 (88).

88 Vgl. Art. 74 Nr. 24, 75 Nr. 3 und 4 GG.

89 *Schwan*, Die deutschen Bundesländer im Entscheidungssystem der Europäischen Gemeinschaften, S. 19; *Schröder*, JöR 35 (1986), S. 83 (88); *Bleckmann*, DVBl. 1992, S. 335 (339).

90 Vgl. hierzu *Pernice*, DVBl. 1993, S. 909 (913).

91 Richtlinie 92/43/EWG vom 21.5.1992, ABl. 1992 L 206/7.

92 Richtlinie 91/676/EWG vom 12.12.1991, ABl. 1991 L 375/1.

93 Richtlinie 91/271/EWG vom 12.8.1991, ABl. 1991 L 135/40.

eines möglichst effektiven Umweltschutzes eine mitgliedstaatenübergreifende Regelung zumeist erforderlich macht; die nationale und erst recht die regionale Umweltschutzpolitik kann in der Regel nur Akzente setzen, die allenfalls durch eine gewisse Signalsetzung auf andere Rechtsordnungen einwirken können[94].

dd) Haushaltsautonomie der Länder

Ein anderer, für die Bundesländer essentieller Konfliktpunkt verbirgt sich hinter der Norm des Art. 104c EGV, die sich unter den Regeln über die Wirtschafts- und Währungspolitik befindet. Durch diese Vorschrift werden der Gemeinschaft Rechte zur Überwachung der Haushaltslage in den Mitgliedstaaten eingeräumt. Insbesondere um inflationären Entwicklungen des ECU vorzubeugen, soll die Gemeinschaft Maßnahmen zur Beschränkung der Kreditaufnahme in den Mitgliedstaaten treffen können[95]. Die jährliche Kreditaufnahme der Mitgliedstaaten (Bund, Länder, Gemeinden und Sozialversicherungsträger) darf 3 % und das Gesamtvolumen der Kredite 60 % des Bruttosozialprodukts nicht übersteigen[96].

Zu dem gemeinschaftsrechtlichen Handlungsinstrumentarium gehört die Kompetenz der Kommission, zur Wahrung bzw. Wiederherstellung der Haushaltsdisziplin Empfehlungen zu geben[97], öffentliche Tadel auszusprechen[98] und als ultima ratio auch Sanktionen[99] zu verhängen[100]. Verstoßen nun die Bundesländer gegen diese Vorschrift, haben sich Maßnahmen der Gemeinschaft dennoch gegen den Mitgliedstaat Bundesrepublik, also den Bund, zu richten. Nach Art. 3 des Verfahrensprotokolls steht die Bundesregierung dann gegenüber den europäischen Organen in der Pflicht, die verhängte Sanktion innerstaatlich umzusetzen.

Dagegen steht die bundesdeutsche Verfassungsnorm des Art. 109 Abs. 1 GG, die den Ländern eine selbständige und vom Bund unabhängige Haushaltswirt-

---

94 Vgl. *Schröder*, JöR 35 (1986), S. 83 (88).

95 *Bleckmann*, DVBl. 1992, S. 335 (340).

96 Vgl. Art. 1 des Protokolls über das Verfahren bei einem übermäßigen Defizit.

97 Art. 104c Abs. 7 EGV.

98 Art. 104c Abs. 8 EGV.

99 Art. 104c Abs. 9 EGV.

100 *Hrbek*, Wirtschaftsdienst 1992, S. 131 (133). Vgl. hierzu auch das Protokoll über das Verfahren bei einem übermäßigen Defizit, abgedruckt bei *Läufer* (Hrsg.), Europäische Gemeinschaft – Europäische Union, S. 227/228.

schaft garantiert. Diese beinhaltet auch das grundsätzliche Recht zur Kreditaufnahme[101]. Aufgrund des engen Zusammenhangs zwischen Aufgaben- und Ausgabenverantwortung[102] wird durch die Haushaltsautonomie mittelbar die eigenständige Aufgabenwahrnehmung der Länder im eigenen Wirkungskreis garantiert.

Unklar ist, wie die beiden Vorschriften Art. 104c EGV und Art. 109 Abs. 1 GG miteinander in Einklang zu bringen sind. Nimmt man einen Vorrang des Art. 104c EGV an, würde den Ländern der ungehinderte Zugang zum Kapitalmarkt versperrt und damit ein wesentliches Element ihrer Eigenstaatlichkeit genommen[103]. Bisher ist es, soweit erkennbar, noch nicht zu einer Beanstandung der Haushaltswirtschaft eines deutschen Bundeslandes gekommen. In der Literatur wird unter Hinweis auf Art. 2 des Zustimmungsgesetzes zum Unionsvertrag im Ergebnis eine akute Gefahr für den Föderalismus verneint[104], zumal die Vorschriften über die Einhaltung dieser Pflichten den Schluß zulassen, daß die genannten 3 % bzw. 60 % keine absoluten Grenzwerte darstellen, sondern die Kommission die gesamte Wirtschaftslage und insbesondere das Investitionsvolumen zu berücksichtigen hat[105].

c) Perspektiven für die Bundesländer

Geblieben ist den Bundesländern in erster Linie der Bereich des Verwaltungsvollzuges[106]. In diesen Teil des vom *Bundesverfassungsgericht* als unentziehbar definierten „Hausguts“[107] darf die Gemeinschaft nur punktuell ein-

---

101 Z. B. gemäß Art. 53 Schl.-Holst. Landesverfassung.

102 Sog. Konnexitätsprinzip, vgl. *Pieroth*, in: Jarass/Pieroth, Art. 104a GG, Rdnr. 3.

103 *Renzsch*, ZParl 1993, S. 104 (112).

104 *Stein*, VVDStRL 53 (1994), S. 26 (34).

105 *Bleckmann*, DVBl. 1992, S. 335 (340); vgl. Art. 104c Abs. 3 EGV und Art. 2 dritter Spiegelstrich des Protokolls über das Verfahren bei einem übermäßigen Defizit.

106 *Hilf*, VVDStRL 53 (1994), S. 7 (12); *Pernice*, DVBl. 1993, S. 909 (914 ff.); *Grabitz*, AöR 111 (1986), S. 1 (9 ff.); *Mußgnug*, VVDStRL 53 (1994), S. 144 (Aussprache), meint, daß den Ländern aufgrund des „Expansionsdranges“ des Bundesgesetzgebers ohnehin kaum noch Kompetenzen geblieben sind, die ihnen durch die europäische Integration hätten entzogen werden können.

107 BVerfGE 34, 9 (19).

wirken durch Vorgaben für das Verwaltungsverfahren, insbesondere im Konnex mit Regeln des materiellen Umweltschutzrechts[108].

Es wird teilweise die Auffassung vertreten, die Bundesländer könnten aufgrund der Konzentrationstendenzen hin zum Bund ohnehin nicht allein von der Gesetzgebung leben. Die bundesstaatliche Gewaltenteilung werde sich in Zukunft dahingehend ändern, daß den Ländern weitere Vollzugskompetenzen übertragen würden[109]. In der Tat wird das Anwachsen europäischer Rechtsetzungskompetenzen den Vollzugsbedarf auf kommunaler wie auf Landesebene erhöhen[110]. Wegen zunehmender Güter- und Dienstleistungsmobilität ist es erforderlich und wird es erforderlich bleiben, allgemeinverbindliche Regelungen in Form von Gesetzen möglichst einheitlich Geltung zu verschaffen, insbesondere um es unmöglich zu machen, sich bestimmte „Vollzugsoasen“ zu suchen. Auch der europäische Binnenmarkt kann ohne gewisse einheitliche Rahmenbedingungen nicht funktionieren. Insofern mag es für die Länder eine „Chance der Zukunft“ sein, ihren Aufgabenbereich vornehmlich im Vollzugsbereich zu suchen[111]. Die Zunahme europäischer Rechtsetzungstätigkeit wird den Ländern sogar in gewissem Umfang zusätzliche Exekutivkompetenzen verschaffen.

Was auch immer zum „Hausgut“ der Länder[112] im einzelnen zählen mag, problematisch ist der Rückzug im Gesetzgebungsbereich unter Ausdehnung des Vollzugsbereichs im Sinne einer Entwicklung zu „reinen Verwaltungseinheiten“[113] im Hinblick auf die Eigenstaatlichkeit der Länder allemal. Der zusätzliche Vollzugsbedarf auf Gebieten, die innerstaatlich der ausschließlichen Legislativkompetenz der Länder angehören, gibt den Ländern nach Art. 83 GG die Möglichkeit, das legislative Vollzugsinstrumentarium, d. h. Vorschriften über die Behördenorganisation und das Verwaltungsverfahren ins Werk zu setzen. Darüber hinaus können zur Einzelfallanwendung Verwaltungsvorschriften und sogar Verwaltungsmaßnahmen getroffen werden[114].

---

108 Beispielsweise bei Maßnahmen nach Art. 130s EGV, vgl. *Pernice*, DVBl. 1993, S. 909 (913); *Stein*, VVDStRL 53 (1994), S. 26 (33/34).

109 *Mußgnug*, VVDStRL 53 (1994), S. 145 (Aussprache).

110 *Mayntz*, AöR 115 (1990), S. 232 (243/244); *Hilf*, VVDStRL 53 (1994), S. 7 (12).

111 *Pernice*, DVBl. 1993, S. 909 (921); *Stein*, VVDStRL 53 (1994), S. 26 (28); *Mußgnug*, VVDStRL 53 (1994), S. 144/145 (Aussprache).

112 Vgl. BVerfGE 34, 9 (19).

113 *Karl Arnold* in der 61. Sitzung des Bundesrates vom 27.6./7.7.1951.

114 Vgl. *Pieroth*, in: Jarass/Pieroth, Art. 83 GG, Rdnr. 4.

II. Ausgangspunkt: Die bundesstaatliche Ordnung des Grundgesetzes

Die nach 1945 überwiegend positiv verlaufene Entwicklung der Bundesrepublik Deutschland wird auch – nicht nur von seinen Befürwortern – der bundesstaatlichen Ordnung nach dem Grundgesetz mit den Schlagworten Integration und Stabilität, Vielfalt und Wettbewerb zu einem guten Teil zugeschrieben. Die Einführung einer zweiten, mit eigener Staatsgewalt und eigenem Zuständigkeitsbereich ausgerüsteten Ebene zielt auf die Integration weiterer politischer Kräfte und Strömungen, die im Zentralstaat in der Opposition stünden, durch Zuteilung regional begrenzter Macht und durch Zulassung alternativer politischer Ideen.[115]

1. Zunächst: Abgrenzung der Begriffe Föderalismus und Bundesstaat

Die Begriffe Föderalismus und Bundesstaat werden überwiegend synonym verwendet, um das Nebeneinander von Bund und Ländern in der Bundesrepublik Deutschland zu beschreiben. Die Begriffe sind jedoch nicht dekkungsgleich[116], sondern der Bundesstaat stellt – wie sogleich aufzuzeigen sein wird – eine besondere Ausprägung des Föderalismusgedankens dar.

Der Begriff des Föderalismus geht zunächst auf die in Rom verbundenen Stämme der *Foederati* zurück und findet sich im Mittelalter als *foedus* und *confoederatio* für Bund und Bündnis[117]. Diese Betrachtung zeigt, daß man unter Föderalismus ursprünglich eine Verbindung mehrerer souveräner Gemeinwesen im Sinne eines politischen Ordnungsprinzips verstanden hat[118]. Den Verlauf föderaler Grenzlinien genau zu bestimmen, gestaltet sich aufgrund der ständigen – wenn auch langfristig wirkenden – Weiterentwicklung als schwierig[119].

---

115 *Rennert*, Der Staat 1993, S. 169 (273/274).

116 Vgl. *Kimminich*, in: HdB StR I, § 26, Rdnr. 1.

117 Ausführlich *Schambeck*, in: Merten (Hrsg.), Föderalismus und Europäische Gemeinschaften, S. 27 (28); vgl. auch *Stewing*, Subsidiarität und Föderalismus in der Europäischen Union, S. 113/114.

118 *Stewing*, Subsidiarität und Föderalismus in der Europäischen Union, S. 114.

119 *Kimminich*, in: HdB StR I, § 26, Rdnr. 2.

Zur Bezeichnung einer Staatsform wurde der Begriff erstmals im 17. Jahrhundert verwendet und später im Zusammenhang mit der Bewältigung der nordamerikanischen Kolonialkrise bekannt[120]. Aus dem Gedanken des Föderalismus wurde im Laufe der Geschichte eine rechtlich determinierte Staatsform, die des Bundesstaates, entwickelt, ohne den Begriff des Föderalismus zu ersetzen[121]. Der Bundesstaat allgemein kann daher als das *staatsrechtliche* Formprinzip des Föderalismus im Sinne von „bundesstaatlichem Föderalismus" bezeichnet werden[122]. Speziell die bundesstaatliche Ordnung des Grundgesetzes stellt ebenfalls eine Ausprägung des Föderalismusgedankens dar[123].

2. Das Bundesstaatsprinzip des Grundgesetzes

a) Grundsätze der Bundesstaatsverfassung

Das Grundgesetz spricht in seinem Art. 20 Abs. 1 GG von der Bundesrepublik Deutschland als einem demokratischen und sozialen Bundesstaat. Das Bundesstaatsprinzip wird im Grundgesetz jedoch nicht näher erläutert, sondern ergibt sich aus einer Gesamtschau der einzelnen veränderbaren bundesstaatlichen Verfassungsbestimmungen.[124]

Das *Bundesverfassungsgericht* hat bereits in einer seiner frühesten Entscheidungen das bundesstaatliche Prinzip als eine „Grundlage der Verfassung" bezeichnet[125], jedoch auf die Herausarbeitung einer eigenen Bundesstaatstheorie verzichtet[126]. Die besondere Schwierigkeit einer genaueren Beschreibung dieses Prinzips liegt – mit den Worten *Isensees* gesprochen – darin, daß es sich nicht um einen nach einem Minimum von Eigenschaften exakt zu definierenden Klassenbegriff handelt, sondern um einen Typenbegriff[127], der eine nicht ab-

---

120 Im Jahre 1634 bei der Gründung der sogenannten Neuenglandstaaten, vgl. hierzu: *Stewing*, Subsidiarität und Föderalismus in der Europäischen Union, S. 113/114.

121 Vgl. *Kimminich*, in: HdB StR I, § 26, Rdnr. 1.

122 Vgl. *Graf Vitzthum*, AöR 115 (1990), S. 281 (282).

123 *Kimminich*, in: HdB StR I, § 26, Rdnr. 4.

124 *Kirchhof*, in: HdB StR I, § 19, Rdnr. 77; *Isensee*, in: HdB StR IV, § 98, Rdnr. 267.

125 BVerfGE 1, 14 (34); in einer späteren Entscheidung hat das Gericht bestätigt, „das Eigentümliche des Bundesstaates ist, daß der Gesamtstaat Staatsqualität und daß die Gliedstaaten Staatsqualität besitzen"; BVerfGE 36, 342 (360/361).

126 *Kimminich*, in: HdB StR I, § 26, Rdnr. 38.

127 Zu den Begriffstypen: *Leenen*, Typus und Rechtsfindung, S. 28 ff.

geschlossene Fülle von identitätsbildenden Merkmalen enthält, die ein Gesamtbild ergeben, sich jedoch nicht abschließend aufzählen und beschreiben lassen. Damit wird deutlich, daß es nicht *den* Bundesstaat gibt, es lassen sich vielmehr nur unterschiedliche Grade an Bundesstaatlichkeit feststellen.[128]

Der Versuch einer Definition des Bundesstaatsprinzips hat zunächst in Rechnung zu stellen, daß es sich bei einem Bundesstaat – wie oben bereits dargestellt – um eine besondere Ausprägung des Föderalismusgedankens handelt. Das föderalistische Element verlangt, daß mehrere auf Dauer zugeordnete politisch-staatliche Einheiten – mit jeweils eigenem Kompetenzbereich – zusammenwirken.[129] Diese Zusammenarbeit darf nicht generell in einem Über-/Unterordnungsverhältnis stattfinden, sondern nur dort, wo die Untergliederungen fremdbestimmte Aufgaben für den Bund ausführen; der andere Teil der Aufgaben wird von den eigenständig verfaßten Gliedern eigenverantwortlich und unabhängig wahrgenommen. Die Repräsentation des Bundesstaates nach außen liegt zwecks Wahrung von Souveränität und Einheit regelmäßig beim Gesamtstaat[130]. Normativ gesehen liegt ein Bundesstaat nach allgemeiner Ansicht vor, wenn sowohl der Bund als auch seine Glieder über eine originäre Staatsgewalt verfügen[131].

Trotz vieler Kontroversen im einzelnen haben sich für die allgemeine Definition des Bundesstaates gewisse Formulierungen durchgesetzt, die vor allem durch das Bemühen gekennzeichnet sind, eine Abgrenzung vom Staatenbund vorzunehmen[132]. Beispielsweise wird nach *Apelt*[133] „als Bundesstaat in der deutschen Staatslehre eine Staatenverbindung bezeichnet, in der mehrere Staaten sich zu einem Gesamtstaat in der Weise vereinigen, daß der entstehende Überstaat die Teilnehmer am Bund nicht mediatisiert, ihnen vielmehr die Staatseigenschaft beläßt und die Staatsgewalt nebst den staatlichen Aufgaben zwischen beiden Seiten so aufteilt, daß gemeinsame und einzelstaatliche Interessen gegeneinander ausgewogen werden. Als wesentlich gehört zu dieser

---

128 *Isensee*, in: HdB StR IV, § 98, Rdnr. 267.

129 *Graf Vitzthum*, AöR 115 (1990), S. 281 (282); ders., VVDStRL 46 (1988), S. 7 ff.; vgl. auch *Kirchhof*, in: HdB StR I, § 19, Rdnr. 77.

130 *Graf Vitzthum*, AöR 115 (1990), S. 281 (282); *Kirchhof*, in: HdB StR I, § 19, Rdnr. 77; vgl. auch: *Bleckmann*, NVwZ 1989, S. 311 ff.; *Schmidt*, AöR 87 (1962), S. 277 ff., 294 ff.

131 *Stern*, Staatsrecht I, § 19 I 1 (S. 644 ff.); *Herzog*, in: Maunz/Dürig, Art. 20 IV, Rdnr. 2.

132 *Kimminich*, in: HdB StR I, § 26, Rdnr. 6, mit Kritik an der allgemeinen Bundesstaatstheorie in Rdnr. 8 f.

133 In: Festgabe für Erich Kaufmann, S. 1 f.

Konstruktion fernerhin, daß die Staatsangehörigen der Gliedstaaten ein Gesamtvolk bilden, d. h. durch ein eigenes Rechtsverhältnis mit dem Gesamtstaat verbunden sind, dessen Gesetze sie unmittelbar berechtigen und verpflichten, sowie endlich, daß die Teilnehmerstaaten durch ein aus ihren Vertretern bestehendes Bundesorgan an der Gesamtwillensbildung Anteil haben." Neben dieser ausführlichen Formulierung kann diejenige von *Stern*[134] als allgemein akzeptiert gelten: „Bundesstaat ist eine durch die Verfassung des Gesamtstaates geformte staatsrechtliche Verbindung von Staaten in der Weise, daß die Teilnehmer Staaten bleiben oder sind (Gliedstaaten), aber auch der organisierte Staatsverband selbst (Gesamtstaat) die Qualität eines Staates besitzt."

Gegen eine Beschreibung der Bundesstaatlichkeit als eine durch die Verfassung des Gesamtstaates geformte staatsrechtliche Verbindung bei gleichzeitiger Staatsqualität des Bundes und seiner Untergliederungen hat sich die jüngere, empirisch und rechtsvergleichend angelegte Föderalismusforschung gewandt und versucht, zur Abgrenzung von Einheitsstaaten und dezentralisierten Staaten greifbare staatsrechtliche Kriterien zu entwickeln[135]. Bundesstaatliche Ordnungen zeichnen sich dieser Ansicht zufolge durch einen in territoriale Einheiten gegliederten Staat, in dem sämtliche Einheiten über eine eigene, nicht unbedeutende und verfassungsrechtlich abgesicherte Autonomie verfügen, durch eine zweite Kammer zur Willensbildung der Gliedstaaten sowie über eine Verfassungsgerichtsbarkeit zur Beilegung föderaler Streitigkeiten aus[136].

b) Funktionen der bundesstaatlichen Verfassung

Einer bundesstaatlichen Verfassung kommt – schlagwortartig gesagt – die Aufgabe der Wahrung der Vielfalt in der Einheit zu. Darüber hinaus erfüllt die bundesstaatliche Ordnung aber noch folgende weitere Funktionen: Aus der Sicht der Glieder steht der Schutz der Eigenart und der weitestgehenden Eigenständigkeit im Vordergrund (*bündischer Funktionssinn*[137]); aus der Perspektive

134 Staatsrecht I, § 19 I 1 (S. 644 f.).

135 *Bothe*, Die Kompetenzstruktur des modernen Bundesstaates in rechtsvergleichender Sicht, S. 10; *Weber*, Kriterien des Bundesstaates 1977; *Blanke*, Föderalismus und Integrationsgewalt, S. 358 ff.

136 *Bothe*, in: AK, Art. 20, Rdnr. 17 / 18; *Blanke*, Föderalismus und Integrationsgewalt, S. 361.

137 Vgl. *Weber*, in: Der Vertrag von Maastricht in der wissenschaftlichen Kontroverse, S. 121 (124).

des Bundes die Leistung für die gesamtstaatliche demokratische, rechts- und sozialstaatliche Ordnung (*unitarischer Funktionssinn*)[138].

Der erste, individualitätsbewahrende und identifikationsermöglichende Funktionssinn wird dabei von der Nähe zum Betroffenen gespeist, die das Einbringen seiner Fähigkeiten und Kenntnisse und damit individueller Eigenheiten erlaubt; auch emotionale Bindungen, wie Landesbewußtsein, kulturelle Besonderheiten sowie regionale Loyalitäten und Symbole, dürfen in ihrer Bedeutung für die Einheitsbildung auf Gliedstaatsebene nicht unterschätzt werden[139]. Die unitarische Funktion des Föderalismus hingegen entspricht der Integration von den Gliedstaaten auf den Gesamtstaat hin; nach der Vorstellung *Rudolf Smends* zum Beispiel wirke der Föderalismus als Instrument freiheitssichernder Einheitsbildung, als Verstärkung von Demokratie und gegenseitiger Machtkontrolle und -beschränkung.[140]

Mit der föderativen Ordnung sind aber auch Gewaltenteilung, Machtkontrolle und -begrenzung zwischen den Instutionen verbunden. Bund und Länder können sich, insbesondere bei unterschiedlichen politischen Kräften, gegenseitig kontrollieren, wodurch ein wichtiger Beitrag zur Verlebendigung der Demokratie geleistet wird[141]. Die föderative Ordnung bietet daneben ein Mehr an Partizipationsmöglichkeiten, indem sie mehrere Ebenen für die Politikgestaltung zur Verfügung stellt. Insofern bietet sie dem einzelnen eine bessere Überschaubarkeit, etwas mehr Nähe zu politischen Entscheidungen, die Chance zu mehr Transparenz und damit auch die Chance zu größerer Akzeptanz. Die föderative Struktur bietet ferner eine zusätzliche Gewähr für den Minderheitenschutz, indem sie verhindern kann, daß Minderheiten marginalisiert werden.[142]

Der Föderalismus kann einen wichtigen Beitrag dazu leisten, der zur Zeit oft beklagten Politikverdrossenheit entgegenzuwirken. Man kann im kleinen Bereich bestimmte Lösungen testen und ausprobieren, hat mehr Möglichkeiten, Regelungen auch kurzfristig flexibel und pragmatisch zu korrigieren, kann

---

138 *Graf Vitzthum*, AöR 115 (1990), S. 281 (283/284).

139 *Graf Vitzthum*, AöR 115 (1990), S. 281 (284); ähnlich zum bündischen Funktionssinn: *Kirchhof*, in: HdB StR I, § 19, Rdnr. 77; *Hesse*, Verfassungsrecht, Rdnr. 220 ff.; *Kimminich*, in: HdB StR I, § 26, Rdnr. 22 ff., 43 ff., 46 ff.

140 *Smend*, Staatsrechtliche Abhandlungen, S. 199 ff., 223 ff., 272; vgl. auch: *Schenke*, JuS 1989, S. 698 ff.

141 *Schambeck*, in: Merten (Hrsg.) Föderalismus und Europäische Gemeinschaften, S. 27 (33).

142 *Hrbek*, in: Hessischer Landtag, Die Rolle der Bundesländer in einem geeinten Deutschland und geeinten Europa, S. 77 (77/78).

elastisch auf neu auftretende Herausforderungen reagieren. Zusätzlich besteht die Möglichkeit, die Initiative in der kleinen Einheit zu ergreifen und dann zwischen verschiedenen Lösungsvorschlägen in einen fruchtbaren sachlichen Wettbewerb zu treten, in dem verschiedene Ansätze miteinander konkurrieren.[143]

c) Absicherung durch die 'Ewigkeitsgarantie' des Art. 79 Abs. 3 GG

Die als „Ewigkeitsgarantie" bezeichnete Bestimmung des Art. 79 Abs. 3 GG sichert die Bundesstaatlichkeit in doppelter Weise[144]: Die Vorschrift stellt nicht nur den in Art. 20 Abs. 1 GG niedergelegten Grundsatz des Bundesstaates, sondern auch die Gliederung des Bundes in Länder sowie die grundsätzliche Mitwirkung der Länder an der Gesetzgebung vor Änderungen durch den pouvoir constitué unter Schutz[145]. Art. 79 Abs. 3 GG wirkt somit als „Föderalismusanker" dem „Integrationshebel" des Art. 24 bzw. Art. 23 GG grundsätzlich entgegen.

Aus der oben bereits angesprochenen eingeschränkten Beschreibbarkeit des Typenbegriffs „Bundesstaat" ergibt sich, daß damit nicht das 1949 angestrebte - und in den Anfangsjahren der Bundesrepublik verwirklichte - (Höchst-)Maß an Bundesstaatlichkeit festzuschreiben beabsichtigt sein kann. In der Verfassungsgeschichte der Bundesrepublik ist es häufiger zu Modifikationen der Kompetenzlinien zwischen Bund und Ländern gekommen, ohne daß das *Bundesverfassungsgericht* darin einen Verstoß gegen die Garantie des Art. 79 Abs. 3 GG erblicken konnte[146].

d) Zum Inhalt im einzelnen

Die Ermittlung des Inhaltes dessen, was das Grundgesetz mit der Umschreibung „Gliederung des Bundes in Länder" zu garantieren beabsichtigt, ist schwierig, weil der Typenbegriff des Bundesstaates Abstufungen nach einem

---

143 *Hrbek*, in: Hessischer Landtag, Die Rolle der Bundesländer in einem geeinten Deutschland und geeinten Europa, S. 77 (78/79).

144 Vgl. *Kimminich*, in: HdB StR I, § 26, Rdnr. 39.

145 *Maunz/Dürig*, in: Maunz / Dürig, Art. 79, Rdnr. 37; *Ziller*, in: Hrbek / Thaysen (Hrsg.), Die Deutschen Länder und die Europäischen Gemeinschaften, S. 96.

146 *Lerche*, in: Festschrift für Konrad Redeker, S. 131 (137), sieht den „Typ" des gegebenen Bundesstaates als von Art. 79 Abs. 3 GG geschützt an; vgl. auch *Isensee*, in: HdB StR IV, § 98, Rdnr. 278.

Mehr oder Weniger ermöglicht[147]. Die Frage hat dementsprechend die Rechtsprechung des *Bundesverfassungsgerichts* sowie das verfassungsrechtliche Schrifttum schon seit dem Bestehen der Bundesrepublik beschäftigt, ohne bisher eine völlig überzeugende Theorie des Bundesstaates hervorzubringen[148]. Als gesichert kann heute nur gelten, daß Art. 79 Abs. 3 GG die Länder in erster Linie vor Verfassungsänderungen schützt, die ihnen die originäre Staatsqualität insgesamt oder ein Essentiale der Staatlichkeit nähmen und sie damit zu Selbstverwaltungskörperschaften degradierten[149]. Die Handhabung dieser Garantie erweist sich aufgrund ihrer systemimmanenten Unbestimmtheit in der Staatspraxis als schwierig. In der Verfassungswirklichkeit der Bundesrepublik hat sich zum einen immer wieder gezeigt, daß die Länder nicht nur durch ausdrückliche Verfassungsänderungen, wie z. B. die Einführung der Gemeinschaftsaufgaben nach Art. 91a, 91b GG[150] oder der Finanzhilfen des Bundes nach Art. 104a Abs. 4 GG[151] in ihrem Status gefährdet werden, sondern auch und gerade durch – häufig schleichende – Kompetenzverlagerungen, die das Grundgesetz im Kern ermöglicht, wie z. B. der Entzug von ausschließlichen Länderkompetenzen, der bis zur Neufassung des Art. 23 GG durch die Integrations- und Außenvertretungskompetenz des Bundes nach Art. 24 Abs. 1, 32 Abs. 1 GG – ohne Eingriff in die Zuständigkeitsverteilung des Grundgesetzes – ermöglicht wurde. Des weiteren stellt sich das inhaltliche Problem, was im einzelnen zum Inhalt der Staatlichkeit der Länder gehört, um feststellen zu können, durch welche Verfassungsänderungen die Staatsqualität aufgehoben werden könnte.

Um den Anforderungen an die Staatlichkeit zu genügen, müssen den Bundesländern wesentliche Kompetenzen bestimmter Qualität und Quantität zu eigenverantwortlicher Bewältigung einschließlich der dazugehörigen finanziellen

---

147 *Isensee*, in: HdB StR IV, § 98, Rdnr. 267.

148 Siehe hierzu nur: BVerfGE 34, 9 (19ff.): „Hausgut der Länder"; vgl. *Tomuschat*, in: Magiera/Merten (Hrsg.), Bundesländer und Europäische Gemeinschaft, S. 21 (22).

149 BVerfGE 34, 9 (19); *Isensee*, in: HdB StR IV, § 98, Rdnr. 268.

150 Eingeführt durch Gesetz vom 12.5.1969 (BGBl. I, S. 359); zur Problematik der Durchbrechung des Trennsystems: *Liesegang*, in: v. Münch 3, Art. 91a, Rdnr. 32; *Soell*, in: Festschrift für Ernst Forsthoff, S. 397 (431).

151 Eingeführt durch Gesetz vom 12.5.1969 (BGBl. I, S. 359); die Regelung beinhaltet eine Durchbrechung des Konnexitätsprinzips (Art. 104a GG), das die Ausgabenverantwortung an die Aufgabenkompetenz anbindet, und damit eine Einwirkung in den Aufgabenbereich der Länder; zur Verfassungsmäßigkeit vgl. BVerfGE 39, 108; vgl. auch *Stewing*, Subsidiarität und Föderalismus in der Europäischen Union, S. 142 ff.

Unabhängigkeit zugewiesen sein[152]. Dazu gehört auch die Eigenverantwortlichkeit für den Verfassungsraum des Landes[153]. Darüber hinaus wird man es als unerläßlich anzusehen haben, daß die Länder – neben dem Bund – als Zentren demokratisch legitimierter politischer Entscheidungen erhalten bleiben[154]. Danach bedürfen die Länder eines Mindeststandards an eigener Gesetzgebungs- und Regierungsgewalt. Eine verstärkte Mitwirkung der Länder an der Bundesgesetzgebung – durch den Bundesrat – kann entzogene Kompetenzen dieser Art prinzipiell nur zum Teil kompensieren, weil der Motor dieser politischen Zentren das jeweilige (Landes-) Volk ist. Eine wirkungsvolle Dezentralisierung der politischen Entscheidungsmacht setzt somit notwendig die entsprechende Dezentralisierung des Prozesses der politischen Willensbildung in der Gesellschaft voraus.[155]

Darüber hinaus wird man auch die Garantie einer der Aufgabenverantwortung entsprechenden Finanzausstattung zu den Essentialen der Länderstaatlichkeit rechnen müssen[156]. Mindestens ebenso wichtig wie die Unabgeleitetheit der Staatsgewalt selbst ist die Ausstattung jedes einzelnen Gliedes mit substantiellen Kompetenzen zur Erfüllung von Aufgaben in eigener Verantwortung; da die Aufgabenverantwortung ohne die dazu erforderliche Finanzausstattung praktisch nicht denkbar ist, muß auch die finanzielle Unabhängigkeit durch eigene, nicht vom Bund abgeleitete Finanzkompetenzen gewährleistet sein.[157] Eigenständigkeit in der Finanzpolitik ist der Garant für einen gesunden Wettbewerb der Bundesländer untereinander, denn das Bestreben, im Land Geld zu verdienen, wird durch die Freiheit der Mittelverwendung gefördert[158].

Unter diesem Blickpunkt stellen sich die Einflußnahmen der Bundesgewalt auf die Tätigkeiten der Länder nach 91a und 104a Abs. 4 GG als besonders problematisch dar: Die Bedürftigkeit der Länder und die Anziehungskraft der Finanzierungsquelle wird regelmäßig dazu führen, daß sie nicht in der Lage sind, sich der Inanspruchnahme zu entziehen; zudem werden die mit der Inve-

---

152 *Isensee*, in: HdB StR IV, § 98, Rdnr. 268; *Graf Vitzthum*, AöR 115 (1990), S. 281 (283).

153 BVerfGE 4, 178 (189).

154 *Hesse*, Verfassungsrecht, S. 14 ff.; *Stern*, Staatsrecht I, §§ 5 IV 5; 19 III 2 (S. 169 ff., 668); *Kirchhof*, in: HdB StR I, § 19, Rdnr. 77.

155 *Isensee*, in: HdB StR IV, § 98, Rdnr. 269; *Hesse*, Verfassungsrecht, S. 19 ff.

156 Vgl. *Rennert*, Der Staat 1993, S. 169 (276 ff.).

157 *Graf Vitzthum*, AöR 115 (1990), S. 281 (282/283); vgl. auch: BVerfGE 34, 9 (29).

158 *Stewing*, Subsidiarität und Föderalismus in der Europäischen Union, S. 141.

stition verbundenen Folgelasten den Finanzspielraum des betreffenden Landes weiter einengen[159].

Der horizontale Finanzausgleich nach Art. 107 Abs. 2 GG hingegen nivelliert zwar die Leistungskraft der Länder und führt daher tendenziell zu einer Abschwächung des Erwerbsstrebens. Das System soll jedoch nur unangemessene Unterschiede ausgleichen, insbesondere um das wirtschaftliche Gleichgewicht, einen unverzerrten Wettbewerb zwischen den Ländern und die sog. Einheitlichkeit der Lebensverhältnisse (vgl. Art. 72 Abs. 2 GG)[160] zu fördern[161].

Auch der Aspekt der emotionalen Einbindung der jeweiligen Landesvölker spielt eine in der Verfassungswirklichkeit nicht unerhebliche Rolle bei der Beschreibung der Bundesstaatlichkeit nach dem Grundgesetz[162]. Die Länder sind nicht nur Kompetenzräume, sondern auch Lebensräume von Menschen, die darin ihre Identität suchen und bewahren möchten. Insofern können historisch gewachsene Bindungen, kultureller Zusammenhalt, Sprache (Dialekt) und Tradition das Vertrauen der Bürger eher gewinnen bzw. erhalten als dies die Anonymität einer fernen, zentral arbeitenden supranationalen Einrichtung vermag.[163] Hierbei handelt es sich jedoch nicht um einen bisher nicht erkannten Aspekt, sondern um den Hintergrund der in Europa seit Jahren beklagten mangelnden Bürgernähe von Entscheidungen.

III. Absolute Begrenzung gemäss Art. 79 Abs. 3 GG

Bei der Suche nach einer absolut wirkenden Begrenzung auf verfassungsrechtlicher Ebene wurde in der Vergangenheit stets auf die in Art. 79 Abs. 3 GG verankerte Garantie der bundesstaatlichen Ordnung zurückgegriffen[164]. Spätestens seit der Ratifizierung der Einheitlichen Europäischen Akte im Jahre 1986 wird darüber diskutiert, ob die – unwiderrufliche – Kompetenzauszehrung der Bundesländer bereits die absolute Grenze des Art. 79 Abs. 3 GG überschritten habe und ob eine Kompensation für die verlorengegangenen Gestaltungsbe-

---

159 *Stewing*, Subsidiarität und Föderalismus in der Europäischen Union, S. 143/144.

160 Vgl. *Rennert*, Der Staat 1993, S. 269 (274).

161 *Pieroth*, in: Jarass/Pieroth, Art. 107 GG, Rdnr. 6.

162 A. A. *Schenke*, JuS 1989, S. 698, unter Hinweis auf die durch das „Diktat der Sieger- und Besatzungsmächte“ teilweise unorganisch vorgenommene Ländergliederung nach 1945.

163 *Graf Vitzthum*, AöR 115 (1990), S. 281 (303).

164 Vgl. *Birke*, Die deutschen Bundesländer in den Europäischen Gemeinschaften, S. 101; *Bleckmann*, RIW 1978, S. 144 (145).

fugnisse der Länder zulässig oder gar geboten sei. Im Folgenden soll der Schutzbereich des Art. 79 Abs. 3 GG im Hinblick auf die Eigenstaatlichkeit der Bundesländer kurz beleuchtet werden.

1. Definition des Schutzbereichs des Art. 79 Abs. 3 GG

Die bundesstaatliche Ordnung des Grundgesetzes ist nicht nur in Art. 20 Abs. 1 GG verankert, sondern zusätzlich in Art. 79 Abs. 3 GG jeglicher Verfassungsänderung entzogen worden[165]. Die in Art. 79 Abs. 3 GG verankerten Prinzipien der Bundesstaatlichkeit, der Gliederung des Bundes in Länder und der grundsätzlichen Mitwirkung der Länder bei der Gesetzgebung stellen die absolute Grenze für die Übertragung von Hoheitsrechten, die die wesentlichen Interessen der Länder berühren, dar[166]. Die Gliederung des Bundes in Länder verlangt dabei mehr als das rein formale Bestehen als solcher bezeichneter Bundesländer; erforderlich ist, daß diese Länder auch ein hinreichendes Maß an Eigenstaatlichkeit aufweisen[167]. Dies setzt eine Ausstattung mit Kompetenzen bestimmter Qualität und Quantität, die ihnen als unantastbarer Kern erhalten bleiben müssen, voraus[168]. Dabei ist nicht im Sinne einer funktionalen Betrachtungsweise maßgeblich, wie viele Länderzuständigkeiten für die Wirksamkeit der intendierten föderativen Ordnung unentbehrlich sind; vielmehr kommt es in erster Linie auf den Bestand an konkreten Kompetenzen und erst sekundär auf die Verfolgung bestimmter Zwecke an[169]. Somit folgt aus dem föderalen Prinzip des Grundgesetzes in Verbindung mit den verallgemeinerbaren Grundsätzen des *Bundesverfassungsgerichts* zur Wesensgehaltsgarantie, daß den Ländern im Kern eigene Kompetenzen und Aufgaben nicht genommen werden können[170].

Nach der vom Schrifttum weithin anerkannten Judikatur des *Bundesverfassungsgerichts* ermächtigte Art. 24 Abs. 1 GG nicht dazu, im Wege der Einräumung von Hoheitsrechten für zwischenstaatliche Einrichtungen die Identität der

---

165 *Eiselstein*, NVwZ 1989, S. 323.

166 *Schwan*, Die deutschen Bundesländer im Entscheidungssystem der Europäischen Gemeinschaften, S. 86. Dabei kann es dahinstehen, ob sich dies unter Rückgriff auf den ebenfalls in Art. 79 Abs. 3 GG aufgeführten Art. 20 Abs. 1 GG oder aus den ausdrücklich aufgeführten Teilprinzipien ergibt, vgl. *Kirchner/Haas*, JZ 1993, S. 760 (768/769).

167 BVerfGE 13, 54 (77/78); vgl. *Eiselstein*, NVwZ 1989, S. 323.

168 *Kirchner/Haas*, JZ 1993, S. 760 (769).

169 *Kirchner/Haas*, JZ 1993, S. 760 (769).

170 *Stewing*, Föderalismus und Subsidiarität in der Europäischen Union, S. 60, unter Hinweis auf *Eiselstein*, ZRP 1991, S. 18 (22).

geltenden Verfassungsordnung der Bundesrepublik Deutschland durch Einbruch in ihr Grundgefüge, in die sie konstituierenden Strukturen, aufzugeben[171]. Die Integrationskompetenz des Bundes nach Art. 24 Abs. 1 bzw. 23 Abs. 1 GG n. F. findet somit ihre Grenze an den durch Art. 79 Abs. 3 GG geschützten Grund- und Strukturprinzipien des Grundgesetzes. Es wäre verfassungswidrig, diesen Schutz über den Weg der Integrationsgewalt zu umgehen[172]. Auch bei fortschreitender Integration muß damit ein Kernbereich der materiellen föderalen Struktur der Bundesrepublik gewahrt werden[173].

Nach dieser Formel war im Einzelfall die Feststellung problematisch[174], ob diese Grenze beim jeweiligen Stand der Integration schon überschritten oder – gerade – noch nicht erreicht war. Überwiegend wurde ein die Grenzen des Art. 79 Abs. 3 GG überschreitender Eingriff in die bundesstaatlichen Strukturen selbst bei einem Eingriff in einzelne Bereiche, die der ausschließlichen Gesetzgebung der Länder unterliegen, verneint, solange den Ländern insgesamt noch hinreichende Zuständigkeiten verblieben[175].

Ein solcher Eingriff wird teilweise sogar nur dann angenommen, wenn den Ländern insgesamt keinerlei substantiellen Regelungsrechte mehr verblieben, wenn sie also unter Verlust ihrer Staatsqualität faktisch zu unselbständigen unteren Verwaltungseinheiten eines europäischen Zentralstaats degenerierten[176]. Diese Beschreibung der jeweils gegenwärtigen Situation im europäischen Einigungsprozeß machte eine genaue Standortbestimmung der durch Art. 79 Abs. 3 GG geschützten absoluten Grenze entbehrlich, man begnügte sich – auch bei fortschreitender Integration – stets mit der Feststellung, daß dieses Stadium we-

---

171 BVerfGE 73, 339 (375/376); *Schwarze*, JZ 1993, S. 585 (588); *Mosler*, in: HdB StR VII, § 175, Rdnr. 65; *Stewing*, Föderalismus und Subsidiarität in der Europäischen Union, S. 58.

172 BVerfGE 37, 271 (279); *Stewing*, Subsidiarität und Föderalismus in der Europäischen Union, S. 58.

173 *Ress*, EuGRZ 1986, S. 549 (555).

174 Vgl. zu den Definitionsansätzen *Kewenig*, JZ 1990, S. 458 (461/462).

175 *Schwan*, Die deutschen Bundesländer im Entscheidungssystem der Europäischen Gemeinschaften, S. 86/87; *Riegel*, DVBl. 1979, S. 245 ff.; *Birke*, Die deutschen Bundesländer in den Europäischen Gemeinschaften, S. 101; *Stewing*, Föderalismus und Subsidiarität in der Europäischen Union, S. 58; *Ress*, EuGRZ 1986, S. 549 (555).

176 *V. Welck*, Die Bundesländer und die Einheitliche Europäische Akte, S. 96; *Haas*, DÖV 1988, S. 613 (615).

gen der – bis zum Vertrag von Maastricht – nur punktuellen Eingriffe des Gemeinschaftsrechts (noch) nicht gegeben sei[177].

2. Kritik

Gegen diese quantifizierende Betrachtungsweise ist zutreffend eingewandt worden, dieser Ansatz erlaube allenfalls ein Zwischenurteil; eine solche Momentaufnahme werde durch die Entwicklung der Integration zunehmend in Frage gestellt. Die Betrachtung biete jedoch kein Rezept dagegen, daß die Summierung punktueller Eingriffe jedenfalls in Zukunft zur qualitativen Veränderung der Bundesstaatlichkeit führten[178]. Diese Beurteilung hat durch die Verwirklichung der Europäischen Union – mit mehr als nur punktuellen Eingriffsmöglichkeiten – erneut an Aktualität gewonnen[179].

B. VERFASSUNGSRECHTLICHE GRUNDLAGEN FÜR DIE AUSGESTALTUNG DER KOMPENSATION

Im folgenden sollen verschiedene Ansätze beleuchtet werden, die zur Lösung des Konflikts zwischen dem Ziel der europäischen Integration und dem verfassungsrechtlich verbrieften Bundesstaatsprinzip angeboten werden. Im verfassungsrechtlichen Schrifttum wurde – vor der Einführung des neuen Art. 23 GG – die Frage, ob die Mitwirkung der Länder in Gemeinschaftsangelegenheiten nach dem Grundgesetz zulässig oder gar geboten sei, unterschiedlich beantwortet.

I. MITWIRKUNGSRECHT DES BUNDESRATES AUS ART. 50 GG?

Grabitz und andere haben den Versuch unternommen, die Legitimation für eine Mitwirkung aus der Einleitungsnorm für die Kompetenzen des Bundesrates, dem Art. 50 GG, abzuleiten, der dem Bundesrat (auch in der bis zum 21. Dezember 1992 geltenden Fassung) die Mitwirkung nicht nur bei der Gesetzgebung, sondern auch bei der Verwaltung des Bundes garantierte. Nach die-

---

177 Vgl. *Birke*, Die deutschen Bundesländer in den Europäischen Gemeinschaften, S. 101; *Bleckmann*, RIW 1978, S. 144 (145); *Haas*, DÖV 1988, S. 613 (615); *Isensee*, in: HdB StR IV, § 98, Rdnr. 290; *Oschatz*, in: Merten (Hrsg.), Föderalismus und Europäische Gemeinschaften, S. 63 (70); auch nach Abschluß des Maastrichter Vertrages: *Stewing*, Subsidiarität und Föderalismus in der Europäischen Union, S. 58.

178 *Schröder*, JÖR 35 (1986), 91; *Murswiek*, Der Staat 1993, S. 161 (171 ff.); *Schachtschneider u.a.*, JZ 1993, S. 751 (757/758).

179 Vgl. *Wolf*, JZ 1993, S. 594 (598).

ser Auffassung sei die Ausübung der auswärtigen Gewalt durch die Bundesregierung i. S. d. Art. 32 Abs. 1 GG Verwaltung im verfassungsrechtlichen Sinne, so daß die Länder – mediatisiert durch den Bundesrat – gemäß Art. 50 GG zur Partizipation berechtigt und verpflichtet seien.[180]

An dieser Auffassung wurde seinerzeit kritisiert, daß die systematische Stellung der Vorschrift im Eingang des Abschnitts über den Bundesrat erkennen lasse, daß sie – ohne eine Festlegung im einzelnen zu treffen[181] – nur grundsätzlich die besondere Funktion des Bundesrates als Verfassungsorgan des Bundes zu umreißen beabsichtige[182]. Zuzustimmen ist der Kritik insbesondere in dem Argument, Bundesratsbefugnisse und damit korrespondierende Beteiligungspflichten der anderen obersten Bundesorgane bedürften stets einer besonderen normativen Grundlage, könnten also im Rahmen des Art. 50 GG nicht auf einfachgesetzlichem Wege geschaffen werden[183]. Das Verhalten der deutschen Regierungsvertreter im Rat kann zudem nicht als Verwaltungshandeln qualifiziert werden, sondern es handelt sich um die Teilnahme an *europäischer* Rechtsetzungstätigkeit, die weder unter den Begriff der Verwaltung noch der Gesetzgebung des *Bundes* fällt[184].

Diese Auffassung ist zwischenzeitlich durch die Neufassung des Art. 50 GG vom 21. Dezember 1992[185] – durch die ausdrückliche Nennung der Mitwirkung in Angelegenheiten der Europäischen Union[186] – obsolet geworden. Durch diese Aufzählung in Art. 50 GG kann jedoch nicht der Schluß gezogen werden, es handele sich um die Bestätigung der von *Grabitz* und anderen begründeten Ansicht durch den verfassungsändernden Gesetzgeber. Die Erweiterung des Art. 50 GG wurde durch den gleichzeitig eingeführten „neuen" Art. 23 GG sowie

---

180 *Grabitz*, in: Hrbek / Thaysen (Hrsg.), Die Deutschen Länder und die Europäischen Gemeinschaften, S. 174; ders., EuR 1987, S. 310 (314); *Memminger*, in: Magiera / Merten (Hrsg.), Bundesländer und Europäische Gemeinschaft, S. 61 (65); *Ziller*, in: Hrbek / Thaysen (Hrsg.), Die Deutschen Länder und die Europäischen Gemeinschaften, S. 96 (100).

181 Eingehend dazu: *Tomuschat*, in: Magiera / Merten (Hrsg.), Bundesländer und Europäische Gemeinschaft, S. 21 (27); vgl. auch: *Jekewitz*, in: AK, Art. 50, Rdnr. 1.

182 BVerfGE 1, 299 (311); *v. Welck*, Die Bundesländer und die Einheitliche Europäische Akte, S. 105.

183 *Kruis*, in: Festschrift für Willi Geiger, S. 155 (165); zustimmend *Klein*, VVDStRL 50 (1991), S. 56 (91).

184 *V. Welck*, Die Bundesländer und die Einheitliche Europäische Akte, S. 104 / 105.

185 BGBl. I, S. 2086.

186 Vgl. hierzu: *Scholz*, NJW 1993, S. 1690 (1691).

durch die Ergänzung des Art. 52 GG um einen Absatz 3a (Einführung einer Europakammer) notwendig, um die Grundsatznorm den erweiterten ausdrücklich genannten Kompetenzen des Bundesrates anzupassen. Der Änderung des Art. 50 GG kommt daher kein unmittelbar legitimierender Charakter zu, insofern geschah dies überwiegend aus redaktionellen Gründen[187].

II. Mitwirkungsrechte der Länder aus dem Prinzip der Bundestreue?

In der Literatur wurde versucht, die Kompetenzausübung des Bundes auf dem Gebiet der auswärtigen Gewalt durch den ungeschriebenen verfassungsrechtlichen Grundsatz der Bundestreue zu limitieren[188]. Dieses Prinzip, dessen historischer Ursprung in den Staatsverträgen zur Reichsgründung aus den Jahren 1866 und 1870 zu finden ist und der durch die Untersuchungen *Rudolf Smends*[189] in das Verfassungsrecht Einklang gefunden hat, ist vom *Bundesverfassungsgericht* bereits in einer seiner ersten Entscheidungen[190] ausdrücklich anerkannt worden.

Dieser Grundsatz verpflichtet Bund und Länder als Beteiligte eines verfassungsrechtlichen „Bündnisses", auf die Interessen und Kompetenzsphären der jeweils anderen Wirkungseinheiten Rücksicht zu nehmen und alles zu unterlassen, was diesen schadet,[191] sowie dazu, mit anderen bundesstaatlichen Einheiten zu kooperieren und sich dabei rücksichtsvoll zu verhalten[192].

1. Anwendbarkeit des Bundestreueprinzips auf die Verfassungsorgane untereinander

Das Prinzip der Bundestreue findet zunächst im Verhältnis zwischen dem Bund und den Ländern wechselseitig Anwendung. Problematisch ist jedoch die Heranziehung dieses Grundsatzes im Verhältnis zum Bundesrat. Obwohl der Bundesrat dazu bestimmt ist, die Interessen der Länder zu vertreten, so handelt

---

187 *Scholz*, NJW 1993, S. 1690 (1691).

188 So z. B.: *Birke*, Die deutschen Bundesländer in den Europäischen Gemeinschaften, S. 102 / 103; *Grabitz*, EuR 1987, S. 310 (314, 319).

189 *Smend*, in: Festgabe für Otto Mayer, S. 245 ff.

190 BVerfGE 1, 229 (315).

191 BVerfGE 1, 229 (315); 8, 122; *Herzog*, in: Maunz / Dürig, Art. 20 IV, Rdnr. 62.

192 *Bothe*, in: AK, Art. 20 I, Rdnr. 39.

es sich dennoch um ein Organ des Bundes und nicht etwa der Gesamtheit der Länder.

Es steht also nicht das Verhältnis zwischen Bund und Ländern als sich gegenüberstehender eigenständiger Rechtspersönlichkeiten zur Prüfung an, sondern das Verhältnis zwischen zwei Organen desselben Rechtsträgers Bund. Eine Geltung des Prinzips der Bundestreue im Verhältnis der Bundesregierung zum Bundesrat wäre generell nur dann denkbar, wenn sich dieses auch im Sinne einer *„Verfassungsorgantreue"* interpretieren ließe. Dazu ist es erforderlich, die dogmatische Herleitung des Prinzips näher zu untersuchen.

Ansatzpunkt für die Bundestreue ist das auf die Integrationslehre *Smends* zurückzuführende Bestreben, den die staatliche Einheit konstituierenden sozialen Wirkungszusammenhang verschiedener Kompetenzträger herzustellen. Soll nicht die Gefahr eines Zerfallens des Staates in eine Vielzahl isolierter, sich gegenseitig blockierender staatlicher Machtzentren bestehen und damit ein Prozeß staatlicher Desintegration drohen, so muß das Verhalten der staatlichen Verfassungsorgane zueinander über die – notwendigerweise lückenhaften – ausdrücklichen positivrechtlichen Kooperationsnormen hinaus durch den ungeschriebenen Grundsatz einer loyalen Zusammenarbeit bestimmt werden[193].

Dem Bestreben einer durch die Forderung staatlicher Integration geprägten Leitidee für die Beziehungen der Verfassungsorgane zueinander kommt als notwendiges Korrelat einer staatlichen Organisation, die in Konsequenz der Gewaltenteilungslehre an der Spitze des Staates mehrere Verfassungsorgane kennt, die, jedes bezogen auf die ihm zustehende Kompetenz, gleichberechtigt nebeneinander stehen, eine besondere Bedeutung zu. Bei einem solchermaßen statuierten System der „checks and balances", welches nicht hierarchisch geordnet ist, fehlt es an einer Instanz, die Konkurrenzen und Reibungen zwischen den Verfassungsorganen im Wege eines Machtanspruches beseitigen oder zumindest mildern könnte[194].

Dem bundesstaatlichen Prinzip entspringt somit die Pflicht, daß auch die einzelnen Verfassungsorgane des Bundes einander die Treue halten und dem Wesen des Bündnisses entsprechend zusammenwirken[195]. Was im Verhältnis zwischen Bund und Ländern gilt, beansprucht damit also auch im Verhältnis der Bundesorgane untereinander Geltung. Es gibt nicht nur ein ungeschriebenes Gebot zu bundesfreundlichem Verhalten, sondern auch eine ungeschriebene ver-

---

193 *Isensee*, in: HdB StR IV, § 98, Rdnr. 152 ff.; *Schenke*, Verfassungsorgantreue, S. 26/27.

194 *Schenke*, Verfassungsorgantreue, S. 26/27.

195 BVerfGE 1, 299 (315); 35, 193 (199); 36, 1 (15).

fassungsrechtliche Pflicht zur Rücksichtnahme eines Bundesorgans auf andere Bundesorgane[196]. Jedes Verfassungsorgan hat diejenige Rücksicht auf andere Verfassungsorgane zu nehmen, die notwendig ist, um dem anderen Organ die Wahrnehmung seiner verfassungsrechtlichen Befugnisse und die Erfüllung seiner Verantwortlichkeiten zu ermöglichen[197].

2. Tauglichkeit des Bundestreueprinzips als Kompetenzausübungsschranke der Bundesregierung

Das Treueprinzip wurde vom Bundesrat bereits bei den Beratungen zu den Römischen Verträgen im Jahre 1957 als Schranke für die Übertragung von Hoheitsrechten durch den Bund ins Feld geführt[198].

Aufgrund der nur subsidiären Anwendbarkeit dieses ungeschriebenen Grundsatzes kann er prinzipiell nur zur Lückenfüllung oder zur Ergänzung des kodifizierten Verfassungsrechts dienen[199]. Dementsprechend wurde daraus zunächst eine Pflicht der Bundesregierung, den Bundesrat über alle für die Länder bedeutsamen Vorhaben zu informieren, ihm die Gelegenheit zur Stellungnahme zu geben und diese in ihre Abwägung einzubeziehen, abgeleitet[200].

Bedeutender für die Länder war die Frage, ob das Prinzip der Bundestreue auch im Falle divergierender Ansichten zwischen Bundesregierung und Bundesrat in der Lage ist, den Bund an das Votum der Länder zu binden. Eine solche verbindliche Einflußnahme wurde jedoch mit dem Argument verneint, das Treueprinzip regele nur die Art und Weise der Ausübung bestehender Befugnisse im Bundesstaat, könne jedoch nicht aus sich selbst heraus selbständig Rechte und Pflichten begründen[201].

---

196 Im Ergebnis auch: *Hesse*, Verfassungsrecht, Rdnr. 72.

197 *Schneider*, in: Festschrift für Gebhard Müller, S. 421 (422).

198 Siehe hierzu *Hallstein* als Vertreter der Bundesregierung in der 176. Sitzung des Bundesrates vom 3.5.1957, Sten. Ber. S. 618.

199 *Isensee*, in: HdB StR IV, § 98, Rdnr. 157; *Bos*, Der Bundesrat, S. 79 ff.

200 *Haas*, DÖV 1988, S. 613 (619).

201 *Ress*, EuGRZ 1986, S. 549 (556); *Bleckmann* RIW 1978, S. 144 (145); *Schwan*, Die deutschen Bundesländer im Entscheidungssystem der Europäischen Gemeinschaften, S. 85; *v. Welck*, Die Bundesländer und die Einheitliche Europäische Akte, S. 108; *Klein*, VVDStRL 50 (1991), S. 56 (91); a. A.: *Hailbronner*, JZ 1990, S. 149 (156/157), der aus dem Prinzip der Bundestreue eine Pflicht des Bundes, die ausschließlichen Hoheitsrechte der Länder zu respektieren, ableitet und damit eine verbindliche Berücksichtigungspflicht

→

Daraus folgt, daß es grundsätzlich im Ermessen der Bundesregierung lag, wie sie im Rahmen der Europäischen Gemeinschaft ihre Haltung bildete[202]. Das Bundestreueprinzip setzte dem Handeln der Regierung allerdings dort eine Schranke, wo die Befugnisausübung die Belange der Länder mißbräuchlich oder in unvertretbarer Weise mißachten würde[203]. Der Grundsatz der Bundestreue hinderte die Bundesregierung somit nicht daran, bei einer die ausschließlichen Länderzuständigkeiten berührenden Beschlußfassung im Rahmen der Europäischen Gemeinschaft zum Nachteil der Länder von einer Stellungnahme des Bundesrates abzuweichen, sofern die äußerste Grenze des Mißbrauchsverbotes nicht erreicht war.

Die Mitwirkung der Länder war allerdings durch den Grundsatz der Bundestreue zumindest insoweit geboten, als es sich um das Recht des Bundesrates auf Information und zur Abgabe einer Stellungnahme, die die Bundesregierung bei ihrer Abwägung zu berücksichtigen hatte, handelte[204].

3. Die Entscheidung des *Bundesverfassungsgerichts* zur 'EG-Fernsehrichtlinie'

Das Prinzip der Bundestreue hat in der Entscheidung des *Bundesverfassungsgerichts* zur *Fernsehrichtlinie* als Grundlage für Beteiligungsrechte der Länder – nach Inkrafttreten des neuen Art. 23 GG – nachträglich Anerkennung erfahren[205]. Das Gericht hat in dieser Entscheidung festgestellt, daß es nach der grundgesetzlichen Konstitution (auf der Grundlage des Art. 24 Abs. 1 GG) zwar grundsätzlich Sache des Bundes sei, die Rechte der Bundesrepublik Deutschland gegenüber der Gemeinschaft und ihren Organen zu vertreten. Dabei habe jedoch der Bund als Sachwalter der Länder auch deren verfassungsmäßigen

---

– wie später in Art. 2 Abs. 3 EEAG normiert – begründen will; vgl. auch: *Grabitz*, EuR 1987, S. 310 (315, 319), der die rechtliche Bindungswirkung einer solchen verbindlichen Einflußnahme verneint.

202 *Grabitz*, EuR 1987, S. 310 (319).

203 BVerfGE 12, 205 (239 ff.); 14,197 (215); 34, 216 (232); zust.: *Herzog*, in: Maunz / Dürig, Art. 20 IV, Rdnr. 63; *Grabitz*, EuR 1987, S. 310 (319); vgl. auch: *Birke*, Die deutschen Bundesländer in den Europäischen Gemeinschaften, S. 103, der daran zweifelt, ob für diesen „traditionellen" Grundsatz überhaupt das Bundestreueprinzip bemüht werden müsse; siehe hierzu auch *Hesse*, Der unitarische Bundesstaat, S. 7.

204 Vgl. *Haas*, DÖV 1988, S. 613 (619).

205 Richtlinie 89 / 552 / EWG; Entscheidung abgedruckt in EuZW 1995, S. 277 ff., mit Anm. *Häde*.

Rechte zu vertreten, wenn die Regelung des von der Gemeinschaft beanspruchten Gegenstandes nach dem Grundgesetz innerstaatlich dem Landesgesetzgeber vorbehalten ist. Diese Pflicht ergebe sich nach Ansicht des Gerichts aus Art. 70 Abs. 1 i. V. m. Art. 24 Abs. 1 GG und dem Grundsatz des bundesfreundlichen Verhaltens. Dieser Grundsatz fordere, daß sowohl der Bund als auch die Länder bei der Wahrnehmung ihrer Kompetenzen die gebotene und ihnen zumutbare Rücksicht auf das Gesamtinteresse des Bundesstaates und auf die Belange der Länder nehmen. Bei der Vorbereitung von länderkompetenzrelevanten Rechtsetzungsakten folge daraus eine enge Zusammenarbeit zwischen Bund und Ländern. Obwohl eine Regelung für Form und Verfahren dieser Zusammenarbeit in der Verfassung noch weitgehend fehlte, sei der Bund nach Auffassung des Gerichts verpflichtet, die Interessen der Länder, die sich auf Gemeinschaftsebene nicht selbst durchsetzen könnten, als Sachwalter zu vertreten[206].

Im Hinblick auf die Beteiligungsrechte der Länder haben die Neufassung des Art. 23 GG sowie das Gesetz über die Zusammenarbeit von Bund und Ländern in Angelegenheiten der Europäischen Union (ZBLG) die noch nach altem Recht ergangene Entscheidung zwar mittlerweile überholt. Interessant ist jedoch, daß das Gericht eine in der Verfassung – außerhalb des neuen Art. 23 GG – angesiedelte Pflicht der Bundesregierung anerkannt hat, die Länderbelange in europäischen Angelegenheiten angemessen zu berücksichtigen. Dies zugrundegelegt, stellen die Beteiligungsrechte des Bundesrates nach Art. 23 Abs. 5 GG lediglich die Konkretisierung und die verfahrensmäßige Ausgestaltung eines auch aus anderen Verfassungsgrundsätzen abzuleitenden Prinzips dar.

III. Lösungsansatz aus dem Gedanken der Kompensation?

Im verfassungsrechtlichen Schrifttum wird – mit unterschiedlichen Begründungen im einzelnen – die Auffassung vertreten, es bestehe eine verfassungsrechtliche Pflicht zum Ausgleich der Konfliktsituation zwischen dem Grundsatz der Supranationalität einerseits und dem der Bundesstaatlichkeit andererseits[207].

---

206 *BVerfG*, EuZW 1995, S. 277 (280).

207 *Blanke*, Föderalismus und Integrationsgewalt, S. 403 ff.; *Schröder*, JöR 35 (1986), S. 83 (97 ff.); *Kruis*, in: Festschrift für Willi Geiger, S. 155 (173); vgl. auch *Tomuschat*, in: Magiera/Merten (Hrsg.), Bundesländer und Europäischen Gemeinschaft, S. 21 (36 – 39); a. A. *Klein* VVDStRL 50 (1991), S. 56 (91).

Schröder[208] sieht den Anknüpfungspunkt für die Begründung von Mitwirkungsrechten der Länder in einem verfassungsrechtlichen Kompensationsprinzip in Verbindung mit dem – auch den Ländern gegenüber Gültigkeit beanspruchenden – Grundsatz der Bundestreue. Er unterscheidet dabei zwischen der bundesstaatlichen Kompetenzverteilung im Außenverhältnis und derjenigen im Innenverhältnis. Obwohl der Bund gemäß Art. 24 Abs. 1 GG[209] in der Lage sei, auch über Landeskompetenzen zugunsten zwischenstaatlicher Einrichtungen zu verfügen, habe dies jedoch nicht zur Konsequenz, daß eine derartige Verfügung auch den innerstaatlichen Kompetenzzuwachs des Bundes im Sinne einer alleinigen Entscheidungsbefugnis in Gemeinschaftsangelegenheiten abdecke.[210] Seiner Ansicht nach sollte sich die Ausgleichspflicht[211] für die Kompetenzverluste der Länder an der bundesstaatlichen Zuständigkeitsordnung ausrichten; wobei die stärkste Kompensation beim Verlust ausschließlicher Landeskompetenzen stattfinden sollte[212].

Zuzustimmen ist *Schröder* insoweit, als daß er zwischen der Handlungsfähigkeit der Bundesrepublik nach außen und der Kompetenzverteilung im inneren Bereich unterscheidet. Die ausschließliche Übertragungskompetenz des Bundes nach Art. 24 Abs. 1 bzw. Art. 23 Abs. 1 GG bedeutet nicht, daß der Bund nationale verfassungsrechtliche Grundsätze, wie den der Bundestreue, außer acht lassen darf. Aus diesem Grunde kann auch der in der Literatur geäußerten Ansicht, mangels Beteiligungsrecht der Länder am Verfahren nach Art. 24 Abs. 1 bzw. Art. 23 Abs. 1 GG bestehe kein Bedürfnis für eine Kompensation[213], nicht gefolgt werden.

Blanke und *Kruis* interpretieren den Kompensationsgedanken als Ausfluß des Prinzips, daß im Spannungsverhältnis stehende Verfassungsrechtssätze harmonisiert und in Konkordanz zueinander gebracht werden müssen, um einen Zustand des Gleichgewichts zu wahren oder wiederherzustellen. Gerade wegen der Schwierigkeit, den Rubikon des durch Art. 79 Abs. 3 GG geschützten Kernbereichs der bundesstaatlichen Ordnung im konkreten Fall zu ermitteln, treffe die nationalen Organe eine Verpflichtung zur verfassungsrechtlichen Schonung der

208 In: JöR 35 (1986), S. 83 (97 ff.).

209 Heute: Art. 23 Abs. 1 GG.

210 *Schröder*, JöR 35 (1986), S. 83 (98).

211 Auch *Ress*, EuGRZ 1986, S. 549 (555), zog eine derartige Kompensation in Betracht.

212 *Schröder*, JöR 35 (1986), S. 83 (99).

213 *V. Simson/Schwarze*, Europäische Integration und Grundgesetz, S. 37.

Länder und zur Vorsorge durch systemstabilisierende Maßnahmen.[214] Der damit gebotene Ausgleich sei auch durch einfaches Gesetz statthaft, weil sich der Gesetzgeber mit der Schaffung bloßer Hilfsinstrumente im Rahmen eines vom Verfassungsrecht eröffneten Handlungsspielraums, nicht aber auf der Ebene der einfachgesetzlichen Interpretation von Verfassungsrecht bewege; sein Handeln diene insoweit der Wahrung und Sicherung des Verfassungswillens[215]. Zur Ausgestaltung schlägt *Blanke* ebenso wie *Schröder* ein abgestuftes Beteiligungsverfahren vor[216].

Die genannten verfassungsrechtlichen Stimmen haben in ihren Beiträgen einen Denkanstoß geben wollen, einen Vorschlag zur konkreten Ausgestaltung dieser Kompensationspflicht lieferten sie nicht. Aus heutiger Sicht verwirklicht die Regelung in den Absätzen 2 bis 7 des Art. 23 GG den dargebotenen Grundgedanken eines abgestuften Kompensationsausgleiches. Ob diese Regelung der Länderbeteiligung in Art. 23 GG auf die von ihnen favorisierte verfassungsrechtliche Kompensationspflicht zurückzuführen ist, soll an späterer Stelle näher beleuchtet werden[217].

IV. Ergebnis

Im Ergebnis ist festzustellen, daß die Etablierung von Ländermitwirkungsrechten in EG-Angelegenheiten unterhalb der Verfassungsebene vor der Einführung des neuen Art. 23 GG im Hinblick auf die verfassungsrechtliche Zulässigkeit bzw. Gebotenheit außerordentlich problematisch gewesen ist. Weder aus Art. 50 GG noch aus dem Grundsatz der Bundestreue – ggf. in Verbindung mit dem Kompensationsgedanken – ist eine tragfähige Grundlage für eine Beteiligung der Länder, die über bloße Informationspflichten hinausgeht, herzuleiten.

C. BESTREBUNGEN DER LÄNDER UND DES BUNDESRATES, VOR DER EINFÜHRUNG DES NEUEN ART. 23 GG EIN BETEILIGUNGSVERFAHREN ZU INSTALLIEREN

Im verfassungsrechtlichen Schrifttum ist zu diesem Komplex häufig zu lesen, die Forderung der deutschen Bundesländer, an der europäischen Willensbildung

214 *Kruis*, in: Festschrift für Willi Geiger, S. 155 (173/174); *Blanke*, Föderalismus und Integrationsgewalt, S. 403/404.

215 *Blanke*, Föderalismus und Integrationsgewalt, S. 405.

216 *Blanke*, Föderalismus und Integrationsgewalt, S. 404.

217 Siehe unten ab S. 197.

zu partizipieren, sei so alt wie die europäische Integration selbst[218]. Tatsächlich ist bereits vor der Gründung der Bundesrepublik im Parlamentarischen Rat die Forderung erhoben worden, jede Übertragung von Hoheitsrechten an die Zustimmung einer qualifizierten Mehrheit des Bundesrates zu binden[219]. Diese länderfreundliche Ansicht konnte sich jedoch seinerzeit nicht durchsetzen, die Übertragung von Hoheitsrechten an zwischenstaatliche Einrichtungen nach Art. 24 Abs. 1 GG wurde durch einfaches (Einspruchs-)Gesetz, das die Organe nicht zur Rücksicht auf die innerstaatliche Kompetenzverteilung zwang, ermöglicht[220]. Im September 1950, kurz nach der Gründung der Bundesrepublik und lange vor dem Abschluß der Römischen Verträge, forderte der Staatspräsident von Württemberg-Hohenzollern, *Gebhard Müller*, in die Beratende Versammlung des Europarates auch Ländervertreter zu entsenden[221]. In der Folgezeit versuchten die Bundesländer – mit wechselndem Erfolg – anläßlich der Ratifizierung jeden europäischen Vertrages, an der europäischen Willensbildung beteiligt zu werden[222].

I. Möglichkeiten der Länder, auf die europäische Willensbildung Einfluss zu nehmen

Prinzipiell kommen zwei Möglichkeiten in Betracht, die Bundesländer an der nationalen europapolitischen Willensbildung zu beteiligen, um dem föderalen System Rechnung zu tragen. Die Länder können selbst und unmittelbar in den Willensbildungsprozeß des Bundes einbezogen werden. Problematisch ist dieses Verfahren, wenn die Ansichten der 16 Bundesländer – i. d. R. aus politischen Gründen – nicht kongruent sind. Um der Gefahr einer gegenseitigen Machtblockierung zu entgehen, würde nur das Mehrheitsprinzip auf Länderebene weiterhelfen, das wiederum die Interessen der Länderminorität unberücksichtigt ließe.

---

218 Vgl. *Jaspert*, in: Magiera/Merten (Hrsg.), Bundesländer und Europäische Gemeinschaft, S. 87 (88 ff.). – Einen instruktiven Abriß zur Entwicklungsgeschichte der europäischen Integration geben *Koenig / Pechstein*, Die Europäische Union – Der Vertrag von Maastricht, S. 9 ff.

219 Vgl. JöR N.F. 1 (1951), S. 228; *Fischer*, ZParl 1993, S. 32 (34) in Fußn. 4.

220 *Pernice*, DVBl. 1993, S. 909 (909/910), m. w. N.

221 Am gleichen Tag maß *Müller* den Ländern eine große Bedeutung für die Integration Europas zu; zitiert nach *Hrbek / Thaysen*, Die Deutschen Länder und die Europäischen Gemeinschaften, S. 17.

222 Näher zu den Versuchen der Länder unten S. 70 ff. sowie *Memminger*, in: Magiera / Merten (Hrsg.), Bundesländer und Europäische Gemeinschaft, S. 61 ff. und *Morawitz*, ebenda, S. 45 ff.

Der andere Weg besteht darin, daß der Bund den Dialog mit den Ländern über den Bundesrat sucht. Der föderale Gewinn eines solchen Beteiligungsverfahrens ist indes zweifelhaft, weil die Länderkammer als Organ des Bundes die betroffenen einzelnen Länder nicht mediatisieren und nicht majorisieren kann[223]. Die im Beteiligungsverfahren den Ländern eingeräumten Mitwirkungsbefugnisse im Konzert der anderen Länder sind mit autonomen Entscheidungsbefugnissen der Länder nicht gleichwertig[224]. Die Bundesländer werden in diesem Verfahren nur mittelbar, als „Kategorie" beteiligt, nicht individuell, wie es ihrer eigenstaatlichen parlamentarisch verantworteten Kompetenz entspräche[225]. Obwohl im Bundesrat der Wille der einzelnen Landesregierungen gebündelt wird, er somit grundsätzlich zur Artikulation der Interessen der Mehrheit der Länder geeignet ist, kann seine Einbeziehung nicht dazu dienen, die Erosion der Einflußmöglichkeiten der Landesparlamente zu stoppen[226]. Gegen diese mittelbare Beteiligung der Länder spricht daher der Gedanke, daß etwaige aus dem Bundesstaatsprinzip herrührenden Beteiligungsrechte nicht dem Bundesorgan Bundesrat, sondern den Ländern als solchen – in Gestalt der unmittelbar demokratisch legitimierten Länderparlamente – zustehen[227]. Den Ländern wird durch eine solche Regelung eine Einigungslast auferlegt, die das *Bundesverfassungsgericht* – lange vor der Einführung des Bundesratsmitwirkungsverfahrens im Grundgesetz – ohne positiv-rechtliche Grundlage in der Verfassung mißbilligt hat: Danach hätten die Länder als Gliedstaaten des Bundes den gleichen Status, stünden also einzeln und gleichberechtigt nebeneinander. Dies verbiete im Grundsatz die Anwendung der Mehrheitsregel, vielmehr müsse das Prinzip der Einstimmigkeit Anwendung finden[228].

---

223 *Isensee*, in: HdB StR IV, § 98, Rdnr. 293; zustimmend *Pernice*, DVBl. 1993, S. 909 (919).

224 *Stewing*, Subsidiarität und Föderalismus in der Europäischen Union, S. 62; vgl. auch *Graf Vitzthum*, AöR 115 (1990), S. 281 (294): „die *bundesrats*vermittelte, also mediatisierte Mitwirkung der Länder scheint mir, soweit sie überhaupt verfassungsmäßig eingerichtet und ausgestaltet wurde, *mehr Palliativ als Kompensation.*"

225 *Pernice*, DVBl. 1993, S. 909 (919).

226 *Ziller*, in: Hrbek/Thaysen (Hrsg.), Die Deutschen Länder und die Europäischen Gemeinschaften, S. 89; *Pernice*, DVBl. 1993, S. 909 (920).

227 *Jaspert*, Der Bundesrat und die europäische Integration, in: Aus Politik und Zeitgeschichte, Heft B 12/82, S. 28; *Ziller*, in: Hrbek/Thaysen (Hrsg.), Die Deutschen Länder und die Europäischen Gemeinschaften, S. 91; *Schweitzer*, VVDStRL 53 (1994), S. 48 (61), m. w. N. Näher zur Problematik der Kompetenzverluste der Länderparlamente unten ab S. 317.

228 BVerfGE 1, 249 (315); vgl. dazu *Schröder*, JöR 35 (1986), S. 83 (100).

Im folgenden sollen die verschiedenen Anläufe der deutschen Bundesländer, in europäischen Angelegenheiten mitzuwirken, beleuchtet werden. Dabei wurden beide der soeben beschriebenen Wege beschritten, weil sich die Länder zwar im Grundsatz, oft jedoch nicht in der konkreten Ausgestaltung einig waren. Sie schlossen sich – häufig aus Gründen der Parteiräson im Hinblick auf die jeweilige Regierungspartei im Bund – von Fall zu Fall in unterschiedlichen Konstellationen zusammen[229], so daß es bis heute zu mehreren Anläufen der Länder – überwiegend über den Bundesrat – kam[230].

II. Versuch der Bundesländer, im Rahmen der Ratifizierung des EGKS-Vertrages ein Mitwirkungsverfahren zu installieren

Bereits beim Ratifizierungsverfahren des Vertrages über die Montanunion (EGKS-Vertrag) erkannte der damalige Ministerpräsident des Landes Nordrhein-Westfalen, *Karl Arnold*, Im Bundesrat im Sommer 1951 die Gefahr, daß die Länder bei fortschreitender europäischer Einigung von der Mitwirkung ausgeschlossen und zu „reinen Verwaltungseinheiten" herabgedrückt würden[231]. In dieser Sitzung vom 27. Juli 1951 beschloß der Bundesrat eine Stellungnahme, wonach verlangt wurde, daß bei der Willensbildung der deutschen Stellen im Rahmen des Schuman-Plans die Mitwirkung des Bundesrates vor der Ratifizierung sicherzustellen sein sollte[232].

Im Rahmen des Ratifizierungsverfahrens bezüglich des EGKS-Vertrages konnte der Bundesrat letztlich die Zusage der Bundesregierung erreichen, einen

---

229 *Graf Vitzthum*, AöR 115 (1990), S. 281 (289); *Eiselstein*, NVwZ 1989, S. 323 (330).

230 Beispiele aus dem umfangreichen Schrifttum zu diesem Komplex: *Dröll*, Die deutschen Bundesländer und die Europäische Gemeinschaft, S. 99 – 106; *Baumhof*, Die deutschen Bundesländer im europäischen Einigungsprozeß, S. 119 – 124; *Busch*, Bundesländer und Grundgesetz im Spannungsfeld der europäischen Integration, S. 172 – 186; *v. Welck*, Die Bundesländer und die Einheitliche Europäische Akte, S. 125 – 128; *Borchmann*, AöR 112 (1987), S. 586 (588 – 596).

231 *Bundesrat*, 61. Sitzung vom 27.7.1951, Sitzungsbericht, S. 445 (Beschluß); ausführlich zum Ablauf der Verhandlungen: *Birke*, Die deutschen Bundesländer in den Europäischen Gemeinschaften, S. 36/37.

232 *Bundesrat*, Drucksache 470/51 (Beschluß), Ziffer 5; abgedruckt bei *Jaspert*, in: Magiera/Merten (Hrsg.), Bundesländer und Europäische Gemeinschaft, S. 89, Fn. 10.

Unterausschuß des Auswärtigen Ausschusses laufend zu unterrichten und in Fällen besonderer Betroffenheit einzelner Länder diese Länder zu hören[233].

III. Verankerung einer Unterrichtungspflicht bei der Ratifizierung des EWG- und des EAG-Vertrages

Bei der Ratifizierung des Vertrages zur Gründung der EWG und der EAG, die der Zustimmung des Bundesrates bedurfte, forderte der Bundesrat, die Weisungen an den von der Bundesrepublik Deutschland zu entsendenden Vertreter nur nach vorheriger Beratung mit dem Bundesrat zu erteilen[234]. Die Bundesregierung lehnte diese Mitwirkung seinerzeit unter Hinweis auf Art. 53 S. 3 GG, der eine Informations-, nicht hingegen eine Beratungspflicht beinhalte, ab[235]. Der Bundesrat stimmte schließlich einem Gesetzentwurf zu, der lediglich die von der Bundesregierung zugestandene Unterrichtungspflicht enthielt[236]. Der Bundesrat konnte – ohne jede Verbindlichkeit – Stellung zu den europapolitischen Vorhaben der Bundesregierung nehmen. Auf die Belange einzelner besonders betroffener Bundesländer konnte das Verfahren wegen des Mehrheitsprinzips im Bundesrat ohnehin keine Rücksicht nehmen[237].

Insofern hatte der Bundesrat nur in konkretisierter Form das erhalten, was ihm Art. 53 S. 3 GG ohnehin garantierte[238]; ihre weitergehenden Vorstellungen konnte die Länderkammer bei der Ratifizierung der Verträge über die EWG und die EAG demzufolge noch nicht durchsetzen[239]. Allerdings wurden diese Mitwirkungsmöglichkeiten des Bundesrates – im Einvernehmen mit der Bundesregierung – dahingehend extensiv interpretiert, daß mit der Unterrichtung auch ein sachlicher Meinungsaustausch verbunden sein sollte[240].

---

233 *Bundesrat*, 77. Sitzung vom 1.2.1952, Sitzungsbericht, S. 33, Ziffer VI.

234 *Bundesrat*, Drucksache 146/57 (Beschluß).

235 *Bundestag*, Drucksache II/3440, S. V.

236 *Bundesrat*, 181. Sitzung vom 19.7.1957, Sitzungsbericht, S. 745 (A) ff.

237 *Memminger*, in: *Magiera/Merten*, Bundesländer und Europäische Gemeinschaft, S. 61 (62/63).

238 *Ziller*, in: Hrbek/Thaysen (Hrsg.), Die Deutschen Länder und die Europäischen Gemeinschaften, S. 89 (92/93).

239 *Jaspert*, in: Magiera/Merten (Hrsg.), Bundesländer und Europäische Gemeinschaft, S. 87 (91).

240 Vgl. 181. Sitzung des Bundesrates vom 19.7.1957, Sitzungsbericht, S. 745 (C).

IV. Unmittelbare Beteiligung der Länder (Länderbeteiligungsverfahren)

In der Folgezeit hatte der Bundesrat Fragen im Zusammenhang mit der Europäischen Integration sehr ernst genommen und den Meinungsaustausch zu einer echten Zusammenarbeit zwischen Bund und Ländern ausgebaut[241].

Dennoch waren die Länder im Zuge der fortschreitenden europäischen Entwicklung mit dem praktizierten Verfahren nicht zufrieden. Dies gründete zum einen in der Tatsache, daß der Bundesrat mit seinen Stellungnahmen aufgrund unzuverlässiger Zeitprognosen der EG-Kommission häufig zu spät kam. Abhilfe konnte nach Ansicht des Bundesrates nur eine umfassende und frühzeitige Information, möglichst noch vor den Beratungen in der Kommission, schaffen. Zum anderen setzte sich die Bundesregierung - auch in Materien, die innerstaatlich ganz oder teilweise zur Legislativkompetenz der Länder gehörten - häufig über die geäußerten Vorstellungen des Bundesrates hinweg[242].

Unter dem Eindruck dieser Unzufriedenheit und unter Hinweis auf den Verfassungsgrundsatz des bundesfreundlichen Verhaltens, der auch für das Verhalten des Bundes gegenüber den Ländern herangezogen wird[243], begannen Ende 1977 die Verhandlungen über ein - neben dem Bundesratsverfahren zu installierendes - Länderbeteiligungsverfahren[244]. Als Ergebnis dieser Verhandlungen wurde am 19./26. September 1979 in einem Briefwechsel zwischen dem Bundeskanzler und dem Vorsitzenden der Ministerpräsidentenkonferenz das Länderbeteiligungsverfahren eingeführt[245]. Dieses Verfahren sah im wesentlichen eine Unterrichtungspflicht des Bundes, die mit einem Recht der Länder zur Stellungnahme korrespondierte, vor. Der Bund durfte auf Gebieten, die der ausschließlichen Gesetzgebungskompetenz der Länder unterlagen, vom Stand-

---

241 *Jaspert*, in: Magiera/Merten (Hrsg.), Bundesländer und Europäische Gemeinschaft, S. 87 (91).

242 *Jaspert*, in: Magiera/Merten (Hrsg.), Bundesländer und Europäische Gemeinschaft, S. 87 (95).

243 BVerfGE 12, 205 (254/255); 41, 291 (308 ff.); 81, 310 (337).

244 *Jaspert*, in: Magiera/Merten (Hrsg.), Bundesländer und Europäische Gemeinschaft, S. 87 (95/96).

245 Abgedruckt bei Hrbek/Thaysen (Hrsg.), Die Deutschen Länder und die Europäischen Gemeinschaften, S. 237/238.

punkt der Länder nur aus zwingenden außen- und integrationspolitischen Gründen abweichen[246].

Dieses Länderbeteiligungsverfahren war – ebenso wie das oben genannte Mitwirkungsverfahren des Bundesrates aus dem Jahre 1957 – nicht in der Lage, die Forderung der Länder nach zeitnäherer Beteiligung sowie stärkerer Berücksichtigung ihrer Standpunkte bei der Verwirklichung von EG-Rechtsetzungsvorhaben zu befriedigen[247]. In der Praxis zeigte sich, daß es an der Organisationsstruktur fehlte, um rechtzeitig zu einer – einstimmigen – Länderauffassung zu gelangen[248]. Insbesondere den kleinen Bundesländern fehlte es zudem an einem bürokratischen Unterbau, um eine kontinuierliche und effiziente Bearbeitung der Vorlagen garantieren zu können[249]. Erschwerend für die Meinungsbildung der Länder hat sich zudem das Einstimmigkeitsprinzip erwiesen[250]. Im übrigen beließ auch dieses Verfahren die Letztentscheidungskompetenz bei der Bundesregierung[251].

Die Bilanz des von 1979 bis 1986 praktizierten Verfahrens sieht folgendermaßen aus: Von den über 1000 dem Länderbeobachter übermittelten EG-Vorlagen sind rund 300 an eine Gemeinsame Stelle weitergeleitet worden, und diese hat nur in 37 Fällen eine Stellungnahme der Länder erarbeitet, in keinem einzigen Fall jedoch das Votum von sich aus der Bundesregierung übermittelt und einen gemeinsamen Meinungsbildungsprozeß eingeleitet[252].

---

246 Siehe Schreiben des *Bundeskanzlers* vom 19.9.1979, Pkt. II. 2., abgedruckt bei: Hrbek/Thaysen (Hrsg.), Die Deutschen Länder und die Europäischen Gemeinschaften, S. 237.

247 Vgl. *Borchmann*, AöR 112 (1987), S. 586 (596).

248 *Morawitz*, in: Magiera/Merten (Hrsg.), Bundesländer und Europäische Gemeinschaft, S. 45 (47).

249 *Engholm*, EA 1989, S. 383 (388).

250 *Morawitz*, in: Magiera/Merten (Hrsg.), Bundesländer und Europäische Gemeinschaft, S. 45 (48).

251 *Memminger*, in: Magiera/Merten (Hrsg.), Bundesländer und Europäische Gemeinschaft, S. 61 (63).

252 *Einert*, in: Hrbek / Thaysen (Hrsg.), Die Deutschen Länder und die Europäischen Gemeinschaften, S. 41 (45).

V. Mitwirkungsverfahren nach dem Zustimmungsgesetz zur Einheitlichen Europäischen Akte (EEAG)

Die bis dahin von den Bundesländern unternommenen Anstrengungen reichten nach deren Auffassung immer noch nicht aus, den Verlust entzogener Befugnisse zu kompensieren, zumal sich diese Verfahren entweder auf bloße Information beschränkten oder den Stellungnahmen der Länder bzw. des Bundesrates jegliche Bindungswirkung für die Bundesregierung fehlte[253]. Die Länder haben daher im Jahre 1986 die Ratifizierung der Einheitlichen Europäischen Akte (EEA) zum Anlaß genommen, für eine Mitwirkung in europäischen Angelegenheiten eine gesetzliche Grundlage zu schaffen[254].

1. Hintergründe des Zustandekommens

Über die Frage der Zustimmungsbedürftigkeit des Ratifikationsgesetzes konnte zwischen der Bundesregierung und den Ländern zunächst kein Konsens herbeigeführt werden[255]. Die Mitwirkungspflicht konnte lediglich mit der angestrebten Befugnis des EG-Ministerrates, Bestimmungen über die Harmonisierung von Umsatzsteuern und sonstigen indirekten Steuern sowie Verbrauchsabgaben zu erlassen[256], deren innerstaatliche Umsetzungen gemäß Art. 105 Abs. 3 GG i. V. m. Art. 106 Abs. 3 GG der Zustimmung des Bundesrates bedürften, begründet werden[257]. Jedoch erlaubte die – bis zur Einführung des neuen Art. 23 GG auch als Befugnisnorm für die europäische Integration fungierende –

---

253 *Memminger*, in: Magiera/Merten (Hrsg.), Bundesländer und Europäische Gemeinschaft, S. 61 (62).

254 *Morawitz*, in: Magiera/Merten (Hrsg.), Bundesländer und Europäische Gemeinschaft, S. 45.

255 *Bundesrat*, 564. Sitzung vom 16.5.1986, Drucksache 150/86 (Beschluß); Staatsminister *Stavenhagen* in der 564. Sitzung des Deutschen Bundesrates vom 16.5.1986, Drucksache 150/86 (abgedruckt bei: Hrbek/Thaysen [Hrsg.], Die Deutschen Länder und die Europäischen Gemeinschaften, S. 265); in der verfassungsrechtlichen Diskussion de lege lata sprachen sich z. B. *Kewenig*, JZ 1990, S. 458 (459), und *Weber*, DVBl. 1986, S. 800 (803), für Zustimmungsbedürftigkeit, *Morawitz*, in: Magiera/Merten (Hrsg.), Bundesländer und Europäische Gemeinschaft, S. 83/84 (Diskussion), hingegen für ein Einspruchsgesetz aus. Näher zur Geschichte des Zustandekommens *Morawitz*, in: Magiera/Merten (Hrsg.), Bundesländer und Europäische Gemeinschaft, S. 45 (49 ff.) und *Borchmann*, AöR 112 (1987), S. 586 (605 ff.).

256 Vgl. Art. 99 EGV.

257 *Morawitz*, in: Magiera/Merten (Hrsg.), Bundesländer und Europäische Gemeinschaft, S. 45 (56).

Bestimmung des Art. 24 Abs. 1 GG nach allgemeiner Ansicht die grundsätzlich nicht zustimmungsbedürftige Übertragung von Hoheitsrechten einschließlich einer damit eventuell verbundenen materiellen Verfassungsänderung, ohne an die Erfordernisse des Art. 79 Abs. 1 und 2 GG gebunden zu sein[258]. Eine rechtliche Pflicht zur Mitwirkung des Bundesrates war daher kaum zu konstruieren, allenfalls ein politisches Obligo, um künftig die Integrationspolitik im Konsens mit den Ländern voranzutreiben[259]. Letztlich hat sich die Bundesregierung „aus Achtung vor dem gesamtpolitischen Gewicht des Verfassungsorgans Bundesrat" der „länderfreundlichen" Auslegung des Zustimmungserfordernisses „bewußt" angeschlossen[260].

Der Bundesrat hatte in seiner Sitzung vom 16. Mai 1986 zwar das „Zustandekommen der Einheitlichen Europäischen Akte als einen geeigneten Schritt auf dem Weg zur Wirtschafts- und Währungsunion sowie auf weite Sicht zur Errichtung einer Europäischen Union" begrüßt, jedoch wegen der zu erwartenden weiteren „wesentlichen Eingriffe in die föderative Struktur des Grundgesetzes" infolge der Ermächtigungen der Einheitlichen Europäischen Akte seine Zustimmung zum Ratifikationsgesetz davon abhängig gemacht, daß er künftig stärker als bisher am Entscheidungsverfahren im Rahmen der Europäischen Gemeinschaft beteiligt werden würde[261]. Diese Mitwirkung sollte nach dem Willen des Bundesrates zunächst im Gesetz zur Einheitlichen Europäischen Akte und später in der Verfassung selbst festgelegt werden[262]. Gefordert wurde die Einfügung eines „Artikels 1a" in das Gesetz zur Einheitlichen Europäischen Akte, der die Bundesregierung verpflichten sollte, den Bundesrat über alle Gemeinschaftsvorhaben umfassend und frühestmöglich zu unterrichten, bei solchen Vorhaben, die in die Gesetzgebungskompetenz der Länder fallen oder de-

---

258 *Morawitz*, in: Magiera/Merten (Hrsg.), Bundesländer und Europäische Gemeinschaft, S. 45 (56); zweifelnd auch: *v. Welck*, Die Bundesländer und die Einheitliche Europäische Akte, S. 139.

259 *Morawitz*, in: Magiera/Merten (Hrsg.), Bundesländer und Europäische Gemeinschaft, S. 45 (56).

260 Staatsminister *Stavenhagen* in der 564. Sitzung des Deutschen Bundesrates vom 16.5.1986, Drucksache 150/86; abgedruckt bei Hrbek/Thaysen (Hrsg.), Die Deutschen Länder und die Europäischen Gemeinschaften, S. 265.

261 *Bundesrat*, 564. Sitzung vom 16.5.1986, Drucksache 150 / 86 (Beschluß); vgl. hierzu auch: *Ress*, EuGRZ 1986, S. 549 (549); *Morawitz*, in: Magiera/Merten (Hrsg.), Bundesländer und Europäische Gemeinschaft, S. 45 (51).

262 *Bundesrat*, 564. Sitzung vom 16.5.1986, Drucksache 150/86 (Beschluß). Der Antrag, die geforderte Beteiligung der Länder darüber hinaus auch später in der Verfassung abzusichern, erhielt seinerzeit keine Mehrheit im Rechtsausschuß; vgl. *Borchmann*, AöR 112 (1987), S. 586 (610).

ren wesentliche Interessen berühren[263], *zuvor* die Stellungnahme des Bundesrates einzuholen sowie vom Votum der Länderkammer nur aus „zwingenden außen- und integrationspolitischen Gründen" abzuweichen[264].

2. Verfassungsmässigkeit des Beteiligungsverfahrens

Es bestand jedoch von Anfang an Uneinigkeit darüber, ob eine solche Mitwirkung der Länder überhaupt zulässig sei und wenn ja, welchen Umfang die Beteiligung der Länder annehmen sollte.[265] Während die Länder die Entscheidungen im Rahmen der Europäischen Gemeinschaft wegen der zunehmenden Berührung ihrer wesentlichen Interessen oder ihrer ausschließlichen Kompetenzen teilweise sowohl als Außen- wie auch als Innenpolitik, an der sie angemessen zu beteiligen seien, betrachtet haben[266], neigte die Bundesregierung in ihrer Gegenäußerung zu dem Bundesratsverlangen[267] der Auffassung zu, daß das prinzipielle Abweichungsverbot von Stellungnahmen des Bundesrates, das einem Weisungsrecht gegenüber der Regierung gleichkomme, sowie eine ihr obliegende Pflicht, vor der Mitwirkung im EG-Ministerrat die Stellungnahme des Bundesrates einzuholen, nicht mit ihrer durch Art. 32 Abs. 1 GG begründeten Zuständigkeit betreffs auswärtiger Gewalt in Einklang zu bringen sei[268].

a) Zulässigkeit der Regelung durch einfaches Bundesgesetz

In formeller Hinsicht war zunächst unklar, ob die in Aussicht genommene Änderung der Kompetenzlinien zwischen der Bundesregierung und dem Bundesrat einer Regelung durch ein einfaches Bundesgesetz überhaupt zugänglich war und wenn ja, ob eine Kompetenz des Bundes für diesen Bereich bestanden hat.

---

263 *Borchmann*, AöR 112 (1987), S. 586 (608); *Morawitz*, in: Magiera/Merten (Hrsg.), Bundesländer und Europäische Gemeinschaft, S. 45 (52)..

264 *Bundesrat*, 564. Sitzung vom 16.5.1986, Drucksache 150/86 (Beschluß).

265 Vgl. hierzu: *Nass*, in: Festschrift für Hans v. d. Groeben, S. 285 (293 ff.).

266 Vgl. die Nachweise bei: Hrbek/Thaysen (Hrsg.), Die Deutschen Länder und die Europäischen Gemeinschaften, S. 267 ff., insbes. der Rheinland-Pfälzische Ministerpräsident *Vogel* (S. 267).

267 *Bundestag*, Drucksache 10/6418 vom 12.11.1986.

268 *Bundestag*, Drucksache 10/6418 vom 12.11.1986; *Stavenhagen*, in: Hrbek/Thaysen (Hrsg.), Die Deutschen Länder und die Europäischen Gemeinschaften, S. 51 (53); vgl. allgemein: *Bundesrat* (Hrsg.), Bundesrat und Europäische Gemeinschaften, 1988, S. 1 ff.

Bedenken ergaben sich zum einen daraus, daß Rechte und Pflichten von Bundesorganen grundsätzlich durch die Kompetenzordnung des Grundgesetzes festgelegt werden müssen, Kompetenzmodifikationen somit nur durch ein den Anforderungen des Art. 79 GG genügendes verfassungsänderndes Gesetz vorgenommen werden können[269]. Zulässig ist hingegen die Festlegung des modus procedendi unter dem Vorbehalt der beiderseitigen Rechte in Fällen verfassungsrechtlich nicht exakt festgelegter Zuständigkeiten[270].

In diesem Zusammenhang war zu berücksichtigen, daß die Vorschriften des Grundgesetzes über die Interorganbeziehungen so allgemein gehalten sind, daß sie den für die praktische Rechtsanwendung erforderlichen Grad an Präzision häufig nicht zu erreichen vermögen[271], zumal der Verfassunggeber 1949 die europäische Integration nicht in der im Jahre 1986 verwirklichten Gestalt vorhersehen konnte. Nach der Rechtsprechung des *Bundesverfassungsgerichts* kann auch ein einfaches Bundesgesetz den Ländern weitere Formen der Einflußnahme auf die Bildung des Bundeswillens einräumen, soweit nicht ausdrückliche Vorschriften des Grundgesetzes entgegenstehen oder Kompetenzen des Bundes ihrer Natur nach nicht beschränkbar sind[272]. Das angestrebte Verfahren stellte somit keine Vollregelung des Interorganverhältnisses zwischen Bundesregierung und Bundesrat dar, sondern nur die – verfassungsrechtlich nicht zu beanstandende – grundsätzliche Verpflichtung des Bundes, die Länder in europäischen Angelegenheiten zu beteiligen[273].

---

269 *Tomuschat*, in: Magiera/Merten (Hrsg.), Bundesländer und Europäische Gemeinschaft, S. 21 (35); zu den Grenzen der Regelungsmöglichkeiten durch Gesetz: *Schneider*, § 2, Rdnr. 28.

270 *Stern*, Staatsrecht I, § 19 III 3, (S. 673), nennt in diesem Zusammenhang als Beispiel das Lindauer Abkommen.

271 *Tomuschat*, in: Magiera/Merten (Hrsg.), Bundesländer und Europäische Gemeinschaft, S. 21 (36).

272 BVerfGE 1, 299 (311); im Ergebnis zustimmend: *Grabitz*, in: Hrbek /Thaysen (Hrsg.), Die Deutschen Länder und die Europäischen Gemeinschaften, S. 169 (179/180); *Memminger*, in: Magiera/Merten (Hrsg.), Bundesländer und Europäische Gemeinschaft, S. 61 (65), unter Hinweis auf *Stern*, Staatsrecht I, § 5 I 2 (S. 149).

273 *Haas*, DÖV 1988, S. 613 (619); *v. Welck*, Die Bundesländer und die Einheitliche Europäische Akte, S. 137/138, nimmt eine Rechtspflicht des Bundes zur Kompensation aus dem Zusammenspiel von Art. 20 Abs. 1 GG und Art. 24 Abs. 1 GG an und hält das Mitwirkungsverfahren nach dem EEAG folglich für eine Regelung deklaratorischer Natur; mangels materieller Verfassungsänderung seien auch die Grenzen des Art. 79 GG nicht beachtlich.

In der Frage der Legislativkompetenz war z. B. *Baumhof*[274] der Ansicht, das Verfahren nach dem EEAG weise dem Bund mittels einfachem Gesetz eine Zuständigkeit außerhalb der verfassungsrechtlichen Kompetenzordnung zu, was nur durch eine Verfassungsänderung zulässig wäre. Er begründet dieses Ergebnis damit, daß Art. 32 Abs. 1 GG auf die Mitwirkung an der EG-Rechtsetzung nicht anwendbar sei, dem Bund mithin die Verbandskompetenz für diesen Bereich fehle und der Bundesrat folglich als Organ des Bundes eine verbindliche Entscheidung für die Länder nicht treffen dürfe[275]. *Morawitz* dagegen nahm mit der ganz herrschenden Auffassung[276] eine Handlungsmacht der Bundesregierung in den EG-Gremien auf der Grundlage des Art. 32 Abs. 1 GG an[277], bezweifelte jedoch eine konkrete Kompetenz des einfachen Bundesgesetzgebers zum Erlaß einer solchen Regelung[278]. Nach Auffassung von *Grabitz*[279] bedurfte es mangels verfassungsrechtlicher Spezialregelung eigentlich der Rechtsform

---

274 In: Die deutschen Bundesländer im europäischen Einigungsprozeß, S. 126 ff., 72 ff.

275 Nach seiner Auffassung sei dies verfassungskonform unter Zugrundelegung der Annahme zu lösen, der Bundesrat entscheide im Rahmen des Verfahrens nach Art. 2 EEAG nicht als Bundesorgan, sondern als selbständiges Koordinationsorgan der Länder. Dagegen sind Bedenken aus der Stellung des Bundesrates als oberstem Bundesorgan insoweit zu erheben, als daß sich eine solche interessenkoordinierende Tätigkeit zugunsten der Länder im Bereich ihrer ausschließlichen Kompetenzen nicht mit seinem verfassungsrechtlichen Kompetenzbereich in Einklang bringen läßt; vgl. hierzu: *Ress*, EuGRZ 1986, S. 549 (557); EuGRZ 1987, S. 361 (362); gegen diese Betrachtungsweise spricht sich auch *Busch*, Bundesländer und Grundgesetz im Spannungsfeld der europäischen Integration, S. 202 ff., aus; siehe auch: *Grabitz*, EuR 1987, S. 310 (316/317), der diese Auffassung mit der Annahme, Art. 50 GG gebe das Recht und die Pflicht zur Mitwirkung der Länder über den Bundesrat, begründet; zum Problem einer aus Art. 50 GG herzuleitenden Kompensationspflicht oben S. 59 ff.

276 *Tomuschat*, in: Bonner Kommentar, Art. 24 GG, Rdnr. 100 ff.; *Grabitz*, in: Hrbek/Thaysen (Hrsg.), Die Deutschen Länder und die Europäischen Gemeinschaften, S. 169 (172/173); *Bleckmann*, RIW 1978, S. 144 (146/147); *Stewing*, Subsidiarität und Föderalismus in der Europäischen Union, S. 63 ff.; *v. Welck*, Die Bundesländer und die Einheitliche Europäische Akte, S. 114 ff.; vgl. auch: *Fastenrath*, Kompetenzverteilung im Bereich der auswärtigen Gewalt, München 1986, S. 81 ff.

277 *Morawitz*, in: Magiera/Merten (Hrsg.), Bundesländer und Europäische Gemeinschaft, S. 45 (53).

278 *Morawitz*, in: Magiera/Merten (Hrsg.), Bundesländer und Europäische Gemeinschaft, S. 45 (54/55); er lehnt sowohl die Kompetenztitel des Art. 73 Nr. 1 und des Art. 24 Abs. 1 GG als auch die Gesichtspunkte der Annexkompetenz und der Kompetenz aus der „Natur der Sache“ ab und meint, nur in Form einer Vereinbarung wäre ein derartiges Verfahren verfassungsrechtlich unbedenklich.

279 In: Hrbek/Thaysen (Hrsg.), Die Deutschen Länder und die Europäischen Gemeinschaften, S. 169 (179).

eines Staatsvertrages; aufgrund der mit einer Übertragung von Hoheitsrechten nach Art. 24 Abs. 1 GG verbundenen materiellen Verfassungsänderung, die binnenstaatliche Auswirkungen zur Folge hat, dürfen diese jedoch in diesem Fall auf Art. 24 Abs. 1 GG selbst gestützt werden[280]. *V. Welck*[281] schließlich verweist auf die von ihm festgestellte Kompensationspflicht[282] und begründet das Vorliegen einer Annexkompetenz zu Art. 24 Abs. 1 GG damit, daß das Übergreifen des Bundesgesetzgebers in diese nicht ausdrücklich zugewiesene Materie unerläßliche Voraussetzung für die Regelung des ihm gemäß Art. 24 Abs. 1 GG obliegenden Bereiches ist[283].

b) Verstoß gegen den Außenvertretungsanspruch der Bundesregierung nach Art. 32 Abs. 1 GG

Schwerer wog der Vorwurf, das in Art. 2 Abs. 2 bis 4 EEAG verankerte Bundesratsbeteiligungsverfahren schränke die der Bundesregierung gemäß Art. 32 Abs. 1 GG obliegende Wahrnehmung der auswärtigen Gewalt in unzulässiger Weise ein[284]. Kritisiert wurde in diesem Zusammenhang vor allem das in Art. 2 Abs. 3 Satz 2 EEAG normierte prinzipielle Abweichungsverbot[285]. Wollte die Bundesregierung von einer Stellungnahme des Bundesrates in einer Angelegenheit ausschließlicher Länderzuständigkeit abweichen, durfte sie dies – nach dem Wortlaut – nur aus „unabweisbaren außen- und integrationspolitischen Gründen“ tun. Die Auswirkungen dieses prinzipiellen Abweichungsverbotes wurden unterschiedlich interpretiert.

---

280 *V. Welck*, Die Bundesländer und die Einheitliche Europäische Akte, S. 136, deutet den Vorschlag Grabitz' als Annexkompetenz zu Art. 24 Abs. 1 GG.

281 Die Bundesländer und die Einheitliche Europäische Akte, S. 136/137.

282 Vgl. Fußnote 273.

283 Zusätzlich zieht er den Gedanken des „e maiore ad minus“ mit der Begründung heran, wenn schon eine vollständige Übertragung von Länderhoheitsrechten zulässig sei, dann müsse erst recht die Einräumung von Mitwirkungsrechten gestattet sein; zutreffend scheint diesbezüglich der Gedanke von *Morawitz*, in: Magiera/Merten (Hrsg.), Bundesländer und Europäische Gemeinschaft, S. 45 (54), bei der Länderbeteiligung handele es sich nicht um ein minus, sondern um ein aliud gegenüber der Abgabe von Hoheitsrechten, zu sein.

284 Gegenäußerung der *Bundesregierung* zur Stellungnahme des Bundesrates vom 16.5.1986, Drucksache 10/6418 vom 12.11.1986; *Morawitz*, in: Magiera/Merten (Hrsg.), Bundesländer und Europäische Gemeinschaft, S. 45 (53/54).

285 Beispielsweise von *Frowein*, in: *Bundesrat* (Hrsg.), Vierzig Jahre Bundesrat, S. 285 (292 f.).

Nach einer insbesondere von *Ress* vorgetragenen Ansicht schränkte diese Klausel den außenpolitischen Handlungsspielraum der Bundesregierung de facto erheblich ein[286], auch wenn die Bundesregierung in ihrer Gegenäußerung zum Bundesratsvorschlag durch diese Formulierung ihre „grundgesetzlich garantierte Handlungsfreiheit" als „gewahrt" betrachtete[287]; mit der verfassungsrechtlichen Stellung der Bundesregierung bei der Wahrnehmung auswärtiger Angelegenheiten nach Art. 32 Abs. 1 GG wäre es unvereinbar, (faktischen) Weisungen eines anderen Bundesorgans unterworfen zu sein[288]. Dem war entgegenzuhalten, daß diese Einengung nur im Bereich der ausschließlichen Kompetenzen der Länder wirkte, der zu den Essentialen ihrer Staatlichkeit zählt. Der Bund ist aufgrund des Grundsatzes der Bundestreue[289] bei seinem auswärtigen Engagement ohnehin zur Wahrung der Eigenstaatlichkeit der Länder gehalten; insofern ließ sich das Beteiligungsverfahren als dessen Konkretisierung begreifen[290]. *Tomuschat*[291] sah zwar das Konsultationsverfahren nach Art. 2 Abs. 2 EEAG durch das Prinzip der Bundestreue als gedeckt an, jedoch nicht die in Art. 2 Abs. 3 EEAG postulierte Bindung an eine durch den Bundesrat definierte Position[292], weil das Bundestreueprinzip keinesfalls zur Unterwerfung unter die Auffassungen eines anderen Beteiligten zwinge; nur eine einschränkende Interpretation - gegen den Wortlaut - dahingehend, daß die Bundesregierung lediglich verpflichtet sei, wenn irgend möglich nach den Wünschen des Bundesrates zu handeln, lasse das Letztentscheidungsrecht der Regierung unberührt[293].

---

286 *Ress*, EuGRZ 1987, S. 361 (364); ders. zum ursprünglichen Vorschlag des Bundesrates, in: EuGRZ 1986, S. 549 (552/553); *Haas*, DÖV 1988, S. 613 (619).

287 Abgedruckt bei: Hrbek/Thaysen (Hrsg.), Die Deutschen Länder und die Europäischen Gemeinschaften, S. 290 (293).

288 Gegenäußerung der *Bundesregierung* zur Stellungnahme des Bundesrates vom 16.5.1986, Drucksache 10/6418 vom 12.11.1986; zustimmend: *Ress*, EuGRZ 1987, S. 361 (364); vgl. auch: *Morawitz*, in: Magiera/Merten (Hrsg.), Bundesländer und Europäische Gemeinschaft, S. 45 (53/54).

289 Siehe oben S. 63 ff.

290 *Haas*, DÖV 1988, S. 613 (619); *Grabitz*, EuR 1987, S. 310 (319); vgl. auch: *Jooss/Scheuerle*, EuR 1989, S. 226 (233/234).

291 In: Magiera/Merten (Hrsg.), Bundesländer und Europäische Gemeinschaft, S. 21 (39).

292 Eine Bindungswirkung aus dem Bundestreueprinzip verneinte auch *Ress*, EuGRZ 1986, S. 549 (556).

293 *Ress*, EuGRZ 1986, S. 549 (556); *v. Welck*, Die Bundesländer und die Einheitliche Europäische Akte, S. 148, gelangt zu diesem Ergebnis, indem er mittels verfassungskonformer Interpretation „Unabweisbarkeit" schon dann annehmen will, wenn der Verlust der Letztentscheidungskompetenz der Bundesregierung droht; zweifelnd hinsichtlich des Bundes-

→

Grabitz hatte die Klausel des Art. 2 Abs. 3 Satz 2 EEAG dahingehend interpretiert, daß die Haltung der Bundesregierung im Rahmen der Europäischen Gemeinschaft grundsätzlich in ihrem Ermessen liege und dort ihre Grenze finde, wo die Interessen der Länder mißbräuchlich oder in nicht vertretbarer Weise mißachtet würden[294].

Überwiegend wurde angenommen, der verfassungsrechtlich garantierte Handlungs- und Beurteilungsspielraum der Bundesregierung sei dann nicht verletzt, wenn ihr das Letztentscheidungsrecht verbliebe[295]. Bei der Beurteilung, ob zwingende Gründe eine Abweichung von der Stellungnahme der Länderkammer rechtfertigen, verfüge die Regierung über eine von der jeweiligen Entscheidungssituation abhängige Einschätzungsprärogative, die einer verfassungsgerichtlichen Kontrolle nicht zugänglich sei, so daß ein Vetorecht zugunsten der Länder nicht begründet werde[296]. Mit der Feststellung, daß eine verfassungsrechtlich relevante Einengung der außenpolitischen Handlungsmacht nicht besteht[297], wurde letztlich überwiegend eine Kollision mit dem Außenvertretungsanspruch der Bundesregierung nach Art. 32 Abs. 1 GG abgelehnt[298].

Obwohl der Vorwurf, das prinzipielle Abweichungsverbot und der Zwang zur Begründung bei einer Durchbrechung lege der Regierung eine verschärfte Rechenschaftspflicht auf und führe so zu einer Hemmung des deutschen Ratsvertreters, so daß eine Ausrichtung an dem gesamteuropäischen Gemeinwohlbe-

---

treuegrundsatzes als Grundlage der Regelung in Art. 2 Abs. 3 EEAG: *Morawitz*, in: Magiera/Merten (Hrsg.), Bundesländer und Europäische Gemeinschaft, S. 45 (54).

294 *Grabitz*, EuR 1987, S. 310 (319); *ders.*, in: Hrbek/Thaysen (Hrsg.), Die Deutschen Länder und die Europäischen Gemeinschaften, S. 169 (178): nur, wenn Länderinteressen „mit Füßen getreten" werden; kritisch dazu: *Hailbronner*, JZ 1990, S. 149 (156).

295 *Morawitz*, in: Magiera/Merten (Hrsg.), Bundesländer und Europäische Gemeinschaft, S. 45 (54).

296 So der nordrhein-westfälische Minister für Bundesangelegenheiten *Einert* in der 564. Sitzung des Bundesrates vom 16.5.1986, Drucksache 150/86; abgedruckt bei Hrbek/Thaysen (Hrsg.), Die Deutschen Länder und die Europäischen Gemeinschaften, S. 265 (268); zustimmend: *Schröder*, JöR 35 (1986), S. 83 (96).

297 *Schröder*, JöR 35 (1986), S. 83 (96); *Oschatz*, in: Merten (Hrsg.), Föderalismus und Europäische Gemeinschaften, S. 63 (75/76), unter Hinweis auf den Verhältnismäßigkeitsgrundsatz und auf die Nachrüstungsentscheidung des *Bundesverfassungsgerichts* (BVerfGE 68, 1 ff.); *Stewing*, Subsidiarität und Föderalismus in der Europäischen Union, S. 64/65.

298 *Memminger*, in: Magiera/Merten (Hrsg.), Bundesländer und Europäische Gemeinschaft, S. 61 (64/65).

langen erheblich erschwert oder unmöglich gemacht werde[299], nie überzeugend ausgeräumt werden konnte, wurde das Gesetz zur Einheitlichen Europäischen Akte (EEAG) am 19. Dezember 1986[300] verabschiedet und auch später keiner verfassungsgerichtlichen Überprüfung unterzogen. Die Problematik im Zusammenhang mit der Außenvertretungsbefugnis der Bundesregierung nach Art. 32 Abs. 1 GG stellt sich in gleicher Weise bei dem durch Art. 23 GG eingeführten Bundesratsverfahren und soll dort näher vertieft werden[301].

3. Einzelheiten des Mitwirkungsverfahrens

Abgesehen von einigen redaktionellen Änderungen, die vor allem die imperativen Formulierungen[302] zu Lasten der Bundesregierung abschwächen sollten, sind die Vorstellungen des Bundesrates in Art. 2 EEAG[303] überwiegend Wirklichkeit geworden. Das vom Bundesrat durchgesetzte Verfahren war in seiner Art einmalig in den EG-Mitgliedstaaten[304], was nur durch die in der Bundesrepublik verhältnismäßig starke Stellung der Länder ermöglicht worden ist.

Das in Art. 2 EEAG geregelte Beteiligungsverfahren sieht eine umfassende und frühzeitige Unterrichtung der Länder via Bundesrat (Abs. 1), das Recht des Bundesrates, auf Gebieten ausschließlicher Kompetenz sowie in sonstigen Fällen wesentlicher Betroffenheit der Länder innerhalb angemessener Frist eine Stellungnahme abzugeben (Abs. 2), die Verpflichtung der Bundesregierung zur Berücksichtigung der Länderansicht, gepaart mit einem prinzipiellen Abweichungsverbot auf Gebieten ausschließlicher Länderzuständigkeiten (Abs. 3) sowie eine Begründungspflicht bei Abweichungen (Abs. 4) vor. Weiterhin kann der Bundesrat in Fällen, in denen er ein Stellungnahmerecht innehat, die Hinzuziehung von Ländervertretern zu den europäischen Verhandlungsgremien verlangen (Abs. 5). Die in Art. 2 Abs. 6 EEAG vorgesehene Bund-Länder-Vereinbarung ist am 17. Dezember 1987 zustandegekommen[305] und regelt Ein-

---

299 *Ress*, EuGRZ 1987, S. 361 (364); in EuGRZ 1986, S. 549 (553/554) verwendet er den aus der amerikanischen Grundrechtsdiskussion bekannten Begriff des „chilling effect" (einfrierender Effekt).

300 BGBl. II, S. 1102.

301 Ab S. 197.

302 *Dröll*, Die deutschen Bundesländer und die Europäische Gemeinschaft, S. 102.

303 Vom 19.12.1986, BGBl. II, S. 1102.

304 *Kalbfleisch-Kottsieper*, DÖV 1993, S. 541 (543).

305 Abgedruckt bei: Bauer (Hrsg.), Europa der Regionen, S. 104 ff.

zelheiten über die Unterrichtung und Beteiligung des Bundesrates und der Länder.

Die Forderung der Länderkammer, *vor* der Mitwirkungstätigkeit der Bundesregierung in der Europäischen Gemeinschaft ihre Stellungnahme abgeben zu dürfen, die die Bundesregierung zum Abwarten verpflichtet hätte[306], wurde dahingehend abgeändert, daß „dem Bundesrat Gelegenheit zur Stellungnahme binnen angemessener Frist zu geben" ist[307]. Ferner ist der Vorschlag des Bundesrates, auf dessen Verlangen Ländervertreter zu den Beratungsgremien der Europäischen Gemeinschaft hinzuzuziehen, wenn es sich um Angelegenheiten handelt, die seiner Stellungnahme bedürfen, unter den Vorbehalt des Möglichen gestellt worden, da diese Hinzuziehung auch vom Einvernehmen der anderen Mitgliedstaaten abhängig ist[308].

Im Unterschied zum Länderbeteiligungsverfahren wurden die Länderansichten im (Bundes-)Organ Bundesrat mediatisiert, mit der Konsequenz, daß das Einstimmigkeitsprinzip durch das Mehrheitsprinzip abgelöst wurde[309]; die – häufig politisch bedingte – Ländermehrheit konnte eine Stellungnahme somit auch gegen den geäußerten Willen der jeweiligen Minderheit abgeben.

Das Mitwirkungsverfahren nach Art. 2 EEAG sollte gemäß der auf Art. 2 Abs. 6 EEAG basierenden Bund-Länder-Vereinbarung[310] das Länderbeteiligungsverfahren vom 19./26. September 1979 ersetzen. Demgegenüber stand die in Art. 2 Abs. 1 EEAG geregelte Unterrichtungspflicht der Bundesregierung zwar ausdrücklich in Konkurrenz zu dem Bundesratsverfahren nach Art. 2 des Zustimmungsgesetzes zu den Römischen Verträgen, beschränkte dessen Bedeutung jedoch im wesentlichen auf die Unterrichtung des Bundestages sowie – für den Bundesrat – auf die halbjährlich erscheinenden Integrationsberichte der Bundesregierung[311].

---

306 Vgl. hierzu: *Morawitz*, in: *Magiera/Merten* (Hrsg.), Bundesländer und Europäische Gemeinschaft, S. 45 (52); *Ress*, EuGRZ 1987, S. 361 (364).

307 Vgl. Art. 2 Abs. 2 EEAG.

308 *Ress*, EuGRZ 1987, S. 361 (364).

309 *Borchmann*, AöR 112 (1987), S. 587 (608 ff.); *Engholm*, EA 1989, S. 383 (389).

310 Teil VI 1. der Vereinbarung; abgedruckt bei: Bauer (Hrsg.), Europa der Regionen, S. 104 ff. (108).

311 *Dröll*, Die deutschen Bundesländer und die Europäischen Gemeinschaften, S. 106.

4. Wirkungen des Verfahrens

Untersucht man die Wirksamkeit des in Art. 2 EEAG vereinbarten Verfahrens im Hinblick auf die Interessenartikulation der Bundesländer auf dem europäischen Parkett, ist zwischen dem Informationsanspruch nach Absatz 1 und dem Beteiligungsverfahren nach den Absätzen 2 bis 6 zu differenzieren. Die Unterrichtungspflicht der Bundesregierung hatte ihre verfassungsrechtliche Grundlage bereits in Art. 53 Satz 3 GG[312]. Das dort genannte Merkmal „Führung der Geschäfte" ist extensiv zu interpretieren und umfaßt neben Maßnahmen der Regierung und der einzelnen Minister auch die Pläne für solche Maßnahmen[313]. Insofern hatte der Bundesrat einen über Art. 53 Satz 3 GG hinausgehenden Informationsanspruch in Wirklichkeit nicht erhalten[314].

Das Länderbeteiligungsverfahren über den Bundesrat litt in erster Linie – wie auch die vorangegangenen Verfahren – daran, daß die gebündelten Länderinteressen nicht direkt auf der eigentlichen Entscheidungsebene, d. h. im EG-Ministerrat, eingebracht werden konnten, sondern nur mittelbar im Willensbildungsprozeß des Bundes Berücksichtigung fanden[315]. Da auch dem Bund im Rahmen der Gemeinschaft nur ein den anderen Mitgliedstaaten gegenüber gleichberechtigtes Mitspracherecht zukommt, besteht sowohl im Verhältnis der Länder zum Bund als auch im Verhältnis des Bundes zu den EG-Gremien die Notwendigkeit, Kompromisse einzugehen. Der Einfluß des Bundesratsvotums wirkt sich auf Gemeinschaftsebene somit nur indirekt über zwei Stufen aus[316]. Hinzu kommt, daß die Wahl der gebündelten Interessenartikulation über den Bundesrat die Länder(-regierungen) untereinander bei ihrer Entscheidungsfindung zusätzlich zu einem Kompromiß zwingt. Der Bezug der einzelnen Landesentscheidung zum jeweiligen (Landes-)Volk wird noch dadurch erschwert, daß im Bun-

---

312 *Grabitz*, EuR 1987, S. 310 (317).

313 *Maunz*, in: Maunz / Dürig, Art. 53, Rdnr. 14.

314 A. A.: *v. Welck*, Die Bundesländer und die Einheitliche Europäische Akte, S. 144 / 145, der das Gebiet der von der Bundesregierung geplanten Maßnahmen vom Anwendungsbereich des Art. 53 Satz 3 GG ausnehmen will und so zu einem zusätzlichen Regelungsgehalt des Art. 2 Abs. 1 EEAG gelangt.

315 *Jooss / Scheuerle*, EuR 1989, S. 226 (228); zum Problem der „Landes-Blindheit" (dieser vielzitierte Begriff stammt von *Ipsen*, in: Festschrift für Walter Hallstein, S. 248 [256]; *ders.*, Festschrift für Bodo Börner, S. 163 [176]) der Gemeinschaftsverträge: *Schwan*, Die deutschen Bundesländer im Entscheidungssystem der Europäischen Gemeinschaften, S. 90 / 91.

316 *Stewing*, Subsidiarität und Föderalismus in der Europäischen Union, S. 62; *Eiselstein*, ZRP 1991, S. 18 (23): „Mitentscheidungsbefugnis an der Mitentscheidungsbefugnis eines anderen".

desrat nicht die durch Wahl unmittelbar demokratisch legitimierten Landesparlamentarier mitwirken, sondern die Mitglieder der Länderexekutiven[317].

Der Informationsanspruch nach Absatz 1 steht zwar nach dem Wortlaut unter dem Vorbehalt der Interessenbezogenheit der Länder. Das Interesse der Länder ist jedoch nicht objektiv bestimmbar, sondern nur subjektiv durch die Länder selbst artikulierbar[318]. Dem Bund stand ein Auswahlrecht mithin nicht zu, der Informationsanspruch umfaßte alles, was die Vermutung rechtfertigte, für die Länder von Interesse zu sein[319]. Dies hatte zur Folge, daß auf die Länder eine Informationsflut von ca. 8.000 Dokumenten pro Jahr zukam, von denen etwa 2 % Eingang in eine Bundesratsdrucksache fanden[320]. Hatte eine EG-Initiative die Mitglieder des Bundesrates erreicht[321], war es nach der – wegen der unterschiedlichen politischen Prioritäten oft schwierigen – Meinungsbildung der Länder untereinander häufig schon zu spät, um auf die Verhandlungen in den europäischen Gremien noch Einfluß nehmen zu können[322]. Hier wirkte es sich aus, daß die Bundesregierung nach der Endfassung des Art. 2 Abs. 2 EEAG – im Gegensatz zu dem Bundesratsvorschlag[323] – nicht verpflichtet war, vor ihrer Zustimmung die Stellungnahme des Bundesrates abzuwarten. Der Bundesrat hatte durch die Konstituierung einer „Kammer für Vorlagen der Europäischen Gemeinschaften"[324] den Versuch unternommen, im Wettlauf mit den Verhandlungen auf Europaebene Boden gutzumachen[325]. Dennoch erwies sich das

317 *Stewing*, Subsidiarität und Föderalismus in der Europäischen Union, S. 62.

318 *Grabitz*, EuR 1987, S. 310 (317).

319 *Busch*, Bundesländer und Grundgesetz im Spannungsfeld der europäischen Integration, S. 177.

320 *Busch*, Bundesländer und Grundgesetz im Spannungsfeld der europäischen Integration, S. 178/179.

321 Dieser Effekt wurde durch den einmal monatlichen Beratungsrhythmus des Bundesrates verstärkt; vgl. *Haas*, DÖV 1988, S. 613 (619).

322 *Eiselstein*, ZRP 1991, S. 18 (23).

323 *Bundesrats*-Drucksache 150/86 vom 16.5.1986 (Beschluß).

324 §§ 45a bis k der Geschäftsordnung des Bundesrates in der Fassung vom 10.6.1988; heute durch Art. 3a des Art. 52 GG (durch Gesetz vom 21.12.1992, BGBl. I, S. 2086) ersetzt.

325 Vgl. *Haas*, DÖV 1988, S. 613 (619): „Bundesrat en miniature".

Bundesratsverfahren letzten Endes als langsam und schwerfällig[326] und konnte daher die von den Ländern in es gesetzten Erwartungen nicht erfüllen[327].

5. Justitiabilität des Verfahrens

Unterschiedlich wurde auch die Justitiabilität des Bundesratsbeteiligungsverfahrens beurteilt. Weitgehende Einigkeit bestand lediglich für die Fälle, in denen die Mitwirkung der Bundesregierung in den EG-Gremien bereits unter Verstoß gegen die innerstaatlichen Beteiligungsrechte des Bundesrates stattgefunden hatte.

Sind Gemeinschaftsrechtsakte einmal ergangen, können sie nur nach den vom EWGV bereitgehaltenen Rechtsschutzmöglichkeiten vor dem Europäischen Gerichtshof wieder aufgehoben werden[328]. Eine Klage vor dem Europäischen Gerichtshof (z. B. nach Art. 173 EWGV) wäre jedoch kaum statthaft, weil dessen Prüfungsmaßstab ausschließlich durch das Gemeinschaftsrecht bestimmt wird[329] und die Geltendmachung europarechtlicher Gründe, wie z. B. eine Kompetenzüberschreitung der Europäischen Gemeinschaft oder einen Eingriff in den Subsidiaritätsgrundsatz dem Bundesrat zumindest schwergefallen wäre[330]. Einer Klage vor dem *Bundesverfassungsgericht* hätte mangels Reversibilität der Maßnahme[331] möglicherweise nur dann das Rechtsschutzbedürfnis nicht gefehlt, wenn Wiederholungsgefahr bestand[332]. Eine solche durch das *Bundesverfassungsgericht* ausgesprochene Verpflichtung wäre jedenfalls in

---

326 *Stewing*, Subsidiarität und Föderalismus in der Europäischen Union, S. 62; *Eiselstein*, ZRP 1991, S. 18 (23); *Jooss/Scheuerle*, EuR 1989, S. 226 (235).

327 A. A.: *Busch*, Bundesländer und Grundgesetz im Spannungsfeld der europäischen Integration, S. 183 und S. 186/187, der dem System (ohne nähere Angaben) ein zufriedenstellendes Funktionieren aus der Sicht der Bundesländer bescheinigt („ist das Instrumentarium zur Umsetzung des guten Willens in Bund und Ländern gefunden"); vgl. auch: *Kalbfleisch-Kottsieper*, DÖV 1993, S. 541 (543); bis zum Jahre 1990 sind während der „Experimentierphase" eine Reihe von Verbesserungen vorgeschlagen worden, die im *Bericht der Arbeitsgruppe der Staats- und Senatskanzleien* zusammengefaßt worden sind; abgedruckt bei *Bauer*, Europa der Regionen, S. 41 ff.

328 *V. Welck*, Die Bundesländer und die Einheitliche Europäische Akte, S. 149.

329 Art. 164 EWGV; vgl. *Schweitzer/Hummer*, Europarecht, S. 133/134.

330 *Ress*, EuGRZ 1987, S. 361 (366).

331 *Neumeyer*, in: Hrbek/Thaysen (Hrsg.), Die Deutschen Länder und die Europäischen Gemeinschaften, S. 198 (Diskussion).

332 *V. Welck*, Die Bundesländer und die Einheitliche Europäische Akte, S. 149; *Kössinger*, Die Durchführung des Europäischen Gemeinschaftsrechts im Bundesstaat, S. 163.

Konflikt zu dem außenpolitischen Handlungsspielraum der Bundesregierung geraten[333].

Soweit die Mitwirkung der Bundesregierung noch nicht stattgefunden hatte, wurde teilweise an der gerichtlichen Überprüfbarkeit der „zwingenden" bzw. „unabweisbaren Gründe", die eine Abweichung vom Bundesratsvotum rechtfertigen konnten, mangels geeigneter Prüfungskriterien gezweifelt[334]. Dem war zu entgegnen, daß es sich bei dem Merkmal der „zwingenden" bzw. „unabweisbaren Gründe" - rechtstechnisch betrachtet - um unbestimmte Rechtsbegriffe handelte, die grundsätzlich gerichtlich voll justiziabel sind[335]. Allerdings war der Bundesregierung bei der Ausübung ihrer europapolitischen Vertretungsbefugnis ein Beurteilungsspielraum zuzubilligen, über dessen Rahmen hinaus eine (präventive) verfassungsgerichtliche Kontrolle durchaus möglich gewesen wäre[336].

---

333 Vgl. *Ress*, EuGRZ 1987, S. 361 (366): „Bundesregierung als verlängerter Arm des Bundesrates".

334 *Grabitz*, in: Hrbek/Thaysen (Hrsg.), Die Deutschen Länder und die Europäischen Gemeinschaften, S. 169 (178); *ders.*, EuR 1987, S. 310 (318/319); zustimmend: *Hrbek*, in: Hrbek/Thaysen (Hrsg.), Die Deutschen Länder und die Europäischen Gemeinschaften, S. 197 (Diskussion).

335 *Neumeyer*, in: Hrbek/Thaysen (Hrsg.), Die Deutschen Länder und die Europäischen Gemeinschaften, S. 198 (Diskussion); m.E. geht die Ansicht *v. Welcks*, Die Bundesländer und die Einheitliche Europäische Akte, S. 150, fehl, der in Anlehnung an *Grabitz*, EuR 1987, S. 310 (319), eine Überprüfung an den Rechtmäßigkeitsschranken für die Ermessensausübung befürwortet: Mit der Feststellung, daß es sich bei den Begriffen um Tatbestandsmerkmale - in Form unbestimmter Rechtsbegriffe - handelt, kommt allenfalls ein (politischer) Beurteilungsspielraum, der sich an der außenpolitischen Handlungsmacht der Bundesregierung gemäß Art. 32 Abs. 1 GG orientiert, in Betracht; vgl. *Hailbronner*, JZ 1990, S. 149 (156).

336 *Hailbronner*, JZ 1990, S. 149 (156).

KAPITEL 2:
DIE STELLUNG DER DEUTSCHEN BUNDESLÄNDER IN DER EUROPÄISCHEN UNION

A. PROBLEMSTELLUNG

Obwohl das Bundesratsbeteiligungsverfahren nach Art. 2 des Gesetzes über die Einheitliche Europäische Akte (EEAG) die Mitwirkungsrechte der Länder erheblich verstärkte, hat es sich insbesondere wegen des – auch in Fällen besonderer Länderbetroffenheit bestehenden – Letztentscheidungsrechtes der Bundesregierung[1] und der Unsicherheiten, die durch die einfachgesetzliche Form bedingt waren[2], in der Verfassungswirklichkeit als nicht ausreichend erwiesen[3].

Zudem waren im Zusammenhang mit dem im niederländischen Ort Maastricht ausgehandelten Vertrag über die Europäische Union[4] weitere Einbußen für die deutschen Bundesländer zu befürchten: Zum einen sollten durch den Unionsvertrag weitere Kompetenzen auf die europäische Ebene übertragen werden, einschließlich solcher, die innerstaatlich der ausschließlichen Zuständigkeit der Länder angehörten[5]. Zum anderen wurde in Maastricht beschlossen, erstmals wichtige Politikfelder zu vergemeinschaften[6], so daß das ursprüngliche Konzept einer rein wirtschaftlich orientierten Gemeinschaft nun endgültig aufgegeben wurde[7]. Auch wenn die Tätigkeit der Union auf diesen Gebieten keinen unmittelbaren Einfluß auf die Länderkompetenzen nehmen sollte[8], sind

---

1 *Wilhelm*, BayVBl. 1992, S. 705 (Fußn. 6).

2 *Schweitzer*, VVDStRL 53 (1994), S. 48 (60), m. w. N.

3 *Scholz*, NJW 1992, S. 1593 (2596).

4 Vom 7.2.1992, BPA-Bulletin Nr. 16/1992 vom 12.2.1992, S. 113 ff.

5 Insbesondere die Bereiche Bildung (Art. 126, 127 EGV) und Kultur (Art. 128 EGV), die zusammen den Kernbestand der Länderkompetenzen ausmachen. Näher zu dieser Problematik oben S. 40 ff.

6 Nach Ansicht von *Stein*, VVDStRL 53 (1994), S. 26 (30), hätten die Gründer der Europäischen Union zwar nicht die Absicht gehabt, einen Staat zu errichten; dennoch sei die Konferenz, an deren Ende der Vertrag von Maastricht stand, mit der Absicht angetreten, Bereiche, die als wesentlich für die Staatlichkeit und Souveränität eines Landes gelten müssen, zu integrieren.

7 Hierzu zählen insbesondere die Gemeinsame Außen- und Sicherheitspolitik (GASP) und die Zusammenarbeit in den Bereichen Justiz und Inneres (ZBJI).

8 Nach *Everling*, in: Hrbek (Hrsg.), Die Entwicklung der EG zur Politischen Union und zur Wirtschafts- und Währungsunion unter der Sonde der Wissenschaft, S. 12 (18), lägen die →

mittelbare Auswirkungen auf die Staatsqualität der Länder und damit auf die Bundesstaatlichkeit zu gewärtigen: Führt die erhöhte Kompetenzausstattung der Europäischen Union zur Ausbildung einer eigenen Staatsgewalt, stellt sich die Frage, ob hinsichtlich des Mitgliedstaats Bundesrepublik ein dreistufiger Staatsaufbau theoretisch möglich, praktisch wünschenswert und vor allem auf Dauer durchzuhalten wäre[9]. Im Hinblick auf eine durch die Zentralisierungstendenz des Bundes ohnehin geschwächte Länderschaft erscheint die Gefahr einer Degeneration zu „unteren Verwaltungseinheiten“ weniger utopisch, als dies im Jahre 1951 vom damaligen nordrhein-westfälischen Ministerpräsidenten *Karl Arnold* gesehen worden ist[10].

In Anbetracht dieser Bedrohungen mußten die Länder versuchen, dem wirkungsvoll zu begegnen. Dazu war es zunächst erforderlich, bestimmte Anforderungen für die Integration in eine künftige Europäische Union zu definieren und aus diesem Anlaß vorzunehmende Kompetenzübertragungen grundsätzlich der Mitwirkung der Länder zu unterwerfen. In zweiter Linie wollten die Bundesländer bei übertragenen – und damit aus Sicht der Länder verlorenen – Hoheitsrechten an der Mitwirkung beteiligt werden. Im Ansatz verfolgten die Länder dabei zwei Ziele: Einerseits sollte ihre unmittelbare Einflußnahme durch die Schaffung eines europäischen Regionalrates sowie die Möglichkeit, Vertreter der Länder in den Rat zu entsenden, begründet werden. Andererseits sollte die mittelbare Einflußnahme über die Bundesregierung sowohl quantitativ als auch qualitativ durch Anhebung auf die verfassungsrechtliche Ebene verbessert werden.[11]

Da die Bundesländer ihre Mitwirkungswünsche auf dem europäischen Parkett nicht selbständig durchsetzen konnten, bedurfte es der tatkräftigen Mithilfe der deutschen Bundesregierung[12]. Deren Unterstützung erreichten die Länder über den Bundesrat, indem sie ein politisches Junktim zwischen der Zustimmung zum Ratifikationsgesetz und der Einräumung von Mitwirkungsrechten im

---

Kompetenzeinbußen wohl überwiegend beim Bund, dieser habe jedoch bis zu einem gewissen Grad die Möglichkeit zur Kompensation auf Gemeinschaftsebene. Dies gelte indes nur, solange und soweit der wachsende Einfluß des Europäischen Parlaments und das Mehrheitsprinzip im Rat Grenzen setzten.

9 Zu den möglichen Optionen *Philipp*, ZRP 1992, S. 433 ff; vgl. auch *Hilf*, VVDStRL 53 (1994), S. 7 (9).

10 Gesprochen in der 61. Sitzung des Bundesrates vom 27.6./7.7.1951.

11 *Fischer*, ZParl 1993, S. 32 (35).

12 *Fischer*, ZParl 1993, S. 32 (34 – 36).

Grundgesetz herstellten[13]. Das angestrebte Ziel, die unmittelbare Beteiligung zu stärken, wurde zumindest im Grundsatz erreicht: Der Unionsvertrag sieht in Art. G Nr. 67 die Einrichtung eines Ausschusses der Regionen vor[14], bestehend aus 189 Vertretern der regionalen und lokalen Gebietskörperschaften[15]. Daneben wurde durch Art. G Nr. 43 EUV die Vorschrift über die Zusammensetzung des Rates dahingehend geändert, daß auch Vertreter der Landesregierungen gleichberechtigt in diesem nach wie vor wichtigsten Organ mitwirken können[16].

B. DER WEG ZUM 'NEUEN' ART. 23 GG

Untersucht man die Hintergründe, die letztlich zur Aufnahme des „Europa-Artikels“ in das Grundgesetz geführt haben, muß zwischen dem Verlangen nach einer bestimmten, inhaltlichen Anforderungen genügenden Integrationsermächtigung und dem nach verbesserter Teilhabe am Willensbildungsprozeß in den europäischen Gremien unterschieden werden.

Nach dem Abschluß des Maastrichter Vertrages am 7. Februar 1992 war es zwischen der Bundesregierung, den Ländern und der verfassungsrechtlichen Literatur umstritten, ob es zu seiner Ratifizierung ausreichte, es bei Änderungen des Art. 28 Abs. 1 GG[17] und des Art. 88 GG[18] zu belassen oder ob bereits die

13 „Die ... Länder werden den Vertrag über die Europäische Union zusammen mit den Ergebnissen der Verhandlungen über die Fortentwicklung der föderativen Grundentscheidungen des Grundgesetzes und über die Verbesserung der innerstaatlichen Beteiligung einer Gesamtbewertung unterziehen und auf dieser Grundlage darüber entscheiden, ob die Länder dem Vertrag zustimmen können“; aus dem Ergebnisprotokoll der Ministerpräsidentenkonferenz am 12.3.1992 in Bonn, abgedruckt bei *Wilhelm*, BayVBl. 1992, S. 705; vgl. auch *Rubel*, JA 1992, S. 265 (270).

14 Umgesetzt in Art. 198a EGV.

15 Dem Ausschuß der Regionen (im Folgenden Regionalausschuß genannt) kommt in erster Linie – wie dem Wirtschafts- und Sozialausschuß (Art. 193 ff. EGV) – eine beratende Funktion zu (Art. 198a EGV). Darüber hinaus ist er bei bestimmten Entscheidungsverfahren obligatorisch vom Rat oder von der Kommission anzuhören (z. B. in Angelegenheiten des „wirtschaftlichen und sozialen Zusammenhalts“, vgl. Art. 130b, 130d und 130e EGV) und ist berechtigt, „von sich aus eine Stellungnahme“ abzugeben, „wenn er dies für zweckdienlich erachtet“ (Art. 198c EGV). Näher zum Regionalausschuß unten S. 306 ff.

16 *Fischer*, ZParl 1993, S. 32 (35). Näher zu diesem Bereich im Zusammenhang mit Art. 23 Abs. 6 GG unten auf S. 219 ff.

17 Anpassung an Art. 8b EGV, der die Mitgliedstaaten zur Einführung des aktiven und passiven kommunalen Unionsbürgerwahlrechts verpflichtet.

Gründung der Europäischen Union bzw. deren Ausbau einer speziellen verfassungsrechtlichen Ermächtigung bedurfte, weil sich diese von einer „zwischenstaatlichen Einrichtung“ (Art. 24 Abs. 1 GG) zu einer „eigenstaatlichen Einrichtung supranationaler Qualität“[19] gewandelt habe oder jedenfalls in den nächsten Jahren wandeln würde[20]. Gleichzeitig sollte schon die Übertragung von Hoheitsrechten selbst an die Mitwirkung der Länder gebunden werden. Zur Sicherung der bundesstaatlichen Ordnung auch in einem vereinten Europa erschien es aus Ländersicht unerläßlich, eine Entwicklung der Europäischen Union nur zuzulassen, soweit diese den Prinzipien des Föderalismus und der Subsidiarität verpflichtet ist[21]. Die Bundesländer befürchteten darüber hinaus, daß mit dem Vertrag über die Europäische Union – trotz des in Art. F Abs. 1 EUV enthaltenen Gebotes zur Achtung der nationalen Identität der Mitgliedstaaten[22] – weitere Kompetenzverluste verbunden sein würden[23] und forderten die verfassungsrechtliche Manifestierung effektiver Kompensationsmechanismen zunächst in Art. 24 Abs. 1 GG. Sie vertraten dabei den Standpunkt, die Europapolitik habe

---

18 Gemäß Art. 4a, 105 ff. EGV erforderliche Kompetenzeinschränkung der Deutschen Bundesbank zugunsten der Europäischen Zentralbank.

19 *Scholz*, NVwZ 1993, S. 817 (818).

20 *Badura*, in: Festschrift für Konrad Redeker, S. 111 (113 ff.); *Scholz*, NJW 1992, S. 2593 (2594); *Rubel*, JA 1992, S. 265 (270), hält die eigenständige Regelung zwar nicht aus verfassungsrechtlichen, wohl aber aus Zweckmäßigkeitserwägungen für geboten, um den Besonderheiten des europäischen Integrationsprozesses angemessen Rechnung tragen zu können; kritisch zu Art. 24 Abs. 1 GG als Integrationsgrundlage für die Europäische Union auch *Steindorff*, AöR 116 (1991), S. 460 ff.

21 *Rubel*, JA 1992, S. 265 (270).

22 *Scholz*, NVwZ 1993, S. 817.

23 Folgende Bereiche aus der Generalklausel des Art. 3 EGV (in der Fassung durch den Maastrichter Vertrag), die innerstaatlich dem Kompetenzbereich der Länder angehören, sind mit erweiterten Kompetenzen ausgestattet worden (hierzu näher: *Hobe*, JA 1993, S. 229 (233 ff.) und *Rupp*, ZRP 1993, S. 211 (212):

- Umweltpolitik (Buchst. k) i. V. m. Art. 130r EGV);
- Förderung der Forschung und der technologischen Entwicklung (Buchst. m) i. V. m. Art. 130f – p EGV);
- Förderung des Auf- und Ausbaus transeuropäischer Netze (Buchst. n) i. V. m. Art. 129b – d EGV);
- Der Beitrag zu einer qualitativ hochstehenden allgemeinen und beruflichen Bildung sowie zur Entfaltung des Kulturlebens (Buchst. p) i. V. m. Art. 126 – 128 EGV);
- Maßnahmen in den Bereichen Energie, Katastrophenschutz und Fremdenverkehr (Buchst. t).

sich mit dem Ausbau der Europäischen Gemeinschaft zu einem Staat oder einer staatsähnlichen Organisation sui generis von der klassischen Außenpolitik zu einer „europäischen Innenpolitik" gewandelt[24].

Die Kontroversen führten über verschiedene Initiativen des Bundesrates und der Länder selbst zur Beratung in der – am 16. Januar 1992 eingesetzten – *Gemeinsamen Verfassungskommission* von Bundestag und Bundesrat[25], der bereits eine „Kommission Verfassungsreform" des Bundesrates vorausgegangen war[26]. Gegenstand der Anhörungen in der *Gemeinsamen Verfassungskommission* waren anfangs die Beteiligungsrechte des Bundesrates; im Laufe der Beratungen wurden jedoch zunehmend auch Beteiligungsrechte des Bundestages gefordert[27]. Als Ergebnis dieser Verhandlungen hat die *Gemeinsame Verfassungskommission* am 26. Juni 1992 eine Empfehlung zur Einfügung eines neuen „Europa-Artikels" in das Grundgesetz am Standort der symbolbehafteten Position des Art. 23 GG beschlossen[28], dessen alte Fassung die deutsche Wiedervereinigung ermöglicht hatte und der nunmehr die europäische Einigung festschreiben sollte[29]. Die neue Vorschrift sollte nach Ansicht der Kommission

---

24 *Thürer*, VVDStRL 50 (1991), S. 97 (124); *Graf Vitzthum*, AöR 115 (1990), S. 281 (295); näher zu diesem Stichwort *Busch*, Bundesländer und Grundgesetz im Spannungsfeld der europäischen Integration, S. 46 ff.; *Oppermann*, Europarecht, Rdnr. 799.

25 Basierend auf der in Art. 5 des Einigungsvertrages enthaltenen Empfehlung. Eingesetzt durch gleichlautende Beschlüsse des Bundestages vom 28.11.1991 und des Bundesrates vom 29.11.1991, vgl. Bundesrats-Drucksachen 740 und 741/91 (Beschluß); der Bereich „europäische Integration" wurde an den Anfang der Beratungen gesetzt, um die Ratifizierung möglichst zum 1.1.1993 vornehmen zu können (Art. R Abs. 2 EUV); vgl. hierzu *Rubel*, JA 1992, S. 265 (270). Zum Verfahrensablauf in der *Gemeinsamen Verfassungskommission* und zu ihren Ergebnissen vgl. Bundestags-Drucksache 12/6000. Der Vorschlag der *Gemeinsamen Verfassungskommission* geht nicht nur auf den Beschluß der Ministerpräsidenten vom 5. 7. 1990 (abgedruckt in: ZParl 1990, S. 461 ff.), sondern bereits auf den Schlußbericht der Enquête-Kommission Verfassungsreform des Deutschen Bundestages vom 2. 12. 1976 (*Bundestags*-Drucksache 7/5924, S. 228 ff. [231]) zurück. Näher zu den einzelnen Stationen in der Geschichte der *Gemeinsamen Verfassungskommission*: *Fischer*, ZParl 1993, S. 32 (34).

26 Durch Beschluß vom 1.3.1991 eingesetzt, vgl. *Bundesrats*-Drucksache 103/91 (Beschluß); Einzelheiten des Verfahrens bei *Scholz*, NJW 1992, S. 2593 ff., und *Asmussen/ Eggeling*, VerwArch 1993, S. 230 ff., sowie unten S. 98 ff. (Integrationskompetenzklausel) und S. 99 ff. (Struktursicherungsklausel).

27 *Scholz*, NVwZ 1993, S. 817 (820). Näher zu diesem Thema unten ab S. 261.

28 *Scholz*, NJW 1992, S. 2593 (2594).

29 *Wilhelm*, BayVBl. 1992, S. 705 (706); der Abgeordnete *Möller* hat dies in einer Rede vor dem Deutschen Bundestag als „politische Botschaft" interpretiert: „Die deutsche Einheit

→

dem vor allem von den Ländern ins Feld geführten Umstand Rechnung tragen, daß sich die Europapolitik von der – traditionell beim Bund angesiedelten – klassischen Außenpolitik zu einer „supranationalen Innenpolitik“ gewandelt habe und daher künftig in ein „kooperatives Kompetenzgeflecht von Bund und Ländern“ eingebettet sein sollte[30]. Der neue Grundgesetzartikel sollte sowohl eine spezielle, mit substantiellen inhaltlichen Anforderungen versehene Ermächtigung für die Eingliederung in die Europäische Union als auch kompensatorische Beteiligungsrechte des Bundestages und des Bundesrates beinhalten[31].

Der Vorschlag zur Neufassung des Art. 23 GG ist von der *Gemeinsamen Verfassungskommission* mit deutlicher, über die vorgeschriebene Zwei-Drittel-Grenze hinausgehender Mehrheit angenommen worden[32]. Die Empfehlungen der Kommission wurden daraufhin vom *Bundestags-Sonderausschuß „Europäische Union“* nach geringfügiger Modifikation[33] bestätigt und anschließend von Bundestag und Bundesrat verabschiedet[34].

Der neue „Europa-Artikel“ ist am 22. Dezember 1992 in Kraft getreten[35].

C. ERRICHTUNG EINER EUROPÄISCHEN INTEGRATIONSERMÄCHTIGUNG DURCH DIE NEUFASSUNG DES ART. 23 GG

I. ENTSTEHUNGSGESCHICHTE

Die Länder empfanden es unter der Geltung des bisherigen Art. 24 Abs. 1 GG als unbefriedigend, daß der sachlich unbegrenzte Wortlaut der Vorschrift eine Übertragung von Länderrechten an die Europäische Gemeinschaft erlaubte, ohne daß das nationale Vertragsumsetzungsgesetz stets der Zustimmung des

---

findet ihre Vollendung in der Einigung Europas“ (*Bundestag*, Pl.Prot. 12/126, S. 10866 [B]).

30 *Scholz*, NVwZ 1993, S. 817 (817, 819).

31 Näher dazu unten S. 98 ff. (Integrationskompetenzklausel) und S. 99 ff. (Struktursicherungsklausel).

32 *Scholz*, NJW 1992, S. 2593 (2594).

33 *Kühn*, in: Vorträge und Berichte des Zentrums für Europäisches Wirtschaftsrecht, Nr. 33, S. 17.

34 *Scholz*, NJW 1993, S. 1690; *Fischer*, ZParl 1993, S. 32 (33).

35 Eingefügt durch das 38. Gesetz zur Änderung des Grundgesetzes vom 21.12.1992, BGBl. I S. 2086.

Bundesrates bedurft hätte[36]. Zudem sollte die Bundesregierung dazu gedrängt werden, bei den Verhandlungen über weitere Integrationsmaßnahmen darauf hinzuwirken, die Stellung der Bundesländer unmittelbar auf Gemeinschaftsebene anzuerkennen und durch eigene Rechte institutionell abzusichern, um die von *Ipsen* apostrophierte „Landes-Blindheit" der Gemeinschaften[37] zu beenden[38].

In den Sitzungen der *Gemeinsamen Verfassungskommission* von Bundestag und Bundesrat haben die zur Anhörung geladenen staatsrechtlichen Sachverständigen zu der Frage, ob Art. 24 Abs. 1 GG in seiner bisherigen Form eine ausreichende Legitimationsgrundlage für weitere Integrationsschritte geboten hätte, kontroverse Ansichten vertreten[39].

Ein Teil der Wissenschaftler nahm einen Souveränitätsverlust der Bundesrepublik bei der Überführung in einen europäischen Bundesstaat an, weshalb die Einführung einer Ermächtigung durch Verfassungsänderung eine dem pouvoir constitué nicht gestattete Überschreitung der in Art. 79 Abs. 3 GG gezogenen Grenzen bedeutet hätte[40].

Nach der Gegenansicht handele es sich bei der zu gründenden Europäischen Union – ebenso wie bei der Europäischen Gemeinschaft – mangels Staatsgründungsqualität des Unionsvertrages weiterhin um eine zwischenstaatliche Ein-

---

36 *Di Fabio*, Der Staat 1993, S. 191 (192); bereits in der siebten Wahlperiode wurde im Bundestag eine dahingehende Verfassungsänderung vorgeschlagen; *Bundestag*, Drucksache 7/5924; nach *Maunz*, in: Maunz/Dürig, Präambel, Rdnr. 34, war eine Übertragung von ausschließlichen Länderkompetenzen nur mittels Verfassungsänderung zulässig.

37 *Ipsen*, in: Festschrift für Walter Hallstein, S. 248 (256 ff.).

38 In diesem Sinne sah auch der Vorsitzende des Bundestagssonderausschusses „Europäische Union", *Verheugen*, eine „empfindliche und nachhaltige Störung" der grundgesetzlichen „Balance zwischen den Verfassungsorganen Bundestag, Bundesrat und Bundesregierung" (*Bundestag*, Pl.Prot. 12/126, S. 10834 [Redebeitrag]).

39 Allgemein zum Meinungsspektrum: *Di Fabio*, Der Staat 1993, S. 191 (194); zur Frage, ob es sich bei der Europäischen Union weiterhin um eine zwischenstaatliche Einrichtung im Sinne des Art. 24 Abs. 1 GG handeln würde, reichten die Antworten vom „noch" (z. B. *Randelzhofer*) bis zum „nicht mehr" (z. B. *Tomuschat*); vgl. hierzu *Fischer*, ZParl 1993, S. 32, m. w. N.

40 *Rupp*, NJW 1993, S. 38 (39/40), und ZRP 1993, S. 211 (213), schlägt zur Lösung dieses Problems eine Volksabstimmung über den Vertrag von Maastricht vor, da aufgrund verschiedener schwerwiegender Eingriffe in die Prinzipien des Art. 20 GG ausschließlich die Konstituante, das Volk, über diese „Verfassungsneuschaffung" befinden könne; ebenso: *Philipp*, ZRP 1992, S. 433 (438); ausführlich zum Thema Volksabstimmung *Koenig*, DVBl. 1993, S. 140 (147 ff.).

richtung, so daß Art. 24 Abs. 1 GG in seiner bisherigen Fassung eine noch ausreichende Legitimationsgrundlage für die Integration in die Europäische Union geboten hätte[41].

Der überwiegende Teil der Sachverständigen nahm hingegen an, die Europäische Union habe durch den Wandel von der Wirtschaftsgemeinschaft zu einer politischen Union den Charakter einer zwischenstaatlichen Einrichtung bereits mit dem Maastrichter Vertrag oder jedenfalls bei künftigen Integrationsmaßnahmen überschritten[42], so daß die innerstaatliche Legitimationskraft des Art. 24 Abs. 1 GG entweder bereits durch den Vertrag über die Europäische Union oder jedenfalls durch die künftig zu erwartenden weiteren Integrationsschritte erschöpft gewesen sei[43].

Über die Frage der Staatsqualität der zu gründenden Europäischen Union konnte in der *Gemeinsamen Verfassungskommission* bis zuletzt keine Einigkeit erzielt werden[44]; letztlich setzte sich nur die Auffassung durch, für die europäische Integration eine spezielle Ermächtigungsgrundlage zu schaffen, um zwi-

---

41 Vgl. z. B.: *Oppermann/Classen*, NJW 1993, S. 5 (11); *Everling*, DVBl. 1993, S. 936 (943); *von Simson/Schwarze*, S. 58; *Schwarze*, JZ 1993, S. 585 (591); *Blanke*, DÖV 1993, S. 412 (421); *Klein/Haratsch*, DÖV 1993, S. 785 (797).

42 Siehe hierzu z. B.: *Ossenbühl*, DVBl. 1993, S. 629 (631).

43 *Ossenbühl*, DVBl. 1993, S. 629 (631); *Philipp*, ZRP 1992, S. 433, nimmt bereits seit Maastricht bundesstaatliche Ansätze der Union an; vgl. auch: *Stern*, Diskussionsbeitrag, in: Gemeinsame Verfassungskommission, Stenographischer Bericht, 1. Öffentl. Anhörung, 22.5.1992, S. 48: „schon etwas in Entwicklung zum Bundesstaat Begriffenes"; ähnlich: *Ress*, JuS 1992, S. 985 (991): „...ist der 'point of no return' nahezu erreicht. ...dieser Prozeß wird in 20 bis 30 Jahren in einen Europäischen Bundesstaat münden." Allgemein zum Meinungsspektrum: *Fischer*, ZParl 1993, S. 32 (36).

44 Während die Staatlichkeit der Union überwiegend (noch) verneint wird (vgl. z. B. *Oppermann/Classen*, NJW 1993, S. 5 [11]; *Murswiek*, Der Staat 1993, S. 161 [168]), nimmt *Scholz*, NJW 1992, S. 2593 (2594), den Übergang zu einer „eigenstaatlichen Einrichtung supranationaler Qualität" an (ähnlich: *Ress*, JuS 1992, S. 985 [991]) und *Philipp* (ZRP 1992, S. 433) meint, die „politische Union" sei „offensichtlich als ein neuer Bundesstaat" konzipiert; *Di Fabio* (Der Staat 1993, S. 191 [195/196]) konstatiert Staatsqualität „in wichtigen Politikfeldern". Zu weiteren denkbaren Optionen vgl. *Möschel*, JZ 1992, S. 877 ff.; das *Bundesverfassungsgericht* hat die Europäische Union in seinem „Maastricht-Urteil" als nicht „sich auf ein europäisches Staatsvolk stützenden Staat", sondern als „Staatenverbund, dessen Gemeinschaftsgewalt sich von den Mitgliedstaaten ableitet und im deutschen Hoheitsbereich nur kraft des deutschen Rechtsanwendungsbefehls verbindlich wirken kann", bezeichnet (in: EuGRZ 1993, S. 429 [439]).

schen der Übertragung von Kompetenzen an „europäische Einrichtungen" sowie an „zwischenstaatliche Einrichtungen" differenzieren zu können[45].

Von den Verhandlungsparteien im anschließenden Gesetzgebungsverfahren wurde – neben einer ausdrücklichen Ermächtigung zur europäischen Einigung (Integrationskompetenzklausel) – der Einbau einer Sicherung zur Erhaltung der Grundwerte der Verfassung für erforderlich gehalten (Struktursicherungsklausel)[46].

Die Integrationskompetenzklausel sollte generell an die Zustimmung des Bundesrates gebunden werden, auch wenn innerstaatlich keine ausschließlichen Kompetenzen der Länder betroffen sind[47]. Unterschiedliche Auffassungen zwischen den am Verfassungsänderungsverfahren beteiligten Organen bestanden hinsichtlich der Frage, unter welchen Voraussetzungen eine integrationspolitische Maßnahme die Mehrheit von zwei Dritteln des Bundestages und des Bundesrates erfordern sollte; während der Bund und die CDU/CSU-Fraktion in Anlehnung an die Leitlinien der bisherigen „Solange-Rechtsprechung" des *Bundesverfassungsgerichts*, derzufolge materielle „Verfassungsdurchbrechungen" im Rahmen des bisherigen Art. 24 Abs. 1 GG bis zur Grenze der „wesentlichen Strukturen dieses Grundgesetzes" statthaft sind[48], eine Zustimmung des Bundesrates erst bei Überschreitung dieser Grenzen befürworteten, plädierten die – mehrheitlich sozialdemokratisch geführten – Länder und die SPD dafür, auch „Verfassungsdurchbrechungen" unterhalb der vom *Bundesverfassungsgericht* gezogenen Schwelle nur noch unter den Voraussetzungen des Art. 79 GG zu tolerieren. Der im Ergebnis erzielte Kompromiß läßt dem

---

45 *Scholz*, NJW 1992, S. 2593 (2594); der äußerst knapp gehaltene Wortlaut des Art. 24 Abs. 1 GG, der auf die Besonderheiten des europäischen Einigungsprozesses von seiner Entstehungsgeschichte her überhaupt nicht eingehen konnte, wurde auch der – ständig steigenden – Bedeutung dieser Materie für die verfaßte Bundesrepublik nicht gerecht; vgl. zur Berücksichtigung von Zweckmäßigkeitserwägungen *Rubel*, JA 1992, S. 265 (269).

46 *Scholz*, NJW 1992, S. 2593 (2597).

47 Der Bund hatte zunächst die Zustimmung nur bei Berührung ausschließlicher Länderzuständigkeiten zustehen wollen; überzeugend wirkte letztlich die Erkenntnis, daß der europäische Integrationsprozeß zunehmend die Gesamtidentität der Bundesrepublik Deutschland beeinflußt und die Zuständigkeit des Bundes – aufgrund der rechtssystematischen (redaktionellen) Trennung von den Anwendungsfällen des Art. 24 Abs. 1 GG – für die (anderen) zwischenstaatlichen Einrichtungen im eigentlichen Sinne (wie UNO, NATO, WEU) hiervon unberührt bleiben sollte; vgl. *Scholz*, NJW 1992, S. 2593 (2597).

48 BVerfGE 37, 271 (278 ff.); 73, 339 (374 ff.).

Wortlaut nach beide Auslegungen zu, so daß die Auseinandersetzung nunmehr in der Verfassungsdiskussion fortgesetzt wird[49].

II. Die Integrationskompetenzklausel

Der Wortlaut des Art. 23 Abs. 1 Satz 1 GG erlaubt es der Bundesrepublik Deutschland, zur Verwirklichung eines vereinten Europas bei der Entwicklung der Europäischen Union mitzuwirken, die bestimmten dort genannten Strukturanforderungen genügt. Es stellt sich die Frage, welches Maß an Integration der verfassungsändernde Gesetzgeber dabei vor Augen hatte. Durch die Verwendung des Begriffs der „Europäischen Union“[50], deren Gründung im Vertrag von Maastricht beschlossen worden war[51], wird verdeutlicht, daß jedenfalls die Ratifizierung des Unionsvertrages von der Gestattung umfaßt sein soll[52]. Da dieser Vertrag auf die Weiterentwicklung zu „einer immer engeren Union der Völker Europas“[53] angelegt ist, wird man mit der Bezugnahme auf die „Europäische Union“ auch die im Unionsvertrag angelegten Integrationsmaßnahmen als grundsätzlich von der Ermächtigung des Art. 23 Abs. 1 GG

49 Näher zu diesem Dissens unten S. 191 ff.

50 Art. 23 GG vermeidet jeden definitorischen Versuch und übernimmt schlicht den Begriff Europäische Union aus dem Maastrichter Vertrag; vgl. *Hilf*, in: Hommelhoff/Kirchhof (Hrsg.), Staatenverbund, S. 75 (76). Die Deutung des Begriffs „Europäische Union“ ist aufgrund seiner Unbestimmtheit von Anfang an umstritten gewesen; während einerseits unter „Union“ ein ganz bestimmter Zustand der Gemeinschaft verstanden wird, dient der Begriff für andere dazu, im Sinne eines „coming-together“ das Prozeßhafte des Integrationsprozesses zu unterstreichen („Der Weg ist das Ziel“), vgl. *Hrbek*, in: Hrbek (Hrsg.), Die Entwicklung der EG zur Politischen Union und zur Wirtschafts- und Währungsunion unter der Sonde der Wissenschaft, S. 81 (87); *Schneider*, ebda., S. 115 (123/124); zur Verwendung der Begriffe „vereintes Europa“ und „Europäische Union“ siehe auch *Fischer*, ZParl 1993, S. 32 (37).

51 Art. A EUV.

52 *Weber*, in: Der Vertrag von Maastricht in der wissenschaftlichen Kontroverse, S. 121 (129), sieht die Anforderungen des Homogenitätsgebots – in der Auslegung durch das *Bundesverfassungsgericht* – als kaum erfüllbar an, so daß der Unionsvertrag auf der Grundlage des Art. 23 Abs. 1 GG im Grunde nicht ratifizierbar gewesen sei.

53 *Weber*, in: Der Vertrag von Maastricht in der wissenschaftlichen Kontroverse, S. 121 (129); daraus ist jedoch kein Schluß bezüglich der politischen Finalität der Union zu ziehen, der Inhalt dieser Klausel beschränkt sich auf die Aussage, daß der Integrationsprozeß nach dem Willen der Mitgliedstaaten noch nicht abgeschlossen sein soll: *Klein*, VVDStRL 50 (1991), S. 56 (61). – Der sich auf supranationaler Ebene herausgebildete Terminus lautet „union sans cesse plus étroite entre les peuples européens“, vgl. *Sommermann*, DÖV 1994, S. 596 (598).

gedeckt ansehen müssen[54]. Inwieweit die Klausel darüber hinaus auch den weiteren Integrationsprozeß zu legitimieren beabsichtigt, soll im Ausblick noch kurz angesprochen werden[55].

III. Die Struktursicherungsklausel – Staatszielbestimmung und Politikauftrag –

Durch Art. 23 Abs. 1 Satz 1 GG wird zunächst das – bisher ausschließlich in der Präambel vorzufindende – Bekenntnis zur Verwirklichung eines vereinten Europas konkretisiert, demzufolge die Bundesrepublik Deutschland bei der Entwicklung der Europäischen Union mitzuwirken hat[56]. Es wird damit versucht, die grundlegenden deutschen Verfassungsstrukturen, soweit sie von den Verfassungstraditionen anderer Mitgliedstaaten abweichen, nach Europa zu exportieren[57].

Mit der sog. Struktursicherungsklausel[58] beinhaltet die Bestimmung des Satzes 1 eine zusätzliche Regelungsmaterie[59]. Sie sieht vor, daß die Bundesrepublik Deutschland zur Entwicklung der Europäischen Union nur dann ermächtigt wird, wenn diese „demokratischen, rechtsstaatlichen, sozialen und föderativen Grundsätzen und dem Grundsatz der Subsidiarität verpflichtet ist und einen diesem Grundgesetz im wesentlichen vergleichbaren Grundrechts-

---

54 Vgl. *Wilhelm*, BayVBl. 1992, S. 705 (706). Darüber hinaus wird aus der Statuierung des übergeordneten Ziels „Verwirklichung eines vereinten Europas“ deutlich, daß die Integrationsperspektive über die territorialen Grenzen der heutigen Europäischen Union hinausreicht, vgl. *Sommermann*, DÖV 1994, S. 596 (599); näher zur Integrationsbreite unten S. 371 ff.

55 Unten S. 368 ff.

56 *Scholz*, NJW 1992, S. 2593 (2598); *Rubel*, JA 1992, S. 265 (271); zur Frage der normativen Reichweite der Vorschrift siehe *Sommermann*, DÖV 1994, S. 596 ff.

57 *Ossenbühl*, DVBl. 1993, S. 629 (633).

58 *Scholz*, NJW 1992, S. 2593 (2597).

59 *Sommermann*, DÖV 1994, S. 596 (597), verweist darauf, daß beim Verfassunggeber die – allgemein verstärkt auftretende – Neigung leitend gewesen sei, die sich auf den verschiedenen Gebieten beschleunigende Entwicklung nicht treiben zu lassen, sondern sie auf bestimmte Ziele hin zu orientieren. Dabei sei in der *Gemeinsamen Verfassungskommission* die Erkenntnis vorherrschend gewesen, daß die künftige europäische Integration eines Mindestmaßes an Steuerung bedarf, um sicherzustellen, daß sich die Verfassungssubstanz der Bundesrepublik nicht in der Union verflüchtigt.

schutz gewährleistet"[60]. Die Grundsätze Demokratie, Rechts-,[61] Sozial-[62] und Bundesstaat entsprechen den grundlegenden Strukturprinzipien der Verfassung aus Art. 20 GG. Die Schutzklausel des Art. 79 Abs. 3 GG verbot es der Bundesregierung auch schon bisher, diese Prinzipien bei der Übertragung von Hoheitsrechten an europäische Einrichtungen aufzugeben[63], so daß diesem Passus – was die geschriebene Verfassung betrifft – eine eher deklaratorische Funktion zukommt[64].

Von den in Art. 23 Abs. 1 Satz 1 GG genannten und für die Bundesländer relevanten Grundsätzen soll an dieser Stelle nur das Demokratieprinzip näher erörtert werden. Anschließend soll jeweils kurz auf die übrigen Prinzipien eingegangen werden, wobei die Forderung nach föderativen Grundsätzen sowie nach Verankerung des Subsidiaritätsprinzips[65] andernorts noch vertieft wird.

---

60 Vgl. allgemein zum Homogenitätsgebot bei der Entwicklung der Europäischen Union *Hrbek*, in: Hrbek (Hrsg.), Die Entwicklung der EG zur Politischen Union und zur Wirtschafts- und Währungsunion unter der Sonde der Wissenschaft, S. 81 (83): „Es besagt, daß sich nur solche Staaten in einer internationalen Gemeinschaft zusammenfinden, die in den Grundmerkmalen ihrer politischen und wirtschaftlichen Ordnung übereinstimmen".

61 Zu Recht weist *Everling*, DVBl. 1993, S. 936 (944), in diesem Zusammenhang auf die unterschiedlichen Inhalte des Rechtsstaatsprinzips in den verschiedenen nationalen Rechtsordnungen in Europa hin.

62 *Everling*, DVBl. 1993, S. 936 (944), meint, dieser Passus könne lediglich im Sinne eines sozialen Rücksichtnahmegebotes verstanden werden, weil für eine Auslegung im Sinne des deutschen Sozialstaatsprinzips (Art. 20 Abs. 1 GG) sowohl die Kompetenzen als auch die Mittel fehlten. Dazu ist anzumerken, daß die Strukturklausel des Satzes 1 auf die zukünftige Entwicklung der Europäischen Union gerichtet ist, so daß die genannten Defizite durch Vertragsänderungen noch ausgeräumt werden könnten. Im übrigen muß die Staatszielbestimmung nach „sozialen Grundsätzen" wohl eher umfassend interpretiert werden; dann ließen sich beispielsweise die Maßnahmen des „wirtschaftlichen und sozialen Zusammenhalts" (Art. 130a – 130e EGV) mit den Mitteln aus dem Europäischen Regionalfonds darunter einordnen.

63 *Wilhelm*, BayVBl. 1992, S. 705 (706).

64 Ein Unterschied zur bisherigen geschriebenen Rechtslage besteht nur insoweit, daß es sich bei Art. 79 Abs. 3 GG um einen Negativkatalog handelt, wohingegen Art. 23 Abs. 1 Satz 1 GG positiv Kriterien an die Europäische Union anlegt; vgl. *Everling*, DVBl. 1993, S. 936 (944), und *Classen*, ZRP 1993, S. 57 (60) in Fußnote 48. – Zu der Frage, ob die Bezugnahme auf Art. 79 Abs. 3 in Art. 23 Abs. 1 Satz 3 GG mit der vom *Bundesverfassungsgericht* geprägten „Identität der geltenden Verfassungsordnung" identisch ist, siehe unten S. 191 ff.

65 Siehe unten S. 261 ff.

1. Das Demokratiegebot

Problematisch erscheint im derzeitigen Integrationsstadium die Verpflichtung zu demokratischen Grundsätzen. Zu diesem Topos gehört das vielfach beklagte Demokratiedefizit der Europäischen Gemeinschaft[66], das nach häufig anzutreffender Ansicht nur durch einen – institutionellen – Ausbau des Europäischen Parlaments zu einer wirklichen und effektiven demokratischen Legitimations-, Legislativ- und Kontrollinstanz beseitigt werden kann[67]. Bis heute fließt dem rechtsetzenden Europäischen Rat demokratische Legitimation nur über die einzelnen nationalen Parlamente zu.

a) Relevanz des Demokratieprinzips für die deutschen Bundesländer

Die Mitwirkung der Bundesländer an der europäischen Rechtsetzungstätigkeit nach Art. 23 Abs. 4 bis 6 GG als Kompensation für die entgangenen Gesetzgebungskompetenzen bewirkt innerhalb der Länder eine Verschiebung von der Legislative zur Exekutive, denn im Bundesrat bestimmen ausschließlich die Vertreter der Länderregierungen an der deutschen Haltung in europäischen Angelegenheiten mit. Infolge dieser Verlagerung auf die zweite Gewalt wird die unmittelbare demokratische Legitimation der Länderentscheidungen durch eine indirekte, über mehrere Stufen laufende Legitimationskette ersetzt. Möglicherweise kann das so entstandene innerstaatliche Demokratiedefizit durch eine ausreichende demokratische Legitimation der europäischen Entscheidungsorgane kompensiert werden.

Gegenstand der folgenden Untersuchung soll deshalb zunächst sein, wie die Kompetenzausstattung insbesondere des Europäischen Parlaments unter Berücksichtigung der durch den Unionsvertrag eingeführten Änderungen zu beurteilen ist. Im Anschluß daran soll noch der Frage nachgegangen werden, ob eine ggf. zu fordernde verbesserte Kompetenzausstattung des Europäischen Parlaments allein in der Lage wäre, das Demokratiedefizit auf europäischer Ebene zu beseitigen.

---

66 Vgl. *Schilling*, AöR 116 (1991), S. 32 (57 ff.); *Steindorff*, AöR 116 (1991), S. 460 (462 ff.). *Everling*, in: Hrbek (Hrsg.), Die Entwicklung der EG zur Politischen Union und zur Wirtschafts- und Währungsunion unter der Sonde der Wissenschaft, S. 12 (20), weist darauf hin, daß man zu Beginn des Integrationsprozesses – in Unterschätzung des politischen Gehalts der Maßnahmen – annahm, auf eine eigene demokratische Legitimation verzichten zu können, weil es wegen der Technizität der Rechtsakte der Gemeinschaft eher um Wissens- denn um Willensentscheidung gehe.

67 *Scholz*, NJW 1992, S. 2593 (2598); zu den Ansätzen, die bereits im Unionsvertrag von Maastricht enthalten sind, vgl. *Wilhelm*, BayVBl. 1992, S. 705 (706).

b) Gegenwärtige Bestandsaufnahme der dem Europäischen Parlament zustehenden Kompetenzen

Trotz des institutionellen Schwergewichtes beim Europäischen Rat ist zu konstatieren, daß dem Europäischen Parlament mit jedem Integrationsschritt zusätzliche Kompetenzen eingeräumt worden sind, so daß sich allmählich ein Trend weg von einem reinen Föderativorgan hin zu einem staatlichen Parlament abzeichnet[68]. Als klassische Legislativkompetenz stehen dem Parlament im Haushaltsrecht Mitwirkungsbefugnisse zu (Art. 203 EGV); ihm kommt ein Vetorecht bezüglich des von Kommission und Rat vorgeschlagenen Entwurfes[69] und bei der Festsetzung der sogenannten „nichtobligatorischen Ausgaben“[70] innerhalb einer von der Kommission jährlich berechneten Marge an den Ausgabensätzen des Rates Abänderungen vorzunehmen und diese mit qualifizierter Mehrheit auch gegen den Rat durchzusetzen[71]. Darüber hinaus bedarf auch die Aufnahme neuer Mitglieder der Zustimmung des Parlamentes[72].

Eine wichtige, infolge des Maastrichter Vertrages vorgenommene Änderung betrifft die Einleitungsbestimmung des Art. 137 EGV: Während diese Bestimmung im EWGV dem Parlament nur „Beratungs- und Kontrollbefugnisse“ zusprach, ist nunmehr von seinen „Befugnissen“ die Rede. Auch wenn hierdurch nicht unmittelbar Kompetenzen – im Sinne einer Generalklausel – begründet werden[73], kommt dieser Modifizierung doch eine bedeutende Symbolfunktion zu: Sie leitet den Richtungswechsel von der reinen Sekundärinstanz zu einem mit eigenen Kompetenzen ausgestatteten Organ ein[74]. Daran anschließend sind seine Befugnisse im europäischen Rechtsetzungsverfahren ausgeweitet worden: Verweist der Kompetenzkatalog des EGV auf das – im einzelnen überaus kompliziert ausgestaltete[75] – Kodezisionsverfahren des Art. 189b EGV, kann der

---

68 *Stewing*, Subsidiarität und Föderalismus in der Europäischen Union, S. 150.

69 Vgl. Art. 203 Abs. 4 EGV. Die vom Parlament vorgenommene Abänderung kann wiederum vom Rat modifiziert werden, Art. 203 Abs. 5 EGV.

70 Hierzu zählen der Strukturfonds der Europäischen Gemeinschaft und weitere gestaltende Politiken, wie z. B. Forschung und Technologie.

71 Art. 203 Abs. 6, Abs. 9 EGV.

72 Art. O EUV.

73 *Ress*, JuS 1992, S. 985 (988).

74 *Klein/Haratsch*, DÖV 1993, S. 785 (793).

75 Zutreffend weisen *Klein/Haratsch*, DÖV 1993, S. 785 (793, 797), darauf hin, daß die kaum zu überbietende Kompliziertheit des Verfahrens nicht mit der in der Präambel des Unionsvertrages proklamierten Bürgernähe in Einklang zu bringen ist.

Rat nur noch mit Billigung des Parlamentes einen Rechtsakt erlassen[76]; im Konfliktfall ist ein aus Vertretern beider Organe bestehender Vermittlungsausschuß einzuschalten[77]. Allerdings finden sich im EGV nur vereinzelt Verweise auf dieses Verfahren[78], in allen übrigen Verfahren kommt dem Rat nach wie vor die Letztentscheidungskompetenz zu[79]. Ferner sind durch die Art. 138b – 138e die Befugnisse des Parlamentes als Kontrollinstanz ausgebaut worden[80].

Abschließend kann festgestellt werden, daß der Maastrichter Vertrag eine Vielzahl enumerativ aufgezählter Einzelkompetenzen zugunsten des Europäischen Parlaments gebracht hat; die Kompetenzen auf dem Gebiet der Gesetzgebung liegen jedoch auch weiterhin – mit Ausnahme der in Art. 189a EGV geregelten Fälle – schwerpunktmäßig beim Rat[81]. Die Bestrebungen der vertragsändernden Parteien weisen zwar in die richtige Richtung, zur Beseitigung des

---

76 *Bleckmann*, DVBl. 1992, S. 335 (337): „Doppelkompetenz von Ministerrat und Parlament"; *Schwarze*, JZ 1993, S. 585 (588): „deutlicher Fortschritt"; näher dazu *von Burchard*, DÖV 1992, S. 1035 ff.

77 Das Scheitern der Einigungsbemühungen im Vermittlungsausschuß dürfte regelmäßig das Scheitern der Gesetzesinitiative zur Folge haben; *Baetge*, BayVBl. 1992, S. 711 (717). Damit kommt dem Parlament auch in diesem mitwirkungsintensivsten Verfahren nicht das Letztentscheidungsrecht zu.

78 In Art. 49, 54 Abs. 2, 56 Abs. 2, 129 Abs. 4, 129a Abs. 2, 129d Abs. 1, und 130i EGV. Kritisch dazu *Bleckmann*, DVBl. 1992, S. 335 (337), der ein „durchdachtes System über den Einsatz dieses Verfahrens" nicht erkennen kann.

79 Vgl. die Regelung des Art. 189b Abs. 5 Satz 2 EGV, wonach ein nach Abschluß der Vermittlungsbemühungen ergehendes Veto des Parlaments lediglich zur – destruktiven – Verwerfung des Rechtsakts führen kann; siehe auch *Baetge*, BayVBl. 1992, S. 711 (717), und *Ress*, JuS 1992, S. 985 (988). – Neben dem dargestellten Verfahren nach Art. 189b EGV gibt es noch zwei weitere Fallgruppen: Wird auf die – seit der Einheitlichen Europäischen Akte existierende – Vorschrift des Art. 189c EGV verwiesen, können die vom Parlament vorgeschlagenen Abänderungen vom Rat einstimmig abgelehnt werden. In den häufigsten und bedeutendsten Fallgruppen (z. B. Art. 94, 99, 100, 103 und 235 EGV) kann das Parlament lediglich im Rahmen seines Anhörungsrechtes beratend tätig werden; hierzu: *Bleckmann*, DVBl. 1992, S. 335 (337), und *Hobe*, JA 1993, S. 229 (232/233).

80 Vgl. zu den einzelnen Änderungen: *Nentwich*, EuZW 1992, S. 235 ff.; *Bleckmann*, DVBl. 1992, S. 335 (337); *Klein/Haratsch*, DÖV 1993, S. 785 (793); *Hobe*, JA 1993, S. 229 (232); *Baetge*, BayVBl. 1992, S. 711 (716/717).

81 *Baetge*, BayVBl. 1992, S. 711 (717).

Demokratiedefizites sind diese Maßnahmen – gemessen an den Verfassungsstandards der Mitgliedstaaten[82] – jedoch unzureichend[83].

c) Verbleibende Defizite

Die Abgeordneten des Europäischen Parlamentes wurden ursprünglich zwingend von den nationalen Parlamenten entsandt. Die Direktwahl der Abgeordneten findet erst seit 1979 statt[84]. Die Wahrnehmung nationaler Interessen ist damit auf ein funktionsnotwendiges Maß reduziert worden. Dennoch kann es zu Überschneidungen in der Repräsentationspflicht der Abgeordneten kommen, da nach Art. 5 Direktwahlakt[85] die Kombination zwischen nationalem und europäischem Mandat möglich und zulässig ist[86].

Problematisch im Hinblick auf den Grundsatz der Gleichheit der Wahl stellt sich auch die – dem Schutz der kleinen Partnerstaaten dienende – gesamteuropäische Aufteilung der Wahlbezirke, die nicht der wirklichen Bevölkerungsverteilung entspricht, dar[87]. Dies ist Ausdruck eines Dilemmas, das im Rahmen des europäischen Zusammenschlusses mehrerer souveräner Staaten an ver-

---

82 *Steinberger*, VVDStRL 50 (1991), S. 9 (49), der die Frage aufwirft, ob die Europäer überhaupt eine parlamentarische Mehrheitsherrschaft, verbunden mit einer föderal ausgerichteten Rechtsetzungsbefugnis des Rates, akzeptieren würden.

83 *Hobe*, JA 1992, S. 229 (233), m. w. N.; *Wessels*, Integration 1992, S. 2 (10); *Baetge*, BayVBl. 1992, S. 711 (717); *Klein/Haratsch*, DÖV 1993, S. 785 (793); *Stewing*, Subsidiarität und Föderalismus in der Europäischen Union, S. 152; eingehend *Ress*, in: Festschrift für Wilhelm Karl Geck, S. 625 ff.

84 Vgl. hierzu *Stewing*, Subsidiarität und Föderalismus in der Europäischen Union, S. 150, und *Bieber*, ZParl 1976, S. 228.

85 ABl. EG 1976, Nr. L 278, S.1.

86 Ausführlich dazu *Stewing*, Subsidiarität und Föderalismus in der Europäischen Union, S. 151.

87 *Klein*, EuR 1987, S. 97 (103); *Stewing*, Subsidiarität und Föderalismus in der Europäischen Union, S. 151; *Seidel*, EuR 1992, S. 125 (141); *Streinz*, DVBl. 1990, S. 949 (960); zustimmend *Di Fabio*, Der Staat 1993, S. 191 (202). Der Europäische Rat hat auf Empfehlung des Institutionellen Ausschusses des Europaparlaments entschieden, die Anzahl der Sitze von 518 auf 567 zu erhöhen, von denen Deutschland 99 statt bislang 81 Mandate zustehen sollen (durch Aufwertung der 18 deutschen Beobachter aus den neuen Bundesländern zu vollwertigen Mandaten); vgl. *Baetge*, BayVBl. 1992, S. 711 (717), und *Klein/Haratsch*, DÖV 1993, S. 785 (793). Bei 81 Mandaten vertrat ein deutscher Abgeordneter (nach der Wiedervereinigung) etwa 926.000, während es bei seinem Luxemburger Kollegen nur etwa 60.000 Bürgerinnen und Bürger waren, vgl. *Weidenfeld/Wessels* (Hrsg.), Stichwort „Europäisches Parlament", S. 176.

schiedenen Stellen immer wieder zutage tritt: Zwischen dem demokratischen Element, das ein für jeden europäischen Bürger gleiches Stimmrecht erfordert, und dem föderalen Element, das die Gewichtung nach den Mitgliedstaaten gebietet, besteht ein Spannungsverhältnis[88], das jeweils im Einzelfall zugunsten des einen oder anderen Interesses aufgelöst werden muß. Zum Abbau des Demokratiedefizites wäre es notwendig, das Parlament im Verhältnis der Bevölkerungszahlen der einzelnen Mitgliedstaaten zusammenzusetzen[89].

d) Wäre die verbesserte Kompetenzausstattung allein in der Lage, das Demokratiedefizit auf europäischer Ebene zu beseitigen?

Allerdings ist fraglich, ob der Kompetenzausbau des Europäischen Parlamentes überhaupt das geeignete Mittel ist, das Demokratiedefizit in Europa abzubauen. Die diese Frage bejahende Theorie versucht, das System der mitgliedstaatlichen Legitimation auf die europäische Ebene zu projizieren, was jedoch dort gleiche oder zumindest vergleichbare Verhältnisse erforderte[90]. Grundlegende Voraussetzung wäre zunächst, daß es sich beim Europäischen Parlament um *das* Repräsentationsorgan des europäischen Volkes handelte[91]. Doch diese Volksrepräsentation wird von einem Teil der verfassungsrechtlichen Literatur mit beachtlichen Argumenten bezweifelt[92]. Dagegen spricht bereits der Wortlaut der einleitenden Vorschrift über das Europäische Parlament, Art. 137 EGV: Danach besteht das Parlament „aus Vertretern der Völker der in der Gemeinschaft zusammengeschlossenen Staaten", also nicht aus den europäischen Volksvertretern[93]. Entscheidend für eine demokratische Volksrepräsentation wäre, daß es ein gemeinsames Identitätsbewußtsein als Minimalhomogenität zwischen allen europäischen Bürgern gäbe. Dies schließt den auf einer breiten Basis bestehenden Willen, als *ein* Volk gemeinsam zu handeln, als ge-

88 *Möschel*, JZ 1992, S. 877 (883).

89 Das schlösse ein staatsangehörigkeitsunabhängiges aktives und passives Wahlrecht ein. Ausnahmen zugunsten völkischer Minderheiten müßten von dieser grundsätzlichen Verteilung ausgenommen bleiben; zum Ganzen: *Möschel*, JZ 1992, S. 877 (883).

90 *Ossenbühl*, DVBl. 1993, S. 629 (634).

91 *Streinz*, DVBl. 1990, S. 949 (960), spricht von einem unitarischen Repräsentationsorgan.

92 *Seidel*, EuR 1992, S. 125 (140); *Klein*, EuR 1987, S. 97 (102/103); *Oppermann/Classen*, ZRP 1993, S. 5 (8), bezweifeln sogar, daß sich das Fehlen eines europäischen Staatsvolkes in Zukunft beheben lasse, so daß der Ausgleich des Demokratiedefizits auf diesem Wege eine Vision bleibe.

93 *Ossenbühl*, DVBl. 1993, S. 629 (634).

sellschaftsformendes Subjekt kollektiv aufzutreten, ein[94]. Derzeit scheitert dies jedoch noch am Fehlen einer kulturellen[95], sprachlichen[96] und – bedeutender – politischen Infrastruktur[97]. Auch die Parteien sind in erster Linie national ausgerichtet[98], die öffentliche Meinung[99] und die Medien nach wie vor nach

---

94 *Isensee*, in: HdB StR I, § 13, Rdnr. 111; *Di Fabio*, Der Staat 1993, S. 191 (202/203).

95 Die Abhängigkeit eines funktionierenden demokratischen Gemeinwesens von der öffentlichen Auseinandersetzung mit ihren Grundlagen aus der tatsächlichen Lebenswirklichkeit wird von *Di Fabio*, Der Staat 1993, S. 191 (203), zutreffend herausgestellt: „Parlamentarische Repräsentation ist nicht nur reines Formprinzip, sondern basiert auf lebensweltlich geteilten Selbstverständlichkeiten und gemeinsamer Sinnorientierung einer öffentlichen Meinung." Er verweist dabei auf das Denkmodell des Philosophen Jürgen *Habermas*, wonach alle „aus dem alltäglichen Sinnzusammenhang ausdifferenzierten sozialen Systeme – und dazu zählen auch politische Entscheidungssysteme – eine lebensweltliche Rückkopplung und Verankerung [benötigen], weil ansonsten ihre Spezialdiskurse die Gemeinsamkeit des lebensweltlich Selbstverständlichen einbüßen, die Voraussetzung für das Funktionieren begründeter, d. h. rationaler Argumentation ist."

96 *Streinz*, DVBl. 1990, S. 949 (961); durch den Umstand, daß in Europa derzeit 9 Sprachen gesprochen werden, wäre selbst die Konversation vieler Abgeordneter mit „ihren" Bürgern im Falle einer mitgliedstaatsunabhängigen Zusammensetzung des Parlamentes allenfalls mit Hilfe eines Übersetzers möglich; vgl. *Möschel*, JZ 1992, S. 877 (883); dagegen: *Lenz*, in: Festschrift für Herbert Helmrich, S. 269 (273), der das Sprachenproblem für überwindbar hält.

97 Grundlegend dazu *Di Fabio*, Der Staat 1993, S. 191 (203/204), mit Hinweis auf *Scheuner*, in: Schieder (Hrsg.), Staatsgründung und Nationalstaatsprinzip, S. 9 ff., der die Unterschiede zwischen westlicher sowie mittel- und osteuropäischer Auffassung bei der Amalgamierung verschiedener Völker herausgearbeitet hat: Danach stellt sich die Amalgamierung im Westen als vorwiegend voluntativer, im Osten eher als objektiver, sich auf Sprache und Kultur stützender Prozeß dar. Vgl. auch *Schröder*, DVBl. 1994, S. 316 (318); *Weber*, in: Hrbek, Der Vertrag von Maastricht in der wissenschaftlichen Kontroverse, S. 121 (130); *Seidel*, EuR 1992, S. 125 (142).

98 Die politischen „Europa-Parteien" stellen lediglich lose Zusammenschlüsse der jeweiligen nationalen Parteien dar, vgl. *Hobe*, JA 1993, S. 229 (232); *Seidel*, EuR 1992, S. 125 (141/142). Allerdings wird durch Anerkennung europäischer politischer Parteien infolge der neu eingefügten Bestimmung des Art. 138a EGV versucht, „ein europäisches Bewußtsein herauszubilden". Dabei werden die Parteien als wichtiger „Faktor der Integration in der Union" betrachtet. *Tsatsos*, EuGRZ 1994, S. 45 (51), beurteilt die neue Vorschrift ebenfalls positiv, meint aber, daß „die Entstehung europäischer politischer Parteien weit davon entfernt ist, die Funktion der nationalen Parteien zu verdrängen"; die Aufgabe der europäischen Parteien liege seiner Ansicht nach insbesondere in einem breiten pluralistischen Meinungsaustausch zwischen der nationalen und der europäischen Ebene. *Ress*, JuS 1992, S. 985 (989), erkennt in dieser neuen Vorschrift die Chance, das Demokratiedefizit der Union „nicht unerheblich" abzubauen. Nach *Bleckmann*, DVBl. 1992, S. 335 (337), zeigen sich inhaltliche Parallelen zu Art. 21 GG, die es erlauben, „in vorsichtiger Anpassung an die Lage in der EG [...] die Aussagen des *Bundesverfassungs-*

→

Mitgliedstaaten fraktioniert[100]. Daran vermag auch die mit dem Unionsvertrag eingeführte Unionsbürgerschaft nichts zu ändern[101].

e) Ergebnis betreffend das Demokratieprinzip

Stellt man sich die Frage nach der verfassungsrechtlichen Antwort auf den soeben diagnostizierten Befund, sind zunächst die Vorgaben zu berücksichtigen, die der verfassungsändernde Gesetzgeber in Art. 23 GG vorgesehen hat. Er hat im Satz 2 der Struktursicherungsvorschrift mit dem Merkmal „hierzu" eine Schranke eingebaut, die weitere Integrationsmaßnahmen von

---

gerichts und der deutschen Lehre zu Art. 21 GG auf die europäische Ebene" zu übertragen. Es wird sich in der Zukunft zeigen, ob die von Art. 138a EGV aufgezeigte Zielrichtung tatsächlich eine Änderung des Identitätsbewußtseins in Richtung auf ein europäisches Volk herbeiführen kann. *Lenz*, in: Festschrift für Herbert Helmrich, S. 269 (273), hält das Problem für grundsätzlich überwindbar. Zur Repräsentationsaufgabe der Abgeordneten des Europäischen Parlaments vgl. auch *Kohler*, EuR 1978, S. 333 (341 ff.), und *Schröder*, DVBl. 1994, S. 316 (318).

99 Eingehend *Bleckmann*, JZ 1990, S. 301 (303); *Möschel*, JZ 1992, S. 877 (883); *von Brünneck*, EuR 1989, S. 249 (251 ff.).

100 *Ossenbühl*, DVBl. 1993, S. 629 (634), hält zu Recht „eine innere Verbundenheit der Staatsbürger, die durch Kommunikation, gemeinsame Erfahrungen, kulturelle Gemeinsamkeiten und einen gemeinsamen Wertkonsens getragen wird", für erforderlich.

Der Politikwissenschaftler *Scharpf* hat vor der *Gemeinsamen Verfassungskommission* dazu ausgeführt (Thesen zur Anhörung vor der *Gemeinsamen Verfassungskommission* am 22.5.1992 in Berlin, S. 5): „Demokratische Legitimation erfordert mehr als die Anwendung der parlamentarischen Mehrheitenregel. Sie verlangt, daß es der jeweils unterlegenen Minderheit mit guten Gründen zugemutet werden kann, die Mehrheitsentscheidung ohne Widerstand als auch für sie gültig zu akzeptieren. Daß dies auch in etablierten Staaten keineswegs selbstverständlich ist, zeigen die akuten Auseinandersetzungen in Nordirland, Kanada, in Belgien und in Spanien – um von Indien, Jugoslawien oder den Nachfolgestaaten der ehemaligen Sowjetunion gar nicht zu reden. Negative Voraussetzung dafür ist die Abwesenheit tiefgehender ethnischer, linguistischer, religiöser, ideologischer oder ökonomischer Konflikte; positive Voraussetzung ist die Ausbildung einer auf staatsbürgerliche Gleichheit, Solidarität und Wertkonsens gestützten kollektiven Identität, der gegenüber Meinungs- und Interessenunterschiede in Einzelfragen an Bedeutung zurücktreten." Und: Bezüglich der Europäischen Union selbst und in ihrem Verhältnis zu den Mitgliedstaaten ergeben sich „alle Verfassungsprobleme [...] gerade daraus, daß hier das [...] föderale Element das demokratische so völlig an den Rand drängt".

101 Zu diesem Themenkomplex siehe auch *Steinberger*, VVDStRL 50 (1991), S. 9 (22/23); *Bleckmann*, JZ 1990, S. 301 (303); *Streinz*, DVBl. 1990, S. 947 (960); *Hobe*, Der Staat 1993, S. 245 ff.

Fortschritten auf diesem Gebiet abhängig machen soll[102]. Man darf gespannt sein, ob es gelingt, das Demokratiedefizit im Zusammenhang mit der gemäß Art. N Abs. 2 EUV für 1996 avisierten Folgekonferenz zu beseitigen. Zweifelhaft erscheint dies insbesondere deshalb, weil die Kompensation dieses Defizits durch Ausbau des Europäischen Parlaments – zumindest bis zur Etablierung eines europäischen Identitätsbewußtseins – nicht unproblematisch ist. Dazu kommt die Verschiedenartigkeit der Verfassungstraditionen in Europa: So beabsichtigen andere Mitgliedstaaten, wie z. B. Frankreich, das europaweit beklagte Demokratiedefizit durch eine Stärkung der demokratischen Legitimation des Ministerrates auszugleichen[103].

Sollte sich herausstellen, daß das Demokratiedefizit nicht allein durch eine weitere Kompetenzerhöhung des Parlaments ausgeglichen werden kann, hat man das Problem zu lösen, wie man den europäischen Bürger in sonstiger Weise auf institutionellem Wege so erreichen kann, daß sich jedenfalls inhaltlich demokratische Grundsätze realisieren lassen[104]. Zur Zeit werden Antworten hierzu kaum gegeben[105]. Der Vorbehalt des Art. 23 Abs. 1 Satz 2 GG, mit dem die strukturellen Maßgaben nach Satz 1 ausgestattet sind, würde es dem Mitgliedstaat Bundesrepublik verwehren, den mit dem Maastrichter Vertrag vorgezeichneten Weg weiterzugehen, zumal sich die mangelnde demokratische Legitimität mit jedem Integrationsschritt noch vergrößern würde[106].

Steinberger[107] hat einen Ansatz aufgezeigt, der zu einem möglichen Lösungsweg ausgebaut werden könnte: Die Gemeinschaftsverträge sehen ein Geflecht funktionaler und institutioneller Kooperationen vor; dies betrifft zum einen die vertikale Zusammenarbeit zwischen Union und Mitgliedstaaten – z. B. in Fragen der Außen-, Sicherheits- und Wirtschaftspolitik – , zum anderen die horizontale Vernetzung zwischen den einzelnen Unionsorganen, wie dies beispielsweise bei der Gemeinschaftsrechtsetzung zwischen Rat und Parlament nach Art. 189b EGV[108] der Fall ist. Durch eine Demokratisierung nicht nur des Parlaments, sondern auch anderer Organe, wie z. B. des Ministerrats, verbunden

---

102 *Fischer*, ZParl 1993, S. 32 (38); *Ossenbühl*, DVBl. 1993, S. 629 (633), hält dies für „eine bedeutsame Einschränkung der verfassungsrechtlichen Ermächtigung".

103 *Classen*, ZRP 1993, S. 57 (59/60).

104 *Ossenbühl*, DVBl. 1993, S. 629 (635).

105 *Ipsen*, EuR 1987, S. 195 (201).

106 *Ossenbühl*, DVBl. 1993, S. 629 (635).

107 *Steinberger*, VVDStRL 50 (1991), S. 9 (49).

108 Hierzu näher oben S. 102.

mit einer intensiven Verflechtung zwischen europäischen und nationalen Institutionen, könnte jedes Element „seinen“ Beitrag an demokratischer Legitimität erbringen, so daß sie in ihrem Zusammenwirken den Anforderungen an Funktionentrennung und Demokratie gerecht werden würden[109].

Auch *Schwarze*[110], *Everling*[111] und *Seidel*[112] vertreten die Ansicht, dem Europäischen Rat komme neben dem Parlament eine nicht zu unterschätzende demokratische Legitimation zu, weil die Vertreter demokratisch gewählter Regierungen ihr Abstimmungsverhalten gegenüber den nationalen Parlamenten und der Öffentlichkeit zu rechtfertigen haben; dies wirke in Verbindung mit den infolge des Unionsvertrages ausgebauten Rechten des Europäischen Parlamentes und anderen Verflechtungen zwischen den Mitgliedstaaten und der Union teilweise als Legitimationsgrundlage[113]. *Everling* schlägt hierzu ein Zusammenwirken in dem Sinne vor, daß bedeutende Rechtsetzungsakte nur zustande

---

109 *Penski*, ZRP 1994, S. 192 (195), legt das Strukturerfordernis der Demokratie in Art. 23 Abs. 1 Satz 1 GG in Abstimmung mit Art. 79 Abs. 3 GG dahingehend aus, „daß zum einen die Mitglieder Demokratien sind und daß zum anderen ihre Bürger an der Ausübung der europäischen Hoheitsgewalt, deren Subjekt der Verband der Mitgliedstaaten ist, beteiligt werden“.

110 In: JZ 1993, S. 585 (588).

111 In: DVBl. 1993, S. 936 (944).

112 In: EuR 1992, S. 125 (133).

113 Zustimmend: *Hilf*, VVDStRL 53 (1994), S. 7 (8), („doppelte Legitimation der Union“) und *Classen*, ZRP 1993, S. 57 (60), der allerdings die durch Art. 23 Abs. 6 GG ermöglichte Entsendung von Landesministern in den Europäischen Rat im Hinblick auf die demokratische Legitimation durch das *gesamte* deutsche Volk kritisiert; dagegen: *Steinberger*, VVDStRL 50 (1991), S. 9 (40 - 42), mit dem Argument, die über die Regierungen vermittelte, mit Sachverstand gepaarte demokratische Legitimation erreiche lediglich den jeweiligen Regierungsvertreter im Europäischen Rat, nicht aber den Rat als kollegiales Organ der Union; auch nach *Everling*, DVBl. 1993, S. 936 (944), könne das verbleibende Legitimationsdefizit nur beseitigt werden, indem das Europäische Parlament seine „Grundlage in einem europäischen Volk und in einer staatenübergreifenden, politischen und gesellschaftlichen Struktur mit Willensbildung in europäischen Parteien besitzt.“ – Zu der Frage, welches Volk durch das Europäische Parlament repräsentiert wird, vgl. Art. 137 EGV und *Ossenbühl*, DVBl. 1993, S. 629 (634). – Nach Ansicht von *Möller/ Limpert*, ZParl 1993, S. 21 (24), können die (mittelbaren) Informations- und Beteiligungsrechte des Deutschen Bundestages in Art. 23 Abs. 2 und 3 GG das Demokratiedefizit auf europäischer Ebene vermindern; vgl. dazu unten S. 197 ff.

kommen sollten, wenn das Europäische Parlament und der Rat, ggf. unter Einschaltung eines Vermittlungsausschusses, ihm zugestimmt haben[114].

Aber auch die Stellung des Europäischen Parlamentes kann nur in einem langfristigen Prozeß verbessert werden[115]. Sollten die Rechte des Parlamentes jedoch tatsächlich verbessert werden, wären Auswirkungen auf die Staatlichkeit der Union und damit auf den Souveränitätsstatus der Mitgliedstaaten zu erwarten: Wie bereits festgestellt, hängt insbesondere die Etablierung einer eigenen europäischen Staatsgewalt davon ab, daß der Schwerpunkt der Rechtsetzungsbefugnisse vom mitgliedstaatlich organisierten Ministerrat auf ein unmittelbar durch das europäische Volk[116] legitimiertes Organ – oder auf mehrere legitimierte Organe – verlagert würde[117]. Der Abbau des Demokratiedefizits ginge also mit einem weiteren Verlust der Staatlichkeit einher. Es kommt dem Versuch der Quadratur des Kreises gleich, wenn man auf der einen Seite den wachsenden Verlust der Regelungshoheit der Staaten beklagt und im selben Atemzug eine wesentliche Stärkung der Rechte des Europäischen Parlaments fordert[118]. Man wird sich also entscheiden müssen, ob die europäische Ebene in Zukunft eine eigene demokratische Stütze erhalten soll oder ob die Nationalstaaten als „zentrale Einheit in der Stufenleiter" gesichert werden sollen[119].

Auch nach Ansicht des *Bundesverfassungsgerichts*, das die Gemeinschaftsgewalt noch von den Mitgliedstaaten abgeleitet sieht[120], wäre der Übergang in einen europäischen Bundesstaat durch die – ggf. stufenweise erfolgende – Konsti-

---

114 *Everling*, in: Hrbek (Hrsg.), Die Entwicklung der EG zur Politischen Union und zur Wirtschafts- und Währungsunion unter der Sonde der Wissenschaft, S. 12 (21 /22); die wachsende demokratische Legitimation über das Europäische Parlament ersetzt dann die brüchig gewordene, von den Mitgliedstaaten abgeleitete Legitimation.

115 *Classen*, ZRP 1993, S. 57 (60).

116 Zum Thema Unionsbürgerschaft siehe oben S. 107.

117 Vgl. *Penski*, ZRP 1994, S. 192 (195).

118 *Stein*, VVDStRL 53 (1994), S. 26 (32); *Everling*, in: Hrbek (Hrsg.), Die Entwicklung der EG zur Politischen Union und zur Wirtschafts- und Währungsunion unter der Sonde der Wissenschaft, S. 12 (21), weist zutreffend darauf hin, daß die Forderung zur Demokratisierung des Europäischen Parlaments in seltsamem Widerspruch zur Skepsis seitens ihrer Durchführbarkeit steht; zur Interdependenz zwischen der Stärkung des Europäischen Parlamentes und der nationalen Souveränität in Frankreich: *Conseil constitutionnel*, Entscheidung 92 - 308 DC vom 9.4.1992, Journal officiel, S. 5354.

119 *Schindler*, VVDStRL 53 (1994), S. 70 (82), stellt eine positive Prognose an.

120 *BVerfG*, EuGRZ 1993, S. 429 (439).

tuierung einer unmittelbar demokratisch legitimierten Gewalt auf europäischer Ebene abhängig[121].

2. Weiterer Regelungsbereich des Satzes 1

a) Das Föderationsgebot

Die Forderung nach föderativen Grundsätzen bedeutet zweierlei: Zum einen die Verpflichtung, auch im Zuge weiterer Integrationsmaßnahmen die bundesstaatliche Struktur der Bundesrepublik zu respektieren[122], zum anderen das Gebot, die Europäische Union selbst föderativ aufzubauen[123], so daß letztlich – zumindest was den Mitgliedstaat Bundesrepublik betrifft – ein dreistufiger Aufbau der Europäischen Union in Betracht gezogen wird[124]. Was die Gestaltung der Union betrifft, kann das Bundesstaatsmodell des Grundgesetzes nicht zwingend als Maßstab angesetzt werden[125], denn Gemeinschaftsrecht kann sich nur auf der Grundlage der Verfassungstraditionen aller Mitgliedstaaten bilden, kein Mitgliedstaat kann seine Maßstäbe allein durchsetzen[126]. In der *Gemeinsamen*

---

121 Vgl. die Erklärung des Bundeskanzlers *Kohl* zur aktuellen Entwicklung in der Europapolitik vom 25.9.1992, abgedruckt im Bulletin der Bundesregierung Nr. 103 vom 26.9.1992, S. 966, in der er durch eine weitere Stärkung der Rechte des Europäischen Parlaments eine durchgreifende Verbesserung der demokratischen Kontrolle der europäischen Institutionen für die im Jahre 1996 geplante Regierungskonferenz (Art. N Abs. 2 EUV) forderte.

122 Der Einwand von *Everling*, DVBl. 1993, S. 936 (944), und *Hilf*, VVDStRL 53 (1994), S. 7 (17), wonach sich dieses Gebot nicht auf die Gliederung der anderen Mitgliedstaaten beziehen kann, ist evident: Der verfassungsändernde Gesetzgeber der Bundesrepublik Deutschland kann keinen direkten oder über die Union geführten Einfluß auf die Verfassungen der übrigen Mitgliedstaaten ausüben. Eine solche Regelung wird durch die Vorschrift des Satzes 1 auch nicht intendiert.

123 So ausdrücklich *Hilf*, VVDStRL 53 (1994), S. 7 (17).

124 Vgl. *Hilf*, VVDStRL 53 (1994), S. 7 (22).

125 Vgl. dazu *Müller-Brandeck-Boquet*, PolVJ, Sonderheft 23 / 1992, S. 160 (161), mit dem Hinweis, daß die deutschen Länder gern den Föderalismus als das geeignetste Gestaltungsprinzip für das Europa der Zukunft anpriesen.

126 *Everling*, DVBl. 1993, S. 936 (944), spricht auch von der „grundgesetzintrovertierten Sicht der Verfasser des Artikels"; insbesondere Mitgliedstaaten mit zentralistischem Staatsaufbau, wie z. B. Frankreich oder Großbritannien, verbindeten mit dem Begriff „Föderation" von der deutschen Lesart abweichende Vorstellungen. – Im Entwurf des Unionsvertrages war zunächst die Formulierung „Union mit föderativer Ausrichtung" für die Präambel von der Präsidentschaft vorgeschlagen worden. Die Streichung des Hin-

→

Verfassungskommission wurde daher mit Bedacht dem Begriff „föderativ" gegenüber dem der „Bundesstaatlichkeit" der Vorzug eingeräumt.[127]

b) Das Subsidiaritätsprinzip

Der Grundsatz der Subsidiarität, dem die Europäische Union nach Art. 23 Abs. 1 Satz 1 GG verpflichtet sein muß, um ihr weitere Kompetenzen übertragen zu dürfen, ist insbesondere auf Verlangen der deutschen Bundesländer in den Unionsvertrag eingeflossen; er findet sich nicht nur in der Präambel, sondern auch im neu aufgenommenen Art. 3b EGV. Durch die gleichzeitige ausdrückliche Aufnahme dieses Prinzips in das Grundgesetz und seine unmittelbare Verknüpfung mit dem föderativen Grundsatz soll nach der Vorstellung der *Gemeinsamen Verfassungskommission* gewährleistet werden, daß zum einen die bundesstaatliche Gliederung der Bundesrepublik Deutschland als Mitgliedstaat der Europäischen Union auch in einer engeren Union der Völker Europas gewahrt wird und zum anderen auch die Union selbst mehrstufig aufgebaut ist, wobei unterhalb der europäischen Ebene nicht nur die zweite Ebene der Mitgliedstaaten, sondern ggf. eine dritte der Länder (bzw. Regionen) mit originären, nicht abgeleiteten Souveränitätsrechten bestehen kann; die jeweils höhere Ebene darf dabei nur dann tätig werden, wenn die jeweils niedrigere Ebene eine Aufgabe nicht oder *nicht ausreichend* erledigen kann[128].

Das gemeinschaftsrechtliche Subsidiaritätsprinzip wird ausführlich unten ab S. 261 behandelt.

c) Die Forderung vergleichbaren Grundrechtsschutzes

Die Forderung schließlich, die Europäische Union müsse „einen diesem Grundgesetz im wesentlichen vergleichbaren Grundrechtsschutz" gewährleisten, knüpft an die sogenannte „Solange-Rechtsprechung" des *Bundesverfassungsgerichtes* an[129], wonach das Grundgesetz nicht dazu ermächtige, „im We-

---

weises auf den föderativen Charakter der Union geht auf Forderungen der britischen Regierung zurück, weil der Begriff „federal" nach der englischen Rechtssprache auf die Zentralebene weist; vgl. *Hrbek*, in: Festschrift für Bodo Börner, S. 125 (137), und *Hilf*, VVDStRL 53 (1994), S. 7 (8).

127 *Scholz*, NJW 1992, S. 2593 (2599).

128 *Fischer*, ZParl 1993, S. 32 (38/39).

129 *Di Fabio*, Der Staat 1993, S. 191 (199), bezeichnet den ersten Satz des Art. 23 GG „als eine Art Solange-Entscheidung im großen Stil".

ge der Einräumung von Hoheitsrechten für zwischenstaatliche Einrichtungen die Identität der geltenden Verfassungsordnung der Bundesrepublik Deutschland durch Einbruch in ihr Grundgefüge, in die sie konstituierenden Strukturen, aufzugeben."[130] Und: „Ein unverzichtbares, zum Grundgefüge der geltenden Verfassung gehörendes Essentiale sind jedenfalls die Rechtsprinzipien, die dem Grundrechtsteil des Grundgesetzes zugrundeliegen."[131] Das Gericht hält es also für ausreichend, wenn die Grundaussagen der einzelnen Grundrechte durch die europäischen Organe gewährleistet werden, nicht jede spezielle Ausprägung eines Grundrechtes muß beachtet werden[132]. Es hat in der „Solange II"-Entscheidung bestätigt, daß dies inzwischen[133] durch die Rechtsprechung des Europäischen Gerichtshofes sichergestellt sei[134].

Die Ursache für die zögerliche Haltung des *Bundesverfassungsgerichts* im „Solange I-Beschluß"[135] lag in der fehlenden Kodifizierung eines eigenen Grundrechtskataloges im EWG-Vertrag. Aber auch heute enthält der zuletzt durch den Unionsvertrag geänderte EG-Vertrag keinen eigenständigen Grundrechtsteil[136]. Der gemeinschaftsrechtliche Grundrechtsschutz ist hauptsächlich durch den Europäischen Gerichtshof – unter dem Eindruck der Entscheidungen des *Bundesverfassungsgerichts*[137] – entwickelt und ausgebaut worden[138]. Der Grundrechtsschutz durch die Rechtsprechung des Europäischen Gerichtshofes kann zwar für eine Übergangszeit akzeptiert werden, auf lange Sicht jedoch ist

130 BVerfGE 73, 339 (375) („Solange II").

131 BVerfGE 73, 339 (376), unter Hinweis auf BVerfGE 37, 271 (279 ff.) („Solange I"), und BVerfGE 58, 1 (30 ff.) („Eurocontrol").

132 *Ossenbühl*, DVBl. 1993, S. 629 (633).

133 In „Solange I" hat das Gericht dies noch verneint, BVerfGE 37, 271 (280 ff.).

134 BVerfGE 73, 339 (378 ff.).

135 BVerfGE 37, 271 (279 ff.).

136 *Rubel*, JA 1992, S. 265 (269).

137 In dem genannten „Solange I"-Beschluß hat sich das Gericht vorbehalten, Gemeinschaftsrecht *solange* an den Grundrechten des Grundgesetzes zu messen, bis es einen zureichenden Grundrechtsschutz im Gemeinschaftsrecht gebe. Kritisch damals zu dieser Entscheidung: *Ipsen*, EuR 1975, S. 1 ff.

138 *Oppermann*, Europarecht, Rdnr. 411 ff.

eine Europäische Verfassung[139] einschließlich einer kodifizierten Grundrechtsordnung unerläßlich[140].

3. Fazit

Die Aufgabe der Struktursicherungsklausel besteht in erster Linie in einer Aufforderung an die deutschen Verhandlungsführer, bei den Verhandlungen über weitere Vertragsänderungen zu versuchen, die dort genannten Fundamentalprinzipien nach Möglichkeit durchzusetzen[141]. Dies gilt insbesondere für den Fall, daß es zu einer kodifizierten europäischen Verfassung kommt. Vor überzogenen Erwartungen muß jedoch gewarnt werden: Es wäre verfehlt, die Formulierungen des Grundgesetzes zum Maß aller Dinge machen zu wollen[142]; im übrigen ist auch kaum zu erwarten, daß sich die anderen Mitgliedstaaten – wie es die anmaßenden Formulierungen der Gesetzesbegründung nahelegen[143] – von den Geboten Deutschlands beeindrucken lassen werden. Sollte gar jeder der 15 Mitgliedstaaten beanspruchen, seine Verfassungsprinzipien einzubringen, führte dies zu einem unlösbaren Konflikt[144].

Doch was geschieht, wenn es der deutschen Delegation nicht gelingt, die in Art. 23 Abs. 1 Satz 1 GG genannten Vorstellungen durchzusetzen? Um der Gefahr zu entgehen, einen innerstaatlich verfassungswidrigen Vertrag ratifizieren zu müssen, bliebe wohl als ultima ratio nur noch die Möglichkeit, die Zustimmung zu der geplanten Integrationsmaßnahme zu verweigern. Sollte eine unter diesem Blickwinkel innerstaatlich verfassungswidrige Vertragsänderung einmal

---

139 Ausführlich dazu *Schuppert*, StWuStP 1994, S. 35 ff.; *Läufer*, in: Gedächtnisschrift für Eberhard Grabitz, S. 355 ff., und *Lecheler*, ebda., S. 392 ff.

140 *Scholz*, NJW 1992, S. 2593 (2598).

141 *Rubel*, JA 1992, S. 265 (270).

142 *Ossenbühl*, DVBl. 1993, S. 629 (633), spricht bildlich von den im internationalen Bereich gern mit dem Grundgesetz winkenden Deutschen; vgl. auch *Everling*, in: Hrbek (Hrsg.), Die Entwicklung der EG zur Politischen Union und zur Wirtschafts- und Währungsunion unter der Sonde der Wissenschaft, S. 12 (16/17).

143 *Bundesrat*, Drucksache 501/92, S. 5.

144 Vgl. *Everling*, DVBl. 1993, S. 936 (945), unter Hinweis auf *Randelzhofer* in der *Gemeinsamen Verfassungskommission*, Sitzung vom 22.5.1992, Sitzungsprotokoll S. 15, der in diesem Zusammenhang vor einem „Verfassungsimperialismus" warnte.

ratifiziert sein, ist eine Intervention Deutschlands unter Berufung auf nationales Verfassungsrecht nicht mehr möglich[145].

IV. Ist die Integrationsermächtigung des Art. 23 Abs. 1 GG mit der durch Art. 79 Abs. 3 GG gezogenen Grenze der verfassungsändernden Gewalt vereinbar?

1. Relevanz der Untersuchung

Der verfassungsändernde Gesetzgeber wollte mit der Neufassung des Art. 23 GG – wie soeben unter II. dargelegt – zumindest die im Maastrichter Vertrag angelegten Integrationsmaßnahmen gestatten. Es stellt sich die Frage, ob die mit dem Unionsvertrag verbundenen Integrationsmaßnahmen die durch Art. 79 Abs. 3 GG geschützte bundesstaatliche Ordnung so sehr verändern werden, daß eine dahingehende Ermächtigung nicht durch den verfassungsändernden Gesetzgeber hätte vorgenommen werden dürfen. Zwar ist die Entwicklung der Europäischen Union an die Prinzipien des Föderalismus und der Subsidiarität sowie allgemein über Art. 79 Abs. 3 GG an die „Gliederung des Bundes in Länder" gebunden, so daß eine Auszehrung der Länder weitgehend unterbunden werden sollte. Der Nutzen einer formalen Manifestation der Länderrechtsstellung erscheint jedoch zweifelhaft, wenn sich die Europäische Union – auf der Grundlage des Maastrichter Vertrages – zu einem eigenen (Bundes-)Staat entwickelte, so daß ein dreistufiges Staatsgebilde entstünde[146]. In der Verfassungspraxis ist ein auf drei Hierarchieebenen dauerhaft agierender Staat bisher ohne Beispiel[147]. Daher ist bei einer Etablierung eines europäischen Staatswe-

---

145 *Classen*, ZRP 1993, S. 57 (60); *Oppermann*, Europarecht, Rdnr. 525 ff.; *Herdegen*, EuGRZ 1989, S. 309 (311).

146 Zur Frage, ob das Grundgesetz den Weg zu einem europäischen Bundesstaat verschließt, werden folgende vier Ansichten vertreten (vgl. die Übersicht mit weiteren Nachweisen bei *Hilf*, in: Hommelhoff / Kirchhof (Hrsg.), Staatenverbund, S. 75 (83 / 84):

Während einige das Bekenntnis zu einem „vereinten Europa" in der Präambel des Grundgesetzes als Legitimation für eine Eingliederung in einen Bundesstaat interpretieren, wollen andere nur die schrittweise Einordnung zulassen; nach einer dritten Auffassung treffe das Grundgesetz keine positive aber auch keine negative Aussage zu dieser Frage, so daß eine etwaige Einbindung in einen europäischen Staat auch ohne Einschaltung des Volkes zulässig wäre; schließlich wird vertreten, das Grundgesetz gebiete es, auf einer vorstaatlichen Stufe zu verharren.

147 *Philipp*, ZRP 1992, S. 433 (434). In der Diskussion um einen möglichen dreistufigen Staatsaufbau wird allgemein auf die kritischen Worte des österreichischen Staatsrechtlers *Kelsen*, ZöR 1927, S. 329 (331, 352), hingewiesen. Er warnte bei einem möglichen An-

→

sens zu befürchten, daß aus Gründen einer effektiven Bündelung aller bei der Bundesrepublik verbliebener Souveränitätsrechte entweder die deutsche bundesstaatliche Einheit aufgelöst und durch einen Staatenbund ersetzt würde oder die Bundesländer ihre Staatsqualität verlören[148]. Für die letztgenannte Variante spricht die nach wie vor stärkere Stellung des Bundes auf Gemeinschaftsebene, die es ihm ermöglicht, einer Erosion seiner Staatlichkeit schon im Ansatz zu begegnen. Auch würde es für die Deutschen gegenüber einem europäischen Bundesstaat erforderlich sein, in Europa mit einer Stimme zu sprechen, um die andernfalls eintretende Interessenzersplitterung zu vermeiden[149].

In einem engen Zusammenhang mit dieser Problematik steht die Frage, ob und inwieweit der europäische Zusammenschluß nach Maastricht die Souveränität des Mitgliedstaats Bundesrepublik beeinträchtigt. Sollte sich ein europäisches Staatswesen noch nicht etabliert haben, könnte die Bundesrepublik möglicherweise dennoch die Stellung eines souveränen Bundesstaates verloren haben. Art. 79 Abs. 3 i. V. m. Art. 20 Abs. 1 und 2 GG gestatten integrative Maßnahmen nur insoweit, als die souveräne Staatlichkeit der Bundesrepublik

---

schluß Österreichs an das deutsche Reich vor der Konstruktion eines Bundesstaates im Bundesstaat, weil dies zu einer Auflösung der bundesstaatlichen Gliederung auf der zweiten bzw. dritten Ebene führe und „organisationstechnisch eine heillose Komplikation bedeute". Diese Aussage ist indes – worauf *Schindler*, VVDStRL 53 (1994), S. 102 (104, 4. Erwiderung), zutreffend hingewiesen hat – nicht ohne weiteres verallgemeinerbar. *Kelsen* untersuchte einen etwaigen Eintritt eines Bundesstaates in einen schon existierenden anderen Bundesstaat, was zur Folge gehabt hätte, daß die dort größtenteils beim Bund liegenden Gesetzgebungskompetenzen verlorengegangen wären. Zudem hätte sich nur der österreichische Gesamtstaat, nicht jedoch die neun österreichischen Länder als deutsches Land geeignet. Bei der möglichen Gründung eines europäischen Bundesstaates geht es hingegen um die Bildung einer neuen überregionalen Staatengemeinschaft, an der alle Mitglieder gleichberechtigt mitwirken können. Auch werden nicht bedeutende nationale Gesetzgebungskompetenzen, wie z. B. Zivil-, Straf- und Prozeßrecht en bloc transferiert, sondern nur – in der Regel wirtschaftsbezogene – Teile von Sachgebieten, an deren Rechtsetzung die Mitgliedstaaten weiterhin beteiligt sind. – *Forsthoff*, in: Die öffentliche Körperschaft im Bundesstaat, S. 108, sieht anläßlich der Bestrebungen der Kommunen, auf die Staatsgewalt des Bundes Einfluß zu nehmen, die Gefahr einer „polykratischen" Auflösung der Staatsgewalt; zur Problematik vgl. *Thürer*, VVDStRL 50 (1991), S. 97 (134).

148 *Philipp*, ZRP 1992, S. 433 (434); die Identifikation mit der lokalen Ebene ist am stärksten, jene mit dem Bund schwächer und diejenige mit den Ländern am schwächsten: *Mayntz*, AöR 115 (1990), S. 232 (236).

149 *Philipp*, ZRP 1992, S. 433 (437).

erhalten bleibt[150]. Ein Souveränitätsverlust der Bundesrepublik würde auch für die Bundesländer nicht folgenlos bleiben: Zwar besitzen die Länder im Bundesstaat ohnehin keine originäre völkerrechtliche Souveränität[151], allerdings ist die vom *Bundesverfassungsgericht* anerkannte staatliche Hoheitsmacht der Länder, basierend auf der Grundlage der bundesstaatlichen Verfassungsordnung des Grundgesetzes[152], bei einem Souveränitätsverlust des Bundes in ihrer eigenen Existenz gefährdet.

Bei der Beurteilung der Vereinbarkeit der Integrationsermächtigung mit Art. 79 Abs. 3 GG ist zunächst das Integrationsergebnis, das durch den Maastrichter Vertrag bewirkt worden ist, zu beleuchten. Zuvor ist noch zu untersuchen, ob es dem pouvoir constiué überhaupt gestattet war, eine Einschränkung des durch Art. 79 Abs. 3 i. V. m. Art. 20 GG geschützten Prinzips der souveränen Staatlichkeit durch die Neufassung der Integrationsvorschrift in Art. 23 Abs. 1 GG zu regeln. Wegen der festgestellten Entwicklungsoffenheit der Vorschrift soll im Ausblick[153] eine Betrachtung auf der Grundlage des möglichen künftigen Einigungsprozesses vorgenommen werden.

---

150 *Blanke*, DÖV 1993, S. 412 (415); *Penski*, ZRP 1994, S. 192 ff., weist diese Integrationsschranke aus dem Demokratieprinzip nach, das es verbiete, die Stellung des deutschen Volkes als Subjekt dieses Staates im Kern anzutasten (S. 194); *Sommermann*, DÖV 1994, S. 596 (599), spricht von der eigenständigen Völkerrechtssubjektivität der Bundesrepublik Deutschland. – Vgl. zur Vorläuferregelung des Art. 24 Abs. 1 GG *Schilling*, AöR 116 (1991), S. 32 (54/55); *Tomuschat*, in: Bonner Kommentar, Art. 24, Rdnr. 46; siehe auch *Kirchhof*, in: HdB StR I, § 19, Rdnr. 53; a. A.: *Fastenrath*, Maastricht und ein Trugschluß, FAZ vom 12.8.1993, S. 5.

151 Den Bundesländern steht etwa kein Sezessionsrecht zu, *Di Fabio*, Der Staat 1993, S. 191 (201); die den Ländern im Bundesstaat zukommende Staatsgewalt ist für die völkerrechtlichen Beziehungen gegenstandslos: Die Abschlußgewalt der Länder nach Art. 32 Abs. 3 GG wurde den Ländern von der Bundesverfassung zugestanden, sie bildet mithin keine Ausnahme in diesem System, vgl. *Doehring*, Staatsrecht, S. 116.

152 Vgl. BVerfGE 1, 14 (34).

153 Unten S. 368 ff.

2. Hat der verfassungsändernde Gesetzgeber mit der Integrationsöffnungsklausel des Art. 23 Abs. 1 GG den absoluten Geltungsanspruch der souveränen Staatlichkeit in unzulässiger Weise zurückgenommen? (abstrakte Betrachtung)

Im verfassungsrechtlichen Schrifttum[154] wird versucht, anhand einer verfassungssystematischen Interpretation nachzuweisen, daß der bisherigen Integrationsermächtigung des Art. 24 Abs. 1 GG eine Ergänzungsfunktion zu Art. 20 GG zukommt und somit die äußerste Grenze für den verfassungsändernden Gesetzgeber markiert. Während die Fundamentalprinzipien des Art. 20 Abs. 1 bis 3 GG selbst durch Art. 79 Abs. 3 GG jeglicher Verfassungsänderung entzogen seien, könnten die sie konkretisierenden Verfassungsbestimmungen unter Beachtung der jeweiligen Fundamentalbestimmung und unter den Voraussetzungen des Art. 79 Abs. 1 und 2 GG grundsätzlich modifiziert werden. Art. 24 Abs. 1 GG stelle jedoch diesbezüglich eine Ausnahme dar: Der absolute Geltungsanspruch der Prinzipien der souveränen Staatlichkeit der Bundesrepublik Deutschland (aus Art. 20 Abs. 1 GG) sowie der Volkssouveränität (aus Art. 20 Abs. 2 Satz 1 GG) werde durch die – seit 1949 unverändert im Grundgesetz befindliche – Bestimmung des Art. 24 Abs. 1 GG von vornherein zurückgenommen; Art. 24 Abs. 1 GG stelle somit keine konkretisierende, sondern eine einschränkende Vorschrift dar, sie lasse ein Aufbrechen des „Souveränitätspanzers" der Bundesrepublik ausdrücklich zu. Im Unterschied zur Einfügung des neuen Art. 23 in das Grundgesetz sei diese Einschränkung des Art. 20 GG vom Verfassunggeber selbst zugelassen worden, eine nachträgliche Einfügung des Art. 24 Abs. 1 GG durch den pouvoir constitué wäre aufgrund von Art. 20 Abs. 1, 2 i. V. m. Art. 79 Abs. 3 GG nicht möglich gewesen. Daraus sei zu folgern, daß die Gestattung einer weiteren Souveränitätseinschränkung nur mittels verfassunggebender Gewalt zulässig sei, ein dahingehendes Wirken des verfassungsändernden Gesetzgebers verstoße gegen Art. 20 Abs. 1, 2 i. V. m. Art. 79 Abs. 3 GG.

Bei einer kritischen Auseinandersetzung mit diesen Thesen ist zunächst von der Entscheidung des Parlamentarischen Rates, bestimmte staatskonstituierende Grundsätze vor legalen Veränderungen zu schützen, auszugehen. Eine Verfassung kann zwar vor umstürzenden Veränderungen grundsätzlich keinen absoluten Schutz bieten, sie kann aber den Agierenden die – im demokratischen Ge-

154 Zum folgenden: *Murswiek*, Der Staat 1993, S. 161 ff. (176/177), in Anlehnung eines für die Fraktion DIE GRÜNEN im Europäischen Parlament erstatteten Rechtsgutachtens.

meinwesen auf das Volk zurückgehende – (Schein-)Legitimation versagen[155], so daß es darauf ankommt, ob ihnen das Volk in freier Selbstbestimmung die Gefolgschaft zu dieser Wandlung gibt oder verweigert. Der genannten Ansicht ist insofern zu konstatieren, daß diese Prinzipien nicht nur – wie es der Wortlaut des Art. 79 Abs. 3 GG gebietet – selbst vor Modifizierungen bewahrt bleiben sollen, sondern daß auch periphere Verfassungsklauseln, die der näheren Ausgestaltung dienen, diesem Schutz unterfallen. Eine gegenteilige Auffassung würde eine faktische Änderung der Essentialia zulassen und wäre daher mit einer sinnentsprechenden Auslegung des verfassungsgesetzgeberischen Willens, wie er in Art. 79 Abs. 3 GG zum Ausdruck kommt, nicht zu vereinbaren.

Allerdings ist zu beachten, daß das Grundgesetz sich in Art. 24 GG sowie in der Präambel dazu entschieden hat, die Einbindung Deutschlands in zwischenstaatliche, insbesondere europäische Strukturen zu ermöglichen[156]. Obwohl man – wie bereits dargelegt – nach dem Ende des Zweiten Weltkrieges von einer Neuordnung der Europäischen Staaten träumte, geht das heute verwirklichte Maß an Integration weit über das Vorstellungsvermögen des Parlamentarischen Rates hinaus. Insofern fragt es sich, ob die Veränderung der Rahmenbedingungen, die das Grundgesetz zumindest im Kern unstreitig erlauben wollte, eine restriktive Auslegung der durch Art. 79 Abs. 3 GG geschützten Fundamentalgrundsätze gebietet, die geschützten Prinzipien des Art. 20 GG mithin nicht in Konkordanz mit Präambel und Art 24 GG zu verstehen sind[157]. Als gesichert gilt, daß die Vorschrift, indem sie von *„Grundsätzen“* spricht, die betreffenden Verfassungsinhalte lediglich im Prinzipiellen gewährleisten will; sie steht einer Rechtsfortbildung und Modifikation der änderungsfesten Grundsätze unter Wahrung der Prinzipien nicht entgegen. Eine solche Rechtsfortbildung kann beispielsweise durch eine – gegenüber der tatbestandlichen Erfassung geänderte – Wirklichkeit verursacht werden[158]. Ein solcher Verfassungswandel kann in der Konzeption der Verfassung bereits angelegt sein, wie z. B. die Entscheidung für einen grundsätzlich integrationsoffenen Staat in Art. 24 Abs. 1 GG[159]. Versuchte man, einen Verfassungswandel durch Änderung der Verfassungswirklichkeit zu unterbinden, würde dies auf lange Sicht die – zumindest

---

155 *Kirchhof*, in: HdB StR I, § 19, Rdnr. 11, 34: „Die Revolution kann nicht verboten werden“.

156 Siehe hierzu *v. Simson/Schwarze*, S. 19/20.

157 Vgl. *Steinberger*, in: Hommelhoff/Kirchhof (Hrsg.), Staatenverbund, S. 25 (29), der darauf hinweist, daß das *Bundesverfassungsgericht* diese Frage mangels Entscheidungserheblichkeit offen lassen konnte.

158 *Kirchhof*, in: HdB StR I, § 19, Rdnr. 66, 68.

159 Hierzu und zum Folgenden: *Kirchhof*, in: HdB StR I, § 19, Rdnr. 46.

im Kern erforderliche – Kongruenz von Recht und Wirklichkeit zerstören. Auch auf die vom Parlamentarischen Rat gewollte Integrationsoffenheit der Bundesrepublik wirkt eine rigorose Anwendung der Fundamentalprinzipien behindernd[160].

Andererseits mußte der Verfassunggeber entscheiden, wo die Trennlinie zwischen dem Verfassungswandel, der erforderlich ist, um die Identifikation des Volkes mit „ihrer" Verfassung aufrechtzuerhalten, und der Bewahrung des Kerninhaltes der Verfassung, der ihr die Identität und Struktur gibt, verlaufen soll; das Grundgesetz hat sich in Art. 79 GG für die grundsätzliche Offenheit, die nur an wenigen Prinzipien ihre Schranke findet, entschieden. Durch die Identitätsgarantie des Art. 79 Abs. 3 GG wird dem Verfassungswandel eine äußerste Grenze gesetzt[161], die auch von der Kontinuität der Verfassungsinterpretation abhängig ist. Letztlich muß eine an der Verfassungswirklichkeit orientierte, einschränkende Interpretation der von Art. 79 Abs. 3 GG geschützten Fundamentalprinzipien wegen der Anerkennung eines absolut geschützten Kernbereiches ausscheiden.

Die entscheidende denklogische Voraussetzung dieser Ansicht besteht darin, daß die neu eingefügte Bestimmung des Art. 23 Abs. 1 GG einen weitergehenden Souveränitätsverlust zuläßt, als es mit Hilfe der vom Verfassunggeber selbst definierten Kompetenznorm des Art. 24 Abs. 1 GG möglich gewesen wäre. Wenn der Verfassunggeber 1949 bereits eine Einschränkung der Souveränität ausdrücklich zuließ, kann eine mit gleicher Einschränkungswirkung versehene, lediglich speziellere Vorschrift, die den Besonderheiten des europäischen Einigungsprozesses Rechnung trägt, nicht gegen Art. 79 Abs. 3 GG verstoßen. Die hinter diesem Problem stehende Frage lautet, ob die bisherige Integrationsermächtigung des Art. 24 Abs. 1 GG für eine so intensive, auch politische Einbindung als Grundlage ausreichte; dies war in der *Gemeinsamen Verfassungskommission* wegen des knappen, jedoch weiten Wortlauts der Bestimmung umstritten. Um die Integration in die Europäische Union auf eine sichere Grundlage zu stellen, hat man eine neue, spezielle Ermächtigungsgrundlage geschaffen[162].

---

160 *Mosler*, in: HdB StR VII, § 175, Rdnr. 66.

161 Vgl. zur Vertiefung: *Schenke*, in: AöR 103 (1978), S. 566 (588).

162 Die überwiegende Ansicht in der Literatur vertrat die Auffassung, auch Art. 24 Abs. 1 GG wäre für die Integration in die Europäische Union noch ausreichend gewesen, vgl. z. B. *Oppermann/Classen*, NJW 1993, S. 5 (11); *v. Simson/Schwarze*, S. 58; zum Meinungsstand siehe oben S. 95 ff.

3. Ist Art. 23 Abs. 1 GG unter konkreter Berücksichtigung des durch den Unionsvertrag erreichten Integrationsstandes mit Art. 79 Abs. 3 GG vereinbar?

Seit dem Abschluß der Maastrichter Vereinbarung erheben sich im verfassungsrechtlichen Schrifttum Stimmen, die mit der Einführung der Integrationsgewalt in Art. 23 Abs. 1 GG den gemäß Art. 79 Abs. 3 GG zulässigen Aktionsbereich des verfassungsändernden Gesetzgebers als überschritten betrachten, mit der Folge, daß diese Entscheidung nur durch die verfassunggebende Gewalt, das Volk, selbst hätte getroffen werden können[163]. Dabei werden die mit der Ratifizierung des Maastrichter Vertrages verbundenen Folgen für das europäische Gemeinwesen einerseits und die Bundesrepublik andererseits recht kontrovers beurteilt. Teilweise wird prognostiziert, der mit dem Unionsvertrag eingeleitete, kaum mehr umkehrbare Prozeß der politischen Integration führe in absehbarer Zeit unter Verlust eigener Souveränität in einen europäischen Bundesstaat[164]. Andere sind von der Gründung eines Bundesstaates auf europäischer Ebene überzeugt und befürchten damit einhergehend einen Staatlichkeitsverlust des Mitgliedstaats Bundesrepublik, weshalb die Einführung der Ermächtigung zur Integration in die Europäische Union durch den verfassungsändernden Gesetzgeber die in Art. 79 Abs. 3 GG gezogenen Kompetenzgrenzen überschritten habe[165]. *Murswiek* dagegen sieht in der Zustimmung zum Vertrag von Maastricht – wegen des damit verbundenen Präjudizes – auch ohne Souveränitäts- und Staatlichkeitsverlust der Bundesrepublik einen Verstoß gegen Art. 79 Abs. i. V. m. Art. 20 Abs. 1 und 2 GG[166].

Unterschiedliche Ansatzpunkte dieser Diskussionen bestehen insoweit, als daß der mit der Integration einhergehende Kompetenzabbau des Mitgliedstaates Bundesrepublik – mit gewissen Parallelen in der Argumentation – teilweise als

---

163 *Lerche*, in: Festschrift für Konrad Redeker, S. 131 (141); eine Stellungnahme zu etwaigen künftigen Integrationsschritten wird im Ausblick (unten S. 368 ff.) abgegeben.

164 *Ress*, JuS 1992, S. 985 (991); *Scholz*, NJW 1992, S. 2593 (2594), verwendet den Begriff „eigenstaatliche Einrichtung supranationaler Qualität“.

165 *Rupp*, NJW 1993, S. 38 (39/40), und ZRP 1993, S. 211 (213); *Philipp*, ZRP 1992, S. 433 (436, 438); diese Auffassung deckt sich im wesentlichen mit der Position derjenigen Beschwerdeführer (hierzu: *Schachtschneider u.a.*, JZ 1993, S. 751 ff.), die eine Überprüfung des Vertrages von Maastricht im Verfassungsbeschwerdeverfahren mit dem Ziel angestrengt hatten, das Zustimmungsgesetz zum Unionsvertrag für verfassungswidrig zu erklären; daneben wurde auch die Feststellung der Verfassungswidrigkeit des 38. Gesetzes zur Änderung des Grundgesetzes (vom 21.12.1992) begehrt, das u.a. den neuen Artikel 23 in das Grundgesetz einfügte, vgl. BVerfGE 89, 155.

166 *Murswiek*, Der Staat 1993, S. 161 ff. (176/177); näher zu dieser Ansicht oben S. 118 ff.

Problem der Souveränität, andernorts jedoch als solches der Staatsqualität behandelt wird. Häufig wird insbesondere die Souveränität mit dem staatskonstituierenden Merkmal der Staatsgewalt gleichgesetzt, wodurch der Eindruck entsteht, es handele sich um synonyme Begriffe. Zur Auseinandersetzung mit diesen Auffassungen sind zunächst abstrakt die Begriffe Staatlichkeit und Souveränität zu definieren, bevor ermittelt werden kann, ob und ggf. in welchem Maße die Souveränität und möglicherweise sogar die Staatlichkeit der Bundesrepublik Deutschland mit dem durch den Vertrag von Maastricht verbundenen Integrationssprung eingebüßt worden sind.

a) Zum Verhältnis von Staatlichkeit und Souveränität

Vielfach wird die Souveränität im Sinne des staatskonstituierenden Merkmals Staatsgewalt definiert: Danach sei unter innerer Souveränität die nach innen gewandte, effektive und organisierte Herrschaftsgewalt, unter äußerer Souveränität die nach außen gerichtete rechtliche Unabhängigkeit zu verstehen[167].

Es stellt sich die Frage, ob eine solche Umschreibung des Souveränitätsbegriffes mit dem heutigen Staatsverständnis in Einklang zu bringen ist. Der Begriff der Souveränität wurde im ausgehenden Mittelalter sowie in der frühen Neuzeit im Kampf der Könige Westeuropas nach außen gegen die kaiserliche und päpstliche Oberhoheit und nach innen gegen die in den Ständen organisierten Feudalgewalten konzipiert[168]. Der Begriffsinhalt wurde und wird demnach geprägt von dem tatsächlich-historischen Problem der Eliminierung privater Gewalten und ihre Substitution durch eine übergeordnete staatliche Gewalt, um Frieden und Sicherheit nach innen zu gewährleisten sowie um nach außen einheitlich aufzutreten und mit anderen Staaten in Beziehungen zu treten[169]. Die Gleichstellung von Souveränität und Staatsgewalt wurde durch die Deutung des Souveränitätsbegriffs durch *Bodin*[170] verursacht, der ihn um ein positives Moment, nämlich den Herrschaftsrechten des französischen Königs, anreicherte. Folglich wurde der Begriff nach *Bodin* im Sinne eines Wesensmerkmals des Staates interpretiert, was den Streit, ob die Souveränität teilbar sei, überhaupt erst ermöglichte[171].

---

167 *Isensee*, in: HdB StR I, § 13, Rdnr. 34.

168 *Randelzhofer*, in: HdB StR I, § 15, Rdnr. 2, 14.

169 *Randelzhofer*, in: HdB StR I, § 15, Rdnr. 8.

170 Les six livres de la République, liv. I, chap. X (S. 211 ff.), zitiert nach: *Wimmer*, Bd. I, Bd. II, 'Sechs Bücher über den Staat'.

171 *Randelzhofer*, in: HdB StR I, § 15, Rdnr. 4, 19.

Die Überwindung der durch *Bodin* geprägten Identität von Staatsgewalt und Souveränität gelang erst mit der Lehre von der Staatspersönlichkeit und der darauf aufbauenden Lehre von der Staatssouveränität. *V. Gerber* hatte in diesem Zusammenhang die – heute noch gültige – These herausgearbeitet, daß Souveränität nicht Staatsgewalt sei, sondern nur eine wichtige, allerdings nicht wesensnotwendige Eigenschaft der Staatsgewalt bezeichne[172]. Darauf aufbauend entwickelte *Paul Laband* die These von der Hierarchie der Herrschaftsrechte im Bundesstaat, indem er zwischen souveränen und nicht souveränen Staaten unterschied: Die Staatsgewalt der höheren staatsrechtlichen Einheit, die des souveränen Gesamtstaates, steht über derjenigen der nicht souveränen Gliedstaaten.[173] Deutlich wird diese Differenzierung an der Stellung der Gliedstaaten eines Bundesstaates: Sie erfüllen zwar alle Merkmale eines Staates, besitzen jedoch keine originäre, sondern allenfalls eine beschränkte, vom Bundesstaat abgeleitete Völkerrechtsfähigkeit[174], so daß es sich um nicht souveräne Staaten handelt[175].

In diesem Sinne kann man Souveränität heute als höchste Gewalt nach innen und Unabhängigkeit nach außen beschreiben, wobei diese Gewalt im modernen Verfassungsstaat nicht schrankenlos besteht, sondern durch das Verfassungsrecht und das Völkerrecht, insbesondere den völkerrechtlichen Menschenrechtsschutz, limitiert wird[176]. *Dagtoglou* hat dies zutreffend als „höchste Gewalt von Rechts wegen" beschrieben[177]. Die angesprochene Unterscheidung

172 *Krüger*, Allgemeine Staatslehre, S. 852 ff., 186 ff.; zustimmend *Blanke*, DÖV 1993, S. 412 (415).

173 *Laband*, Das Staatsrecht des Deutschen Reiches, 1. Band (4. Aufl. 1901), S. 55 ff. Etwa zur gleichen Zeit wies *Jellinek*, Die Lehre von den Staatenverbindungen (Berlin 1882), S. 16, darauf hin, daß die rechtliche „Möglichkeit" des Bundesstaates von der Unterscheidung zwischen souveränen und nicht souveränen Staaten abhängt; die nicht souveränen Gliedstaaten eines Bundesstaates besitzen seiner Ansicht nach dennoch die Fähigkeit, die Herrschaft aus eigenem Recht auszuüben. Damit hat er die Grenze der Souveränität zwischen dem Bund und den Gliedstaaten angesiedelt, die der Staatlichkeit hingegen zwischen der kommunalen und der Länderebene, vgl. heute Art. 28 Abs. 2 GG. Im 19. Jahrhundert hatte *Waitz* die – heute nicht mehr vertretene – These entwickelt, daß im Bundesstaat sowohl die Einzelstaaten als auch der Bund souverän sind, *Waitz*, Grundzüge der Politik.

174 Z. B. nach Art. 32 Abs. 3 GG; vgl. auch *Di Fabio*, Der Staat 1993, S. 191 (201): Den Bundesländern fehlt die „autarke demokratische Souveränität; ein Sezessionsrecht etwa steht ihnen nicht zu." Ebenso *Kimminich*, in: HdB StR I, § 26, Rdnr. 15 ff.

175 *Randelzhofer*, in: HdB StR I, § 15, Rdnr. 25; *Kirchhof*, in: HdB StR I, § 19, Rdnr. 77.

176 *Krüger*, Souveränität und Staatengemeinschaft, S. 1 ff.

177 Zitiert nach Randelzhofer, in: HdB StR I, § 15, Rdnr. 65.

zwischen innerer und äußerer Souveränität dient lediglich zur Beschreibung zweier Aspekte ein und derselben Sache. Zwischen diesen beiden Teilbereichen besteht eine wechselseitige Abhängigkeit, so daß beim Verlust einer Eigenschaft die Souveränität insgesamt eingebüßt wird[178]. Die beiden Teilbereiche der Souveränität werden heute als Allzuständigkeit (im Sinne einer Letztverantwortung) des Staates in seinem territorialen Hoheitsbereich (innerer Aspekt), nach außen als Unabhängigkeit gegenüber auswärtigen Staaten und übergeordneten internationalen Institutionen sowie Völkerrechtsunmittelbarkeit (äußerer Aspekt) gedeutet[179].

Es hat sich also gezeigt, daß die Begriffe Souveränität und Staatsgewalt zwar teilweise konzentrische Eigenschaften beschreiben, jedoch unabhängig voneinander festgestellt werden können. Bei den Auffassungen, die mit der Einführung der Integrationsermächtigung in Art. 23 Abs. 1 GG die durch Art. 79 Abs. 3 GG gezogenen Kompetenzgrenzen überschritten sehen, ist mithin zwischen denjenigen, die den Verlust der Souveränität annehmen und den anderen, die sogar die Staatsqualität der Bundesrepublik in Gefahr sehen, zu differenzieren.

b) Die Frage der Staatlichkeit der Europäischen Union und die Folgen für den deutschen Bundesstaat

Auf die Frage nach der Staatlichkeit von Europäischer Union einerseits und dem Mitglied Bundesrepublik einschließlich seiner Bundesländer andererseits sind seit dem Maastrichter Vertrag mehrere Antworten denkbar. Möglicherweise ist mit der durch den Unionsvertrag gegründeten Europäischen Union erstmals ein neuer (Bundes-)Staat auf europäischer Ebene gegründet worden; sollte dies tatsächlich zutreffen, kann dies wiederum unterschiedliche Folgen ausgelöst haben: Im für die Mitgliedstaaten günstigeren Fall haben diese nur ihre – nach weitläufiger Ansicht ohnehin bereits reduzierte – Souveränität verloren, für deren selbständige Untergliederungen, namentlich die deutschen Bundesländer, hätte sich dann unmittelbar zwar nichts geändert, jedoch fußt deren Staatlichkeit weitgehend auf den Wahrnehmungsbefugnissen, die ihnen das Grundgesetz als Institution verliehen und seitdem garantiert hat. Allerdings können mit einer Gründung der „Vereinigten Staaten von Europa“ auch weit gravierendere Folgen verbunden sein. Grundsätzlich wäre im Hinblick auf die Bundesrepublik Deutschland ein dreistöckiger Bundesstaat entstanden, was die Frage aufwirft, ob die Staatlichkeit aller drei Ebenen auf Dauer durchgehalten

---

178 *Zippelius*, Allgemeine Staatslehre, S. 61 ff.; *Heintzen*, in: Der Staat 1986, S. 17 ff.

179 *Mosler*, in: HdB StR VII, § 175, Rdnr. 29.

werden könnte. Muß innerhalb Deutschlands auf lange Sicht eine staatliche Ebene geopfert werden, spricht angesichts der innerstaatlichen Zentralisierungstendenz manches dafür, daß es nicht den Bund, sondern im Zweifel die Länder treffen wird[180].

Im verfassungsrechtlichen Schrifttum wird dazu teilweise angenommen, bereits der Vertrag von Maastricht überführe die Bundesrepublik unter Verlust eigener Souveränität in einen europäischen Bundesstaat. Dies wird mit der durch den Unionsvertrag bewirkten Ausdehnung der Gemeinschaftskompetenzen auf nahezu alle Felder der Politik, die insbesondere in Verbindung mit der „Kompetenz-Kompetenz" des Art. F Abs. 3 EUV[181] zur Aufgabe des Prinzips der begrenzten Einzelermächtigung führe[182], begründet. Vereinzelte Stimmen kritisieren darüber hinaus, das Europäische Gemeinwesen verfüge nach dem Unionsvertrag über eigene Vollorgane, ein eigenes Unionsbürgerrecht und sei thematisch nicht mehr auf einzelne Kompetenzbereiche begrenzt, so daß sie sogar die Staatlichkeit der Bundesrepublik infolge des Unionsvertrages „gegen Null schrumpfen" sehen[183]. Eine Lösung dieses Dilemmas wäre allein durch eine Volksabstimmung über den Vertrag von Maastricht möglich gewesen, da aufgrund der schwerwiegenden Eingriffe in die Prinzipien des Art. 20 GG der Ak-

---

180 A. A. *Philipp*, ZRP 1992, S. 433 ff.

181 Siehe hierzu *Schachtschneider u.a.*, JZ 1993, S. 751 (753). *Schweitzer*, VVDStRL 53 (1994), S. 48 (55/56), bezeichnet die Vorschrift als „Art. 235 EGV im Großformat", dessen mögliche Kompetenzfülle aber eher ein Problem der Demokratie als ein solches des Föderalismus darstelle.

182 Wie weit sich der wirtschaftsbezogene Bezug einer Regelung (funktional) ausdehnen läßt, zeigt sich am Beispiel des Art. 90 Abs. 3 EGV: Die Kommission sah sich auf der Basis dieser wettbewerbsrechtlichen Regelung zu einer grundlegenden Reform der mitgliedstaatlichen Telekommunikationsordnungen in der Lage; vgl. *Möschel*, JZ 1992, S. 877 (882); a. A.: *Hilf*, VVDStRL 53 (1994), S. 7 (10/11), der Art. F Abs. 3 EUV lediglich als „allgemeine Zielvorgabe" deutet und dabei auf Art. 201 EGV hinweist, der sich mit den finanziellen Mitteln befaßt; kritisch dazu *Schweitzer*, VVDStRL 53 (1994), 3. Erwiderung, S. 98 (98/99): „entlegenster Aspekt des Art. F Abs. 3 EUV"; „Mittel" könne nur im Sinne von „Kompetenzen" interpretiert werden; s. auch *Schachtschneider u.a.*, JZ 1993, S. 751 (753).

183 *Rupp*, NJW 1993, S. 38 (40), und ZRP 1993, S. 211 (213); allgemein zur Frage der Staatsqualität der EG-Mitgliedstaaten: *Grabitz*, VVDStRL 50 (1991), S. 155 (Diskussionsbeitrag). – *Schröder*, DVBl. 1994, S. 316 (317), weist auf die Einzigartigkeit der Diskussion um den Fortbestand der Staatlichkeit der Bundesrepublik unter den Staaten der Europäischen Union hin; zumindest eine der Ursachen dieser Sensibilität dürfte in der geringer ausgeprägten staatlichen Festigung der 1949 gegründeten Bundesrepublik zu finden sein, die als „Provisorium" die Zeit bis zur Wiedervereinigung beider deutscher Staaten überbrücken sollte; vgl. *Kirchhof*, in: HdB StR VII, § 183, Rdnr. 14.

tionsbereich des pouvoir constitué erschöpft sei, folglich ausschließlich die Konstituante, das Volk, über diese „Verfassungsneuschaffung" befinden könne[184]. Ein Verlust der bundesdeutschen Staatlichkeit setzt voraus, daß die Europäische Union selbst mit den Attributen der Staatlichkeit ausgerüstet wird, so daß – bezogen auf den Mitgliedstaat Bundesrepublik – ein dreistufiger Bundesstaat entstünde und weiter, daß dieser Zuwachs an Staatsqualität auf europäischer Ebene den deutschen Bundesstaat derart in Mitleidenschaft zöge, daß er auf lange Sicht – zumindest faktisch – seine konstituierenden Elemente einbüßte[185]. Es ist daher zunächst zu prüfen, ob infolge des Unionsvertrages ein europäisches Gemeinwesen mit Staatsqualität errichtet worden ist, bevor die Konsequenzen für den deutschen Bundesstaat untersucht werden können.

Der Maastrichter Vertrag selbst gibt über die Frage, ob die Europäische Union im gegenwärtigen Stadium bereits bundesstaatliches Gepräge aufweist, keinen Aufschluß. Dort wird in bezug auf Europa niemals von einem „Staat" gesprochen, sondern bewußt der vieldeutige Begriff der „Europäischen Union" verwendet[186]. Der Vertrag erkennt der Union weder ausdrücklich Rechtsfähigkeit zu, noch lassen die einschlägigen Bestimmungen den sicheren Schluß zu, daß die Union nach dem Willen der Vertragsgeber ein neues Völkerrechtssubjekt darstellen soll[187].

Das Problem ist daher anhand des völkerrechtlichen Staatsbegriffs[188] zu untersuchen. Nach der auf *Georg Jellinek* zurückgehenden „Drei-Elementen-Lehre" konstituiert sich ein Staat aus den Partizipien Staatsgebiet, Staatsvolk und Staatsgewalt, wobei letztere in der Lage sein muß, die Herrschaft über Personal und Territorium effektiv und dauerhaft auszuüben[189]. Im Folgenden soll

---

184 *Rupp*, NJW 1993, S. 38 (39/40), und ZRP 1993, S. 211 (213); *Philipp*, ZRP 1992, S. 433 (438).

185 Siehe hierzu den Beitrag von *Philipp*, ZRP 1992, S. 433, der die drei möglichen Optionen – dreistufiger Bundesstaat, Verlust der Staatsqualität des Bundes, Ende des deutschen Föderalismus – anschaulich diskutiert und letztlich – de lege ferenda – für die Errichtung eines europäischen Staatenbundes plädiert.

186 *Ossenbühl*, DVBl. 1993, S. 629.

187 *Seidel*, EuR 1992, S. 125.

188 Siehe hierzu: *Isensee*, in: HdB StR I, § 13, Rdnr. 28 ff.

189 *Jellinek*, Allgemeine Staatslehre, S. 174 ff., 394 ff.; *Isensee*, in: HdB StR I, § 13, Rdnr. 30 ff.

die Europäische Union im Hinblick auf diese drei Elemente untersucht werden[190].

aa) Staatsgebiet?

Infolge der Entterritorialisierungsbestrebungen des europäischen Gemeinschaftsrechts, insbesondere durch die Verwirklichung des europäischen Binnenmarktes, nimmt zwar die Bedeutung der nationalen Grenzen ab[191]; doch verfügt die Europäische Union bzw. – mangels Rechtsfähigkeit derselben – die Europäische Gemeinschaft über ein eigenes Staatsgebiet?

Das Gemeinschafts- bzw. Unionsgebiet kann nur durch den räumlichen Geltungsbereich der Gemeinschaftsverträge definiert werden. Dieser erstreckt sich gemäß Art. 227 EGV auf die Summe der Mitgliedstaaten, ähnlich wie sich das Staatsgebiet der Bundesrepublik aus den Flächen der Bundesländer zusammensetzt. Durch die Bestimmung einer räumlichen Geltung in einem völkerrechtlichen Vertrag wird jedoch noch kein Staatsgebiet konstituiert. Versteht man unter Staatsgebiet den Raum, in dem der Staat seine Herrschaft ausübt[192], hängt die Beurteilung eines europäischen Staatsgebietes entscheidend von der Ausbildung einer europäischen Staatsgewalt ab.

Die Gemeinschaft verfügt zwar über ein Territorium, das dem Rechtsanwendungsbefehl ihres Sekundärrechts unterliegt; die Qualifizierung als *Staats*gebiet ist jedoch von der Beurteilung der Herrschaftsgewalt abhängig[193].

bb) Staatsgewalt?

Unter Staatsgewalt versteht man die unabgeleitete, effektiv wirksame und dauerhafte hoheitliche Willensmacht[194] zur Regelung sämtlicher für das ge-

---

190 Zur Frage, ob das gesamteuropäische, nicht auf die Europäische Union beschränkte Institutionen- und Ordnungsgefüge eine Abkehr vom klassischen Staatsbegriff erfordert, vgl. *Thürer*, VVDStRL 50 (1991), S. 97 ff., und *Schilling*, AöR 116 (1991), S. 32 (59 ff.); ausführlich zum Problem, ob es wegen der Erosion aller klassischen Elemente der Staatlichkeit eines neuen Konzepts und Begriffs des Staates bedarf, vgl. unten S. 378 ff.

191 *Thürer*, VVDStRL 50 (1991), S. 97 (125).

192 *Schweitzer*, Staatsrecht III (1986), Rdnr. 417; *Schunck/De Clerck / Guthardt*, Allgemeines Staatsrecht, S. 10.

193 *Oppermann*, in: Hommelhoff/Kirchhof (Hrsg.), Staatenverbund, S. 87 (91), verneint das Bestehen eines eigenen Staatsgebiets.

meinschaftliche Leben notwendiger Belange durch einen obersten Willensträger[195], der in einer Demokratie zwingend durch das (Staats-)Volk zu repräsentieren ist. Diese vom Volk ausgehende Gewalt wird in einer gewaltenteilenden Verfassung auf mehrere unabhängige Staatsorgane mit eigenem Funktionsbereich – einschließlich zulässiger Überschneidungen und Verschränkungen – delegiert, die einer gegenseitigen Kontrolle unterliegen[196].

Fraglich ist, ob die mit dem Maastrichter Vertrag verbundene weitere Kompetenzausstattung der europäischen Organe zur Etablierung einer eigenen Staatsgewalt auf europäischer Ebene geführt hat.

Aufgrund des in der Verfassungsgeschichte einzigartigen europäischen Integrationsvorganges als „Prozeß friedlicher Einheitsbildung, bei dem Fortschritte nur in tastendem Vorgehen erzielt werden können"[197], ist es nicht möglich, mit Hilfe einer summarischen Prüfung das Bestehen oder Nichtbestehen eines Staates auf europäischer Ebene nachzuweisen. Möglicherweise liegt dies auch darin begründet, daß die Staatsrechtswissenschaft bisher eher das Fehlen von staatskonstituierenden Elementen angeblicher „Staaten" aufzudecken hatte, in diesem Fall jedoch eine Vereinigung beurteilen soll, deren Schöpfer – vorwiegend aus Furcht vor innerstaatlichen politischen Unannehmlichkeiten – unisono die Staatsqualität verneinen[198]. Es kann daher nicht verwundern, daß das Meinungsspektrum insoweit von einer unveränderten zwischenstaatlichen Einrichtung über die Anerkennung eines Übergangsstadiums bis hin zu einer bereits etablierten europäischen Staatsgewalt reicht.

Der Teil der Stimmen, der die Europäische Union weiterhin als zwischenstaatliche Einrichtung im Sinne des Art. 24 Abs. 1 GG kategorisiert, verneinte konsequenterweise einen die Grenzen des Art. 79 Abs. 3 GG nahekommenden

---

194 *Verdross/Simma*, Universelles Völkerrecht, § 379; *Schunck/De Clerck/Guthardt*, Allgemeines Staatsrecht, S. 20 ff.

195 *Schilling*, AöR 116 (1991), S. 32 (61).

196 *Doehring*, Staatsrecht, S. 109 ff.

197 *Schwarze*, JZ 1993, S. 585 (589).

198 Genannt sei hier beispielsweise die Aussage des Bundeskanzlers *Kohl* am 6.5.1993 in Köln, wonach eine Gründung „Vereinigter Staaten von Europa", die der Staatswerdung der Vereinigten Staaten von Amerika vergleichbar wäre, zumindest derzeit nicht beabsichtigt sei; vgl. Bulletin der Bundesregierung Nr. 39 vom 17.5.1993, S. 341 (343 ff.), zitiert in BVerfGE 89, 155 (189).

bzw. überschreitenden „Einbruch in das Grundgefüge der Verfassung“[199] und betrachtete daher Art. 24 Abs. 1 GG als ausreichende Legitimationsgrundlage für die Gründung der Europäischen Union[200]. Zu der Einschätzung, bei der Europäischen Union handele es sich weiterhin um eine zwischenstaatliche Einrichtung im Sinne des Art. 24 Abs. 1 GG, gelangen die Vertreter dieser Ansicht mit der These, dieser Bereich werde erst bei der Etablierung eines europäischen (Bundes-) Staates verlassen[201]. Andere sehen die Europäische Union in der Übergangsphase von der zwischenstaatlichen zur „eigenstaatlichen“ Einrichtung[202], teilweise mit einer bundesstaatlichen Richtungsweisung[203].

Drastischer wird die Entstehung einer eigenen europäischen Staatsgewalt von einigen Vertretern dieser Meinungsgruppe zum einen mit der Einräumung originärer Hoheitsgewalt durch den Unionsvertrag begründet, die den Mitgliedstaaten allenfalls „rudimentäre eigene Hoheitskompetenzen“ belasse[204]; andererseits sei die unitarische Gewalt im föderalistisch gegliederten Deutschland von vornherein schwächer ausgebildet als in den überwiegend zentralistisch ausgerichteten Nachbarstaaten in Europa, da die Bundesländer insbesondere über massive Kompetenzen im Verwaltungsbereich verfügten[205]. Setze sich die Bedrängnis des Bundes sowohl von europäischer Seite als auch von der Länderseite her fort, bestehe – zunächst de facto, dann auch de jure – die Gefahr, daß die Bundesrepublik – unter Verstoß gegen das in Art. 20 Abs. 1 GG bezeichnete und durch Art. 79 Abs. 3 GG vor Verfassungsänderungen geschützte

---

199 BVerfGE 73, 339 (375 ff.) „Solange II“. – Zu dem Problem, ob die vom *Bundesverfassungsgericht* gewählte Formel mit dem absoluten Kern des Art. 79 Abs. 3 GG inhaltlich kongruent ist, vgl. unten S. 191 ff.

200 *Oppermann/Classen*, NJW 1993, S. 5 (11); *Klein/Haratsch*, DÖV 1993, S. 785 (797); *v. Simson/Schwarze*, S. 58.

201 So z. B. *Schwarze*, JZ 1993, S. 585 (587 ff.), indem er maßgeblich auf das seiner Einschätzung zufolge nach wie vor bestehende Prinzip der begrenzten Einzelermächtigung abstellt.

202 *Scholz*, NJW 1992, S. 2593 (2594). *Herdegen*, EuGRZ 1992, S. 589 (590), weist darauf hin, daß sich die Qualität der Europäischen Union „mit den überkommenen Kategorien des Staats- und Völkerrechts schwer fassen läßt“ und plädiert dafür, die Einordnungsfrage in der Schwebe zu halten, um „einen wichtigen Beitrag zur Schärfung des Rechtsbewußtseins [zu] leisten“.

203 *Ress*, JuS 1992, S. 985 (991); *Di Fabio*, Der Staat 1993, S. 191 (194); *Weber*, JZ 1993, S. 325 (330).

204 *Rupp*, NJW 1993, S. 38 (40); *ders.*, ZRP 1993, S. 211 (213).

205 *Philipp*, ZRP 1992, S. 433 (434 ff.).

Prinzip des Bundesstaates – zu einer „lockeren Staatenbundform" degeneriert werde[206].

Wenig ertragreich in diesem Zusammenhang ist die Frage, ob es sich bei der Europäischen Union um eine klassische zwischenstaatliche Einrichtung in Gestalt eines „wirtschaftspolitischen Zweckverbandes"[207] handelt und ob der Bereich der zwischenstaatlichen Einrichtung bei einer Umschreibung als „internationale Organisation mit gesteigerter Intensität der Befugnisse"[208] erst bei der Gründung eines europäischen Staates verlassen werden würde[209]. Man wird vielmehr im gegenwärtigen Integrationsstadium konstatieren müssen, daß sich die Europäische Union zumindest faktisch in Richtung auf einen europäischen Staat zubewegt[210].

Bevor eine abschließende Entscheidung getroffen werden kann, ist eine quantitative und qualitative Situationsanalyse auf der Basis des Maastrichter Vertrages vorzunehmen.

---

206 *Philipp*, ZRP 1992, S. 433 (434, 436). *Rupp*, ZRP 1993, S. 211 (213), weist darauf hin, daß die Grenze einer nach Art. 79 Abs. 3 GG zulässigen Verfassungsänderung nicht erst beim vollen Wegfall der Staatlichkeit überschritten sei, sondern bereits dann, wenn die Bundesrepublik zu einer „Verwaltungsprovinz der EG" verkäme.

207 *Scholz*, NJW 1992, S. 2593 (2594), unter Hinweis auf *Ipsen*, Europäisches Gemeinschaftsrecht (1992), § 8, Rdnr. 27 (S. 197 ff.).

208 BVerfGE 68, 1 (93); *Tomuschat*, in: Bonner Kommentar, Art. 24 GG, Rdnr. 7.

209 So die überwiegend vertretene Auffassung, vgl. *Schwarze*, JZ 1993, S. 585 (588); *Scheuner*, Integration 1971, S. 145 ff.; *Everling*, NJW 1971, S. 1481 ff.; *Tomuschat*, in: Bonner Kommentar, Art. 24 GG, Rdnr. 46. Dabei wurde die Staatsqualität der Europäischen Gemeinschaft nahezu einhellig verneint, vgl. BVerfGE 75, 223 (242); *Schilling*, AöR 116 (1991), S. 32 ff. (50); *Hesse*, Verfassungsrecht, Rdnr. 113. Teilweise wird auch nach Gründung der Europäischen Union an dieser „Zweckverbandstheorie" festgehalten, so z. B. *Klein*, VVDStRL 50 (1991), S. 56 (60 ff.); *Ipsen*, ebda., S. 142 (Diskussionsbeitrag); *Steinberger*, ebda., S. 9 (16); dagegen: *Di Fabio*, Der Staat 1993, S. 191 (194).

210 *Ress*, JuS 1992, S. 985 (993); *Scholz*, NJW 1992, S. 2593 (2594); *Di Fabio*, Der Staat 1993, S. 191 (193); dagegen: *Oppermann/Classen*, NJW 1993, S. 5 (11); vgl. auch *Thürer*, VVDStRL 50 (1991), S. 167 (Diskussionsbeitrag), mit der Ansicht, die Gemeinschaft sei ihrer Struktur nach „gewiß mehr als eine internationale Organisation". – *Dicke*, VVDStRL 50 (1991), S. 159 (Diskussionsbeitrag), zieht eine Parallele zur Entwicklung des schweizerischen Bundesstaates seit 1848: Man habe 1848 zunächst nur die Wirtschaftspolitik vereinheitlicht, während die Währungsunion erst ein Vierteljahrhundert später in Angriff genommen worden ist. Dennoch zweifle niemand daran, 1848 als Gründungsjahr des schweizerischen Bundesstaates anzunehmen. A. A.: *Ipsen*, VVDStRL 50 (1991), S. 142 (Diskussionsbeitrag), *Schneider*, a.a.O., S. 146/147; *Thürer*, a.a.O., S. 167.

(1) Aufbau und Kompetenzstruktur der Europäischen Union

Will man die Europäische Union[211] auf eine möglicherweise etablierte Staatsgewalt hin untersuchen, hat man zunächst die mit dem Unionsvertrag verbundenen Integrationsmaßnahmen zu analysieren[212]. Von dem Willen begleitet, „den mit der Gründung der Europäischen Gemeinschaften eingeleiteten Prozeß der europäischen Integration auf eine neue Stufe zu heben“[213], haben die Mitgliedstaaten zur „Verwirklichung einer immer engeren Union der Völker Europas“ untereinander eine Europäische Union gegründet[214]. Durch diesen Vertrag wurden die drei Europäischen Gemeinschaften unter einem Dach zusammengefaßt[215] und um zwei Bereiche der politischen Zusammenarbeit ergänzt[216]. Die Grundkonstruktion basiert auf drei Säulen[217]: Die erste Säule repräsentiert die drei Europäischen Gemeinschaften[218], nämlich die in Europäische Gemeinschaft (EG) umbenannte Europäische Wirtschaftsgemeinschaft, die Europäische Gemeinschaft für Kohle und Stahl (EGKS[219]) sowie die Europäische

---

211 Vgl. zur übereinstimmend abgelehnten Staatlichkeit der Europäischen Gemeinschaften BVerfGE 75, 223 (242); *Ipsen*, Europäisches Gemeinschaftsrecht, § 8, Rdnr. 5 ff. (S. 187 ff.); *Huber*, AöR 116, (1991), S. 210 (221 ff.).

212 Im Zusammenhang mit der Staatlichkeitsanalyse werden nur die neu hinzugekommenen Politikbereiche sowie die wirtschafts- und währungspolitischen Maßnahmen näher untersucht. Die Erweiterung der einzelnen Gemeinschaftskompetenzen wurde oben S. 37 ff. behandelt.

213 Präambel des Vertrages über die Europäische Union vom 7.2.1992.

214 Art. A Sätze 1 und 2 EUV.

215 *Wolf*, JZ 1993, S. 594 (595). Aus dem Umkehrschluß zu Art. 211 EGV, Art. 6 EGKS und Art. 184 EAGV läßt sich entnehmen, daß der Europäischen Union keine eigene Rechtspersönlichkeit zukommen soll; vgl. *Ress*, JuS 1992, S. 985 (986); *Hilf*, in: Hommelhoff / Kirchhof (Hrsg.), Staatenverbund, S. 75, m. w. N.; *Oppermann*, ebda., S. 87 (90).

216 Die Einheitlichkeit der Union wird dadurch unterstrichen, daß andere europäische Staaten gemäß Art. O EUV nur die Möglichkeit haben, der Union insgesamt beizutreten. Vgl. hierzu *Baetge*, BayVBl. 1992, S. 711.

217 Von dieser Einteilung abweichend sprechen *Klein/Haratsch*, DÖV 1993, S. 785 (787), von „fünf Pfeilern“, indem sie die drei Europäischen Gemeinschaften gleichgeordnet neben die beiden Politikbereiche stellen, während *Streinz*, Europarecht (1992), Rdnr. 42, durch Zusammenfassung der beiden neu eingeführten Politikbereiche zu einer Einteilung in „zwei Säulen“ gelangt; *Winter*, DÖV 1993, S. 173 (177), zeichnet eine „Tempelkonstruktion“ unter Einbeziehung der EFTA und der assoziierten Staaten. Vgl. hierzu auch *Koenig/Pechstein*, Die Europäische Union – Der Vertrag von Maastricht, S. 32 ff.

218 Art. A Satz 3 EUV.

219 Auch als „Montanunion“ bezeichnet.

Atomgemeinschaft (EAG[220])[221]. Die zweite Säule wird durch die Gemeinsame Außen- und Sicherheitspolitik (GASP[222]), die dritte durch die Zusammenarbeit in den Bereichen Justiz und Inneres (ZBJI[223]) gebildet[224].

---

220 Auch als „Euratom" bezeichnet.

221 *Baetge*, BayVBl. 1992, S. 711; *Ress*, JuS 1992, S. 985.

222 Titel V EUV.

223 Titel VI EUV. Die Zusammenarbeit verfolgt – im Sinne des 10. Erwägungsgrundes der Präambel des Unionsvertrages – das Ziel, bei gestiegener Freizügigkeit in der Union die Sicherheit der Bürger der Mitgliedstaaten zu gewährleisten; *Fischer*, EuZW 1994, S. 747 (747/748).

224 Ob neben den drei Europäischen Gemeinschaften (siehe Art. 211 EGV, Art. 6 Abs. 3 EGKSV, Art. 185 EAGV) auch der Europäischen Union als Dachorganisation eigene Völkerrechtssubjektivität zukommt, um selbst Verträge mit Drittstaaten und anderen internationalen Organisationen abschließen zu können, wird im Unionsvertrag nicht ausdrücklich geregelt; *Bleckmann*, DVBl. 1992, S. 335; *Klein/Haratsch*, DÖV 1993, S. 785 (787/788). Vielfach wird daher angenommen, die Union sei lediglich zur „kohärenten und solidarischen" Koordination der mitgliedstaatlichen Beziehungen untereinander (vgl. Art. A Satz 4 EUV) auf den Gebieten der drei „Pfeiler" gegründet worden; vgl. *Seidel*, EuR 1992, S. 125 (126); *Koenig/Pechstein*, Die Europäische Union – Der Vertrag von Maastricht, S. 22; *Streinz*, Europarecht, Rdnr. 42; *Baetge*, BayVBl. 1992, S. 711; *Blanke*, DÖV 1993, S. 412 (416). Zudem besitzt die Union keine unmittelbare Rechtsfähigkeit in jedem Mitgliedstaat, wie sie z. B. durch Art. 211 EGV der Europäischen Gemeinschaft gewährt wird; *Ress*, JuS 1992, S. 985 (986). Für die Annahme der Völkerrechtssubjektivität spricht indes die Installation eines mit selbständigen Kompetenzen ausgestatteten eigenen Organs, nämlich des Europäischen Rates (Art. D Satz 1 EUV: „Der Europäische Rat gibt der Union die für ihre Entwicklung erforderlichen Impulse und legt die allgemeinen politischen Zielvorstellungen für diese Entwicklung fest"), sowie die vertragliche Feststellung, daß die – bereits bestehenden – Organe der Gemeinschaften zugleich solche der Union sind (Art. E EUV; *Klein/Haratsch*, DÖV 1993, S. 785 [788]). Damit gibt es in der Führung der Gemeinschaften kein Organ mehr, das nicht gleichzeitig auch solches der Union ist; vgl. *Wolf*, JZ 1993, S. 594 (595). – In der Präambel ist der – in Art. C EUV umgesetzte – Wunsch der Vertragspartnerstaaten dokumentiert, „Demokratie und Effizienz [...] der Organe weiter zu stärken, damit diese [...] die ihnen übertragenen Aufgaben in einem einheitlichen institutionellen Rahmen besser wahr[zu]nehmen" können. Insbesondere im Bereich der Gemeinsamen Außen- und Sicherheitspolitik ist die Union in systematischer Zusammenarbeit zwischen ihrem Organ, dem Europäischen Rat, den übrigen Organen und den Mitgliedstaaten zur Umsetzung der gemeinsam erarbeiteten Ziele befugt; zu dieser Ansicht gelangt auch *Bleckmann*, DVBl. 1992, S. 335, mit der vom Europäischen Gerichtshof gebilligten „Implied-powers-Doktrin" kraft Sachzusammenhangs; dazu näher *Bleckmann*, Europarecht, Rdnr. 412 ff. Die im gegenwärtigen Entwicklungsstadium der Europäischen Union noch zurückhaltende Kompetenzausstattung ist dazu geeignet, ihr die Rechtsfähigkeit zumindest für diesen funktional begrenzten Bereich zuzusprechen; *Ress*, JuS 1992, S. 985 (986); vgl. auch *Klein/Haratsch*, DÖV 1993,

→

ÜBERSICHT[225]:

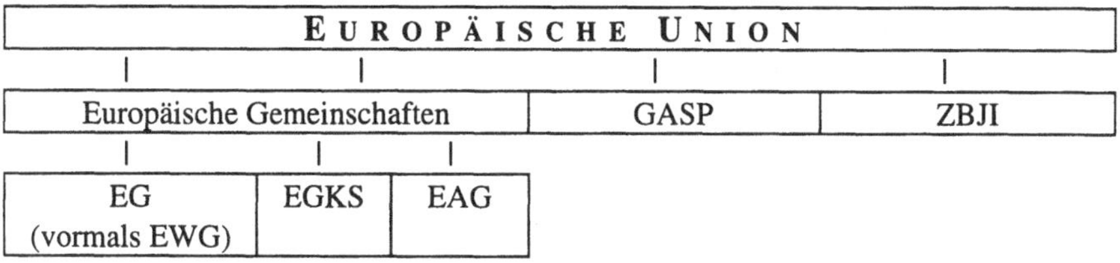

Gleichzeitig wurden im Unionsvertrag die Fundamente für eine zu errichtende Wirtschafts- und Währungsunion gelegt[226]. Die begriffliche Verbindung der Bereiche Wirtschaft und Währung legt die unzutreffende Vermutung nahe, es sei auf beiden Gebieten jeweils das gleiche Maß an Integration beabsichtigt; tatsächlich jedoch zeigt die Generalklausel des Art. 3a EGV die unterschiedliche Integrationsdichte: Die seit dem Abschluß der Römischen Verträge thematisierte Wirtschaftspolitik soll künftig dem Leitgedanken einer „offenen Marktwirtschaft mit freiem Wettbewerb“[227] folgen und sich auf eine „enge Koordinierung“ der Mitgliedstaaten beschränken (Abs. 1), um insbesondere die für die Währungsunion erforderlichen Konvergenzbestrebungen zu unterstützen[228]. Demgegenüber verpflichtet Absatz 2 nach Maßgabe der vorgesehenen Zeitfolge und des Verfahrens zur „unwiderruflichen Festlegung der Wechselkurse im

S. 785 (788). Anläßlich der für 1996 geplanten Revisionskonferenz (Art. N Abs. 2 EUV) wird die Verwirklichung der in Art. A und B des Unionsvertrages genannten Ziele überprüft werden, zu denen neben der allgemeinen „Verwirklichung einer immer engeren Union der Völker Europas“ (Art. A Satz 2 EUV) auch der Ausbau der neu gegründeten Politikfelder gehört (Art. B EUV). Damit einhergehend wird die Europäische Union entweder durch Vertragsänderung oder infolge von tatsächlicher Anerkennung in allen Staaten innerhalb und außerhalb der Union eine umfassende Rechtsfähigkeit erhalten, so daß diese Unklarheit nur von vorübergehender Dauer sein wird.

225 Vgl. zum Aufbau der Europäischen Union den Überblick bei *Koenig/Pechstein*, Die Europäische Union – Der Vertrag von Maastricht, S. 32 ff.

226 Titel VI EGV.

227 Näher zum Streit über die Verankerung einer bestimmten Wirtschaftsordnung in der Gemeinschaft *Bleckmann*, DVBl. 1992, S. 335 (341).

228 Art. 102a – 104c EGV; *Oppermann/Classen*, NJW 1993, S. 5 (10); *Bleckmann*, DVBl. 1992, S. 335 (340).

Hinblick auf die Einführung einer einheitlichen Währung [...] sowie die Festlegung und Durchführung einer einheitlichen Geld- sowie Wechselpolitik"[229].

Das Ziel einer gemeinsamen europäischen Währung wurde in mehreren Stufen mit jeweils verminderten Schwankungsbreiten der einzelstaatlichen Währungen vom sogenannten „Werner-Plan" (1970)[230] über den Europäischen Wechselkursverbund (1972)[231] und das Europäische Währungssystem (1979)[232] bis zur künftigen Währungsunion (vertragsgemäß spätestens zum 1. Januar 1999 vorgesehen) verwirklicht. Die Errichtung der Währungsunion ist in drei Etappen vorgesehen, von denen die erste bereits am 1. Juli 1990 durch Beschluß des Europäischen Rates eingetreten ist[233]. Diese Phase diente der Vorbereitung der Mitgliedstaaten auf die Währungsunion[234] und mündete am 1. Januar 1994 in die zweite Stufe[235]. In dieser Etappe erhalten die Mitgliedstaaten die Gelegenheit, ihre Wirtschafts- und Währungspolitik auf eine möglichst hohe Konvergenz der nationalen Währungen auszurichten; eigens zu die-

---

229 *Koenig / Pechstein*, Die Europäische Union – Der Vertrag von Maastricht, S. 132: „unterschiedliche Koordinierungs- bzw. Integrationsgeschwindigkeiten"; nach *Weber*, JZ 1994, S. 53, besteht die Ursache dieser Diskrepanz darin, daß eine echte wirtschaftspolitische Kompetenz ohne Übertragung umfangreicher Befugnisse im Haushalts- und Steuerrecht nicht möglich war, wodurch wiederum die Souveränität der Mitgliedstaaten vollends zur Disposition gestellt worden wäre; vgl. auch unten S. 139 ff.

230 ABl. 1970, 136/1, Entschließung der Regierungen der Mitgliedstaaten vom 23.3.1971 zur Errichtung einer Wirtschafts- und Währungsunion, ABl. 1972, 38/3ff.; näher hierzu *Oppermann*, Europarecht, Rdnr. 811 ff.

231 Vereinbarung über die Verringerung der Bandbreiten zwischen den Währungen der EG-Länder vom 21. 3. 1972.

232 Am 13. 3. 1979 in Kraft getretenes Währungsabkommen zwischen den Ländern der Europäischen Gemeinschaften, abgedruckt bei *Hellmann*, Das Europäische Währungssystem (1979), S. 113 ff., zitiert nach: *Weber*, JZ 1994, S. 53 (54, Fn. 13). Das Europäische Währungssystem war jedoch – entgegen mancher Erwartung – nicht in der Lage, die Konvergenz (mit vereinbarten Bandbreiten von +/- 2,25 %) zwischen den beteiligten Währungen dauerhaft beizubehalten. Nach dem Austritt Italiens und Großbritanniens im September 1992 mußte das System ausgesetzt und die Bandbreiten auf +/- 15 % erweitert werden; vgl. *Weber*, JZ 1994, S. 53 (54).

233 Beschluß des Europäischen Rates in Madrid vom 26./27.6.1989, EA 1989, D 403 ff.; Nachweise bei *Weber*, JZ 1994, S. 53 (53/54); vgl. auch *Koenig/Pechstein*, Die Europäische Union – Der Vertrag von Maastricht, S. 143.

234 *Weber*, JZ 1994, S. 53 (54).

235 Art. 109e EGV. Der Start der zweiten Stufe wurde nicht an das Eintreten tatsächlicher Fortschritte in der Konvergenz gebunden.

sem Zweck wurde das Europäische Währungsinstitut (EWI) gegründet[236], das zwar über keine Durchgriffsrechte gegenüber den Mitgliedstaaten oder den nationalen Notenbanken verfügt, jedoch Empfehlungen und Stellungnahmen – auch öffentlich – abgeben kann[237]. In der dritten Stufe wird die eigentliche Währungsunion entweder durch Entscheidung des Rates bis zum 31. Dezember 1996 festgelegt[238], andernfalls wird sie – nach dem Wortlaut des Vertrages[239] – spätestens am 1. Januar 1999 automatisch[240] eintreten[241]. Institutionell ist in dieser Endstufe die Errichtung eines Europäischen Systems der Zentralbanken (ESZB) vorgesehen[242], das sich aus der Europäischen Zentralbank (EZB)[243] und den nationalen Notenbanken zusammensetzen wird[244]. Entscheidend ist jedoch die unwiderrufliche Festlegung der einzelnen Umrechnungskurse und ihre Ersetzung durch die ECU „am ersten Tag der dritten Stu-

236 Art. 109f EGV; mit Sitz in Frankfurt am Main.

237 Vgl. Art. 109f Abs. 4 bis 7 EGV. *Oppermann/Classen*, NJW 1993, S. 5 (9); zu den Befugnissen des Europäischen Währungsinstituts im einzelnen: *Weber*, JZ 1994, S. 53 (55).

238 Art. 109j Abs. 3 EGV.

239 Und des ergänzenden Protokolls „über den Übergang zur dritten Stufe der Wirtschafts- und Währungsunion“.

240 Art. 109j Abs. 4 EGV.

241 Bestanden zunächst noch Zweifel, ob es sich bei dem Datum um eine „perfekte Automatik“ handelt (*Oppermann/Classen*, NJW 1993, S. 5 [9]), hat das *Bundesverfassungsgericht* in seiner Entscheidung zum Maastricht-Vertrag vom 12.10.1993 festgestellt, daß dieser Zeitpunkt wegen der „Bedingtheit von Vertragsinhalt und tatsächlich vorausgesetzten Konvergenzen [...] eher als Zielvorgabe denn als rechtlich durchsetzbares Datum zu verstehen“ sei; BVerfGE 89, 155 (201); zustimmend *Weber*, JZ 1994, S. 53 (57). Tatsächlich wurden Ende 1994 die Konvergenzkriterien für den Eintritt in die dritte Stufe nur von Luxemburg erfüllt, von anderen knapp, von einigen jedoch so deutlich verfehlt, daß ihr zeitplanmäßiges Mitwirken in der dritten Stufe unter strikter Einhaltung des Vertrages wenig wahrscheinlich erschien; problematisch ist insbesondere die Situation in Belgien und Italien, wo die erforderliche deutliche Entlastung der Volkswirtschaften durch einen Abbau der exzessiven Staatsverschuldung in den nächsten vier Jahren kaum zu erwarten ist; vgl. dazu *Janning*, EA 1994, S. 527 (528).

242 Art. 4a i. V. m. Art. 105 ff. EGV.

243 Nach der Errichtung der EZB werden die Aufgaben des EWI als erfüllt angesehen, so daß es gemäß Art. 109l Abs. 2 EGV aufgelöst werden kann. Die EZB wird mit einem hohen Maß an Unabhängigkeit ausgestattet, das selbst die Ausstattung der – als Vorbild dienenden – Deutschen Bundesbank übertrifft, siehe Art. 107 EGV einerseits und § 12 Satz 2 BBankG andererseits. Vgl. hierzu *Oppermann/Classen*, NJW 1993, S. 5 (9/10).

244 Art. 106 Abs. 1 EGV.

fe"[245]. Mit dieser letzten Stufe endet die Währungshoheit – einschließlich der Wechselkurspolitik[246] – der einzelnen Mitgliedstaaten[247].

ÜBERSICHT[248]:

Europäisches Währungsinstitut (EWI)
(in der zweiten Stufe)

Europäisches System der Zentralbanken (ESZB)
(in der dritten Stufe)

Europäische Zentralbank (EZB)	Nationale Zentralbanken

(2) QUALITATIVE ANALYSE

Versucht man, den mit dem Unionsvertrag verbundenen kompetentiellen sowie institutionellen Ausbau zu bewerten, muß zwischen den übertragenen Einzelermächtigungen, den neu hinzugekommenen Politikbereichen und der Gründung einer Wirtschafts- und Währungsunion unterschieden werden.

Eine qualitative Analyse der übertragenen Einzelermächtigungen[249] ergibt, daß der bislang geltende funktionale Bezug einer Regelungsmaterie zum Gemeinsamen Binnenmarkt durch den Vertrag von Maastricht zumindest auf diesen Gebieten noch nicht aufgegeben worden ist[250]. Diese grundsätzlich funkti-

245 Art. 109l Abs. 4 EGV.

246 Vgl. Art. 109m Abs. 1 EGV.

247 Näheres zum gesamten Komplex Wirtschafts- und Währungsunion bei *Weber*, JZ 1994, S. 53 ff.

248 Vgl. hierzu *Koenig / Pechstein*, Die Europäische Union – Der Vertrag von Maastricht, S. 143 ff.

249 In den Bereichen Umwelt, Soziales, Bildung, Kultur, Industrie und Gesundheit; näher dazu oben S. 92.

250 *Blanke*, DÖV 1993, S. 412 (417); zur Situation vor dem Unionsvertrag *Everling*, EuR 1990, S. 195 (215 ff.); *Steinberger*, VVDStRL 50 (1991), S. 9 (19/20): „Die Kompetenzen der Gemeinschaft knüpfen nicht, wie regelmäßig im Bundesstaat, an bestimmte Sachmaterien, sondern an den funktionellen Bezug, den ein staatliches oder individuelles →

onsgerichteten und funktionsbegrenzten Ermächtigungsgrundlagen stellen teilweise lediglich Erweiterungen oder Abrundungen bestehender ausdrücklicher bzw. durch die Rechtsprechung des Europäischen Gerichtshofs begründeter Gemeinschaftskompetenzen dar[251]. Auch hier ist die bisherige Abgrenzung zwischen Gemeinschaft und Mitgliedstaaten gültig, wonach die Mitgliedstaaten Träger der Zuständigkeit und Verantwortung für die betreffenden Politikbereiche bleiben und sich die Politikgestaltung der Gemeinschaft auf die Koordinierung der mitgliedstaatlichen Politik, auf diese ergänzenden Maßnahmen der Gemeinschaft sowie auf die Finanzierung mitgliedstaatlicher Programme beschränkt[252]. Aus Art und Qualität der mit dem Unionsvertrag übertragenen Einzelkompetenzen kann die Entstehung einer eigenen europäischen Staatsgewalt nicht begründet werden.

Die neu hinzugekommenen Gebiete der Gemeinsamen Außen- und Sicherheitspolitik und der Zusammenarbeit in den Bereichen Justiz und Inneres sind naturgemäß noch nicht in dem Maße institutionalisiert, wie dies in den drei bestehenden Europäischen Gemeinschaften der Fall ist[253]. In der Außenpolitik wird im wesentlichen die bisherige Europäische Politische Zusammenarbeit (EPZ)[254] fortgesetzt[255], während im Bereich Verteidigungspolitik die Westeuropäische Union (WEU) zum „integralen Bestandteil der Entwicklung der Eu-

---

Verhalten zum Markt aufweist", an. Allerdings mußte er bereits auf der Grundlage der Einheitlichen Europäischen Akte konstatieren, daß „kaum noch Sachbereiche mitgliedstaatlicher Kompetenz denkbar [seien], die nicht einen Bezug zum Marktgeschehen besäßen."

251 *Seidel*, EuR 1992, S. 125 (132); *Blanke*, DÖV 1993, S. 412 (417); vgl. auch *Bleckmann*, DVBl. 1992, S. 335 (338 ff.).

252 *Seidel*, EuR 1992, S. 125 (132).

253 *Klein/Haratsch*, DÖV 1993, S. 785 (787); *Koenig/Pechstein*, Die Europäische Union – Der Vertrag von Maastricht, S. 4 ff.; *Fischer*, EuZW 1994, S. 747 (750); *Clement*, StWuStP 1993, S. 159, kritisiert, der Vertrag über die Europäische Union zeichne sich vor allem dadurch aus, „daß er die den europäischen Integrationsprozeß seit jeher kennzeichnende Schieflage zwischen der wirtschaftlichen und der politischen Integration nicht beseitigt".

254 Art. 30 EEA.

255 *Oppermann/Classen*, NJW 1993, S. 5 (10). Die Zusammenarbeit im Justiz- und Innenbereich ist von den Mitgliedstaaten insbesondere im Hinblick auf die – durch die Einheitliche Europäische Akte in den EG-Vertrag aufgenommene – Zielsetzung, bis zum 31.12.1992 den Binnenmarkt zu verwirklichen (Art. 8a EWGV, jetzt Art. 7a EGV), bereits vorher praktiziert worden, *Fischer*, EuZW 1994, S. 747 (748).

ropäischen Union" erklärt worden ist[256]. Beide Politikbereiche dienen in erster Linie der Koordination mitgliedstaatlicher Aktivitäten auf intergouvernementaler Ebene, also in den traditionellen Formen der völkerrechtlichen Zusammenarbeit und außerhalb der Gemeinschaft[257]. Ist die Europäische Union ausnahmsweise Trägerin einer Maßnahme, beispielsweise bei einer außen- oder sicherheitspolitischen Gemeinsamen Aktion[258], sind die Entscheidungsbefugnisse primär beim Rat – als Organ der Mitgliedstaaten – konzentriert[259], während die Kommission und das Europäische Parlament im wesentlichen auf Initiativ-, Informations- und Konsultationsrechte beschränkt sind[260]. Darüber hinaus sind Maßnahmen des Ministerrates auf diesen Gebieten einer Kontrolle durch den Europäischen Gerichtshof gemäß Art. L EUV weitestgehend entzogen[261]. Im Bereich der Innen- und Justizpolitik hat man sich im Unionsvertrag lediglich darauf einigen können, künftige Entwicklungslinien vage vorzuzeichnen; betroffen sind insbesondere die Bereiche Asyl-, Flüchtlings- und Einwanderungspolitik, innere Sicherheit[262] einschließlich der aktuellen Problemschwerpunkte Abbau von Grenzkontrollen[263], organisierte Kriminalität und illegaler Atomtransport[264].

---

256 Art. J.4 Abs. 2 EUV; vgl. hierzu *Janning*, EA 1994, S. 527 (528).

257 *Fischer*, EuZW 1994, S. 747 (748); *Schindler*, VVDStRL 53 (1994), S. 70 (79/80); ob daraus der Schluß gezogen werden kann, die politische Integration folge nicht der gleichen Dynamik wie die wirtschaftliche (so *Schindler* ebda.), erscheint angesichts der zunächst auch zaghaft verlaufenen Entwicklung der wirtschaftlichen Gemeinschaft nach der Gründung der Montanunion 1948 zweifelhaft; vgl. auch *Thürer*, VVDStRL 50 (1991), S. 97 (127): „Trade unites, politics divides".

258 Art. J.3 EUV.

259 *Oppermann/Classen*, NJW 1993, S. 5 (10): „Träger dieser klassischen Tätigkeitsfelder bleiben die Mitgliedstaaten".

260 Vgl. Art. Art. J.8 Abs. 3 und Art. K.3 Abs. 2 EUV für die Kommission sowie Art. J.7 und Art. K.6 für das Europaparlament.

261 Bis auf die ausdrücklich aufgeführte Ausnahme des Art. K.3 Abs. 2 Buchst. c Unterabs. 3 EUV: Danach kann in Übereinkommen zwischen der Europäischen Union und den Mitgliedstaaten die Zuständigkeit des Europäischen Gerichtshofs vereinbart werden. Vgl. auch *Ress*, JuS 1992, S. 985 (986).

262 In deren Mittelpunkt steht der Aufbau eines – nicht mit exekutiven Befugnissen ausgestatteten – Europäischen Polizeiamtes (Europol) mit der Aufgabe, im Bereich der internationalen Kriminalität Informationen und Erfahrungen zu sammeln und auszuwerten und sie den nationalen Polizeibehörden zur Verfügung zu stellen, *Fischer*, EuZW 1994, S. 747 (748).

263 Dazu zählen vor allem das 1. Schengener „Übereinkommen betreffend den schrittweisen Abbau der Grenzkontrollen an den gemeinsamen Grenzen" vom 16.6.1985 und das zur →

Bedeutender als die vergemeinschafteten Politikbereiche erweist sich die mit dem Vertragswerk von Maastricht geplante Einführung einer Wirtschafts- und Währungsunion[265]. Tritt die Währungsunion gemäß Art. 109j Abs. 4 EGV nach dem Willen der vertragschließenden Parteien spätestens am 1. Januar 1999 in die dritte und entscheidende Phase[266], endet die Währungs- und Wechselkurspolitik der Mitgliedstaaten[267]. Die nationalen Währungen sollen – nach einer Übergangsfrist[268] – durch die ECU ersetzt werden. Die Währungspolitik hat zwar einen funktionellen Bezug zum Gemeinsamen Markt par excellence, ragt jedoch wegen ihrer übergreifenden Bedeutung für alle Politikbereiche weit darüber hinaus[269]. Die Errichtung der Währungsunion tangiert in erster Linie den Bund in seiner Kompetenz nach Art. 88 GG, jedoch auch die deutschen Länder durch das Gebot zur Haushaltsdisziplin (Art. 104c EGV)[270], das sich zwar unmittelbar an den Bund richtet, diesen jedoch zur Durchsetzung von Maßnahmen zur Haushaltskonsolidierung auch in seinen Untergliederungen verpflichtet[271].

Die sich nunmehr stellende Frage lautet, ob die nach dem Wortlaut der Vertragsbestimmungen scheinbar unwiderrufliche Übertragung der Währungsho-

---

Durchführung dieses Abkommens geschlossene 2. Abkommen vom 19.6.1990, vgl. *Fischer*, EuZW 1994, S. 747 (748).

264 *Janning*, EA 1994, S. 527 (528); *Fischer*, EuZW 1994, S. 747 (748 f.): „Die Zusammenarbeit ... weist ein verhältnismäßig diffuses Erscheinungsbild auf".

265 Art. 105 ff. EGV. – Auf die integrative Wirkung eines Währungsverbundes weist *Tietmeyer*, EA 1994, S. 457 (459), mit folgender These hin: „Europa wird durch das Geld geschaffen oder überhaupt nicht". [...] „Aber es muß ein gutes Geld sein, sonst könnte Europa daran erheblichen Schaden erleiden."

266 Zur Frage der Unverrückbarkeit dieses Datums unten ab S. 139 .

267 Art. 109l Abs. 4, 109m Abs. 1 EGV.

268 Art. 109l Abs. 4 Satz 3 EGV; hierzu *Weber*, JZ 1994, S. 53 (57).

269 *Steinberger*, VVDStRL 50 (1991), S. 9 (19 in Fußnote 31).

270 *Hilf*, VVDStRL 53 (1994), S. 7 (11/12).

271 Vgl. Art. 2 und 3 des Protokolls über das Verfahren bei einem übermäßigen Defizit. Ob die gemeinschaftsrechtliche Defizitkontrolle mittelbar zu einem über Art. 109 GG hinausgehenden, auf einer ungeschriebenen Kompetenz beruhenden Eingriff des Bundes in die Haushaltsautonomie der Länder führen könnte, ist umstritten; vgl. *Bleckmann*, DVBl. 1992, S. 335 (340), gegen *Stein*, VVDStRL 53 (1994), S. 26 (34), unter Hinweis auf Art. 2 des Zustimmungsgesetzes zum Unionsvertrag (BGBl. 1992 II, S. 1251); näher zu diesem Problemkreis oben S. 45 ff.

heit[272] mit einem Verständnis der Staatsgewalt im Sinne einer potentiellen Allzuständigkeit vereinbar wäre[273]. Das *Bundesverfassungsgericht* hat sich in seinem Urteil zum Maastricht-Vertrag eingehend mit der Problematik auseinandergesetzt[274]. Das Gericht verweist zunächst darauf, daß der Eintritt in die dritte Stufe der Wirtschafts- und Währungsunion (Art. 109j Abs. 4 EGV) von der Erfüllung aller Konvergenzkriterien abhängig ist (Art. 109e Abs. 2 Buchst. b, 109j Abs. 1 EGV). Unter Hinweis auf Art. 6 des Protokolls über die Konvergenzkriterien, der nach Auffassung des Gerichts eine Konkretisierung der Kriterien einem einstimmigen Ratsbeschluß vorbehalte, und auf die Ausführungen von Generaldirektor *Dewost* in der mündlichen Verhandlung kommt es zum Ergebnis, daß der Zeitpunkt für den Eintritt in die entscheidende Phase der Wirtschafts- und Währungsunion „eher als Zielvorgabe denn als rechtlich durchsetzbares Datum zu verstehen" sei, um „die Integrationsentwicklung anzustoßen und zu beschleunigen", ohne „sie unter allen Umständen fristgerecht zu verwirklichen"[275]. Insbesondere aus der Bedingung der „vorbereitenden Arbeiten" im Protokoll über den Übergang zur dritten Stufe der Wirtschafts- und Währungsunion in Verbindung mit Art. 23 Abs. 3 GG leitet das *Bundesverfassungsgericht* einen Entscheidungsvorbehalt zugunsten des Deutschen Bundestages ab[276], so daß eine Aufweichung der Konvergenzkriterien mittels Mehrheitsentscheidung des Rates ausgeschlossen werden könne[277].

Das *Bundesverfassungsgericht* sieht die Währungsunion als Ziel, das aus der Sicht des Grundgesetzes von der Politik so zu verwirklichen ist, daß die nationale Souveränität erhalten bleibt. Eine Anleitung im einzelnen dazu fehlt. Das

---

272 Im Sinne eines Automatismus wurden die Bestimmungen von *Herdegen*, EuGRZ 1992, S. 589 (594), *Klein/Haratsch*, DÖV 1993, S. 785 (792, 797), und *Wolf*, JZ 1993, S. 594 (596) interpretiert.

273 Offensichtlich zweifelnd *Blanke*, DÖV 1993, S. 412 (417).

274 BVerfGE 89, 155 (199 ff.).

275 BVerfGE 89, 155 (201); zustimmend: *Weber*, JZ 1994, S. 53 (57); vgl. auch *Oppermann*, in: Der Vertrag von Maastricht in der wissenschaftlichen Kontroverse, S. 103 (116).

276 BVerfGE 89, 155 (203), unter Hinweis auf *Oppermann*, in: Der Vertrag von Maastricht in der wissenschaftlichen Kontroverse, S. 103 (116).

277 Vgl. auch die Rezension von *Bleckmann/Pieper*, RIW 1993, S. 969 (975). *Lenz*, in: Festschrift für Herbert Helmrich, S. 269 (271), sieht die Staatlichkeit der an der Wirtschafts- und Währungsunion beteiligten Staaten im Ergebnis als nicht gefährdet; er verweist in diesem Zusammenhang auf die belgisch-luxemburgische Wirtschaftsunion aus dem Jahre 1921, die erst die Voraussetzung für das wirtschaftliche Wohlergehen des Großherzogtums geschaffen habe. Im übrigen sei es zweifelhaft, ob eine autonome Währungspolitik bei liberalisiertem Kapitalverkehr überhaupt noch betrieben werden könnte; im Ergebnis zustimmend *Steinberger*, in: Festschrift für Herbert Helmrich, S. 427 (431).

Gericht hat sich lediglich die Überprüfung weiterer Integrationsschritte vorbehalten.

Von der Vergemeinschaftung der Währungshoheit wird zwar allgemein behauptet, es gehe damit ein wichtiger Souveränitätsfaktor verloren. Indes hat die Teilintegration eines bedeutenden Souveränitätsbereiches nicht zwangsläufig den Übergang zu einer europäischen Staatlichkeit zur Folge[278]. Möglicherweise läßt sich gerade mit der international gelobten Regierungsunabhängigkeit der deutschen Währungspolitik die Souveränitätsfrage als für die Mitgliedstaaten positiv beantworten: Die deutsche Währungspolitik nach dem zweiten Weltkrieg ist zwar – obwohl verfassungsrechtlich nicht zwingend geboten[279] – von Weisungen der Bundesregierung unabhängig, nicht jedoch von währungspolitischen Entscheidungen in anderen Staaten[280]. Die Währungspolitik der Deutschen Bundesbank ist aufgrund ihrer autonomen Stellung von der nationalen Souveränität daher – zumindest faktisch – kaum erfaßt.

Die Unabhängigkeit der Europäischen Zentralbank von der Gemeinschaft und ihren Organen wurde sogar in Art. 107 EGV ausdrücklich manifestiert[281]. Die europäische Notenbank wird sogleich mit einer in der „Verfassung" der Gemeinschaft verankerten Unabhängigkeitsgarantie ausgerüstet. Sie ist zwar grundsätzlich der europäischen Ebene zuzuordnen; auf die von ihr ausgeübten Hoheitsrechte hat der Mitgliedstaat Bundesrepublik jedoch bereits zuvor faktisch verzichtet, während die Gemeinschaftsorgane nicht befugt sind, darauf Einfluß zu nehmen. Der Souveränitätsabfluß ist allein darin zu erblicken, daß die Unabhängigkeit der Notenbank künftig nicht mehr auf einer rechtlich – wohl aber politisch – freiwilligen Entscheidung der deutschen Staatsorgane beruht.

Probleme könnten sich jedoch ergeben, wenn sich nach dem planmäßigen Eintritt der dritten Stufe der Wirtschafts- und Währungsunion herausstellt, daß sich die Stabilitätsziele wegen der Trennung zwischen Währungs- und Wirt-

---

278 *Weber*, JZ 1994, S. 53 (60).

279 BVerwGE 41, S. 334 (356 ff.).

280 „Mancher EG-Staat sieht bislang seine Währungshoheit in Frankfurt": vgl. *Stein*, VVDStRL 53 (1994), S. 26 (31); nach seiner Auffassung gehe im übrigen der Hinweis auf die Association monétaire zwischen Belgien und Luxemburg, die nach allgemeiner Ansicht deren Staatlichkeit nicht beseitigt habe, fehl, weil beide Staaten innerhalb der Kompatibilitätsgrenzen weiterhin eine eigene Währungsunion verfolgen könnten (a.a.O., Fn. 32, m. w. N.); zur Problematik vgl. auch oben Fn. 277.

281 Die Vorschrift verpflichtet sogar dazu, nicht den Versuch einer Beeinflussung zu unternehmen.

schaftsverantwortlichkeit auf Dauer nicht aufrecht erhalten lassen[282]. Es gibt – neben dem *Bundesverfassungsgericht* auch in der Literatur – warnende Stimmen, denen zufolge die – in erster Linie monetaristisch ausgerichtete – Währungsunion politisch-faktisch nur bei einer ergänzenden Absicherung durch eine Wirtschaftsunion, deren Aufgabenbereich über die reine Koordinierung der mitgliedstaatlichen Wirtschaftspolitik hinausginge, sinnvoll durchgeführt werden könnte[283]. Nach Ansicht des – formal argumentierenden – *Bundesverfassungsgerichts* birgt eine solche Entwicklung jedoch keine besonderen Gefahren in sich, da eine Ergänzung um eine Wirtschaftsunion nicht ohne Vertragsänderungsverfahren gemäß Art. N EUV einschließlich der Zustimmungen der nationalen Parlamente möglich wäre[284]. Auch bei einem Scheitern der Stabilitätsgemeinschaft würde die vertragliche Konzeption verlassen, so daß – als ultima ratio – auch eine Rückentwicklung oder Aufhebung dieser Gemeinschaft möglich wäre[285].

Das entscheidende, vom *Bundesverfassungsgericht* als „zu wenig greifbar" apostrophierte[286], inhaltliche Problem lautet, ob ein Fehlschlagen der Stabilitätsbemühungen tatsächlich zu einem Rückbau der Währungsunion führte oder nicht doch weitere finanzpolitische Zugeständnisse der Mitgliedstaaten zur Folge hätte[287]. Nicht zu unterschätzen ist dabei die Anziehungskraft übertragener Kompetenzen im Hinblick auf weitere Kompetenzen: Haben die Mitgliedstaaten die Europäische Union einmal zu einer bestimmten Aufgabenwahrnehmung er-

---

282 Auf die Risiken eines asymetrischen Vorgehens zwischen der europäischen Währungsunion und der Politischen Union allgemein wird von *Tietmeyer*, EA 1994, S. 457, unter Hinweis auf die Bemühungen um monetäre Zusammenschlüsse im späten 19. Jahrhundert hingewiesen: Nur diejenigen Zusammenschlüsse, die von einer politischen Einigung begleitet worden seien, seien letztlich erhalten geblieben, so in der Schweiz, in Italien und im Deutschen Reich; alle Verbände ohne politisches Pendant seien hingegen über kurz oder lang gescheitert, wie z. B. die Deutsch-Österreichische Münzunion (1857 – 1867), der Lateinische Münzbund (1865 – 1927) und die skandinavische Münzunion (1872 – 1931).

283 BVerfGE 89, 155 (206); *Seidel*, EuR 1992, S. 125 (133 ff.); *Wolf*, JZ 1993, S. 594 (596); *Schmidhuber*, in: Festschrift für Herbert Helmrich, S. 395 (401); *Tietmeyer*, EA 1994, S. 457, unter Hinweis auf die Erfahrungen mit dem „Werner-Plan" von 1970; der Plan scheiterte am Streit zwischen den „Monetaristen" und den „Ökonomisten", vgl. hierzu *Koenig/Pechstein*, Die Europäische Union – Der Vertrag von Maastricht, S. 132 ff.

284 BVerfGE 89, 155 (206).

285 BVerfGE 89, 155 (204 – 207).

286 BVerfGE 89, 155 (204).

287 Diese Wirkung räumt auch der Bundesverfassungsrichter *Kirchhof* ein, in: Hommelhoff/Kirchhof (Hrsg.), Staatenverbund, S. 11 (23).

mächtigt, ist es kaum möglich, die Gewährung der zur Aufgabenerfüllung zwingend benötigten zusätzlichen Kompetenzen zu verweigern[288]. Möglicherweise ist eine solche Entwicklung mit der Aufteilung von Wirtschafts- und Währungsverantwortlichkeit auf unterschiedliche verfassungsrechtliche Ebenen beim Abschluß des Unionsvertrages sogar bewußt in Kauf genommen worden, um die Bereitschaft für die zur Zeit politisch nicht durchsetzbare Vergemeinschaftung der Wirtschaftspolitik[289] herbeizuführen.

Erweist sich die Übertragung der Wirtschaftsverantwortlichkeit als für die Stabilität des Währungssystems unerläßlich, wäre dies – sofern nicht bereits die Gründung der Währungsunion einen Akt der Staatsgründung impliziert – wegen des damit verbundenen Souveränitätstransfers faktisch der Einstieg in ein europäisches Staatswesen[290]. Im Rahmen der dann erforderlichen Vertragsänderung ist es eine Frage der Etikettierung, ob die schon existierende Wirtschaftsunion „lediglich" um einige Kompetenzen erweitert und mit einem gut ausgestatteten zentralen Haushalt für alle wirtschaftsrelevanten Bereiche[291] versehen werden soll oder ob gleichzeitig der Einstieg in einen echten Staatsverband zur Entscheidung steht. Der Hinweis auf die Notwendigkeit eines Vertragsänderungsverfahrens nach Art. N EUV stellt insofern lediglich sicher, daß sowohl Bundesrat als auch Bundestag im Rahmen der Verfahren nach Art. 23 GG zwingend an der Umwandlung zu beteiligen wären, nicht jedoch, daß dem deutschen Volk die Bedeutung und die faktische Unumkehrbarkeit dieses Schrittes deutlich gemacht werden müßte.

Gelingt es den zuständigen Organen nicht, die für eine Währungsunion unerläßliche Stabilitätsgemeinschaft auf Dauer zu gewährleisten und wird dadurch ein entsprechender Druck zur Vergemeinschaftung zumindest wesentlicher Teile der Wirtschaftspolitik erzwungen, wird dies den Einstieg in eine bundesstaatliche Verfassung – auch ohne ausdrückliche Vereinbarung – zur Folge haben[292]. Ob dann die Argumentation hilft, auch die Integration eines wichtigen

---

288 *V. Simson/Schwarze*, S. 72/73, von denen die Frage aufgeworfen wird, ob dieser Konflikt nicht besser durch die Aufhebung der zunächst erteilten Kompetenzzuweisung gelöst werden könnte.

289 Vgl. *Seidel*, EuR 1992, S. 125 (134/135).

290 *Wolf*, JZ 1993, S. 594 (596).

291 Sog. „dominanter Haushalt", vgl. BVerfGE 89, 155 (206), unter Hinweis auf *Seidel*, EuR 1992, S. 125 (134).

292 *Seidel*, EuR 1992, S. 125 (131); nach *Dagtoglou*, VVDStRL 53 (1994), S. 107 (Aussprache), wird die Europäische Union „eines Tages eine politische Union und eine Währungsunion sein, eine gemeinsame Währung und eine gemeinsame Zentralbank haben. Von einem solchen Wesen bis zu einem Staatswesen" sei „der Schritt ziemlich klein und →

Teilbereiches staatlicher Souveränität führe keinen Übergang zur europäischen Staatlichkeit herbei, solange die Änderung und notfalls Rückgängigmachung in der Hand der Mitgliedstaaten verbleiben[293], erscheint fraglich, weil diese Entscheidung – anders als die der Übertragung – nicht vom einzelnen Mitglied autonom getroffen werden könnte[294]. Nach einer solchen Vertragsänderung wird es ggf. wieder die Aufgabe des *Bundesverfassungsgerichts* sein, das Bestehen oder Nichtbestehen eines europäischen Bundesstaates festzustellen.

Die Entwicklung zu einem europäischen Staat berührte auch die Staatlichkeit der deutschen Bundesländer. Die Errichtung der Währungsunion ohne flankierende umfassende Wirtschaftsverantwortlichkeit wurde wegen des gleichzeitigen Ausbaus der Kompensationsmechanismen in Art. 23 GG noch mit dem Bundesstaatsprinzip des Grundgesetzes für vereinbar gehalten[295]. Eine Qualifizierung zu einer echten Wirtschaftsunion mit der wahrscheinlichen Folge eines – in bezug auf die Bundesrepublik – dreistufigen Staates würde die Grenzen des Art. 79 Abs. 3 GG jedoch sprengen[296].

(3) Resümee

Es ist unbestritten, daß die Gemeinschaft bzw. Union – insbesondere durch den Kompetenzzuwachs, der infolge des Maastrichter Vertrages ausgelöst worden ist – längst die Grenzen eines ausschließlich ökonomisch ausgerichteten Zweckverbandes überschritten hat. Infolge einer extensiven Definition des Wirtschaftsbezugs, aber auch durch die Vergemeinschaftung der im Grunde wirtschaftsfremden Gebiete der Außen-, Sicherheits- und Innenpolitik sind die Kompetenzlinien auf nahezu sämtliche Politikfelder vorgedrungen[297]. Fest steht insoweit auch, daß die Einführung einer Gemeinschaftswährung nicht unerhebliche Auswirkungen auf die Wirtschafts-, Struktur-, Steuer- und Sozialpolitik haben wird.

---

vielleicht sogar unvermeidlich"; *Weber*, VVDStRL 53 (1994), S. 116/117 (Aussprache), spricht von einem „sukzessiven" Staatlichkeitsverlust, der im Bereich der Wirtschafts- und Währungsunion am „deutlichsten" zu Tage trete.

293 So *Weber*, JZ 1994, S. 53 (60).

294 Näher zur Problematik des Austrittsrechts unten S. 173 ff.

295 *Schilling*, AöR 116 (1991), S. 32 (56/57).

296 Zum Verhältnis zwischen dem Föderalismus in der durch Art. 79 Abs. 3 GG geschützten Form und der europäischen Integration *Graf Vitzthum*, AöR 115 (1990), S. 281 (292/293).

297 *Ossenbühl*, DVBl. 1993, S. 629 (631).

Doch reicht eine Kompetenzsteigerung allein nicht aus, um eine ursprünglich mitgliedstaatlich getragene Einrichtung mit Staatsgewalt auszustatten. Welche zusätzlichen Essentiale wären zur Etablierung einer eigenen europäischen Staatsgewalt nötig?

Erforderlich wäre zum einen, daß die europäischen Organe infolge der mitgliedstaatlichen Übertragungsakte in die Lage versetzt würden, die transferierten Hoheitsrechte aufgrund eigener unmittelbarer demokratischer Legitimation auszuüben[298]. Nach klassischem Demokratieverständnis müßte ein europäisches (Staats-)Volk zunächst das Parlament legitimieren, welches nicht nur zu befähigen wäre, selbst rechtsetzend tätig zu werden, sondern auch, die Gesetzesinitiative ergreifen zu dürfen. Tatsächlich ist das Europäische Parlament heute bestenfalls an der Rechtsetzung des Rates beteiligt[299]; es kann lediglich mittelbar über die Kommission Vorschläge zu Rechtsetzungsvorhaben unterbreiten, jedoch keine Akte „aus seiner Mitte“ hervorbringen[300]. Bei einem ausschließlich denkbaren föderalistischen Aufbau der Europäischen Union könnte der Rat weiterhin als Interessenvertretung der Mitgliedstaaten – ähnlich der Stellung des Bundesrates – an der Rechtsetzung beteiligt sein, jedoch müßte zwischen dem zentralistischen Organ Parlament und dem föderalistischen Gremium Rat zumindest ein paritätisches Verhältnis hergestellt werden.

Aber auch im Bereich der Exekutiven müßte sich die vom europäischen Volk ausgehende Legitimationskette fortsetzen. Dies erforderte zum einen, daß die Kommission vermehrt an der Umsetzung europäischer Rechtsetzungsakte beteiligt würde, vor allem aber, daß die Kommissionsmitglieder unmittelbar vom Parlament gewählt würden. Mit der Ansiedlung des Investiturrechts beim Europäischen Parlament wäre sichergestellt, daß auch die Kommission von der jeweiligen parteipolitisch strukturierten Mehrheit getragen würde[301]. Derzeit kann der Rat zwar nach Art. 145 EGV der Kommission die Durchführung der von ihm erlassenen Vorschriften auferlegen, jedoch richten sich die europäischen Rechtsetzungsakte[302] an die Mitgliedstaaten und werden auch regelmäßig von diesen – ggf. nach Umsetzung in nationales Recht – selbst ausgeführt. Bei der Wahl der Kommissionsmitglieder hat das Parlament erstmals für die am 7. Januar 1995 begonnene Amtszeit ein Vetorecht[303], die Auswahl der einzel-

298 *Seidel*, EuR 1992, S. 125 (140).

299 Beispielsweise in den Fällen der Art. 189b und 189c EGV, siehe hierzu oben S. 102 f.

300 Vgl. Art. 138b EGV; *Baetge*, BayVBl. 1992, S. 711 (716).

301 *Möschel*, JZ 1992, S. 877 (883).

302 Vgl. Art. 189 EGV.

303 Art. 158 Abs. 2 und 3 EGV.

nen „Persönlichkeiten“ erfolgt – mit Ausnahme des Präsidenten – jedoch auch weiterhin ausschließlich durch die Mitgliedstaaten[304]. Im Hinblick auf eine vom europäischen Volk ausgehende Legitimationskette ist es überdies bedenklich, daß die 17 Mitglieder der Kommission jeden einzelnen Mitgliedstaat durch jeweils mindestens einen Vertreter repräsentieren müssen; die nach wie vor starke Stellung der einzelnen Mitgliedstaaten in den europäischen Organen wird dadurch noch unterstrichen[305].

Aus dem Kreis der zu fordernden legislativen Kompetenzen eines demokratisch agierenden Europäischen Parlaments sei noch das Budgetrecht besonders erwähnt. Durch die Kompetenz zur Feststellung des Haushalts kann ein Parlament nicht nur die Exekutive an die politischen Mehrheitsverhältnisse binden, sondern auch maßgeblichen Anteil an der Bestimmung des Inhalts, der Richtung und des Umfangs der Aktivität aller staatlichen Gewalten nehmen[306]. Dabei wird in demokratischer Legitimität und im demokratischen Verfahren über die für das Gemeinwesen essentiellen Fragen entschieden, so daß das Budgetrecht als eine unerläßliche inhaltliche Voraussetzung einer demokratischen Ordnung charakterisiert werden kann[307].

Das Europäische Parlament wirkt zwar an dem kompliziert ausgestalteten Haushaltsfeststellungsverfahren nach Art. 203 EGV mit[308], allerdings kann der vom Rat aufgestellte Entwurf[309] nur im – relativ unbedeutenden – Bereich der sogenannten „nichtobligatorischen Ausgaben“ vom Parlament mit letztent-

---

304 Der Präsident wird nach Anhörung des Europäischen Parlaments von den Mitgliedstaaten, die übrigen Kommissionsmitglieder werden in Absprache mit dem ausgewählten Präsidenten benannt (Art. 158 Abs. 2 Sätze 1 und 2 EGV). Das so zusammengesetzte Kollegium stellt sich als Ganzes der Zustimmung des Europäischen Parlaments (Art. 158 Abs. 2 Satz 3 EGV) und die einzelnen Mitglieder werden dann von den nationalen Regierungen einvernehmlich ernannt. Hiervon abweichend sieht *Ress*, JuS 1992, S. 985 (988), in dieser Regelung die einem Vetorecht nahekommende faktische Möglichkeit des Parlaments, vor dem eigentlichen Zustimmungsverfahren Druck auf die Regierungen bzw. den Kommissionspräsidenten auszuüben. Vgl. auch die positive Einschätzung von *Wessels*, Integration 1992, S. 2 (10).

305 Kritisch *Möschel*, JZ 1992, S. 877 (883): Der „regionale Proporz“ wäre durch einen „allgemeinen Grundsatz regionaler Ausgewogenheit“ zu ersetzen.

306 *Hesse*, Rdnr. 589.

307 *Hesse*, Rdnr. 506, 705.

308 Vgl. hierzu oben S. 101 ff.

309 Art. 203 Abs. 3 Satz 3 EGV; die Aufstellung erfolgt auf der Basis eines von der Kommission konzipierten Vorentwurfs, Art. 203 Abs. 2 Satz 2 EGV.

scheidender Wirkung abgeändert werden[310]; bei den „obligatorischen Ausgaben“[311] hingegen behält der Rat das entscheidende „letzte Wort“, es sei denn, das Parlament lehnt den Haushaltsentwurf mit qualifizierter Mehrheit „aus wichtigen Gründen“ insgesamt ab[312].

Darüber hinaus mangelt es der Europäischen Union noch an einer eigenen Finanzautonomie, die ihr eine verbesserte Ausstattung an unmittelbar zufließenden Eigenmitteln garantierte. Die Europäische Gemeinschaft als bedeutendste Säule der Union finanziert sich derzeit zu ca. einem Fünftel – mit sinkender Tendenz – aus Zöllen und Agrarabschöpfungen, der Rest wird aus einem Anteil an der Mehrwertsteuer sowie einer bruttosozialproduktbezogenen Abgabe bestritten[313]. Dem Prinzip der Korrespondenz zwischen der Ausgaben- und Finanzierungshoheit (Konnexität) müßte – nicht zuletzt zur Herausbildung einer europäischen Solidargemeinschaft – durch eine Verstärkung der Einnahmeautonomie Rechnung getragen werden[314]. Diese der Europäischen Gemeinschaft zustehenden Eigenmittel werden von den Mitgliedstaaten erhoben und der haushaltsführenden Kommission zur Verfügung gestellt[315]. Im Bereich der Finanzverfassung besteht also derzeit eine Abhängigkeit der Gemeinschaft von den Mitgliedstaaten[316]. Die hierdurch indizierte These, es handele sich deshalb um ein unverändert durch die Mitgliedstaaten legitimiertes System, könnte mittelfristig an Boden verlieren: Die Gemeinschaftsorgane, allen voran die Kommission, drängen auf eine Verbesserung der Finanzausstattung. Im sog. „*Delors* II-Paket“ fordert die Kommission eine Eigenmittelexpansion von 32 % ein[317].

---

310 Vgl. Art. 203 Abs. 6, Abs. 9 EGV.

311 Als „obligatorisch“ werden die Ausgaben definiert, die sich dem Grunde wie auch ihrer Höhe nach rechtlich zwingend aus den Gemeinschaftsverträgen, dem abgeleiteten Recht oder aus völkerrechtlichen Verpflichtungen der Gemeinschaft ergeben, vgl. *Weidenfeld/ Wessels*, S. 220.

312 Globalablehnung gemäß Art. 203 Abs. 8 EGV. Diese „Notbremse“ des Parlaments hat lediglich destruktive Wirkung, sie führt zur Neuauflage des Haushaltsentwurfs nach demselben Verfahren.

313 Dazu näher *Weidenfeld/Wessels*, S. 214 ff.

314 Einschließlich einer eigenen Besteuerungshoheit, vgl. *Seidel*, EuR 1992, S. 125 (143); *Möschel*, JZ 1992, S. 877 (883).

315 *Weidenfeld/Wessels*, S. 216.

316 *Blanke*, DÖV 1993, S. 412 (421); *Seidel*, EuR 1992, S. 125 (134); *v. Simson/Schwarze*, S. 42.

317 Zitiert bei *Möschel*, JZ 1992, S. 877 (883).

Die unmittelbare demokratische Legitimation aller europäischen Organe ist mithin bei deren derzeitigem Ausstattungsstand, insbesondere der relativ schwachen Stellung des Europäischen Parlamentes, zumindest noch zu verneinen[318]. Auch nach dem Maastrichter Vertrag bezieht die Europäische Union ihre demokratische Legitimation von den einzelnen Mitgliedstaaten, denn der wesentliche Teil der Kompetenzen wird weiterhin vom Europäischen Rat als „Organ der Mitgliedstaaten“ ausgeübt[319].

Eine eigene europäische Staatsgewalt kann sich somit erst herausbilden, wenn der Schwerpunkt der Rechtsetzungsbefugnisse vom mitgliedstaatlich organisierten Ministerrat auf ein unmittelbar durch das europäische Volk legitimiertes Organ übergegangen ist; dies wäre beispielsweise bei der Zuweisung von wesentlichen Rechtsetzungskompetenzen an das Europäische Parlament selbst oder bei der Umorganisation des Ministerrates zu einem (echten) europäischen Kabinett, bestehend aus vom Europäischen Parlament eingesetzten Regierungsmitgliedern, der Fall.

Im übrigen fehlt es der Europäischen Union auf dem Gebiet des Gesetzesvollzuges an einem eigenen Gewaltmonopol. Derzeit ist die Union zum Beispiel bei der Vollstreckung von Geldforderungen, insbesondere bei der Steuererhebung, und der Eigentumsbeschaffung für Gemeinschaftszwecke auf die Mitarbeit der Vollstreckungsbehörden in den Mitgliedstaaten angewiesen.[320]

Entscheidend ist auch, daß es der Europäischen Union – noch – an einer genuinen Verfassungsautonomie mangelt. Die Repräsentation der Staatsgewalt durch einen obersten Willensträger ist nur in einer Körperschaft möglich, der eigene Souveränität zukommt. Der Staat unterscheidet sich damit von der zwischenstaatlichen Einrichtung durch eine eigene Verfassungsautonomie[321], die wiederum voraussetzt, daß die Verfassung des Gemeinwesens ausschließlich

---

318 *Seidel*, EuR 1992, S. 125 (130 ff., 140).

319 So *Oppermann/Classen*, NJW 1993, S. 5 (11), die zwar mit der Gründung der Währungsunion die „Europäisierung eines Kernbereiches der Staatlichkeit“ konzedieren, dies jedoch letztlich nicht als durchgreifend bewerten, weil es sich nur um einen „eigenen Gesetzen folgenden Teilbereich der Politik“ handele; vgl. auch *Seidel*, EuR 1992, S. 125 (126); *Kirchhof*, in: Kirchhof/Ehlermann, Deutsches Verfassungsrecht und Europäisches Gemeinschaftsrecht, S. 11 (14). Das *Bundesverfassungsgericht* hat in seiner „Maastricht-Entscheidung“ den Schluß gezogen, daß die „Gemeinschaftsgewalt sich (weiter) von den Mitgliedstaaten ableitet und im deutschen Hoheitsbereich nur kraft des deutschen Rechtsanwendungsbefehls verbindlich wirken kann“; BVerfGE 89, 155 (190).

320 *Lenz*, in: Festschrift für Herbert Helmrich, S. 269 (269/270).

321 *Seidl-Hohenveldern*, Völkerrecht, Rdnr. 637.

auf deren eigenem Willen beruht[322]. Eine gewisse Mitwirkung der Mitgliedstaaten bei der Verfassunggebung oder -änderung ist zwar unschädlich; findet diese Mitwirkung jedoch durch Abschluß eines völkerrechtlichen Vertrages seitens der jeweils verfassungsrechtlich legitimierten Organe der Mitgliedstaaten statt, wird man eine eigene Verfassungsautonomie der höheren Ebene verneinen müssen[323].

Bezogen auf die Europäische Union läßt sich feststellen, daß ihr eine eigene Verfassungsautonomie fehlt, solange Verfassungsänderungen vom Willen jedes einzelnen Mitgliedstaates – in Gestalt nationaler Parlamentsvorbehalte – abhängig sind[324].

Nach Art. N Abs. 1 EUV bereitet der Rat in Zusammenarbeit mit dem Parlament und der Kommission eine Vertragsänderung vor, die von einer Konferenz der Regierungsvertreter aus den Mitgliedstaaten „vereinbart" wird; die Änderungen treten jedoch erst in Kraft, wenn sie „von allen Mitgliedstaaten gemäß ihren verfassungsrechtlichen Vorschriften ratifiziert worden sind"[325]. Ergänzend wäre zur Ansiedlung einer bundesstaatlichen Zentralgewalt bei der Europäischen Union erforderlich, daß der zur Zeit noch von den Verfassungsordnungen der Mitgliedstaaten abhängige Grundsatz vom Vorrang des Gemeinschaftsrechts Allgemeingültigkeit erlangte[326].

Ob der Zustand originärer Verfassungsautonomie nur durch einen „ebenso unwahrscheinlichen wie unerwünschten Einschuß revolutionärer Legitimität" seitens der Mitgliedstaaten erreicht werden könnte[327], erscheint in der Tat fraglich. Angesichts der auf evolutionärem Wege erreichten aktuellen Integrations-

---

322 *Jellinek*, Allgemeine Staatslehre, S. 491; *Schilling*, AöR 116 (1991), S. 32 (62).

323 *Schilling*, AöR 116 (1991), S. 32 (63): maßgeblich ist, ob der Souveränitätspanzer der Mitgliedstaaten infolge der Verfassunggebung oder -änderung unversehrt bleibt; dazu näher unten S. 155 ff.

324 Nach Ansicht von *Schilling*, AöR 116 (1991), S. 32 (64), wäre die eigene Verfassungsautonomie der Europäischen Union bereits dann gegeben, wenn das Europäische Parlament gemeinsam mit dem Rat – als Willensbetätigungsorgan der Mitglieder – die Verfassungsgrundlagen modifizieren könnte.

325 *Herdegen*, EuGRZ 1992, S. 589 (591).

326 Dies wird besonders anhand der „Solange-Rechtsprechung" des *Bundesverfassungsgerichts* deutlich: Bei einem „echten" Vorrang des Gemeinschaftsrechts müßte das Gericht die in „Solange II" (BVerfGE 73, 339 (375 ff.) geäußerten Vorbehalte aufgeben; vgl. *Herdegen*, EuGRZ 1992, S. 589 (591).

327 *Blanke*, DÖV 1993, S. 412 (423), unter Hinweis auf *Huber*, Deutsche Verfassungsgeschichte, Band III, S. 671.

dichte könnte es eher in einem schleichenden Prozeß zu einer Staatsbildung kommen; ohne einen bewußt konstituierenden Akt[328] könnte dann in einem zukünftigen Zeitpunkt festzustellen sein, daß der qualitative Sprung in die „Vereinigten Staaten von Europa“ vollzogen wäre[329].

Problematisch erscheint auch das gegenwärtige Kräfteverhältnis zwischen dem einheitsbildenden Element und den die Mitgliedstaaten verkörpernden Institutionen. Im Unterschied zu einem lockeren Bund souveräner Einzelstaaten zeichnet sich die bundesstaatliche Konföderation durch eine Aufteilung der staatlichen Kompetenzen zwischen dem Bund und den Gliedern aus[330]. Die prinzipielle Aufteilung der unitarischen und föderalen Funktionen auf Rat, Kommission, Parlament und Gerichtshof mag eine gewisse Ähnlichkeit zu einer bundesstaatlichen Ordnung indizieren. Diese rein strukturelle Vergleichbarkeit reicht jedoch allein nicht aus, solange ein Gleichgewicht zwischen dem unitarischen Element – ein in Relation zur Bevölkerungsverteilung gewähltes und mit Gesetzgebungskompetenzen ausgestattetes Parlament – und dem föderalen Element – verkörpert durch einen in der Regel mit einfacher Mehrheit entscheidenden Rat – nicht hergestellt ist[331].

cc) Staatsvolk?

Auch die Etablierung eines europäischen Staatsvolkes muß beim gegenwärtigen Stand der Integration noch verneint werden. Legt man zugrunde, daß die Staatsqualität demokratischer Gemeinwesen von einer eindeutigen Bestimmung des die Legitimation spendenden Personenkreises abhängt, die Staatsbürgerschaftsregelung mithin zu den grundlegenden staatlichen Entscheidungen zählt, wäre eine einheitliche europäische Staatsbürgerschaft, die gleichartig oder

328 Es wird indes zu vermuten sein, daß die Politik einen faktisch entstandenen europäischen Bundesstaat schon aus Opportunitätsgründen nicht als solchen deklarieren wird, vgl. *Dikke*, VVDStRL 50 (1991), S. 158 (Diskussionsbeitrag), für die Europäische Gemeinschaft.

329 Vgl. hierzu *Herdegen*, EuGRZ 1992, S. 589 (591).

330 *Hesse*, Verfassungsrecht, Rdnr. 217. Dabei können – wie beim Modell des Grundgesetzes – die Funktionen auch unterschiedlich verteilt werden, so daß die Legislative überwiegend Sache des Bundes, der Vollzug dagegen mehrheitlich in der Verantwortung der Länder liegt; *Hesse*, a.a.O., Rdnr. 235.

331 *Blanke*, DÖV 1993, S. 412 (422/423), betont, daß die „historisch gewachsenen Nationalstaaten ... aufgrund ihrer identitätsstiftenden Wirkung ... die Eckpfeiler der Union“ bleiben werden.

übergeordnet neben die deutsche tritt, notwendig, um das Merkmal Staatsvolk bejahen zu können[332].

Allenfalls könnte durch die Einführung der Unionsbürgerschaft in Art. 8 – 8e EGV eine Einrichtung geschaffen worden sein, die zur Konstituierung eines einheitlichen europäischen Staatsvolkes führt. Die Einrichtung der Unionsbürgerschaft geht auf Bemühungen der EG-Mitgliedstaaten in den letzten 20 Jahren zurück, für die Entwicklung von einer ursprünglich reinen Wirtschaftsgemeinschaft zu einem „Europa der Bürger" den Gedanken eines „europäischen Bürgerrechtes" fruchtbar zu machen, um die Akzeptanz der Europäer für ihr Gemeinwesen zu steigern[333]. Die Etablierung eines europäischen Staatsvolkes kann nicht schon deshalb verneint werden, weil die Summe der Einwohner, die der Personalhoheit der Mitgliedstaaten unterstehen, nicht als eine Nation[334] betrachtet werden können. Wäre dies unabdingbare Voraussetzung für die Bildung eines europäischen „Oberstaates", wäre ein Zusammenschluß dieser Qualität ausgeschlossen und damit jeglicher Diskurs über diese Problematik von vornherein obsolet.[335] Ohne die Lehre von der „Idee des Nationalstaates"[336] vertiefen zu müssen, wird heute auch von den Befürwortern dieser Theorie eingeräumt, daß sich der moderne Staat eher als Territorialstaat denn als Personalverband versteht[337].

Jedoch stellt bereits der Wortlaut des Art. 8 Abs. 1 Satz 2 EGV („Unionsbürger ist, wer die Staatsangehörigkeit eines Mitgliedstaates besitzt") die Abhängigkeit der Unionsbürgerschaft von der Staatsangehörigkeit des jeweiligen Mitgliedstaates heraus[338]. Dies wird durch die Eingangsvorschrift des Art. A Satz 2 EUV noch unterstrichen, in der die Europäische Union als ein Zusammenschluß „der Völker Europas" qualifiziert wird[339]. Die Unionsbürgerschaft soll mithin

---

332 *Koenig / Pechstein*, Die Europäische Union – Der Vertrag von Maastricht, S. 20, 169 ff.; *Di Fabio*, Der Staat 1993, S. 191 (201 / 202); vgl. auch *Hobe*, JZ 1994, S. 191 ff.

333 *Baetge*, BayVBl. 1992, S. 711; näher dazu: *Magiera*, DÖV 1987, S. 221 ff.

334 Zu diesem Begriff *Seidl-Hohenveldern*, Völkerrecht, Rdnr. 1294.

335 Vgl. *Schilling*, AöR 116 (1991), S. 32 (61 / 62).

336 *Isensee*, in: HdB StR I, § 13, Rdnr. 111 ff.; *Kirchhof*, in: HdB StR VII, § 183, Rdnr. 25 ff.

337 *Kirchhof*, in: HdB StR VII, § 183, Rdnr. 24.

338 Diese Interpretation wurde von den vertragschließenden Parteien ausdrücklich in einer Erklärung zur Schlußakte des Maastrichter Vertrages klargestellt: „... die Frage, welchem Mitgliedstaat eine Person angehört, allein durch Bezug auf das innerstaatliche Recht des betreffenden Mitgliedstaats geregelt wird" und entspricht dem Willen des deutschen Transformationsgesetzgebers (*Bundestag*, Drucksache 12 / 3338, S. 11).

339 Vgl. *Tomuschat*, EuGRZ 1993, S. 489 (491).

nach dem Willen der vertragschließenden Parteien nur eine besondere Zugehörigkeitsform zur Europäischen Union begründen, die ausschließlich durch die Staatsangehörigkeit in den Mitgliedstaaten vermittelt wird[340]. Ein selbständiger Erwerb oder Verlust des Unionsbürgerstatusses ist somit nicht möglich[341]. Nach dem Willen der Vertragsparteien sollte denn auch keine effektive, gegen Drittstaaten durchsetzbare Staatsangehörigkeit geschaffen werden[342].

Dennoch wird – insbesondere von *Bleckmann* – versucht, die mit dem Maastrichter Vertrag in Art. 8 des EGV eingefügte Unionsbürgerschaft im Sinne einer europäischen Staatsangehörigkeit zu interpretieren[343]. Zwar würden den Unionsbürgern gemäß Art. 8 Abs. 2 EGV nur die im Vertrag ausdrücklich bezeichneten Rechte und Pflichten zugestanden[344], doch übe die Europäische Union im Rahmen ihrer Befugnisse die Personalhoheit über die Unionsbürger aus; insbesondere der in Art. 8c EGV gewährte diplomatische und konsularische Schutz mache deutlich, daß die Unionsbürgerschaft bereits in das völkerrechtliche Verhältnis der Europäischen Union zu Drittstaaten hineinwirke[345].

Das Argument *Bleckmanns*, daß nach Art. 8c EGV jeder Unionsbürger außerhalb der Europäischen Union den diplomatischen und konsularischen Schutz

---

340 Dies entspricht der weit überwiegenden Auffassung in der verfassungsrechtlichen Literatur, z. B.: *Hobe*, JA 1993, S. 229 (232); *ders.*, Der Staat 1993, S. 245 (257/258), und GYIL 37 (1994), S. 113 (125 / 126); *Di Fabio*, Der Staat 1993, S. 191 (Fn. 40); *Klein/Haratsch*, DÖV 1993, S. 785 (790); *Doehring*, ZRP 1993, S. 98; *Oppermann/Classen*, NJW 1993, S. 5 (11). – Die Rechtsnatur der Unionsbürgerschaft ist dagegen noch ungeklärt: *Baetge*, BayVBl. 1992, S. 711 (712), beschreibt es als „staatsangehörigkeitsähnliches Verhältnis sui generis"; *Ress*, JuS 1992, S. 985 (987), sieht Ähnlichkeiten zum Institut des „Britisch Subject" im Rahmen des Commonwealth.

341 *Baetge*, BayVBl. 1992, S. 711 (712).

342 Beschluß der im Europäischen Rat vereinigten Staats- und Regierungschefs zu bestimmten, von Dänemark aufgeworfenen Problemen betreffend den Vertrag über die Europäische Union, abgedruckt in: Europäischer Rat in Edinburgh, Schlußfolgerungen des Vorsitzes, hrsg. vom Presse- und Informationsamt der Bundesregierung, Bulletin Nr. 140 vom 28.12.1992, S. 1277 (1290). Vgl. zum Defizit an staatsbürgerschaftlichen Rechten: *Koenig/Pechstein*, Die Europäische Union – Der Vertrag von Maastricht, S. 21, 169 ff.

343 *Bleckmann*, DVBl. 1992, S. 335 (337); ähnlich *Wolf*, JZ 1993, S. 594 (597): „Strukturell ist diese Unionsbürgerschaft eine Vollbürgerschaft." „Mit dieser Unionsbürgerschaft [...] ändern sich die bisherigen mitgliedschaftsrechtlichen Strukturen der EG grundlegend. Die organisationsrechtliche EG-Mitgliedschaft von Staaten wird durch eine individualrechtliche Unionsbürgerschaft überlagert."

344 Im wesentlichen Aufenthalts-, Wahl-, Schutz- und Petitionsrechte (Art. 8a – 8e EGV).

345 *Bleckmann*, DVBl. 1992, S. 335 (337).

jedes Mitgliedstaates genießt, soweit sein Mitgliedstaat dort nicht vertreten ist, kann entgegen seiner Ansicht gerade nicht zur Begründung einer europäischen Staatsbürgerschaft fruchtbar gemacht werden. Zum einen kommt dem nachrangig zu gewährenden Schutz lediglich eine Auffangstellung gegenüber der Fürsorge des eigenen Mitgliedstaates zu[346], zum anderen kann dieser Schutz nur mit Zustimmung des Drittstaates, gegen den sich der Schutz richten soll, vollzogen werden[347]. Das für die Staatsangehörigkeit charakteristische umfassende Treue- und Schutzverhältnis zwischen dem Unionsbürger und der Union wird dadurch nicht begründet[348].

Durch die Einführung der europäischen Unionsbürgerschaft ist demnach keine europäische Staatsangehörigkeit errichtet worden, die geeignet wäre, ein europäisches Staatsvolk zu konstituieren. Allerdings gibt es – auch von deutscher Seite – Bestrebungen, die Unionsbürgerschaft weiter auszubauen[349].

dd) Ergebnis: Kein europäischer Bundesstaat durch Maastricht

Als Zwischenergebnis kann festgehalten werden, daß durch den Unionsvertrag kein europäischer Bundesstaat gegründet worden ist[350]. Insgesamt mangelt es der Europäischen Union noch an einer eigenen demokratisch legitimierten Staatsgewalt sowie an einem eigenen Staatsvolk; ihr fehlen somit im Stadium des Maastrichter Vertrages noch die wesentlichen Attribute der Staatlichkeit[351]. Ob in der gegenwärtigen Phase bereits von einem Staatenbund[352],

---

346 *Ress*, JuS 1992, S. 985 (987).

347 Aus der Formulierung in Satz 2 des Art. 8c EGV wird deutlich, daß die Mitgliedstaaten offenbar eine Notwendigkeit für internationale Vereinbarungen zur Durchsetzung dieses Schutzes erkannt haben; vgl. hierzu *Ress*, JuS 1992, S. 985 (987), und *Doehring*, ZRP 1993, S. 98 (101), der allerdings die Unbedingtheit des Verhältnisses von Schutz und Treue als aufgehoben betrachtet.

348 *Ress*, JuS 1992, S. 985 (987).

349 Vgl. Denkschrift zum Vertrag vom 2.2.1992 über die Europäische Union, *Bundestag*, Drucksache 12/3334, S. 86.

350 *Hrbek*, in: Hrbek (Hrsg.), Die Entwicklung der EG zur Politischen Union und zur Wirtschafts- und Währungsunion unter der Sonde der Wissenschaft, S. 81 (84); vgl. *Oppermann*, in: Der Vertrag von Maastricht in der wissenschaftlichen Kontroverse, S. 103 (109), der einen europäischen Bundesstaat noch in weiter Ferne sieht.

351 *Herdegen*, EuGRZ 1992, S. 589 (590/591); *Scholz*, NVwZ 1993, S. 817 (818).

352 Kritisch dazu *Steinberger*, in: Hommelhoff/Kirchhof (Hrsg.), Staatenverbund, S. 25 (30), der darauf verweist, daß die Geschichte gezeigt habe, daß alle Staatenbünde entweder zerfallen seien oder sich – wie in Nordamerika und in Deutschland – zu Bundesstaaten verdichtet hätten; insofern habe sich der nationalstaatliche Bundesstaat historisch bislang →

oder – wie es das *Bundesverfassungsgericht* vorsichtig umschrieb – einem *Staatenverbund*[353] gesprochen werden kann, ist derzeit umstritten[354], soll hier jedoch nicht näher erörtert werden[355].

Insofern kann jedenfalls mangels Staatsqualität der Europäischen Union eine Gefährdung des deutschen Bundesstaates noch ausgeschlossen werden. Die Bundesrepublik verfügt nach wie vor über die klassischen Elemente eines Staates; insbesondere hat die mit dem Unionsvertrag verbundene Kompetenzübertragung nicht den Verlust der eigenen Staatsgewalt bewirkt: Maßgebliches Entscheidungsorgan in der Europäischen Union ist – nach wie vor – der Europäische Rat, der ausschließlich aus Vertretern der Mitgliedstaaten besteht. Die Fülle der Staatsgewalt, die „compétence-compétence", liegt weiterhin bei den Mitgliedstaaten[356].

---

als stabilste Form von Vergemeinschaftung erwiesen. Bedenken meldet er jedoch hinsichtlich der globalen Herausforderungen des 21. Jahrhunderts an.

353 *BVerfG*, EuGRZ 1993, S. 429 (439).

354 Im Grundsatz dem Bundesverfassungsgericht zustimmend: *Koenig / Pechstein*, Die Europäische Union – Der Vertrag von Maastricht, S. 27 ff.; vgl. dagegen z. B. *Schilling*, AöR 116 (1991), S. 21 (50): „Quasi-Staat"; *Hrbek*, in: Hrbek (Hrsg.), Die Entwicklung der EG zur Politischen Union und zur Wirtschafts- und Währungsunion unter der Sonde der Wissenschaft, S. 81 (85): „Konkordanzsystem"; *Lenz*, in: Festschrift für Herbert Helmrich, S. 269: „Staatenverein"; *Oppermann*, in: Hommelhoff / Kirchhof (Hrsg.), Staatenverbund, S. 87 (94): „Vertragliches Bindeglied zwischen drei ... sehr heterogenen internationalen Rechtspersönlichkeiten"; nach Einschätzung von *Herdegen*, EuGRZ 1992, S. 589 (590), läßt sich die Qualität der Europäischen Union mit den „überkommenen Kategorien des Staatsrechts oder Völkerrechts schwer fassen"; *Oppermann*, in: Der Vertrag von Maastricht in der wissenschaftlichen Kontroverse, S. 103 (109, 118), plädiert für die Einordnung als Gemeinschaft sui generis, die sich als „eine besonders intensive, in die Zukunft hinein offene, rechtlich stabilisierte und definitiv gemeinte Form staatlicher Zusammenarbeit" beschreiben lasse; *Hailbronner*, GYIL 37 (1994), S. 93 (97 / 98), weist darauf hin, daß das vom *Bundesverfassungsgericht* gezeichnete Konzept einer Gemeinschaft souveräner Staaten nicht dem dynamischen Charakter des europäischen Integrationsprozesses entspreche; kritisch auch *Hobe*, GYIL 37 (1994), S. 113 (126 / 127).

355 Gedankliche Ansätze zu diesem Schlagwort werden unten S. 378 ff. beleuchtet.

356 *Weber*, in: Der Vertrag von Maastricht in der wissenschaftlichen Kontroverse, S. 121 (128).

Der Maastrichter Vertrag setzt die durch Art. 79 Abs. 3 GG geschützten Prinzipien nicht außer Kraft, zu seiner Ratifizierung bedurfte es somit keiner Entscheidung der verfassunggebenden Gewalt[357].

c) Die Souveränitätsfrage

Auf die Untersuchung zur Staatlichkeit der Europäischen Union aufbauend soll beleuchtet werden, ob und inwieweit die Souveränität der Bundesrepublik Deutschland infolge des Maastrichter Vertrages tangiert worden ist: Läßt der Unionsvertrag die deutsche Souveränität trotz der zusätzlich übertragenen Hoheitsrechte im Ergebnis unberührt oder bewirkt er eine substantielle Reduzierung der Souveränität, so daß deren Verlust bereits eingetreten ist?

aa) Vereinbarkeit des klassischen Souveränitätsbegriffs mit der Integrationsoffenheit des Grundgesetzes

(1) Souveränität und internationale Beziehungen

Ausgehend vom klassischen Souveränitätsbegriff – definiert als Allzuständigkeit nach innen und rechtliche Unabhängigkeit nach außen im Sinne von Entscheidungsgewalt gegenüber anderen, ebenfalls souveränen Staaten[358] – ist zu fragen, inwieweit dieser durch die Entwicklung der internationalen Staatenordnung und -verflechtung – insbesondere seit 1945 – beeinflußt worden ist. Der Bereich der inneren Souveränität wird zunehmend durch eine Aufgaben- und Kompetenzteilung zwischen den nationalen Staaten und den verschiedenen Institutionen, die auf zwischen- wie auf überstaatlicher Ebene gebildet worden sind und in Form der Koordination, der Kooperation oder der Integration wirken, tangiert[359]. Die Substitution bilateraler Beziehungen zwischen den einzelnen Staaten durch globalere multilaterale Ordnungen betrifft – jedenfalls in ihrer Gesamtheit – den Bereich äußerer Unabhängigkeit eines Staates[360].

---

357 *Scholz*, NVwZ 1993, S. 817 (818).

358 Vgl. *Doehring*, in: Festgabe für Ernst Forsthoff, S. 105 (109).

359 *Thürer*, VVDStRL 50 (1991), S. 97 (122 – 124, m. w. N.), der darüber hinaus auf die integrative Bedeutung rechtsharmonisierender Bestrebungen, beispielsweise im Zivilrecht, hinweist.

360 *Thürer*, VVDStRL 50 (1991), S. 97 (123); *Petersmann*, in: AöR 115 (1990), S. 537 – 576.

Angesichts dieses hohen Maßes von – insbesondere wirtschaftlicher – Interdependenz im zwischenstaatlichen System[361], das die Staaten zu einer immer intensiveren Kooperation unter Aufgabe ihres Alleinentscheidungsrechts zwingt[362], erscheint es, daß sich der überkommene, mit dem Dogma von der Unteilbarkeit versehene Souveränitätsbegriff kaum mit der Stellung der Mitgliedstaaten in der Europäischen Union vereinbaren läßt. Tatsächlich wird mit jeder Übertragung von Kompetenzen an die europäische Ebene ein Stück mitgliedstaatlicher Hoheitsgewalt aufgegeben[363], so daß der durch den traditionellen Souveränitätsbegriff implizierte Ausschließlichkeitsanspruch in Frage gestellt ist[364]. Unzutreffend wäre es, diesem Befund mit dem Argument zu begegnen, die Souveränität werde auch in den übertragenen Gebieten weiterhin von den in den europäischen Organen repräsentierten Mitgliedstaaten ausgeübt. Die Allzuständigkeit des einzelnen Mitgliedstaates kann – wenn überhaupt – allenfalls im Bereich des Einstimmigkeitsprinzips noch vorhanden sein. Aber auch dort steht dem Mitglied nur die Möglichkeit offen, restriktiv zu handeln; eine eigene Gestaltungsfreiheit im Sinne einer aktiven Souveränität ist auch hier zumindest fraglich[365].

Es ist daher zunächst zu untersuchen, welche Interpretation der Souveränität mit dem Grundgesetz in Einklang zu bringen ist, um dann zu prüfen, ob dieser durch den deutschen pouvoir constituant gesetzte Rahmen infolge des Maastrichter Vertrages überschritten worden ist.

---

361 *Randelzhofer*, in: HdB StR I, § 15, Rdnr. 33; *Steinberger*, in: Festschrift für Herbert Helmrich, S. 427 (430/431), führt die „potenzierte Zunahme der Interdependenz" auf die Revolutionierung der Waffentechnik, den rasanten Anstieg des Welthandels – auch vor dem Hintergrund des Bevölkerungswachstums und der Welternährungslage –, den internationalen Verkehr, die technische Entwicklung, riesige Bevölkerungswanderungen und weltweite ökologische Bedrohungen zurück.

362 *V. Simson/Schwarze*, S. 2; *Blanke*, DÖV 1993, S. 412 (419); vgl. auch *Murswiek*, Der Staat 1993, S. 161 (169): „Da es aber völkerrechtliche Souveränität im Sinne völliger rechtlicher Bindungslosigkeit heute nicht mehr gibt, haben wir es mit einem Quantitätsproblem zu tun."

363 *Ipsen*, Europäisches Gemeinschaftsrecht, § 2, Rdnr. 14 ff. (S. 56/57).

364 *Doehring*, ZRP 1993, S. 98, sieht die Kompetenz-Kompetenz in Fragen des Gemeinsamen Marktes bereits bei den Organen der Union; vgl. *dens.* in: Festgabe für Ernst Forsthoff, S. 105 (111).

365 Vgl. hierzu *Doehring*, ZRP 1993, S. 98 (99), der bereits einen Souveränitätsverlust annimmt.

(2) Verfassungsrechtliche Grundlagen der Souveränität und deren Bedeutung für die Länder

Aus Art. 23 Abs. 1 Satz 3 i. V. m. Art. 79 Abs. 3 und Art. 20 Abs. 1[366] und 2 GG ergibt sich, daß integrative Maßnahmen nur zulässig sind, soweit sie die souveräne Staatlichkeit der Bundesrepublik unberührt lassen[367].

Hierbei handelt es sich um ein nicht nur für den Bund, sondern auch für die deutschen Bundesländer relevantes Problem. Ausgehend von der Erkenntnis, daß mangels institutioneller Manifestation der Bundesländer im europäischen Recht[368] nur die bundesstaatliche Ordnung des Grundgesetzes sie dauerhaft zu garantieren in der Lage ist, muß dem Fortbestand einer souveränen Staatlichkeit auf der Ebene des Bundes als Hüter dieser Ordnung große Bedeutung auch für die Eigenstaatlichkeit der Länder zugemessen werden[369].

---

366 Ein mehrfach qualifizierter Staat im Sinne dieser Norm kann – mangels Mediatisierungsvorschrift in der Verfassung – nur ein souveräner Staat sein, *Schilling*, AöR 116 (1991), S. 32 (55).

367 *Blanke*, DÖV 1993, S. 412 (415); vgl. zur Vorläuferregelung des Art. 24 Abs. 1 GG: *Schilling*, AöR 116 (1991), S. 32 (54/55); *Tomuschat*, in: Bonner Kommentar, Art. 24, Rdnr. 46; siehe auch *Kirchhof*, in: HdB StR I, § 19, Rdnr. 53; vgl. auch *Penski*, ZRP 1994, S. 192 (192/193, unter Hinweis auf *Badura*, Staatsrecht, F, Rdnr. 64), der dieses Ergebnis aus dem Demokratieprinzip, das durch seine Verankerung in Art 20 Abs. 1 und Abs. 2 Satz 1 GG als „verfassungsgestaltende Grundentscheidung" dieses Staates anzusehen sei, herleitet. Die in Art. 20 GG manifestierten Prinzipien seien nicht als abstrakte Grundsätze und Forderungen, sondern vielmehr als normative Bestimmungen – im Sinne verfassungsrechtlicher Positivität – in bezug auf den Staat Bundesrepublik Deutschland zu begreifen; a. A.: *Hilf*, VVDStRL 53 (1994), S. 7 (23), der nur die Staatlichkeit selbst als vor Veränderungen durch den verfassungsändernden Gesetzgeber geschützt ansieht; ähnlich *Lerche*, in: Festschrift für Konrad Redeker, S. 131 (133): „eine nicht vorweg auszuschließende Möglichkeit".

368 Gemeint sind die Gemeinschaftsverträge sowie deren Auslegung durch den Europäischen Gerichtshof. Der durch den Maastrichter Vertrag institutionalisierte Ausschuß der Regionen (Art. 198 a – 198 c EGV) ändert diesen Befund nicht: Dieser dem Wirtschafts- und Sozialausschuß vergleichbare Einrichtung kommt keine eigene Entscheidungsbefugnis, sondern nur eine beratende Funktion und das Recht zur Anhörung in bestimmten Bereichen (z. B. Kultur und Bildung, Art. 128 Abs. 5 EGV) zu; er ist kein etwa dem Europäischen Parlament vergleichbares Gemeinschaftsorgan; *Baetge*, BayVBl. 1992, S. 711 (714).

369 Nach Ansicht von *Stein*, VVDStRL 53 (1994), S. 26 (27/28), wäre die Staatlichkeit der Länder zumindest auf eine neue Grundlage zu stellen; vgl. auch die Ausführungen oben auf S. 124 ff.

(3) HISTORISCHER HINTERGRUND UND SYSTEMZUSAMMENHANG

Auszugehen ist von dem Maß an Souveränität, das von der verfassunggebenden Gewalt bei der Schaffung des Grundgesetzes zugrundegelegt worden ist. Dabei ist der historische Wille des Verfassunggebers ebenso wie der systematische Zusammenhang der – ggf. zwischenzeitlich geänderten oder neu eingefügten – Verfassungsnormen zueinander auszuwerten.

Aus der Tangierung der staatlichen Souveränität infolge von Kompetenzübertragungen generell den Schluß zu ziehen, dies sei der bundesdeutschen verfassungsändernden Gewalt wegen Art. 79 Abs. 3 GG untersagt, griffe jedoch zu kurz: Bei dieser Analyse darf nämlich die Grundentscheidung der Verfassung, die Einordnung der Bundesrepublik Deutschland in internationale Zusammenschlüsse und Strukturen zu gestatten und nach Möglichkeit zu fördern, nicht unterschätzt werden.

Nach dem Zusammenbruch des Dritten Reiches wurden in den Beratungen für die künftige Verfassung der Bundesrepublik mit den drei West-Alliierten Pläne für eine föderative Ordnung in Europa diskutiert[370], jedoch gab es für die Integration in zwischenstaatliche Einrichtungen, die über Durchgriffsrechte in den staatlichen Souveränitätsbereich verfügten, noch kein Vorbild[371]. Der Parlamentarische Rat war bestrebt, die entstehende Bundesrepublik sofort in die nach dem Zweiten Weltkrieg sich neu formierende Ordnung der Staatengesellschaft in der Welt und in Europa als Partner einzubringen und sich ihr unterzuordnen[372]. Es wurde beabsichtigt, die Souveränität der Bundesrepublik durch internationale, insbesondere europäische Bindungen sowohl rechtlich als auch politisch einzuschränken. Diese fundamentale Wertentscheidung für eine „offene Staatlichkeit" wurde in den Art. 24 bis 26 GG verfassungsrechtlich verankert und – als Auslegungshilfe – in der Präambel des Grundgesetzes bekräftigt.[373]

---

370 Durch die Einbeziehung der westlichen Besatzungszonen in den Marshallplan (1947) und in die Europäische Einigungsbewegung (Haager Europakongreß 1948) war die Staatlichkeit der Bundesrepublik von vornherein auf das Ziel der europäischen Einigung bedingt; vgl. *Lenz*, in: Festschrift für Herbert Helmrich, S. 269 (274).

371 *Mosler*, in: HdB StR VII, § 175, Rdnr. 12, 13.

372 *Mosler*, in: HdB StR VII, § 175, Rdnr. 8, unter Hinweis auf *Ipsen*, Über das Grundgesetz, S. 38 ff.; *Steinberger*, in: Festschrift für Herbert Helmrich, S. 427, betont zu Recht die „Weitsicht, mit der der Parlamentarische Rat Art. 24 GG entworfen hat".

373 *V. Simson/Schwarze*, S. 19/20; *Scholz*, NVwZ 1993, S. 817 (818); *Mosler*, in: HdB StR VII, § 175, Rdnr. 8 – 10; *Hilf*, VVDStRL 53 (1994), S. 7 (8).

Als Zwischenergebnis kann festgehalten werden, daß die mit der europäischen Integration verbundene substantielle Reduzierung der potentiellen staatlichen Allzuständigkeit durch den deutschen Verfassungsgesetzgeber grundsätzlich beabsichtigt war[374]; was die konkrete Ausgestaltung betrifft, darf allerdings nicht übersehen werden, daß der Parlamentarische Rat im Jahre 1949 noch keine Vorstellung davon haben konnte, welche Integrationsdichte in Europa einmal erreicht werden würde[375]. Die Vorschrift des Art. 24 Abs. 1 GG wurde auch deshalb so holzschnittartig allgemein gehalten, weil es an Vorbildern für einen solchen Zusammenschluß noch fehlte. Die Antwort auf die Souveränitätsfrage kann nach der Gründung der Europäischen Union daher nicht allein mit den Mitteln der historischen und der systematischen Auslegung gefunden werden.

(4) Unteilbare Souveränität, duale Souveränität oder Abgrenzung nach Kompetenzbereichen?

Es stellt sich die Frage, ob es angesichts der beschriebenen internationalen Verflechtungen heute überhaupt noch möglich und sinnvoll ist, vom Dogma der Unteilbarkeit der Souveränität auszugehen. Alternativ dazu könnte man von einer gleichzeitig bestehenden dualen Souveränität sowohl der Gemeinschaft als auch der Mitgliedstaaten ausgehen. Möglicherweise ist es in der supranational geprägten Relation der Mitgliedstaaten zur Europäischen Union sogar angezeigt, den Souveränitätsbegriff durch eine normativ bestimmte Abscheidung zwischen den Hoheitsrechten der Gemeinschaft und denen der Mitgliedstaaten zu ersetzen.

(a) Dogma von der Unteilbarkeit der Souveränität

Definiert man den äußeren Teil der Souveränität im Sinne einer absoluten völkerrechtlichen Unabhängigkeit, könnte man annehmen, daß diese durch die Gemeinschaftsbindungen tatsächlich schon erodiert ist: Die Mitgliedstaaten besitzen im völkerrechtlichen Verhältnis zu Drittstaaten und internationalen Organisationen nicht mehr das Monopol, da sie an das – von ihnen selbst errichtete – gemeinschaftsrechtliche Verfahren gebunden sind. Auch im inneren Bereich gilt das staatliche Gewaltmonopol nicht mehr uneingeschränkt, denn Ge-

---

374 *Mosler*, in: HdB StR VII, § 175, Rdnr. 77; *Isensee*, in: HdB StR I, § 13, Rdnr. 149.

375 *Huber*, VVDStRL 53 (1994), S. 118 (Aussprache); *Stern*, Staatsrecht I, § 15 II 1 (S. 516 ff.), spricht von der „verfassungsrechtlichen und verfassungspolitischen Sprengkraft" der Vorschrift des Art. 24 Abs. 1 GG.

meinschaftsrecht wirkt nicht nur gegenüber den Mitgliedstaaten, sondern auch in diesen selbst.[376] Die Bundesrepublik hätte demzufolge mit jeder Übertragung von Hoheitsrechten im Rahmen des – seit 1949 unveränderten[377] – Art. 24 Abs. 1 GG ihren Ausschließlichkeitsanspruch bezüglich eigener Hoheitsrechte aufgegeben[378], so daß sich schon zu Beginn des europäischen Integrationsprozesses[379] die Souveränität Deutschlands vermindert hätte[380]. Ist aber die Souveränität teilweise auf die Europäische Union übergegangen, muß man unter Zugrundelegung der Annahme der Unteilbarkeit staatlicher Souveränität zu dem Ergebnis gelangen, diese sei den Mitgliedstaaten tatsächlich abhanden gekommen.

Es läßt sich also unter Festhaltung am Souveränitätsbegriff die These aufstellen, die Definition staatlicher Souveränität im Sinne einer Totalverantwortung erlaube Souveränitätsabflüsse generell nicht; dieser Ansatz wird beispielsweise von *Doehring*[381] und *Ossenbühl*[382] verfolgt, indem sie dem Begriff Souveränität zwei Komponenten zumessen: Er beinhalte einerseits das Letztentscheidungsrecht in äußeren und inneren Angelegenheiten sowie andererseits die Totalverantwortung des Staates für das Wohl der dieser Souveränität unterstehenden Bürger. Dies zugrundegelegt, zweifeln sie an der verbreiteten Aussage, die Mitgliedstaaten seien deswegen souverän geblieben, weil sie weiterhin als „Herren der Verträge" angesehen werden könnten: Denn jede Abgabe von Hoheitsbefugnissen an die europäische Ebene habe zum Ziel, die mitgliedstaatliche Souveränität in dem übertragenen Sachgebiet nicht nur zu *beschränken*, sondern *aufzuheben*[383]. Insofern könne der Mitgliedstaat Bundesrepublik lediglich über eine Restsouveränität verfügen, die zur Gewährleistung der Totalverantwortung

376 *Ipsen*, Europäisches Gemeinschaftsrecht in Einzelstudien, S. 97 (101 / 102).

377 *Mosler*, in: HdB StR VII, § 175, Rdnr. 12.

378 *Ipsen*, Europäisches Gemeinschaftsrecht, § 2, Rdnr. 14 ff. (S. 56 /57).

379 Die Mitwirkung an politisch-rechtlichen Zusammenschlüssen begann 1950 mit den Verhandlungen über die Gründung einer „Europäischen Gemeinschaft für Kohle und Stahl".

380 *Murswiek*, Der Staat 1993, S. 161 (169).

381 *Doehring*, ZRP 1993, S. 98.

382 *Ossenbühl*, DVBl. 1993, S. 629 (631).

383 *Doehring*, ZRP 1993, S. 98, unter Hinweis auf *Ipsen*, Europäisches Gemeinschaftsrecht (1972), § 2, Rdnr. 14 ff. (S. 56/57); *ders.*, Staatsrecht, S. 79 ff.

des Staates für seine Bürger – als unabdingbares Element staatlicher Souveränität – nicht ausreichend sei[384].

Doehring kommt für beide möglichen Standpunkte – zwischen denen seiner Ansicht nach lediglich terminologische Unterschiede bestehen – zu einem inhaltlich gleichen Ergebnis: Bei einer Definition der Souveränität als Allzuständigkeit sei diese infolge der Übertragung von Kompetenzen an die Europäische Union aufgehoben; lasse man Teilsouveränität für den Souveränitätsstatus ausreichen, fehle ebenfalls die Allzuständigkeit, weil die Souveränität nicht mehr effektiv ausgeübt werden könne[385]. Auf diesem Wege gelangt er zu der Feststellung, der Grundsatz der Volkssouveränität aus Art. 20 GG könne nur noch Gültigkeit beanspruchen, soweit die deutsche Staatsgewalt wegen Art. 24 GG[386] überhaupt noch zuständig sei[387].

Zu dieser Theorie von der Unteilbarkeit staatlicher Souveränität im Sinne einer Totalverantwortung ist zunächst einzuwenden, daß es der Vorstellung der verfassunggebenden Gewalt von einer offenen Staatlichkeit[388] entspricht, durch Art. 24 Abs. 1 GG – in seinem bisherigen Anwendungsbereich – den „Souveränitätspanzer"[389] der Bundesrepublik aufzubrechen und damit einen „Integrationshebel" für den „Gesamtakt staatlicher Integrationsgewalt"[390] zu schaffen[391]. Mit der Zulassung von Hoheitsrechtsübertragungen auf europäische

---

384 *Doehring*, ZRP 1993, S. 98 (99); in seinem Lehrbuch *Staatsrecht* hat er 1984 noch die Auffassung vertreten, die wegen der Übertragung von Hoheitsrechten durchbrochene Staatsgewalt führe nicht zum Wegfall der Souveränität insgesamt, da die transferierten Kompetenzen (seinerzeit) nur einen Bruchteil der ehemals umfassenden Staatsmacht bedeuteten (S. 80/81). Allerdings hat er schon damals eine Aufhebung der klassischen Souveränität insgesamt durch den Transfer weiterer erheblicher Befugnisse vorhergesagt (S. 82); vgl. auch den Beitrag in der Festgabe für Ernst Forsthoff, S. 105 (112 ff.; 121/122).

385 *Doehring*, ZRP 1993, S. 98 (100); dies unterscheide seiner Ansicht nach die Europäische Union vom deutschen Bundesstaat: Hier werde die ungeteilte Souveränität durch den Bund ausgeübt; dazu: *Doehring*, Staatsrecht, S. 116; im Ergebnis zustimmend: *Ossenbühl*, DVBl. 1993, S. 629 (631).

386 In seinem Anwendungsbereich vor der Neufassung des Art. 23 GG.

387 *Doehring* verwendet in diesem Zusammenhang den Begriff der „amputierten Souveränität" (ZRP 1993, S. 98 [99]).

388 Zum Konzept der offenen Staatlichkeit *Grabitz*, AöR 111 (1986), S. 1 (5); *Ruppert*, Die Integrationsgewalt, S. 242.

389 *Tomuschat*, in: Bonner Kommentar, Art. 24, Rdnr. 102.

390 *Ipsen*, Europäisches Gemeinschaftsrecht, § 2, Rdnr. 21 ff. (S. 58 ff.).

391 *Blanke*, Föderalismus und Integrationsgewalt, S. 227/228.

Einrichtungen wendete sich der Verfassungsgesetzgeber von dem traditionellen Souveränitätsverständnis ab, wonach die Aufgabe auch nur einzelner Hoheitsrechte als unvereinbar mit der souveränen Staatlichkeit galt[392]. Da es zudem eine völlige rechtliche Bindungslosigkeit wegen der zunehmenden zwischenstaatlichen Verflechtungen nicht mehr gibt und nicht mehr geben wird, erscheint das Kriterium der Totalverantwortung heute nicht mehr geeignet, die Existenz der staatlichen Souveränität zu beweisen oder zu widerlegen[393].

(b) Untauglichkeit des Souveränitätsbegriffes?

Ipsen[394] hat aus der europäischen Entwicklung den Schluß gezogen, der Begriff der Souveränität sei insgesamt in Frage zu stellen. Obwohl die Souveränität im klassischen Sinne einer rechtlichen Herrschaftsfreiheit nach innen und außen infolge der Mitgliedschaft in internationalen Verbänden eigentlich nicht mehr gegeben sei, werde versucht, den Souveränitätsbegriff so zu modifizieren oder gar zu manipulieren, daß ihre Innehabung den Mitgliedstaaten noch zugestanden werden könne, letztlich um ihre Charakterisierung als „Herren der Gemeinschaften" aufrecht erhalten zu können[395]. Die Identität der supranationalen Gemeinschaft sowie der Mitgliedstaaten selbst sei wirklichkeitsnäher durch eine normativ zu bestimmende Abgrenzung der dem jeweiligen Gemeinwesen zustehenden Hoheitsrechte vorzunehmen[396]. Wolle man trotz fehlender Brauchbarkeit am überlieferten Souveränitätsbegriff festhalten, so müsse man konstatieren, daß sich die bundesdeutsche Souveränität angesichts des noch nicht abgeschlossenen europäischen Integrationsprozesses in einem Schwebezustand befindet[397].

---

392 *Magiera*, VVDStRL 53 (1994), S. 137 (Aussprache).

393 *Ress*, VVDStRL 53 (1994), S. 123 (Aussprache), nimmt wegen des mit der Währungshoheit verbundenen unwiderruflichen Souveränitätstransfers ausdrücklich geteilte Souveränität bzw. einen „partiellen Souveränitätsübergang" an.

394 *Ipsen*, Europäisches Gemeinschaftsrecht, § 9, Rdnr. 50 ff. (S. 227 ff.).

395 *Ipsen*, Europäisches Gemeinschaftsrecht, § 9, Rdnr. 50 ff. (S. 227 ff.).

396 *Ipsen*, Europäisches Gemeinschaftsrecht in Einzelstudien, S. 100/101; *ders*., Europäisches Gemeinschaftsrecht, § 9, Rdnr. 55 ff. (S. 230 ff.); ebenso für die Ersetzung der Souveränitätsfrage durch die Kompetenzverteilungsregelung: *Stern*, Staatsrecht I, § 15 II 2 (S. 520 ff.).

397 *Ipsen*, in: HdB StR VII, § 181, Rdnr. 19; *ders*., Europäisches Gemeinschaftsrecht in Einzelstudien, S. 100; *Weber*, in: Der Vertrag von Maastricht in der wissenschaftlichen Kontroverse, S. 121 (123). – *Steinberger*, ZaöRV 48 (1988), S. 1 (11), hält es – unter Hinweis auf die föderale Geschichte Deutschlands – für das „Funktionieren föderaler →

Der Grundidee *Ipsens* folgend schlägt *Blanke* vor, den „etatozentrischen Souveränitätsbegriff" aufzugeben und stattdessen zwischen nationaler Staatsgewalt und Gemeinschaftsgewalt zu differenzieren; mittels wertender Betrachtung sei festzustellen, daß das „kompententielle Schwergewicht sowie die Substanz der Verfassungshoheit[398] bei den Mitgliedstaaten" verblieben seien[399].

Ipsen und *Blanke* ist zuzugestehen, daß der Souveränitätsbegriff zur Beschreibung der Identitätslinien zwischen der Gemeinschaft und den Mitgliedstaaten kaum mehr leisten kann, als die Feststellung, wem neben den Hoheitsbefugnissen die Kompetenz-Kompetenz zusteht. Allerdings bezieht sich die von ihnen vorgeschlagene Differenzierung nur auf die einzelnen (Staats-) Gewalten, die – wie oben herausgearbeitet[400] – nicht mit dem Souveränitätsbegriff identisch sind. Gäbe man die Souveränität als staatscharakterisierendes Merkmal auf, wäre eine Unterscheidung zwischen den selbstbestimmten und den fremdbestimmten Staaten, z. B. den Gliedstaaten eines Bundesstaates, nicht mehr möglich[401]. Will man ermitteln, ob die Bundesrepublik auch in der Europäischen Union noch selbst richtungsweisend entscheiden kann, ist die Quantifizierung der verbliebenen Staatsgewalt als Kriterium ungeeignet, da auch den deutschen Bundesländern die für die Annahme eigener Staatsgewalt notwendigen substantiellen Kompetenzen (zumindest noch) verblieben sind.

Auch der Annahme, die Souveränität Deutschlands befinde sich zur Zeit in einem Schwebezustand, kann nicht gefolgt werden: Man kann entweder von einer unteilbaren Souveränität im Sinne einer Totalverantwortung ausgehen, dann verbietet sich ohnehin jegliche Teilung; die Bundesrepublik hat entweder ihre Souveränität verloren oder nicht. Bevorzugt man hingegen eine Teilung des Souveränitätsbegriffes im Sinne einer dualen Souveränität, kann es lediglich verschiedene Grade an Souveränität geben, ein Übergangsstadium zwischen ei-

---

politischer Gebilde" für angebracht, die Souveränitätsfrage in der Schwebe zu lassen: „Dieser Schwebezustand hält das Rechtsbewußtsein wach, hält die Verpflichtung lebendig, nach einer Konkordanz der rechtlichen Grundauffassung zwischen der Gemeinschaft und ihren Gliedern zu suchen"; zusimmend *Herdegen*, EuGRZ 1992, S. 589 (590); *Oppermann*, in: Hommelhoff/Kirchhof (Hrsg.), Staatenverbund, S. 87 (96); *Lerche*, in: Festschrift für Konrad Redeker, S. 131 (142).

398 *Schilling*, AöR 116 (1991), S. 32 (63/64).

399 *Blanke*, DÖV 1993, S. 412 (420); *Ophüls*, in: Festschrift für den Carl Heymanns Verlag, S. 519 (585), spricht von einer „Art potentieller und subsidiärer Allzuständigkeit" der „Staatshoheit" – „ähnlich der Elastizität des Eigentums nach der Privatrechtsordnung".

400 Vgl. oben S. 123 ff.

401 Vgl. *Kahl*, Der Staat 1994, S. 241 (242/243): „taugliches Unterscheidungsmerkmal".

nem souveränen Einzelstaat und einem nicht mehr souveränen Staat wäre begrifflich ausgeschlossen.

Resümierend läßt sich feststellen, daß es eine Souveränität im überkommenen Sinne einer völligen rechtlichen Unabhängigkeit von anderen Staaten oder zwischenstaatlichen Einrichtungen nicht mehr gibt. Zusätzlich ergeben sich Schwierigkeiten bei der Beurteilung der Souveränität in jedem Stadium eines laufenden Integrationsprozesses, weil diese zwar ontologisch feststeht, jedoch aufgrund der komplexen Wirkungsmechanismen im Einzelfall nicht „summarisch" ermittelt werden kann. Es sollte daher auch weiterhin auf der Grundlage des klassischen Souveränitätsbegriffes die Feststellung gesucht werden, ob die Souveränität der Bundesrepublik auch nach Inkrafttreten des Maastrichter Vertrages noch bejaht werden kann. Die Souveränität sollte jedoch nicht mehr absolut, sondern als die uneingeschränkte Rechtsmacht eines Staates, trotz Abgabe einzelner Hoheitsrechte die Letztentscheidung treffen zu können, definiert werden.

(c) Teilbarkeit der Souveränität?

Geht man davon aus, die Souveränitätsfrage befinde sich auch während des – noch nicht abgeschlossenen – Integrationsprozesses nicht in der Schwebe[402], sondern sei eindeutig zu beantworten, kommt man an der oben aufgeworfenen Frage nicht vorbei, ob die seit jeher von Art. 24 Abs. 1 GG gestatteten Kompetenzübertragungen eine geteilte Souveränität voraussetzen. Ausgangspunkt der Untersuchung ist wiederum die oben herausgearbeitete Definition der Souveränität, die sich im äußeren Aspekt als Unabhängigkeit gegenüber auswärtigen Staaten und übergeordneten internationalen Institutionen sowie Völkerrechtsunmittelbarkeit und im inneren Aspekt als Allzuständigkeit des Staates in seinem territorialen Hoheitsbereich beschreiben läßt.

Der aus der Verfassungsinterpretation gewonnene Befund muß lauten: Wenn der pouvoir constituant einerseits den mit der Abgabe von Hoheitsrechten verbundenen Eingriff in die staatliche Souveränität durch die Entscheidung für einen integrationsoffenen Staat grundsätzlich zulassen wollte, andererseits aber die Souveränität der Bundesrepublik unter den Schutz der „Ewigkeitsklausel" des Art. 79 Abs. 3 GG stellte, liegt die Annahme nahe, der Parlamentarische Rat

402 Dazu *Ipsen*, Europäisches Gemeinschaftsrecht, § 9, Rdnr. 50 ff. (S. 227 ff.); *ders.*, Europäisches Gemeinschaftsrecht in Einzelstudien, S. 99 (100), sowie oben S. 162 ff.

wollte eine Teilung der Souveränität Deutschlands zulassen[403]. Ob sich diese Annahme erhärten läßt und wie gegebenenfalls eine solche Teilung aussehen würde, soll die nachfolgende Untersuchung aufzeigen.

Als Regel für die Teilung staatlicher Souveränität bieten sich die vertikale (quantitative) und die horizontale (qualitative) Teilung an. Bei der horizontalen Teilung wird die Souveränität entsprechend der Anteile der übertragenen und verbliebenen Hoheitsrechte nach Sachgebieten oder Politikbereichen zugeordnet; die vertikale Teilung differenziert innerhalb der Souveränität nach Qualitätsmerkmalen und weist den einzelnen Gemeinwesen bestimmte Stufen der Souveränitätswahrnehmung zu.

(aa) Duale Souveränität?

Unter Berücksichtigung der Annahme, jede Kompetenzübertragung habe die Aufgabe der entsprechenden Teilsouveränität zur Folge, könnte man annehmen, die Souveränität sei zwischen Mitgliedstaat und Europäischer Union de facto nach Sachbereichen aufgeteilt: In den übertragenen Hoheitsbereichen übe die Union die Souveränität aus, die Mitglieder verfügten nur noch über eine (Rest-) Souveränität in den verbliebenen Regelungsbereichen[404].

Als Vorbild für eine solche duale Souveränität - auf Gemeinschaftsebene einerseits und auf mitgliedstaatlicher Ebene andererseits - könnte die Theorie über die Souveränitätsverteilung der Vereinigten Staaten von Amerika dienen: Nach dortiger Auffassung herrschen sowohl der Bund als auch die Gliedstaaten innerhalb desselben Staatsgebietes über dieselben Untertanen. Deshalb gab die klassische amerikanische Auffassung das Dogma der Unteilbarkeit der Souveränität auf und plädiert seither für eine Aufteilung der *souveränen Gewalt* zwischen dem Zentralstaat und den Bundesstaaten nach Sachgebieten[405].

Ohne auf Gemeinsamkeiten und Unterschiede zwischen dem deutschen und dem US-amerikanischen Staatsaufbau an dieser Stelle einzugehen, stellt sich die Frage, ob die – qualitativ nahezu gleichberechtigte – Aufteilung der Souveränität des Mitgliedstaates Bundesrepublik auf zwei Schultern dem Problem, dessen

---

403 Vgl. *Weber*, in: Der Vertrag von Maastricht in der wissenschaftlichen Kontroverse, S. 121 (128); *Pernice*, DVBl. 1993, S. 909 (923).

404 *Magiera*, VVDStRL 53 (1994), S. 138 (Aussprache), schlägt ein „Miteinander" der Souveränitäten in einem „Souveränitätsverbund" vor; *Schneider*, VVDStRL 50 (1991), S. 147 (Diskussionsbeitrag), begreift die mitgliedstaatliche Souveränität in zeitgemäßer Neuinterpretation als „souverainité relative et temporaire".

405 *Blanke*, DÖV 1993, S. 412 (420), in Fußnote 101.

Unabhängigkeit und Selbständigkeit nachzuweisen, gerecht werden kann. Die Abkehr vom klassischen Souveränitätsbegriff in den Vereinigten Staaten von Amerika diente in erster Linie dem Zweck, die Eigenständigkeit der Bundesstaaten in einem vereinten nordamerikanischen Staat zu wahren. Dabei ist unklar, ob mit der Formulierung *„souveräne Gewalt"* nicht inhaltlich die Staatsgewalt der einzelnen bundesstaatlichen Elemente gemeint ist.

Bedenken ergeben sich insbesondere aus der Wortbedeutung des Begriffes „Souveränität". Trotz verschiedener Interpretationen im Laufe der Geschichte[406] besteht heute weitgehend Einigkeit darüber, daß Souveränität eine Eigenschaft des Staates beschreibt, derzufolge diesem die höchste Entscheidungsgewalt auf seinem Hoheitsgebiet zukommt. Hält man ungeachtet der heute üblichen Beschränkungen der Hoheitsgewalt in politischer, militärischer und wirtschaftlicher Hinsicht am Qualifikationsbegriff der Souveränität fest, kann man in einem gegliederten Gemeinwesen die höchste Gewalt begrifflich nur einer Ebene zugestehen. Mit dem Wortsinn des Begriffes Souveränität wäre mithin eine Deutung nicht in Einklang zu bringen, wonach die aus ihr fließenden Rechte nur gemeinsam mit einer fremden Einrichtung wahrgenommen werden könnten.

(bb) Unterscheidung zwischen Souveränitätsstatus und Souveränitätsausübung

Da die Souveränität als höchste staatliche Entscheidungsgewalt einer sachlichen Aufteilung auf die Gemeinschaftsebene einerseits und die mitgliedstaatliche Ebene andererseits nicht zugänglich ist, soll die Möglichkeit untersucht werden, die Souveränität nach Qualitätsmerkmalen aufzuteilen. Es böte sich an, die Souveränität in verschiedene Qualitätsstufen einzuteilen und diese den einzelnen Administrationsebenen zuzuweisen.

Betrachtet man die Wirkungen in den Mitgliedstaaten infolge der Kompetenzübertragungen an die Europäische Union lediglich als Beschränkungen, die als übliche Folgen von vertraglich begründeten Pflichten auftreten[407], erscheint es sinnvoll, zwischen dem Innehaben von Souveränität und der Ausübung derselben zu differenzieren: Die gemeinschaftsvertragliche Bindung führt bei den einzelnen Mitgliedern lediglich zu einer Ausübungsbeschränkung, ohne den Souveränitätsstatus, der die Existenz, die territoriale Integrität und die Handlungsfreiheit des jeweiligen Staates in den Grenzen des Völkerrechts anerkennt

406 Siehe hierzu: *Doehring*, in: Festgabe für Ernst Forsthoff, S. 105 (111 ff.).

407 *Steinberger*, VVDStRL 50 (1991), S. 9 (17/18).

und schützt[408], in Frage zu stellen[409]. Während die Mitgliedstaaten also grundsätzlich an ihrer Souveränität festhalten, ermächtigen sie die Gemeinschaftsorgane alleinig dazu, diese stellvertretend für sie selbst auszuüben. Die vertragliche Bindung der Souveränitätsausübung berührt damit den Rechtsstatus ihrer Souveränität nicht[410]. Die Mitglieder sind allerdings aufgrund ihrer vertraglich eingegangenen Verpflichtungen und ihrer Einbindung in den institutionellen Rahmen der Europäischen Union nicht mehr Herren der Verträge im Hinblick auf das *Sekundärrecht*[411].

(5) Zwischenergebnis betreffend den klassischen Souveränitätsbegriff

Der Souveränitätsbegriff ist aufgrund vielfältiger internationaler Beziehungen im Wandel und mit dem klassischen Verständnis im Sinne einer effektiven und organisierten Herrschaftsgewalt im inneren Bereich und der rechtlichen

---

408 *Wolfrum*, in: Dahm/Delbrück/Wolfrum, Völkerrecht, Band I/1 § 23; *Seidl-Hohenveldern*, Völkerrecht, Rdnr. 2.

409 *Steinberger*, in: Hommelhoff/Kirchhof (Hrsg.), Staatenverbund, S. 25 (28); vgl. auch *Schäffer*, DÖV 1994, S. 181 (183).

410 *Steinberger*, VVDStRL 50 (1991), S. 9 (18), und S. 51/52 (Diskussionsbeitrag); zustimmend: *Ipsen*, in: HdB StR VII, § 181, Fußnote 35; vgl. auch *Randelzhofer*, in: HdB StR I, § 15, Rdnr. 10. – Auch an anderer Stelle im öffentlichen Recht bleibt die Gesamtverantwortung für eine Materie trotz Übertragung einzelner Hoheitsbefugnisse beim Delegierenden: Hier sind insbesondere die Kompetenzübertragungen an andere Ebenen innerhalb des Bundesstaates zu nennen; dies ist beispielsweise der Fall, wenn der verfassungsändernde Gesetzgeber (Art. 79 GG) die Kompetenzlinien zwischen Bund und Ländern (oder Gemeinden) ändert, indem den Ländern (oder den Kommunen) zusätzliche Befugnisse eingeräumt werden. In diesem Moment verliert der Bund die Kompetenz zur Ausübung dieser Rechte; er kann sie jedoch durch eine erneute Grundgesetzänderung (entsprechende Mehrheiten vorausgesetzt) wieder an sich ziehen. Die Tatsache, daß zur Verfassungsänderung gemäß Art. 79 Abs. 2 GG die 2/3-Mehrheit auch des Bundesrates erforderlich wäre, ändert diesen Befund nicht: Der Bundesrat ist, obwohl er aus Vertretern der Länder besteht, ein Organ des Bundes (siehe Stellung innerhalb des Grundgesetzes) und repräsentiert nicht die Länderparlamente, sondern stellt eine Exekutivkammer dar. Bei der Konstruktion der Beleihung im Verwaltungsrecht findet sich eine von der Grundstruktur her vergleichbare Aufteilung: Hier ermächtigt der Hoheitsträger ein Privatrechtssubjekt, öffentlich-rechtlich tätig zu werden, wodurch der Hoheitsträger selbst i.d.R. (abgesehen von Fällen des Selbsteintrittsrechts) seine (Einzel-) Befugnisse aufgeben wird. Dennoch wird es keinen Zweifel daran geben, daß die Letzt- und Gesamtverantwortung für die dem Verwaltungsträger gewaltunterworfenen Bürger weiterhin bei diesem liegt (vgl. §§ 13, 24 LVwG Schleswig-Holstein).

411 *Hilf*, in: Hommelhoff/Kirchhof (Hrsg.), Staatenverbund, S. 75 (80).

Unabhängigkeit im äußeren Bereich[412] nur haltbar, wenn man den Begriff qualitativ in den Souveränitätsstatus und die Souveränitätsausübung aufteilt[413]. Ein Staat bleibt demzufolge souverän, solange er das Letztentscheidungsrecht zur Übertragung und Ausübung von Hoheitsrechten innehat[414].

bb) Der Unionsvertrag und die Souveränität der Bundesrepublik Deutschland

Präzisiert man die äußere Variante des klassischen Souveränitätsbegriffs als Autonomie gegenüber anderen Staaten und internationalen Institutionen[415], läge ein Souveränitätsverlust der Bundesrepublik nach übereinstimmender Auffassung dann vor, wenn sie infolge des Unionsvertrages zu einem Gliedstaat eines europäischen Bundesstaates degradiert worden wäre[416]. Wie bereits dargestellt[417], hat die Europäische Union seit Maastricht zwar nach verbreiteter Ansicht den Charakter einer zwischenstaatlichen Einrichtung verloren, jedoch ist sie zumindest noch nicht zu einem europäischen Bundesstaat mutiert.

(1) Abhängigkeit eines Souveränitätsverlustes von der Gründung eines europäischen Bundesstaates?

Es läßt sich die Auffassung vertreten, daß gemeinschaftsvertraglich begründete Kompetenzübertragungen die staatliche Souveränität solange unangetastet lassen, bis es zu einem staatsrechtlichen Zusammenschluß auf der

412 *Isensee*, in: HdB StR I, § 13, Rdnr. 34.

413 Nach *Stern*, Staatsrecht I, § 15 II 2 (S. 520 ff.), tritt ein Verlust von Souveränitätsrechten nur ein, wenn und soweit die Gemeinschaft diese Rechte ohne bzw. gegen den Willen der Mitglieder auszuüben in der Lage ist.

414 Vgl. auch *Stern*, Staatsrecht I, § 15 II 2 (S. 520 ff.), der eine Modifizierung des klassischen Souveränitätsbegriffs für erforderlich erachtet; ihm zufolge sei die Souveränität solange gegeben, bis die Summe der einem Staat entzogenen Hoheitsbefugnisse aufgrund verteidigungsmäßiger, wirtschaftlicher und ideologischer Integration so groß ist, daß er zu einer Entscheidung über seine „Lage" allein nicht mehr imstande ist; zu der Frage, bis zu welchem Punkt im Rahmen des europäischen Integrationsprozesses lediglich eine Souveränitätsausübungsbeschränkung angenommen werden kann, siehe unten S. 170 ff.; vgl. auch *Penski*, ZRP 1994, S. 192, der zutreffend darauf hinweist, Souveränität dürfe nicht im Sinne eines nationalen Machtstaates verstanden werden, sondern unter den Vorbehalten eines kooperierenden und integrationsoffenen Verfassungsstaates.

415 Siehe oben S. 124 ff.

416 *Randelzhofer*, in: HdB StR I, § 15, Rdnr. 25.

417 Siehe oben S. 153 ff.

höheren Ebene gekommen ist[418]. Andere sehen eine Aufgabe der Souveränität erst dann, wenn die Bundesrepublik Deutschland die Europäische Union ermächtigen würde, selbständig die Allzuständigkeit einer verfassunggebenden Gewalt auszuüben, ohne dem deutschen Veto zu unterliegen[419]. Die Konstituierung eines europäischen pouvoir constituant würde der Union gleichzeitig zu einer eigenen Staatsgewalt verhelfen, so daß beide genannten Auffassungen inhaltlich dieselbe Grenze ziehen. Legt man dafür die Entstehung einer eigenen europäischen Verfassungsautonomie zugrunde, wäre für den Verlust der mitgliedstaatlichen Souveränität das Verfahren maßgeblich, mit dem die Europäische Union ihre eigene (Verfassungs-)Grundlage ändern kann: Solange die Änderung der Gemeinschaftsverträge der Zustimmung der Mitglieder – in Gestalt der innerstaatlichen Ratifizierung – bedarf, bleiben diese „Herren der Verträge", dagegen fehlt der Union selbst noch die eigene Verfassungsautonomie[420].

Es stellt sich jedoch die Frage, ob ein Souveränitätsverlust und damit ein Verstoß gegen die von Art. 79 Abs. 3 i. V. m. Art. 20 Abs. 1 und 2 GG abgesteckten Grenzen erst dann vorliegt, wenn sich der Staat in ein ebenfalls mit Staatsqualität ausgerüstetes Gemeinwesen auf höherer Ebene eingliedert oder ob die Kompetenzübertragungen bereits im Vorfeld dazu führen können, dem Staat die Souveränität abzusprechen. Anders ausgedrückt: Ist es zulässig, den souveränen Nationalstaat dem Gliedstaat eines europäischen Bundesstaates gegenüberzustellen und zu argumentieren, erst mit dem Umschlagen der Europäischen Union in einen Bundesstaat sei Deutschland als Gliedstaat dieses europäischen Bundesstaates kein souveräner Nationalstaat mehr[421]?

Allein der Eintritt in die dritte Stufe der Wirtschafts- und Währungsunion gemäß Art. 109j Abs. 4 EGV wird den Verlust eines Kernbereichs staatlicher Souveränität verursachen[422]. Erweist sich die für die Währungsunion unerläßliche Stabilitätspolitik ohne eine flankierende Wirtschaftsunion als nicht durchführbar und kommt es infolge einer dann auch politisch für notwendig erachteten Vergemeinschaftung der Wirtschaftspolitik zur faktischen Gründung

---

418 *Steinberger*, VVDStRL 50 (1991), S. 51 /52 (Aussprache).

419 *Mosler*, in: HdB StR VII, § 175, Rdnr. 79.

420 *Schilling*, AöR 116 (1991), S. 32 (50 – 64); näher zum Ganzen oben S. 149 ff.

421 Zu dieser Dichotomie *Murswiek*, Der Staat 1993, S. 161 (168).

422 *Stein*, VVDStRL 53 (1994), S. 26 (31); *Seidel*, EuR 1992, S. 125 (130); *Weber*, JZ 1994, S. 53 (60); *Oppermann*, in: Der Vertrag von Maastricht in der wissenschaftlichen Kontroverse, S. 103 (109); *Weber*, in: ebda., S. 121 (127); zweifelnd *Oppermann/Classen*, NJW 1993, S. 5 (9).

eines europäischen Bundesstaates, ist die Souveränität der Mitgliedstaaten vollends in Frage gestellt[423].

(2) Problem der schleichenden Erosion nationaler Souveränität

Berücksichtigt man, daß es aufgrund zwischenstaatlicher Verflechtungen jedweder Art eine völkerrechtliche Souveränität im Sinne völliger rechtlicher Bindungslosigkeit nicht mehr gibt, gilt für die Abgrenzung des souveränen Staates zum Gliedstaat folgendes: Ein Staat bleibt souverän, solange die Abgabe von Hoheitsbefugnissen kontrolliert erfolgt, d. h. solange es sich um eine vom souveränen Staat abgeleitete Hoheitsgewalt handelt. Werden hingegen die Organe der höheren Einheit – beispielsweise durch Schaffung einer europäischen Verfassung[424] – mit originären Kompetenzen wesentlicher Art ausgestattet, verliert das Mitglied seine Souveränität und wandelt sich zum Gliedstaat. Anders jedoch, wenn die weitere Integration zu „Schwebezonen" führt, in denen die Souveränitätsfrage nicht ohne Willkür und ohne starke Raffung und Etikettierung des Tatsächlichen beantwortet werden kann[425]. Bei einer – weiterhin wahrscheinlichen[426] – schrittweisen Übertragung von Hoheitsrechten mit gleichzeitigem Ausbau der eigenen Organe der Gemeinschaft in kleinen Stufen zu echten Vollorganen steht man vor dem Problem, ab wann dieser dynamische Prozeß von einem souveränen Staat zu einem Glied eines Bundesstaates führt. Auf den europäischen Integrationsprozeß angewendet stellt sich die Aufgabe, den Zeitpunkt zu definieren, in dem der quantitative Prozeß die Qualitätsschwelle des Art. 79 Abs. 3 GG überspringt[427].

(3) Methode zur Analyse eines drohenden nationalen Souveränitätsverlustes

Zur Beantwortung dieser Frage ergeben sich nun zwei Möglichkeiten: Man kann sich – im Sinne einer quantifizierenden Betrachtungsweise – darauf beschränken, anläßlich jeden Integrationsschrittes jeweils die Feststellung zu treffen, ob dies noch im Rahmen der dem verfassungsändernden Gesetzgeber erteil-

423 Näher zu dieser Problematik oben S. 142 ff.

424 *Lerche*, in: Festschrift für Konrad Redeker, S. 131 (141).

425 *Lerche*, in: Festschrift für Konrad Redeker, S. 131 (141).

426 Die Entstehung eines Bundesstaates „aus der Retorte des Verfassunggebers" wäre zu sehr an den – nicht verallgemeinerbaren – Erfahrungen Deutschlands nach dem Zweiten Weltkrieg orientiert, vgl. *Lerche*, in: Festschrift für Konrad Redeker, S. 131 (141).

427 *Murswiek*, Der Staat 1993, S. 161 (168 – 170).

ten Erlaubnis liegt[428]. Diese Vorgehensweise birgt die Gefahr in sich, den jeweils vorletzten Integrationsstand vor Augen zu haben und die jeweiligen zusätzlich übertragenen Kompetenzen, die im Vergleich zum Gesamtbestand verhältnismäßig gering erscheinen mögen, als nicht ausreichend zu bewerten, um den Rubikon des Art. 79 Abs. 3 GG zu überqueren[429]. Sie bietet auch keine hinreichende Handhabe dagegen, daß die Summe punktueller Eingriffe durch Schwächung der Landesgewalt in Zukunft zu qualitativen Veränderungen der Bundesstaatlichkeit führt[430]. Erfolgt die europäische Integration wie bisher in einem auf Dauer angelegten Prozeß, wird man zu einem gegebenen, noch nicht feststehenden Zeitpunkt feststellen müssen, daß die Verfassung der Bundesrepublik zur Verfassung eines Gliedstaates degradiert worden ist[431].

Die andere Lösung bestünde darin, die Befugnis des pouvoir constitué schon zu einem Zeitpunkt zu limitieren, in dem der Weg zu einer Integration, die im Endzustand einen Souveränitätsverlust für den Mitgliedstaat bedeuten würde, vorgezeichnet ist. Damit könnte einer Situation vorgebeugt werden, die Qualitätsschwelle irgendwann überschritten und dabei den – grundsätzlich nicht nachholbaren – Akt der verfassunggebenden Gewalt vereitelt zu haben[432]. Dieser Weg wird von einer im Schrifttum vertretenen Ansicht beschritten: Die Einräumung von Integrationsgewalt in Art. 23 Abs. 1 GG könne auch dann verfassungswidrig sein, wenn infolge des Unionsvertrages noch kein Bundesstaat im Sinne der klassischen Staatsformenlehre begründet worden ist[433]. Auszugehen sei dabei von der Erkenntnis, daß die Einräumung von Integrationsgewalt durch die verfassungsstaatlichen Grundentscheidungen des Art. 20 GG, die den Schutz des Art. 79 Abs. 3 GG genießen, begrenzt werde. Hierzu gehörten die Prinzipien der souveränen Staatlichkeit der Bundesrepublik Deutschland (aus Art. 20 Abs. 1 GG) sowie der Volkssouveränität (aus Art. 20 Abs. 2 Satz 1

---

428 So *Birke*, Die deutschen Bundesländer in den Europäischen Gemeinschaften, S. 101; *Schwan*, Die Deutschen Bundesländer im Entscheidungssystem der Europäischen Gemeinschaften, S. 86/87; *Bleckmann*, RIW 1978, S. 144 (145); *Stern*, Staatsrecht I, § 15 II 2 (S. 520 ff.).

429 Kritisch zu dieser „Salamitaktik“: *Murswiek*, Der Staat 1993, S. 161 (173): „Das Abschneiden einer einzelnen Scheibe verändert die Verfassung nicht so sehr, daß eine verfassunggebende Entscheidung geboten erscheint.“

430 *Schröder*, JöR 35 (1986), S. 83 (91).

431 *Koenig*, DVBl. 1993, S. 140 (147).

432 *Koenig*, DVBl. 1993, S. 140 (147).

433 *Murswiek*, Der Staat 1993, S. 161 (168 ff.).

GG)[434]. Art. 79 Abs. 3 GG markiere die verfassunggebende Grundentscheidung des pouvoir constituant und gebe damit den Rahmen vor, innerhalb dessen der pouvoir constitué – im Einklang mit der Verfassung – die Politik gestalten könne[435].

Die besondere Schwierigkeit, die Grenze der verfassungsändernden Kompetenz herauszuarbeiten, liege in der Eigenheit dynamischer Integrationsprozesse begründet: Fundamentale Veränderungen könnten sich hier auch schleichend, durch evolutionäre Fortentwicklung unter – vorübergehender – Beibehaltung der identitätsbestimmenden Merkmale vollziehen[436]. Während bei einer plötzlichen Errichtung eines europäischen Bundesstaates nach einhelliger Ansicht die verfassunggebende Gewalt, das Volk, zu beteiligen wäre, werde dies bei einer schrittweisen Überführung regelmäßig anders beurteilt. Deshalb sei die These, der pouvoir constituant sei erst gefragt, wenn die bundesrepublikanische Souveränität vollständig aufgegeben und in einen europäischen Bundesstaat eingebracht werde, nur unter der Annahme haltbar, daß dieser Schritt uno actu erfolgte[437]. Diese Schwelle werde erreicht, wenn die Entwicklung zu einem stufenweisen Aufbau eines europäischen Staatswesens die Ausübung des Selbstbestimmungsrechts des Volkes in bezug auf seinen politischen Status präjudizieren würde. Dies wäre wiederum dann der Fall, wenn der infolge des Maastrichter Vertrages vorgenommene Integrationsschritt für das Volk endgültig wäre, d. h. der „point of no return" auf dem Weg zum europäischen Bundesstaat überschritten wäre[438].

Im Folgenden ist daher zu beleuchten, inwieweit der „point of no return" infolge des Maastrichter Vertrages erreicht bzw. überschritten ist. Teilt man die Souveränität – wie oben vorgeschlagen[439] – nach Qualitätsmerkmalen in das Innehaben von Souveränität und der Ausübung derselben auf, stellt man fest,

---

434 *Schilling*, AöR 116 (1991), S. 32 (54/55). Die Souveränität muß schon deshalb vor Veränderungen geschützt werden, weil sie eine Voraussetzung der Verfaßbarkeit des Staates darstellt, vgl. *Kirchhof*, in: HdB StR I, § 19, Rdnr. 53.

435 *Murswiek*, Der Staat 1993, S. 161 (171).

436 *Sommermann*, DÖV 1994, S. 596 (599), vergleicht die Situation mit dem „Parodoxon von Archimedes und der Schildkröte": Während einerseits immer noch weitere kleine Integrationsschritte im Rahmen der Union denkbar seien, sei andererseits die Unausweichlichkeit einer Grenzüberschreitung bei fortschreitender Integration gewiß; vgl. auch *Murswiek*, Der Staat 1993, S. 161 (172/173).

437 *Murswiek*, Der Staat 1993, S. 161 (173).

438 *Murswiek*, Der Staat 1993, S. 161 (174/175).

439 Siehe oben S. 166 ff.

daß die gemeinschaftsvertragliche Bindung bei den einzelnen Mitgliedern lediglich zu einer Ausübungsbeschränkung führt, ohne den Souveränitätsstatus selbst in Frage zu stellen. Eine Überschreitung des „point of no return" wäre demnach dann anzunehmen, wenn die Bundesrepublik als Mitgliedstaat der Europäischen Union den Souveränitätsstatus verloren hätte.

(4) Die Sezessionsfrage

Fraglich ist, ob die Mitgliedstaaten der Europäischen Union weiterhin den Souveränitätsstatus innehaben. Dies wäre dann der Fall, wenn sie zwar nicht über die Kompetenzwahrnehmung im Einzelnen zu entscheiden in der Lage wären, jedoch die Befugnis zur Ausübung jederzeit zumindest vollständig entziehen könnten. Da der einzelne Mitgliedstaat - aus Gründen der Gleichbehandlung innerhalb der Gemeinschaft - nicht ohne weiteres erfolgte Hoheitsübertragungen wieder stornieren kann, kommt - zumindest faktisch - als probates Mittel nur die Möglichkeit eines Verlassens der Union in Betracht.

Weil die Gemeinschaftsverträge ein einseitiges Austrittsrecht nicht vorsehen[440], kommen lediglich die Möglichkeiten in Betracht, die Gemeinschaftsverträge mit Hilfe der anderen Mitgliedstaaten zu ändern, um die Bindung aufzuheben bzw. zu reduzieren, oder die Europäische Union vertragswidrig zu verlassen. Sollte sich herausstellen, daß die Bundesrepublik die Gemeinschaft nur mit Hilfe der Partnerstaaten wieder verlassen könnte, ist noch gesondert zu prüfen, ob dies als Beweis für den fortbestehenden Souveränitätsstatus ausreichend ist.

---

440 *Schweitzer/Hummer*, Europarecht, 3. Aufl., 1990, § 4 A III (S. 176), m. w. N.: Die dort genannte Anwendung der clausula rebus sic stantibus zugunsten Deutschlands für den Fall der Wiedervereinigung dürfte inzwischen „verbraucht" sein, so daß es auch nach deren Ansicht kein gemeinschaftsrechtskonformes einseitiges Austrittsrecht gibt. - Zu erwähnen ist in diesem Zusammenhang noch das Verhalten Frankreichs im Jahre 1965: Ohne aus den Europäischen Gemeinschaften auszuscheiden, wurde durch die „Politik des leeren Stuhls" im Ministerrat die Einführung des Mehrheitsprinzips im Rat verhindert; vgl. *Mosler*, in: HdB StR VII, § 175, Fußn. 74; *Doehring*, in: Festgabe für Ernst Forsthoff, S. 105 (122).

(a) Aufhebung bzw. Änderung der Gemeinschaftsverträge

(aa) Problemaufriß und Meinungsspektrum

Es ist zunächst zu untersuchen, ob der einzelne Mitgliedstaat in der Lage ist, die Europäische Union mit Hilfe der anderen Mitgliedstaaten zu verlassen bzw. die Union insgesamt aufzuheben. Die Frage, ob die Mitgliedstaaten „Herren der Verträge“ in dem Sinne geblieben sind, daß sie durch ein Vertragsänderungsverfahren nach Art. N EUV[441] – ohne Mitwirkung von Gemeinschaftsorganen – die Bindung aufzuheben oder substantiell zurückzubilden in der Lage sind, ist – da es das Grundverständnis der Gemeinschaft bzw. der Union berührt – im europarechtlichen Schrifttum sehr umstritten[442].

Einige gehen von dem völkerrechtlichen Grundsatz aus, wonach jeder Vertrag durch einen späteren formlosen Vertrag zwischen allen Mitgliedstaaten geändert oder aufgehoben werden kann. Für diese Auffassung von der uneingeschränkten Vertragsänderungs- und -aufhebungsgewalt hat sich neben anderen[443] auch *Steinberger*[444] ausgeprochen, der auf das Fehlen eines Satzes des allgemeinen Völkerrechts abstellt, der es den Staaten verbiete, ihre Verträge durch einen actus contrarius ganz oder ein bislang vertraglich normiertes Änderungsverfahren auch ohne Beachtung dieses (bisherigen) Änderungsverfahrens aufzuheben oder zu ändern[445].

---

441 Vormals: Art. 236 EWGV, der ein im wesentlichen gleiches Verfahren vorsah.

442 Zum Folgenden vgl. *Bleckmann*, Europarecht, § 13.7.

443 *Bleckmann*, Europarecht, § 13.7; z. B. *Schweitzer/Hummer*, Europarecht, § 4 A I, III (S. 171, 176), rechnen der „Herrschaft“ der Mitgliedstaaten das Recht zu, im Rahmen der allgemeinen Vertragsänderungsbefugnis mit Zustimmung aller übrigen Mitgliedstaaten aus der Gemeinschaft auszutreten; ebenso *Blanke*, DÖV 1993, S. 412 (420/421); vgl. auch: *Randelzhofer*, in: HdB StR I, § 15, Rdnr. 34; *Mosler*, in: HdB StR VII, § 175, Rdnr. 51; *Ehlermann*, EuR 1984, S. 113 (124). Nach *Scholz*, NVwZ 1993, S. 817 (818), sollen Art. 240 EGV sowie Art. Q EUV nur das Austrittsrecht einzelner Mitgliedstaaten verhindern; vgl. *Tomuschat*, EuGRZ 1993, S. 489 (495), unter Berufung auf Art. 39, 40 der Wiener Vertragsrechtskonvention.

444 In: VVDStRL 50 (1991), S. 10 (16/17, Fn. 21); vgl. auch *Kirchhof*, EuR 1991, Beiheft 1, S. 14.

445 Vgl auch *Klein*, ebda., S. 56 (58/59); *Krüger*, Allgemeine Staatslehre, S. 848 ff., 767.

Andere Stimmen schlossen sich hingegen der Rechtsprechung des EuGH[446] an, wonach Entscheidungen der Mitgliedstaaten außerhalb des in Art. 236 EWGV a. F. vorgesehenen Verfahrens den Vertrag nicht ändern könnten. Diese restriktiven Auffassungen gehen dabei von folgenden Grundkonstruktionen aus:

Ein Teil der Literatur geht von einer *Selbstbindung des Staates* an das – selbst gesetzte – nationale Recht und an das Völkerrecht aus und kommt dabei zum Ergebnis, daß die Gemeinschaftsverträge nur unter Mitwirkung der Gemeinschaftsorgane nach Art. N EUV bzw. Art. 236 EWGV a.F. abänderbar sind[447]. Die Konstruktion kann mit den Grundsätzen des Vertrages zu Lasten Dritter untermauert werden: Wenn die Mitglieder durch Vertrag dem einzelnen und den Gemeinschaftsorganen subjektive Rechte eingeräumt haben, dürfen sie das Abkommen nur noch mit Zustimmung des Dritten ändern oder aufheben. Nach dieser Auffassung können die Staaten, die nach dem Souveränitätskonzept des Völkerrechts zwar grundsätzlich die Verfügungsgewalt über die internationalen Organisationen und die Individuen ausüben, diese innerhalb der Europäischen Union aufgrund der erfolgten Selbstbindung nicht mehr wahrnehmen[448]. Diese Auffassung ist mit einer fortbestehenden Souveränität der Mitgliedstaaten von vornherein unvereinbar: Souveränität setzt eine umfassende Vertragsschließungsmacht voraus, eine Selbstbindung läßt die Souveränität selbst entfallen.

Eine weitere Lösung interpretiert die Gemeinschaftsverträge als *europäische Verfassung*, über die die einzelnen Staaten die Verfügungsgewalt verloren hätten; aus diesem Grunde könne die Verfassung nur noch mit Zustimmung des Volkes geändert werden[449]. Dies setzte jedoch voraus, daß auf europäischer Ebene das Demokratieprinzip eingeführt würde, wonach alle Staatsgewalt von einem einheitlichen europäischen Staatsvolk ausginge. Solange sich nicht auf Gemeinschaftsebene ein eigener pouvoir constituant entwickelt hat, der die „Nabelschnur der völkerrechtlichen Gründungsverträge" abtrennt, haben die

446 EuGH – Staatsanwaltschaft / Manghera, 59 / 75 – Slg. 1976, 91 ff. (102), und EuGH – Defrenne / Sabena, 43 / 75 – Slg. 1976, 455 ff. (478); vgl. auch *von Arnim*, in: v. d. Groeben / Thiesing / Ehlermann, Kommentar zum EWG-Vertrag, 3. Aufl., Art. 236, Rdnr. 5 ff.

447 Diese Auffassung wird beispielsweise von *Ipsen*, Europäisches Gemeinschaftsrecht, § 4, Rdnr. 25 ff. (S. 100 ff.), und von *Hilf*, in: Hommelhoff / Kirchhof (Hrsg.), Staatenverbund, S. 75 (78 / 79), vertreten.

448 *Bleckmann*, Europarecht, § 13.7.

449 Insbesondere *Everling*, DVBl. 1993, S. 936 (942), und in der Festschrift für Hermann Mosler, S. 173 (188 ff.), sowie in EuR 1990, S. 195 (197, 222 ff.), hält die Befugnis zur Vertragsaufhebung durch einen gegenläufigen Akt der Mitgliedstaaten für unzulässig; skeptisch aus praktischer Sicht auch *Wolf*, JZ 1993, S. 594 (596 / 597).

Mitgliedstaaten ihre Dispositionsbefugnis nicht eingebüßt[450]. Die Unumkehrbarkeit der Integration wird teilweise auch aus der von der Politik erstrebten Verknüpfung zwischen einer politischen Union und einer Währungsunion sowie aus Äußerungen des Bundeskanzlers *Kohl*[451] im Deutschen Bundestag und ergänzend aus der Verpflichtung aus Art. A des Unionsvertrages („Verwirklichung einer immer engeren Union der Völker Europas") entnommen[452].

Schließt man sich der Lehre von der uneingeschränkten Vertragsänderungs- und -aufhebungsgewalt an, wäre darüber hinaus noch die Frage zu klären, ob die Möglichkeit der einverständlichen Auflösung der Gemeinschaft geeignet ist, den fortbestehenden Souveränitätsstatus der Bundesrepublik Deutschland zu beweisen. Diese Frage soll sogleich unter Heranziehung der Rechtsprechung des *Bundesverfassungsgerichts*, insbesondere der Entscheidung zum Unionsvertrag[453], erörtert werden.

(bb) Geeignetheit zum Beweis fortbestehener Souveränität – unter Berücksichtigung der Rechtsprechung des *Bundesverfassungsgerichts* zur Souveränitätsfrage

Das *Bundesverfassungsgericht* begründet die weiterbestehende Souveränität der Bundesrepublik mit der Möglichkeit, daß die Mitgliedstaaten die eingegangenen Bindungen durch einen actus contrarius auch wieder aus der Welt schaffen könnten[454].

Das Gericht hat diese Problematik im „Maastricht-Urteil" vom 12. Oktober 1993 aus der Perspektive des Art. 38 GG, dessen Verletzung der Beschwerde-

---

450 *Tomuschat*, EuGRZ 1993, S. 489 (495); auch *Everling*, DVBl. 1993, S. 936 (942), stellt auf die Etablierung eines europäischen pouvoir constituant ab, was mit seiner genannten Auffassung vom Verlust der mitgliedstaatlichen Dispositionsbefugnis nur so in Einklang zu bringen ist, daß er ein gemeinsames Auflösungs- bzw. Zurückbildungsrecht bis zur Bildung einer europäischen Verfassungsgewalt vollständig ausschließt.

451 Nachweise bei *Murswiek*, Der Staat 1993, S. 161 (184), Fn. 53, 54.

452 *Murswiek*, Der Staat 1993, S. 161 (183/184).

453 BVerfGE 89, 155.

454 BVerfGE 89, 155 (190); vgl. hierzu auch die umfangreiche Erläuterung des Bundesverfassungsrichters *Kirchhof*, in: Hommelhoff/Kirchhof (Hrsg.), Staatenverbund, S. 11 ff.

führer ausschließlich rügen konnte[455], aufgegriffen[456]. In der Begründetheitsprüfung hat das Gericht dargelegt, daß die Gründung der Europäischen Union mit dem Zweck erfolgte, einen Teil der mitgliedstaatlichen Aufgaben gemeinsam wahrzunehmen und insoweit die Souveränität gemeinsam auszuüben[457]. Nachdem das *Bundesverfassungsgericht* alle mit dem Unionsvertrag verbundenen Kompetenzübertragungen ausgewertet hatte, konnte es feststellen, daß auch dieser Vertrag (weiterhin) dem Prinzip der begrenzten Einzelermächtigung folge[458], ein Tätigwerden der Union folglich ausschließlich auf der Grundlage ausdrücklicher vertraglicher Ermächtigung erlaubt sei[459]. Darüber

---

455 Zu diesem Problem der Beschwerdebefugnis vgl. die Rezensionen von *Götz*, JZ 1993, S. 1081 ff., *König*, ZaöRV 54 (1994), S. 17 (26 ff.), und *Hobe*, GYIL 37 (1994), S. 113 (118).

456 BVerfGE 89, 155 ff.; der hier entscheidende Zweite Senat des Gerichts hat dazu ausgeführt, die Verfassungsnorm gewährleiste den wahlberechtigten Deutschen das Recht, an der Wahl des Bundestages teilzunehmen und dadurch an der Legitimation der Staatsgewalt durch das Volk auf Bundesebene mitzuwirken und auf ihre Ausübung Einfluß zu nehmen (S. 171 / 172); dieses Recht des Beschwerdeführers könne verletzt sein, wenn die Wahrnehmung der Kompetenzen des Bundestages so weitgehend auf ein von den Regierungen gebildetes Organ der Europäischen Union übergeht, daß die nach Art. 20 Abs. 1 und 2 i. V. m. Art. 79 Abs. 3 GG unverzichtbaren Mindestanforderungen demokratischer Legitimation der dem Bürger gegenübertretenden Hoheitsgewalt nicht mehr erfüllt werden (S. 165 ff.). Der Zweite Senat hat in diesem Fall – abweichend zur Spruchpraxis des Ersten Senats – ausgeführt, die Prüfung der Begründetheit nur im Rahmen der Zulässigkeit, also unter dem Gesichtspunkt des Art. 38 GG, vornehmen zu dürfen; im weiteren Verlauf seiner Überlegungen hat der Senat allerdings nicht unerheblich über den Prüfungsmaßstab des Art. 38 GG hinausgegriffen; vgl. *Steinberger*, in: Hommelhoff / Kirchhof (Hrsg.), Staatenverbund, S. 25 (27); vgl. hierzu auch die Kritik von *Kahl*, Der Staat 1994, S. 241 (245 ff.).

457 Es bestätigte dabei die Auffassung der im Europäischen Rat vereinigten Staats- und Regierungschefs, daß im Rahmen des Vertrages über die Europäische Union unabhängige und souveräne Staaten aus freiem Anlaß beschlossen haben, im Einklang mit den bestehenden Verträgen einige ihrer Befugnisse gemeinsam auszuüben; BVerfGE 89, 155 (189).

458 BVerfGE 89, 155 (209), unter Hinweis auf *Ipsen*, Europäisches Gemeinschaftsrecht, S. 559: „Nach diesem Grundsatz kann zwar eine einzelne Bestimmung, die Aufgaben oder Befugnisse zuweist, mit Blick auf die Vertragsziele ausgelegt werden; das Vertragsziel selbst genügt jedoch nicht, um Aufgaben und Befugnisse zu begründen oder zu erweitern". Das Gericht hat sich vorbehalten, die Einhaltung dieses Prinzips zu überwachen; kritisch dazu *Steinberger*, in: Hommelhoff / Kirchhof (Hrsg.), Staatenverbund, S. 25 (31).

459 Das *Bundesverfassungsgericht* (BVerfGE 89, 155 [194 ff.]) stützt diese Einschätzung darauf, daß Art. F Abs. 3 EUV entgegen der Ansicht des Beschwerdeführers keine Kompetenz-Kompetenz begründe, der Vertrag im übrigen der Union nicht die eigenmächtige →

hinaus seien der Rechtsfortbildung innerhalb der Verträge auf der Grundlage des Art. 235 EGV enge Grenzen gesetzt[460], bei deren Überschreitung die Bindungswirkung für Deutschland entfallen würde[461]. Damit sei der Mitgliedstaat Bundesrepublik Deutschland – als geschlossene völkerrechtliche Einheit[462] – weiterhin einer der „Herren der Verträge"[463].

Als weiteres Indiz für die weiterbestehende volle Souveränität sei es zu werten, daß – obwohl der Unionsvertrag auf unbestimmte Zeit geschlossen worden ist[464] – die Zugehörigkeit letztlich durch einen actus contrarius der Mitgliedstaaten als „Herren der Verträge" wieder aufgehoben werden könnte[465]. Das Gericht zieht daraus den Schluß, daß der Unionsvertrag – dokumentiert in

---

Beschaffung der Finanz- oder sonstigen Handlungsmittel gestatte und schließlich das Subsidiaritätsprinzip als Kompetenzausübungsbegrenzung geeignet sei, so daß dem *Bundestag* noch hinreichende Aufgaben und Befugnisse von substantiellem politischem Gewicht verblieben. – Damit hat das Gericht die Einschätzung aus seiner Rechtsprechung zu den Gemeinschaftsverträgen beibehalten; BVerfGE 75, 223 (242). Zustimmend *Schweitzer*, VVDStRL 53 (1994), S. 48 (49), m. w. N., der die Zuständigkeitsvermutung zugunsten der Mitgliedstaaten mit der Regelung des Art. 70 GG im Verhältnis zu den Ländern vergleicht. A. A. *Scholz*, NVwZ 1993, S. 817, der aufgrund der Kompetenzzuwächse „in umfassenden Zuständigkeitsbereichen" ein faktisches Hineinwachsen in die „Struktur einer Generalermächtigung" erkennt.

460 Das Gericht kritisiert die bisherige großzügige Handhabung des Art. 235 EGV im Sinne einer Vertragsabrundungskompetenz, die sich auf den Gedanken der inhärenten Zuständigkeiten der Europäischen Gemeinschaften (implied powers) und eine Vertragsauslegung im Sinne einer größtmöglichen Ausschöpfung der Gemeinschaftsbefugnisse (effet utile) gestützt hat. Indem einerseits der Maastrichter Vertrag die Möglichkeit zur Vertragsänderung (Art. N EUV) vorsehe und andererseits der Grundsatz der begrenzten Einzelermächtigung im Gemeinschaftsrecht bestimmend sei, werde deutlich, daß die Auslegung der Befugnisnormen nicht einer faktischen Vertragserweiterung gleichkommen dürfe (E 89, 155 [109/210]). A. A.: *Schweitzer*, VVDStRL 53 (1994), S. 48 (50 ff.), der die „evidente" Gefahr des Mißbrauchs als „Kompetenzselbstbedienungsladen" sieht; ebenso *Haas*, DÖV 1988, S. 613 (615): „ungeahnte Entfaltungsmöglichkeiten".

461 BVerfGE 89, 155 (210).

462 *Blanke*, DÖV 1993, S. 412 (419).

463 BVerfG, EuGRZ 1993, S. 429 (439); ebenso *Blanke*, DÖV 1993, S. 412 (419); *Klein*, VVDStRL 50 (1991), S. 56 (59); *Streinz*, Bundesverfassungsgerichtlicher Grundrechtsschutz und Europäisches Gemeinschaftsrecht, S. 125 ff.

464 Art. Q EUV.

465 Die Problematik bezüglich eines etwaigen Austrittsrechtes aus der Europäischen Union ist oben auf S. 173 ff. behandelt worden.

Art. F Abs. 1 EUV – die Unabhängigkeit und Souveränität der Mitgliedstaaten unberührt läßt.[466]

Die fortbestehende volle Souveränität der Mitgliedstaaten folge nach Ansicht des Gerichts ferner daraus, daß sich die Gemeinschaftsgewalt ausschließlich von den Mitgliedstaaten ableite[467] und speziell im deutschen Hoheitsbereich nur kraft des deutschen Rechtsanwendungsbefehls verbindlich wirken könne[468]. Würde der Bundestag seine Zustimmung nicht weiter aufrechterhalten, bliebe das Europarecht im europäischen Rechtskreis zwar verbindlich; diese Verbindlichkeit würde Deutschland jedoch nicht erreichen, weil die Brücke des Zustimmungsgesetzes das Einbringen des Europarechts in den deutschen Hoheitsbereich nicht mehr tragen würde[469]. Die Bundesrepublik sei mithin nicht zu einem Gliedstaat des „Bundesstaates Europa" degeneriert, sondern nach wie vor Mitglied in einem Staatenbund im Sinne einer Gemeinschaft souveräner Staaten[470]. Dieser Befund wird überdies durch die Tatsache bestätigt, daß im Europäischen Rat – als zentralem Entscheidungsorgan der Europäischen Union mit Vertragsänderungsgewalt (Art. N EUV) – ausschließlich (Regierungs-) Vertreter der Mitgliedstaaten mitwirken[471].

---

466 BVerfGE 89, 155 (189/190); vor der Entscheidung des *Bundesverfassungsgerichts* hat z. B. *Everling*, DVBl. 1993, S. 936 (942), die Souveränität Deutschlands als fortbestehend erachtet und dabei herausgearbeitet, daß auch nach Maastricht „die letzte Verantwortung für die Existenz ihres Staatswesens und ihrer Völker nach innen und außen ... besonders aus der Sicht der Bürger weiter bei ihnen (Anm.: den Mitgliedstaaten) liegen" dürfte; ebenso *Klein*, VVDStRL 50 (1991), S. 56 (59): „Die Europäische Gemeinschaft setzt nicht den Untergang der Nationalstaaten voraus, sondern ist geradezu zum Phänotypus eines Verbandes offener Nationalstaaten geworden."

467 Genauer ausgedrückt bezieht die Gemeinschaft ihre Legitimation aus den Völkern der Mitgliedstaaten (vgl. z. B. Art. 20 Abs. 2 Satz 1 GG), der ihr durch die europäischen Organe vermittelt wird, vgl. *Klein*, VVDStRL 50 (1991), S. 56 (59).

468 Zur Problematik, ob auch die Gemeinschaftsbindung ingesamt durch die Aufhebung der Zustimmungsgesetze beseitigt werden könnte, unten S. 185 ff.

469 *Kirchhof*, in: Hommelhoff/Kirchhof (Hrsg.), Staatenverbund, S. 11 (17); vgl. dazu die Rezension von *Koenig/Pechstein*, Die Europäische Union – Der Vertrag von Maastricht, S. 29.

470 *BVerfG*, EuGRZ 1993, S. 429 (439/440); *Götz*, JZ 1993, S. 1081 (1082), stimmt diesem Gedankengang in seinem Besprechungsaufsatz zu dem Urteil ausdrücklich zu.

471 *Everling*, DVBl. 1993, S. 936 (942), weist in diesem Zusammenhang darauf hin, daß der Aktionsspielraum des einzelnen Mitgliedstaates durch das nahezu allgemein geltende Mehrheitsprinzip und die – wachsenden – Rechte des Europäischen Parlaments begrenzt wird.

Das *Bundesverfassungsgericht* hat die Feststellung, die Mitgliedschaft durch einen gegenläufigen Akt wieder beenden zu können, bewußt im Plural gehalten[472] und damit die hier entscheidende Frage, ob dies für den fortbestehenden Souveränitätsstatus ausreichend ist, offen gelassen. Stattdessen hat es im Anschluß an diese Überlegung die These aufgestellt, daß Geltung und Anwendung des Europarechts in Deutschland von dem Rechtsanwendungsbefehl des Zustimmungsgesetzes abhänge. Dieser Aspekt ist ggf. geeignet, ein faktisches einseitiges Austrittsrecht der Bundesrepublik zu begründen und soll daher in diesem Kontext behandelt werden[473].

Ausgehend von der Prämisse, daß der Souveränitätsstatus zum Erhalt der Souveränität insgesamt zwingend beim Mitgliedstaat verblieben sein muß, kann der Aussage des *Bundesverfassungsgerichts*, die Möglichkeit gemeinsamer Aufhebung bzw. Rückbildung reiche aus, nicht gefolgt werden. In diesem Fall wäre nämlich zu resümieren, daß der Mitgliedstaat Bundesrepublik die Ausübung auf die Europäische Union übertragen hat und den Status, also die Entscheidungsmacht darüber, ob, wie lange und in welchem Umfang die Hoheitsrechte von den Gemeinschaftsorganen ausgeübt werden können, mit den anderen Mitgliedern teilen muß. In Verfolg dieses Gedankenganges wäre zwar in letzter Konsequenz die Unabhängigkeit von der Union bewiesen, nicht aber die von den anderen Mitgliedstaaten, so daß der Souveränitätsstatus der Bundesrepublik eher zu verneinen wäre.

(c) Einseitiges Austrittsrecht

Nachdem festgestellt werden konnte, daß die Möglichkeit, die Union mit Hilfe anderer Mitgliedstaaten wieder zu verlassen, als Beweis für den fortbestehenden Souveränitätsstatus nicht ausreichend ist, stellt sich noch die Frage, ob auf der Grundlage der Gemeinschaftsverträge eine Sezession möglich wäre oder ob diese einen faktischen Austritt verhindern könnten.

---

472 *Hailbronner*, GYIL 37 (1994), S. 93 (102/103); *König*, ZaöRV 54 (1994), S. 17 (34), mit dem Hinweis, daß eine Aufhebung durch einen gemeinsamen actus contrarius den – hier Anwendung findenden – allgemeinen Regeln des Völkerrechts, wie sie auch in die Wiener Vertragsrechtskonvention Eingang gefunden haben, entspricht; siehe auch *Schwarze*, NJ 1994, S. 1 (4), der kritisch anmerkt, dem „recht naiven Hinweis auf ein Auflösungsrecht der Mitgliedstaaten" fehle der Bezug zur heutigen Gemeinschaftsrealität, da eine Auflösung zur Aufgabe aller mit der Gemeinschaft verbundener Vorteile zwänge; kritisch dazu auch *Tomuschat*, EuGRZ 1993, S. 489 (494/495).

473 Siehe unten S. 180 ff.

Eindeutig wäre die Frage nach dem fortbestehenden Souveränitätsstatus der Mitgliedstaaten zu beantworten, wenn jedem einzelnen von ihnen ein selbständiges Austrittsrecht zustünde. Die Gemeinschaftsverträge selbst sehen ein Sezessionsrecht einzelner Mitgliedstaaten nicht vor[474]. Die Gemeinschaftsverträge beinhalten lediglich präventive Schutz- und Notstandsklauseln, um eine etwaige Auslösung eines einzelnen Mitgliedstaates möglichst zu vermeiden, können jedoch einem faktischen Austritt oder einer Kündigung, wie sie im Fall Großbritanniens in Betracht gezogen worden sind, letztlich nichts entgegensetzen[475]. Art. 56 des Wiener Übereinkommens über das Recht der Verträge (WVÜ) aus dem Jahre 1969 bestimmt, daß ein unbefristeter Vertrag nur dann der Kündigung oder dem Rücktritt unterliegt, wenn sich dies aus dem Willen der Vertragsparteien oder der Natur des Vertrags herleiten läßt[476]. Eine einseitige Beendigung unter den Voraussetzungen der clausula rebus sic stantibus gemäß Art. 62 der Wiener Vertragskonvention setzte „eine grundlegende Änderung der beim Vertragsschluß gegebenen, von den Vertragsparteien nicht vorausgesehenen Umstände“ voraus[477].

Reicht jedoch ein derartiges faktisches Austrittsrecht aus, um die Frage nach dem Souveränitätsstatus positiv zu beantworten? Die Tatsache, daß die Europäische Union einen Austritt tatsächlich wohl nicht verhindern könnte, darf nicht darüber hinwegtäuschen, daß dies nur unter Verletzung völkerrechtlicher Verpflichtungen[478] möglich wäre[479]. Die Gemeinschaftsverträge als völkerrechtliche Verträge genießen Vorrang vor dem nationalen Recht, sind also aufgrund des deutschen Rechtsanwendungsbefehls Bestandteil der innerstaatlich geltenden Rechtsordnung[480]. Auch durch eine – nachträgliche – Änderung der verfassungsrechtlichen Integrationsermächtigung (Art. 23 Abs. 1 bzw. 24

---

474 *Ress*, VVDStRL 53 (1994), S. 123/124 (Aussprache); *Schilling*, AöR 116 (1991), S. 32 (44); *Ehlermann*, EuR 1984, S. 113 (124).

475 *Schweitzer/Hummer*, Europarecht, § 4 A III (S. 176); vgl. auch: *Randelzhofer*, in: HdB StR I, § 15, Rdnr. 34; *Mosler*, in: HdB StR VII, § 175, Rdnr. 51.

476 BGBl. 1985 II, S. 926.

477 Vgl. *Mosler*, in: HdB StR VII, § 175, Rdnr. 50; *Randelzhofer*, in: HdB StR I, § 15, Rdnr. 34; *Ehlermann*, EuR 1984, S. 113 (124), hält die Berufung auf die clausula rebus sic stantibus für unzulässig.

478 Vgl. *Zippelius*, Allgemeine Staatslehre, § 10 II 3 (S. 67).

479 *Schilling*, AöR 116 (1991), S. 32 (44), der ein einseitiges Austrittsrecht damit begründet, daß weder den Mitgliedstaaten noch der „Obereinheit" die Kompetenz-Kompetenz zustehe (ebda., S. 39/40).

480 *Oppermann*, Europarecht, Rdnr. 523 ff.; *Kirchhof*, JZ 1989, S. 453 (453 ff.); BVerfGE 73, 339 (375); 82, 159 (193).

Abs. 1 GG) würde die völkerrechtlichen Bindungen der Bundesrepublik nicht beseitigen können[481]. Die Bundesrepublik Deutschland hat folglich die vertragliche Bindung der Mitgliedstaaten zu respektieren[482], so daß sich die „Sezessionsfrage in erster Linie als eine Rechtsfrage" stellt[483].

Gegen die Zulässigkeit einer solchen Eventualerwägung bei einer Analyse des Anwendungsbereichs der in Art. 23 Abs. 1 bzw. Art. 24 Abs. 1 GG enthaltenen Integrationsermächtigung wäre darüber hinaus einzuwenden, man dürfe im Rahmen einer rechtlichen Begutachtung auch nur rechtliche Handlungsmittel des Staates in Betracht ziehen[484]. Würde man bei der Beurteilung des Souveränitätsstatusses den Maßstab des rechtlich Zulässigen verlassen, müßte man konsequenterweise auch andere faktische Beendigungsmöglichkeiten einbeziehen, wie beispielsweise den wirtschaftlichen Druck oder die kriegerische Auseinandersetzung; problematisch ließe sich eine solche Beurteilung auch wegen der in Art. 24 und Art. 25 GG dokumentierten Grundsätze der Integrationsbereitschaft und der Völkerrechtsfreundlichkeit einschätzen[485]. Letztlich ließe sich einwenden, die Mitgliedstaaten haben den Einbau eines selbständigen Austrittsrechts in den Gemeinschaftsverträgen wohl bewußt unterlassen und damit konkludent auf ein solches Recht verzichtet.

Dennoch ist nicht zu verkennen, daß die Souveränität wegen der ihr innewohnenden tatsächlichen Machtkomponente auf der Grenze zwischen Recht und Wirklichkeit steht[486]. Aufgrund der großen Wirklichkeitsnähe des Völkerrechts strahlt die Entwicklung im Tatsächlichen auf die rechtliche Beurteilung aus[487]. Das faktische Element der Souveränität gestattet es, die im metajuristisch-historischen Bereich liegende faktische Möglichkeit des Austritts für den Fortbestand mitgliedstaatlicher Souveränität heranzuziehen[488]. Ein Verlust der Souve-

---

481 *Mosler*, in: HdB StR VII, § 175, Rdnr. 52; vgl. auch *Tomuschat*, in: Bonner Kommentar, Art. 24 GG, Rdnr. 99, der die aufhebende Wirkung eines einfachen Gesetzes verneint.

482 *Everling*, DVBl. 1993, S. 936 (942), unter Hinweis auf *Hilf*, in: v. d. Groeben / Thiesing / Ehlermann, (Kommentar zum EWG-Vertrag), 4. Aufl., Art. 240, Rdnr. 8 ff.

483 *Blanke*, DÖV 1993, S. 412 (420), unter Hinweis auf *Ipsen*, Gemeinschaftsrecht, § 4, Rdnr. 26 (S. 101).

484 *Mosler*, in: HdB StR VII, § 175, Rdnr. 51; *Everling*, in: Festschrift für Hermann Mosler, S. 173 (184): „Verwechslung von Recht und Macht".

485 *Tomuschat*, in: Bonner Kommentar, Art. 24 GG, Rdnr. 99; *ders.*, EuGRZ 1993, S. 489 (495).

486 *Randelzhofer*, in: HdB StR I, § 15, Rdnr. 31.

487 Vgl. *Randelzhofer*, in: HdB StR I, § 15, Rdnr. 31.

488 *Randelzhofer*, in: HdB StR I, § 15, Rdnr. 34.

ränität tritt nicht ein, solange die Mitglieder die Kompetenz innehaben, die Regelungsmacht in ihrem Territorium über die ihnen gewaltunterworfenen Personen äußerstenfalls selbst wieder in eigene Regie zu nehmen. Solange faktisch eine Sezession nicht ausgeschlossen ist und die Mitgliedstaaten allenfalls Sanktionen wegen der Verletzung völkerrechtlicher Pflichten ausgesetzt sind, ist der „point of no return" im Erosionsprozeß der Kompetenz-Kompetenz[489] noch nicht überschritten.[490] Eine einseitige Trennung wäre nicht als Sezession aus einem Staatsverband oder gar als Hochverrat, sondern allenfalls als Vertragsbruch einzuordnen, der zwar nicht vom Recht, aber von der Souveränität gedeckt wäre[491].

Es fehlen auch Anhaltspunkte dafür, daß die Mitgliedstaaten tatsächlich endgültig der Gemeinschaft unterworfen sein und auf Sezessionsmöglichkeiten verzichten wollten. Ein solcher Verzicht müßte – weil er die Substanz der Mitglieder berührt – vertraglich manifestiert worden sein; ein eindeutiger, freiwilliger Verzicht ist jedoch in den Gemeinschaftsverträgen nicht erkennbar[492]. Das Fehlen ausdrücklicher Austrittsregeln kann nur politisch erklärt werden: Die Union wurde – wie auch schon zuvor die Gemeinschaften – mit dem Willen zur langfristigen Mitgliedschaft gegründet[493], manifestiert u. a. durch die unbefristete Geltungsdauer des Vertrages in Art. Q EUV. Insgesamt laufen die Bestrebungen aus außenpolitischen, insbesondere aber aus außenwirtschaftlichen Gründen der Wettbewerbsfähigkeit am Weltmarkt, auf eine sowohl quantitative als auch qualitative Expansion der europäischen Idee hinaus[494]. Die Diskussion um die Mitgliedschaft wird stets im Hinblick auf eine

---

489 Zum Verbot, die Kompetenzhoheit – verstanden als Recht zur unbegrenzten Erweiterung der eigenen Kompetenz – im Rahmen des Art. 24 Abs. 1 GG (in seinem bisherigen Anwendungsbereich) zu übertragen: *Schilling*, ZaöRVR 48 (1988), S. 637 (656/657); vgl. auch BVerfGE 75, 223 (242).

490 *Zippelius*, Allgemeine Staatslehre, § 10 III (S. 69).

491 *Ress*, VVDStRL 53 (1994), S. 123/124 (Aussprache); *Stein*, VVDStRL 53 (1994), S. 26 (32/33), weist ergänzend darauf hin, daß die Gemeinschaft im Gegensatz zu einem Staat keine Zwangsmittel zur Vermeidung des Auseinanderfallens einsetzen kann; a. A.: *Rupp*, ebda., S. 110 (Aussprache), der den Versuch, die Rechtmäßigkeit des Vertrages mit der Möglichkeit des Vertragsbruchs zu legitimieren, als „unmögliche Operation" bezeichnet; *A. Weber*, ebda., S. 118 (Aussprache), meint, ein Austrittsrecht wäre im gegenwärtigen Integrationsstadium nur noch extrakonstitutionell zu begründen.

492 Vgl. *Doehring*, in: Festgabe für Ernst Forsthoff, S. 105 (118).

493 Vgl. BVerfGE 89, 155 (190).

494 Gerade von deutscher Seite aus ist die Integration – bis auf die Diskussion im Zusammenhang mit der Ratifizierung des Unionsvertrages – stets vorangetrieben worden.

mögliche Erweiterung der Mitgliedstaaten geführt. Welche – insbesondere ökonomische – Folgen ein möglicher Austritt für die Union und konkret für den Mitgliedstaat Bundesrepublik hätte, soll hier nicht näher vertieft werden. Jedoch scheinen die wirtschaftlichen Abhängigkeiten bereits so bedeutend zu sein, daß eine neutrale Stellung mitten in Europa – ein ausschließlich von Mitgliedstaaten der Europäischen Union umgebener Inselstaat[495] – schwer vorstellbar wäre[496].

Als Ergebnis läßt sich festhalten, daß die Einschränkungen der Handlungsfreiheit als Folge der Mitgliedschaft in dieser supranationalen Organisation auf einer freiwillig eingegangenen Verpflichtung beruhen[497], aus der sich das Mitglied zumindest durch einen faktischen Austritt wieder lösen kann. Gerade dieses faktische Element der Souveränität beweist die fortbestehende Handlungsmacht der Mitgliedstaaten[498]. Zudem haben die Vertragsparteien darauf Bedacht genommen, daß der Hoheitstransfer nur einen Teil der staatlichen Kompetenzen und nicht die Verfassungshoheit der einzelnen Staaten selbst berührt[499]. Es läßt sich also feststellen, daß die Gemeinschaft trotz einer gewissen rechtlichen und institutionellen Verselbständigung – indem sie nicht nur über Befugnisse gegenüber den Mitgliedstaaten, sondern unmittelbar in den Mitgliedstaaten verfügt[500] – nicht von sich aus in der Lage ist, den ihr zugewiesenen Kompetenzradius zu erweitern. Die Letztverantwortung für das Wohl ih-

---

495 Die Schweiz beispielweise ist aufgrund ihrer zentralen europäischen Lage zu einer echten Autarkie gar nicht fähig; das schweizerische „Nein" zum Europäischen Wirtschaftsraum ist daher als eine Aufforderung zur Nachbesserung der Verträge zu interpretieren, vgl. *Thürer*, Das schweizerische Nein zum Europäischen Wirtschaftsraum, S. 3 ff. (19/20).

496 Vgl. *Schwarze*, NJ 1994, S. 1 (4); *König*, ZaöRV 54 (1994), S. 17 (34), mit dem zutreffenden Hinweis darauf, daß der Integrationsprozeß in seinem 5. Jahrzehnt – abgesehen von revolutionär veränderten Umständen – faktisch nicht mehr reversibel sei; *Oppermann*, in: Der Vertrag von Maastricht in der wissenschaftlichen Kontroverse, S. 103 (105/106), warnt vor der einzigen Alternative „einer bündnislosen, etwas zu groß gewordenen Mittelmacht im Herzen des Kontinents, mal nach der einen, mal nach der anderen Seite sich neigend".

497 *Schindler*, VVDStRL 53 (1994), S. 70 (80/81, m. w. N.), weist darauf hin, daß freiwillige Zusammenschlüsse demokratischer Staaten – wie in den USA oder in der Schweiz – nur aufgrund besonderer, die wirtschaftlichen Faktoren übersteigender Einflüsse, insbesondere durch äußere Bedrohung, zustande kamen. Der Einigungs'druck' auf Gemeinschaftsebene habe – wie die Bereitschaft zu supranationalen Lösungen allgemein – aufgrund des Zerfalls der Sowjetunion abgenommen.

498 *Zippelius*, Allgemeine Staatslehre, § 10 III (S. 69).

499 Vgl. *Randelzhofer*, in: HdB StR I, § 15, Rdnr. 34.

500 *Randelzhofer*, in: HdB StR I, § 15, Rdnr. 33.

rer Bürger ist den Mitgliedstaaten mithin bisher nicht abhanden gekommen[501]. Während die Union weiterhin nur nach dem Prinzip der begrenzten Einzelermächtigung tätig werden kann, liegt die Kompetenz-Kompetenz nach wie vor bei den Mitgliedstaaten[502].

Zu einfach erscheint jedoch in diesem Zusammenhang der Verweis des Bundesverfassungsgerichts auf die nationalen Zustimmungsgesetze als Rechtsanwendungsbefehle des Europarechts in Deutschland[503]: Dieses Argument ließe sich so verstehen, daß die Mitgliedschaft durch ein Bundesgesetz, das die Zustimmungsgesetze aufhebt, wieder beendet werden könnte. Gegen eine solche, vornehmlich an formalen Gesichtspunkten orientierte Sichtweise ist zu Recht eingewandt worden, daß mehrseitig eingegangene völkerrechtliche Verpflichtungen nicht ohne weiteres zu Lasten anderer Vertragsparteien einseitig aufgehoben werden können[504]. Insbesondere mit dem verfassungsrechtlichen Grundsatz der Völkerrechtsfreundlichkeit wäre ein faktischer Austritt nur zu vereinbaren, wenn er unter größtmöglicher Wahrung der Rechte und Interessen der anderen Mitglieder und der Gemeinschaft selbst durch eine mehrseitige Vereinbarung vorgenommen werden würde. Dies könnte etwa in Gestalt eines teilweisen Aufhebungsvertrages, auch wenn dies in den Gemeinschaftsverträgen nicht ausdrücklich vorgesehen ist, geschehen.

cc) Tendenz zum Festhalten an der Souveränität trotz erodierender Entwicklung?

Ausgehend von der Erkenntnis, daß der einer Wertung zugängliche und bedürftige Begriff der Souveränität im Rahmen der gebotenen Auslegung unterschiedlich interpretiert werden kann, läßt sich feststellen, daß trotz der Tendenz zur Erosion der mitgliedstaatlichen Kompetenzen an die europäische Ebene die Neigung vorherrscht, die fortbestehende Souveränität des Mitgliedstaates Bundesrepublik zu beweisen. Ein ähnliches Verhalten ließ sich nach der Gründung des Norddeutschen Bundes 1867 und der Reichsgründung von 1871 feststellen[505]. Es wurde damals von führenden Staatsrechtswissenschaftlern die Auf-

---

501 *Klein*, VVDStRL 50 (1991), S. 56 (59).

502 *Koenig/Pechstein*, Die Europäische Union – Der Vertrag von Maastricht, S. 21; *Blanke*, DÖV 1993, S. 412 (418/419); zu dieser Einschätzung auf der Grundlage der bisherigen Gemeinschaftsverträge: BVerfGE 75, 223 (242).

503 BVerfGE 89, 155 (190).

504 *Tomuschat*, EuGRZ 1993, S. 489 (495).

505 Ausführlich zur Problematik *Heinz*, StWuStP 1994, S. 77 ff., und DVBl. 1994, S. 994 ff.; *Mußgnug*, VVDStRL 53 (1994), S. 145 (Aussprache).

fassung vertreten, daß die Einzelstaaten auch nach der Reichsgründung souverän geblieben seien. Dabei wurde der Bundesstaat als ein Rechtsverhältnis betrachtet, innerhalb dessen die Gliedstaaten soweit, wie die vertraglich begründete Kompetenz des Bundes reichte, auf die alleinige Ausübung der Souveränität über ihr Gebiet und Volk verzichtet hätten. Dieser Verlust der Bundesstaaten werde kompensiert durch die Partizipation an der Ausübung der entsprechenden Hoheitsrechte über Land und Volk der anderen Bundesglieder.[506]

Mitentscheidend für die damalige Einschätzung war zwar, daß sich die Unterscheidung zwischen souveränen und nicht souveränen Staaten noch nicht durchgesetzt hatte. Dessenungeachtet zeigt sich jedoch nicht nur eine Parallele zum Festhalten an der Souveränitätseigenschaft, sondern auch insofern, als daß damals wie heute der Versuch unternommen wird, die verlorenen Befugnisse durch Partizipation an den Kompetenzen des Bundes auszugleichen. Der Verlust mitgliedstaatlicher Souveränität könnte so durch die Behauptung, sie sei trotz aller Kompetenzverschiebungen erhalten geblieben, ersetzt werden. Es erscheint daher angebracht, die Frage des Fortbestands mitgliedstaatlicher Souveränität objektiv, d. h. ohne Rücksicht auf nationale Besitzstände, zu analysieren.

dd) Ergebnis betreffend die Souveränitätsfrage

Abschließend sind zwei Ergebnisse festzuhalten: Bei der Gründung eines europäischen Bundesstaates wäre in jedem Fall ein Souveränitätsverlust der Bundesrepublik Deutschland anzunehmen. Auch ohne Etablierung eines europäischen Staatswesens kann zwar grundsätzlich die mitgliedstaatliche Souveränität eingebüßt werden; dies ist jedoch aufgrund der zumindest faktischen Möglichkeit des Mitglieds, sich aus der Gemeinschaft auch ohne die Mithilfe der anderen lösen zu können, nicht der Fall.

V. Kompetenzerweiterungen nur unter Mitwirkung des Bundesrates, mit verfassungsändernder Mehrheit und unter Beachtung des Art. 79 Abs. 3 GG (Art. 23 Abs. 1 Sätze 2 und 3 GG)

Dem Bund wird durch Art. 23 Abs. 1 Satz 2 GG gestattet, zur Verwirklichung des in Satz 1 statuierten Zieles Hoheitsrechte auf die Europäische Union zu übertragen. Dabei bedarf es gemäß Art. 23 Abs. 1 Satz 2 GG generell der

506 *Kimminich*, in: HdB StR I, § 26, Rdnr. 15: „Was die gliedstaatliche Souveränität an Intensität verloren hat, hat sie an Extensität gewonnen".

Zustimmung des Bundesrates, unabhängig davon, ob es sich vormals um Hoheitsrechte der Länder oder des Bundes handelte. Dieser erhebliche Kompetenzzuwachs des Bundesrates ist gerechtfertigt, da die Übertragung von Hoheitsrechten an die Europäische Union stets das bundesstaatliche Gefüge der Bundesrepublik tangieren wird[507].

1. Zu welchen Hoheitsrechtsübertragungen bedarf es der Zweidrittelmehrheit in Bundestag und Bundesrat?

Doch welche Mehrheiten sind in Bundestag und Bundesrat für derartige Übertragungsakte erforderlich? In der verfassungsrechtlichen Literatur ist das systematische Verhältnis zwischen Satz 2 und Satz 3 des Art. 23 Abs. 1 GG umstritten[508]. Dabei geht es um die Frage, ob jede Hoheitsrechtsübertragung im Sinne des Satzes 2 der verfassungsändernden Mehrheit von zwei Dritteln in Bundestag und Bundesrat nach Satz 3 bedarf oder ob davon nur solche Übertragungsakte erfaßt werden sollen, die den Charakter einer materiellen Verfassungsänderung haben.

Der *Wortlaut* des Satzes 3 läßt den Schluß zu, die verfassungsändernden Mehrheiten des Art. 79 Abs. 2 GG seien nur erforderlich, wenn mit dem Übertragungsakt Eingriffe in die „wesentlichen Strukturen des Grundgesetzes“ verbunden sind[509]. Tatsächlich wurde in Anlehnung an die „Solange-Rechtsprechung“ des *Bundesverfassungsgerichts*[510] eine solche Unterscheidung zwischen einfachen und wesentlichen Eingriffen („Verfassungsdurchbrechungen“[511]) von Teilen der *Gemeinsamen Verfassungskommission* sowie von den Vertretern des Bundes und der CDU/CSU favorisiert[512], während insbesondere die Länderseite und die SPD vortrugen, „daß

507 *Scholz*, NVwZ 1993, S. 817 (821), weist auf die zu erwartenden Konflikte in den klassischen Domänen des Bundes, wie z. B. im Bereich der Außen- und Sicherheitspolitik (Art. 73 Nr. 1 GG) hin.

508 Vgl. zum Streitstand *Oschatz*/Risse, DÖV 1995, S. 437 (438 ff.); *Schede*, Bundesrat und Europäische Union, S. 80 ff.

509 So *Scholz*, NVwZ 1993, S. 817 (821); vgl. auch *Fischer*, ZParl 1993, S. 32 (39).

510 BVerfGE 37, 271 (279/280); 73, 339 (374 ff.)

511 *Scholz*, NJW 1992, S. 2593 (2597).

512 Insbesondere die Bundesregierung bewertete das generelle Erfordernis nach einer Zweidrittelmehrheit als zu hohe Hürde für künftige Integrationsschritte; vgl. *Fischer*, ZParl 1993, S. 32 (40). Es wurde stattdessen vorgeschlagen, sich auch künftig an der „Solange-Rechtsprechung“ des *Bundesverfassungsgericht*es zu orientieren, derzufolge Verfassungseingriffe, die mit Hoheitsrechtsübertragungen verbunden sind, bis zur Grenze der →

mit jeder weiteren Übertragung von Hoheitsrechten erhebliche Auswirkungen auf die innerstaatliche Verfassungsstruktur verbunden sind"[513] und deshalb stets die verfassungsändernde Mehrheit des Art. 79 Abs. 2 GG erforderlich sein sollte[514]. An die erstgenannte Auslegung anknüpfend wird die These vertreten, man habe zwischen Hoheitsrechtsübertragungen mit Verfassungsänderungsqualität und übrigen Transferakten zu differenzieren, wobei letztere mit einfachen Mehrheiten in Bundestag und Bundesrat vorgenommen werden können[515].

Für die vorgestellte Auslegung spricht der Umstand, daß die in Satz 2 ausgesprochene Ermächtigung, Hoheitsrechte zur Verwirklichung des in Satz 1 umschriebenen Ziels („hierzu") zu übertragen, nicht nach der Qualität der zu transferierenden Rechte unterscheidet. Diese Differenzierung nimmt erst Satz 3 vor, indem er die „... Begründung der Europäischen Union sowie [...] Änderungen ihrer vertraglichen Grundlagen und vergleichbare Regelungen, durch die dieses Grundgesetz seinem Inhalt nach geändert oder ergänzt wird ...", dem Zwei-Drittel-Erfordernis unterstellt. Handelte es sich bei jeder Übertragung von Hoheitsrechten um einen Akt materieller Verfassungsänderung im Sinne von Satz 3, fehlte der Ermächtigung des Satzes 2 der eigenständige Regelungsgehalt[516]. Von Satz 2 würden demgegenüber die Fälle erfaßt, in denen Hoheitsrechte auf der Grundlage einer bereits mit verfassungsändernder Mehrheit legitimierten Ermächtigung übertragen werden sollen; eine solche „vertragsausfüllende" Hoheitsrechtsübertragung auf der Basis schon bestehenden Vertragsrechts könne eine Verfassungsänderung oder -ergänzung nicht auslösen[517]. Demgemäß hat der Sonderausschuß „Europäische Union" des

---

„wesentlichen Strukturen des Grundgesetzes" zulässig sind, BVerfGE 37, 271 (278 ff.); 73, 339 (374 ff.); vgl. *Scholz*, NJW 1992, S. 2593 (2597).

513 So der Innenminister des Landes Nordrhein-Westfalen, *Herbert Schnoor*, als Berichterstatter in der *Gemeinsamen Verfassungskommission*, Stenographischer Bericht über die Sitzung vom 26.6.1992, S. 6.

514 *Scholz*, NJW 1992, S. 2593 (2597).

515 *Scholz*, NVwZ 1993, S. 817 (821).

516 *Scholz*, NVwZ 1993, S. 817 (821).

517 *Scholz*, NVwZ 1993, S. 817 (821), der den Anwendungsbereich des Art. 23 Abs. 1 Sätze 2 und 3 GG in vier unterschiedliche Fallgruppen einteilt:

(1) Vertragliche *Begründung* der Europäischen Union *mit* Verfassungsänderungsqualität;

(2) Vertrags*änderungen* innerhalb der Europäischen Union *mit* Verfassungsänderungsqualität;

→

Bundestages das Verhältnis der Sätze zueinander dergestalt interpretiert, daß Art. 23 Abs. 1 Satz 2 GG „Hoheitsrechtsübertragungen bis zu der Grenze“ erlaube, „wo aus verfassungsrechtlichen Gründen ein neuer Vertrag oder eine Änderung der vertraglichen Grundlagen nötig wäre“[518]. Mit den Mitteln der *systematischen* Auslegung läßt sich somit das insbesondere von der Bundesregierung vorgetragene Ergebnis stützen.

Allerdings ist bei der Auslegung dieser neu geschaffenen Norm auch die übrige zu Art. 24 Abs. 1 GG ergangene höchstrichterliche Rechtsprechung zu berücksichtigen. Ausgehend vom Wortlaut der Formulierung in Art. 23 Abs. 1 Satz 3 GG, der an das Bewirken oder Ermöglichen einer Änderung bzw. Ergänzung des Grundgesetzes anknüpft, stellt die Gegenauffassung maßgeblich auf die Rechtsprechung des *Bundesverfassungsgerichts*, die eine verfassungsrelevante Kompetenzübertragung nicht nur bei einem Eingriff in die durch Art. 79 Abs. 3 GG geschützten Prinzipien, sondern bereits bei einer Tangierung des grundgesetzlichen Kompetenzgefüges erblickt[519], ab: Da jede Hoheitsrechtsübertragung in die Kompetenzregeln des Grundgesetzes eingreift und damit eine materielle Änderung der Verfassung bewirkt, stellt sich jeder Anwendungsfall des Satzes 2 nach der Judikatur des Gerichts zugleich als solcher des Satzes 3 dar[520].

In der *Gemeinsamen Verfassungskommission* konnten sich die Vertreter der letztgenannten Auffassung schließlich durchsetzen, weil das vom *Bundesverfassungsgericht* geprägte Kriterium der „wesentlichen Strukturen“ als zur Ab-

(3) „Vergleichbare Regelungen“ (insbesondere die mit „vertragsverlängernder“ Bedeutung versehenen sog. Evolutivklauseln, wie z. B. Art. 138 Abs. 3 oder Art. 201 EGV) *mit* Verfassungsänderungsqualität;

(4) „Vergleichbare Regelungen“ *ohne* Verfassungsänderungsqualität.

518 *Bundestag*, Drucksache 12/3896 unter B I 2 a. Auch der Rechtsausschuß des Deutschen Bundestages hat sich in diesem Sinne geäußert, vgl. Drucksache 12/3896 unter A I 1 c. Noch weitergehender nahm die Bundesregierung in ihrer „Amtlichen Begründung zum Gesetzentwurf“ Stellung: Danach sollten auch künftig Hoheitsrechtsübertragungen mit einfacher Mehrheit zulässig sein, wenn Änderungen des Unions-Vertrages zu ratifizieren sind, die von ihrem Gewicht her der Gründung der Europäischen Union nicht vergleichbar sind und insoweit nicht die Geschäftsgrundlage dieses Vertrages betreffen“; *Bundesrat*, Drucksache 501/92, S. 15. Der Bundesrat hat dieser Auffassung ausdrücklich widersprochen; Drucksache 501/1/92, S. 1 ff.

519 BVerfGE 58, 1 (36) „Eurocontrol“.

520 *Oschatz/Risse*, DÖV 1995, S. 437 (438/439); *Everling*, DVBl. 1993, S. 936 (943).

grenzung wenig geeignet und überdies als kaum justitiabel angesehen wurde[521]. Allerdings verzichtete man darauf, das Übertragungsverfahren von einer textlichen Änderung des Grundgesetzes im Sinne des Art. 79 Abs. 1 GG abhängig zu machen[522], weil es sich überwiegend um durch primäres Gemeinschaftsrecht hervorgerufene materielle Verfassungsänderungen handeln würde, denen der unmittelbare Textbezug zum Grundgesetz fehlte[523].

Der Regelungsgehalt der Sätze 2 und 3 wird nur deutlich, wenn sie im *systematischen* Zusammenhang gelesen werden: Sowohl die mit der Ratifizierung des Unionsvertrages verbundenen als auch alle zukünftigen Kompetenzübertragungen bedürfen stets der qualifizierten Mehrheit von Bundestag und Bundesrat im Sinne des Art. 79 Abs. 2 GG[524]. Die qualifizierte verfassungsändernde Mehrheit ist nunmehr nicht mehr von der Qualität des Eingriffes in die Verfassung abhängig, auch „geringe" Verfassungsdurchbrechungen, die nach der Judikatur des *Bundesverfassungsgerichtes* zu Art. 24 Abs. 1 GG (in seinem bisherigen Anwendungsbereich) bis zur Grenze der „wesentlichen Strukuren" des Grundgesetzes gestattet waren, unterliegen fortan den Anforderungen des Art. 79 Abs. 2 und 3 GG[525]. Die Beachtung des durch Art. 79 Abs. 3 GG besonders geschützten Kerns des Grundgesetzes wäre auch ohne besondere Erwähnung in Art. 23 Abs. 1 Satz 3 GG erforderlich gewesen, insofern kommt dem Verweis allenfalls eine klarstellende Funktion zu[526].

Everling kritisiert an der Fassung des Art. 23 Abs. 1 Satz 3 GG, die Formulierung „Begründung der Europäischen Union" lasse vermuten, daß bereits die Ratifizierung des Maastrichter Vertrages an die Verwirklichung der Anforderungen des Satzes 1 gebunden sei[527]. Gegen die von ihm vertretene Ansicht spricht jedoch der unterschiedliche Wortlaut der Sätze 1 und 3: Während in Satz 3 von der *Begründung* der Europäischen Union die Rede ist, regelt Satz 1

---

521 Vgl. den Stenographischen Bericht über die Sitzung vom 26.6.1992, S. 4 ff.; Nachweis bei *Fischer*, ZParl 1993, S. 32 (40), und *Scholz*, NVwZ 1993, S. 817 (821).

522 *Scholz*, NJW 1992, S. 2593 (2597).

523 *Scholz*, NVwZ 1993, S. 817 (821).

524 *Wilhelm*, BayVBl. 1992, S. 705 (707); *Fischer*, ZParl 1993, S. 32 (40).

525 *Oschatz/Risse*, DÖV 1995, S. 437 (439); *Scholz*, NJW 1992, S. 2593 (2599).

526 *Scholz*, NJW 1992, S. 2593 (2599): „... ohnehin nur deklaratorischer Art ..."; *ders.*, NVwZ 1993, S. 817 (821).

527 *Everling*, DVBl. 1993, S. 936 (943): „... die Fassung des Satzes 3 [müsse] wohl als 'Betriebsunfall' angesehen werden ..." Und: „Eine sinnvolle Auslegung ergibt sich demnach wohl nur, wenn ... Satz 3 des Art. 23 Abs. 1 GG keine weitere Bedeutung zugemessen wird" (a.a.O., S. 944).

die Anforderungen an die *Entwicklung* der Europäischen Union. Der Regelungsgehalt des Satzes 3 ist somit umfassend in dem Sinne zu verstehen, daß er sämtliche Integrationsmaßnahmen, beginnend mit der Ratifizierung des Maastrichter Vertrages umfaßt, während Satz 1 intendiert, Anforderungen für den künftigen europäischen Entwicklungsprozeß zu statuieren[528].

Schon die ersten Anwendungsfälle dieser Regelung haben die Schwierigkeiten in der Auslegung zutage treten lassen[529]: Beim Gesetz zur Änderung der Satzung der Europäischen Investitionsbank, bei der Ratifizierung der Beitrittsverträge mit Finnland, Norwegen, Schweden und Österreich sowie dem Gesetz zur Bestätigung des Eigenmittelbeschlusses (auf der Grundlage des Art. 201 EGV) war jeweils die Frage, ob es einer Zweidrittelmehrheit in Bundestag und Bundesrat bedurfte, zwischen Bundesregierung, Bundestag und Bundesrat umstritten. Insbesondere bei dem prominenten Fall der Ratifizierung der Beitrittsverträge hatte dies nur deshalb keine praktischen Konsequenzen, weil die Hürden des Art. 23 Abs. 1 Satz 3 GG aufgrund des breiten politischen Konsenses mühelos überwunden werden konnten[530].

2. Der Vorbehalt des Art. 79 Abs. 3 GG – Ein Rückschritt?

Art. 23 Abs. 1 Satz 3 GG verweist neben Art. 79 Abs. 2 GG auch auf dessen Absatz 3, der die in den Art. 1 und 20 GG geregelten Prinzipien für unabänderlich erklärt. Diese Norm spricht die Selbstverständlichkeit aus, daß die Bundesorgane bei der Vornahme von Hoheitsrechtsübertragungen mit Verfassungsänderungsqualität die Schranke des Art. 79 Abs. 3 GG zu beachten haben[531]. Dieser – nicht ganz geglückte – Versuch des verfassungsändernden Gesetzgebers, die der qualifizierten Mehrheit von Bundestag und Bundesrat gezogenen Schranken näher zu beschreiben, differenziert nicht nach der Art der betroffenen Verfassungsrechte und -rechtsgüter und trifft über das unmittelbar Einsichtige hinaus keine Feststellung[532]. Allerdings hat der Verweis auf Art. 79 Abs. 3

528 Ohne auf den Wortlaut der Vorschriften zu rekurrieren, ist auch *Everling* im Ergebnis zu dieser Interpretation gekommen: „Offenbar muß der Begriff Union in dem Absatz unterschiedlich verstanden werden, und zwar in Satz 3 als Beginn einer prozeßhaften Entwicklung und in Satz 1 als das angestrebte, irgendwann zu erreichende Endstadium, auf das alle künftigen Vertragsänderungen ausgerichtet werden sollen."

529 Vgl. hierzu jeweils mit Nachweisen *Oschatz / Risse*, DÖV 1995, S. 437 (440), und *Hölscheidt / Schotten*, DÖV 1995, S. 187 ff.

530 *Hölscheidt / Schotten*, DÖV 1995, S. 187.

531 *Scholz*, NVwZ 1993, S. 817 (821): „Feststellung deklaratorischer Art".

532 *Herdegen*, EuGRZ 1992, S. 589 (593).

GG den Vorzug, daß die in Bezug genommene Vorschrift die einzige nicht dem Wandel der Ansichten in Literatur und Rechtsprechung unterworfene Kodifikation des unaufgebbaren Kernbereichs enthält und somit ein gewisses Maß an Rechtssicherheit garantiert[533].

Problematisch ist nur, daß das *Bundesverfassungsgericht* in seiner bisherigen Rechtsprechung zu Art. 24 Abs. 1 GG nicht ausdrücklich die Garantieklausel des Art. 79 Abs. 3 GG in Bezug genommen hat, sondern die „Identität der geltenden Verfassungsordnung“ als maßgebende Grenze für die Einräumung von Hoheitsrechten an zwischenstaatliche Einrichtungen definiert hat, in deren „Grundgefüge“, zu dem auch der Grundrechtsteil des Grundgesetzes[534] und die Garantie effektiven Rechtsschutzes gegen Hoheitsakte[535] gehöre, nicht eingebrochen werden dürfe[536]. Die Frage jedoch, ob die vom *Bundesverfassungsgericht* unter Schutz gestellte „Identität der geltenden Verfassungsordnung“ mit der Schranke des Art. 79 Abs. 3 GG kongruent ist, wird in der verfassungsrechtlichen Literatur nicht einheitlich beurteilt. Die überwiegende Ansicht setzt den Begriff der Identität mit den durch Art. 79 Abs. 3 GG geschützten Fundamentalprinzipien gleich[537], was zu dem unkomplizierten Ergebnis führt, daß die vom *Bundesverfassungsgericht* gezogene Abgrenzung auch weiterhin als Maßstab gelten kann. Auch die Enquetekommission „Verfassungsreform“ teilte die Ansicht, der Schutzbereich des Art. 79 Abs. 3 GG stimme mit dem der „Solange-Rechtsprechung“ des Verfassungsgerichts überein[538], so daß diese Formulierung Gesetz geworden ist[539].

Allerdings wird eine Entscheidung des *Bundesverfassungsgerichts* zum Ausländerwahlrecht aus dem Jahre 1990[540] verschiedentlich in dem Sinne interpretiert, daß die bei der Übertragung von Hoheitsrechten zu beachtende Ta-

---

533 *Herdegen*, EuGRZ 1992, S. 589 (592).

534 BVerfGE 37, 271 (279 ff.); 58, 1 (40).

535 BVerfGE 58, 1 (40/41): Gleiches gilt für die sonstigen rechtsstaatlichen Grunderfordernisse im Bereich des Rechtsschutzes.“

536 BVerfGE 73, 339 (375/376), unter Bezugnahme auf BVerfGE 37, 271 (279 ff.); 58, 1 (30 ff.).

537 Z. B. *Isensee*, in: HdB StR IV, § 98, Rdnr. 289; *Tomuschat*, in: Bonner Kommentar, Art. 24 GG, Rdnr. 50 ff.; *Klein*, VVDStRL 50 (1991), S. 56 (71).

538 Vgl. Schlußbericht der Enquete-Kommission Verfassungsreform, *Bundestags*-Drucksache 12/5924, S. 229 ff.

539 Näher zu dieser Problematik *Herdegen*, EuGRZ 1992, S. 589 (592).

540 BVerfGE 83, 37 (59) („Ausländerwahlrecht“).

buzone weiter als die durch Art. 79 Abs. 3 GG gezogene Grenze reiche[541]. Das Gericht hatte ausgeführt, die Einführung des kommunalen Ausländerwahlrechts verstoße gegen Art. 20 Abs. 2 Satz 1 i. V. m. Art. 28 Abs. 1 GG, was jedoch eine – gemäß Art. 79 Abs. 3 GG für grundsätzlich zulässig erachtete – Verfassungsänderung nicht ausschließe[542]. Die recht knapp gehaltenen Ausführungen in dem in Bezug genommenen Urteil dürfen zwar nicht überbewertet werden, zumal diese Frage konkret nicht streitrelevant war[543]; aber auch die Begründung in den „Solange-Urteilen", in denen das Gericht die nicht in Art. 79 Abs. 3 GG erwähnten Grundrechte in den unaufgebbaren Kernbereich einbezog, spricht für eine extensive Interpretation der „Verfassungsidentität"[544]. Die von ihm geforderte Auslegung „im Kontext der Gesamtverfassung" forciert ebenfalls den Eindruck, daß das Gericht die Grenze für die Übertragung von Hoheitsrechten nicht mit Art. 79 Abs. 3 GG umschreiben, sondern bereits in dessen Vorfeld ziehen wollte[545].

Nun stellt sich die Frage, ob das *Bundesverfassungsgericht* dem Willen des verfassungsändernden Gesetzgebers folgen wird, indem es seine Rechtsprechung zur Übertragung von Hoheitsrechten künftig am – engeren – Art. 79 Abs. 3 GG ausrichten oder ob es an seiner bisherigen Judikatur festhalten wird. Maßgebend hierfür wird sein, inwieweit das Gericht die von ihm selbst definierte Grenze der „Verfassungsidentität" als modifizierbar erachtet. Betrachtet man die Entscheidungsgründe seiner Rechtsprechung näher, muß dies wohl verneint werden: Das *Bundesverfassungsgericht* begründete seine erste Entscheidung zum europäischen Grundrechtsschutz („Solange I") damit, daß die Gemeinschaftsorgane aufgrund der ihnen eingeräumten Hoheitsrechte in der Lage sei-

---

541 Z. B. *Everling*, DVBl. 1993, S. 936 (943); vgl. auch *Rubel*, JA 1992, S. 265 (269).

542 BVerfGE 83, 37 (59).

543 Im übrigen wäre eine solche Schlußfolgerung – gemessen an den vom *Bundesverfassungsgericht* selbst aufgestellten Grundsätzen – auch inkonsequent; vgl. hierzu *Herdegen*, EuGRZ 1992, S. 589 (592): Wenn die Einführung des Kommunalwahlrechts für EG/EU-Ausländer nicht mit Art. 20 Abs. 2 Satz 1 GG in Einklang zu bringen ist (so jedenfalls für das Wahlrecht zum Bundestag und zu den Landtagen *Maunz/Dürig*, in: Maunz/Dürig, Art. 79 Abs. 3 GG, Rdnr. 44 ff.; allgemein zu diesem Problem: *von Mutius*, JURA 1991, S. 410 [414/415]), muß eine Verfassungsänderung konsequenterweise an Art. 79 Abs. 3 GG scheitern, sofern man den Grundsatz der Repräsentation durch das deutsche Staatsvolk zu dem unabänderlichen Kernbereich des Art. 20 GG zählt. Das Problem wäre dann theoretisch allenfalls durch eine Änderung des Art. 79 Abs. 3 GG zu umgehen, vgl. *von Mutius*, a.a.O. und *Bryde*, in: v. Münch 3, Art. 79, Rdnr. 39 ff.

544 BVerfGE 37, 271 (279 ff.); 73, 339 (375 ff.)

545 So *Everling*, DVBl. 1993, S. 936 (943); vgl. auch *Lerche*, in: Festschrift für Konrad Redeker, S. 131 (138).

en, wirksam auch solches Recht zu setzen, woran die deutschen Verfassungsorgane wegen Grundgesetzwidrigkeit gehindert wären; da eine schrankenlose Gesetzgebungstätigkeit der Gemeinschaft allerdings in der Lage wäre, die Grundstruktur der Verfassung auszuhebeln, erkannte das Gericht deren absoluten Schutz ausdrücklich an.

Dies ist vor dem Hintergrund zu sehen, daß die bisher maßgebliche Vorschrift des Art. 24 Abs. 1 GG schlicht von der „Übertragung von Hoheitsrechten an zwischenstaatliche Einrichtungen" spricht, ohne dies – vornehmlich im Wortlaut – in irgendeiner Weise zu begrenzen[546]. Die vom Gericht selbst gesetzte Begrenzung der Organtätigkeit auf Gemeinschaftsebene könnte folglich durch einen verfassungsändernden Akt – bis zum absoluten Kern des Art. 79 Abs. 3 GG – modifiziert werden[547]. Der erweiterte Schutzbereich der „Verfassungsidentität" ist vom *Bundesverfassungsgericht* letztlich aus der konkreten Situation heraus, in der der Wortlaut Art. 24 Abs. 1 GG Hoheitsrechtsübertragungen durch einfaches (regelmäßig: Einspruchs-)Gesetz scheinbar schrankenlos gestattete, geschaffen worden. Die Normierung konkreter Anforderungen an das Übertragungsverfahren im neuen Art. 23 Abs. 1 GG läßt es mithin zu, die maßgebende Grenze erst bei den absolut geschützten Prinzipien des Art. 79 Abs. 3 GG anzusiedeln[548].

Als Zwischenergebnis ist festzuhalten, daß der verfassungsändernde Gesetzgeber in Art. 23 Abs. 1 Satz 3 GG mit der Bezugnahme auf Art. 79 Abs. 3 GG tatsächlich eine weitere Grenze vorgegeben hat, als dies nach der Verfassungsrechtsprechung bisher der Fall gewesen ist. Ob dadurch aber – wie *Everling* meint[549] – der Handlungsspielraum des Gesetzgebers erweitert worden ist, erscheint fraglich. Die übertragenden Organe haben künftig in jedem Fall die in der Struktursicherungsklausel des Satzes 1 genannten Merkmale zu beach-

546 Dieser „Mangel" war darin begründet, daß der Verfassunggeber im Jahre 1949 zwar die Vorstellung hatte, die nationale Rechtsordnung öffnen und damit den ausschließlichen Herrschaftsanspruch der Bundesrepublik zurücknehmen zu können, es hierfür jedoch in der Weltordnung nach 1945 noch an Vorbildern fehlte; vgl. auch oben S. 158 ff.

547 BVerfGE 37, 271 (279), dazu wörtlich: „Art. 24 GG [...] eröffnet nicht den Weg, die Grundstruktur der Verfassung, auf der ihre Identität beruht, ohne Verfassungsänderung [...] zu ändern."

548 *Herdegen*, EuGRZ 1992, S. 589 (592): „Unter diesem Gesichtspunkt entspricht die [...] Ergänzung des Grundgesetzes im Hinblick auf den Unionsvertrag nicht nur einem rechtspolitischen Desiderat, sondern auch einem verfassungsrechtlichen Gebot."

549 Seiner Ansicht nach lasse die ausdrückliche Nennung der durch Art. 79 Abs. 3 GG geschützten Prinzipien in Art. 23 GG diesen Schluß zu; in: DVBl. 1993, S. 936 (943).

ten[550], die gemeinsam mit den von Art. 79 Abs. 3 GG in Bezug genommenen konstitutiven Minimalanforderungen das durch den zu erwartenden Wegfall der geschützten „Verfassungsidentität“ entstehende Vakuum ausfüllen werden.

Es erheben sich jedoch auch Stimmen, die die sinngemäße Anwendung des Art. 79 Abs. 3 GG behutsam modifizieren wollen[551]: Orientiere man sich am Schutzzweck des Art. 79 Abs. 3 GG, so müsse der Anwendungsbereich teils enger, teils weiter als die in Bezug genommenen Art. 1 und 20 GG definiert werden. Als Beispiel für eine restriktive Interpretation der Vorschrift wird die Einführung der Wirtschafts- und Währungsunion genannt: Mangels Kodifikation in den Art. 1 und 20 GG wäre die Aufgabe der Währungshoheit trotz erheblicher Konsequenzen für das staatliche Gefüge[552] mit Art. 79 Abs. 3 GG vereinbar[553]. Andererseits zeige das Beispiel des kommunalen Ausländerwahlrechts für Angehörige der Europäischen Union, daß der hiermit verbundene, politisch erwünschte Eingriff in die Staatsstrukturen weit geringer wiegen könne, obwohl dagegen erhebliche verfassungsrechtliche Bedenken im Hinblick auf Art. 20 Abs. 2 Satz 1 GG bestünden[554]. Ob der Ansatz *Herdegens*,

---

550 Der vom *Bundesverfassungsgericht* zur „Verfassungsidentität“ gezählte Grundrechtsteil der Verfassung beispielsweise steht zwar nicht unter dem ausdrücklichen Schutz des Art. 79 Abs. 3 GG, wird jedoch durch das Erfordernis eines „im wesentlichen vergleichbaren Grundrechtsschutzes“ in der Struktursicherungsklausel des Art. 23 Abs. 1 Satz 1 GG gewährleistet.

551 Hierzu und zum Folgenden: *Herdegen*, EuGRZ 1992, S. 589 (592), und EuGRZ 1989, S. 309 (311/312).

552 *Pöhle*, ZParl 1993, S. 49 (51), sieht eine erhebliche Einschränkung der nationalen Gestaltungsfreiheit in Fragen der Wirtschaft und Währung durch die Einführung der Wirtschafts- und Währungsunion, die einen partiellen Souveränitätsverlust auf diesen Gebieten verursachen wird.

553 Bei derart weitreichenden Entscheidungen sollte nach Ansicht *Herdegens* die Substanz der „Verfassungsidentität ... im Lichte der funktionalen Bedürfnisse moderner Staatlichkeit und der Entwicklung in der Völkergemeinschaft“ bestimmt werden; analog der Rechtsprechung zum Grundrechtsschutz dürfe „den wesentlichen Staatsfunktionen eine entsprechende Aufwertung nicht versagt werden.“ Und: „Je dichter“ eine „normative Regelung ausgestaltet ist“, „um so eher [...] wird man bestimmte Funktionen [...] als identitätsstiftend für die Staatlichkeit begreifen können“; in: EuGRZ 1992, S. 589 (592); näher zur Problematik im Zusammenhang mit der Einführung der Wirtschafts- und Währungsunion *Gramlich*, Europäische Zentralbank und Art. 24 Abs. 1 GG, S. 119 ff.

554 *Herdegen* plädiert für eine Abkehr von der statischen Betrachtung der „Verfassungsidentität“ und stattdessen für eine „Rezeption verfassungsrechtlicher Entwicklungen“, indem „die Verschränkung von deutschem Verfassungsrecht und Gemeinschaftsrecht“, die die konstituierenden Strukturen inzwischen mitprägt“, anerkannt werde; EuGRZ 1989, S. 309 (312); er schlägt in diesem Zusammenhang vor, den Gedanken →

den Anwendungsbereich des Art. 79 Abs. 3 GG einer Anpassung zu unterziehen, geeignet ist, die Erhaltung bestimmter fundamentaler Grundsätze der deutschen Verfassungsordnung sicherzustellen, oder ob er zu „einem kaum mehr erträglichen Maß an Rechtsunsicherheit“ führen würde[555], soll an dieser Stelle nicht abschließend erörtert werden.

Es bleibt abzuwarten, an welchen Maßstäben die verfassungsrechtliche Literatur und insbesondere die Rechtsprechung des *Bundesverfassungsgerichts* die Übertragung von Kompetenzen künftig messen wird.

---

der strukturellen Kongruenz, der vom *Bundesverfassungsgericht* bereits für den Grundrechtsbereich angewendet wird (vgl. BVerfGE 73, 339 [376]), fruchtbar zu machen: „Eingriffe [in Art. 79 Abs. 3 GG] müssen dann zulässig sein, wenn sie durch materielle und verfahrensmäßige Absicherungen auf Gemeinschaftsebene eine hinreichende 'Kompensation' erfahren.“ Auf diesem Wege gelange man zur Zulässigkeit des kommunalen Wahlrechts für EU-Bürger; EuGRZ 1992, S. 589 (592/593).

555 Diese Gefahr hat *Herdegen* selbst in seinem 1989 erschienenen Beitrag vorgezeichnet; EuGRZ 1989, S. 309 (312).

KAPITEL 3: MASSNAHMEN ZUR FESTIGUNG DER BUNDESSTAATLICHKEIT IM ZUSAMMENHANG MIT DER GRÜNDUNG DER EUROPÄISCHEN UNION (ART. 23 ABS. 2 – 7 GG)

Im folgenden Teil sollen zunächst die Mitwirkungsrechte, die die Länder – über den Bundesrat – durch die Neufassung des Art. 23 GG erhalten haben, im Hinblick auf die Sicherung des verfassungsrechtlichen Bundesstaatsprinzips untersucht werden. Im Anschluß daran werden die sonstigen im Zuge der Verfassungsreform veranlaßten Grundgesetzänderungen auf den Nutzen für die Bundesländer hin untersucht.

A. POSITIONIERUNG EINES BUNDESRATSMITWIRKUNGS-VERFAHRENS AUF VERFASSUNGSRECHTLICHER EBENE (ART. 23 ABS. 2, 4 – 6 GG)

I. ENTSTEHUNGSGESCHICHTE

Die Vorschläge zur Verbesserung der Beteiligungsrechte der Bundesländer an Gemeinschaftsvorhaben sowie zur Verankerung dieser Rechte in der Verfassung selbst gingen auf mehrere Initiativen der Länder zurück.

Bemerkenswert ist, daß die deutschen Länder, während sie dieses Ziel energisch verfolgten, nie einen Zweifel daran gelassen haben, dem europäischen Integrationsprozeß positiv gegenüberzustehen und die Weiterentwicklung der Europäischen Gemeinschaft in Richtung auf eine Europäische Union nachdrücklich zu unterstützen[1]. Ausgangspunkt der neuen Runde von Initiativen nach der Verankerung der Mitwirkungsrechte im EEAG war der Beschluß der Ministerpräsidentenkonferenz im Oktober 1987[2]. Als oberstes Ziel wurde ein „Europa mit föderativen Strukturen, das die Erhaltung der kulturellen Eigenarten, der gesellschaftlichen Vielfalt, eine ausgewogene Wirtschaftsentwicklung und die Bürgernähe der Entscheidungen in den Mitgliedstaaten gewährleistet", skizziert. Die Länder stellten dabei auch unter anerkennender Berücksichtigung ihrer mit dem Ratifizierungsgesetz zur Einheitlichen Europäischen Akte ver-

---

1 Z. B. die Entschließung des *Bundesrates* zum föderativen Aufbau Europas im Rahmen der Politischen Union vom 9.9.1990, Drucksache 780/90 (Beschluß), abgedruckt bei *Bauer*, S. 112 ff.; vgl. auch *Hrbek*, in: Festschrift für Bodo Börner, S. 125 (129).

2 Vom 21. – 23.10.1987 in München; abgedruckt bei *Bauer*, S. 13 ff.

stärkten Beteiligung „mit Sorge fest, daß durch die fortschreitende Zentralisierung von Aufgaben bei den Europäischen Gemeinschaften die notwendigen eigenen Gestaltungsmöglichkeiten der Länder in der Bundesrepublik Deutschland immer geringer werden“[3].

Die Länder unternahmen zunächst einen dahingehenden Vorstoß über den Bundesrat, der im Rahmen der Beratungen zur Ratifizierung des Vertrages über die Europäische Union die Einbeziehung von – verstärkten – Länderbefugnissen in Art. 24 GG verlangt hatte[4]. Unter dem 16. Mai 1991 hatte er einen Antrag zur Änderung des Art. 24 Abs. 1 GG in den Bundestag eingebracht[5], der folgende Neuerungen vorsah: Die Übertragung von Hoheitsrechten sollte nur noch mit Zustimmung des Bundesrates möglich sein (Satz 1); daneben sollte den Ländern in Angelegenheiten der zwischenstaatlichen Einrichtungen grundsätzlich ein einfaches, bei Betroffenheit von Länderkompetenzen oder wesentlichen Länderinteressen ein qualifiziertes Mitwirkungsrecht eingeräumt

---

3 Sie erwarteten dabei, daß zehn Grundsätze im Interesse der Erhaltung des politischen Gestaltungsspielraums der Länder künftig beachtet würden:

1. Wahrung der vertraglichen Grundlagen („Bei Auslegung und Handhabung der vertraglichen Kompetenzen ist auf die föderale Struktur der Bundesrepublik Deutschland Rücksicht zu nehmen“);
2. Verwirklichung des Subsidiaritätsprinzips;
3. Föderalismus statt Zentralismus;
4. Sicherung der Bildungs- und Kulturhoheit der Länder;
5. Wahrung der Rundfunkhoheit der Länder;
6. Sicherung einer wettbewerbsfähigen Landwirtschaft;
7. Sicherung einer eigenständigen regionalen Strukturpolitik der Länder;
8. Wahrung wichtiger Qualitäts- und Verbraucherstandards;
9. Notwendigkeit mittelstandsfreundlicher Rahmenbedingungen;
10. Subsidiarität in der Forschungspolitik.

4 *Bundesrat*, Drucksache 910/90 (Beschluß) i. V. m. Drucksache 709/89 (Beschluß); bereits bei der Ratifizierung der Einheitlichen Europäischen Akte hatte sich der Bundesrat für eine Änderung des Art. 24 Abs. 1 GG ausgesprochen (*Bundesrat*, Sitzung vom 21.2.1986, Drucksache 50/86 [Beschluß]), wegen des organisatorischen Aufwandes jedoch zunächst mit einem einfachgesetzlichen Mitwirkungsverfahren im EEAG zufrieden gegeben, um die Ratifizierung der Einheitlichen Europäischen Akte nicht zu gefährden (*Bundesrat*, Sitzung vom 16.5.1986, Drucksache 150/86 [Beschluß]).

5 *Bundestag*, Drucksache 12/549.

werden, verbunden mit einem Regelungsvorbehalt durch zustimmungspflichtiges Gesetz (Satz 2)[6].

Gleichzeitig sollte sich die vom Bundesrat am 1. März 1991[7] eingesetzte Kommission „Verfassungsreform" – in Anlehnung an die in Art. 5 des Einigungsvertrages[8] enthaltenen Empfehlungen – mit den verfassungsrechtlichen Fragen einer Stärkung des Föderalismus in der Bundesrepublik und in Europa befassen und dem Bundesrat bis zum 31. Dezember 1991 einen Bericht vorlegen[9]. Diese Kommission hat am 14. Mai 1992[10] einen Vorschlag zur Neufassung des Art. 24 GG unterbreitet, der ergänzend gegenüber den ursprünglichen Vorstellungen des Bundesrates die Wahrnehmung der mitgliedstaatlichen Rechte durch die Länder ermöglichen sollte, sofern im Schwerpunkt ihre grundgesetzlichen Zuständigkeiten tangiert würden[11]. Diese Forderung zielte auf die

---

6 „Art. 24. (1) Der Bund kann durch Gesetz mit Zustimmung des Bundesrates Hoheitsrechte auf zwischenstaatliche Einrichtungen übertragen. In Angelegenheiten dieser Einrichtungen wirken die Länder bei der Willensbildung des Bundes mit. Das Nähere regelt ein Gesetz, das der Zustimmung des Bundesrates bedarf; soweit die im Grundgesetz festgelegten Zuständigkeiten der Länder oder ihre wesentlichen Interessen berührt werden, ist die Möglichkeit einer wesentlichen Einflußnahme der Länder vorzusehen."

7 *Bundesrat*, Drucksache 103/91.

8 BGBl. 1990 II, S. 885 (891): „Die Regierungen der beiden Vertragsparteien empfehlen den gesetzgebenden Körperschaften des vereinten Deutschlands, sich innerhalb von zwei Jahren mit den im Zusammenhang mit der deutschen Einheit aufgeworfenen Fragen zur Änderung oder Ergänzung des Grundgesetzes zu befassen, insbesondere (1) in bezug auf das Verhältnis zwischen Bund und Ländern..."

9 *Asmussen/Eggeling*, VerwArch 1993, S. 230 (230/231).

10 *Bundesrat*, Drucksache 360/92.

11 „Art. 24. (1) Der Bund kann durch Gesetz mit Zustimmung des Bundesrates Hoheitsrechte auf zwischenstaatliche Einrichtungen übertragen.

(2) In Angelegenheiten dieser Einrichtungen wirken die Länder bei der Willensbildung des Bundes und bei der Wahrnehmung der Rechte mit, die der Bundesrepublik Deutschland als Mitgliedstaat zustehen. Soweit ihre in diesem Grundgesetz festgelegten Zuständigkeiten oder ihre wesentlichen Interessen berührt werden, erhalten sie die Möglichkeit einer wesentlichen Einflußnahme auf die Willensbildung. Die Rechte, die der Bundesrepublik als Mitgliedstaat zustehen, können die Länder wahrnehmen, wenn im Schwerpunkt ihre in diesem Grundgesetz festgelegten Zuständigkeiten berührt werden. Das Nähere regelt ein Gesetz, das der Zustimmung des Bundesrates bedarf.

(3) Die Länder können zu zwischenstaatlichen Einrichtungen Beziehungen unterhalten und bei ihnen eigene Vertretungen einrichten.

→

Durchbrechung des Außenvertretungsanspruches des Bundes ab und sollte die Abkehr von den bisherigen, ausschließlich innerstaatlich wirkenden Kompensationsmechanismen einleiten und den Ländern in besonderen Fällen die unmittelbare Mitwirkung in den Gemeinschaftsorganen ermöglichen[12]. Auch von den Ländern unmittelbar kamen Vorschläge mit dem Ziel, über den Bundesrat künftig stärker an der Europapolitik des Bundes beteiligt zu werden[13].

Parallel dazu hat sich am 16. Januar 1992 – ebenfalls nach der in Art. 5 des Einigungsvertrages deklarierten Empfehlung – die „*Gemeinsame Verfassungskommission* von Bundestag und Bundesrat“[14] konstituiert, in die die Vertreter der Bundesländer das Ergebnis der Bundesratskommission eingebracht hatten[15].

Die Länder machten hier vor allem geltend, die Europapolitik habe sich von der klassischen Außenpolitik zu einer europäischen Innenpolitik gewandelt, so daß sich die Bundesregierung nicht mehr auf das Primat der außenpolitischen Handlungsfreiheit berufen könne; insbesondere wegen der Wirkungen auf die innerstaatliche Kompetenzaufteilung zwischen Bund und Ländern sei eine kompensatorische Regelung dringend geboten. Bundesregierung und Bundestag haben zunächst auf der Unantastbarkeit der Außenvertretungsbefugnis bestanden[16], konnten sich jedoch letztlich dem Argument, daß die Europapolitik inzwischen eine besondere Qualität erhalten habe, für die das Grundgesetz keine Antwort bereithalte und wegen der mangelnden Vorstellungskraft des Verfas-

---

(4) Soweit die Länder für die Gesetzgebung zuständig sind, können auch sie mit Zustimmung der Bundesregierung durch Gesetz Hoheitsrechte auf zwischenstaatliche oder interregionale Einrichtungen übertragen.“

Die bisherigen Absätze 2 und 3 sollten als Absätze 5 und 6 unverändert bleiben.

12 *Asmussen/Eggeling*, VerwArch 1993, S. 230 (255).

13 Beschlüsse der Konferenz der Präsidentinnen und Präsidenten der deutschen Landesparlamente zur „Stärkung der Länder in Europa“ vom 24.9.1991 sowie der Ministerpräsidentenkonferenz der Länder vom 12.3.1992 und vom 14.5.1992; Nachweise bei *Scholz*, NJW 1992, S. 2593 (2596).

14 Durch gleichlautende Beschlüsse des Bundestages vom 28.11.1991 und des Bundesrates vom 29.11.1991 eingesetzt; sie setzte sich aus je 32 Mitgliedern des Bundestages und des Bundesrates zusammen, *Wilhelm*, BayVBl. 1992, 705 (706, 710).

15 *Scholz*, NJW 1992, S. 2593 (2596).

16 „Kein Umschlag des Bundesstaates in einen Staatenbund“.

sungsgebers im Jahre 1949 auch nicht bereithalten könne, nicht mehr verschließen[17].

Die Verhandlungen der *Gemeinsamen Verfassungskommission* mündeten am 26. Juni 1992 in einer Empfehlung an den Gesetzgeber, im Rahmen des neu zu schaffenden „Europa-Artikels" 23 Informations- und Beteiligungsrechte sowohl für den Bundestag als auch für den Bundesrat einzuführen[18]. Dieser Vorschlag wurde am 21. Dezember 1992 durch den Gesetzgeber umgesetzt und ist am 22. Dezember 1992 in Kraft getreten[19].

II. Der Grundsatz (Art. 23 Abs. 2 GG)

Art. 23 Abs. 2 Satz 1 GG statuiert das grundsätzliche Mitwirkungsrecht der Länder durch den Bundesrat. Dadurch wird für den Bundesrat das bisher nur einfachgesetzliche Mitwirkungsverfahren nach dem EEAG[20] – in intensivierter Form – auf die verfassungsrechtliche Ebene gehoben. Die generell formulierte Einleitungsbestimmung des Satzes 1 wird insbesondere von der Länderseite[21] als Beleg dafür gewertet, daß sich die Europapolitik von der klassischen Außenpolitik zu einer europäischen Innenpolitik gewandelt habe[22]. Satz 2 des Europa-Artikels überträgt die Informationsrechte des Art. 2 Abs. 1 EEAG in die Verfassung[23].

III. Die Mitwirkungsrechte des Bundesrates im Einzelnen (Art. 23 Abs. 4 und 5 GG)

In Art. 23 Abs. 4 und 5 GG werden die Beteiligungsrechte der Bundesländer via Bundesrat näher konkretisiert, wobei im Verhältnis der Vorschriften zueinander Abs. 4 die Grundsatznorm darstellt.

---

17 Vgl. *Scholz*, NJW 1992, S. 2593 (2596).

18 Vgl. *Scholz*, NJW 1992, S. 2593 (2594/3595); Näheres sogleich unter II. - IV.

19 BGBl. I, S. 2086.

20 Dazu näher oben S. 74 ff.

21 Zu den generellen Positionen der Verhandlungsführer siehe oben S. 197 ff.

22 *Wilhelm*, BayVBl. 1992, S. 705 (708); *Möller/Limpert*, ZParl 1993, S. 21 (24).

23 Zu der Generalklausel aus der Sicht der neuen Rechte des Bundestages siehe unten ab S. 247 .

1. Innerstaatliche Kompetenzverteilung als generelle Abgrenzungsregel (Art. 23 Abs. 4 GG)

Art. 23 Abs. 4 GG stellt die Grundregel auf, daß sich die Mitwirkungsrechte des Bundesrates in Angelegenheiten der Europäischen Union nach der innerstaatlichen Kompetenzverteilung zwischen Bund und Ländern richten. Die Mitwirkung besteht, soweit der Bundesrat „an einer entsprechenden innerstaatlichen Maßnahme mitzuwirken hätte oder soweit die Länder innerstaatlich zuständig wären". Ob durch die Wahl der Formulierung „mitwirken" ein lückenloses Mitspracherecht für sämtliche Fälle der Landes- und Bundesgesetzgebung begründet wird, wie beispielsweise *Wilhelm*[24] meint, erscheint zweifelhaft. Zuzustimmen ist seiner Ansicht insoweit, daß der Bundesrat bei der Bundesgesetzgebung stets in Form von Einspruch oder Zustimmung mitzuwirken hat[25]. Allerdings soll anhand der generell formulierten Einleitungsbestimmung des Absatzes 4[26] keine randscharfe Abgrenzung der einer Mitwirkung unterliegenden Fälle vorgenommen werden; dies bleibt vielmehr den Detailregelungen des Abs. 5 vorbehalten. Die Rechte des Bundestages bestehen demzufolge unter dem Vorbehalt der in Abs. 5 enthaltenen Einschränkungen[27].

2. Abgrenzung der internen Willensbildung (Art. 23 Abs. 5 GG)

In Art. 23 Abs. 5 GG regelt in erster Linie die Frage, wann und in welchem Maße die Länder über den Bundesrat an der Entscheidungsfindung in europäischen Angelegenheiten partizipieren können. Darüber hinaus hatte der verfassungsändernde Gesetzgeber das zentrale Problem zu lösen, wie im Extremfall drei voneinander abweichende Ansichten der Regierung, des Bundestages und der Länderkammer zu einer einheitlichen deutschen Haltung verschmolzen werden können und wem bei fehlender Einigungsfähigkeit oder -bereitschaft das Letztentscheidungsrecht zukommen soll. Abs. 5 regelt davon das Verhältnis zwischen Bundesregierung und Bundesrat und verteilt die Letztentscheidungs-

---

24 In: BayVBl. 1992, S. 705 (708).

25 Diese Interpretation ergibt sich bereits aus Art. 50 GG, wo von der Mitwirkung bei der Gesetzgebung die Rede ist.

26 *Scholz*, NVwZ 1993, S. 817 (822).

27 Dazu *Fischer*, ZParl 1993, S. 32 (42) und unten S. 247 ff.

kompetenz in einem abgestuften Verfahren nach der innerstaatlichen Betroffenheit[28].

a) Bereich ausschließlicher Kompetenz des Bundes und Kompetenz 'im übrigen' (Art. 23 Abs. 5 Satz 1 GG)

Der Anwendungsbereich des Art. 23 Abs. 1 Satz 1 GG umfaßt zunächst die Fälle ausschließlicher Kompetenz des Bundes nach Art. 71, 73 GG, bei denen die Bundesregierung die Stellungnahme des Bundesrates zu *„berücksichtigen"* hat. Allerdings setzt die Mitwirkung hier voraus, daß die „Interessen der Länder berührt sind". Die Beteiligungsrechte der Länderkammer bestehen hier nicht umfassend, sondern nur bei einer entsprechenden Betroffenheit. An diese Betroffenheit dürfen jedoch keine allzu hohen Anforderungen geknüpft sein, denn die Interessenberührung in Satz 1 stellt gegenüber den in Satz 2 genannten Fallgruppen besonderer Betroffenheit ein Minus dar. Die Interessen der Länder können durch erwartete Auswirkungen auf ihre Behördenstruktur oder ihre Verwaltungsverfahren, die nicht die Schwelle der besonderen Betroffenheit des Satzes 2 erreichen, oder durch fiskalische Auswirkungen[29] tangiert werden.

Das Anwendungsgebiet erstreckt sich zusätzlich auf die Fälle, in denen der Bund „im übrigen [...] das Recht zur Gesetzgebung hat". Diese Formulierung zielt auf die konkurrierende und die Rahmengesetzgebung des Bundes ab, wobei dessen „Recht zur Gesetzgebung" auf diesen Gebieten nur besteht, soweit die Voraussetzungen des Art. 72 Abs. 2 GG tatsächlich erfüllt sind[30]; bei

---

28 *Wilhelm*, BayVBl. 1992, S. 705 (708); *Scholz*, NJW 1992, S. 2593 (2599).

29 Dies gilt insbesondere beim Erlaß europäischer Steuerharmonisierungsvorschriften. Aus dem Briefwechsel zwischen dem *Bundeskanzler* und dem *Vorsitzenden der Ministerpräsidentenkonferenz* vom 19./26.09.1979 (abgedruckt bei Hrbek/Thaysen [Hrsg.], Die Deutschen Länder und die Europäischen Gemeinschaften, S. 237/238) ergab sich, daß als berührte wesentliche Interessen insbesondere solche finanzieller Art in Betracht kamen. Nach Ablösung des durch den Briefwechsel begründeten Länderbeteiligungsverfahrens durch das EEAG hat *Tomuschat* (in: Magiera/Merten [Hrsg.], Bundesländer und Europäische Gemeinschaft, S. 21 [33]) diese Regelung aufgrund seiner größeren Ausführlichkeit weiterhin für die Auslegung als geeignet erachtet. Da die Frage der Finanzverteilung zwischen Bund und Ländern (Art. 104a ff. GG) im Bundesstaat von zentraler Bedeutung ist, sollte der Fiskalbereich grundsätzlich auch weiterhin zur Begründung einer (einfachen) Interessenberührung geeignet sein.

30 *Wilhelm*, BayVBl. 1992, S. 705 (708), weist in diesem Zusammenhang auf die – inzwischen umgesetzten – Reformüberlegungen in der *Gemeinsamen Verfassungskommission* hin, wonach die Vorschrift über die konkurrierende Gesetzgebungskompetenz des →

Nichtvorliegen insbesondere der sog. Bedürfnisklausel des Art. 72 Abs. 2 GG hingegen ist das Votum der Länderkammer nach Art. 23 Abs. 5 Satz 2 „maßgeblich zu berücksichtigen". Insofern korrespondiert die Verdrängung der Länder nach Art. 72 GG mit der Pflicht des Bundes, das Bundesratsvotum nur „berücksichtigen" zu müssen[31].

Streitig sind die Fälle, in denen die Voraussetzungen des Art. 72 GG zum Erlaß eines konkurrierenden oder Rahmengesetzes vorliegen, der Bund jedoch bewußt von seiner Kompetenz keinen Gebrauch gemacht hat. In diesen Situationen hat der Bund zwar das *Recht* zur Gesetzgebung (Art. 72 Abs. 2 GG), obwohl die *Befugnis* zur Gesetzgebung weiterhin bei den Ländern liegt, „solange und soweit der Bund von seiner Gesetzgebungskompetenz nicht durch Gesetz Gerauch gemacht *hat*" (Art. 72 Abs. 1 GG). Hierzu wird von der Bundesregierung die Auffassung vertreten, entscheidend für das „*Recht* zur Gesetzgebung" im Sinne des Art. 23 Abs. 5 Satz 1 GG sei das Vorliegen der Voraussetzungen für eine bundeseinheitliche Regelung, eine tatsächliche Inanspruchnah-

---

Art. 72 GG zugunsten der Länder präzisiert werden soll, um die infolge der restriktiven, auf Ermessensfehler beschränkte Kontrolle der Bedürfnisklausel durch das *Bundesverfassungsgericht* (std. Rspr. seit BVerfGE 2, 213 [224 ff.]) nahezu unbegrenzte Möglichkeit des Bundes, von den Materien Gebrauch zu machen, einzuschränken.

Die Norm ist auf der Grundlage des Beschlusses der *Gemeinsamen Verfassungskommission* vom 15.10.1992 wie folgt geändert worden: Nach Absatz 1 hat der Bund die konkurrierende Gesetzgebung nur noch, „solange und soweit der Bund von seiner Gesetzgebungszuständigkeit nicht durch Gesetz Gebrauch gemacht hat". Damit wurde klargestellt, daß die Verdrängungswirkung erst mit dem Erlaß des konkurrierenden Bundesgesetzes eintritt und auf die konkrete Materie des Gesetzes beschränkt ist. Absatz 2 ist dahingehend modifiziert worden, daß anstelle der „Wahrung der Einheitlichkeit der Lebensverhältnisse" nunmehr maßgeblich ist, ob und inwieweit „die Herstellung gleichwertiger Lebensverhältnisse im Bundesgebiet oder die Wahrung der Rechtseinheit im gesamtstaatlichen Interesse eine bundesgesetzliche Regelung erforderlich macht". In Absatz 3 ist gemäß dem Vorschlag eine Rückholermächtigung installiert worden, um den Ländern den Zugriff auf bereits an den Bund abgeflossene Materien zu ermöglichen; da dies mittels Bundesgesetz geschehen soll („Durch Bundesgesetz kann bestimmt werden, daß eine bundesgesetzliche Regelung, für die eine Erforderlichkeit [...] nicht mehr besteht, durch Landesrecht ersetzt werden kann"), wird die Vorschrift voraussichtlich keine allzu große Bedeutung haben. Gleichzeitig sind die Kompetenzkataloge der Art. 74 und 75 GG angepaßt worden.

Einen guten Überblick zu dieser Problematik bieten *Rubel*, JA 1993, S. 12 (15/16) sowie *Rohn/Sannwald*, ZRP 1994, S. 65 (68). Zu den Ergebnissen der *Gemeinsamen Verfassungskommission Bundestags*-Drucksache 12/6000, S. 30 ff; vgl. zur Problematik auch unten in Fn. 57.

31 *Fischer*, ZParl 1993, S. 32 (42). Zu den Anwendungsfällen vgl. den Überblick auf S. 214.

me der konkurrierenden Kompetenz durch den Bund sei demgegenüber nicht zu fordern[32]. Von der dieser Ansicht folgenden Literatur wird dies zusätzlich mit der Erwägung begründet, daß der Bund bei gleichzeitigem Vorliegen eines einheitlichen Regelungsbedürfnisses sowohl auf nationaler als auch auf europäischer Ebene dazu gezwungen wäre, von seiner konkurrierenden Gesetzgebung gegen seinen (ordnungs-)politischen Willen Gebrauch zu machen, um einen geplanten, von den Ländern jedoch mehrheitlich abgelehnten Rechtsetzungsakt der Europäischen Union noch zu „retten“[33].

Diese Auffassung ist jedoch mit Sinn und Zweck der Regelung des Art. 72 Abs. 1 GG nicht in Übereinstimmung zu bringen. Nach dem Grundgedanken dieser Kompetenznorm bleibt die Regelungsbefugnis solange und soweit bei den Ländern, wie der Bund keine Regelung erlassen hat; die Sperrwirkung kann also ausschließlich durch ein konkurrierendes Bundesgesetz ausgelöst werden. Die Vorschrift bietet hingegen für den Bund keine Handhabe, sein Interesse, die betreffende Materie innerstaatlich weder bundeseinheitlich noch länderbezogen zu regeln, gegenüber den Ländern durchzusetzen[34]. Wie bereits gezeigt, korrespondiert das Recht des Bundes, seine europabezogene Willensbildung im wesentlichen eigenverantwortlich ohne die Letztentscheidungsmacht des Bundesrates gestalten zu können, mit der Verdrängung der Länder infolge eigener gesetzgeberischer Tätigkeit. Solange eine bundeseinheitliche Regelung noch fehlt, befinden sich die Gesetzgebungsbefugnisse im Sinne des Satzes 2 weiterhin bei den Ländern[35]; dadurch erscheint es gerechtfertigt, in solchen Fällen eine schwerpunktmäßige Betroffenheit der Bundesländer anzunehmen, was den Anwendungsbereich des stärkeren Beteiligungsrechts für den Bundesrat nach Satz 2 eröffnet[36].

An diesem Befund ändert auch die Vorschrift des § 5 Abs. 2 Satz 1 1. Alt. des Gesetzes über die Zusammenarbeit von Bund und Ländern in Angelegenheiten der Europäischen Union (ZBLG) nichts. Die Maßgeblichkeit von Bundesratsstellungnahmen wird dort kumulativ von einer Gesetzgebungsbefugnis

---

32 *Bundesrat*, Drucksache 501/92, S. 19 ff.; zustimmend *Oschatz/Risse*, DÖV 1995, S. 437 (442).

33 *Fischer*, ZParl 1993, S. 32 (42/43): „... theoretisches Recht zur Gesetzgebung als maßgebliches Abgrenzungskriterium ...“

34 *Bundesrat*, Drucksache 501/1/92, S. 2; *Scholz*, NJW 1992, S. 2593 (2600).

35 Vgl. *Bundesrat*, Drucksache 501/1/92, S. 2.

36 Diese Auslegung entspricht auch der Entstehungsgeschichte des Art. 23 GG, insbesondere in der *Gemeinsamen Verfassungskommission*, vgl. *Scholz*, NJW 1992, S. 2593 (2600); zum Verfahren nach Satz 2 siehe unten S. 207 ff.

der Länder und der Abwesenheit eines Gesetzgebungsrechts des Bundes abhängig gemacht. Zum einen darf jedoch die auf der Grundlage des Art. 23 Abs. 7 GG ergangene einfachgesetzliche Bestimmung lediglich eine Konkretisierung der betroffenen Verfassungsvorschrift vornehmen, was nicht dazu führen kann, ein durch Auslegung der Verfassungsnorm selbst ermitteltes Ergebnis in Frage zu stellen. Darüber hinaus wiederholt diese Vorschrift nur die Voraussetzungen, die die Verfassung selbst in Art. 23 Abs. 5 GG an die Maßgeblichkeit von Bundesratsvoten stellt[37].

Die Vorschrift erlegt der Bundesregierung in der Rechtsfolge die Pflicht auf, die Stellungnahme des Bundesrates zu *„berücksichtigen"*. Dies ist zwar gegenüber der Teilhabe am nationalen Gesetzgebungsverfahren über den Bundesrat ein Minus, diese Reduzierung ist jedoch in erster Linie ein Reflex des Einflußverlustes, den die Bundesrepublik insgesamt durch die Europäisierung der betreffenden Materie hinnehmen muß[38]. Die Formulierung wurde bereits bei der einfachgesetzlichen Statuierung von Mitwirkungsrechten des Bundesrates in Art. 2 Abs. 3 Satz 1 EEAG verwendet und hat schon dort das Problem aufgeworfen, welches Maß an rechtlicher Verbindlichkeit die Stellungnahme für die Regierung hat[39].

Stellt man den Begriff *„berücksichtigen"* der in Abs. 5 Satz 2 verwendeten Formulierung *„maßgeblich zu berücksichtigen"* gegenüber, wird deutlich, daß das Letztentscheidungsrecht stets bei der Regierung verbleiben soll[40]. Dies vorausgeschickt, stellt sich die Frage, inwieweit die Regierung das Bundesratsvotum in ihre eigene Verhandlungsposition einflechten muß. Soll das Mitwirkungsrecht der Länderkammer nicht leerlaufen, muß es über eine Pflicht der Regierung zur Kenntnisnahme hinausgehen. Nach dem Willen des Sonderausschusses „Europäische Union" ist es notwendig, „daß die Bundesregierung die Argumente des Bundesrates zur Kenntnis nehmen, in ihre Entscheidung einbeziehen und sich mit ihnen auseinandersetzen muß"[41].

---

37 A. A.: *Oschatz/Risse*, DÖV 1995, S. 437 (442).

38 *Oschatz*, in: Merten (Hrsg.), Föderalismus und Europäische Gemeinschaften, S. 63 (75).

39 Zum Mitwirkungsverfahren nach dem EEAG oben S. 74 ff.

40 *Wilhelm*, BayVBl. 1992, S. 705 (708); *Scholz*, NVwZ 1993, S. 817 (822).

41 *Bundestag*, Drucksache 12/3896 unter B I 2e; zustimmend *Fischer*, ZParl 1993, S. 32 (43). *Di Fabio*, Der Staat 1993, S. 191 (207), ist der Ansicht, daß man unter „berücksichtigen" kaum mehr verstehen können wird als beispielsweise unter einem Abwägungsbelang bei der Aufstellung von Bebauungsplänen.

b) Besondere Betroffenheit der Länder (Art. 23 Abs. 5 Satz 2 GG)

Art. 23 Abs. 5 Satz 2 GG weist dem Bundesrat ein stärkeres Beteiligungsrecht zu, „wenn im Schwerpunkt Gesetzgebungsbefugnisse der Länder, die Einrichtung ihrer Behörden oder ihre Verwaltungsverfahren betroffen sind". In diesen Fällen hat die Regierung die Bundesratsauffassung *„maßgeblich zu berücksichtigen"*[42]. Durch diese Formulierung sollte im Ergebnis ausgedrückt werden, daß dem Bundesrat in diesem Bereich das Letztentscheidungsrecht zukommt[43].

aa) Tatbestände besonderer Betroffenheit

(1) Gesetzgebungsbefugnisse der Länder

Die erste Anwendungsalternative betrifft die Gesetzgebungsbefugnisse der Länder, die zum einen bestehen, wenn eine ausdrückliche Kompetenzzuweisung an den Bund fehlt (Art. 70 GG); darüber hinaus sind von der Regelung aber auch die Fälle der konkurrierenden und der Rahmengesetzgebung umfaßt, in denen der Bund mangels Bedürfnisses i. S. d. Art. 72 Abs. 2 GG kein Recht zur Gesetzgebung hat oder – nach der hier vertretenen Auffassung[44] – von seiner Gesetzgebungsbefugnis (etwa aus politischen Gründen) keinen Gebrauch gemacht hat[45].

(2) Einrichtung der Behörden der Länder oder ihrer Verwaltungsverfahren

Das qualifizierte Beteiligungsrecht des Bundesrates erstreckt sich über das Gebiet der Landesgesetzgebungskompetenzen hinaus auf den exekutivischen Bereich, wenn im Schwerpunkt die Einrichtung ihrer Behörden oder ihre Verwaltungsverfahren betroffen sind. Hintergrund für diese Regelung bildet der Umstand, daß die Länder neben den Kompetenzverlusten auf dem Gebiet der Gesetzgebung in besonderer Weise durch den Vollzug von Maßnahmen der Europäischen Union betroffen sind, der traditionell zum Schwerpunkt ihrer Kom-

---

42 Zu den Anwendungsfällen vgl. auch den Überblick auf S. 214.

43 *Scholz*, NJW 1992, S. 2593 (2599), m. w. N.

44 Zu dem Streit bezüglich dieser Fallgruppe vgl. oben S. 204 ff.

45 *Scholz*, NJW 1992, S. 2593 (2599/2600); *ders.*, NVwZ 1993, S. 817 (823); vgl. auch *Wilhelm*, BayVBl. 1992, S. 705 (708/709).

petenzen (vgl. Art. 83/85 GG) gehört[46]. Wird künftig durch einen Rechtsetzungsakt der Europäischen Union Einfluß auf den Verwaltungsaufbau oder die Verwaltungsorganisation der Länder genommen, steht ihnen im Regelfall das Letztentscheidungsrecht im Europäischen Rat zu[47]. „Betroffen“ sind die Länder durch eine Maßnahme der Europäischen Union, wenn diese zu einer nicht unerheblichen Steigerung der Personal- und Sachkosten führen.[48]

bb) Einschränkungen

Das Votum des Bundesrates steht allerdings unter mehreren Vorbehalten, die als Ergebnis einer Abwägung der betroffenen Länder- und Bundesinteressen hervorgegangen sind. Sie sollen dem Umstand Rechnung tragen, daß die Einbußen der Länder in den Bereichen Gesetzgebung und Verwaltung in bestimmten Fällen weniger schwerwiegend seien als die – außerhalb der Kompetenzordnung liegenden – Auswirkungen für den Bund.

(1) 'IM SCHWERPUNKT'

Die geplante Maßnahme der Europäischen Union muß zunächst die Gesetzgebungs- bzw. Verwaltungskompetenzen der Länder „im Schwerpunkt“ treffen. Dies ist regelmäßig der Fall, wenn diese Materien „bei einer Gesamtschau ... im Mittelpunkt stehen oder ganz überwiegend den Regelungsgegenstand bilden“[49].

(2) 'INSOWEIT'

Das Votum des Bundesrates findet nur *„insoweit“* maßgebliche Berücksichtigung, wie es sich auf die einzelnen Materien schwerpunktmäßiger Länderbetroffenheit bezieht. In der Konsequenz kann es also zu einer Teilung eines EU-Rechtsetzungsvorhabens kommen, je nachdem, wem das Letztentscheidungsrecht für den einzelnen Teil zukommt[50].

---

46 *Scholz*, NJW 1992, S. 2593 (2600); *Fischer*, ZParl 1993, S. 32 (43).

47 *Di Fabio*, Der Staat 1993, S. 191 (208).

48 *Wilhelm*, BayVBl. 1992, S. 705 (709) mit Beispielen in den Fußnoten 24 und 25.

49 *Bundesrat*, Drucksache 501/92, S. 20; enger *Wilhelm*, BayVBl. 1992, S. 705 (709): „... wenn ein wesentlicher, ins Gewicht fallender *Teil* der Vorlage die genannten Länderrechte betrifft“.

50 *Wilhelm*, BayVBl. 1992, S. 705 (709).

(3) WAHRUNG DER GESAMTSTAATLICHEN VERANTWORTUNG

Bedeutsam ist die Regelung des Art. 23 Abs. 5 Satz 2 Halbsatz 2 GG, die dem Bundesrat die Pflicht auferlegt, in den Fällen qualifizierter Mitwirkung „die gesamtstaatliche Verantwortung des Bundes zu wahren“. Vorläufer dieser Klausel war die Regelung in Art. 2 Abs. 3 EEAG, wonach ein Abweichen von der Stellungnahme des Bundesrates „nur aus unabweisbaren außen- und integrationspolitischen Gründen“ zulässig war. Der Begriff „gesamtstaatliche Verantwortung“ dient in Art. 23 GG als Oberbegriff für verschiedene Aspekte mit internationalem Bezug, die von der grundgesetzlichen Konzeption ausschließlich dem Bund zugewiesen sind: Er umfaßt nach § 5 Abs. 2 Satz 2 des Gesetzes über die Zusammenarbeit von Bund und Ländern in Angelegenheiten der Europäischen Union (ZBLG) neben den bereits im EEAG vorgesehenen Gebieten Außen- und Integrationspolitik (Art. 32, 73 Nr. 1 GG) insbesondere den Verantwortungsbereich Sicherheitspolitik (Art. 87a GG)[51]. Dieser Vorbehalt stellt – insbesondere wegen des weiten Anwendungsbereichs gemäß § 5 Abs. 2 Satz 2 ZBLG – eine nicht unerhebliche Relativierung der gewonnenen Partizipationsrechte der Länder dar[52].

Kommt es bei der Beurteilung des interpretationsbedürftigen Begriffs der gesamtstaatlichen Verantwortung zum Konflikt zwischen der Regierung und dem Bundesrat, sieht § 5 Abs. 2 ZBLG ein Modell vor, um die unterschiedlichen Standpunkte möglichst in Einklang zu bringen. Satz 3 dieser Vorschrift trägt dem Umstand Rechnung, daß auch der Bundesrat ein Organ des Bundes und damit originär zur Wahrung der „gesamtstaatlichen Verantwortung des Bundes“ verpflichtet ist[53]: Die Vorschrift gebietet, zunächst eine einvernehmliche Lösung anzustreben. Scheitert ein solcher Konsens, ist nach erneuter Beratung der Bundesregierung mit Vertretern der Länder nochmals zu versuchen, ein Einvernehmen herzustellen (Satz 4). Schlägt auch dieser Versuch fehl, kann der Bundesrat sein Letztentscheidungsrecht nur aufrechterhalten, wenn er seinen ursprünglichen Beschluß mit einer Zweidrittelmehrheit bestätigt (Satz 5)[54]; im übrigen fällt die Letztentscheidungskompetenz der Bundesregierung zu.

---

51 *Gemeinsame Verfassungskommission*, Stenographischer Bericht der Sitzung vom 22.6.1992, Protokollnotizen der Berichterstatter, abgedruckt bei *Scholz*, NJW 1992, S. 2593 (2600); vgl. *ders.*, NVwZ 1993, S. 817 (823); *Wilhelm*, BayVBl. 1992, S. 705 (709).

52 *Herdegen*, EuGRZ 1992, S. 589 (590, 593).

53 *Scholz*, NVwZ 1993, S. 817 (823).

54 Vgl. *Kühn*, in: Vorträge und Berichte des Zentrums für Europäisches Wirtschaftsrecht Nr. 33, S. 19.

Das Erfordernis der qualifizierten Mehrheit von zwei Dritteln der Bundesratsstimmen bei einem „Beharrungsbeschluß“ bietet sogleich den Ansatzpunkt für Kritik an der Streitschlichtungsregelung. Weicht die Auffassung der Ländermehrheit in der Frage der gesamtstaatlichen Verantwortung von der des Bundes ab, ist zwar in erster Linie die mit der geplanten EU-Maßnahme verbundene Kompetenzeinbuße der Bundesländer dafür verantwortlich. Allerdings können solche Differenzen auch auf unterschiedlichen politischen Mehrheiten in Bundestag und Bundesrat basieren: Kann die Oppositionspartei im Bund die (stimmenmäßige) Mehrheit der Länder im Bundesrat in sich vereinen, kommt es nicht selten wegen parteipolitischer Prinzipien zu unterschiedlichen Auffassungen. Insbesondere in diesen Fällen, aber auch in solchen der fachlichen Unentschiedenheit hat es die Bundesregierung nach der Regelung des § 5 Abs. 2 Satz 5 ZBLG nunmehr in der Hand, das Letztentscheidungsrecht der Länderkammer auszuhebeln, wenn sie fest entschlossen auf ihrer eigenen ursprünglichen Einschätzung beharrt. In den oben geschilderten Konstellationen wird es – schon aus Gründen der Parteiräson – selten eine qualifizierte Mehrheit im Bundesrat geben[55], die gegen die Einschätzung der Bundesregierung opponiert. Dies gilt sowohl in den Fällen unterschiedlicher Mehrheiten in Bund und Ländern wie auch in denen der föderalen Dissonanzen. Damit kann das Letztentscheidungsrecht der Länder via Bundesrat in letzter Konsequenz nicht unerheblich entwertet werden. Ob und inwieweit die Bundesregierung von dieser Möglichkeit Gebrauch macht, wird eher eine Frage der politischen Machtverhältnisse als eine der fachlichen Beurteilung des unscharf formulierten Begriffs der „gesamtstaatlichen Verantwortung“ sein[56]. Die Staatspraxis wird zeigen, ob sich das Zustimmungsrecht des Bundesrates zu einem ähnlich wirksamen Instrument zur Durchsetzung der Länderinteressen ausweitet, wie dies im Zusammenhang mit den zustimmungspflichtigen Gesetzen nach Art. 84 Abs. 1 GG geschehen ist[57].

Aber selbst wenn es dem Bundesrat gelingt, eine Zweidrittelmehrheit aufzubringen, ist die Schlacht für die Bundesländer noch nicht gewonnen, wenn es sich um eine für den Bundeshaushalt relevante Maßnahme handelt und deshalb

---

55 Vgl. *Oschatz/Risse*, DÖV 1995, S. 437 (443).

56 *Herdegen*, EuGRZ 1992, S. 589 (593).

57 Nahezu alle neueren Gesetze enthalten neben dem materiellen einen verfahrensrechtlichen Teil, der das Gesetz nach der Rechtsprechung des *Bundesverfassungsgerichts* insgesamt nach Art. 84 Abs. 1 GG zustimmungsbedürftig macht, vgl. BVerfGE 37, 363 (381); 55, 274 (319); *Ossenbühl*, DVBl. 1993, S. 629 (636).

gemäß Art. 23 Abs. 5 Satz 3 GG die Zustimmung der Bundesregierung erforderlich ist[58].

(4) Haushaltsrelevanz für den Bund

Art. 23 Abs. 5 Satz 3 GG[59] verlangt wiederum die Zustimmung der Bundesregierung zu der Stellungnahme des Bundesrates, wenn das Vorhaben der Europäischen Union zu höheren Ausgaben oder verminderten Einnahmen führen könnte. Diese Regelung ist Ausfluß aus der Norm des Art. 113 GG[60], die als Schutzvorschrift zur Sicherung gegen Störungen des Haushaltsgleichgewichts durch die Legislative dient, indem sie der Bundesregierung im Bereich des Budgetrechts gegenüber dem Bundestag ein Vetorecht einräumt[61]. Auch diese Klausel soll die Regierung davor bewahren, eine unter federführender Mitwirkung des Bundesrates verabschiedete EU-Maßnahme trotz negativer Auswirkungen auf den Bundeshaushalt hinnehmen zu müssen[62].

Schwierig ist hier die Frage nach der Reichweite des Zustimmungserfordernisses zu beantworten. Nimmt man die Formulierung in Art. 23 Abs. 5 Satz 3 GG wörtlich, könnte man nahezu jede Entscheidung dem Zustimmungsvorbehalt unterstellen, weil damit regelmäßig zumindest mittelbare Auswirkungen auf den Bundeshaushalt verbunden sind[63].

Eine an Sinn und Zweck sowie an der systematischen Einpassung der Vorschrift orientierte Auslegung trüge ein solches Ergebnis indes nicht.

Art. 23 Abs. 5 Satz 3 GG soll im Bereich europäischer Entscheidungen sicherstellen, daß die Bundesregierung ihrer besonderen Verantwortung für eine

---

58 Vgl. *Oschatz/Risse*, DÖV 1995, S. 437 (443).

59 Vgl. auch § 5 Abs. 2 Satz 6 ZBLG: „Die Zustimmung der Bundesregierung ist erforderlich, wenn Entscheidungen zu Ausgabenerhöhungen oder Einnahmeverminderungen für den Bund führen können".

60 *Wilhelm*, BayVBl. 1992, S. 705 (709).

61 Durch diese Vorschrift soll die Bundesregierung davor bewahrt werden, ein von den gesetzgebenden Körperschaften beschlossenes Gesetz vollziehen zu müssen, das nach ihrer Auffassung zu einem nicht ausgeglichenen Haushalt führt; vgl. *Schede*, Bundesrat und Europäische Union, S. 147.

62 *Scholz*, NJW 1992, S. 2593 (2600): „Die Regelung ist – in der Konsequenz des Art. 113 GG – selbstverständlich".

63 Näher zur Problematik *Schede*, Bundesrat und Europäische Union, S. 148 ff.

sachgerechte Haushalts- und Finanzpolitik gerecht werden kann[64]. Sie dient jedoch nicht dazu, der Bundesregierung zusätzliche Rechte in anderen Bereichen als der Haushaltspolitik einzuräumen. Dem Beteiligungsmechanismus des Art. 23 Abs. 2 – 5 GG liegt die – auch schon zuvor gültige – Regelung zugrunde, daß in auswärtigen Angelegenheiten *grundsätzlich* die Bundesregierung zuständig ist. Daran hat der neue Art. 23 GG nur insofern etwas geändert, als daß nunmehr unter bestimmten Voraussetzungen der Bundestag und der Bundesrat *zu beteiligen* sind. Liegt gemäß Art. 23 Abs. 5 Satz 2 GG eine Pflicht zu maßgeblicher Beteiligung des Bundesrates wegen besonderer Länderbetroffenheit vor, verlagert sich das Entscheidungsprimat von der Regierung auf den Bundesrat. Nach Art. 23 Abs. 5 Satz 3 GG kann es zu einer Rückverlagerung kommen, wenn die Mitwirkung der Länderkammer zu einer Ausgabenerhöhung oder Einnahmeverminderung für den Bund führt.

Die Initiative für ein Handeln auf europäischer Ebene liegt – auch in den Fällen besonderer Länderbetroffenheit – grundsätzlich beim Bund. Daraus folgt, daß die Bundesregierung selbst, bevor sie eine Entscheidung dem Bundesrat zur Mitwirkung vorlegt, deren Haushaltsrelevanz überprüfen und ggf. entscheiden kann, dem Vorhaben nicht zuzustimmen. Hat sie sich dafür entschieden, eine europäische Maßnahme grundsätzlich mitzutragen und legt sie dies dem Bundesrat zur Stellungnahme vor, sind ihr mithin die haushaltsrechtlichen Folgen, die mit *ihren* Vorstellungen verbunden wären, bekannt. Liegt ein Fall des Art. 23 Abs. 5 Satz 2 GG vor, hat also die Länderkammer das Letztentscheidungsrecht, rechtfertigt Art. 23 Abs. 5 Satz 3 GG die Rückverlagerung auf die Bundesregierung nur dann, wenn es aufgrund der Bundesratsvorstellungen zu erhöhten Ausgaben oder verminderten Einnahmen für den Bund kommen würde. Ginge es beispielsweise um die Erhöhung der europäischen Regionalförderung, von der ein Teil der deutschen Länder profitierte, die aber den allein abführungsverpflichteten Bund mit zusätzlichen Ausgaben belastete, müßte die Bundesregierung also zustimmen. Diese Folge entspricht dem finanzverfassungsrechtlichen Konnexitätsprinzip[65], wonach Aufgaben- und Ausgabenverantwortung stets in einer Hand zu liegen haben[66].

Anders ist die Situation jedoch in dem Fall, wenn die geplante europäische Maßnahme schon auf der Grundlage der Vorstellungen der Bundesregierung zu erhöhten Ausgaben des Bundes führen würde. Um nicht das Regel-Ausnahme-Verhältnis zwischen den Sätzen 2 und 3 auszuhebeln, kann der Zustimmungs-

---

64 Vgl. *Schede*, Bundesrat und Europäische Union, S. 147.

65 Vgl. nur *Pieroth*, in: Jarass/Pieroth, Art. 104a GG, Rdnr. 3.

66 Vgl. auch *Oschatz/Risse*, DÖV 1995, S. 437 (444).

vorbehalt nur durch unmittelbare haushaltsrechtliche Folgen ausgelöst werden; steigt der Finanzbedarf der Europäischen Union hingegen insgesamt, weil eine innerstaatlich in die Länderkompetenzen fallende Maßnahme zu höheren Ausgaben führt, ist der Bundeshaushalt nur mittelbar betroffen[67]. Würde man auch diese Fälle dem Zustimmungserfordernis unterstellen, wäre in nahezu jedem Anwendungsfall das Votum der Regierung einzuholen.

Schließlich ist fraglich, wie sicher es zu Ausgabenerhöhungen oder Einnahmeverminderungen kommen muß. Sowohl Art. 23 Abs. 5 Satz 3 GG als auch § 5 Abs. 2 Satz 6 ZBLG lassen durch die Verwendung des Konjunktivs „können" die bloße Möglichkeit einer Verschlechterung der Haushaltslage des Bundes ausreichen. Jedoch darf sich die Bundesregierung wegen des Grundsatzes der Bundestreue nicht rechtsmißbräuchlich verhalten. Dies bedeutet zum einen, daß die bloße Behauptung einer erwarteten Haushaltsverschlechterung nicht ausreicht; vielmehr kann der Bundesrat eine nachvollziehbare, plausible Prognose verlangen. Daneben wird sich die Bundesregierung nicht auf die formale Erfüllung der genannten Vorschriften berufen können, wenn das abweichende Bundesratsvotum lediglich zu unwesentlichen nachteiligen Veränderungen der Bundeshaushaltslage führt.[68] Die Höhe einer solchen Bagatellgrenze wird sich, um dem Mißbrauchsverbot zu entgehen, am Gesamtvolumen und an der Bedeutung der Maßnahme auszurichten haben.

---

67 *Wilhelm*, BayVBl. 1992, S. 705 (709).

68 *Oschatz/Risse*, DÖV 1995, S. 437 (444).

c) Übersicht über die Anwendungsfälle des Art. 23 Abs. 5 GG

Anwendungsbereich des Art. 23 Abs. 5 GG	
Satz 1	1. Gegenstände ausschließlicher Gesetzgebung des Bundes (Art. 71, 73 GG), soweit: Interessen der Länder berührt sind. 2. Konkurrierende und Rahmengesetzgebung des Bundes (Art. 72, 74, 75 GG), soweit: a) Voraussetzungen des Art. 72 GG vorliegen und b) der Bund von seinem Gesetzgebungsrecht tatsächlich Gebrauch gemacht hat
Satz 2	I. Gesetzgebungskompetenzen der Länder schwerpunktmäßig betroffen 1. Gesetzgebungskompetenzen der Länder (Art. 70 GG) 2. Konkurrierende und Rahmengesetzgebung des Bundes (Art. 72, 74, 75 GG), soweit: a) Voraussetzungen des Art. 72 GG nicht vorliegen oder b) der Bund von seinem Gesetzgebungsrecht keinen Gebrauch gemacht hat II. Einrichtung der Länderbehörden III. Verwaltungsverfahren der Länder

3. Bewertung des Verfahrens – auch aus der Sicht des Bundes

Nachdem die Mitwirkungsrechte des Bundesrates im einzelnen erörtert worden sind, gilt es nunmehr, zu den praktischen Auswirkungen dieser Partizipation kurz Stellung zu nehmen.

a) Fehlende Bestimmtheit der Vorschriften

Der erste – sowohl von Befürwortern als auch von Gegnern der Regelung ins Feld geführte – Kritikpunkt zielt auf den Umfang der neuen Vorschrift sowie die Verwendung einer Vielzahl unbestimmter Rechtsbegriffe, die die Gefahr mangelnder Rechtssicherheit und Justitiabilität in sich bergen[69]. Der neue Artikel wird wegen seiner Komplexität[70] häufig als „verfassungsrechtliches Monstrum“ bezeichnet[71], da er lehrbuchartig Verwaltungs- und Verfassungspraxis umschreibe, ohne eine nähere Abgrenzung vorzunehmen[72]. Die drei Begriffe der „Berücksichtigung“, der „maßgeblichen Berücksichtigung“ und der „gesamtstaatlichen Verantwortung“ beschreiben Verfahrensregelungen, die eigentlich nicht in die Verfassung, sondern in ein Ausführungsgesetz gehören[73]. *Everling* sieht in dieser in Einzelheiten gehenden Regelung mit einer Anhäufung unbestimmter und z. T. gegensätzlicher Begriffe gar eine Verletzung der Regeln ordnungsgemäßer Verfassunggebung[74]. Zweifel sind auch hinsichtlich der vielfach angestrebten Verbesserung der Transparenz der Europapolitik angebracht[75].

b) Nur innerstaatlicher Kompensationsprozeß

Das sorgsam ausdifferenzierte System der Beteiligungsbefugnisse des Bundesrates hat die – auch nach Einführung des Regionalausschusses weiterhin fortbestehende – Landes-Blindheit der Gemeinschaft nicht beseitigen können. Jeder Schutz von Länderrechten durch das Partizipationsverfahren versagt nämlich in dem Augenblick, in dem der Vertreter der Bundesregierung oder der noch so sorgfältig instruierte Delegierte der Länder im Rat der Europäischen Gemeinschaft überstimmt werden kann[76]. Ob das Prinzip der Gemeinschaft-

---

69 Dies gilt beispielsweise für den Begriff der „Abstimmung“, der weniger als „Einvernehmen“ und mehr als „Benehmen“ bedeuten solle; vgl. *Scholz*, NVwZ 1993, S. 817 (824).

70 *Scholz*, NVwZ 1993, S. 817 (824).

71 So *Ossenbühl*, DVBl. 1993, S. 629 (630).

72 *Starck*, VVDStRL 53 (1994), S. 127 (Aussprache); *Häberle*, ebda., S. 147: „Seine Absätze 2 bis 7 sind wohl die schlechtesten Artikel, die auf Grundgesetzebene je zustande gekommen sind, ihre Unverständlichkeit und Länge widerspricht allen Regeln guter Verfassungspolitik“.

73 *Kühn*, in: Vorträge und Berichte des Zentrums für Europäisches Wirtschaftsrecht Nr. 33, S. 19.

74 In: DVBl. 1993, S. 936 (945); vgl. *Scholz*, NJW 1992, S. 2593 (2600), mit dem Hinweis, daß in der *Gemeinsamen Verfassungskommission* der Wunsch geäußert worden sei, noch weitere verfahrensrechtliche Details in den Tatbestand der empfohlenen Neuregelung des Art. 23 GG aufzunehmen.

75 *Classen*, ZRP 1993, S. 57 (59), m. w. N.

76 *Stein*, VVDStRL 53 (1994), S. 26 (37).

streue aus Art. 5 EGV sich hier zum Gebot der Rücksichtnahme auf die föderative Ordnung in *einem* Mitgliedstaat verdichten kann[77] mit der konkreten Konsequenz, daß eine qualifizierte Mehrheit der Mitgliedstaaten einen Rechtsakt nicht oder nicht so erlassen darf, weil eine kleinere oder größere Mehrheit im Deutschen Bundesrat dagegen ist, erscheint überaus zweifelhaft und allenfalls denkbar für eine Situation, in der die Annahme des Rechtsaktes die Tabuzone des Art. 79 Abs. 3 GG überschreiten und die Bundesrepublik in einen Verfassungskonflikt stürzen würde[78].

Ob das Problem der Landes-Blindheit durch einen Ausbau des Regionalausschusses (Art. 198a – c EGV) zu einem echten Regionalorgan behoben werden könnte, soll unten ab S. 306 erörtert werden.

c) Exekutivföderalismus

Die verfassungsrechtliche Literatur hat das Bundesratmitwirkungsverfahren im Hinblick auf seine Schutzwirkung kritisch aufgenommen; fraglich erscheint dabei insbesondere, ob der neue Art. 23 GG tatsächlich die „offene Flanke des Föderalismus" des Art. 24 Abs. 1 GG[79] hat schließen können[80].

Ein aus Sicht der Länder in der Tat bedeutender Kritikpunkt an der neuen Regelung ist der in Art. 23 GG i. V. m. Art. 50 GG angelegte Exekutivföderalismus[81]. Der Bundesrat als oberstes Bundesorgan wird gewissermaßen als „Treuhänder" von Länderinteressen und insbesondere von ausschließlichen Ländergesetzgebungskompetenzen tätig[82]. Die nach Europa abgegebenen Gesetzgebungskompetenzen werden fortan durch Mitglieder der Länderregierungen, die allgemeiner Ansicht zufolge von den Parlamenten unabhängig sind, wahrgenommen[83]. Hinzu kommt, daß durch das Mehrheitsprinzip

---

77 So *Hailbronner*, JZ 1990, S. 149 (152); *Pernice*, DVBl. 1993, S. 909 (916).

78 *Stein*, VVDStRL 53 (1994), S. 26 (37/38).

79 *Wilhelm*, BayVBl. 1992, S. 705 (708).

80 Vgl z. B. *Schweitzer*, VVDStRL 53 (1994), S. 48 (59 ff.).

81 *Graf Vitzthum*, AöR 115 (1990), S. 281 (286); *Schweitzer*, VVDStRL 53 (1994), S. 48 (61).

82 *Schweitzer*, VVDStRL 53 (1994), S. 48 (60/61).

83 *Schweitzer*, VVDStRL 53 (1994), S. 48 (61); *E. Klein*, VVDStRL 53 (1994), S. 114 (Aussprache).

im Bundesrat eine Mediatisierung der Länderinteressen eintritt[84]. Diese Fragen sollen unten im 5. Teil näher erörtert werden[85].

d) Verlust der Handlungsfähigkeit auf europäischer Ebene

In der verfassungsrechtlichen Literatur wird von den Kritikern der Bundesratsregelung eingewandt, die neuen Mitwirkungsrechte des Bundesrates führten zu einem Verlust der Handlungsfähigkeit des Mitglieds Deutschland auf europäischer Ebene: So wird behauptet, es handele sich um eine erhebliche Hypothek für den Bundesstaat Bundesrepublik Deutschland als Ganzes, also für Bund *und* Länder, in bezug auf die Manövrierfähigkeit und die Flexibilität gegenüber den anderen Mitgliedstaaten der Europäischen Union[86]. Ermöglicht worden sei dies nur, weil die Länder den ihnen durch das Erfordernis einer verfassungsändernden Mehrheit für den Unionsvertrag überantworteten Trumpf bis zum äußersten ausgereizt hätten[87]. Aus diesem Grunde sollte wenigstens, wenn man schon die verfassungsrechtliche Vorgabe des Art. 23 GG nicht mehr ohne weiteres aus der Welt schaffen könne, das Ausführungsgesetz zu Art. 23 GG einer baldigen Korrektur unterzogen werden, um der besonderen Bedeutung flexiblen Regierungshandelns auf europäischer Ebene wieder Rechnung tragen zu können[88].

Ob es zu dem prognostizierten *Verlust* der Handlungsfähigkeit kommen wird, ist indes zweifelhaft. Die durch den innerstaatlichen Abstimmungsprozeß entstehenden *Erschwerungen* und *Verzögerungen* in der Verhandlungsführung sind durch die föderale Sonderstellung des Mitgliedstaats Deutschland bedingt. Obwohl die Gemeinschaft auf innerstaatliche Besonderheiten grundsätzlich keine Rücksicht nimmt („Landes-Blindheit"), handelt es sich hier doch um eine in ihren Auswirkungen hinzunehmende mittelbare Folge des – insoweit in der Gemeinschaft einmaligen – zweistufigen Staatsaufbaus der Bundesrepublik Deutschland.

---

84 Vgl. *Stavenhagen*, in: Hrbek/Thaysen (Hrsg.), Die Deutschen Länder und die Europäischen Gemeinschaften, S. 51 (54).

85 Siehe S. 317 ff.

86 *Schwarze*, JZ 1993, S. 585 (590).

87 *Hennis*, Man wird das Grundgesetz nicht wiedererkennen, FAZ vom 18.2.1993.

88 So *Schwarze*, JZ 1993, S. 585 (590).

4. Klagerecht der Länder

Hinsichtlich des Rechtsschutzes ist folgendes anzumerken: Ist es bereits zur Mitwirkung des zuständigen Bundesministers im Rat gekommen, ist ein unmittelbares Vorgehen der betroffenen Länder selbst oder über den Bundesrat vor dem Europäischen Gerichtshof nicht möglich[89]: Rechtswidrige Maßnahmen von EG-Organen sind, selbst wenn dadurch Tätigkeitsbereiche berührt sind, die innerstaatlich zum Zuständigkeitsbereich der Länder gehören, nicht von ihnen selbst vor dem Europäischen Gerichtshof im Verfahren nach Art. 173 Abs. 1 Satz 2, 175 EGV anfechtbar[90]. Klageberechtigt in diesem Verfahren ist ausschließlich der Bund, vertreten durch die Bundesregierung[91].

Eine von den deutschen Bundesländern favorisierte Verankerung eines eigenen Klagerechts im Unionsvertrag ist gescheitert; jedoch ist dieses vieldiskutierte Problem innerstaatlich auf einfachgesetzlichem Wege entschärft worden[92]: Gemäß § 7 ZBLG hat die Bundesregierung auf Verlangen des Bundesrates von den im Unionsvertrag vorgesehenen Klagemöglichkeiten Gebrauch zu machen, soweit die Länder durch ein Handeln oder Unterlassen von Organen der Union in Bereichen ihrer Gesetzgebungsbefugnisse betroffen sind und dem Bund keine Gesetzgebungskompetenz zukommt. Daneben ist die Anrufung des *Bundesverfassungsgerichts* durch den Bundesrat möglich. Statthafte Verfahrensart dürfte die Bund-Länder-Streitigkeit nach Art. 93 Abs. 1 Nr. 3 GG, §§ 13 Nr. 7, 68 ff. BVerfGG sein, wenn eine Verletzung von Rechten der Länder unmittelbar vorliegt[93]. Sind hingegen Mitwirkungsrechte des Bundesorgans Bundesrat betroffen, wäre die Angelegenheit im Wege des Organstreitverfahrens gemäß Art. 93 Abs. 1 Nr. 1 GG, §§ 13 Nr. 5, 63 ff. BVerfGG zu verfolgen, weil es sich um einen Streit zwischen den (Bundes-)Verfassungsorganen – Bundesregierung und Bundesrat – um ihre Rechte und Pflichten aus der Verfassung – Art. 23 Abs. 5 Satz 2 GG – handelt. Da auf die konkrete Abstimmung im Rat kein Einfluß mehr genommen werden kann, kommt es auf die Feststellung der Verfas-

---

89 Näher zur Problematik *Jooss/Scheuerle*, EuR 1989, S. 226 (231 ff.).

90 Näher zur gesamten Problematik bei *Kleffner-Riedel*, Regionalausschuß und Subsidiaritätsprinzip, S. 233 ff.

91 *Kössinger*, Europäisches Gemeinschaftsrecht im Bundesstaat, S. 159.

92 *Schweitzer*, VVDStRL 53 (1994), S. 48 (66/67).

93 *Kössinger*, Europäisches Gemeinschaftsrecht im Bundesstaat, S. 159/160.

sungswidrigkeit durch das *Bundesverfassungsgericht* an, um Wiederholungsfälle auszuschließen[94].

Ist es dagegen noch nicht zu der umstrittenen Mitwirkung der Bundesregierung im Rat gekommen, ist Rechtsschutz ohnehin nur vor dem *Bundesverfassungsgericht* in Betracht zu ziehen. Wegen der hier regelmäßig vorliegenden Eilbedürftigkeit einer gerichtlichen Entscheidung wird häufig ein Bedürfnis nach vorläufiger Regelung bestehen. Insbesondere zur Vermeidung irreversibler Situationen steht das Instrument der einstweiligen Anordnung durch das Bundesverfassungsgericht nach § 32 BVerfGG zur Verfügung[95].

Die Kontrolle durch das *Bundesverfassungsgericht* wird eine erhebliche Einschätzungsprärogative der Bundesregierung anzuerkennen haben, um die Handlungsfähigkeit auf europäischer Ebene nicht unverhältnismäßig einzuengen[96].

Im ebenfalls föderal organisierten Nachbarstaat *Österreich* ist die Frage des Rechtsschutzes der Länder gegen EU-Maßnahmen ebenfalls einfachgesetzlich geregelt worden[97], jedoch kann dort jedes einzelne Land von der Bundesregierung die Erhebung der Klage verlangen und jedes andere Land dem erfolgreich widersprechen[98].

IV. Aufgabenwahrnehmung im Rahmen der Europäischen Union durch Vertreter der Länder (Art. 23 Abs. 6 GG)

Art. 23 Abs. 6 GG verpflichtet die Bundesregierung unter bestimmten Umständen, die Wahrnehmung der mitgliedstaatlichen Rechte der Bundesrepublik in der Europäischen Union auf einen Vertreter der Länder zu übertragen. Die

---

94 Vgl. *Kössinger*, Europäisches Gemeinschaftsrecht im Bundesstaat, S. 163, zum Bund-Länder-Streit vor dem Bundesverfassungsgericht.

95 Zu dem Streit, ob das einstweilige Anordnungsverfahren im Organstreit zulässig ist, vgl. *Schlaich*, Das *Bundesverfassungsgericht*, Rdnr. 427.

96 *Di Fabio*, Der Staat 1993, S. 191 (207).

97 Art. 10 der Vereinbarung zwischen dem Bund und den Ländern gemäß Art. 15a B-VG über die Mitwirkungsrechte der Länder und Gemeinden in Angelegenheiten der europäischen Integration, öBGBl. 1992 / 775. Vgl. auch *Öhlinger*, in: Festschrift für Herbert Helmrich, S. 379 ff.

98 *Öhlinger*, in: Festschrift für Herbert Helmrich, S. 379 (389); *Schweitzer*, VVDStRL 53 (1994), S. 48 (66/67).

Vorschrift regelt damit im Gegensatz zu den Absätzen 2 bis 5 nicht das Verfahren der innerstaatlichen Willensbildung, sondern die Frage der Außenvertretung in den Gremien der Europäischen Union[99]. Die ausnahmsweise Zulassung von Ländervertretern bedeutet eine Durchbrechung des Außenvertretungsrechts des Bundes nach Art. 32 Abs. 1 GG[100]. Art. 23 Abs. 6 GG ist erst durch die mit dem Unionsvertrag eingefügte Ergänzung des Art. 146 Abs. 1 EGV ermöglicht worden, der nunmehr die Entsendung eines Vertreters „auf Ministerebene [gestattet], der befugt ist, für die Regierung des Mitgliedstaats verbindlich zu handeln"[101].

Voraussetzung für ein solches Verfahren ist, daß im Schwerpunkt ausschließliche Gesetzgebungsbefugnisse der Länder betroffen sind, der Eingriff in die Verfahrens- bzw. Organisationskompetenz der Länder wird im Gegensatz zur Regelung in Art. 23 Abs. 5 Satz 2 GG nicht erfaßt. Nach der Beschlußempfehlung des „Sonderausschusses Europäische Union" sind mit „ausschließlichen Gesetzgebungsbefugnissen" diejenigen Materien gemeint, für die das Grundgesetz keinen ausdrücklichen Gesetzgebungstitel zugunsten des Bundes vorsieht[102]. Die Rechtsfolge besteht in einem Sollsatz, was nach allgemeinen Grundsätzen im Regelfall ein „Muß", das nur begrenzte Ausnahmen zuläßt, bedeutet[103]. Als solche Ausnahme wurde vom „Sonderausschuß Europäische

99 *Fischer*, ZParl 1993, S. 32 (44).

100 Nach Ansicht von *Herdegen*, EuGRZ 1992, S. 589 (593), wird dadurch „...der Sache nach eine Mischverwaltung in auswärtigen Angelegenheiten eingeführt ...". Diese Problematik wird unten S. 225 ff. erörtert.

101 Die Änderung des Art. 146 Abs. 1 EGV geht auf eine Initiative Belgiens zurück und soll den föderal gegliederten Staaten Bundesrepublik Deutschland und Belgien die Beteiligung von Landesministern ermöglichen, vgl. *Hrbek*, in: Festschrift für Bodo Börner, S. 125 (143); *Pernice*, DVBl. 1993, S. 909 (917). Die gewählte Formulierung „Vertreter auf Ministerebene" allerdings läßt diesen Zweck nicht deutlich erkennen, da sich die Gemeinschaftsverträge grundsätzlich nur an die Mitgliedstaaten selbst richten; kritisch dazu *Herdegen*, EuGRZ 1992, S. 589 (594) und *Borchmann*, EA 1991, S. 340 (342), mit Hinweis auf die weitergehenden Forderungen der Ministerpräsidenten der Länder zu Art. 146 Abs. 1 EGV. Zur Geschichte der unmittelbaren Vertretung der Länder im Ministerrat vgl. *Kleffner-Riedel*, Regionalausschuß und Subsidiarität, S. 213 ff. und BayVBl. 1995, S. 104 ff.

102 *Bundestag*, Drucksache 12/3896 vom 1.12.1992, S. 36.

103 *Wilhelm*, BayVBl. 1992, S. 705 (710); *Fischer*, ZParl 1993, S. 32 (44); a. A. *Kleffner-Riedel*, BayVBl. 1995, S. 104 (106/107), die dafür eintritt, als „Ausnahme" auch eine Verpflichtung der Bundesrepublik zu gemeinschaftskonformem Verhalten zuzulassen; im übrigen sei der Grundsatz, daß eine Sollvorschrift im Regelfall ein „Muß" bedeute, nur im Verwaltungsrecht unmittelbar gültig und nicht ohne weiteres auf das Verhältnis von Bundes- zu Landesregierungsvertretern übertragbar.

Union“ namentlich der Fall gesehen, daß das Gemeinschaftsrecht selbst den Mitgliedstaat Bundesrepublik verpflichtet, ausschließlich einen Vertreter der Bundesregierung zu entsenden[104].

Art. 23 Abs. 6 Satz 2 Halbsatz 1 GG bindet die Wahrnehmung der Rechte allerdings an die Beteiligung und die Abstimmung mit der Regierung. Insbesondere zur Wahrung der gesamtstaatlichen Verantwortung des Bundes erschien es der *Gemeinsamen Verfassungskommission* unverzichtbar, Vertreter der Bundesregierung auch nach Übertragung der Handlungsbefugnis auf einen Landesminister zu beteiligen. In der Kommission wurde der Begriff des „Beteiligen“ als „Teilnahme von Vertretern der Bundesregierung [...] an allen Sitzungen und förmlichen Außenkontakten“ beschrieben.[105] Die Verpflichtung zum „Abstimmen“ soll sich auch auf das Vorgehen bei den Verhandlungen erstrecken, wobei „Abstimmung“ weniger als „Einvernehmen“ und mehr als „Benehmen“ aussagen soll[106]. Diese unklare Definition erfuhr auch durch die konkretisierenden Bestimmungen des § 6 Abs. 2 Satz 3 und 4 ZBLG keine wesentliche Erhellung[107]. Der die Bundesrepublik vertretende Landesminister hat die nach Art. 23 Abs. 5 GG ausgearbeitete Position zur Grundlage seiner Verhandlungsführung zu machen[108]. Ändert sich im Laufe der Verhandlungen im Rat die Lage, muß der deutsche Vertreter ggf. laufend neue Kompromisse zwischen Regierung, Bundesrat und Bundestag nach den für die interne Willensbildung geltenden Regeln des Art. 23 Abs. 5 GG herstellen[109].

Art. 23 Abs. 6 Satz 2 Halbsatz 2 GG bindet den Ländervertreter im Rat zusätzlich an die „gesamtstaatliche Verantwortung des Bundes“. Zur Interpretation dieses Begriffs gilt das zu Art. 23 Abs. 5 Satz 2 Halbsatz 2 GG Gesagte entsprechend[110].

Pernice, *Ress* und andere haben das Verhältnis der Vorschriften des Art. 146 Abs. 1 EGV und des Art. 23 Abs. 6 GG zueinander kritisch beleuchtet und dabei Bedenken angemeldet, ob ein Vertreter der Länder befugt sein kann, für den

104 *Bundestag*, Drucksache 12/3896 unter B I 2f; vgl. auch *Scholz*, NVwZ 1993, S. 817 (823).

105 Vgl. die Nachweise bei *Scholz*, NJW 1992, S. 2593 (2600).

106 *Bundestag*, Drucksache 12/3896 unter B I 2f; zustimmend *Fischer*, ZParl 1993, S. 32 (44) und *Wilhelm*, BayVBl. 1992, S. 705 (710).

107 *Scholz*, NVwZ 1993, S. 817 (824).

108 *Fischer*, ZParl 1993, S. 32 (44).

109 *Scholz*, NJW 1992, S. 2593 (2600).

110 Vgl. *Scholz*, NJW 1992, S. 2593 (2600); zu den Einzelheiten siehe oben S. 209 ff.

Mitgliedstaat Bundesrepublik verbindlich zu handeln (Art. 146 Abs. 1 EGV)[111]. Bedenklich ist insbesondere die umfassende innerstaatliche parlamentarische Verantwortung des für den Gesamtstaat handelnden Vertreters der Länder[112]. Die effektive Wahrnehmung der Kontrollfunktion durch die Parlamentarier des Bundes und der Länder erscheint indes fraglich, wenn sich bis zu 16 Bundesländer im Bundesrat auf eine in Brüssel zu verfolgende Verhandlungslinie geeinigt haben, diese dann mit dem Bund abgestimmt werden muß und schließlich im Rat weitere Kompromisse eingegangen werden müssen[113]. Tatsächlich liegt die Gefahr einer Interessenkollision nahe, wenn ein Landesminister wegen besonderer Betroffenheit seines und der anderen Bundesländer im Rat verhandeln darf, dabei aber als Vertreter der Bundesrepublik sich mit der Bundesregierung unter Beachtung der gesamtstaatlichen Verantwortung des Bundes abzustimmen hat. Aus den genannten Gründen muß auch die Wirksamkeit dieser Einrichtung bezweifelt werden[114].

Entscheidend für die innerstaatliche Willensbildung ist die Regelung in Art. 23 Abs. 5 GG, so daß der Ländervertreter vor etwaigen Nachverhandlungen im Rat ohnehin wieder gemeinsam mit der Bundesregierung (und ggf. dem Bundestag) eine einheitliche Position herbeiführen muß[115]. Aber nicht nur die stark einschränkenden Vorbehalte zugunsten der Bundesinteressen stellen die Praktikabilität des Verfahrens in Frage, sondern auch das Problem, daß sich der vertretende Landesminister zuvor mit seinen Kollegen aus den übrigen Bundesländern – ggf. im Bundesrat – abzustimmen hat, will er tatsächlich die Interessen aller deutschen Länder in Brüssel repräsentieren. Der Sinn dieser Regelung kann daher weniger in einer materiell verbesserten Einbringung der Länderbelange gesehen werden, sondern eher in der Möglichkeit, durch unmittelbare Teilnahme an den nichtöffentlichen Verhandlungen des Rates zumindest die

---

111 *Pernice*, DVBl. 1993, S. 909 (917); *Ress*, DÖV 1992, S. 944 (946).

112 *Hilf*, VVDStRL 53 (1994), S. 7 (16); *Starck*, VVDStRL 53 (1994), S. 127/128 (Aussprache).

113 *Kleffner-Riedel*, BayVBl. 1995, S. 104 (107).

114 *Starck*, VVDStRL 53 (1994), S. 128 (Aussprache), meint, dieser Konflikt sei praktisch nur lösbar, wenn der „zuständige Bundesminister hinten am Katzentisch sitzt, damit der Landesminister ständig mit ihm Kontakt halten kann, um die oft schnell erforderlichen Abstimmungen mit der Bundesregierung herstellen zu können“. *Pernice*, DVBl. 1993, S. 909 (917), ist der Ansicht, eine „wirkliche Länderpolitik dürfte jedenfalls in der Sache kaum möglich sein“.

115 § 6 Abs. 2 Satz 4 ZBLG bestimmt, daß die Abstimmung nach einer veränderten Verhandlungslage entsprechend den für die interne Willensbildung geltenden Regeln und Kriterien, also nach Art. 23 Abs. 3 bis 5 GG, zu erfolgen hat.

entscheidungserheblichen Gründe kennenzulernen und eventuell im Detail noch etwas ändern zu können.

V. Konkurrenzen zu anderen Absprachen zwischen Bund und Ländern im Bereich auswärtiger Angelegenheiten

1. Länderbeteiligungsverfahren von 1979

Das Länderbeteiligungsverfahren aus dem Jahre 1979 ist gemäß der auf Art. 2 Abs. 6 EEAG basierenden Bund-Länder-Vereinbarung[116] außer Kraft gesetzt worden.

2. Art. 2 des Gesetzes zu den Römischen Verträgen

Nach § 2 ZBLG steht die Pflicht der Bundesregierung, den Bundesrat gemäß Art. 23 Abs. 2 Satz 2 GG umfassend und frühestmöglich zu unterrichten, neben der entsprechenden Pflicht aus Art. 2 des Gesetzes zu den Verträgen zur Gründung der Europäischen Wirtschaftsgemeinschaft und der Europäischen Atomgemeinschaft.

3. Lindauer Abkommen

Bei dem Lindauer Abkommen aus dem Jahre 1957[117] handelt es sich um eine Absprache[118] zwischen Bund und Ländern in der strittigen Frage, wer nach der Kompetenzordnung der Verfassung befugt ist, völkerrechtliche Abkommen in Bereichen, die der ausschließlichen Legislativkompetenz der Länder unterliegen, zu schließen[119]. In Ziffer 1 des Lindauer Abkommens wurde vereinbart, daß „der Bund und die Länder [...] an ihren bekannten Rechtsauffassungen über die Abschluß- und Transformationskompetenz bei völkerrechtlichen Verträgen, die ausschließliche Kompetenzen der Länder berühren, fest[halten]". Nach Ziffer 2 kommen die Länder dem Bund in bestimmten Bereichen der Bundesge-

---

116 Teil VI 1. der Vereinbarung; abgedruckt bei: Bauer (Hrsg.), Europa der Regionen, S. 104 ff. (108).

117 Abgedruckt bei Maunz/Dürig, Art. 32 GG, Rdnr. 45.

118 Die Rechtsnatur des Abkommens ist umstritten. Die Ansichten reichen von der Annahme eines verwaltungs- oder verfassungsrechtlichen Vertrages bis zu einem nichtförmlichen „gentlemen's agreement", vgl. *Winkelmann*, DVBl. 1993, S. 1128 (1129).

119 *Winkelmann*, DVBl. 1993, S. 1128.

setzgebungskompetenz (Art. 73 Nr. 1 und 5, 74 Nr. 4 GG) entgegen, indem sie dessen ausschließliche Kompetenz auch in Zweifelsfällen anerkennen. Ziffer 3 verpflichtet den Bund im Bereich ausschließlicher Kompetenzen der Länder (namentlich bei Kulturabkommen), diese frühzeitig an den Verhandlungen zu beteiligen und deren „Einverständnis" herbeizuführen. Ziffer 4 schließlich statuiert einen Anspruch auf möglichst frühzeitige Information der Länder durch den Bund.

Eine Analyse beider Verfahren ergibt, daß sämtliche im Lindauer Abkommen enthaltenen Unterrichtungs- und Einwirkungsrechte der Länder in Angelegenheiten der Europäischen Union auch durch das Verfahren nach Art. 23 GG gewährt werden: Sowohl die Frage, ob die Länder an der Übertragung von Hoheitsrechten an europäische Organe sowie an deren Rechtsetzungsakten aus Kompensationsgründen zu beteiligen sind, als auch diejenige, in welcher Intensität dies zu erfolgen hat, wird durch Art. 23 GG beantwortet. Einzig in der Art der Mitwirkung weichen beide Verfahren voneinander ab: Während das Lindauer Abkommen die Länder direkt einbezieht, wurde in Art. 23 GG die mittelbare Einflußnahme durch den Bundesrat gewählt.

Maßgeblich für die Frage der Konkurrenz ist die Tatsache, daß die im Zusammenhang mit Art. 32 GG bestehenden Auslegungsschwierigkeiten, die zur Entstehung der Absprache führten, nunmehr im Bereich der Europäischen Union durch die Verfassung selbst in Gestalt des neuen Art. 23 GG weitgehend beseitigt worden sind. Darüber hinaus führte eine parallele Anwendung beider Verfahren zu einer unerwünschten Vervielfachung der Länderrechte und bärge die Gefahr in sich, das mühsam austarierte System des Art. 23 GG aus den Angeln zu heben[120]. Aus diesen Gründen bleibt für die Anwendung der Lindauer Absprache in europäischen Angelegenheiten kein Raum mehr[121].

---

120 *Winkelmann*, DVBl. 1993, S. 1132.

121 *Winkelmann*, DVBl. 1993, S. 1132. Vor der Einführung des Art. 23 GG n. F. hatte das Lindauer Abkommen für den Bereich der Angelegenheiten der Europäischen Gemeinschaft allerdings kaum Bedeutung erlangt, vgl. *Birke*, Die Deutschen Bundesländer in den Europäischen Gemeinschaften, S. 62; *Stavenhagen*, in: Hrbek / Thaysen (Hrsg.), Die Deutschen Länder und die Europäischen Gemeinschaften, S. 51 (52).

VI. Systematische Einpassung des Bundesratsbeteiligungsverfahrens und der unmittelbaren Beteiligung der Länder in den übrigen Regelungsbestand

Unter diesem Titel soll ermittelt werden, wie sich das in Art. 23 Abs. 2 bis 7 GG verankerte Bundesratsbeteiligungsverfahren in die Verfassung einfügen läßt. Im ersten Teil wird das Verhältnis zum Außenvertretungsrecht des Bundes in Art. 32 Abs. GG näherer Prüfung unterzogen. Besondere Aufmerksamkeit soll im zweiten Teil der Frage gewidmet werden, ob die Anpassung der innerstaatlichen, durch Art. 79 Abs. 3 GG geschützten staatlichen Strukturprinzipien an die durch die Europäische Gemeinschaft bzw. Union veränderte Lage vom Verfassunggeber systemgerecht vorgenommen worden ist.

1. Relation zu Art. 32 Abs. 1 GG

Im Hinblick auf das neue Beteiligungsverfahren zugunsten des Bundesrates und der Länder im Europa-Artikel 23 GG wird von einigen Stimmen vor zu viel Rechten der Länder gewarnt: Es dürfe insbesondere keine gegen die Kompetenzverteilungsregel des Art. 32 Abs. 1 GG verstoßende „Nebenaußenpolitik" der Länder eingeführt werden, die die außenpolitische Handlungsfreiheit des Bundes gefährdete[122]. Die Aufgabenwahrnehmung im Rahmen der Europäischen Union durch Vertreter der Länder (Art. 23 Abs. 6 GG) betreffend wird zum Teil eingewandt, es werde dadurch der Sache nach eine Mischverwaltung in auswärtigen Angelegenheiten eingeführt[123]. Die Bundesländer tragen demgegenüber vor, es handele sich bei der Mitwirkung in EU-Gremien nicht mehr um klassische Außenpolitik im Sinne des Art. 32 Abs. 1 GG, sondern sie sei in Wirklichkeit zu einer Art *europäischer Innenpolitik* mutiert[124].

Unter diesem Titel soll ausschließlich die verfassungsrechtliche Relevanz der Thematik behandelt werden; die vorwiegend faktischen Folgen einer eingeengten Handlungsmacht der Bundesregierung im Bereich der auswärtigen Gewalt werden später beleuchtet[125]. Zunächst soll der Regelungsbereich des Art. 32 Abs. 1 GG insbesondere im Hinblick darauf definiert werden, ob es sich bei der Mitwirkung in den Organen der Europäischen Gemeinschaft noch um die Wahrnehmung auswärtiger Gewalt handelt oder ob der Wechsel zu einer

---

122 *Wilhelm*, BayVBl. 1992, S. 705 (710).

123 *Herdegen*, EuGRZ 1992, S. 589 (593).

124 *Scholz*, NVwZ 1993, S. 817 (819).

125 Siehe S. 239 ff.

„europäischen Innenpolitik" bereits vollzogen ist. Im Anschluß ist das Verhältnis der Bestimmungen des Art. 23 GG – einschließlich des zu seiner Ausführung ergangenen Gesetzes über die Zusammenarbeit von Bund und Ländern in Angelegenheiten der Europäischen Union (ZBLG) – zum Außenvertretungsanspruch der Bundesregierung nach Art. 32 Abs. 1 GG zu untersuchen. Dabei soll vorrangig auf die Entsendung von Landesministern in die Organe der Europäischen Gemeinschaft nach Art. 23 Abs. 6 GG eingegangen werden, weil diese Regelung das Recht auf Außen*vertretung* im Zweifel am stärksten berührt.

a) Regelungsbereich des Art. 32 Abs. 1 GG

Art. 32 Abs. 1 GG erklärt die Pflege der Beziehungen zu auswärtigen Staaten zur Sache des Bundes.

Es ist zunächst zu definieren, was unter dieser dem Bund zugewiesenen Kompetenz in auswärtigen Angelegenheiten zu verstehen ist[126]. Eine Wortlautanalyse hat dabei von dem Begriff der „auswärtigen Staaten" im Sinne des Art. 32 Abs. 1 GG auszugehen. Interpretiert man den Begriff „auswärtig" geographisch in dem Sinne, daß die Personen oder Korporationen, zu denen Beziehungen bestehen, sich außerhalb der Hoheitssphäre der Bundesrepublik Deutschland befinden müssen[127], ergeben sich keine Schwierigkeiten, die Beziehungen zur Europäischen Gemeinschaft dazuzurechnen. Die Formulierung „Staaten" begegnet seit der Entscheidung des *Bundesverfassungsgerichts* zum Kehler Hafenabkommen[128] keinen Bedenken mehr, in der klargestellt wurde, daß der Begriff im Sinne von „Völkerrechtssubjekt" zu interpretieren ist, ein Begriff, der auch Verträge mit Staatenverbindungen und zwischenstaatlichen oder supranationalen Staatengemeinschaften wie die Europäische Gemeinschaft bzw. Union einschließt[129]. Die Beschränkung der Kompetenz auf die auswärtigen *Staaten* würde dem Problem der sachgerechten Zuordnung internationaler Organisationen zur bundesdeutschen Verfassung nicht gerecht; sie ist zu sehr der Vorstellung des auch nach dem Zweiten Weltkrieg noch dominierenden Systems der Nationalstaaten verhaftet. Sachgerechter ist es, die in Art. 32 Abs. 1 GG dem Bund zugewiesene Kompetenz als „auswärtige *Gewalt*" zu bezeichnen. Darunter ist nicht eine zu den drei klassischen Gewalten hinzutreten-

---

126 Vgl. *Oschatz*, in: Merten (Hrsg.), Föderalismus und Europäische Gemeinschaften, S. 63 (73).

127 *Fastenrath*, Kompetenzverteilung, S. 83.

128 Vom 30.6.1953; BVerfGE 2, 347 (374).

129 Vgl. auch *Fastenrath*, DÖV 1990, S. 125 (128).

de vierte Gewalt zu verstehen, sondern die Zuständigkeit, über die auswärtigen Angelegenheiten zu entscheiden, und zwar entweder durch Gesetzgebung oder durch Vollziehung (Regierung und Verwaltung), und die auf Grund dieser Zuständigkeit entfaltete staatliche Tätigkeit[130].

Art. 32 Abs. 1 GG ist vor allem deshalb eine schwer zu handhabende Vorschrift, weil sie dem Bund die Zuständigkeit zum Auftritt auf dem internationalen Parkett zuweist, ohne ihm zugleich automatisch die Sachkompetenz für die dort erörterten Fragen einzuräumen. Insofern ist eine Kollision der Zuständigkeit des Bundes aus Art. 32 Abs. 1 GG mit den materiellen Kompetenzen der Länder, sobald solche Gesprächsgegenstand auf dem Forum der auswärtigen Beziehungen werden, zwangsläufig vorprogrammiert.[131] Die Regelung des Art. 32 Abs. 1 GG ist Ausfluß der verfassunggeberischen Grundentscheidung für eine Trennung zwischen Außen- und Innenkompetenzen. Der Bund hat zwar gemäß Art. 32 Abs. 1 GG die umfassende internationale Abschlußkompetenz, nicht aber die dazugehörigen innerstaatlichen Sachkompetenzen inne. Zweck dieser Unterscheidung ist, daß trotz der starken Position der Länder nach innen (vgl. Art. 30, 70, 83, 92 GG) nach außen regelmäßig der Bund allein als Verhandlungspartner auftreten soll.[132] Damit ist gewährleistet, daß die Bundesregierung nach außen hin mit einer Stimme spricht und die Verhandlungspartner wissen, mit wem sie es zu tun haben[133]. Der Sinn des Art. 32 Abs. 1 GG liegt also in der Bündelung der Kräfte der Bundesrepublik im Außenverkehr und in der Sicherstellung ihres einheitlichen Votums in internationalen Gremien[134]. Nach der von der Verfassung vorgesehenen Kompetenzverteilung im Bundesstaat Bundesrepublik „kann" der Bund nach außen mehr als er nach innen „darf"[135].

Allerdings ist bei der Auslegung des Art. 32 Abs. 1 GG zu beachten, daß die Norm für den Bereich auswärtiger Angelegenheiten eine Ausnahme von der all-

130 *Maunz*, in: Maunz/Dürig, Art. 32 GG, Rdnr. 1.

131 *Oschatz*, in: Merten (Hrsg.), Föderalismus und Europäische Gemeinschaften, S. 63 (73/74), unter Hinweis auf *Fastenrath*, Kompetenzverteilung, S. 81 ff.

132 *Stewing*, Subsidiarität und Föderalismus in der Europäischen Union, S. 64; *Fastenrath*, Kompetenzverteilung, S. 95 ff.

133 *Tomuschat*, in: Magiera/Merten (Hrsg.), Bundesländer und Europäische Gemeinschaft, S. 21 (40); *ders.*, in: Bonner Kommentar, Art. 24 GG, Rdnr. 103.

134 *Oschatz*, in: Merten (Hrsg.), Föderalismus und Europäische Gemeinschaften, S. 63 (74), unter Hinweis auf *Tomuschat*, in: Magiera/Merten (Hrsg.), Bundesländer und Europäische Gemeinschaft, S. 21 (40).

135 *Stewing*, Föderalismus und Subsidiarität in der Europäischen Union, S. 64.

gemeinen Kompetenzverteilung zwischen dem Bund und den Ländern nach Art. 30, 70, 83 und 92 GG darstellt. Daher ist – jedenfalls was das Bund-Länder-Verhältnis betrifft – im Zweifel eine enge Interpretation der Vorschrift geboten.[136]

b) Von der europabezogenen Außenpolitik zur europäischen Innenpolitik?

Die Frage ist, ob sich die Mitwirkung in den Gremien der Europäischen Gemeinschaft – wie von den Ländern behauptet[137] – zur *europäischen Innenpolitik* gewandelt hat. Tragende Erwägung dieses Gedankens ist eine historische Interpretation des Art. 32 Abs. 1 GG: Die Vorschrift hatte im Zeitpunkt seiner Entstehung gewiß andere auswärtige Angelegenheiten als die im Zusammenhang mit der Europäischen Union im Auge[138]. Deshalb könnte man geneigt sein, Art. 32 Abs. 1 GG im Lichte der besonderen Natur der Gemeinschaft dahingehend auszulegen, daß europäische Angelegenheiten nicht (mehr) zum Bereich der auswärtigen Gewalt des Bundes gehörten[139].

Die Antwort auf diese Frage steht in unmittelbarem Zusammenhang mit dem Problem, ob die Europäische Union *noch* als *auswärtiges* Völkerrechtssubjekt eingestuft werden kann. Die oben dargestellte herkömmliche Interpretation, die die internationalen Organisationen pauschal in den Bereich der auswärtigen Gewalt einbezieht, trägt der Tatsache nicht angemessen Rechnung, daß die Europäische Gemeinschaft bzw. Union die Attribute einer klassischen internationalen Organisation spätestens seit der Einheitlichen Europäischen Akte[140] verloren hat. Solange die Souveränität der Bundesrepublik noch als weitgehend unangetastet gelten konnte, ließen sich alle völkerrechtlichen Verträge dem Gebiet der auswärtigen Gewalt zuordnen. Aber mit der vermehrten Abgabe von Hoheitsbefugnissen und der damit einhergehenden Einräumung von unmittelbaren Durchgriffsrechten in den Mitgliedstaaten geriet nicht nur der Souveräni-

---

136 *Grabitz*, AöR 111 (1986), S. 1 (22), m. w. N.

137 Der Leiter der Nordrhein-Westfälischen Staatskanzlei *Clement* im Spiegel vom 23.3.1992, S. 68: „Wir müssen endlich erkennen, daß in Maastricht ein Umschlag von der Außenpolitik in die europäische Innenpolitik beschlossen wurde."

138 *Stewing*, Subsidiarität und Föderalismus in der Europäischen Union, S. 65.

139 *Oschatz*, in: Merten (Hrsg.), Föderalismus und Europäische Gemeinschaften, S. 63 (73), unter Hinweis auf *Tomuschat*, in: Magiera/Merten (Hrsg.), Bundesländer und Europäische Gemeinschaft, S. 21 (40 f.).

140 In Kraft getreten am 1.7.1987.

tätsbegriff in seinem klassischen Verständnis ins Wanken[141], es wandelte sich auch das Verhältnis zu den überstaatlichen Organisationen. Ohne eine konkrete Zuordnung zu einer Staats- oder Organisationsform vorzunehmen, ist zu konstatieren, daß die Europäische Union insbesondere durch die Befugnis zur unmittelbaren Rechtsetzung in den Mitgliedstaaten Elemente eines Bundesstaates erhalten hat[142].

Unbestreitbar ist, daß spätestens mit der Etablierung eines europäischen Bundesstaates der Bereich der auswärtigen Gewalt verlassen werden würde. Eine am Geltungsbereich des Art. 32 Abs. 1 GG orientierte Auslegung ergibt, daß es sich um Angelegenheiten eines *anderen* Staates handeln muß, also nicht die Bundesrepublik selbst und auch kein Staat, der mit ihr territorial teilidentisch ist. Ist die Bundesrepublik ihrerseits Mitglied in einem europäischen Bundesstaat, wird die Angelegenheit mit Auslandsbezug zur – auf den europäischen Staat bezogenen – innenpolitischen Bundesangelegenheit. Die Europäische Union wäre in diesem Fall kein auswärtiges Völkerrechtssubjekt im Sinne des Art. 32 Abs. 1 GG mehr[143]. Eine Regelung hierzu in der Verfassung fehlt; sie kann angesichts der fehlenden Vorstellungskraft der Grundgesetzväter vom heutigen Integrationsausmaß mit der eventuellen Einbindung in einen europäischen Bundesstaat auch nicht erwartet werden.

Doch wie wäre das Stadium der „Prä-Staatlichkeit", also der Schwebezustand, in dem lediglich einzelne staatskonstituierende Merkmale verwirklicht sind, im Hinblick auf die Außenvertretungsbefugnis zu qualifizieren? Die Antwort ist im Wege einer systematischen Auslegung der betreffenden Grundgesetzbestimmungen zu finden. Der Geltungsbereich des Grundgesetzes beschränkt sich auf das Staatsgebiet der Bundesrepublik Deutschland. Von diesem naturgemäß „introvertierten" Charakter wird eine Ausnahme nur hinsichtlich der Bestimmungen vorgenommen, die das Verhältnis der Bundesrepublik zu anderen Staaten und internationalen Organisationen regeln. Insofern kennt unsere Verfassung nur die Zweiteilung zwischen solchen Normen, die das Verhältnis der Rechtssubjekte und ihrer Organe innerhalb des Bundesstaates regeln, und solchen, die das Außenverhältnis betreffen. Da eine Zuordnung zur Innenpolitik im Sinne des Grundgesetzes mithin nicht möglich ist, wäre allenfalls die ausdrückliche Statuierung einer „europäischen Innenpolitik", die im Bereich zwischen klassischer Innen- und Außenpolitik anzusiedeln wäre, denkbar. Dies wäre jedoch nur durch einen Akt des Verfassunggebers möglich, der bisher

---

141 Siehe oben S. 155 ff.

142 *Fastenrath*, DÖV 1990, S. 125 (129).

143 *Fastenrath*, DÖV 1990, S. 125 (129).

nicht erfolgt ist. Die Frage, ob das Gebiet der auswärtigen Gewalt erst dann verlassen werden würde, wenn es zu einem europäischen Zusammenschluß mit Staatsqualität gekommen ist[144], muß wohl auch weiterhin – zumindest vorläufig – bejaht werden, auch wenn dies rechtspolitisch unbefriedigend erscheinen mag.

Unter Berücksichtigung der Verfassungswirklichkeit ist jedoch bei der Auslegung von Verfassungsnormen und den sie ausführenden Bestimmungen der Tatsache gebührend Rechnung zu tragen, daß sich die Europäische Union zur Zeit in einem Zwischenzustand befindet, der unter – von den politischen Gegebenheiten abhängigen – Umständen in einen europäischen Bundesstaat münden wird. Dies bedingt Phasen des Übergangs, also Verfassungszustände mit provisorischem – und ggf. improvisatorischem – Charakter, deren verfassungsrechtliche Akzeptanz der grundgesetzlichen Option für eine internationale Zusammenarbeit gleichsam inhärent ist[145].

Es ist daher weder aus Gründen des pragmatischen Konsenses noch aus solchen verfassungsrechtlicher Notwendigkeit geboten, eine angemessene Mitwirkung der Länder und des Bundesrates unter Berufung auf den Außenvertretungsanspruch der Bundesregierung solange zu versagen, bis infolge eines bundesstaatlichen Zusammenschlusses das „Hindernis" der ausschließlichen Bundeskompetenz nach Art. 32 Abs. 1 GG entfallen ist. Will man dem Problem der Auszehrung von Länderkompetenzen infolge der europäischen Integration gerecht werden, müssen die Interessen der Länder schon im Vorfeld Berücksichtigung finden dürfen, wobei sich das Maß der Berücksichtigung am Maß der Integration orientieren sollte.

Erstrebenswert wäre es, beide im Konflikt stehenden Zuständigkeitszuweisungen so miteinander zu verbinden, d. h. so miteinander in Konkordanz zu bringen, daß beide zu optimaler Wirksamkeit gelangen können. Dabei ist ein verhältnismäßiger Ausgleich der Kompetenzen der Länder für das Rundfunkrecht, das Schulrecht, das Ordnungs- und Polizeirecht usw. einerseits und der besonderen Verantwortung des Bundes für die Außenbeziehungen aus Art. 32 Abs. 1 GG andererseits herbeizuführen[146].

Eine solche Interpretation widerspricht indes auch nicht dem Zweck der Außenvertretungsklausel, die generelle Eingleisigkeit der Außenpolitik trotz ihrer inneren Vielfalt zu wahren. Denn die Eingleisigkeit der Außenpolitik erleidet

---

144 So *Fastenrath*, DÖV 1990, S. 125 (129).

145 *Schwarze*, JZ 1993, S. 585 (589).

146 *Oschatz*, in: Merten (Hrsg.), Föderalismus und Europäische Gemeinschaften, S. 63 (74).

keinen Schaden, wenn der grundsätzlich allein erklärungsbefugte Bund Inhalte zu vertreten hat, die unter Mitwirkung des Bundesrates entwickelt worden sind und wenn in Fällen besonderer Länderbetroffenheit ausnahmsweise ein Delegierter der Länder im Rat vertreten sein darf, der unter Teilnahme von und in Abstimmung mit dem Vertreter der Bundesregierung die Rechte der Bundesrepublik auszuüben befugt ist (Art. 23 Abs. 6 GG)[147]. Hierbei ist auch zu beachten, daß die Gemeinschaft der Bundesrepublik gegenüber kein fremdes (Staats-)Wesen darstellt. Wenn man ihren Hoheitsakten auf der einen Seite den staatlichen Innenraum mit unmittelbar einschränkenden Auswirkungen für die Länder geöffnet hat, erscheint es unangemessen, die Forderung der Länder nach kompensatorischer Beteiligung mit einer strikten Anwendung des Außenvertretungsrechts des Bundes zu beantworten.

Befürchtungen, daß die Länder über den Hebel des Beteiligungsverfahrens eine sonderbündische Politik betreiben und die staatliche Einheit in Gefahr bringen könnten, ist bei einem Gebilde wie der Europäischen Union jedenfalls solange der Boden entzogen, wie sie die Integrationspolitik des Bundes als solche nicht konterkarieren; denn die Union ist kein fremder Souverän, der wesensgemäß im Verdacht steht, partikularistische Bestrebungen in der Bundesrepublik für eigensüchtige Zwecke auszunutzen[148].

Ein erster Ansatz zu einem solchen Verständnis wurde in Art. 23 Abs. 6 GG verwirklicht; danach besteht die Möglichkeit, von der eingleisigen Vorstellung des Bundes abzurücken und den Vertreter der Länder, der bei einer „eigentlichen" Länderangelegenheit vielleicht sogar mit einer größeren Kompetenz ausgestattet sein mag, zu beteiligen[149].

Da es an einer ausdrücklichen Statuierung einer „europäischen Innenpolitik" in der Verfassung (noch) fehlt, ist zur Zeit eine Zuordnung der europäischen Angelegenheiten zum äußeren Politikbereich zwingend; sie stellen damit weiterhin auswärtige Angelegenheiten im Sinne des Art. 32 Abs. 1 GG dar. Allerdings würde der Bereich der auswärtigen Gewalt bei der Konstituierung eines europäischen Bundesstaates verlassen. Bereits im Vorfeld ist bei der Auslegung der Bestimmungen, die den Ländern oder dem Bundesrat Mitwirkungsrechte

---

147 Siehe § 6 Abs. 2 Satz 3 ZBLG; vgl. auch *Oschatz*, in: Merten (Hrsg.), Föderalismus und Europäische Gemeinschaften, S. 63 (74).

148 *Tomuschat*, in: Magiera/Merten (Hrsg.), Bundesländer und Europäische Gemeinschaft, S. 21 (40/41).

149 *Kleffner-Riedel*, Regionalausschuß und Subsidiaritätsprinzip, S. 227, und BayVBl. 1995, S. 104 (107).

einräumen, den Besonderheiten des Übergangsstadiums angemessen Rechnung zu tragen.

c) Verhältnis zwischen Art. 23 Abs. 6 und Art. 32 Abs. 1 GG

Art. 23 Abs. 6 GG statuiert eine Pflicht der Bundesregierung, die Wahrnehmung der mitgliedstaatlichen Rechte der Bundesrepublik in der Europäischen Union auf einen Vertreter der Länder zu übertragen, sofern ausschließliche Gesetzgebungskompetenzen der Länder betroffen sind. Hiermit wird nicht – wie in den Absätzen 2 – 5 des Art. 23 GG – das Verfahren der innerstaatlichen Willensbildung reglementiert, sondern die Frage der Außenvertretung in den Organen der Europäischen Union[150]. In der Literatur ist dies „der Sache nach" als „Mischverwaltung in auswärtigen Angelegenheiten" apostrophiert worden[151].

Während die Problematik vor der Einführung des neuen Art. 23 GG noch unter dem Blickwinkel der verfassungsrechtlichen Zulässigkeit – gemessen an Art. 32 Abs. 1 GG – erörtert worden ist[152], ist nunmehr eine Legitimation auf der Verfassungsebene geschaffen worden. Wegen dieser Entscheidung des Verfassunggebers und der Tatsache, daß noch ein ausreichender Anwendungsbereich für die Vorschrift des Art. 32 Abs. 1 GG verblieben ist, stellt sich die Frage, ob die Bestimmung des Art. 23 Abs. 6 GG mit Art. 32 Abs. 1 GG vereinbar ist oder ob er ihn unzulässig aushöhlt[153], gerade nicht. Eines Korrektivs für den Vorbehalt der Außenvertretung des Bundes, wie im Schrifttum gefordert, bedarf es insofern nicht[154].

---

150 *Fischer*, ZParl 1993, S. 32 (44).

151 *Herdegen*, EuGRZ 1992, S. 589 (593).

152 *Fastenrath*, Kompetenzverteilung, S. 169, diskutierte das Problem unter dem Aspekt der Organ- bzw. „Bedienstetenleihe", die unter Berücksichtigung der Rechtsprechung des *Bundesverfassungsgerichts* zulässig sei, wenn der Bund nicht über geeignete Fachkräfte verfüge oder wenn wesentliche Belange der Länder berührt seien.

153 So *Kleffner-Riedel*, Regionalausschuß und Subsidiaritätsprinzip, S. 225 ff., und BayVBl. 1995, S. 104 (107).

154 *Kleffner-Riedel*, Regionalausschuß und Subsidiaritätsprinzip, S. 226/227, und BayVBl. 1995, S. 104 (107), sieht diesen zur Verfassungskonformität führenden Ausgleich in der Pflicht der Länder nach Art. 23 Abs. 6 Satz 2 GG, sich mit der Bundesregierung abzustimmen und die gesamtstaatliche Verantwortung des Bundes zu wahren. Zweifel ergeben sich an dieser Auffassung insofern, als es fraglich ist, ob eine solche Einschränkung überhaupt zur Kompensation eines angenommenen Verfassungsverstoßes geeignet wäre.

Von *Wilhelm*[155] wird demgegenüber die Ansicht vertreten, der Außenvertretungsanspruch des Bundes werde durch die Regelung des Art. 23 Abs. 6 GG überhaupt nicht berührt; die Länder nähmen vielmehr nur ihre – von der Verfassung zugewiesenen – originären Aufgaben auch im Rahmen der Europäischen Union wahr. Es handele sich dabei um Rechte, die – ohne Europa – solche der Länder seien. Diese Gegenstände der Länderteilhabe würden nicht erweitert, nur die Form der Ländermitwirkung sei eine andere. Art. 23 Abs. 6 GG trage damit dem Umstand Rechnung, daß sich die Außenpolitik in weiten Teilen zu einer europäischen Innenpolitik gewandelt habe.

Auch dieser Ansicht kann nicht gefolgt werden. Zunächst geht der Hinweis auf die „vor Europa" bestehende Kompetenz der Länder fehl. „Vor Europa" kann in diesem Zusammenhang nur bedeuten, daß die Situation vor der Übertragung von Hoheitsrechten gemäß Art. 24 Abs. 1 GG – bzw. heute Art. 23 Abs. 1 GG – gemeint ist. Die beiden Verfassungsnormen gestatten jedoch auch die Übertragung von Hoheitsrechten, die nach der innerstaatlichen Kompetenzverteilung solche der Länder sind[156]. Infolge des Übertragungsaktes sind die ehemaligen Kompetenzen der Länder diesen jedoch gerade entzogen und der europäischen Ebene zugewiesen worden, wodurch hinsichtlich dieser Rechte die Kompetenz des Bundes nach Art. 32 Abs. 1 GG ausgelöst worden ist. Darüber hinaus widerspricht diese Ansicht der oben gefundenen Interpretation der „auswärtigen Gewalt" im Sinne des Art. 32 Abs. 1 GG. Dieser Terminus umfaßt im Grundsatz auch die Mitwirkung der Bundesrepublik in den Gremien der Europäischen Union, jedenfalls solange das Grundgesetz keine speziellere Regelung im Sinne einer „europäischen Innenpolitik" bereithält. Insofern bewirkt die Zulassung einer direkten Beteiligung der Länder auf der Arbeitsbühne der Europäischen Union in Art. 23 Abs. 6 GG einen partiellen Eingriff in das Außenvertretungsrecht des Bundes nach Art. 32 Abs. 1 GG[157].

Es stellt sich damit die Frage, wie die beiden – grundsätzlich gleichrangig nebeneinander stehenden – Verfassungsnormen miteinander ins Verhältnis zu setzen sind. Die Antwort dürfte zwischen den beiden genannten Ansichten liegen: Das Außenvertretungsrecht des Bundes nach Art. 32 Abs. 1 GG wird durch

---

155 BayVBl. 1992, S. 705 (710).

156 Siehe dazu oben S. 37 ff.

157 *Kleffner-Riedel*, Regionalausschuß und Subsidiaritätsprinzip, S. 226, und BayVBl. 1995, S. 104 (107), sieht – zumindest mißverständlich – die *Integrations*kompetenz des Bundes als tangiert an; durch Art. 23 Abs. 6 GG wird jedoch nicht die Integration, d. h. die Übertragung von Hoheitsrechten auf die Europäische Union von der Mitwirkung der Länder abhängig gemacht, sondern lediglich die *Ausübung* dieser – nunmehr gemeinschaftlichen – Hoheitsrechte in den Organen der Europäischen Union.

die Zulassung von Landesministern am Brüsseler Verhandlungstisch zwar berührt, es tritt jedoch keine unzulässige Aushöhlung der Verfassungsnorm ein. Art. 23 Abs. 6 GG stellt vielmehr eine Spezialbestimmung für den Bereich, in dem ausschließliche Gesetzgebungsbefugnisse der Länder tangiert sind, dar. In diesem Segment wird der generelle Außenvertretungsanspruch des Bundes nach Art. 32 Abs. 1 GG entsprechend zurückgenommen. Art. 32 Abs. 1 GG wird dadurch auch nicht etwa unzulässig ausgehöhlt oder gar obsolet, ihm verbleibt vielmehr der größte Teil des bisherigen Anwendungsgebietes, d. h. der Abschluß sämtlicher völkerrechtlicher Verträge mit Drittstaaten, Staatenverbindungen und zwischenstaatlichen oder supranationalen Staatengemeinschaften mit Ausnahme der Europäischen Union.

Die Zulassung von Landesministern in den Organen der Europäischen Union gemäß Art. 23 Abs. 6 GG tangiert den Außenvertretungsanspruch des Bundes nach Art. 32 Abs. 1 GG. Für diesen Bereich stellt Art. 23 Abs. 6 GG eine lex specialis dar, mit der Folge, daß Art. 32 Abs. 1 GG zwar in seinem bisherigen Anwendungsbereich etwas korrigiert wird, jedoch nicht insgesamt ad absurdum geführt wird.

d) Verhältnis zwischen Art. 23 Abs. 5 Satz 2 und Art. 32 Abs. 1 GG

Die einfachgesetzliche Vorgängerin des Art. 23 Abs. 5 Satz 2 GG, die Vorschrift des Art 2 Abs. 3 EEAG, wurde im Hinblick auf den Außenvertretungsanspruch der Bundesregierung nach Art. 32 Abs. 1 GG überwiegend kritisch beurteilt und teils für noch vertretbar[158], teils jedoch für verfassungswidrig gehalten[159]. Diese etwaige Kollision mit dem Verfassungsrecht ist nunmehr im Grundsatz durch die Schaffung des Art. 23 GG beseitigt worden, denn diese Regelung ist für Angelegenheiten der Europäischen Union im Verhältnis zu Art. 32 Abs. 1 GG lex specialis[160].

---

158 Z. B. *Memminger*, in: *Magiera/Merten* (Hrsg.), Bundesländer und Europäische Gemeinschaft, S. 61 (64/65).

159 Z. B. *Frowein*, in: *Bundesrat* (Hrsg.), Vierzig Jahre Bundesrat, S. 285 (292 – 294); siehe zum ganzen Komplex auch oben S. 79 ff.

160 *Hilf*, VVDStRL 53 (1994), S. 7 (18); *Winkelmann*, DVBl. 1993, S. 1128 (1133), m. w. N. Hinsichtlich der Vorgängerregelung des Art. 24 Abs. 1 GG war die Reichweite des Vorrangverhältnisses umstritten; überwiegend wurde die Subsidiarität des Art. 32 Abs. 1 GG auf die Frage, ob und von wem die Integrationsverträge abgeschlossen werden dürfen, beschränkt; vgl. hierzu *Schwan*, Die deutschen Bundesländer im Entscheidungssystem der Europäischen Gemeinschaften, S. 66, und *Fastenrath*, Kompetenzverteilung, S. 101/102.

Das Verhältnis zu Art. 32 Abs. 1 GG ist dadurch jedoch nicht abschließend geklärt. Zum einen gilt die Subsidiarität des Art. 32 Abs. 1 GG nicht uneingeschränkt, d. h. der Vorrang des Art. 23 GG reicht nur so weit, wie von der Vorschrift überhaupt eine speziellere Regelung getroffen wird. Zum anderen ist eine Verfassungsvorschrift nach dem Grundsatz der Einheit der Verfassung stets so zu interpretieren, daß sie nicht im Widerspruch zu einer anderen Verfassungsnorm steht[161].

Art. 23 GG weist in seinem ersten Absatz dem Bund die ausschließliche Integrationsgewalt in europäischen Angelegenheiten zu und schreibt das dazugehörige Zusammenwirken der zu beteiligenden Bundesorgane verbindlich vor. Insofern ist ein verbleibender Anwendungsbereich des Art. 32 Abs. 1 GG nicht mehr erkennbar. Anders ist die Situation jedoch im Bereich der Ausübung der mitgliedstaatlichen Befugnisse: Art. 23 Abs. 2 GG statuiert die Mitwirkung von Bundestag und Bundesrat. Die gewählte Formulierung *Mit*wirkung läßt offen, wem die Rolle des Hauptakteurs zukommt. Gemeint ist hier – wie sich aus dem Zusammenhang der folgenden Bestimmungen ergibt – die Bundesregierung. Dies brauchte im neuen Art. 23 GG nicht expressis verbis bestimmt werden, entspricht es doch gängiger Auslegung des Art. 32 Abs. 1 GG: Die Organkompetenz für die Ausübung der auswärtigen Gewalt liegt – von der Ratifizierung völkerrechtlicher Verträge durch den Bundespräsidenten nach Art. 59 Abs. 1 GG einmal abgesehen – bei der Bundesregierung[162]. Dabei sind die Strukturprinzipien des Art. 65 GG – Kanzler-, Ressort- und Kollegialprinzip – zu beachten[163]. Art. 23 GG regelt die Kompetenzverteilung zwischen den Bundesorganen im Sinne einer lex specialis in Ausnahme zu Art. 32 Abs. 1 GG. Daraus folgt, daß die Vorrangstellung gegenüber Art. 32 Abs. 1 GG nur so weit gilt, wie die in Art. 23 Abs. 2 bis 7 GG normierten Beteiligungsrechte reichen. Wird der durch Art. 23 Abs. 2 bis 7 GG abgesteckte Rahmen mit der Kompetenzverschränkung zwischen Bundesregierung, Bundestag und Bundesrat verlassen, lebt die generelle Regelung des Art. 32 Abs. 1 GG wieder auf. Art. 32 Abs. 1 GG kann also nur berührt werden, wenn dem Bundesrat Rechte zuerkannt werden, die über das in Art. 23 Abs. 2 bis 7 GG vorgegebene Maß hinausgehen.

161 „Interpretation im Lichte des Einheitsstrebens", BVerfGE 30, 1 (19).

162 *Maunz*, in: Maunz/Dürig, Art. 32 GG, Rdnr. 9.

163 *Tomuschat*, in: Bonner Kommentar, Art. 24 GG, Rdnr. 103.

e) Problematik des Gesetzes über die Zusammenarbeit von Bund und Ländern in Angelegenheiten der Europäischen Union (ZBLG)

Problematisch ist vor diesem Hintergrund, ob Art. 23 Abs. 5 Satz 2 GG in der Auslegung, die er durch § 5 Abs. 2 und 3 des – aufgrund von Art. 23 Abs. 7 GG ergangenen – Gesetzes über die Zusammenarbeit von Bund und Ländern in Angelegenheiten der Europäischen Union (ZBLG) erfahren hat, mit Art. 32 Abs. 1 GG zu vereinbaren ist. Als Ausführungsgesetz mit dem Auftrag, „das Nähere" zu regeln, hat es sich im Rahmen der Grenzen zu halten, die durch die Abs. 4 bis 6 des Art. 23 GG vorgezeichnet worden sind. Dies ist vor dem Hintergrund zu sehen, daß das Konzept der Spezialbestimmung des Art. 23 Abs. 5 Satz 2 GG, wonach der Bundesregierung in Fällen ausschließlicher Landeskompetenzen ein Abweichen von der Stellungnahme des Bundesrates nur unter engen Voraussetzungen gestattet ist, zum Teil als äußerste Grenze verstanden wird, bis zu der sich europäische Integrationspolitik – im Wettbewerb mit anderen, zentralistisch ausgerichteten Mitgliedstaaten der Union – betreiben lasse[164].

Unter dieser Prämisse könnte die Ausführungsvorschrift des § 5 ZBLG in seinen Absätzen 2 und 3 als zu weitreichende Einengung der Verhandlungsführung der Bundesregierung erscheinen: Kritisch wird zum einen die Statuierung des Letztentscheidungsrechts des Bundesrates gemäß § 5 Abs. 2 Satz 5 ZBLG für den Fall, daß die zu wahrende gesamtstaatliche Verantwortung des Bundes im Streit steht, die Einigungsversuche gescheitert sind und der Bundesrat daraufhin seine Auffassung mit einer Zweidrittelmehrheit bestätigt hat, beurteilt. Daneben wird die Bindung der Bundesregierung bei Vorhaben nach Art. 235 EGV an das vorherige Einvernehmen des Bundesrates, soweit dessen Zustimmung nach innerstaatlichem Recht erforderlich wäre oder soweit die Länder innerstaatlich zuständig wären (§ 5 Abs. 3 ZBLG), als ebenso problematisch im Hinblick auf die Außenvertretungsbefugnis des Bundes eingestuft. § 5 Abs. 2 und 3 ZBLG verschiebe den in Art. 23 GG abgesteckten Einflußbereich des Bundesrates zu Lasten der Bundesregierung und sei insoweit mit Art. 32 Abs. 1 GG nicht mehr in Einklang zu bringen[165].

Bei einer Lösung dieses Problems ist zunächst zu berücksichtigen, daß Art. 23 Abs. 7 GG zum Erlaß eines die Absätze 4 bis 6 konkretisierenden Gesetzes ermächtigt. Die angegriffenen Vorschriften sind also ihrerseits verfassungsgemäß, wenn sie den von den Absätzen 4 bis 6 abgesteckten Rahmen nicht verlassen. Die entscheidende Formulierung in Art. 23 Abs. 5 Satz 2 GG

---

164 *Schwarze*, JZ 1993, S. 585 (590).

165 *Hilf*, VVDStRL 53 (1994), S. 7 (18).

schreibt vor, daß die „Auffassung des Bundesrates *maßgeblich* zu berücksichtigen“ sei. Die Abfassung dieser Norm ist in der *Gemeinsamen Verfassungskommission* und in den Gesetzgebungsgremien lange umstritten gewesen, inhaltlich bestand jedoch Einigkeit darüber, daß das innerstaatliche Letztentscheidungsrecht bei der Willensbildung des Bundes beim Bundesrat liegen sollte; in der Kommission herrschte die Ansicht vor, die Formel von der „maßgeblichen Berücksichtigung“ bringe dies am besten zum Ausdruck[166]. Neben dem Wortlaut und der Entstehungsgeschichte spricht auch der systematische Vergleich mit der Regelung des Art. 23 Abs. 5 Satz 1 GG für eine Deckung der umstrittenen Vorschriften des ZBLG mit der Verfassung: Bei Gegenständen ausschließlicher Bundesgesetzgebung schreibt diese Klausel eine *Berücksichtigung* der Bundesratsauffassung vor. Diese aus Art. 2 Abs. 3 EEAG übernommene Formulierung geht – wie sich aus den Gesetzesmaterialien ergibt – über eine Pflicht der Regierung zur Kenntnisnahme hinaus; der Sonderausschuß „Europäische Union“ hielt es für notwendig, daß die Bundesregierung die Argumente des Bundesrates zur Kenntnis nehmen, in ihre Entscheidung einbeziehen und sich mit ihnen auseinandersetzen muß[167]. Entsprechend der Intention des Verfassunggebers, ein in der Intensität abgestuftes Mitwirkungsinstrumentarium zu schaffen, das sich am Grad der Länderbetroffenheit orientiert, muß das Maß der Bundesratsbeteiligung im Bereich *besonderer* Betroffenheit der Bundesländer nach Art. 23 Abs. 5 Satz 2 GG über eine bloße Berücksichtigungspflicht hinausgehen; als Steigerung kommt nur eine Qualifizierung dieser Pflicht dergestalt in Betracht, daß der Länderkammer im Streit um die Interessen von Bund und Ländern – nach Ausschöpfen aller Vermittlungsbemühungen – die entscheidende Stimme zukommt. Das Letztentscheidungsrecht des Bundesrates wird mithin schon durch Art. 23 Abs. 5 Satz 2 GG konstituiert, die Bestimmungen des § 5 Abs. 2 und 3 ZBLG sind *insofern* nur deklaratorischer Natur. Der zusätzliche Regelungsgehalt des § 5 Abs. 2 und 3 ZBLG liegt vor allem darin, Verfahrensregeln für den Konfliktfall bereitzustellen, um die zwangsweise Durchsetzung der Bundesratsauffassung als ultima ratio nach Möglichkeit zu vermeiden. Sollte das eigentlich zu vermeidende doch unumgänglich werden, fordert Art. 5 Abs. 2 Satz 5 ZBLG – ohne unmittelbare verfassungsrechtliche Vorgabe – nunmehr eine auf zwei Drittel aufgewertete Mehrheit der Länderkammer. Sieht man die tatsächlichen Chancen eines solchen Votums u. a. aus parteipolitischen Gründen als gering an[168], stellt sich die Aus-

---

166 Umfassend dazu *Scholz*, NJW 1992, S. 2593 (2598).

167 *Bundestag*, Drucksache 12/3896 unter B I 2e; zustimmend *Fischer*, ZParl 1993, S. 32 (43).

168 Siehe hierzu oben S. 210.

führungsvorschrift insoweit eher als Einschränkung denn als Erweiterung der Bundesratsbefugnisse nach Art. 23 Abs. 5 Satz 2 GG dar.

Das eigentliche Problem liegt eher darin, ob es im Konfliktfall, d. h. wenn die Auffassungen zwischen Bund und Ländern über eine Frage der gesamtstaatlichen Verantwortung des Bundes auseinandergehen, insbesondere hinsichtlich der Einschätzung der außen-, verteidigungs- oder integrationspolitischen Relevanz eine Art – auch politischen – Beurteilungsspielraum gibt und wenn ja, wem die *Einschätzungsprärogative* zukommt. Sowohl Bundesrat als auch Bundesregierung sind zunächst einmal an die gesamtstaatliche Verantwortung des Bundes gebunden. Die beispielhaft aufgeführten Begriffe Außen-, Verteidigungs- oder Integrationspolitik stellen jedoch auslegungsfähige und -bedürftige Begriffe dar. Da es sich um originär dem Bund zukommende Materien handelt, ließe sich annehmen, daß auch ihm die – unanfechtbare – Beurteilung darüber obliegt. Dagegen spricht zunächst, daß es dann dem Bund gelänge, die Auffassung der Länderkammer stets unter Berufung auf außen-, verteidigungs- oder integrationspolitische Belange auszuhebeln, was schon begrifflich mit einer Pflicht zu maßgeblicher Berücksichtigung schwerlich zu vereinbaren wäre. Bei der „gesamtstaatlichen Verantwortung" handelt es sich um ein materiell-rechtliches bzw. inhaltliches Kriterium[169], das als unbestimmter Rechtsbegriff zu behandeln ist, dessen Auslegung uneingeschränkter gerichtlicher Überprüfung unterliegt. Daraus folgt, daß nach dem Scheitern sämtlicher Vermittlungsbemühungen die Auffassung der Bundesregierung maßgebend ist, wenn sie sich zu Recht auf die gesamtstaatliche Verantwortung des Bundes berufen kann. Der Bundesrat kann hingegen über alle anderen Fragen mit qualifiziertem Länderbezug endgültig entscheiden, wenn es ihm gelingt, eine Zweidrittelmehrheit aufzubringen.

Die Bestimmungen des § 5 Abs. 2 und 3 ZBLG gewähren dem Bundesrat grundsätzlich die Letztentscheidungskompetenz in Fällen qualifizierter Länderbetroffenheit. Dabei ist die Länderkammer an die gesamtstaatliche Verantwortung des Bundes gebunden, deren Auslegung (verfassungs-)gerichtlicher Überprüfung unterliegt. Die Vorschriften halten sich im Bereich der Ermächtigung des Art. 23 Abs. 7 GG.

169 *Scholz*, NVwZ 1993, S. 817 (823).

2. Ist die Anpassung der innerstaatlichen Machtbalance zwischen Bund und Ländern an EU-bedingte Veränderungen systemgerecht erfolgt?

a) Einführung und Gang der Untersuchung

Verfassungsrechtlich bedeutsam und problematisch stellt sich nicht nur das Verhältnis des Bundesratsbeteiligungsverfahrens zum Außenvertretungsanspruch des Bundes nach Art. 32 Abs. 1 GG dar, sondern auch die mit den Kompetenzverlusten zusammenhängenden Auswirkungen auf die von der Verfassung austarierte Machtbalance zwischen den Verfassungsorganen Bundesregierung, Bundestag und Bundesrat[170].

Im folgenden soll insbesondere auf die Frage eingegangen werden, ob die in Art. 23 Abs. 2 bis 7 GG normierten Beteiligungsrechte zugunsten der Länder eine Machtverschiebung zu Lasten des Bundestages bewirkt hat. Dazu sollen zunächst die mit dem Art. 23 GG erstmals ins Leben gerufenen Rechte des Bundestages in europäischen Angelegenheiten untersucht werden; im Anschluß daran werden die betroffenen Strukturprinzipien des Grundgesetzes aufgezeigt und die Auswirkungen der unterschiedlichen Regelungen für Bundesrat und Bundestag auf das Kompetenzgefüge der Verfassungsorgane untereinander analysiert.

b) Mitwirkung des Bundestages am europäischen Rechtsetzungsverfahren (Art. 23 Abs. 2 und 3 GG)

aa) Entstehungsgeschichte

Während die Länder in den Verhandlungen der *Gemeinsamen Verfassungskommission* an ihre früheren Bestrebungen, ihre Mitwirkungsrechte zu verstärken, anknüpfen konnten und so von Anbeginn an ihre Rechte einforderten, entstand beim Bundestag erst im Laufe der Beratungen das Bedürfnis, ebenfalls an der Gemeinschaftsrechtsetzung beteiligt zu werden[171], um nicht – insbesondere gegenüber der aufgewerteten Stellung des Bundesrates – ins Abseits zu geraten.

---

170 *Ossenbühl*, DVBl. 1993, S. 629 (635/636).

171 *Gemeinsame Verfassungskommission*, Stenographischer Bericht der 7. Sitzung vom 4.6.1992, S. 2 ff.

Der Bundestag beklagte zuvörderst den durch Art. 24 Abs. 1 GG im Kern ermöglichten Kompetenzabfluß zugunsten der in den europäischen Organen allein vertretenen Bundesregierung. Durch die Übertragung von Hoheitsrechten auf die europäische Ebene fällt die Wahrnehmung der einzelnen Aufgaben in Form legislativen Handelns anschließend in den Kompetenzbereich der für auswärtige Angelegenheiten zuständigen Bundesregierung[172]. Weil die Ausübung gesetzgeberischer Tätigkeit nach der Kompetenzverteilung des Grundgesetzes die originäre Tätigkeit des Bundestages darstellt, berührt diese Verlagerung das Gewaltenteilungsprinzip in nicht unerheblicher Weise[173]. Dies hat zur Forderung des Bundestages geführt, ein Mitwirkungsverfahren auf der verfassungsrechtlichen Ebene zu installieren und durch die Errichtung eines Ausschusses für die Angelegenheiten der Europäischen Union[174] institutionell abzusichern. Daneben begehrte das Parlament, durch die in den europäischen Entscheidungsprozeß unmittelbar eingebundene Bundesregierung frühestmöglich informiert zu werden, um etwaige Stellungnahmen rechtzeitig abgeben zu können[175].

In der *Gemeinsamen Verfassungskommission* hat man sich darauf geeinigt, neben dem Bundesrat auch dem Bundestag Informations- und Beteiligungsrechte unmittelbar auf verfassungsrechtlicher Ebene einzuräumen[176]. Der verfassungsändernde Gesetzgeber ist auch dieser Empfehlung gefolgt und hat

---

172 Das *Bundesverfassungsgericht* hat dazu ausgeführt, diese Zuordnung beruhe auf der Annahme, „daß institutionell und auf Dauer typischerweise allein die Regierung in hinreichendem Maße über die personellen, sachlichen und organisatorischen Möglichkeiten verfügt, auf wechselnde äußere Lagen zügig und sachgerecht zu reagieren und so die staatliche Aufgabe, die auswärtigen Angelegenheiten verantwortlich wahrzunehmen, bestmöglich zu erfüllen"; BVerfGE 68, 1 (87) und LS 3, 4; *Doehring*, Staatsrecht S. 194 ff.

173 *Möller/Limpert*, ZParl 1993, S. 21 (23); *Tomuschat*, VVDStRL 53 (1994), S. 121 (Aussprache), hält denn auch den Bundesgesetzgeber für den eigentlichen großen Verlierer der Europäischen Einigung; während der *Bundestag* die europäischen Rechtsetzungsakte nur noch formell umsetzen dürfe, bleibe den Ländern immerhin die Vollzugskompetenz erhalten.

174 In Art. 45 GG realisiert durch Gesetz vom 21.12.1992 (BGBl. I, S. 2086).

175 In der Vergangenheit wurde das Parlament häufig später als der Bundesrat und die deutschen Mitglieder des Europäischen Parlaments informiert, so daß es dann – vor vollendete Tatsachen gestellt – nicht mehr reagieren, sondern nur noch (nachträglich) Kenntnis nehmen konnte, vgl. *Möller/Limpert*, ZParl 1993, S. 21 (25/26).

176 Empfehlung der *Gemeinsamen Verfassungskommission* vom 26.6.1992; vgl. *Scholz*, NJW 1992, S. 2593 (2594/2595).

die Rechte des Bundestages in den Absätzen 2 und 3 des am 22. Dezember 1992 in Kraft getretenen Art. 23 GG verankert[177].

bb) Generalklausel des Art. 23 Abs. 2 Satz 1 GG

Die Generalklausel in Art. 23 Abs. 2 Satz 1 GG statuiert die grundsätzliche Mitwirkung des Bundestages in Angelegenheiten der Europäischen Union. Der Bundestag erhält erstmals ausdrücklich Mitwirkungsbefugnisse in dem als Reservat der Bundesregierung geltenden Bereich der Außenvertretung nach Art. 32 Abs. 1 GG. Der Bundestag hatte zwar auch zuvor bereits Kontrollbefugnisse über die Amtsführung der Regierung. Die Einrichtung aktiver Mitwirkungsrechte war jedoch insbesondere geboten, um den integrationsbedingten Verlust an legislativen Kompetenzen zumindest ansatzweise auszugleichen[178].

cc) Die Mitwirkungsrechte des Bundestages im einzelnen

(1) Verfahren nach Art. 23 Abs. 2 Satz 2 und Abs. 3 GG

In Art. 23 Abs. 2 Satz 2 GG ist eine Unterrichtungspflicht der Bundesregierung statuiert worden, die zur rechtzeitigen Abgabe einer Stellungnahme, die in den europäischen Entscheidungsprozeß eingebaut werden soll, eine unerläßliche Voraussetzung darstellt. Entscheidend dabei ist, daß die Verpflichtung besteht, das Parlament zum „frühestmöglichen Zeitpunkt“ zu informieren[179]. Die Pflicht zur umfassenden Unterrichtung wird in § 3 des auf Art. 23 Abs. 7 GG basierenden Ausführungsgesetzes näher konkretisiert: Sie erstreckt sich auf alle „Vorhaben im Rahmen der Europäischen Union, die für die Bundesrepublik Deutschland von Interesse sein könnten“. Dies schließt eine nur punktuelle Information über einzelne Projekte aus; die Regierung hat vielmehr sämtliches für

---

177 BGBl. I, S. 2086. Ausführlich zu den Beteiligungsrechten des Bundestages nach Art. 23 und 45 GG: *Kabel*, in: Gedächtnisschrift für Eberhard Grabitz, S. 241 ff.

178 Daneben wurden die Ziele verfolgt, die Abgeordneten des Bundestages künftig früher als bisher in europäischen Angelegenheiten zu informieren und den *Bundestag* hinsichtlich der Beteiligungsrechte nicht gegenüber dem Bundesrat zu benachteiligen; *Fischer*, ZParl 1993, S. 32 (41).

179 In der *Gemeinsamen Verfassungskommission* und im Sonderausschuß „Europäische Union“ hat sich diese Formulierung gegen die Begriffe „regelmäßig“ und „rechtzeitig“ durchsetzen können, weil sie die Forderung des Bundestages, so früh wie möglich informiert zu werden, am präzisesten beschreibt; vgl. *Möller/Limpert*, ZParl 1993, S. 21 (26).

den Bundestag relevantes Material zu übersenden[180]. In § 4 AusfG BT wird das Verfahren für Richtlinien und Verordnungen der Europäischen Union vorgeschrieben[181].

Art. 23 Abs. 3 GG regelt das eigentliche Mitwirkungsverfahren des Bundestages in Angelegenheiten der Europäischen Union. Das Recht des Parlaments nach Satz 1, vor der Mitwirkung der Regierung eine Stellungnahme abzugeben, erstreckt sich neben Verordnungen und Richtlinien auf vergleichbare Beschlüsse des Rates[182]. § 5 Satz 2 AusfG BT gebietet eine Bemessung der Frist dergestalt, daß „der Bundestag ausreichend Gelegenheit hat, sich mit der Vorlage zu befassen."

Weiter hat die Bundesregierung die Stellungnahme des Bundestages nach Art. 23 Abs. 3 Satz 2 GG zu „berücksichtigen". Wie bereits oben anläßlich der Beteiligungsrechte des Bundesrates erörtert wurde, ist diese vom verfassungsändernden Gesetzgeber gewählte Formulierung in dem Sinne zu interpretieren, daß die Letztentscheidungskompetenz bei der Regierung verbleibt[183]. Diese Nachrangigkeit des Bundestagsvotums ist an dieser Stelle auch aufgrund des Außenvertretungsanspruchs der Bundesregierung[184] erforderlich; wie das *Bundesverfassungsgericht* festgestellt hat, kommt der Bundesregierung im Verhältnis zum Parlament die Befugnis zur Wahrnehmung auswärtiger Angelegenheiten zu, da nur sie aufgrund der personellen, sachlichen und organisatorischen Ausstattung in der Lage ist, auf sich ändernde äußere Lagen zügig und sachgerecht zu reagieren[185]. Zu fordern ist jedoch, daß sich die Bundesregierung mit dem Votum eingehend befaßt und dann entscheidet, ob und in welchem Umfang Vorschläge des Parlaments in den europäischen Rechtsetzungsprozeß eingebracht werden sollen[186].

---

180 *Möller/Limpert*, ZParl 1993, S. 21 (25/26).

181 Näher dazu und insbesondere zur verfassungsrechtlichen Problematik im Zusammenhang mit § 4 Satz 2 AusfG BT *Möller/Limpert*, ZParl 1993, S. 21 (26).

182 Z. B. Art. 100c, 138 oder 201 EGV; vgl. *Möller/Limpert*, ZParl 1993, S. 21 (27).

183 Siehe oben S. 207 ff.

184 *Doehring*, Staatsrecht, S. 194 ff.; BVerfGE 1, 351 (369); 40, 141 (178 ff.); 55, 349 (364 ff.).

185 BVerfGE 68, 1 (87).

186 *Fischer*, ZParl 1993, S. 32 (41/42); in zeitlicher Hinsicht umfaßt das *„Berücksichtigen"* „den gesamten Prozeß der Willensbildung auf europäischer Ebene zu Rechtsetzungsakten der Europäischen Union (vom Beginn bis zur Schlußabstimmung)" (vgl. *Bundestags*-Drucksache 12/3896 unter B I 2c); – *Möller/Limpert* halten zusätzlich eine Begrün- →

Rechtstechnisch betrachtet hat hier das – verfassungsrechtlich nicht kodifizierte – Instrument des schlichten Parlamentsbeschlusses eine erhebliche Aufwertung erfahren; generell handelt es sich dabei um nicht in Gesetzesform gefaßte politische Absichts- oder Meinungserklärungen, die für die Bundesregierung nicht rechtlich, sondern allenfalls politisch verbindlich sind[187]. Der Bundestag konnte also bisher bei ihm mißfallenden europabezogenen Entscheidungen der Regierung nur das scharfe Instrument des Mißtrauensvotums nach Art. 67 GG einsetzen[188]. Es wurde jedoch zu Recht darauf hingewiesen, daß de facto noch keine Regierung gestürzt worden ist, weil das Parlament mit dem Abstimmungsverhalten der Bundesregierung im Rat nicht einverstanden war[189]. Tatsächlich war diese Sanktionsmöglichkeit für den Bereich der europäischen Angelegenheiten daher bedeutungslos. Aus diesem Grund kann der Ansicht, die Berücksichtigungspflicht in Art. 23 Abs. 3 Satz 2 GG spreche lediglich eine Selbstverständlichkeit aus, da die Regierung dem Bundestag ohnehin parlamentarisch umfassend verantwortlich sei[190], nicht gefolgt werden[191].

(2) Verfahren bei sich widersprechenden Stellungnahmen von Bundesrat und Bundestag

Bereits in den Beratungen der *Gemeinsamen Verfassungskommission* wurde die Frage behandelt, wie bei sich widersprechenden Stellungnahmen von Bundesrat und Bundestag verfahren werden sollte[192]. Da die Konfliktlösungsregelung nicht in Art. 23 der Verfassung durchgesetzt werden konnte, wurde der Versuch unternommen, im AusfG BT in § 6 eine Regelung zu treffen; danach sollte entscheidend sein, in wessen Zuständigkeit die Materie im

---

dungspflicht für den Fall, daß die Regierung dem Vorschlag nicht folgen will, für erforderlich. Dies ist problematisch, da zwar in Art. 2 Abs. 4 EEAG eine solche Begründungspflicht ausdrücklich statuiert war, in Art. 23 GG sowie im Ausführungsgesetz jedoch fehlen; dies könnte als entgegenstehender (grund-)gesetzgebender Wille aufzufassen sein.

187 Verbindliche Beschlüsse hingegen, die nicht in Gesetzesform gefaßt sind, sind nur aufgrund ausdrücklicher Rechtsgrundlage zulässig und wirksam: *Stern*, Staatsrecht II, § 26 II 2c (S. 48 ff.), m. w. N.

188 *Doehring*, Staatsrecht, S. 194 ff.; *Möller/Limpert*, ZParl 1993, S. 21 (28/29).

189 *Möller/Limpert*, ZParl 1993, S. 21 (28/29).

190 *Wilhelm*, BayVBl. 1992, S. 705 (708).

191 *Möller/Limpert*, ZParl 1993, S. 21 (28/29). Dieses Problem wird noch unten ab S. 247 im Zusammenhang mit der Systemgerechtigkeit der beiden Beteiligungsverfahren erörtert.

192 Nachweise bei *Möller/Limpert*, ZParl 1993, S. 21 (29).

Falle innerstaatlicher Gesetzgebung schwerpunktmäßig fiele (Satz 1). Das Votum des Bundestages sollte also vorrangig sein, wenn innerstaatlich nach Art. 71 ff. GG der Bereich ausschließlicher, konkurrierender oder der Rahmengesetzgebung des Bundes betroffen wäre[193]. Diese Klausel hätte erkennbar zu Konflikten mit dem durch Art. 23 Abs. 5 Satz 2 GG statuierten Letztentscheidungsrecht des Bundesrates führen können, denn hier ist der Anwendungsbereich nicht nur auf die Gesetzgebungsbefugnisse der Länder beschränkt, sondern umfaßt auch die Fälle, in denen die Einrichtung ihrer Behörden oder ihre Verwaltungsverfahren betroffen sind: Dies sind die – quantitativ überaus bedeutenden – Bereiche des autonomen Vollzugs von Bundesrecht durch die Länder (Art. 84 Abs. 1 GG) sowie der Bundesauftragsverwaltung (Art. 85 Abs. 1 GG). Da die Länder befürchteten, durch § 6 AusfG BT könnte ihnen das Letztentscheidungsrecht genommen werden, falls der Bundestag eine abweichende Stellungnahme abgibt, sollte im Satz 2 des § 6 ausdrücklich klargestellt werden, daß Art. 23 Abs. 5 Satz 2 GG unberührt bleibt. Dennoch hat der Bundesrat wegen dieser Regelung den Vermittlungsausschuß angerufen, weil § 6 seiner Ansicht nach mit der in Art. 23 GG geregelten gleichrangigen Berücksichtigung der Stellungnahmen von Bundestag und Bundesrat kollidiere[194]. Auf Empfehlung des Vermittlungsausschusses[195] ist der geplante Konfliktlösungsmechanismus des § 6 gestrichen worden[196].

Ohne die geplante Regelung kommt es im Konfliktfall darauf an, ob es sich um eine Materie handelt, die dem Bundesrat eine qualifizierte Beteiligung einräumt oder nicht. Wenn dies der Fall ist, so geht die nach Art. 23 Abs. 5 Satz 2 GG „maßgeblich“ zu berücksichtigende Stellungnahme des Bundesrates gegenüber dem nur „einfach“ einzubeziehenden Votum des Bundestages vor. Liegt dagegen eine Materie nach Art. 23 Abs. 5 Satz 1 GG vor, hat also die Bundesregierung die Äußerung des Bundesrates nur zu berücksichtigen, sind die Stellungnahmen von Bundesrat und Bundestag gleichwertig einzubeziehen. Dies ergibt sich aus dem sowohl in Art. 23 Abs. 5 Satz 2 als auch in Abs. 3 Satz 2 GG verwendeten Begriff des „Berücksichtigen“ ohne qualifizierende Zusätze. Zweifellos bleibt bei diesen Fallgestaltungen die Letztentscheidungskompetenz bei der Bundesregierung, die lediglich verpflichtet ist, die beiden Voten gleichberechtigt in ihre eigene Entscheidung zu involvieren. Es ist also – mit den Worten des Sonderausschusses „Europäische Union“ gesprochen – notwendig, „daß die Bundesregierung die Argumente des Bundesrates zur Kenntnis neh-

---

193 *Möller/Limpert*, ZParl 1993, S. 21 (29).

194 *Scholz*, NVwZ 1993, S. 817 (823); *Möller/Limpert*, ZParl 1993, S. 21 (29).

195 *Bundestag*, Drucksache 12/4247.

196 *Scholz*, NVwZ 1993, S. 817 (823).

men, in ihre Entscheidung einbeziehen und sich mit ihnen auseinandersetzen muß"[197].

(3) EUROPA-AUSSCHUß DES BUNDESTAGES (ART. 45 GG)

Durch das Gesetz zur Änderung des Grundgesetzes vom 21. Dezember 1992[198] ist gleichzeitig ein neuer Art. 45 GG eingefügt worden, der die obligatorische Bestellung eines ständigen Bundestagsausschusses[199] für Angelegenheiten der Europäischen Union vorschreibt. Die Besonderheit dieses Ausschusses liegt in der Kompetenzausstattung, zu deren Einräumung die Verfassung selbst ermächtigt: Er kann nach Art. 45 Satz 2 GG durch das Parlament befugt werden, die Mitwirkungsrechte des Bundestages gegenüber der Regierung nach Art. 23 Abs. 2 und 3 GG auszuüben[200]. Obwohl der Bundestag auch nach erfolgter Delegation weiter Herr des Verfahrens bleibt und daher ggf. eine Materie nach Zweckmäßigkeitserwägungen wieder an sich ziehen kann, unterscheidet sich der Europa-Ausschuß doch grundlegend von den bisherigen Fachausschüssen des Bundestages, denen weder ein eigenes Initiativrecht noch eine Außenvertretungsbefugnis für das Parlament zukommt, vielmehr nach § 62 Abs. 1 Satz 2 GeschO BT lediglich als vorbereitende Beschlußorgane tätig werden können[201].

Konstruktiv handelt es sich bei diesem Ausschuß um einen „Hauptausschuß", den es im Grundgesetz – im Gegensatz zu einigen Kommunalverfassungen[202] – bisher noch nicht gegeben hat[203].

---

197 *Bundestag*, Drucksache 12/3896 unter B I 2e.

198 BGBl. I, S. 2086.

199 Dieser mit Verfassungsrang ausgestattete Ausschuß tritt neben die bereits institutionell vorgesehenen Ausschüsse für Auswärtiges, Verteidigung (Art. 45a GG) und Petitionen (Art. 45c GG).

200 Wegen der besonderen Bedeutung dieses Artikels für den weiteren Integrationsprozeß wurde bewußt nicht Art. 45a GG, in dem bereits die Ausschüsse für Auswärtiges und Verteidigung genannt sind, sondern der freie Art. 45 GG gewählt; *Möller/Limpert*, ZParl 1993, S. 21 (30/31).

201 *Möller/Limpert*, ZParl 1993, S. 21 (31).

202 Allerdings hat der Hauptausschuß in den schleswig-holsteinischen Gemeinden mit hauptamtlicher Bügermeisterin oder hauptamtlichem Bürgermeister (§ 45 Abs. 2 GO SH) keine stellvertretenden Kompetenzen für die Gemeindevertretung. Der Konstruktion des in Art. 45 GG vorgesehenen Ausschusses kommt eher der Kreisausschuß (§ 43 KrO SH) und der Magistrat in Gemeinden mit Magistratsverfassung (§ 60 GO SH) nahe.

Den Hintergrund für diese Regelung bildet, daß nunmehr im Bereich des Bundestages ein Organ geschaffen werden sollte, dem sämtliche europabezogenen Angelegenheiten querschnittartig zugeordnet sind, wo vorher jeder einzelne auf seinen jeweiligen Geschäftsbereich beschränkte[204] Fachausschuß zu beteiligen war[205]. Der „Europa-Ausschuß" kann also in Angelegenheiten, die das Mitwirkungsverfahren nach Art. 23 GG betrifft, nach Ermächtigung durch das Parlament dessen Rechte wahrnehmen; aufgrund der Besetzung mit Bundestagsabgeordneten könnte man von einem „Bundestag en miniature" sprechen.

Hinzu kommt – ähnlich wie bei der dem Bundesrat zugeordneten Europakammer nach Art. 52 Abs. 3a GG – der Umstand, daß europabezogene Entscheidungen in der Regel rasch getroffen werden müssen und sich zudem die Sachlage sehr häufig ändert, weil die in jedem Mitgliedstaat erforderlichen Abstimmungsprozesse laufend neue Kompromisse erfordern[206]. Das bisher praktizierte Verfahren wurde von den Abgeordneten als unbefriedigend empfunden, weil sie mit Dokumenten und einer Vielzahl technischer Details überhäuft wurden. Aber auch der Europa-Ausschuß wird sich des Sachverstandes der fachlich zuständigen Ausschüsse bedienen müssen, so daß fraglich ist, ob das Ziel, rasch die jeweils wichtigen Fragen zu diagnostizieren und fristgerecht, d. h. vor der Abstimmung im Rat zu behandeln, erreicht worden ist[207].

(4) Bewertung des Verfahrens

An dieser Stelle soll in einem kurzen Exkurs eine Bewertung des Bundestagsbeteiligungsverfahrens nach Art. 23 Abs. 2 und 3 GG – aus der Sicht des Bundestages – vorgenommen werden. Die Frage, ob die Machtbalance zwischen den Verfassungsorganen Bundesrat und Bundestag systemgerecht angepaßt worden ist, wird unten ab S. 248 erörtert.

---

203 In der *Gemeinsamen Verfassungskommission* wurde die Einrichtung eines „echten" Hauptausschusses, der auch zur stellvertretenden Lesung von Gesetzesvorhaben ermächtigt werden sollte, diskutiert, jedoch letztlich wieder verworfen, vgl. *Scholz*, NVwZ 1993, S. 817 (820).

204 § 64 Abs. 1 i. V. m. § 62 Abs. 1 Satz 3 GeschO BT.

205 Bisher wurde das Verfahren so praktiziert, daß sich im Bundestag die jeweils fachlich zuständigen Ausschüsse mit den Vorlagen befaßten und Stellungnahmen für das Plenum vorbereiteten, vgl. *Everling*, DVBl. 1993, S. 936 (946).

206 *Scholz*, NVwZ 1993, S. 817 (820).

207 Zweifelnd auch *Everling*, DVBl. 1993, S. 936 (946).

Gemessen an dem Umstand, daß der Bundestag vor der Einführung des neuen Art. 23 GG über keine verfassungsrechtlich fixierten Mitwirkungsrechte in europäischen Angelegenheiten verfügte, wurde mit der Statuierung der in Art. 23 Abs. 2 und 3 GG genannten Beteiligung eine erhebliche Verbesserung seiner Rechtsstellung herbeigeführt.

Diese Regelung wird jedoch nur vorübergehend Gültigkeit haben, weil der Bundestag, der – weil ihm in keinem Falle ein Letztentscheidungsrecht zukommt – im Vergleich zur Länderkammer nur ein „Beteiligungsminimum" zugebilligt bekommen hat[208], eine Aufstockung seiner Rechte einfordern wird. Dies wird im Hinblick auf das Demokratieprinzip auch erforderlich sein. Die Gewährleistung des Demokratieprinzips im Hinblick auf die von den europäischen Organen ausgeübten ehemaligen deutschen Hoheitsrechte gebietet eine möglichst intensive demokratische Legitimationsquelle aus der Hand der Mitgliedstaaten: Wie bereits gezeigt, ist das Europäische Parlament noch nicht in der Lage, die europäischen Organe unmittelbar in ausreichender Weise zu legitimieren[209]. Deshalb ist es besonders wichtig, dieses Defizit durch die im Rat vertretenen nationalen Regierungsvertreter – zumindest teilweise – zu kompensieren. Der Legitimationskette von den einzelnen nationalen Völkern zu den Ratsmitgliedern kommt damit entscheidende Bedeutung zu. Um diese – durch die vielen zwischengeschalteten Instanzen ohnehin geschwächte – Legitimationswirkung zu erhöhen, wäre an der demokratischen Brücke zwischen Bundestag und Regierungsmitgliedern eine Forcierung des demokratischen Rückhalts durch maßgebende Mitwirkung des Parlaments in Angelegenheiten der Europäischen Union geboten.[210]

c) Verhältnis zwischen den Verfassungsorganen Bundesrat und Bundestag

Fraglich ist, ob durch die von Art. 23 GG ausgesprochene Verpflichtung der Bundesregierung, die Voten von Bundesrat und Bundestag in unterschiedlich bindender Weise in ihre eigene Entscheidung einzubeziehen, die verfassungsrechtlich fixierte Machtbalance der Verfassungsorgane untereinander verschoben worden ist. Eine solche Verschiebung könnte eine Verletzung der Staatsstrukturbestimmungen des Art. 20 GG, die von Art. 79 Abs. 3 GG absolut geschützt werden, zur Folge haben.

---

208 Vgl. *Ossenbühl*, DVBl. 1993, S. 629 (637).

209 Siehe oben S. 109.

210 *Ossenbühl*, DVBl. 1993, S. 629 (637).

aa) Durch Art. 23 GG berührte Strukturprinzipien

Art. 23 GG versucht in seinem Absatz 1 nicht nur, die grundlegenden deutschen Verfassungsstrukturen, soweit sie von den Verfassungstraditionen anderer Mitgliedstaaten abweichen, nach Europa zu exportieren[211]. Mit der Schaffung des Art. 23 GG ist gleichzeitig der Zweck verfolgt worden, die unter dem Schutz des Art. 79 Abs. 3 GG stehenden Strukturprinzipien, die infolge der Abgabe von Hoheitsbefugnissen an die europäische Ebene einem faktischen Wandel unterworfen waren, an die gegenwärtige Situation anzupassen. Die Veränderungen im Bereich des Bundesstaatsprinzips (Art. 20 Abs. 1 GG) und die dadurch ausgelösten Kompensationsbemühungen sind bereits beleuchtet worden. Doch auch andere Prinzipien sind europabezogenen Veränderungen ausgesetzt. Dazu gehört zunächst das in Art. 20 Abs. 2 Satz 2 GG verankerte Gewaltenteilungsprinzip[212], das im demokratischen Rechtsstaat als tragendes Organisationsprinzip zu gelten hat[213]. Der Grundsatz weist die Gesetzgebungsaufgaben einem eigens dafür vorgesehenen Organ, im Bereich des Bundes dem Bundestag, zu[214]. Darüber hinaus ist das Demokratieprinzip gemäß Art. 20 Abs. 2 Satz 1 GG berührt. In einer repräsentativen Demokratie ist der Bundestag das einzige unmittelbar demokratisch legitimierte Verfassungsorgan; dies unterstreicht die Bedeutung dieses Legislationsorgans und rechtfertigt die Annahme, daß es im Zweifel für alle im Staat auftretenden Fragen zuständig ist[215]. Beide Prinzipien werden durch die Abwanderung von Bundesgesetzgebungskompetenzen tangiert; denn die europäische Rechtsetzung wird nach der Konzeption des Art. 23 Abs. 2 bis 7 GG primär von den Exekutivspitzen von Bund und Ländern unter Ausschaltung der Parlamente (sieht man einmal von den Bundestagsmitwirkungsbefugnissen ab) mitgestaltet[216].

bb) Haben sich die Länder die Mitwirkungsbefugnisse auf Kosten des Bundestages verschafft?

Fraglich ist, ob durch diese Regelung die durch Art. 79 Abs. 3 GG geschützten staatlichen Strukturprinzipien systemgerecht, d. h. ohne Verschiebung der verfassungsrechtlich fixierten Machtbalance, an die durch die Hoheitsübertra-

---

211 *Ossenbühl*, DVBl. 1993, S. 629 (633). Näher dazu oben S. 99.

212 *Di Fabio*, Der Staat 1993, S. 191 (210).

213 BVerfGE 3, 225 (247); 67, 100 (130; „Flick-Entscheidung“).

214 *Jarass*, in: Jarass / Pieroth Art. 20 GG, Rdnr. 16.

215 Vgl. *Hesse*, Verfassungsrecht, Rdnr. 504.

216 *Di Fabio*, Der Staat 1993, S. 191 (209).

gungen an europäische Einrichtungen bedingten Veränderungen angepaßt worden ist. Im Schrifttum wird kritisiert, die Pflicht der Bundesregierung zur *maßgeblichen* Berücksichtigung des Bundesratsvotums in Art. 23 Abs. 5 Satz 2 GG stehe in einem unvertretbaren Widerspruch zur „einfachen" Berücksichtigungspflicht hinsichtlich der Stellungnahmen des Bundestages. Die herausgehobene Stellung des Bundestages in einem demokratischen Gemeinwesen hätte es erfordert, daß die Bundesregierung bei jedem europäischen Rechtsetzungsakt, der sich sachlich im Rahmen der ausschließlichen Bundesgesetzgebungskompetenz bewegt, die Stellungnahme des Bundestages *maßgeblich* zu berücksichtigen hätte.[217] Dies erscheint insbesondere vor dem Hintergrund problematisch, daß der Bundestag erheblich mehr Kompetenzen an die europäische Ebene verloren hat und noch verlieren wird. Dies tritt in der Diskussion gelegentlich in den Hintergrund, weil die Länder – im Gegensatz zum Parlament – ihre Situation schon frühzeitig erkannten und auf Ausgleich drängten.[218]

Dennoch erschiene es überzogen, den Bundestag – im Vergleich zur Länderkammer – als den eigentlichen Verlierer der europäischen Integration zu bezeichnen, weil die Ausgangslage in Bund und Ländern vor der mit dem Unionsvertrag verbundenen Integration unterschiedlich gewesen ist. Während der Bund von den zahlreichen, in den Katalogen der Art. 73 und 74 GG enumerativ aufgezählten Kompetenzen Gebrauch machen kann, sind die Länder gemäß Art. 70 GG auf die übrigen nicht aufgezählten oder (noch) nicht vom Bund an sich gezogenen Materien beschränkt. Die seit der Geltung des Grundgesetzes vorgenommene Ergänzung der Kompetenzkataloge und insbesondere die – durch die Rechtsprechung des *Bundesverfassungsgerichts* gedeckte – extensive Interpretation der Bedürfnisklausel des Art. 72 Abs. 2 Nr. 3 GG (a. F.; heute: Art. 72 Abs. 2 GG)[219] haben dazu ein übriges getan. Die verhältnismäßig wenigen Kompetenzen der Länder, die diese einzubüßen hatten und haben, sind jedoch für deren Staatsqualität entscheidend. Bedenkt man, daß wohl keine der gegenwärtig verbliebenen Kompetenzen der Länder als europafest zu bezeich-

217 *Di Fabio*, Der Staat 1993, S. 191 (209 ff.), der die Ansicht vertritt, dieses Problem lasse sich nur mittels einer verfassungskonformen Auslegung des Art. 23 Abs. 3 Satz 2 und Abs. 5 Satz 2 GG beheben.

218 Vgl. *Stein*, in: Merten (Hrsg.), Föderalismus und Europäische Gemeinschaften, S. 91 (106 f.).

219 BVerfGE 13, 230 (233).

nen ist[220], können sich weitere Kompetenztransfers nach Europa für die Länder zur Existenzfrage entwickeln.

In der Tat fragt es sich jedoch, warum das dem Bundestag zugebilligte „Beteiligungsminimum" in Gestalt des Rechts zur Stellungnahme – in einem zumindest vom Wortlaut her – offensichtlichen Widerspruch zur Letztentscheidungskompetenz des Bundesrates in bestimmten Angelegenheiten besonderer Betroffenheit steht[221]. Die Regierung hat das Votum des Bundesrates in Fällen besonderer Länderbetroffenheit *maßgeblich* zu berücksichtigen (Art. 23 Abs. 5 Satz 2 GG), das des Bundestages jedoch „nur" zu berücksichtigen (Art. 23 Abs. 3 Satz 2 GG). Der Grund hierfür liegt wohl im vergleichsweise müden und schwachen Streiten des Bundestages um seinen Bedeutungserhalt[222]. Der Bundestag stimmte seinem Bedeutungsverlust im Vergleich zum Bundesrat offensichtlich nur deshalb zu, weil er unter dem politischen Druck eines möglichen Scheiterns des Ratifizierungsvorganges stand[223].

Das Argument, ein die Bundesregierung regelmäßig bindendes Votum des Parlaments für europäische Rechtsetzungsvorhaben sei europapolitisch unpraktisch und zu schwerfällig, so daß die Regierung letztlich Gefahr liefe, zwischen europapolitische Abstimmungszwänge und innerstaatliche Beteiligungsansprüche zu geraten und dadurch ihre aktive Gestaltungsrolle einzubüßen, ist ausschließlich politischer Natur; der Entschluß, diese Erschwernis beim Bundesrat in Kauf zu nehmen, beim Bundestag hingegen nicht, hat sich indes vor der Verfassung zu rechtfertigen[224].

Die Entscheidung, dem Bundestag im Gegensatz zum Bundesrat kein Äquivalent für seine eingebüßten Bundesgesetzgebungskompetenzen zu gewähren, könnte jedoch durch einen sachlichen Grund gerechtfertigt sein. Dabei ist zwar zunächst zu konstatieren, daß sowohl die im Bundesrat vereinigten Länder als

220 *Stein*, in: Merten (Hrsg.), Föderalismus und Europäische Gemeinschaften, S. 91 (106), nennt hier beispielhaft die „Länderdomänen" Bildung und Kultur.

221 *Ossenbühl*, DVBl. 1993, S. 629 (637); *Di Fabio*, Der Staat 1993, S. 191 (209 ff.).

222 *Di Fabio*, Der Staat 1993, S. 191 (210).

223 Vgl. die Rede des Bundestagsabgeordneten *Irmer* im Deutschen *Bundestag*, Prot. 12/126, S. 10818: „Durch die Grundgesetzänderungen wird das Verfassungsgefüge unseres Staates nachhaltig zugunsten des Bundesrats verschoben. Ich sage hier ganz eindeutig, daß wir von Seiten des Bundestags bei den Verhandlungen unter einem erheblichen Druck standen, nämlich der Drohung, Maastricht gegebenenfalls nicht zu ratifizieren, wenn wir nicht bereit gewesen wären, über das hinauszugehen, was wir von uns aus zuzugestehen bereit waren."

224 *Di Fabio*, Der Staat 1993, S. 191 (209/210).

auch das Bundesparlament infolge der europäischen Integration Kompetenzen in nicht unerheblichem Umfang verloren haben. Entscheidend ist jedoch, ob eine Gleichbehandlung von Bundesrat und Bundestag in diesem Bereich überhaupt verfassungsrechtlich geboten ist. Insofern ist maßgebend, welche Mittel mit welcher Qualität den beiden Bundesorganen zur Durchsetzung ihrer eigenen Vorstellungen gegenüber der Bundesregierung *insgesamt* zur Verfügung stehen. Dabei wird deutlich, daß die Bundesregierung in einem ungleich engeren politischen und rechtlichen Abhängigkeitsverhältnis zum Bundestag steht als zum Bundesrat, der zwar ein Bundesorgan darstellt, jedoch in erster Linie als – mediatisierte – Länderinteressenvertretung zu gelten hat. So wird die Regierung ohnehin vom Bundesparlament kontrolliert und ist – über den Kanzler – von ihm in ihrem Fortbestand abhängig (Art. 67 GG)[225]. Der Bundestag kann die Regierung zur Verantwortung ziehen, wenn sie seine Stellungnahmen nicht beachtet[226]. Daneben ist auch zu berücksichtigen, daß das Mitwirkungsrecht des Bundestages – im Gegensatz zu dem des Bundesrates – nicht von einer tatsächlich vorliegenden Betroffenheit abhängig ist.

Der Verfassunggeber war mithin nicht durch Art. 79 Abs. 3 GG gehindert, dem Bundesrat eine intensivere Form der Beteiligung zuzubilligen als dem Bundestag. Insofern ist die Anpassung auch systemadäquat erfolgt, denn in der Systematik der Beteiligungsrechte stellt die Pflicht zur „einfachen“ Berücksichtigung die nächstniedrigere Stufe gegenüber derjenigen zur maßgeblichen Berücksichtigung dar. Einer verfassungskonformen Auslegung des Art. 23 Abs. 3 Satz 2 bzw. Abs. 5 Satz 2 GG bedarf es daher nicht[227].

---

225 *Hilf*, VVDStRL 53 (1994), S. 7 (19); *Steinberger*, VVDStRL 50 (1991), S. 9 (41).

226 *Everling*, DVBl. 1993, S. 936 (946), hält eine Pflicht zur *maßgebenden* Beteiligung der Bundestagsvoten darüber hinaus für nicht zweckmäßig, weil dies nur zu einer unnötigen Verrechtlichung der Politik führte, die ohnehin von der Realität „überrollt“ würde.

227 *Di Fabio*, Der Staat 1993, S. 191 (210 ff.), sieht in dieser ungleichen Ausstattung des Bundesrates gegenüber dem Bundestag durch Art. 23 GG eine gemäß Art. 79 Abs. 3 GG unzulässige Veränderung der Staatsstruktur der Bundesrepublik Deutschland, die – um die politisch-legitimatorisch nicht unproblematische Normverwerfung zu vermeiden – nur durch eine verfassungskonforme Auslegung, eine Interpretation im Lichte der Einheit der Verfassung oder unter Heranziehung des von *Hesse* geprägten Gedankens der praktischen Konkordanz zu beheben sei (S. 213); er schlägt – entgegen dem Wortlaut – alternativ zwei Lösungen vor: Zum einen könnte man den Begriff *„berücksichtigen“* bezüglich der Stellungnahmen des Bundestages anders (d. h. stärker) gewichten als das Wort *„berücksichtigen“* in Art. 23 Abs. 5 Satz 2 GG, wo es um das Regelvotum des Bundesrates geht; zum anderen wäre es auch möglich, die *maßgebliche* Berücksichtigung in Art. 23 Abs. 5 Satz 2 GG weicher zu verstehen und Abweichungen der Regierung im Rahmen ihrer Gestaltungsfreiheit zuzulassen (S. 215/216).

→

3. Verstoß gegen den Grundsatz der Gemeinschaftstreue (Art. 5 EGV)?

In der verfassungsrechtlichen Literatur wird der Standpunkt vertreten, die Bindung der deutschen Vertreter im Ministerrat an die Stellungnahme des Bundesrats verstoße gegen den Grundsatz der Gemeinschaftstreue aus Art. 5 EGV – und dem daraus resultierenden Prinzip der Effektivität des Gemeinschaftsrechts – und sei damit gemeinschaftsvertragswidrig[228]. Daher sei die Bestimmung des Art. 23 Abs. 5 Satz 2 GG und insbesondere die Konfliktlösungsregelung des § 5 Abs. 2 ZBLG aufgrund des Vorrangs des Gemeinschaftsrechts unanwendbar.

Diese Ansicht wird damit begründet, daß die deutschen Vertreter im Ministerrat als Mitglieder eines Gemeinschaftsorgans nicht von vornherein so festge-

---

Der erste Vorschlag, die extensive Interpretation des Begriffs „berücksichtigen" *nur* bei den Rechten des Bundestags, ist mit dem insoweit eindeutigen Wortlaut der Bestimmungen und der Systematik des Art. 23 GG insgesamt nicht in Übereinstimmung zu bringen: Nach der Rechtsprechung des *Bundesverfassungsgerichts* ist stets zunächst vom Wortlaut der Norm (grammatische Auslegung) auszugehen. Nur wenn sich aus diesem kein eindeutiges Ergebnis ergibt, sind der Zusammenhang (systematische Auslegung), der Zweck (teleologische Auslegung) und die Gesetzesmaterialien sowie die Entstehungsgeschichte (historische Auslegung) zu erforschen (BVerfGE 1, 312; 8, 307; 48, 256). Bei der systematischen Auslegung ist darauf abzustellen, daß einzelne Rechtssätze, die der Gesetzgeber in einen sachlichen Zusammenhang gestellt hat, grundsätzlich so zu interpretieren sind, daß sie logisch miteinander vereinbar sind. Denn es ist davon auszugehen, daß der Gesetzgeber sachlich Zusammenhängendes so geregelt hat, daß die gesamte Regelung einen durchgehenden, verständlichen Sinn ergibt (BVerfGE 48, 257).

Der zweite Vorschlag, die Pflicht zur maßgeblichen Berücksichtigung restriktiv auszulegen, wäre mit dem erklärten Willen der am Verfassunggebungsverfahren Beteiligten, insbesondere des Bundesrates, dem es ja gerade auf die Statuierung eines Letztentscheidungsrechts der Länderkammer ankam, nicht vereinbar (siehe oben S. 207): Zwar kommt der Entstehungsgeschichte einer Vorschrift für deren Auslegung im Grundsatz nur insofern Bedeutung zu, als sie die Richtigkeit einer nach den angegebenen Grundsätzen ermittelten Auslegung bestätigt oder Zweifel behebt, die durch andere Auslegungsmethoden allein nicht ausgeräumt werden können (BVerfGE 1, 127 [312]; 8, 307; 10, 244; 11, 130/131); sie kann daher grundsätzlich nur zur Bestätigung einer anderweitig gewonnenen Auffassung herangezogen werden (so etwa BVerfGE 4, 364 ff.). Ein solches Verfahren ist aber nach den Grundsätzen der allgemeinen Rechtslehre jedenfalls bei neueren Gesetzen unbedenklich, für deren Auslegung sich feste Grundsätze noch nicht haben bilden können (BVerfGE 1, 127).

228 Hierzu und zum Folgenden: *Everling*, DVBl. 1993, S. 936 (946 f.), mit dem zutreffenden Hinweis auf die bisherige Haltung der Bundesregierung zu dieser Frage; vgl. *Ress*, EuGRZ 1986, S. 549 (553), zur entsprechenden Berücksichtigungspflicht nach dem EEAG.

legt werden dürften, daß sie keinerlei Verhandlungsspielraum mehr besäßen. Gegen eine solche Bindung spreche schon die praktische Überlegung, daß sie – von allen oder nur von mehreren Mitgliedstaaten praktiziert – zu einer völligen Lähmung der Arbeit in den Gemeinschaftsorganen führte. Im Falle von Mehrheitsentscheidungen im Rat drohe der festgelegte deutsche Vertreter überstimmt zu werden, wodurch sowohl die Interessen des Bundes als auch die der Länder überhaupt keinen Eingang in die Maßnahme mehr fänden. Im übrigen wird der Vergleich zu der Rechtsprechung des *Bundesverfassungsgerichts* gezogen, wonach es unzulässig sei, die im Bundesrat vertretenen Mitglieder der Landesregierungen auf die Voten der Landesparlamente festzulegen[229]; aus den gleichen Gründen sei auch eine Bindung des Ratsvertreters an den Willen der Länderkammer unzulässig.

Dagegen ist zunächst einzuwenden, daß in Fällen qualifizierter Länderbetroffenheit nach Art. 23 Abs. 6 GG die Möglichkeit besteht, daß ein Ländervertreter in den Ministerrat entsandt wird, der die Interessen seines Landes und die der anderen Bundesländer vertritt. Insofern verfügt dieser – in den Grenzen der mit der Bundesregierung abzustimmenden gesamtstaatlichen Verantwortung des Bundes (Art. 23 Abs. 6 Satz 2 2. Halbsatz GG) – über einen eigenen Entscheidungsspielraum, um auf sich anbahnende Kompromisse angemessen reagieren zu können.

Wesentlich ist jedoch, daß der Vergleich mit der Bindung der Vertreter im Bundesrat nicht zulässig ist: Im Bundesrat geht es um Gesetze, an deren Zustandekommen die Bundesländer – obwohl es sich eigentlich um dem Bund zugewiesene Materien handelt – ausnahmsweise[230] zu beteiligen sind, weil sie beispielsweise Vorschriften über den – grundsätzlich den Ländern obliegenden – Vollzug des Gesetzes beinhalten[231]. Von dieser Situation unterscheidet sich die Stellung des deutschen Vertreters im Ministerrat erheblich: Handelt dort nicht ausnahmsweise der genannte Vertreter der Länder nach Art. 23 Abs. 6 GG, hat der Bundesminister in diesen Fällen nicht die Interessen des Bundes,

---

229 BVerfGE 8, 104 (120 f.).

230 In der Praxis ist diese Ausnahme allerdings eher zur Regel geworden: Zum einen reicht eine einzige zustimmungsbedürftige Vorschrift aus, um das gesamte Gesetz der Zustimmungspflicht zu unterwerfen (BVerfGE 8, 274 [294]; 55, 274 [319]); zum anderen ist jedes Gesetz, das ein Zustimmungsgesetz ändert, auch zustimmungsbedürftig, wenn es selbst zustimmungsbedürftige Vorschriften enthält, wenn es Vorschriften ändert, die die Zustimmungsbedürftigkeit ausgelöst haben oder wenn es dazu führt, daß die zustimmungsbedürftigen Normen eine wesentlich andere Bedeutung und Tragweite erhalten (BVerfGE 37, 363 [282 f.]).

231 Vgl. Art. 84 Abs. 1, 85 Abs. 1 GG.

sondern die besonders betroffenen Belange der Länder zu vertreten. Insbesondere in Fällen der Betroffenheit von Ländergesetzgebungsbefugnissen kann ein Bundesminister doch nur deshalb im Rat mitentscheiden, weil die Materie infolge des vorangegangenen Hoheitsübertragungsaktes den Ländern entzogen und kraft der Entscheidung der Verfassung für die grundsätzliche Eingleisigkeit der Außenbeziehungen in Art. 23 Abs. 1 i. V. m. 32 Abs. 1 GG nunmehr der Bundesregierung zugefallen ist. Die Pflicht des Ratsvertreters, insbesondere bei der Betroffenheit von Ländergesetzgebungsbefugnissen das Votum des Bundesrates zu vertreten, stellt sich mithin nur als Reflex des vorangegangenen Hoheitsübertragungsaktes dar, wodurch die Länder ihre legislativen Rechte verloren haben[232].

Das in Bezug genommene Urteil des *Bundesverfassungsgerichts* läßt den von dieser Ansicht gezogenen Schluß auch aus anderem Grunde gar nicht zu: Das Gericht begründet sein Votum damit, daß mit der Entscheidung des Parlamentarischen Rates für das Bundesratsprinzip der Gedanke der Repräsentanz des Staatsvolks nicht verwirklicht worden sei, so daß eine Einflußnahme der Legislative auf das Bundesverfassungsorgan Bundesrat unzulässig sei[233]. Bei der Bindung des deutschen Ratsmitgliedes durch den Bundesrat liegt eine – u. U. die Gewaltenteilung berührende – Einwirkung eines Volksrepräsentanten auf ein Exekutivmitglied jedoch nicht vor. Die Bindung betrifft ausschließlich das Verhältnis zwischen Regierungsmitgliedern, auf der einen Seite die Bundesratsvertreter aus den Ländern und auf der anderen der im Rat vertretene jeweilige Fachminister des Bundes. Die zitierte Entscheidung des *Bundesverfassungsgerichts* läßt somit keine Rückschlüsse auf die Zulässigkeit der Bindung des deutschen Ratsvertreters zu.

Im übrigen dürfte in der Praxis eine vollständige Bindung des deutschen Vertreters im Rat an das Votum des Bundesrates, die seinen Verhandlungsspielraum quasi beseitigt, kaum eintreten. Die Länder können regelmäßig – wegen der Fülle von Einzeldaten und des Termindrucks – nicht jede Frage eingehend beraten und zu ihr eine Entschließung abgeben. Der Bundesrat wird sich in seiner Stellungnahme auf einige wenige für die Bundesländer bedeutsame Punkte beschränken. Möge es sich hierbei auch um Kernfragen der geplanten europäischen Regelung handeln, es werden dem deutschen Ratsvertreter noch Materien verbleiben, die er als Verhandlungsmasse einbringen kann. Selbstverständlich kann die Unantastbarkeit der Länderforderungen dazu führen, daß der Ratsver-

232 Vgl. *Steinberger*, VVDStRL 50 (1991), S. 9 (42), und *Streinz*, DVBl. 1990, S. 949 (961) für die Bindung an das Votum des Bundestages.

233 BVerfGE 8, 104 (120).

treter solche Positionen, die die Vorstellungen des Bundes wiedergeben, aufgeben muß. Diese Unterlegenheit der Bundes- gegenüber den Länderinteressen entspricht jedoch der vom Verfassunggeber getroffenen Wertentscheidung in Art. 23 Abs. 5 Satz 2 GG.

Es ist auch nicht zu leugnen, daß die mit Bindungswirkung versehenen Beteiligungsrechte der Länderkammer die Verhandlungen im Rat eher verkomplizieren. Jedoch läßt die innerstaatliche Pflicht zur Ausgleichung der Länderdefizite keine alternative Lösung zu[234]. Auch wenn die Gemeinschaftsorgane nur den Mitgliedstaat Bundesrepublik insgesamt als Ansprechpartner kennen, in bezug auf die Länder also „blind“[235] sind, müssen die durch den bundesstaatlichen Aufbau des Mitglieds bedingten Umstände, die die Verhandlungen und die Kompromißsuche erschweren, hingenommen werden.

B. SONSTIGE ÄNDERUNGEN DES GRUNDGESETZES IM ZUGE DER VERFASSUNGSREFORM

I. ERWEITERUNG DES ART. 50 GG

Durch das Gesetz zur Änderung des Grundgesetzes vom 21. Dezember 1992[236] wurde Art. 50 GG dahingehend ergänzt, daß die Länder nicht nur bei der Gesetzgebung und Verwaltung des Bundes, sondern auch in Angelegenheiten der Europäischen Union mitzuwirken haben. Die Ergänzung war notwendig, um die durch Art. 23 GG hinzugewonnenen Rechte des Bundesrates in europäischen Angelegenheiten auch in der generellen Aufgabenbeschreibung des Bundesrates zum Ausdruck zu bringen. Aus der systematischen Stellung der Vorschrift am Eingang des Abschnitts über den Bundesrat ergibt sich, daß die Norm nur grundsätzlich die besondere Funktion des Bundesrates als Verfassungsorgan des Bundes zu umreißen beabsichtigt[237]. Die Änderung begründet mithin keine neuen Kompetenzen der Länderkammer, sie hat vielmehr nur redaktionellen Charakter[238].

---

234 *Steinberger*, VVDStRL 50 (1991), S. 9 (42 in Fn. 93).

235 *Ipsen*, in: Festschrift für Walter Hallstein, S. 248 (256 ff.).

236 BGBl. I, S. 2086.

237 Siehe oben S. 59.

238 *Scholz*, NJW 1993, 1691.

II. Bildung einer Europakammer im Bundesrat (Art. 52 Abs. 3a GG)

Gleichzeitig wurde in Art. 52 GG ein neuer Absatz 3a eingefügt, der in Parallele zu Art. 45 GG (Europa-Ausschuß des Bundestages[239]) die Europakammer des Bundesrates institutionalisiert[240]. Hintergrund für diese Regelung ist, daß – ähnlich wie beim Europa-Ausschuß des Bundestages – in Angelegenheiten der Europäischen Union regelmäßig schnelle Entscheidungen getroffen werden müssen, wobei die in den europäischen Gremien erforderlichen Abstimmungsprozesse nicht selten laufend neue Kompromisse erforderlich machen. Dies konnte vom Plenum des – in der Regel einmal monatlich tagenden – Bundesrates sehr häufig nicht in der gebotenen Zügigkeit erledigt werden[241]. Durch die Regelung im Grundgesetz sind Versuche, eine Europakammer auf der Ebene der Geschäftsordnung des Bundesrates zu etablieren, gegenstandslos geworden[242].

Die Europakammer des Bundesrates ist insofern besonders qualifiziert, weil die von ihr gefaßten Beschlüsse als Beschlüsse des Bundesrates gelten. Im Interesse einer möglichst wirksamen Wahrnehmung der meist unter starkem Zeitdruck stehenden Beteiligungsrechte des Bundesrates ist es in aller Regel nicht möglich, nach der Konstruktion der Europakammer aber auch nicht erforderlich, eine Entscheidung des Bundesrates einzuholen. Die Befugnis der Europakammer, stellvertretend für den Bundesrat Beschlüsse zu fassen, ist zwar nach der Verfassung nicht von der Eilbedürftigkeit einer Maßnahme abhängig, jedoch hat der Bundesrat als übergeordnetes Gremium die Möglichkeit, sich die (Letzt-)Entscheidung vorzubehalten bzw. sie wieder an sich zu ziehen. Nach § 45d Abs. 1 GOBR[243] ist die Europakammer nur bei Eilbedürftigkeit oder zu wahrender Vertraulichkeit nach Zuweisung eines Beratungsgegenstandes zuständig; ein Eilfall ist gemäß § 45d Abs. 2 GOBR gegeben, wenn die Beschlußfassung des Bundesrates im Hinblick auf den Beratungsstand in den Gremien der Europäischen Union keinen Aufschub bis zur nächsten, bereits einberufenen Sitzung des Bundesrates duldet.

---

239 Siehe hierzu oben S. 245 ff.

240 *Bundestag*, Drucksache 12/3896, unter B I 2 k.

241 *Rubel*, JA 1993, S. 12 (13); *Scholz*, NVwZ 1993, S. 817 (820).

242 *Rubel*, JA 1993, S. 12 (13); gegen eine solche Regelung wurden verfassungsrechtliche Bedenken ins Feld geführt, vgl. *Schütz*, NJW 1989, S. 2160 (2161 ff.).

243 In der Fassung der Bekanntmachung vom 26.11.1993.

Für die Zusammensetzung der Europakammer erklärt Art. 52 Abs. 3a GG in seinem letzten Halbsatz die Regelung Art. 51 Abs. 2 und Abs. 3 Satz 2 GG für entsprechend anwendbar. Die Kammer ist danach mit nur je einem anwesenden Mitglied der Landesregierungen zu besetzen[244]. Nicht mehr zulässig ist demzufolge sowohl eine Besetzung auf Beamtenebene[245] als auch die Fortsetzung des bisher nach der Geschäftsordnung des Bundesrates praktizierten Umfrageverfahrens bei Abwesenheit eines Regierungsmitglieds[246].

III. SCHAFFUNG EINER 'REGIONALEN INTEGRATIONSGEWALT' (ART. 24 ABS. 1a GG)

In Art. 24 GG ist im Zuge der Verfassungsreform[247] ein neuer Absatz 1a eingefügt worden, demzufolge die Länder, soweit sie für die Ausübung der staatlichen Befugnisse und die Erfüllung der staatlichen Aufgaben zuständig sind, mit Zustimmung der Bundesregierung Hoheitsrechte auf grenznachbarschaftliche Einrichtungen übertragen können[248]. Mit der Schaffung einer solchen, bisher in der Verfassung nicht vorgesehenen „regionalen Integrationsgewalt“[249] sollte einem seit längerem empfundenen praktischen Bedürfnis nach verbesserter grenzüberschreitender Zusammenarbeit in Grenzregionen (z. B. Nordrhein-Westfalen – Niederlande; Saarland – Lothringen) Rechnung getragen werden[250]. Bisher war die grenzüberschreitende Zusammenarbeit auf Kooperation und Konzertation beschränkt, hoheitliche Akte konnten nur separat im Namen der jeweils beteiligten Hoheitsträger und nach der für sie geltenden

---

244 Siehe § 45b Abs. 2 Satz 1 GOBR: „Jedes Land entsendet ein Mitglied oder ein stellvertretendes *Mitglied des Bundesrates* als Mitglied in die Europakammer.“ Gemäß Art. 51 Abs. 1 GG besteht der Bundesrat aus Mitgliedern der Landesregierungen. § 45h Abs. 1 Satz 3 GOBR bestimmt, daß nur die Mitglieder oder stellvertretenden Mitglieder zur Stimmabgabe berechtigt sind; vgl. *Hilf*, VVDStRL 53 (1994), S. 7 (19).

245 *Pernice*, DVBl. 1993, S. 909 (920).

246 *Hilf*, VVDStRL 53 (1994), S. 7 (19), unter Hinweis auf die inzwischen außer Kraft getretene Regelung des § 45i GOBR in der Fassung der Bekanntmachung vom 10.6.1988 (BGBl. I, S. 857).

247 Gesetz zur Änderung des Grundgesetzes vom 21.12.1992, BGBl. I, S. 2086; näher zu diesem Verfahren *Oschatz/Risse*, DÖV 1989, S. 509 (517 f.).

248 Die Bestimmung fand deshalb ihren Platz in Art. 24 GG, weil sie unabhängig von der Europäischen Union gelten soll; *Bundestag*, Drucksache 12/3896 unter B I 2 h.

249 So *Stein*, VVDStRL 53 (1994), S. 26 (42).

250 *Rubel*, JA 1993, S. 12 (13); *Bundestag*, Drucksache 12/3896 unter B I 2 h.

Rechtsordnung erlassen werden[251]. Die Regelung erkennt die prinzipielle Staatsqualität der Bundesländer an und verleiht ihnen das – dem des Bundes nach Art. 24 Abs. 1 GG vergleichbare – Recht, im grenznachbarschaftlichen Bereich hoheitsrechtliche Kooperationen, wie z. B. im Schulwesen, einzugehen[252]. Allerdings erlaubt die Vorschrift wohl nicht die Übertragung von Kompetenzen unmittelbar auf ausländische Gebietskörperschaften, jedenfalls dann nicht, wenn auf dieser Grundlage Hoheitsakte gegenüber den eigenen Bürgern ergingen[253]. Diese Einschränkung kann bedeutsam sein, wenn den Bundesländern ein regionaler Partner mit äquivalenten Befugnissen für die Erfüllung der Aufgaben fehlt[254].

Ob durch den neuen Art. 24 Abs. 1a GG die Staatlichkeit der Länder gestärkt wird, kann zunächst bezweifelt werden. Zum einen nützt er denjenigen Ländern nicht, die mangels ausländischer Grenznachbarn (wie z. B. Hessen, Thüringen oder Sachsen-Anhalt) von vornherein von der regionalen Integrationsgewalt ausgeschlossen bleiben[255]. Andererseits verlieren die Länder, die von dieser Option Gebrauch machen, weitere Hoheitsrechte, wodurch sich die Summe der dann nicht nur an den Bund und an Europa, sondern auch an die grenznachbarschaftliche Einrichtung verlorenen Hoheitsrechte noch vergrößerte. Da die Vorschrift nicht nur die Setzung zwischennachbarlichen Rechts, vielmehr auch deren Vollzug gestattet, beträfe der Transfer von Länderkompetenzen den Kernbereich ihrer Eigenstaatlichkeit[256].

Indessen ist auch zu berücksichtigen, daß die Länder, die von dieser Möglichkeit Gebrauch machen, nur auf die *Ausübung* ihrer Hoheitsrechte, nicht hingegen auf den *Status* selbst verzichten. Insofern gilt das oben zur Souveränität der Bundesrepublik Gesagte[257] sinngemäß. Der Transfer von Hoheitsrechten durch ein Bundesland führt lediglich zu einer Ausübungsbeschränkung, ohne

251 *Stein*, VVDStRL 53 (1994), S. 26 (43).

252 *Scholz*, NVwZ 1993, S. 817 (820).

253 Dies wird aus den Grundsätzen des *Bundesverfassungsgerichts* zum „Kehler Hafenabkommen“ (BVerfGE 2, 347 [378]), in denen festgestellt wurde, daß Körperschaften des öffentlichen Rechts, die staatlichem Recht unterstehen, nicht zwischenstaatliche Einrichtungen im Sinne des Art. 24 Abs. 1 GG sein können, gefolgert; diese Grundsätze seien auch auf grenznachbarschaftliche Einrichtungen nach Art. 24 Abs. 1a GG übertragbar, vgl. *Stein*, VVDStRL 53 (1994), S. 26 (44), m. w. N.

254 *Stein*, VVDStRL 53 (1994), S. 26 (43).

255 *Stein*, VVDStRL 53 (1994), S. 26 (42).

256 *Stein*, VVDStRL 53 (1994), S. 26 (42/43).

257 Siehe oben S. 166 ff.

den Status, d. h. die Entscheidung darüber, ob, wie lange und in welcher Art und Weise die Rechte ausgeübt werden sollen und dürfen, in Frage zu stellen[258]. Die zwischenstaatliche Einrichtung wird also lediglich dazu ermächtigt, die Hoheitsbefugnisse stellvertretend für das jeweilige Bundesland auszuüben.

Dem Verlust von Ausübungsrechten steht jedoch ein Zuwachs an Entscheidungsmöglichkeiten gegenüber. Das Bundesland hat nunmehr die Wahl, die betreffenden Hoheitsrechte selbst wahrzunehmen oder – bei bestehendem praktischen Bedürfnis nach grenzüberschreitender Zusammenarbeit – durch eine grenznachbarschaftliche Einrichtung ausüben zu lassen. Insofern werden die mit einem solchen Übertragungsakt verbundenen Verluste, die jeweils nur einen minimalen Ausschnitt aus den Landeskompetenzen betreffen dürften, zumindest teilweise kompensiert.

258 Vgl. *Steinberger*, in: Hommelhoff/Kirchhof (Hrsg.), Staatenverbund, S. 25 (28).

KAPITEL 4: SONSTIGE MASSNAHMEN ZUR STÄRKUNG DER FÖDERALEN EIGENSTÄNDIGKEIT DER BUNDESLÄNDER – SPEZIELL: DAS GEMEINSCHAFTSRECHTLICHE SUBSIDIARITÄTSPRINZIP

Im nachfolgenden Teil soll festgestellt werden, welche sonstigen, d. h. über die Beteiligungsrechte nach Art. 23 Abs. 2 bis 6 GG hinausgehenden Möglichkeiten den Bundesländern zur Erhaltung ihrer Eigenstaatlichkeit zur Verfügung stehen. Im Hinblick darauf soll zunächst das gemeinschaftsrechtliche Subsidiaritätsprinzip untersucht werden, das nach dem Willen seiner Urheber als Maßnahme zum Schutz auch der deutschen Bundesländer vor weiteren Kompetenzverlusten an die europäische Ebene dienen soll. Das Subsidiaritätsprinzip kann den Ländern jedoch nicht mehr weiterhelfen, wenn Teile ihrer Hoheitsrechte erst einmal nach Europa abgewandert sind. Deshalb soll im Anschluß nach Möglichkeiten der Bundesländer, die bereits verlorenen Kompetenzen durch Teilhabe an den Entscheidungsprozessen in den europäischen Gremien so weit wie möglich zu kompensieren, gesucht werden.

A. DAS GEMEINSCHAFTSRECHTLICHE SUBSIDIARITÄTSPRINZIP ALS KOMPETENZAUSÜBUNGSSCHRANKE?

In diesem Abschnitt soll ermittelt werden, ob mit Hilfe des Subsidiaritätsprinzips eine Begrenzung der Gemeinschaftsgewalt dergestalt möglich ist, daß die Staatlichkeit der Länder auf Dauer gesichert werden kann. Dabei soll auch erörtert werden, ob und welche flankierenden Maßnahmen auf der Grundlage des derzeitigen Subsidiaritätsgrundsatzes Lageverbesserungen für die Bundesländer versprechen.

I. EINFÜHRUNG

Das Subsidiaritätsprinzip hat als zentraler Schlüsselbegriff die Diskussion um den Fortgang der europäischen Integration im Zuge der Maastrichter Vertragsverhandlungen beherrscht. Die – gleich mehrfache[1] – Betonung dieses Prinzips im Maastrichter Vertrag dient in erster Linie dazu, die Akzeptanz der Europäischen Union bei den Bürgern zu erhöhen, indem es dem befürchteten „europäischen Zentralismus“[2] einen Riegel vorschieben soll[3]. Der Widerstand in den

1 Siehe unten S. 267 ff.

2 *Schelter*, EuZW 1990, S. 217.

Bevölkerungen der Mitgliedstaaten kam insbesondere in den nur knapp erfolgreichen Referenden in Frankreich und in Dänemark[4] zum Ausdruck[5]. Daneben sollte die Verwirklichung dieses Prinzip schon im Vorfeld von Maastricht der Besänftigung deutscher föderaler Bedenken gegenüber einer Verstärkung der Gemeinschaftskompetenzen dienen[6].

Im Zusammenhang mit der europäischen Integration wird der Subsidiaritätsgrundsatz bemüht, um die Zuständigkeiten der Union gegenüber den Mitgliedstaaten oder den unter der Ebene der Mitglieder befindlichen Einheiten (Länder, Regionen, autonome Gemeinschaften) abzugrenzen[7]. Das Prinzip ist als Ordnungsprinzip ein wesentlicher Bestandteil jeder föderal ausgerichteten Verfassung[8]. Als Ausdruck der vertikalen Gewaltenteilung in einem mehrstufig aufgebauten Gemeinwesen wirkt es in erster Linie dort, wo es an ausdrücklichen und abschließenden Aufzählungen der Kompetenzen der einzelnen Ebenen fehlt[9].

II. Ursprung des Subsidiaritätsprinzips

Das Subsidiaritätsprinzip beschreibt im Grunde ein – aus unterschiedlichen Wurzeln erwachsenes – staats- und gesellschaftsphilosophisches Prinzip, das im Kern in Kompetenzfragen nach Möglichkeit den Vorrang der jeweils kleineren Einheit vor der jeweils größeren zu konstituieren sucht[10]. Daneben soll das

---

3 *Schmidhuber*, DVBl. 1993, S. 417; auf dem eilends einberufenen Sondergipfel am 16. 10. 1992 in Birmingham haben die EG-Regierungschefs die Angst vor dem Brüsseler Zentralismus als wesentliches Akzeptanzproblem in der europäischen Bevölkerung erkannt und haben daher bekräftigt, „daß die Beschlußfassung so bürgernah wie möglich erfolgen müsse“ und „ein Tätigwerden auf Gemeinschaftsebene nur dann erfolgen sollte, wenn dies angemessen und notwendig ist; abgedruckt im Bulletin der Bundesregierung Nr. 115 vom 23.10.1992, S. 1058; vgl. *Fischer*, ZParl 1993, S. 32 (38).

4 Nach dem knappen Scheitern des ersten Referendums entschieden sich die Dänen in einer zweiten Abstimmung mit 57% zu 43% für den Maastrichter Vertrag; vgl. *Schmidhuber*, Festschrift für Herbert Helmrich, S. 395.

5 *Renzsch*, ZParl 1993, S. 104 (105).

6 *Renzsch*, ZParl 1993, S. 104 (104/105).

7 *Pieper*, DVBl. 1993, S. 705.

8 Vgl. *Kleffner-Riedel*, Regionalausschuß und Subsidiaritätsprinzip, S. 39 ff.

9 *Schmidhuber/Hitzler*, NVwZ 1992, S. 720 (721).

10 *Scholz*, in: Festschrift für Herbert Helmrich, S. 411 (413).

Subsidiaritätsprinzip im Sinne der liberalistischen Staatstheorie jeden Anspruch auf staatliche Allmacht begrenzen[11].

Die genaue Herkunft des Subsidiaritätsgrundsatzes ist umstritten[12]; im Regelfall wird es mit der katholischen Soziallehre in Verbindung gebracht. Deutlich formuliert wurde es in der päpstlichen Sozialenzyklika „Quadragesimo Anno“ aus dem Jahre 1931[13]. Bestimmend für diese Fassung des Subsidiaritätsprinzips ist der Gedanke, daß sich die Gesellschaft nicht einfach aus der Summe der Individuen ergibt, sondern sich als Schichtung von sozialen Strukturen und sozialen Gruppen im Sinne einer „Gemeinschaft der Gemeinschaften“, als eine Schichtung von sozialen Strukturen und Gruppen darstellt[14]. Die so definierte, in verschiedene Organisationsstufen eingeteilte Gesellschaftsordnung besteht aus unterschiedlich weit organisierten Lebenskreisen – Individuum, Familie, Vereine, Gemeinde, Kreis, Land, Staat usw. Dabei statuiert der Subsidiaritätsgrundsatz innerhalb dieser vertikalen Hierarchie der Kompetenzen[15] einen Vorrang der selbstverantwortlichen Aufgabenwahrnehmung zugunsten der kleineren bzw. niedrigeren Einheit[16].

Aus diesem – eher sozialphilosophisch begründeten gesellschaftlichen Ordnungsprinzip[17] – werden im allgemeinen zwei Komponenten hergeleitet[18]: Die negative Dimension des Subsidiaritätsprinzips im Sinne der katholischen So-

---

11 Vgl. *Kleffner-Riedel*, Regionalausschuß und Subsidiaritätsprinzip, S. 38/39; *Scholz*, in: Festschrift für Herbert Helmrich, S. 411 (413).

12 Vgl. *Schweitzer/Fixson*, JURA 1992, S. 579, einerseits und *Schmidhuber*, DVBl. 1993, S. 417, *Pieper*, DVBl. 1993, S. 705 (706), *Hochbaum*, DÖV 1992, S. 185 (288), sowie *Kleffner-Riedel*, Regionalausschuß und Subsidiaritätsprinzip, S. 35, andererseits.

13 Dort heißt es: „Wie dasjenige, was der Einzelmensch aus eigener Initiative und mit seinen eigenen Kräften leisten kann, ihm nicht entzogen und der Gesellschaftstätigkeit zugewiesen werden darf, so verstößt es gegen die Gerechtigkeit, das, was die kleineren und untergeordneten Gemeinwesen leisten und zum guten Ende führen können, für die weitere und übergeordnete Gemeinschaft in Anspruch zu nehmen; zugleich ist es überaus nachteilig und verwirrt die ganze Gesellschaftsordnung. Jedwede Gesellschaftstätigkeit ist ja ihrem Wesen nach subsidiär; sie soll die Glieder des Sozialkörpers unterstützen, darf sie aber niemals zerschlagen oder aufsaugen.“ Zitiert nach *Scholz*, in: Festschrift für Herbert Helmrich, S. 413.

14 *Constantinesco*, Integration 1990, S. 165 (167).

15 *Constantinesco*, Integration 1990, S. 165 (167).

16 *Pieper*, DVBl. 1993, S. 705 (706).

17 *Renzsch*, ZParl 1993, S. 104 (106); *Pieper*, DVBl. 1993, S. 705 (707).

18 Vgl. *Scherer*, DVBl. 1993, S. 281 (282).

ziallehre beschreibt den kompententiellen Vorrang der jeweils kleineren vor der jeweils größeren Einheit[19], der sich in allen Maximen staatlicher Dezentralisation, wie z. B. im deutschen Föderalismus und in der Garantie der kommunalen Selbstverwaltung nach dem Grundgesetz wiederfindet[20]. Die positive Komponente des Subsidiaritätsprinzips weist die höhere Ebene an, den rangniedrigeren Gruppen zunächst helfend und unterstützend zur Seite zu stehen, wenn sich deren Kapazitäten als unzureichend herausstellen sollten, bevor deren Aufgaben an sich zu ziehen sind[21]. Dieser Aspekt findet sich im rechtsstaatlichen Grundsatz des allgemeinen Verhältnismäßigkeitsprinzips bzw. Übermaßverbotes wieder, wonach alle staatlichen Zuständigkeiten und Eingriffe von den Voraussetzungen der Erforderlichkeit und Verhältnismäßigkeit abhängig sind[22]. Insofern ist es im Sinne des von der katholischen Soziallehre geprägten Begriffs der Subsidiarität konsequent, wenn durch den Unionsvertrag in Art. 3b EGV nicht nur das Subsidiaritätsprinzip im engeren Sinne (grundsätzlicher Vorrang der oberen vor der unteren Einheit), sondern auch die Grundsätze des allgemeinen Übermaßverbotes aufgenommen worden sind.

III. Exkurs: Subsidiarität im deutschen Verfassungsrecht

Obwohl die Einführung des Subsidiaritätsprinzips in das europäische Recht vornehmlich von den Deutschen betrieben worden ist, fand sich vor der Neufassung des Art. 23 GG im Grundgesetz kein ausdrücklicher Hinweis auf diesen Grundsatz[23]. Vielen verfassungsrechtlichen Grundentscheidungen jedoch, wie beispielweise zum Verhältnis von Staat und Gesellschaft[24], zu den Grundrechten[25] sowie insbesondere in der der föderalen Struktur zugrunde liegenden Kompetenzverteilung zwischen Bund und Ländern (Art. 30, 70, 83 GG) liegt

19 *Kleffner-Riedel*, Regionalausschuß und Subsidiaritätsprinzip, S. 37.

20 *Scholz*, in: Festschrift für Herbert Helmrich, S. 411 (413 / 414).

21 *Schnabel*, BayVBl. 1993, S. 393; *Kleffner-Riedel*, Regionalausschuß und Subsidiaritätsprinzip, S. 37. Ein solches Verständnis ergibt sich aus dem lateinischen Begriff „subsidium = Beistand, Schutz, Rückhalt"; vgl. *Kleffner-Riedel*, a.a.O.

22 Vgl. *Scherer*, DVBl. 1993, S. 281; *Scholz*, in: Festschrift für Herbert Helmrich, S. 411 (413).

23 *Kleffner-Riedel*, Regionalausschuß und Subsidiaritätsprinzip, S. 42.

24 *Rupp*, in: HdB StR I, § 28, Rdnr. 34.

25 *Schmidt-Jortzig*, in: Schmidt-Jortzig / Schink, Subsidiaritätsprinzip und Kommunalordnung, S. 1 (10).

der Gedanke der Subsidiarität zugrunde[26]. Das *Bundesverfassungsgericht* interpretiert den Subsidiaritätsgrundsatz im Sinne der „Erforderlichkeitsklausel“ folgendermaßen: Das Subsidiaritätsprinzip besagt, „daß in erster Linie die kleinere Gemeinschaft wirken soll und mit staatlichen Mitteln erst einzugreifen ist, wenn es unausweichlich wird“[27].

Der neugefaßte Art. 23 Absatz 1 Satz 1 GG ergänzt in seiner Staatszielbestimmung „zur Verwirklichung eines vereinten Europas“ das Bekenntnis des Gemeinschaftsrechts zum Subsidiaritätsprinzip durch die Festlegung zur Mitwirkung an einer Europäischen Union, die u. a. „dem Grundsatz der Subsidiarität verpflichtet ist“[28].

IV. Subsidiarität vor dem Vertrag über die Europäische Union

Der Grundsatz der Subsidiarität hat auf der Ebene des Gemeinschaftsrechts erst seit der – im Jahre 1987 in Kraft getretenen[29] – Einheitlichen Europäischen Akte in der umweltrechtlichen Bestimmung des Art. 130r Abs. 4 EWGV ausdrücklich Eingang gefunden[30]. Es ist zwar in der Vergangenheit versucht worden, Andeutungen in einzelnen Kompetenzbestimmungen des EWG-Vertrages (z. B. Art. 6, 67, 85[31], 100 und 235 EWGV) im Sinne des Subsidiaritätsgedan-

---

26 *Stewing*, DVBl. 1992, S. 1516 (1516/1517), der zugleich darauf hinweist, daß die vom *Bundesverfassungsgericht* vorgenommene extensive Auslegung der sog. „Bedürfnisklausel“ des Art. 72 Abs. 2 GG der Richtigkeit dieser Aussage nicht entgegenstehe; näher zu dieser Bestimmung im Verhältnis zum gemeinschaftsrechtlichen Subsidiaritätsprinzip unten ab S. 294.

27 BVerfGE 10, 59 (83); *Kleffner-Riedel*, Regionalausschuß und Subsidiaritätsprinzip, S. 41/42.

28 *Scholz*, in: Festschrift für Herbert Helmrich, S. 411 (412).

29 ABl. EG Nr. L 169 vom 29.6.1987.

30 *Stewing*, DVBl. 1992, S. 1516 (1517); *Schmidhuber/Hitzler*, NVwZ 1992, S. 720 (721).

31 Bei dieser Norm bedeutet der Grundgedanke der „Andeutungstheorie“ z. B. folgendes (vgl. *Kleffner-Riedel*, Regionalausschuß und Subsidiaritätsprinzip, S. 54/55): Nach Art. 85 ff. EWGV übt die Kommission die Aufsicht darüber aus, daß es zu keinen wettbewerbsbeschränkenden Absprachen mit Auswirkungen auf den Handel zwischen den Mitgliedstaaten kommt. Gerade die Erkenntnis – so die Befürworter dieser Ansicht – , daß eine Maßnahme wegen ihres die Grenzen eines Mitgliedstaates überschreitenden Charakters *besser* auf Gemeinschaftsebene getroffen werden könne, sei ein Ausdruck von Subsidiarität im Sinne der *Effizienzklausel*; a. A.: *Stewing*, Subsidiarität und Föderalismus in der Europäischen Union, S. 71.

kens zu interpretieren[32]. Gegen eine solche Sichtweise wurden zu Recht erhebliche Bedenken erhoben, weil diese Bestimmungen den Gemeinschaftsorganen schlicht Aufgaben zuweisen, um ein bestimmtes vorgegebenes Ziel zu erreichen. An einer ausdrücklichen Kompetenzabgrenzung zu den Mitgliedstaaten fehlt es in diesen Vorschriften. Die – nur faktisch subsidiäre – Kompetenz der nationalen Behörden ergibt sich lediglich daraus, daß sie naturgemäß dort tätig werden dürfen, wo dem jeweiligen Gemeinschaftsorgan mangels Zielbestimmung die Handlungsbefugnis fehlt[33]. Insofern erscheinen diese Bestimmungen eher Ausdruck des Prinzips der beschränkten Einzelermächtigung denn des Subsidiaritätsgedankens zu sein.

Vor dem Abschluß des Unionsvertrages bleibt als Hinweis auf den Subsidiaritätsgedanken im Gemeinschaftsrecht somit nur die Vorschrift des Art. 130r Abs. 4 Satz 1 EWGV[34]. Diese Vorschrift beschränkte das Tätigwerden der Gemeinschaft im Umweltbereich auf diejenigen Fälle, in denen die ökologischen Ziele *besser* auf Gemeinschaftsebene zu erreichen sind als auf der Ebene der Mitgliedstaaten[35]. Die Vertragsparteien der Einheitlichen Europäischen Akte haben sich dabei dem Problem der Konkurrenz zwischen der Gemeinschaft und den Mitgliedstaaten zunächst nur sehr vorsichtig genähert: Zum einen hat man sich mit der Formulierung *besser* auf die Betonung der *Wirksamkeit*[36] – und nicht der *Erforderlichkeit*[37], wie insbesondere von den deutschen Bundesländern gefordert – verständigt[38]. Zum anderen handelte es sich um eine nur punktuelle Regelung, die einer Interpretation im Sinne eines allgemeingültigen Prinzips nicht zugänglich war[39]. Auch die damalige Regel wurde im Hinblick auf ihre Unbestimmtheit und dem damit verbundenen Problem der mangelnden Justitiabilität kritisiert[40]. Mit der Klausel des Art. 130r Abs. 4 Satz 1 EWGV

---

32 Vgl. *Scherer*, DVBl. 1993, S. 281 (282); *Heintzen*, JZ 1991, S. 317 (319), m. w. N.; Überblick bei *Kleffner-Riedel*, Regionalausschuß und Subsidiaritätsprinzip, S. 51 ff., und bei *Stewing*, Subsidiarität und Föderalismus in der Europäischen Union, S. 69 ff.

33 Vgl. *Stewing*, DVBl. 1992, S. 1516 (1517).

34 „Die Gemeinschaft wird im Bereich der Umwelt insoweit tätig, als die in Abs. 1 genannten Ziele besser auf Gemeinschaftsebene erreicht werden können als auf der Ebene der Mitgliedstaaten."

35 *Schweitzer/Fixson*, JURA 1992, S. 579 (580).

36 Siehe dazu sogleich S. 285 ff.

37 Siehe dazu sogleich S. 286 ff.

38 *Schweitzer/Fixson*, JURA 1992, S. 579 (580).

39 Vgl. *Stewing*, DVBl. 1992, S. 1516 (1517).

40 *Scherer*, DVBl. 1993, S. 281 (282), m. w. N.

habe keine Regel zur randscharfen Kompetenzabgrenzung, sondern vielmehr nur eine „politische Orientierung“ für die Tätigkeit der Gemeinschaftsorgane etabliert werden sollen[41].

Wegen des in Art. 3b EGV verankerten allgemeingültigen Subsidiaritätsprinzips wurde die spezielle Regelung für den Bereich der Umweltpolitik in Art. 130r Abs. 4 Satz 1 EWGV aufgehoben[42].

V. VERANKERUNG EINES ALLGEMEINEN SUBSIDIARITÄTSPRINZIPS IM VERTRAG VON MAASTRICHT

Im Vertrag von Maastricht wurde der Subsidiaritätsgrundsatz als allgemeines, der Verteilung und Begrenzung von Aufgaben und Zuständigkeiten zwischen den Mitgliedstaaten und der Europäischen Gemeinschaft dienendes Prinzip erstmals im Gemeinschaftsrecht – gleich mehrfach – verankert[43]. Die Vereinbarungen von Maastricht sprechen es an in Art. B des Unionsvertrages, wonach die Ziele der Union „unter Beachtung des Subsidiaritätsprinzips“, wie es in Art. 3b EGV konkretisiert ist, zu verwirklichen sind. Auch der Hinweis in der Präambel sowie in Art. A EUV darauf, daß „Entscheidungen möglichst bürgernah getroffen werden“ sollen, kann in diesen Zusammenhang gestellt werden[44].

1. Verfahrensgeschichte

Häufig wird die Verankerung eines Subsidiaritätsprinzips im Gemeinschaftsrecht auf die Initiative der deutschen Bundesländer zurückgeführt[45]. In Wirk-

41 *Krämer*, in: Magiera/Merten (Hrsg.), Bundesländer und Europäische Gemeinschaft, S. 189 (197 ff.)

42 Vgl. *Schmidhuber/Hitzler*, NVwZ 1992, S. 720 (721).

43 *Kleffner-Riedel*, Regionalausschuß und Subsidiaritätsprinzip, S. 64/65, m. w. N.; *Schweitzer/Fixson*, JURA 1992, S. 581 ff.

44 *Möschel*, NJW 1993, S. 3025; das Verständnis von Subsidiarität im Sinne von „Bürgernähe“ entspricht vor allem der angelsächsischen Sichtweise, vgl. *Scholz*, in: Festschrift für Herbert Helmrich, S. 411; die Briten verbinden mit dem Subsidiaritätsprinzip vornehmlich das Ziel, den Vorrang der Entscheidung des britischen Parlaments – des Londoner Unterhauses – gegenüber der Integrationsebene abzusichern, vgl. *Schmidhuber*, DVBl. 1993, S. 417. – Auf dem Gipfel von Maastricht wurde der von der deutschen Delegation präferierte Begriff „föderal“ nach zähen Verhandlungen weitgehend durch den vageren Ausdruck der „Bürgernähe“ ersetzt, vgl. *Kleffner-Riedel*, Regionalausschuß und Subsidiaritätsprinzip, S. 68, m. w. N.

45 So beispielsweise *Konow*, DÖV 1993, S. 405 (406).

lichkeit ist das Thema Subsidiarität jedoch bereits im Jahre 1984 in einem vom Europäischen Parlament erarbeiteten „Entwurf eines Vertrages zur Gründung der Europäischen Union“ enthalten gewesen[46]. In den folgenden Jahren hatte dieser Vorstoß jedoch keine unmittelbaren Konsequenzen[47]; in die weithin beachtete öffentliche Diskussion geriet das Subsidiaritätsprinzip erst durch den Beschluß der Münchener Ministerpräsidentenkonferenz vom 21. bis zum 23. Oktober 1987[48], in dem die Chefs der Länderregierungen „im Interesse sachgerechter und bürgernaher Regelungen“ erwarteten, „daß bei der weiteren Einigung Europas“ insgesamt zehn Grundsätze, unter ihnen das Subsidiaritätsprinzip, „zur Erhaltung des politischen Gestaltungsspielraums der Länder beachtet werden“[49].

Die Einarbeitung des Subsidiaritätsprinzips in den Vertrag über die Europäische Union ist also im Ergebnis tatsächlich in erster Linie der Initiative der deutschen Bundesländer zu verdanken[50]. Dies verwundert nicht, denn die Bundesrepublik gilt gemeinhin – neben dem Sonderfall Belgien – als einziges föderal organisiertes Mitglied der Europäischen Union, das über einen echten zwei-

---

46 Sog. „*Spinelli*-Entwurf“; ABlEG Nr. C 77 vom 13.3.1984; vgl. *Renzsch*, ZParl 1993, S. 104 (107) und *Schweitzer/Fixson*, JURA 1992, S. 579.

47 Das *Europäische Parlament* blieb dennoch dem Subsidiaritätsgedanken treu und verabschiedete am 12.7.1990 und am 21.11.1990 Entschließungen zum Subsidiaritätsprinzip; in seiner ersten Entschließung stellt es u.a. fest, „daß der Grundsatz der Subsidiarität bereits implizit in den Verträgen enthalten sei“; in seiner zweiten Entschließung geht das Parlament einen Schritt weiter und schlägt vor, das Subsidiaritätsprinzip bereits in die bestehenden Gemeinschaftsverträge einzuführen; vgl. hierzu *Hummer*, ZfRV 1992, S. 81 (83 – 85) und *Schweitzer/Fixson*, JURA 1992, S. 579 (580).

48 Sogenannte „10 Münchener Thesen zur Europapolitik“, abgedruckt bei *Bauer* (Hrsg.), Europa der Regionen, S. 13 ff.

49 Abgedruckt bei *Bauer* (Hrsg.), Europa der Regionen, S. 13; die These der Länderchefs hinsichtlich des Subsidiaritätsprinzips (Nr. 2) lautete: „Die Europäische Gemeinschaft soll neue Aufgaben nur übernehmen, wenn ihre Erfüllung auf europäischer Ebene im Interesse der Bürger unabweisbar notwendig ist und ihre volle Wirksamkeit nur auf Gemeinschaftsebene erreicht werden kann. Den Ländern der Bundesrepublik Deutschland muß neben dem Verwaltungsvollzug ein Kern eigener Aufgaben verbleiben wie beispielsweise die Kultur-, Erziehungs- und Bildungspolitik, die regionale Strukturpolitik, die Gesundheitspolitik. Auch künftig sollen die Länder alle Fragen regeln, die von ihnen sachgerechter, bürgernäher und besser gelöst werden können.“ (a.a.O., S. 14).

50 *Scholz*, in: Festschrift für Herbert Helmrich, S. 411; *Kleffner-Riedel*, Regionalausschuß und Subsidiaritätsprinzip, S. 32 ff., m. w. N.

stufigen Staatsaufbau verfügt[51]. Aber auch andere, präföderativ strukturierte Mitgliedstaaten wie Belgien und Spanien setzten sich – in bemerkenswerter Koalition mit dem zentralstaatlich organisierten Griechenland – für eine Manifestierung dieses Grundsatzes in den Gemeinschaftsvertrag, zumindest in Form einer politischen Absichtserklärung, ein[52]. Innerhalb des deutschen Lagers war es der Bundesrat, der die Subsidiaritätsklausel als Kompetenzsperre gegen weitere unerwünschte Inanspruchnahmen von Zuständigkeiten, insbesondere solchen der Länder, einforderte. Unter dem Eindruck dieser Furcht der Länder vor einer fortschreitenden Aushöhlung ihrer ohnehin schon arg reduzierten Kompetenzen erklärte die Länderkammer mehrfach, daß ihre Zustimmung zu den Vertragsänderungen von der Etablierung eines solchen Prinzips – in der von ihr favorisierten Fassung – in den europäischen Verträgen abhängig sei[53].

Nach anfänglichem Zögern auf Seiten der Bundesregierung wurde von der deutschen Delegation schließlich am 7. Januar 1991 ein Vorschlag eingebracht, der sich an der sogenannten „Erforderlichkeitstheorie"[54] ausrichtete[55]. Die von den deutschen Bundesländern ins Spiel gebrachte Fassung stieß jedoch nicht nur bei der Kommission[56], sondern auch bei anderen Mitgliedstaaten auf be-

---

51 *Konow*, DÖV 1993, S. 405 (406). – Zur singulären bundesstaatlichen Position der Bundesrepublik Deutschland in der Europäischen Union vgl. auch *Weber*, DVBl. 1986, S. 800; kritisch dazu *Blanke*, Föderalismus und Integrationsgewalt, S. 358 ff.

52 *Blanke*, ZG 1991, S. 133 (133/134), m. w. N.

53 *Bundesrat*, Drucksachen 550/90 (Beschluß), 780/90, 252 /91; der Bundesrat hat seine – nach gängiger Auslegung innerstaatlich erforderliche – Zustimmung von einer bestimmten Formulierung des Subsidiaritätsprinzips abhängig gemacht, vgl. *Bundesrat*, Drucksache 680/91 (Beschluß).

54 Näher zu dieser Theorie vgl. unten S. 286 ff.

55 Der Vorschlag hatte folgenden Wortlaut:

„Die Gemeinschaft wird nur tätig, um die ihr im Rahmen dieses Vertrages übertragenen Maßnahmen durchzuführen und die darin festgelegten Ziele zu verwirklichen. Sie wird nur insoweit tätig, wie die Maßnahmen aufgrund ihrer Tragweite oder ihrer Auswirkungen die Grenzen eines Mitgliedstaates überschreitende Lösungen erfordern und wenn und soweit der verfolgte Zweck durch Maßnahmen auf den Ebenen der einzelnen Mitgliedstaaten allein nicht ausreichend verwirklicht werden kann". Abgedruckt bei *Konow*, DÖV 1993, S. 405 (406).

56 Vgl. *Schweitzer/Fixson*, JURA 1992, S. 579 (580/581). – Die *Kommission* hatte bereits zuvor in dem – am 29.11.1989 von ihr angenommenen – Aktionsprogramm zur Ausführung der „Gemeinschaftscharta der sozialen Grundrechte der Arbeitnehmer" einen Hinweis auf das Subsidiaritätsprinzip im Sinne der stets von ihr vertretenen sog. „Besserklausel" eingefügt (vgl. *Hummer*, ZfRV 1992, S. 81 [85]): „In Anwendung des Subsidiaritätsprinzips, demzufolge die Kommission tätig wird, wenn die gesetzten Ziele

→

trächtlichen Widerstand. Im Jahre 1988 bekannte sich zwar der damalige Kommissionspräsident *Delors* bei einem Treffen mit den deutschen Ministerpräsidenten zum Subsidiaritätsprinzip[57]. Die neugewonnene Übereinstimmung beschränkte sich allerdings zunächst auf die Begrifflichkeit[58]. Inhaltlich wollten die deutschen Länderchefs das Subsidiaritätsprinzip im Sinne einer Kompetenzsperre dergestalt verstanden wissen, daß Brüssel nur diejenigen Aufgaben wahrzunehmen habe, die auf der unteren Ebene der Mitgliedstaaten oder ihrer Untergliederungen nicht oder *nicht ausreichend* bewältigt werden könnten (sog. Erforderlichkeitsprinzip[59]). Aus der Sicht *Delors* hingegen wären europäische Zuständigkeiten gerechtfertigt, wenn bestimmte Aufgaben auf Gemeinschaftsebene wirksamer, wenn sie also *besser* wahrgenommen werden könnten (sog. Wirksamkeitsprinzip[60]). Während die Ministerpräsidenten eine Kompetenzbegrenzung für die europäische Ebene vorschlugen, schwebte dem Chef der „europäischen Regierung“ eher eine Kompetenzöffnung außerhalb des Bereichs der ausschließlichen Gemeinschaftszuständigkeiten vor[61].

Im Ergebnis konnte die Aufnahme eines Subsidiaritätsprinzips im Vertrag über die Europäische Union durchgesetzt werden, wenngleich inhaltlich von der deutschen Delegation erhebliche Abstriche hinzunehmen waren[62], denn der gefundene Kompromiß sieht eine Kombination aus dem Gedanken der Erforder-

---

sich besser durch sie als durch die Mitgliedstaaten erreichen lassen, betreffen die Vorschläge der Kommission nur einen Teil der in einigen Punkten des Entwurfs der Charta angesprochenen Problematik; denn die Kommission ist der Ansicht, daß die zur Verwirklichung der sozialen Rechte zu ergreifenden Initiativen in die Verantwortung der Mitgliedstaaten, ihrer Gebietskörperschaften oder der Sozialpartner und – im Rahmen der Zuständigkeit – der Europäischen Gemeinschaft fallen“; KOM (89) 568 vom 29.11.1989, S. 4. – Auch der *Europäische Rat* hat in der – von ihm am 9.12.1989 in Straßburg angenommenen – bereits genannten Sozialcharta bestimmt: „Aufgrund des Subsidiaritätsprinzips sind für die Schritte zur Verwirklichung dieser sozialen Rechte die Mitgliedstaaten und ihre Gebietskörperschaften und im Rahmen ihrer Befugnisse die Europäische Gemeinschaft zuständig“; *Hummer*, ZfRV 1992, S. 81 (85).

57 Treffen am 19.5.1988, Nachweise bei *Renzsch*, ZParl 1993, S. 104 (107/108); dieses Treffen wird als „philosophische Trendwende der Kommission“ bezeichnet, vgl. *Blanke*, ZG 1991, S. 133 (137).

58 Vgl. *Kleffner-Riedel*, Regionalausschuß und Subsidiaritätsprinzip, S. 31.

59 Siehe dazu unten S. 286 ff.

60 Siehe dazu unten S. 285 ff.

61 *Renzsch*, ZParl 1993, S. 104 (108).

62 *Konow*, DÖV 1993, S. 405 (406); *Hummer*, ZfRV 1992, S. 81 (83); *Schweitzer*, VVDStRL 53 (1994), S. 48 (59).

lichkeit und dem der Wirksamkeit vor[63]. Auf dem nächsten Gipfel der EG-Staats- und Regierungschefs in Edinburgh am 11./12. Dezember 1992 wurde ein Gesamtkonzept für die Anwendung des Subsidiaritätsprinzips in der Praxis beschlossen, das fester Bestandteil des gemeinschaftlichen Beschlußfassungsprozesses werden soll[64].

2. Präambel

Bereits in der Präambel zum Vertrag über die Europäische Union ist der Entschluß der Vertragsparteien bekräftigt, daß Entscheidungen der Union „entsprechend dem Subsidiaritätsprinzip möglichst bürgernah getroffen werden" sollen. Obwohl der Präambel regelmäßig nur politisch-programmatischer Gehalt zukommt[65], also allenfalls zu Auslegungszwecken herangezogen wird, hat die ausdrückliche Bekräftigung zur Subsidiarität doch immerhin zur Folge, daß sich dieses Prinzip nunmehr – gleichberechtigt neben den anderen Zielen – auf der höchsten Stufe der Unionszwecke befindet. Der Umstand, daß das Subsidiaritätsprinzip in den Kontext mit dem Begriff der Bürgernähe[66] und nicht – wie von den Deutschen favorisiert – mit dem des Föderalismus gestellt worden ist, geht darauf zurück, daß sich die Briten, die sich wegen ihres abweichenden Verständnisses vom Begriff des Föderalismus[67] bis zuletzt gegen dessen Verwendung ausgesprochen hatten, letztlich durchsetzen konnten[68].

3. Art. B EUV

Art. B EUV postuliert – in Konkretisierung der Präambel – in erster Linie die Ziele, die der Europäischen Union gesetzt werden. Dabei werden die Gemeinschaftsorgane im Anschluß an die Zielbestimmungen – quasi als immanente

---

63 *Blumenwitz*, in: Gedächtnisschrift für Eberhard Grabitz, S. 1 (6/7); *Renzsch*, ZParl 1993, S. 104 (109/110). Einzelheiten zur Verfahrensgeschichte, insbesondere zu den Verhandlungen auf europäischer Ebene bei *Kleffner-Riedel*, Regionalausschuß und Subsidiaritätsprinzip, S. 65 ff.

64 Schlußfolgerungen des Vorsitzes des *Europäischen Rates* von Edinburgh, abgedruckt im Bulletin der Bundesregierung Nr. 140 vom 28.12.1992, S. 1277 ff.; vgl. auch *Fischer*, ZParl 1993, S. 32 (38).

65 *Kleffner-Riedel*, Regionalausschuß und Subsidiaritätsprinzip, S. 70.

66 Das Bekenntnis dazu, Entscheidungen „möglichst bürgernah" zu treffen, findet sich auch in Art. A EUV wieder.

67 Siehe hierzu oben im Kapitel 2 die Fn. 126 .

68 *Kleffner-Riedel*, Regionalausschuß und Subsidiaritätsprinzip, S. 70, m. w. N.

Zielbegrenzung – auf die Beachtung des in Art. 3b EGV enthaltenen Subsidiaritätsprinzips verpflichtet. Damit wird die Funktion des Subsidiaritätsprinzips als allgemeine Leitlinie für das Handeln der Union nochmals besonders herausgestellt.

Art. B EUV stellt die einzige ausdrückliche Verpflichtung zur Subsidiarität außerhalb des EG-Vertrages dar. Da in den Zielbestimmungen des Art. B EUV auch die beiden Säulen Gemeinsame Außen- und Sicherheitspolitik und die Zusammenarbeit in den Bereichen Justiz und Inneres der Europäischen Union enthalten sind, hält der Subsidiaritätsgedanke über die Bestimmung des Art. B EUV auch in diese beiden Bereiche Einzug[69].

4. Art. 3b EGV

Art. 3b EGV hat folgenden *Wortlaut*:

> [Einzelermächtigung; Subsidiariät; Verhältnismäßigkeit]
>
> „Die Gemeinschaft wird innerhalb der Grenzen der ihr in diesem Vertrag zugewiesenen Befugnisse und gesetzten Ziele tätig.
>
> In den Bereichen, die nicht in ihre ausschließliche Zuständigkeit fallen, wird die Gemeinschaft nach dem Subsidiaritätsprinzip nur tätig, sofern und soweit die Ziele der in Betracht gezogenen Maßnahmen auf Ebene der Mitgliedstaaten *nicht ausreichend* erreicht werden können und daher wegen ihres Umfangs oder ihrer Wirkungen *besser* auf Gemeinschaftsebene erreicht werden können.
>
> Die Maßnahmen der Gemeinschaft gehen nicht über das für die Erreichung der Ziele dieses Vertrages erforderliche Maß hinaus."

Der Art. 3b EGV stellt die eigentliche sedes materiae der durch den Maastrichter Vertrag eingeführten Subsidiaritätsregelung dar. In der nachfolgenden Untersuchung sollen zunächst die Dimensionen der in den drei Absätzen der Vorschrift normierten Grundsätze herausgearbeitet werden. Im Anschluß daran soll das Subsidiaritätsprinzip im engeren Sinne (Art. 3b Abs. 3 EGV) näherer Betrachtung unterzogen werden; dabei soll neben den Voraussetzungen und Rechtsfolgen auch auf Probleme, die im Zusammenhang mit der Anwendung des Prinzips auftreten können sowie auf mögliche Lösungsansätze eingegangen werden.

---

69 Vgl. auch *Koenig / Pechstein*, Die Europäische Union – Der Vertrag von Maastricht, S. 62/63: „allenfalls in einem analogen Sinn", weil es hier am „Bestehen einer hierarchi- →

a) Komponenten und Inhalte des Art. 3b EGV

aa) Komponenten des Art. 3b EGV

Art. 3b EGV enthält in seinen drei Absätzen drei Komponenten: In seinem ersten Absatz wird die Gemeinschaft dem Prinzip der begrenzten Einzelermächtigung verpflichtet, Absatz 2 enthält das eigentliche Subsidiaritätsprinzip und im dritten Absatz wird der Verhältnismäßigkeitsgrundsatz für die Tätigkeit der Gemeinschaft festgeschrieben[70]. Während die Grundsatznorm in ihrem ersten Absatz bekräftigt, daß die Gemeinschaft nur innerhalb der Grenzen der vertraglichen Befugnisse und Ziele tätig wird[71], sind die sodann folgenden Regelungen des Subsidiaritätsprinzips und des Verhältnismäßigkeitsgrundsatzes als Kompetenzausübungsschranken ausgestaltet[72].

Im Nachfolgenden soll zunächst kurz auf das Prinzip der limitierten Einzelermächtigung und das Übermaßverbot eingegangen werden, bevor der Kernpunkt der Untersuchung, das Subsidiaritätsprinzip im engeren Sinne, vertieft wird.

bb) Der Grundsatz der limitierten Einzelermächtigung (Art. 3b Abs. 1 EGV)

Art. 3b EGV beschreibt in seinem ersten Absatz den – auch in den institutionellen Vorschriften der Art. 145 und 155 EGV zum Ausdruck kommenden[73] und eigentlich selbstverständlichen[74] – Grundsatz, daß „die Gemeinschaft innerhalb der Grenzen der ihr in diesem Vertrag zugewiesenen Befugnisse und gesetzten Ziele tätig" wird[75]. Bei diesem Prinzip der begrenzten Ermächti-

---

schen Über- und Unterordnung zweier Ebenen, deren Kompetenzen gegeneinander abgegrenzt werden sollen", fehle.

70 Vgl. *Koenig/Pechstein*, Die Europäische Union – Der Vertrag von Maastricht, S. 60.

71 Vgl. *Möschel*, NJW 1993, S. 3025 (3026).

72 BVerfGE 89, 155 (193).

73 *Hochbaum*, DÖV 1992, S. 285 (290).

74 *Blumenwitz*, in: Gedächtnisschrift für Eberhard Grabitz, S. 1 (6).

75 *Schmidhuber/Hitzler*, NVwZ 1992, S. 720 (721).

gung[76] handelt es sich um ein gemeinschaftsrechtliches Grundprinzip[77] von erheblicher verfassungspolitischer Bedeutung, das schon immer für die Europäischen Gemeinschaften galt[78].

Das *Bundesverfassungsgericht* hat festgestellt, daß der seit jeher geltende Grundsatz der begrenzten Einzelermächtigung auch vom Unionsvertrag aufgegriffen und noch bekräftigt worden sei; eine Kompetenz-Kompetenz werde insbesondere durch die Vorschrift des Art. F Abs. 3 EUV nicht begründet[79].

Dieses Prinzip besagt jedoch nicht nur, unter welchen Voraussetzungen die Gemeinschaft überhaupt tätig werden darf; aus ihr ist im Gegenschluß auch zu entnehmen, daß die Gemeinschaft keine Allzuständigkeit und im Gegensatz zu einem souveränen Staat auch keine Kompetenz-Kompetenz besitzt[80]. In dieser Regelung spiegelt sich wider, daß es nach der bis heute gültigen Konzeption der Gemeinschaft keine gemeinschaftliche Legitimation gibt, die sich unmittelbar auf eine europäische Volkssouveränität stützte; das Prinzip der begrenzten Einzelermächtigung verdeutlicht also, daß für Hoheitsakte der Gemeinschaft stets eine vertragliche Ermächtigung[81] vorhanden sein muß, wobei sich die Verträge ihrerseits von den Mitgliedstaaten her legitimieren[82].

---

76 „*Competence d'attribution*"; vgl. *Schmitz*, Die Europäische Union als Umweltunion, S. 193, m. w. N. ; *Grabitz*, in: Grabitz / Hilf, Kommentar zur Europäischen Union, Art. 189 EGV, Rdnr. 4.

77 Vgl. *Kleffner-Riedel*, Regionalausschuß und Subsidiaritätsprinzip, S. 72, mit weiteren Beispielen für gemeinschaftsrechtliche Normen, in denen das Prinzip auch zum Ausdruck kommt.

78 *Möschel*, NJW 1993, S. 3025; vgl. auch *Schnabel*, BayVBl. 1993, S. 393 (394): „nur deklaratorische Wirkung"; das *Bundesverfassungsgericht* hat in seiner „Maastricht-Entscheidung" in diesem Zusammenhang darauf hingewiesen, daß der Schluß von der Aufgabe auf die Befugnis der Gemeinschaft demzufolge nicht zulässig sei (BVerfGE 89, 155 [192]).

79 BVerfGE 89, 155 (192 ff.).

80 *Schmidhuber/Hitzler*, NVwZ 1992, S. 720 (721).

81 Zur „dynamischen Weiterentwicklung" der Integrationsgemeinschaft kann subsidiär auf die „Lückenfüllungsklausel" des Art. 235 EGV zurückgegriffen werden, vgl. *Schmidhuber/Hitzler*, NVwZ 1992, S. 720 (721/722), und – eingehend – *Kleffner-Riedel*, Regionalausschuß und Subsidiaritätsprinzip, S. 72/73.

82 *Möschel*, NJW 1993, S. 3025.

cc) Das Übermaßverbot (Art. 3b Abs. 3 EGV)

Das in Art. 3b Abs. 3 EGV enthaltene Übermaßverbot stellt neben dem Subsidiaritätsprinzip im engeren Sinne (Art. 3b Abs. 2 EGV) eine weitere Kompetenzausübungsschranke dar, die im Hinblick auf die Mittel-Ziel-Relation den geringstmöglichen Eingriff vorschreibt[83]. Das Übermaßverbot gilt für sämtliche Maßnahmen der Gemeinschaft, eine Beschränkung auf konkurrierende Zuständigkeiten der Gemeinschaft ist nicht vorgesehen[84].

Art. 3b EGV bestimmt, daß Maßnahmen der Gemeinschaft nicht über das für die Erreichung der Ziele dieses Vertrages erforderliche Maß hinausgehen dürfen. Die Formulierung ähnelt zwar dem allgemeinen Verhältnismäßigkeitsgrundsatz[85]; der Wortlaut der Norm umfaßt jedoch nur den Aspekt des geringsten oder mildesten Eingriffs, der nur einen Teil des allgemeinen Verhältnismäßigkeitsprinzips, den der sog. „Erforderlichkeit" einer Maßnahme, darstellt[86].

Dies hat jedoch nicht zur Folge, daß die anderen Teile der Verhältnismäßigkeitsprüfung bei Gemeinschaftsakten außer Betracht bleiben könnten. Die erste Stufe des Verhältnismäßigkeitsgrundsatzes, die (generelle) Geeignetheit der Maßnahme zur Erreichung des durch den Gemeinschaftsvertrag gesetzten Ziels, ist der Frage nach dem geringstmöglichen Eingriff zur Erreichung des Ziels logisch vorrangig und daher auch ohne ausdrückliche Normierung zu prüfen. Die in der dritten Phase vorzunehmende Prüfung der Verhältnismäßigkeit im engeren Sinn, d. h. die Abwägung der Angemessenheit der Maßnahme im Verhältnis zur angestrebten Zielsetzung, ergibt sich – ungeachtet der Möglichkeit, eine dahingehende Verpflichtung der Gemeinschaftsorgane aus der Übermaßklausel des Art. 3b Abs. 3 EGV zu interpretieren – jedenfalls aus dem in Art. 3b Abs. 2 EGV verankerten Subsidiaritätsgedanken: Die im Rahmen der Subsidiarität anzustellende Prüfung erschöpft sich nicht mit der Feststellung, *daß* die Gemeinschaft eine bestimmte Zuständigkeit in Anspruch nehmen darf; es ist vielmehr in einem zweiten Schritt festzustellen, ob die in Aussicht genommene Maßnahme den Mitgliedstaaten das höchstmögliche Maß an national-eigenständigen

---

83 *Scherer*, DVBl. 1993, S. 281 (283).

84 *Möschel*, NJW 1993, S. 3025 (3026); vgl. BVerfGE 89, 155 (193).

85 Auch unter den Konstrukteuren ist der Inhalt des Art. 3b Abs. 3 EGV stets unter dem Begriff „Verhältnismäßigkeit oder Intensität" verhandelt worden, vgl. *Europäischer Rat in Edinburgh*, veröffentlicht im Bulletin der Bundesregierung Nr. 140 vom 28.12.1992, S. 1280.

86 *Pieper*, DVBl. 1993, S. 705 (709).

Regelungsmöglichkeiten offen hält, d. h. ob ein verhältnismäßiger Ausgleich zwischen den dezentralen und zentralen Regelungsinteressen von Mitgliedstaaten und Gemeinschaft hergestellt wird[87].

Hinzu kommt, daß der allgemeine Verhältnismäßigkeitsgrundsatz auch schon zuvor nach der Rechtsprechung des *Europäischen Gerichtshofes* zum rechtsstaatlichen Instrumentarium der Gemeinschaft zählte; auch aus diesem Grunde sind die anderen Teilbereiche des allgemeinen Verhältnismäßigkeitsgrundsatzes, die Geeignetheit und die Angemessenheit der Maßnahme im Verhältnis zur angestrebten Zielsetzung (sog. Verhältnismäßigkeit im engeren Sinne), ungeachtet der Formulierung des Art. 3b Abs. 3 EGV bei Maßnahmen der Gemeinschaft stets zu beachten[88].

dd) Das Subsidiaritätsprinzip im engeren Sinne (Art. 3b Abs. 2 EGV)

In Art. 3b Abs. 2 EGV findet sich – in Präzisierung des Art. B EUV – das Subsidiaritätsprinzip im engeren bzw. „streng rechtlichen" Sinne[89]. Er enthält für den Bereich der konkurrierenden Zuständigkeit die ausdrückliche Verankerung des Subsidiaritätsprinzips und seine Definition[90].

Die Verankerung eines geschriebenen Subsidiaritätsgrundsatzes im Gemeinschaftsrecht geschah auch vor dem Hintergrund, daß es – zumindest derzeit – keinen abschließenden Katalog der Kompetenzen der europäischen und der nationalen Ebene gibt. Die Zuständigkeiten der Gemeinschaft, wie z. B. die Verwirklichung des Binnenmarktes, der Ausbau der „vier Grundfreiheiten" oder die Entwicklung einer gemeinsamen Agrarpolitik, sind im wesentlichen funktional

---

87 *Scholz*, in: Festschrift für Herbert Helmrich, S. 411 (424/425). Der Aspekt der „mitgliedstaatsschonendsten" Maßnahme soll im Zusammenhang mit den Rechtsfolgen des Art. 3b Abs. 2 EGV unten ab S. 300 behandelt werden.

88 *Möschel*, NJW 1993, S. 3025 (3026); *Schmidhuber/Hitzler*, NVwZ 1992, S. 720 (722), mit Nachweisen aus der Rechtsprechung des Europäischen Gerichtshofes; vgl. auch *Scholz*, in: Festschrift für Herbert Helmrich, S. 411 (415).

89 *Europäischer Rat in Edinburgh*, veröffentlicht im Bulletin der Bundesregierung Nr. 140 vom 28.12.1992, S. 1280.

90 Vgl. *Scherer*, DVBl. 1993, S. 281 (283), mit dem Hinweis, daß Art. 3b Abs. 2 EGV einen speziellen Anwendungsfall des in Art. 3b Abs. 3 EGV verankerten Übermaßverbotes sowie der Loyalitätspflicht gegenüber den Mitgliedstaaten gemäß Art. 5 EGV darstellt; anders *Pieper*, DVBl. 1993, S. 705 (709); vgl. auch *Schmidhuber/Hitzler*, NVwZ 1992, S. 720 (722).

und zielbezogen auf einen bestimmten Politikbereich hin definiert[91]. Die funktionale Zuständigkeit, beispielsweise bei der Binnenmarktbezogenheit einer Maßnahme, läßt grundsätzlich eine Ausdehnung der Gemeinschaftsaktivitäten auf nahezu alle Bereiche der Wirtschaft zu[92]; insofern wird mit dem Subsidiaritätsprinzip der Zweck verfolgt, den Aktionsradius der Gemeinschaftskompetenzen bezogen auf eine konkrete Maßnahme in einem konkreten Politikbereich zu begrenzen[93].

(1) ANWENDUNGSBEREICH

Art. 3b EGV gilt seiner systematischen Stellung entsprechend im ersten Teil mit dem Titel „Grundsätze" für die gesamte Tätigkeit der Europäischen Gemeinschaft. Seine Bindungswirkung ist hinsichtlich dieses Gründungsvertrages umfassend: Er bindet alle der in Art. 4 EGV genannten Gemeinschaftsorgane und umfaßt deren Tätigwerden in den Bereichen Gesetzgebung, Finanzierung, Vollzug und Rechtsprechung[94]. Für die anderen beiden Gründungsverträge (EGKSV, EAGV) soll das Subsidiaritätsprinzip nach dem Willen der vertragsschließenden Parteien jedoch (noch) nicht gelten, weil sich hier wegen des sektorell begrenzten und verhältnismäßig nicht sehr bedeutsamen Anwendungsbereichs kein unmittelbarer Handlungsbedarf ergab, zumal auf diesen Gebieten die Zuständigkeitsverteilung zwischen der Union und den Mitgliedstaaten als abschließend geregelt gilt[95].

Die Bedeutung des Subsidiaritätsprinzips ist umso größer, je allgemeiner die gemeinschaftsrechtliche Kompetenznorm gehalten ist; dies gilt erst recht für diejenigen Politikbereiche, die nur in Art. 3 EGV abstrakt umrissen und in de-

---

91 *Pieper*, DVBl. 1993, S. 705 (707/708), m. w. N., weist darauf hin, daß auch die Handlungsform der Richtlinie gemäß Art. 189 EGV das Subsidiaritätsprinzip widerspiegelt, indem die Mitgliedstaaten nur auf ein bestimmtes Ziel verpflichtet werden und ihnen das „Wie" der Zielerreichung überlassen bleibt.

92 A. A. *Schwartz*, AfP 1993, S. 409 (410), mit dem Hinweis darauf, daß sich binnenmarktbezogene Eingriffe stets nur auf einen Ausschnitt beschränkten, um den freien Verkehr von Waren und Dienstleistungen zu ermöglichen.

93 *Schmidhuber*, DVBl. 1993, S. 417 (418).

94 *Schmidhuber/Hitzler*, NVwZ 1992, S. 720 (721).

95 *Schmidhuber/Hitzler*, NVwZ 1992, S. 720 (721), weist darauf hin, daß nach dem Auslaufen des EGKS-Vertrages im Jahre 2002 auch der Montanbereich in den EG-Vertrag überführt werden solle; a. A. wohl *Kleffner-Riedel*, Regionalausschuß und Subsidiaritätsprinzip, S. 71, m. w. N.

nen konkrete Maßnahmen daher auf Art. 235 EGV zu stützen sind[96]. Besonderes Augenmerk ist darüber hinaus auf die Bereiche Verbraucherschutz, Gesundheit, sonstiges Wirtschaftsrecht (wie z. B. Mittelstandspolitik), Agrarrecht, Sozial- und Arbeitsrecht, Bildung, Kultur, Medien, Infrastrukturpolitik sowie Polizei- und Ordnungsrecht zu richten[97].

Ein anderes Problem betrifft die Frage, ob nur künftige Gemeinschaftsrechtsakte am Subsidiaritätsprinzip zu messen sind oder ob auch der gegenwärtige Bestand einer nachträglichen Überprüfung zu unterziehen ist. Obwohl sich weder aus dem Wortlaut des Art. 3b EGV noch aus der Entstehungsgeschichte Hinweise auf eine etwaige Rückwirkung des Grundsatzes ergeben, hat die *Kommission* dem *Europäischen Rat* 1992 in Edinburgh über die ersten Ergebnisse der von ihr im Lichte des Subsidiaritätsprinzips vorgenommenen Überprüfung nicht nur der vorgeschlagenen, sondern auch der *bestehenden* EG-Rechtsvorschriften berichtet[98]. Nimmt man an, daß bestehende Regelungen jedenfalls nicht überprüft werden *müssen*, stellt sich die Frage, ob und unter welchen Umständen diese Sperrwirkung aufgehoben wird[99].

(2) Subsidiaritätsprinzip und Bundesländer

Nach der Struktursicherungsklausel des Art. 23 Abs. 1 Satz 1 GG kann die Bundesrepublik an der Entwicklung der Europäischen Union nur mitwirken,

---

96 *Schmidhuber/Hitzler*, NVwZ 1992, S. 720 (724).

97 *Goppel*, EuZW 1993, S. 367 (368/369); *Schmidhuber/Hitzler*, NVwZ 1992, S. 720 (724).

98 Wiedergegeben in Teil A Anlage 2 der Schlußfolgerungen des Vorsitzes des Europäischen Rates in Edinburgh, abgedruckt im Bulletin der Bundesregierung Nr. 140 vom 28.12.1992, S. 1283 ff.; der Bericht enthält Vorschläge, die die Kommission zurückziehen wird, solche, die zu überarbeiten sind und solche, deren Überprüfung vorgesehen ist; vgl. auch die „Zusammenstellung von EG-Rechtsakten, die gegen das Subsidiaritätsprinzip verstoßen" bei *Goppel*, EuZW 1993, S. 367 (368 ff.).

99 Denkbar wären folgende Optionen:

1. Die Sperrwirkung bleibt bestehen, solange überhaupt eine gemeinschaftsrechtliche Regelung existiert; dann würde das Subsidiaritätsprinzip mangels Anwendungsbereichs faktisch leerlaufen.

2. Die Sperre wird bei einer (kompletten) Neuregelung der betreffenden Materie aufgehoben.

3. Die Sperrwirkung dauert nur solange an, bis der Gemeinschaftsrechtsakt modifiziert wird; in diesem Fall kann sich die Subsidiaritätsprüfung entweder auf den zu ändernden Teil oder aber auf die gesamte Regelung erstrecken.

wenn diese hinsichtlich ihrer wesentlichen Konstruktionsprinzipien die Homogenität mit der nationalen Verfassungsstaatlichkeit des Grundgesetzes wahrt[100]. Zu diesem Zweck nennt die Bestimmung einige Bedingungen, die dem weit gesteckten Auftrag, ein vereintes Europa gemeinsam mit den anderen Mitgliedstaaten zu verwirklichen, deutliche Grenzen setzt[101]. Neben der Pflicht zur Beachtung föderativer Grundsätze stellt die – erstmalige – Etablierung des Subsidiaritätsgrundsatzes auf verfassungsrechtlicher Ebene einen wichtigen Pfeiler für die innerstaatliche Mitwirkung der Bundesländer dar[102].

Im Gegensatz dazu nimmt der auf Gemeinschaftsebene installierte Subsidiaritätsgrundsatz des Art. 3b EGV keinen ausdrücklichen Bezug auf die subnationalen Entscheidungsträger wie Länder, Regionen, Provinzen oder lokale Gebietskörperschaften[103]. Dies verwundert zwar angesichts der diesbezüglichen Anstrengungen insbesondere der deutschen Bundesländer auf den ersten Blick[104], entspricht aber der Konzeption der Gemeinschaftsverträge, die – jedenfalls bislang – unmittelbar Rechte und Pflichten nur zwischen den Vertragsparteien, also den Mitgliedstaaten, begründen[105].

Die Subsidiaritätsfrage stellt sich jedoch auch und gerade im Verhältnis zwischen der Gemeinschaft und den subnationalen Untergliederungen. Aus der Sicht der deutschen Bundesländer beispielsweise gewinnt die Abgrenzung der Kompetenzen zur Gemeinschaft nach dem Subsidiaritätsprinzip deshalb besonderen Stellenwert, weil die bisherigen Refugien der Länder, speziell die Kultur- und Bildungspolitik, der Umwelt- und Gesundheitsschutz und die regionale Strukturpolitik, zum Bereich der nicht ausschließlichen Kompetenzen der Gemeinschaft zählen und daher mit Hilfe des Subsidiaritätsprinzips der einen oder der anderen Ebene zuzuordnen sind.[106]

Die fortbestehende grundsätzliche „Landes-Blindheit" der Gemeinschaft wirkt sich nicht auf den Anwendungsbereich des Subsidiaritätsprinzips, d. h. die Frage, ob ein Gemeinschaftsziel *nicht ausreichend* auf mitgliedstaatlicher Ebene erreicht werden kann, aus; ein Ziel kann nämlich erst recht auf mitgliedstaat-

---

100 Vgl. *Scholz*, NJW 1992, S. 2593 (2598).

101 *Blumenwitz*, in: Gedächtnisschrift für Eberhard Grabitz, S. 1 (14).

102 Vgl. *Schmidhuber/Hitzler*, NVwZ 1992, S. 720 (721).

103 *Schweitzer*, VVDStRL 53 (1994), S. 48 (59); *Kleffner-Riedel*, Regionalausschuß und Subsidiaritätsprinzip, S. 97/98.

104 So *Kleffner-Riedel*, Regionalausschuß und Subsidiaritätsprinzip, S. 97/98.

105 *Stauffenberg/Langenfeld*, ZRP 1992, S. 252 (256).

106 *Stauffenberg/Langenfeld*, ZRP 1992, S. 252 (256).

licher Ebene *ausreichend* erfüllt werden, wenn schon die subnationale Ebene zur Zielverwirklichung in der Lage ist[107].

Davon ist jedoch die Frage, ob durch die Subsidiaritätsregelung Rechte der subnationalen Untergliederungen, insbesondere der deutschen Länder, begründet werden, streng zu unterscheiden; nach dem gegenwärtigen Stand der Institutionalisierung in der Gemeinschaft muß sie noch verneint werden. Zwar hat die subnationale Ebene durch die Einrichtung eines „Ausschusses der Regionen" in Art. 198 a – c EGV eine erhebliche Aufwertung erfahren. Durch diese Einrichtung haben die subnationalen Einheiten erstmals die – nicht nur informelle – Möglichkeit erhalten, ihre Standpunkte in den europäischen Entscheidungsprozeß einzubringen und damit dem Subsidiaritätsgrundsatz zur Durchführung zu verhelfen. Allerdings sind die Untergliederungen durch den Regionalausschuß nicht institutionalisiert worden; eine formale Anerkennung einer dritten Ebene im Gemeinschaftsaufbau[108] ist nicht erfolgt[109]. Dies war wegen der Heterogenität der regionalen Untergliederungen in den Mitgliedstaaten, von denen die deutschen Bundesländer den mit Abstand höchsten Institutionalisierungsgrad aufweisen, nicht möglich[110]. Die dem Wirtschafts- und Sozialausschuß vergleichbare, in erster Linie politisch einzuordnende Einrichtung hat nur eine beratende Funktion, ein echtes Mitentscheidungsrecht steht ihm nicht zu[111]. Daher kann dem Subsidiaritätsgrundsatz nicht die Verpflichtung entnommen werden, bei gemeinschaftlichen Eingriffen in landesrechtliche oder regionale Kompetenzen die Notwendigkeit einer gemeinschaftsweiten Regelung besonders sorgfältig zu prüfen[112]. Die aus Sicht der subnationalen Einheiten abwehrende, negative Komponente des Subsidiaritätsprinzips erlegt den Gemeinschaftsorganen ausschließlich die Pflicht zur Prüfung auf, ob eine *ausreichende* Zielverwirklichung auf nationaler Ebene gewährleistet ist bzw. wäre. Eine darüber hinausgehende Obliegenheit zur Berücksichtigung oder gar Kompensation von etwaigen mit der Kompetenzübernahme verbundenen Betroffen-

---

107 *Stewing*, DVBl. 1992, S. 1516 (1518).

108 So *Blumenwitz*, in: Gedächtnisschrift für Eberhard Grabitz, S. 1 (10/11), m. w. N.

109 Vgl. *Kleffner-Riedel*, Regionalausschuß und Subsidiaritätsprinzip, S. 99.

110 *Stewing*, DVBl. 1992, S. 1516 (1518), m. w. N.; er weist darauf hin, daß eine teilweise Anerkennung institutionalisierter Einheiten in den Mitgliedstaaten, wie z. B. die deutschen Bundesländer, deshalb nicht möglich sei, weil dies aus der Sicht der Gemeinschaft eine Benachteiligung der Staaten ohne solche Untergliederungen bedeutete.

111 *Schnabel*, BayVBl. 1993, S. 393 (395); *Stewing*, DVBl. 1992, S. 1516 (1518).

112 So aber *Stauffenberg/Langenfeld*, ZRP 1992 S. 252 (256), unter Hinweis auf *Hailbronner*, JZ 1990, S. 149 (153); zustimmend (ohne nähere Begründung): *Kleffner-Riedel*, Regionalausschuß und Subsidiaritätsprinzip, S. 98.

heiten der Untergliederungen kann jedenfalls dem Subsidiaritätsprinzip nicht entnommen werden[113].

Obwohl damit für die subnationalen Einheiten kein subjektives Recht *der Gemeinschaft gegenüber* aus Art. 3b EGV herzuleiten ist, können sich die Gemeinschaftsorgane bei ihrer Entscheidungsfindung dennoch den Argumenten der Untergliederungen nicht etwa völlig verschließen. Sie sind ohnehin gehalten, vor dem Erlaß einer gemeinschaftsweiten Regelung die Möglichkeit einer *ausreichenden* Zielverwirklichung auf nationaler Ebene sorgfältig zu prüfen. Im Rahmen der dabei anzustellenden Abwägung sind selbstverständlich auch die von den regionalen Untergliederungen vorgebrachten Gründe, die sich mit der *besseren* Aufgabenerledigung auseindersetzen, einzubeziehen, wenn die geplante Maßnahme in ihre Kompetenzen eingreift. Dafür spricht nicht zuletzt das in der Präambel sowie in Art. A des Maastrichter Vertrages enthaltene Bekenntnis, Entscheidungen „möglichst bürgernah" zu treffen[114].

Auch wenn die subnationalen Untergliederungen gegenüber der Gemeinschaft *unmittelbar* keine subjektiven Rechte aus dem Subsidiaritätsgrundsatz ableiten können, haben die deutschen Länder die Möglichkeit, über den Bund *mittelbar* auf die Gemeinschaftstätigkeit mit Hilfe des Subsidiaritätsprinzips Einfluß zu nehmen. Wie bereits ausgeführt, kann sich der Mitgliedstaat Bundesrepublik auf eine etwaige Nichtbeachtung des Subsidiaritätsgrundsatzes – notfalls vor dem Europäischen Gerichtshof – berufen. Die Bundesregierung wiederum ist gemäß § 7 ZBLG unter bestimmten Voraussetzungen verpflichtet, stellvertretend für die Länder in Straßburg zu klagen. Somit haben die Bundesländer die Möglichkeit, auf dem Umweg über die Bundesregierung Gemeinschaftsakte im Hinblick auf das Subsidiaritätsprinzip untersuchen zu lassen.

(3) Voraussetzungen

(a) Keine ausschließliche Zuständigkeit der Gemeinschaft

Erste Voraussetzung für die Anwendbarkeit des Subsidiaritätsprinzips ist, daß die zu beurteilende Maßnahme nicht in die ausschließliche Zuständigkeit der Gemeinschaft fällt. Diese Beschränkung liegt eigentlich in der Natur der

---

113 Dies wäre wohl nur bei Anerkennung eines Gebotes zur Rücksichtnahme auf die föderalen Strukturen in der Bundesrepublik zu bejahen, vgl. *Hailbronner*, JZ 1990, S. 149 (153).

114 *Bleckmann*, DVBl. 1992, S. 335 (336).

Sache, denn ohne Zuständigkeitskonkurrenz kann es zwischen Gemeinschaft und Mitgliedstaaten keinen Konflikt geben[115].

Unter diesem Topos sind vor allem zwei Problempunkte aufzuzeigen: Erstens die Schwierigkeit der Feststellung, ob eine von der Gemeinschaft in Anspruch genommene Kompetenz ausschließlich ihr obliegt, und zweitens die Frage der Behandlung sogenannter Mischkompetenzen.

(aa) Welche Tätigkeiten nimmt die Gemeinschaft in ausschließlicher Kompetenz wahr?

Eine Feststellung der ausschließlichen Zuständigkeit der Gemeinschaft erscheint auf den ersten Blick, denkt man an die grundgesetzliche Zuweisung der ausschließlichen Bundeskompetenzen nach Art. 71, 73 GG, einfach; problematisch ist jedoch, daß es auf Gemeinschaftsebene keinen vergleichbaren Katalog ausschließlicher Gemeinschaftskompetenzen gibt[116]. Das Fehlen näherer Konkretisierungen der ausschließlichen Gemeinschaftszuständigkeiten stellt eines der wohl größten Defizite und Unsicherheiten des Maastrichter Vertrages dar[117]. Die Zuständigkeiten der Gemeinschaft sind – auch nach dem Vertrag über die Europäische Union – nicht gegenständlich in einem Sachgebietskatalog abgegrenzt[118], sondern querschnittsartig aufgaben- und zielorientiert ausgestaltet[119]. Die Konzeption des deutschen Verfassungsrechts in den Art. 70 ff. GG ist daher als Grundlage zur Abgrenzung der ausschließlichen von der konkurrierenden bzw. potentiellen Gemeinschaftskompetenz nicht geeignet.

Welche Zuständigkeiten der Gemeinschaft tatsächlich als „ausschließliche" zu bezeichnen sind, ist Gegenstand kontroverser Diskussionen in der Litera-

---

115 *Schmidhuber/Hitzler*, NVwZ 1992, S. 720 (721); zustimmend *Pieper*, DVBl. 1993, S. 705 (708).

116 Kritisch hierzu *Möschel*, JZ 1992, S. 877 (882); zur Frage, ob das Subsidiaritätsprinzip durch einen Katalog enumerativ aufgezählter Zuständigkeiten der Gemeinschaft ergänzt werden sollte, vgl. unten S. 301 ff.

117 *Schmitz*, Die Europäische Union als Umweltunion, S. 195 ff.

118 *Schwartz*, AfP 1993, S. 409 (410), der die Aufstellung einer enumerativen Zuständigkeitsliste für die Europäische Gemeinschaft mit dem Konzept des Binnenmarktes für nicht vereinbar hält.

119 Vgl. Art. 2, 3 und 235 EGV; *Pipkorn*, EuZW 1992, S. 697 (699); siehe auch *Gilsdorf*, in: Gedächtnisschrift für Eberhard Grabitz, S. 77 (84 in Fn. 19), mit dem Hinweis, daß der EG-Vertrag, insbesondere in Art. 7a, von einem finalistischen Konzept getragen ist.

tur[120]. *Stewing* schlägt vor, „ausschließlich" mit „ausdrücklich" gleichzusetzen[121]; *Kleffner-Riedel* kommt auf der Basis dieser Option gar zu dem Ergebnis, es müsse sich aus der jeweiligen Kompetenznorm ein an die Mitgliedstaaten gerichtetes ausdrückliches Verbot ergeben, eigenes Recht anzuwenden, auch wenn die Gemeinschaft noch nicht von ihrer Kompetenz Gebrauch gemacht hat[122]. Möglich wäre auch, an die Entwicklung des Begriffs der ausschließlichen Gemeinschaftskompetenz durch den *Europäischen Gerichtshof* anzuknüpfen[123]. Das Gericht hat den Begriff in bezug auf Sachgebiete herausgearbeitet; danach bestehen ausschließliche Kompetenzen der Gemeinschaft vor allem in den Bereichen gemeinsame Handelspolitik, Landwirtschaft, Fischerei sowie der Assoziation mit anderen Staaten[124]. Problematisch an diesem – eher restriktiven – Konzept ist, daß eine Weiterentwicklung der Gemeinschaft in Richtung der in Art. 7a EGV vorgegebenen Ziele, d. h. in einem ihrer Kerngebiete, nach Einführung des ausdrücklichen Subsidiaritätsgrundsatzes nur noch erschwert möglich wäre[125].

Der insbesondere von *Schwartz* vertretene extensive Lösungsansatz hält es mit den Vertragszielen für nicht vereinbar, daß die Mitgliedstaaten im Anwendungsbereich des EG-Vertrages unter der Flagge des Subsidiaritätsprinzips künftig zusammenarbeiten und beispielsweise völkerrechtliche Vereinbarungen schließen dürften[126]. Er plädiert deshalb dafür, alle Tätigkeiten der ausschließlichen Kompetenz der Gemeinschaft zuzuweisen, die zur Errichtung und zum harmonischen Funktionieren des Binnenmarktes erforderlich sind[127]. Gegen diese Lösung spricht, daß die weitaus überwiegende Gemeinschaftstätigkeit dem Anwendungsbereich des Subsidiaritätsgrundsatzes entzogen wäre; eine Korrektur zugunsten der Mitgliedstaaten wäre dann nur durch das Übermaßver-

---

120 Vgl. hierzu auch *Koenig / Pechstein*, Die Europäische Union – Der Vertrag von Maastricht, S. 59, die den Bereich sog. paralleler Kompetenzen, insbesondere im Kartell- und Monopolrecht, auch dem Anwendungsbereich des Subsidiaritätsprinzips unterstellen wollen.

121 In: DVBl. 1992, S. 1516 (1517).

122 In: Regionalausschuß und Subsidiaritätsprinzip, S. 76.

123 *Schmitz*, Die Europäische Union als Umweltunion, S. 198 ff.; *Gilsdorf*, in: Gedächtnisschrift für Eberhard Grabitz, S. 77 (83/84).

124 *Gilsdorf*, in: Gedächtnisschrift für Eberhard Grabitz, S. 77 (84); vgl. auch *Schmidhuber/ Hitzler*, NVwZ 1992, S. 720 (721); zustimmend: *Pieper*, DVBl. 1993, S. 705 (708).

125 Vgl. *Gilsdorf*, in: Gedächtnisschrift für Eberhard Grabitz, S. 77 (84/85).

126 In: AfP 1993, S. 409 (411 ff.).

127 AfP 1993, S. 409 (415); ähnlich *Schmitz*, Die Europäische Union als Umweltunion, S. 200 ff.

bot nach Art. 3b Abs. 3 EGV möglich[128]. Eine vermittelnde, wohl am ehesten vorzuziehende Lösung wird von der *Kommission* vertreten[129]. Danach müßten sich Handlungsgebote zu konkreten Zielverpflichtungen konkretisieren, um eine ausschließliche Zuständigkeit der Gemeinschaft zu begründen[130]. Dabei sei die dynamische Natur des Integrationsvorganges zu berücksichtigen, dem durch eine ebenso dynamische Anwendung des Subsidiaritätsprinzips Rechnung zu tragen sei[131]. Unter Berücksichtigung der genannten Judikatur des *Europäischen Gerichtshofes* wäre die Gemeinschaft außer in den vom Gericht herausgearbeiteten Bereichen Außen-, Agrar- und Fischereipolitik für die Beseitigung von Handelshemmnissen im Binnenmarkt[132], einschließlich der Aufstellung von allgemeinen Wettbewerbsregeln und den wesentlichen Elementen der Verkehrspolitik ausschließlich kompetent[133].

Solange die Diskussion um den Kreis der ausschließlichen Kompetenzen der Gemeinschaft nicht abgeschlossen ist, wird der Frage, ob die Mitgliedstaaten eine Angelegenheit *nicht ausreichend* und die Gemeinschaft sie *besser* erledigen kann, besondere Bedeutung zukommen. Es wird wohl weiterhin die Aufgabe des *Europäischen Gerichtshofes* bleiben, Sachgebiete herauszuarbeiten, die dem Regelungsbereich der Mitgliedstaaten entzogen sind.

(bb) Problem der sog. Mischkompetenzen

Das Subsidiaritätsprinzip soll seinem Wortlaut entsprechend nur gelten, wenn neben den grundsätzlich allzuständigen Mitgliedstaaten zumindest auch eine Zuständigkeit der Gemeinschaft besteht[134]. Dabei handelt es sich um Gebiete,

---

128 *Gilsdorf*, in: Gedächtnisschrift für Eberhard Grabitz, S. 77 (85).

129 Vgl. zum Folgenden *Konow*, DÖV 1993, S. 405 (407/408).

130 Zitiert nach *Gilsdorf*, in: Gedächtnisschrift für Eberhard Grabitz, S. 77 (85/86).

131 Für die Zukunft sind daher ausschließliche Zuständigkeiten auch in den Bereichen Umwelt und Kohäsion zu erwägen; vgl. das „Gesamtkonzept für die Anwendung des Subsidiaritätsprinzips", *Europäischer Rat in Edinburgh*, abgedruckt im Bulletin der Bundesregierung Nr. 140 vom 28.12.1922, S. 1281: „Die Subsidiarität ist ein dynamischer Grundsatz, der im Licht der Vertragsziele angewandt werden sollte. Sie gestattet eine Ausweitung der Tätigkeit der Gemeinschaft, wenn die Umstände es verlangen, und umgekehrt auch deren Beschränkung oder Aussetzung, wenn sie nicht mehr gerechtfertigt ist."

132 Vgl. Art. 7a EGV.

133 Siehe *Gilsdorf*, in: Gedächtnisschrift für Eberhard Grabitz, S. 77 (86); *Renzsch*, ZParl 1993, S. 104 (109/110).

134 *Pieper*, DVBl. 1993, S. 705 (708).

die einerseits der Zuständigkeit der Mitgliedstaaten unterliegen, andererseits aber auch, mit unterschiedlicher Intensität, Kompetenzen der Gemeinschaft berühren, wie z. B. die Bildungs-, Kultur- und Gesundheitspolitik[135].

In der Literatur wird diese Regelung zum Teil kritisiert, weil damit eine klare Zuständigkeitsverteilung und -abgrenzung zwischen Gemeinschaft und Mitgliedstaaten, verbunden mit einer entsprechenden Unterlassungspflicht der Gemeinschaft – wie insbesondere von den deutschen Bundesländern gefordert – , unterblieben sei; darüber hinaus sei implizit eingeräumt worden, daß Mischzuständigkeiten auch weiterhin Gegenstand von Gemeinschaftsbeschlüssen sein könnten[136].

Dazu ist einzuwenden, daß es nicht das Ziel der Regelung des Art. 3b EGV ist und es auch nicht sein kann, die angemahnte bereichsorientierte Zuständigkeitsverteilung vorzunehmen. Das Subsidiaritätsprinzip kann allenfalls an eine solche Regelung anknüpfen, indem es für den Bereich gemeinsamer Zuständigkeiten Determinanten vorgibt, nach denen eine Zuweisung der Kompetenz im Einzelfall vorzunehmen ist. Die gestellte Forderung nach Zuständigkeitsverteilung könnte nur mittels eines Kataloges, worin alle Kompetenzen der Gemeinschaft nach dem Vorbild der Art. 71 ff. GG enumerativ aufgelistet und der Gemeinschaftsebene zugewiesen sind, erfüllt werden[137]. Aufgabe des Subsidiaritätsgrundsatzes ist es denn auch vielmehr, eine Zuständigkeitsabgrenzung im Einzelfall danach vorzunehmen, ob das Ziel der in Betracht gezogenen Maßnahme auf der Ebene der Mitgliedstaaten *nicht ausreichend* und daher *besser* auf Gemeinschaftsebene erreicht werden kann. Der *Europäische Rat in Edinburgh* hat in seinem Gesamtkonzept zum Subsidiaritätsprinzip für das Segment gemischter Zuständigkeiten bestimmt, daß „die Art der zu treffenden Maßnahmen fallweise unter Berücksichtigung der einschlägigen Vertragsbestimmungen festzulegen" sei[138].

(b) Wirksamkeitsklausel („besser")

Die sogenannte Wirksamkeits- oder Effizienzklausel verlangt, daß die mit der Maßnahme verfolgten Ziele ihres Umfangs und ihrer Wirkungen wegen *besser*,

---

135 Vgl. *Hochbaum*, DÖV 1992, S. 285 (291).

136 *Hochbaum*, DÖV 1992, S. 285 (291): „Die Grauzone von Beschlüssen mit zweifelhafter Zuständigkeit wird nicht aufgehoben"; zustimmend *Schnabel*, BayVBl. 1993, S. 393 (394).

137 Vgl. *Weber*, JZ 1993, S. 325 (328); *Stauffenberg/Langenfeld*, ZRP 1992, S. 252 (255).

138 Abgedruckt im Bulletin der Bundesregierung Nr. 140 vom 28.12.1992, S. 1281.

d. h. effektiver im Sinne des mit der betreffenden Handlung verfolgten Ziels[139], auf der Gemeinschaftsebene zu erreichen sind. Diese – als positive Rechtfertigung des Handlungsauftrages der Gemeinschaft ausgestaltete[140] – Komponente entspricht dem von der *Kommission* in die Verhandlungen eingebrachten Vorschlag, der ihren Interessen nach Homogenität und Vereinheitlichung der wirtschaftlichen Bedingungen als Grundlage des Binnenmarktes entspricht[141]. Maßgeblich für diese Voraussetzung dürften ausschließlich rechtliche Gründe sein, da die Gemeinschaft aus sachlichen, finanziellen oder personellen Gründen regelmäßig nicht *besser* tätig werden kann als die Mitgliedstaaten[142]. Diese Frage ist auf der Grundlage der gegenwärtigen Verhältnisse unter Berücksichtigung der im Entscheidungszeitpunkt prognostizierten Weiterentwicklung zu beurteilen.

(c) Erforderlichkeitsklausel („nicht ausreichend")

Während die mit der Einheitlichen Europäischen Akte eingefügte Bestimmung des Art. 130r Abs. 4 Satz 1 EWGV die Gemeinschaftszuständigkeit ausschließlich positiv danach abgrenzte, ob die ökologischen Ziele *besser* auf Gemeinschaftsebene als auf der Ebene der einzelnen Mitgliedstaaten erreicht werden können, beinhaltet Art. 3b EGV eine Abgrenzung der Zuständigkeitsbereiche von Gemeinschaft einerseits und Mitgliedstaaten andererseits sowohl nach einem positiven als auch nach einem negativen Kriterium[143]. Neben der schon erörterten Wirksamkeitsklausel grenzt Art. 3b EGV zusätzlich (negativ) danach ab, daß „die Ziele der in Betracht gezogenen Maßnahmen auf der Ebene der Mitgliedstaaten *nicht ausreichend* erreicht werden können". Es handelt sich hierbei um eine Vermutung zugunsten der kleineren Einheit[144].

Diese der ursprünglichen Vorstellung der deutschen Bundesländer entsprechende[145], eingrenzende Funktion des Subsidiaritätsprinzips soll dazu dienen, Zentralisierungsabsichten abzuwehren. Hierbei ist in einer ex-ante-Betrachtung

139 *Scholz*, in: Festschrift für Herbert Helmrich, S. 411 (421).

140 *Pipkorn*, EuZW 1992, S. 697 (699).

141 Vgl. *Renzsch*, ZParl 1993, S. 104 (111).

142 *Stewing*, DVBl. 1992, S. 1516 (1518).

143 *Scherer*, DVBl. 1993, S. 281 (282).

144 Vgl. *Stewing*, DVBl. 1992, S. 1516 (1518).

145 Vgl. *Renzsch*, ZParl 1993, S. 104 (111).

zu beurteilen, ob im Bereich der konkurrierenden Zuständigkeiten die Ziele einer beabsichtigten Maßnahme *ausreichend* erreicht werden können.[146]

Dieses enge Verständnis von Subsidiarität findet sich in der bundesdeutschen Verfassung in Art. 72 Abs. 2 GG wieder. Dort wird ein Bedürfnis nach bundesgesetzlicher Regelung auf dem Gebiet der konkurrierenden Gesetzgebung u. a. anerkannt, wenn einzelne Länder nicht dazu in der Lage sind, die Angelegenheit durch Landesgesetz selbst wirksam zu regeln[147]. Die Problematik im Zusammenhang mit der Auslegung der Bedürfnisklausel des Art. 72 Abs. 2 GG soll unten ab S. 288 vorgenommen werden.

(d) Verhältnis zwischen den beiden Merkmalen („und daher")

Die negative Komponente des Subsidiaritätsgrundsatzes wird durch die Worte *und daher* mit dem positiven Teil verbunden. Als Ergebnis der Verhandlungen haben sich beide Seiten auf einen Kompromiß geeinigt, mit dem der Versuch unternommen wird, zwei unterschiedlich weite Ausprägungen des Subsidiaritätsprinzips zu vereinigen[148].

Fraglich ist jedoch, in welcher Relation die beiden Begriffe *nicht ausreichend* und *besser* zueinander stehen. Dabei kann zunächst festgestellt werden, daß beide Voraussetzungen durch die Verknüpfung mit dem Wort *und* nicht alternativ, sondern grundsätzlich kumulativ gelten sollen[149]. Dabei ist jede einzelne beabsichtigte Maßnahme, d. h. jeder konkrete Rechtsakt oder jede konkrete Aktion der Gemeinschaft im Hinblick auf diese Kriterien zu beurteilen[150].

Damit ist aber die Frage noch nicht beantwortet, in welchem Rangverhältnis die Voraussetzungen zueinander stehen. *Stewing* versucht anhand der Gesetzgebungsgeschichte nachzuweisen, daß der Begriff *ausreichend* lediglich eine Konkretisierung von *besser* darstellen solle; die negative, eine Vermutung zugunsten der kleineren Einheit beinhaltende Komponente des Subsidiaritätsprinzips habe durch die Verwendung des Begriffs *besser* gerade nicht in das Euro-

146 *Scherer*, DVBl. 1993, S. 281 (283).

147 *Pipkorn*, EuZW 1992, S. 697 (699).

148 *Pipkorn*, EuZW 1992, S. 697 (699).

149 *Renzsch*, ZParl 1993, S. 104 (108/109); vgl. *Schmidhuber/Hitzler*, NVwZ 1992, S. 720 (722).

150 *Schmidhuber/Hitzler*, NVwZ 1992, S. 720 (722).

päische Recht aufgenommen werden sollen[151]. Dagegen läßt sich anführen, daß unter Zugrundelegung dieser Ansicht die neue Subsidiaritätsklausel des Art. 3b Abs. 2 EGV in der Frage der Kompetenzabgrenzung zwischen Gemeinschaft und Mitgliedstaaten gegenüber der alten Formulierung in Art. 130r Abs. 4 Satz 1 EWGV keinen Fortschritt gebracht hätte, sieht man einmal von der Ausdehnung der ehemals umweltbezogenen Vorschrift auf alle Gebiete des EG-Vertrages ab. Wäre dies gewollt gewesen, hätte man sich – entsprechend der Regelung des Art. 130r EWGV – auf den letzten, die Besserklausel beinhaltenden Satzteil beschränken können. Diese Auslegung widerspricht auch dem erklärten Willen der deutschen Verhandlungsdelegation, die ausdrücklich eine über das Erforderlichkeitsprinzip hinausgehende abwehrende Komponente des Subsidiaritätsgrundsatzes forderte[152].

Andere Autoren nehmen – ohne nähere Begründung – eine Gleichrangigkeit beider Bedingungen an[153]. Bei einer solchen Betrachtungsweise jedoch, so deren Kritiker, verbärge sich hinter dem Begriff *besser* die faktische Kompetenz-Kompetenz der Gemeinschaft, weil sich – unter Annahme eines gewissen Beurteilungsspielraums der europäischen Organe – stets leicht Argumente für den Beweis finden ließen, daß auf der Gemeinschaftsebene etwas *besser* zu regeln wäre[154]. Man müsse stattdessen mit Hilfe einer subsidiaritätsfreundlichen Auslegung des Art. 3b Abs. 2 EGV zu dem Ergebnis gelangen, die beiden Voraussetzungen in ein Verhältnis abstufender Subsidiarität zueinander zu stellen: Zunächst müsse nach der *ausreichenden* Regelungsmöglichkeit auf der dezentral-mitgliedstaatlichen Ebene gefragt werden; nur bei einer Verneinung dieser Frage wäre anschließend eine *bessere* Regelungsmöglichkeit auf der zentral-gemeinschaftlichen Ebene zu erörtern[155].

Eine Auslegung der fraglichen Bestimmung bestätigt in der Tat die zuletzt vorgestellte Auffassung vom Verhältnis abgestufter Subsidiarität mit Vorrang des Erforderlichkeitsaspektes. Dieses Ergebnis läßt sich sowohl mit Hilfe der – jeder anderen Auslegungsmethode grundsätzlich vorrangigen – Wortlautinterpretation als auch unter Zugrundelegung der systematischen Auslegung stützen.

---

151 *Stewing*, Subsidiarität und Föderalismus in der Europäischen Union, S. 108; *ders.*, DVBl. 1992, S. 1516 (1518).

152 *Kleffner-Riedel*, Regionalausschuß und Subsidiaritätsprinzip, S. 78, m. w. N.

153 So z. B. *Schmidhuber/Hitzler*, NVwZ 1992, S. 720 (722); *Kleffner-Riedel*, Regionalausschuß und Subsidiaritätsprinzip, S. 77 ff.

154 *Scholz*, in: Festschrift für Herbert Helmrich, S. 411 (421).

155 *Konow*, DÖV 1993, S. 405 (408); *Scholz*, in: Festschrift für Herbert Helmrich, S. 411 (421).

Art. 3b Abs. 2 EGV indiziert mit der Formulierung *und daher* bereits eine Nachrangigkeit des Wirksamkeitskriteriums. Auch die systematische Stellung der „Nicht-ausreichend-Formel" vor der Konjunktion *daher* verdeutlicht, daß erst die Erfüllung dieses Kriteriums die Zuständigkeit der Gemeinschaftsebene nach der „Besser-Formel" indiziert[156]. Wenn also nach der vorrangig vorzunehmenden Prüfung der „Nicht-ausreichend-Formel" festgestellt wird, daß die Ziele der in Betracht gezogenen Maßnahmen auf der Ebene der Mitgliedstaaten auch nur *ausreichend* erreicht werden können oder könnten[157], ist ein Tätigwerden der Gemeinschaft ausgeschlossen[158].

Auf einzelne Probleme im Zusammenhang mit der Auslegung der Subsidiaritätsklausel, insbesondere auf die Frage der Justitiabilität, soll unten ab S. 286 eingegangen werden.

(4) RECHTSFOLGEN

Die nach den Vorgaben des Art. 3b EGV vorzunehmende Prüfung kann zunächst ergeben, daß die Gemeinschaft sich einer Zuständigkeit zur Erreichung eines Gemeinschaftsziels überhaupt nicht annehmen darf, sondern sie der Verantwortung der Mitgliedstaaten überlassen muß. Die Wirkungen des Subsidiaritätsprinzips erschöpfen sich jedoch nicht in diesem absoluten Untersagungsgebot. Ergibt die Prüfung unter Berücksichtigung der Schwere eines Problems, der Zielsetzungen der Gemeinschaft und der begrenzten Handlungsmöglichkeiten der Mitgliedstaaten, daß ein Tätigwerden der Gemeinschaft zulässig ist, muß jeweils darüber entschieden werden, in welcher Art und Weise die Gemeinschaft handeln darf[159]. Insbesondere wegen des Kontextes zum Übermaßverbot in Art. 3b Abs. 3 EGV darf sich die Prüfung nicht darauf beschränken, *ob* die Gemeinschaft überhaupt tätig werden darf, sondern es ist ggf. zu beurteilen, *wie* sie tätig zu werden hat[160].

---

156 *Blumenwitz*, in: Gedächtnisschrift für Eberhard Grabitz, S. 1 (6/7).

157 Für die ausreichende Aufgabenerfüllbarkeit genügt es, daß die Mitgliedstaaten hierzu imstande sind; erforderlich ist hingegen nicht, daß sie die Aufgabe auch tatsächlich schon wahrnehmen, vgl. *Koenig/Pechstein*, Die Europäische Union – Der Vertrag von Maastricht, S. 61.

158 *Schelter*, EuZW 1990, S. 217 (218); *Blumenwitz*, in: Gedächtnisschrift für Eberhard Grabitz, S. 1 (7).

159 *Schmidhuber/Hitzler*, NVwZ 1992, S. 720 (723).

160 *Schmidhuber*, DVBl. 1993, S. 417 (418/419).

Diese kompetenzbeschränkende Funktion des Subsidiaritätsgrundsatzes erschließt sich bereits aus dem Wortlaut der Subsidiaritätsklausel: Indem Art. 3b Abs. 2 EGV die Handlungsbefugnis der Gemeinschaft nicht an die Konjunktion „*wenn*“ knüpft, sondern nur gestattet, „*sofern und soweit*“ die Mitgliedstaaten es nicht ausreichend könnten, wird den Gemeinschaftsorganen die Pflicht auferlegt, innerhalb einer bestimmten Inanspruchnahme ein höchstmögliches Maß an national-eigenständigen Regelungsmöglichkeiten offen zu halten[161]. Eine solche Auswahldirektive ist auch mit den Voraussetzungen „*nicht ausreichend*“ und „*besser*“ in Einklang zu bringen; denn es ist nicht zwingend, daß eine geplante Maßnahme nur insgesamt *nicht ausreichend* auf Mitgliedstaatsebene, dafür aber *besser* auf europäischer Ebene erfüllt werden kann. Denkbar ist vielmehr auch eine Kompetenzaufteilung bzw. eine Zusammenarbeit im Wege der Kooperation zwischen nationaler und Gemeinschaftsebene. Diese Pflicht zur doppelten Prüfung wird durch das Übermaßverbot (Art. 3b Abs. 3 EGV) verstärkt, wenn es dort heißt, daß „Maßnahmen der Gemeinschaft nicht über das für die Erreichung der Ziele dieses Vertrages erforderliche Maß hinausgehen“ dürften[162].

Auch bei der Auswahl des Mittels aus dem der Gemeinschaft zur Verfügung stehenden Handlungsspektrum – mit unterschiedlicher Eingriffsintensität für die nationale und die subnationale Ebene – ist mithin zu untersuchen, welches davon für die Erreichung des Gemeinschaftsziels ausreichend ist[163]. Dabei ist nicht nur auf die gemeinschaftsrechtlich verstandene Wirksamkeit[164] ohne nähere Differenzierung maßgeblich abzustellen, sondern es sind auch die mitgliedstaatlichen Fähigkeiten, die zwar nicht zur Aufgabenerledigung insgesamt, jedoch zur teilweisen Wahrnehmung, insbesondere zur Ausgestaltung einer europarechtlichen Regelung, ausreichend sind, zu berücksichtigen[165].

---

161 *Scholz*, in: Festschrift für Herbert Helmrich, S. 411 (424).

162 Vgl. *Blumenwitz*, in: Gedächtnisschrift für Eberhard Grabitz, S. 1 (7); auch das *Europäische Parlament* hat in seiner Entschließung vom 18.11.1992, abgedruckt in der *Bundestags*-Drucksache 12/4054 vom 29.12.1992, S. 1, auf den „Grundsatz der Proportionalität, der in Art. 3b Abs. 3 definiert ist“, hingewiesen; danach sei „in allen Bereichen, die in die Zuständigkeit der Gemeinschaft fallen, festzustellen, ob eine geplante Maßnahme sowohl hinsichtlich ihres rechtlichen Charakters als auch ihres Inhalts den Zielen des Vertrages entspricht“.

163 *Schmidhuber/Hitzler*, NVwZ 1992, S. 720 (723).

164 Vgl. die vom *Europäischen Gerichtshof* entwickelte Theorie des „effet utile“, *Pipkorn*, EuZW 1992, S. 697 (700).

165 *Scholz*, in: Festschrift für Herbert Helmrich, S. 411 (424/425).

Diese Rechtsfolge des Subsidiaritätsgrundsatzes wirkt sich vor allem bei der Frage nach der Regelungsdichte aus[166]. Zwar ist die Wahl der geeigneten Rechtsform, insbesondere die Frage, ob eine Verordnung, eine Richtlinie oder nur eine Rahmenrichtlinie erlassen wird, den Gemeinschaftsorganen grundsätzlich freigestellt[167]. Vor der Einführung des gemeinschaftsrechtlichen Subsidiaritätsprinzips wurde die Wahl der Regelungsdichte, soweit im Gemeinschaftsvertrag nichts anderes bestimmt war, allein nach dem am Gemeinschaftsziel ausgerichteten sachlichen Gehalt der Regelung bestimmt. In der Literatur wird die Ansicht vertreten, auch unter der Geltung des Subsidiaritätsgrundsatzes in Art. 3b Abs. 2 EGV dürfe die Wahl der Regelungsdichte nicht mit der Kompetenzfrage vermischt und damit nicht mit dem Subsidiaritätsprinzip in Verbindung gebracht werden[168]. Diese Auffassung ist mit der Voraussetzung des Subsidiaritätsprinzips, wonach die Gemeinschaft im Falle *nicht ausreichender* Aufgabenerfüllung durch die Mitgliedstaaten nicht stets, sondern nur zuständig ist, *sofern und soweit* eine *ausreichende* Zielverwirklichung auf nationaler Ebene nicht gewährleistet ist, nicht in Übereinstimmung zu bringen. Insbesondere die Verbindung mit dem Übermaßverbot (Art. 3b Abs. 3 EGV) verdeutlicht, daß auch im Bereich der kompetenznutzenden Verfahren jeweils zu prüfen ist, ob die in Aussicht genommene Maßnahme auch durch eine für die Mitgliedstaaten mildere, aber im Hinblick auf die Zielerreichung gleich wirksame Handlungsform ersetzt werden kann[169]. An diesem Maßstab gemessen ist die Richtlinie gegenüber der Verordnung subsidiaritätsfreundlicher, da sie den Mitgliedstaaten die Option beläßt, im Vollzug nationalen Besonderheiten nach Möglichkeit gerecht zu werden[170].

---

166 Vgl. *Gilsdorf*, in: Gedächtnisschrift für Eberhard Grabitz, S. 77 (82/83); *Classen*, ZRP 1993, S. 57 (58), weist darauf hin, daß es im Bereich der europäischen Rechtsangleichung neben der Möglichkeit der Vollharmonisierung auch das von der Rechtsprechung des Europäischen Gerichtshofes entwickelte sogenannte Anerkennungsmodell, das sich mit dem Aufstellen von Mindestanforderungen begnügt, gibt; vgl. Fall „Cassis de Dijon", Slg. 1979, S. 649 (662 ff.).

167 *Scholz*, in: Festschrift für Herbert Helmrich, S. 411 (424).

168 *Gilsdorf*, in: Gedächtnisschrift für Eberhard Grabitz, S. 77 (82/83).

169 *Schmidhuber*, DVBl. 1993, S. 417 (418/419).

170 *Scholz*, in: Festschrift für Herbert Helmrich, S. 411 (424).

b) Probleme im Zusammenhang mit der Auslegung und der Anwendung des gegenwärtig bestehenden Subsidiaritätsprinzips einschließlich möglicher Lösungsansätze

Die Vertragsparteien haben die entscheidenden Voraussetzungen des Subsidiaritätsgrundsatzes abstrakt unter Zuhilfenahme unbestimmter Rechtsbegriffe („*nicht ausreichend*"; „*besser*") umschrieben. Dabei stellt sich zum einen die Frage, ob und inwieweit ein abstrakt formuliertes Subsidiaritätsprinzip überhaupt einer richterlichen Kontrolle unterworfen werden kann. Darüber hinaus ist das Verhältnis des neu in den EG-Vertrag aufgenommenen Subsidiaritätsprinzips zu anderen Grundsätzen des Gemeinschaftsrechts zu untersuchen.

aa) Justitiabilität des Subsidiaritätsprinzips

(1) Problemaufriss

In der rechtlichen Realität wird es entscheidend darauf ankommen, ob das Subsidiaritätsprinzip geeignet ist, zwischen den Gemeinschafts- bzw. Unionsorganen und den Mitgliedstaaten wirksame, d. h. subsidiaritätsgerechte Kompetenzabgrenzungen vorzunehmen, wobei es nicht nur um das Verhältnis von Gemeinschaft bzw. Union einerseits und Mitgliedstaaten andererseits, sondern auch um die mitgliedstaatsinternen Untergliederungen wie die deutschen Bundesländer geht[171]. Dabei wird es nicht nur entscheidend sein, wann bzw. unter welchen Voraussetzungen die jeweils kleinere Einheit noch dazu in der Lage ist, eine Zuständigkeit in *ausreichender* Form selbst wahrzunehmen, sondern auch, wem im Falle unterschiedlicher Auffassungen hinsichtlich dieser Beurteilung die Kompetenz darüber zu entscheiden zukommt, ob die Voraussetzungen einer effektiven Kompetenzausübung auf der kleineren Stufe (noch) gegeben sind und ob ggf. die höhere Ebene zu einer *besseren* Aufgabenerfüllung befähigt und in der Lage wäre[172].

Was das letztgenannte Problem betrifft, kommt es letzten Endes darauf an, ob der Subsidiaritätsgrundsatz, wenn ein Einvernehmen zwischen der Gemeinschaft und den Mitgliedstaaten nicht hergestellt werden kann, dazu imstande ist, der Justiz, d. h. dem Europäischen Gerichtshof, brauchbare Entscheidungsmaß-

171 *Scholz*, in: Festschrift für Herbert Helmrich, S. 411 (415); ausführlich zur künftigen Rolle des Europäischen Gerichtshofes bei der Auslegung des Subsidiaritätsprinzips insbesondere im Hinblick auf die Realisierung des Binnenmarktes *Jickeli*, JZ 1995, S. 57 ff.

172 *Scholz*, in: Festschrift für Herbert Helmrich, S. 411 (414).

stäbe an die Hand zu geben[173]. Bislang hat sich der Europäische Gerichtshof in keinem Urteil auf das Subsidiaritätsprinzip berufen, weil es erst auf Verfahren Anwendung finden kann, die nach dem Inkrafttreten des Maastrichter Vertrages anhängig geworden sind[174].

Nach dem – auf entsprechende Forderungen der deutschen Bundesländer zurückzuführenden[175] – Willen der Mitgliedstaaten soll die Auslegung des Subsidiaritätsprinzips wie auch die Überprüfung seiner Einhaltung durch die Gemeinschaftsorgane vom Europäischen Gerichtshof überwacht werden[176]. Dies ergibt sich auch daraus, daß das Subsidiaritätsprinzip – entgegen ursprünglicher Pläne – nicht nur in die Präambel, sondern auch in Gestalt einer strukturellen Kompetenznorm in den operativen Teil des Vertragswerks aufgenommen worden ist, so daß die Einhaltung des Art. 3b Abs. 2 EGV in vollem Umfang der gerichtlichen Kontrolle durch den Europäischen Gerichtshof unterliegt[177].

Die Frage ist aber, *inwieweit* die auslegungsbedürftigen unbestimmten Rechtsbegriffe „*nicht ausreichend*" und „*besser*" der richterlichen Kontrolle durch den Europäischen Gerichtshof unterliegen. Zweifelhaft erscheint dabei insbesondere, ob die den Gemeinschaftsorganen obliegende Prognose, daß das mit der beabsichtigten Maßnahme zu erreichende Ziel von den Mitgliedstaaten nicht ausreichend und daher besser von der Gemeinschaft erreicht werden kann, der gerichtlichen Beurteilung unterliegt, d. h. ob der Europäische Gerichtshof den Abwägungsvorgang des zuständigen Gremiums ersetzen kann[178]. Hierbei ist zu bedenken, daß hinter der Prüfung, ob ein Tätigwerden auf europäischer Ebene erforderlich ist, stets auch die – überwiegend politische – Entscheidung

---

173 *Kleffner-Riedel*, Regionalausschuß und Subsidiaritätsprinzip, S. 85.

174 Ausführlich dazu *Jickeli*, JZ 1995, S. 57; zweifelnd auch *Stewing*, DVBl. 1992, S. 1516 (1518).

175 Vgl. *Blumenwitz*, in: Gedächtnisschrift für Eberhard Grabitz, S. 1 (8).

176 *Europäischer Rat in Edinburgh*, Gesamtkonzept für die Anwendung des Subsidiaritätsprinzips, Grundsatz 4, 5. Spiegelstrich; abgedruckt im Bulletin der Bundesregierung Nr. 140 vom 28.12.1992, S. 1281; dort wurde zugleich bekräftigt, daß das Prinzip „nicht als unmittelbar wirksam betrachtet werden" könne; näher zur fehlenden Direktwirkung *Gilsdorf*, in: Gedächtnisschrift für Eberhard Grabitz, S. 77 (80).

177 Vgl. *Blumenwitz*, in: Gedächtnisschrift für Eberhard Grabitz, S. 1 (8), m. w. N.; *Pieper*, DVBl. 1993, S. 705 (711); *Scholz*, in: Festschrift für Herbert Helmrich, S. 411 (425/426): „Im Ergebnis wird ein Großteil der Verantwortung beim EuGH liegen."

178 *Pieper*, DVBl. 1993, S. 705 (711).

steht, ob und ggf. wie eine bestimmte Aufgabe in Angriff genommen werden soll[179].

(2) LÖSUNGSANSATZ: (POLITISCHE) IMPULSFUNKTION DES SUBSIDIARITÄTSPRINZIPS

Aus dem soeben herausgearbeiteten Befund werden unterschiedliche Schlußfolgerungen gezogen. Teilweise wird das Subsidiaritätsprinzip wegen ihres hohen Abstraktionsgrades jedenfalls ohne ergänzende Konkretisierung für im Ergebnis nicht justitiabel gehalten[180]. Überwiegend wird jedoch die grundsätzliche richterliche Kontrolle des Subsidiaritätsprinzips anerkannt, wobei dem handelnden Gemeinschaftsorgan allerdings ein nicht unerheblicher Beurteilungs- und Prognosespielraum eingeräumt wird[181].

Nach der Feststellung eines justizfreien Reservates der Gemeinschaftsorgane ist nunmehr positiv der Prüfungsumfang des Gerichts zu bestimmen. In diesem Zusammenhang wird in der Literatur häufig auf die Problematik im Zusammenhang mit der dem Subsidiaritätsprinzip verwandten Verfassungsaussage des Art. 72 Abs. 2 GG (sog. Bedürfnisklausel) verwiesen[182]. Das *Bundesverfas-*

---

179 *Schweitzer/Fixson*, JURA 1992, S. 579 (582).

180 So z. B. *Grimm*, FAZ vom 17.9.1992, S. 38; *Renzsch*, ZParl 1993, S. 104 (111); *Scherer*, DVBl. 1993, S. 281 (284), der insbesondere die „Besser-Klausel" insoweit für problematisch hält; sehr skeptisch auch *Möschel*, NJW 1993, S. 3025 (3027), und *Everling*, in: Hrbek (Hrsg.), Die Entwicklung der EG zur Politischen Union und zur Wirtschafts- und Währungsunion unter der Sonde der Wissenschaft, S. 12 (19).

181 Z. B. *Scholz*, in: Festschrift für Herbert Helmrich, S. 411 (422); *Gilsdorf*, in: Gedächtnisschrift für Eberhard Grabitz, S. 77 (80): „Allenfalls schwerste Ermessensüberschreitungen könnten hier der richterlichen Kritik anheimfallen"; *Pipkorn*, EuZW 1992, S. 697 (700); *Schnabel*, BayVBl. 1993, S. 393 (395); *Schweitzer/Fixson*, JURA 1992, S. 579 (582): „Kontrolle wird sich im wesentlichen darauf beschränken, ob die richtige Rechtsgrundlage gewählt wurde und ob deren tatbestandliche Voraussetzungen vorliegen"; *Schmidhuber/Hitzler*, NVwZ 1992, S. 720 (724/725), weisen darauf hin, daß die Beweislast für das tatsächliche Vorliegen einer Gemeinschaftskompetenz bei dem Organ liegt, das sich auf die Kompetenz beruft; *Hochbaum*, DÖV 1992, S. 285 (292): „allenfalls Ermessensüberprüfung"; vgl. auch *Scholz*, in: Festschrift für Herbert Helmrich, S. 411 (422), der konstatiert, „daß das Maß der Justitiabilität relativ gering ist"; *Möschel*, JZ 1992, S. 877 (882), hält das Subsidiaritätsprinzip im Ergebnis wegen der traditionell integrationsfreundlichen Rechtsprechung des Europäischen Gerichtshofs und des bestehenden Beurteilungsspielraums unter Hinweis auf *Steindorff* für „juristisch wertlos".

182 *Bleckmann*, DVBl. 1992, S. 335 (336); *Schnabel*, BayVBl. 1993, S. 393 (395); *Blanke*, ZG 1991, S. 133 (138/139); *Isensee*, VVDStRL 53 (1994), S. 128 (130, Aussprache); *Schweitzer*, VVDStRL 53 (1994), S. 48 (54), m. w. N.

sungsgericht räumte in seiner bisherigen Rechtsprechung dem Bundesgesetzgeber im Rahmen der Ausübung konkurrierender Gesetzgebungskompetenzen bei der Prüfung des Bedürfnisses nach bundeseinheitlicher Regelung ein richterlich nicht nachprüfbares Ermessen ein[183]. Die Furcht vor einer ähnlichen Entwicklung auf europäischer Ebene erscheint in der Tat nicht ganz unbegründet, denn es handelt sich hier wie dort um eine Kompetenzvermutung zugunsten der kleineren Ebene, die ihrer allgemeinen Verwendbarkeit für alle Sachgebiete wegen auf generalisierende Merkmale abstellen muß.

Dennoch braucht die Rechtsprechung des Europäischen Gerichtshofes in diesem Punkt nicht ähnlich der des *Bundesverfassungsgerichts* zu enden. Zunächst kann der Gerichtshof – ohne die genannte Beurteilungsprärogative der Gemeinschaftsorgane anzutasten – in formeller Hinsicht prüfen, ob im Verabschiedungsverfahren die Möglichkeit der nationalen Zielerreichung überhaupt erkannt und ausreichend erörtert worden ist[184]. Fehlt es hieran, ist die europäi-

183 *Scholz*, in: Festschrift für Herbert Helmrich, S. 411 (416/417); diese auf der restriktiven, auf Ermessensfehler beschränkten Kontrolle der Bedürfnisklausel durch das *Bundesverfassungsgericht* beruhende, (st. Rspr. seit BVerfGE 2, 213 [224 ff.]) nahezu unbegrenzte Möglichkeit des Bundes, von den Materien Gebrauch zu machen, ist eingeschränkt worden: Durch das Gesetz zur Änderung des Grundgesetzes vom 27.10.1994 (BGBl. I S. 3146) ist Art. 72 GG modifiziert worden. Nach Art. 72 Abs. 1 GG haben die Länder nunmehr die Gesetzgebungsbefugnis, „solange und soweit der Bund von seiner Gesetzgebungszuständigkeit nicht durch Gesetz Gebrauch gemacht hat". Damit ist klargestellt worden, daß die Verdrängungswirkung erst mit dem Erlaß des konkurrierenden Bundesgesetzes eintritt und auf die konkrete Materie des Gesetzes beschränkt ist. Absatz 2 ist dahingehend geändert worden, daß anstelle der „Wahrung der Einheitlichkeit der Lebensverhältnisse" nunmehr maßgeblich ist, ob und inwieweit „die Herstellung gleichwertiger Lebensverhältnisse im Bundesgebiet oder die Wahrung der Rechtseinheit im gesamtstaatlichen Interesse eine bundesgesetzliche Regelung erforderlich macht". In Absatz 3 ist eine Rückholermächtigung installiert worden, um den Ländern den Zugriff auf bereits an den Bund abgeflossene Materien zu ermöglichen; da dies mittels Bundesgesetz geschehen soll („Durch Bundesgesetz kann bestimmt werden, daß eine bundesgesetzliche Regelung, für die eine Erforderlichkeit [...] nicht mehr besteht, durch Landesrecht ersetzt werden kann"), wird die Vorschrift voraussichtlich keine allzu große Bedeutung haben. Gleichzeitig sind die Kompetenzkataloge der Art. 74 und 75 GG angepaßt und der Klagenkatalog des Art. 93 Abs. 1 GG um eine Nr. 2a ergänzt worden; in diesem Verfahren sind auch die Landesparlamente klagebefugt; vgl. hierzu auch die Empfehlungen in der *Bundesrats*-Drucksache 886/93. Einen guten Überblick zu dieser Problematik bieten *Rubel*, JA 1993, S. 12 (15/16) sowie *Rohn/Sannwald*, ZRP 1994, S. 65 (68). Zu den Ergebnissen der *Gemeinsamen Verfassungskommission Bundestags*-Ducksache 12/6000, S. 30 ff.

184 *Blumenwitz*, in: Gedächtnisschrift für Eberhard Grabitz, S. 1 (8).

sche Maßnahme ohne weitere materielle Prüfung rechtswidrig[185]. Obwohl die Kernfrage, d. h. die Einschätzung der tatsächlichen Zielverwirklichung durch das handelnde Organ keiner richterlichen Kontrolle unterliegt, kommt der Feststellung eines derartigen Versäumnisses jedenfalls eine Indizwirkung für spätere Initiativen zu. Es wird allerdings erforderlich sein, in interinstitutionellen Vereinbarungen die verfahrensmäßigen Vorkehrungen zur Verwirklichung des Subsidiaritätsprinzips zu entwickeln.[186] Die Leitlinien des in Edinburgh vom Europäischen Rat beschlossenen „Gesamtkonzeptes für die Anwendung des Subsidiaritätsprinzips" sind ein erster Schritt in diese Richtung[187]. In diesen Zusammenhang gehört auch die Entschließung des Europäischen Parlaments zur Verwirklichung des Subsidiaritätsprinzips vom 18. November 1992, in der Grundlagen für die institutionelle Zusammenarbeit der Gemeinschaftsorgane entwickelt worden sind[188].

Aber auch in materieller Hinsicht hat der Gemeinschaftsgesetzgeber keinen dem deutschen Bundesgesetzgeber nach Art. 72 Abs. 2 GG vergleichbaren Beurteilungsspielraum. Eine unterschiedliche Handhabung der beiden Kompetenzabgrenzungsklauseln ist schon im Hinblick auf ihre jeweiligen Entstehungsgeschichten wahrscheinlich: Art. 72 Abs. 2 GG sollte nach dem Willen der Besatzungsmächte eine möglichst große Föderalisierung der Bundesrepublik erreichen, die – jedenfalls in dieser Ausgeprägtheit – nicht unbedingt den damaligen deutschen Vorstellungen entsprach, so daß ein Bedürfnis nach korrigierender Auslegung entstand[189]. Neben politischen haben auch ökonomische, technische und soziale Faktoren zum deutlichen Überwiegen der Bundesgesetzgebung im Bereich der konkurrierenden Kompetenzen beigetragen[190].

Der Subsidiaritätsgrundsatz des Art. 3b EGV hingegen ist ein „Wunschkind" der Länder und Regionen in der Europäischen Gemeinschaft, dessen Notwen-

---

185 Hier liegt eine Parallele zur Ermessenprüfung im Verwaltungsrecht: Hat die Behörde ihr Ermessen irrtümlich nicht erkannt oder unterschätzt, ist die Maßnahme ohne weiteres rechtswidrig.

186 *Blumenwitz*, in: Gedächtnisschrift für Eberhard Grabitz, S. 1 (8).

187 Abgedruckt im Bulletin der Bundesregierung Nr. 140 vom 28.12.1992, S. 1280 ff.; dort sind auch Beispiele für die Überprüfung derzeit vorliegender Vorschläge und geltender Rechtsvorschriften am Maßstab des Subsidiaritätsprinzips aufgeführt (a.a.O., S. 1283/1284); vgl. hierzu auch *Goppel*, EuZW 1993, S. 367 ff.

188 Abgedruckt als *Bundestags*-Drucksache 12/4054, S. 1 ff.

189 Vgl. *Kleffner-Riedel*, Regionalausschuß und Subsidiaritätsprinzip, S. 91/92; *Stauffenberg/Langenfeld*, ZRP 1992, S. 252 (256).

190 Vgl. *Blanke*, ZG 1991, S. 133 (138).

digkeit für ein Zusammenwachsen der Völker Europas auch darüber hinaus weitgehend anerkannt wird. Jedenfalls die deutschen Bundesländer werden die Umsetzung dieses Prinzips – auch bei schon bestehenden Rechtsakten der Gemeinschaft – überwachen[191]. Ob durch die gewählten Begriffe im Subsidiaritätsgrundsatz des Art. 3b EGV eine gegenüber Art. 72 Abs. 2 GG höhere Regelungsdichte erzielt worden ist[192], erscheint demgegenüber angesichts der schon vor der Verfassungsreform bestehenden (formalen) Ausdifferenzierung der Bedürfnisklausel in den Nummern 1 bis 3 des Art. 72 Abs. 2 GG[193] fraglich. Maßgebliche Hilfe zur Realisierung dieses Prinzips wird in erster Linie vom Rat, der auch weiterhin die herausragende Stellung innerhalb der Gemeinschaftsorgane einnimmt, und damit von den Regierungen der Mitgliedstaaten zu erwarten sein[194]. Damit wird das Subsidiaritätsprinzip in erster Linie als politisches Gestaltungselement[195] bei der Zuweisung von Kompetenzen an die verschiedenen Aktionsebenen nach der Formel „Entscheidung in Brüssel, wo immer nötig, Entscheidung vor Ort, wo immer möglich“[196] dienen[197].

Bei einer Verletzung des Subsidiaritätsprinzips steht nach wie vor nur den Mitgliedstaaten ein Klagerecht vor dem Europäischen Gerichtshof nach Art. 173 EGV zu[198]. Die Länder haben sich mit ihrer Forderung vom 7. Juni 1990,

---

191 Vgl. *Goppel*, EuZW 1993, S. 367 ff.

192 So *Blumenwitz*, in: Gedächtnisschrift für Eberhard Grabitz, S. 1 (9).

193 Beispielsweise lautete Art. 72 Abs. 2 Nr. 3 GG in der vor dem 27.10.1994 gültigen Fassung: „Der Bund hat in diesem Bereiche das Gesetzgebungsrecht, soweit ein Bedürfnis nach bundesgesetzlicher Regelung besteht, weil [3.] die Wahrung der Rechts- oder Wirtschaftseinheit, insbesondere die Wahrung der Einheitlichkeit der Lebensverhältnisse über das Gebiet eines Landes hinaus sie erfordert.“ Das Problem lag vielmehr in der Anerkennung eines weiten (politischen) Beurteilungsspielraums des Bundesgesetzgebers, vgl. BVerfGE 13, 230 (233/234).

194 *Everling*, EuR 1987, S. 214 (239); *Blumenwitz*, in: Gedächtnisschrift für Eberhard Grabitz, S. 1 (13).

195 *Classen*, ZRP 1993, S. 57 (58); vgl. *Kleffner-Riedel*, Regionalausschuß und Subsidiaritätsprinzip, S. 135.

196 *Engholm*, EA 1989, S. 383 (384).

197 *Blanke*, ZG 1991, S. 133 (144); *Schmitz*, , S. 217; vgl. *Pieper*, DVBl. 1993, S. 705 (712): „Gemeinschaftsverfassungspolitische Signalwirkung“; *Hochbaum*, DÖV 1992, S. 285 (292); *Heintzen*, JZ 1991, S. 317 (320); vgl. auch *Stein*, VVDStRL 53 (1994), S. 26 (39/40), der eine positivere Einschätzung der Wirksamkeit des Subsidiaritätsprinzips abgibt.

198 *Hilf*, VVDStRL 53 (1994), S. 7 (13/14); vgl. hierzu auch *Kössinger*, Die Durchführung des Europäischen Gemeinschaftsrechts im Bundesstaat, S. 140 ff.

den Ländern und Regionen durch Änderung des Art. 173 Abs. 1 EGV ein eigenständiges Klagerecht gegen Maßnahmen des Rates und der Kommission einzuräumen[199], nicht durchsetzen können[200]. Den Ländern bleibt daher nur die – schon bisher praktizierte, durch § 7 Abs. 1 ZBLG institutionalisierte – Möglichkeit, auf die privilegiert klageberechtigte Bundesregierung Einfluß zu nehmen[201]. In dieser Vorschrift ist eine Verpflichtung der Bundesregierung statuiert, auf Verlangen des Bundesrates von den ihr zustehenden Klagemöglichkeiten vor dem Europäischen Gerichtshof Gebrauch zu machen, soweit die Länder in Bereichen ihrer Gesetzgebungsbefugnisse betroffen sind und der Bund kein Recht zur Gesetzgebung hat; dabei ist wiederum die gesamtstaatliche Verantwortung des Bundes zu wahren[202]. Präventiv bleibt den Ländern nur die Möglichkeit, den Bund so weit als möglich auf politischem Wege von ihrer Haltung zu einem geplanten Gemeinschaftsrechtsakt zu überzeugen[203].

bb) Konkretisierungsbedürftigkeit des Subsidiaritätsprinzips

(1) Problemaufriss

In der bisherigen Untersuchung ist deutlich geworden, daß die Länder mit der Einführung eines gemeinschaftsweiten Subsidiaritätsprinzips zwar insofern gewonnen haben, als daß nunmehr neben dem Wirksamkeitsprinzip erstmals der Erforderlichkeitsgedanke Einzug in das Europäische Recht gehalten hat. Der Subsidiaritätsgrundsatz als Mittel zur Abgrenzung von Zuständigkeiten in einem aus mehreren Ebenen bestehenden Gemeinwesen ist jedoch mit dem Nachteil behaftet, seinen Adressaten aufgrund seiner Universalität keine exakt definierbaren Kompetenzlinien vorgeben zu können. Er ist zur Kompetenzbestimmung auf die Verwendung unbestimmter Begriffe, wie z. B. „*nicht ausreichend*“ und „*besser*“, angewiesen. Zu messen sind diese Kriterien am Maßstab der Verwirklichung eines zwar gesetzten, aber unbestimmt umschriebenen Gemeinschaftsziels, wodurch eine gewisse Einschätzungsprärogative der Gemein-

---

199 Beschluß der Regierungschefs der Länder, abgedruckt bei *Bauer* (Hrsg.), Europa der Regionen, S. 92 (94), unter II 4; *Bundesrats*-Drucksache 550/90.

200 Ausführlich *Kleffner-Riedel*, Regionalausschuß und Subsidiaritätsprinzip, S. 233 ff.

201 *Blumenwitz*, in: Gedächtnisschrift für Eberhard Grabitz, S. 1 (9/10, 13).

202 Näher zu diesem Verfahren oben S. 218 ff.

203 *Konow*, DÖV 1993, S. 405 (411); in der Verfassungswirklichkeit wird es auch gelegentlich – insbesondere bei unterschiedlichen Mehrheiten in Bundestag und Bundesrat – zu einer Junktimbildung kommen; kritisch dazu *Blumenwitz*, in: Gedächtnisschrift für Eberhard Grabitz, S. 1 (9).

schaftsorgane unumgänglich wird[204]. Dies führt wiederum, wie festgestellt, zu einer nur eingeschränkten Justitiabilität des Prinzips[205].

Hinzu kommt die oben bereits angesprochene Schwierigkeit, mangels klarer Unterscheidung in der Kompetenzsystematik den Kreis der nicht ausschließlichen Gemeinschaftskompetenzen, die allein dem Anwendungsbereich des Subsidiaritätsgrundsatzes unterfallen, zu bestimmen. Exakt definierbare Kompetenzverhältnisse setzten vor allem voraus, daß eine Kompetenz-Kompetenz[206] in jeglicher Form, die Möglichkeit der Kompetenzexpansion und der eigenen Kompetenzdefinition ausgeschlossen wären[207]. Insbesondere jedoch die Möglichkeit der Kompetenzdefinition ist in der Systematik der Gemeinschaftsverträge und des Unionsvertrages angelegt, indem nicht von konkret definierten Kompetenzen, sondern von – politisch vorgegebenen – Zielen der Gemeinschaft bzw. Union (z. B. Art. B EUV) die Rede ist. Im Hinblick auf die Zielausrichtung der Gemeinschaft konsequent knüpft Art. 3b Abs. 2 EGV auch nicht an etwaige Befugnisse, sondern an die Ziele der Gemeinschaft an.

Dieser Befund wird durch die Bestimmungen der Art. 100a Abs. 1 und 235 EGV noch verstärkt. Insbesondere die in Art. 100a Abs. 1 EGV genannten alternativen Voraussetzungen der „Errichtung" und des „Funktionierens des Gemeinsamen Marktes" sind derart weit gegriffene Generaltatbestände, die eine Abgrenzung im Einzelfall unmöglich machen[208]. Ähnlich problematisch sind die insbesondere im Unionsvertrag verwendeten Evolutivklauseln, wie z. B. Art. K.1 EUV, wonach die Mitgliedstaaten bestimmte extrem weit gefaßte Bereiche als „Angelegenheiten von gemeinsamem Interesse" betrachten, um die „Ziele der Union" zu verwirklichen[209]. Zu diesen Bereichen zählen nach dem Katalog der Bestimmung z. B. die Zusammenarbeit im Bereich der Justiz und die Asylpolitik.

---

204 Zu den Forderungen der deutschen Länder für die Regierungskonferenz 1996 vgl. *Borchmann*, EuZW 1995, S. 570 ff.

205 Vgl. *Stein*, VVDStRL 53 (1994), S. 26 (39/40).

206 Das *Bundesverfassungsgericht* hat in seiner Maastricht-Entscheidung klargestellt, daß der Europäischen Union durch Art. F Abs. 3 EUV keine allgemeine Kompetenz-Kompetenz eingeräumt worden ist; BVerfGE 89, 155 (194/195) im Anschluß an BVerfGE 75, 223 (242).

207 *Scholz*, in: Festschrift für Herbert Helmrich, S. 411 (418).

208 *Scholz*, in: Festschrift für Herbert Helmrich, S. 411 (418), m. w. N.: „Charakter einer Generalermächtigung".

209 *Scholz*, in: Festschrift für Herbert Helmrich, S. 411 (419).

Zu konstatieren ist allerdings, daß es wohl der beschriebenen relativen Einfachheit des Subsidiaritätsgrundsatzes als Kompetenzabgrenzungsregel zu verdanken ist, daß es auf gemeinschaftsrechtlicher Ebene überhaupt schon im Rahmen des Unionsvertrages zu einer Anerkennung eines mehrstufigen Aufbaus gekommen ist. Es stellt sich die Frage, ob das Subsidiaritätsprinzip nur als vorübergehende Lösung des Föderalproblems tauglich ist, mittelfristig jedoch durch ein präziseres System abgelöst werden sollte.

(2) 1. Lösungsansatz: Subsidiaritätsfreundliche Auslegung der Gemeinschaftskompetenzklauseln

Fraglich ist, ob man dem Problem mangelnder Bestimmtheit des Subsidiaritätsgrundsatzes – zumindest vorläufig – durch eine subsidiariätsfreundliche Auslegung[210] der kompetenzbegründenden Gemeinschaftsnormen begegnen könnte. In der Literatur ist der Versuch unternommen worden, aus Art. 5 EGV, der allgemein als Prinzip der Gemeinschaftstreue deklariert wird, auch – umgekehrt – eine Pflicht der Gemeinschaft zur Rücksichtnahme gegenüber ihren Mitgliedstaaten herzuleiten[211]. Ein solches Prinzip – als besondere Ausprägung des Verhältnismäßigkeitsgrundsatzes – beinhalte dann das Gebot zur Beachtung der Verfassungsstrukturen eines Mitgliedstaates und insbesondere der föderalistischen Struktur der Bundesrepublik Deutschland.[212]

Dagegen ist eingewandt worden, daß die Anerkennung eines derartigen allgemeinen Rechtsgrundsatzes im Gemeinschaftsrecht schon deshalb ausscheiden müsse, weil die Bundesrepublik als einziger Mitgliedstaat einen echten bundesstaatlichen Aufbau aufweise; alleinige Partner der Gemeinschaft seien daher nur die Mitgliedstaaten, nicht aber die Bundesländer[213]. An diesem Befund hat sich auch nach der Einführung des Regionalausschusses nichts geändert[214]. Festzustellen ist daher, daß sich aus Art. 5 EGV jedenfalls keine Rücksichtnahmeverpflichtung der Gemeinschaft gegenüber den Bundesländern ergibt.

---

210 Vgl. allgemein zu diesem Begriff *Scholz*, in: Festschrift für Herbert Helmrich, S. 411 (421).

211 Dieses Konzept erinnert an den ungeschriebenen deutschen Verfassungsgrundsatz der Bundestreue, der nach der Judikatur des *Bundesverfassungsgerichts* nicht nur im Verhältnis der Länder gegenüber dem Bund, sondern auch umgekehrt Geltung beansprucht; vgl. BVerfGE 1, 229 (315); 8, 122; *Herzog*, in: Maunz/Dürig, Art. 20 IV, Rdnr. 62.

212 *Hailbronner*, JZ 1990, S. 149 (152/153).

213 Vgl. *Ress*, EuGRZ 1986, S. 549 (552).

214 Vgl. hierzu oben S. 280.

(3) 2. LÖSUNGSANSATZ: ERGÄNZUNG DES SUBSIDIARITÄTSPRINZIPS DURCH EINEN ENUMERATIVEN KATALOG VON GESETZGEBUNGSZUSTÄNDIGKEITEN – IN EINER KÜNFTIGEN GEMEINSCHAFTSVERFASSUNG?

Im Schrifttum häufig anzutreffen ist die Kritik, die im Maastrichter Vertrag angelegte Kompetenzzuweisung an die europäischen Autoritäten führe auf Dauer zu einem unkontrollierten Abfluß von bisher innerstaatlichen Kompetenzen. Es sei daher erforderlich, die Kompetenzen unabhängig vom Subsidiaritätsprinzip anhand durchschaubarer Kriterien nach Unions- und mitgliedstaatlichen Kompetenzen zu verteilen.[215] Dazu wird vorgeschlagen, anläßlich der nächsten Vertragsrevision die mit dem Subsidiaritätsprinzip verfolgten Ziele der Kompetenzabgrenzung der einzelnen Ebenen voneinander sowie der Bürgernähe durch einen übersichtlichen Katalog zu ergänzen, der alle Handlungsbefugnisse der Gemeinschaft ausdrücklich festschreibt[216].

Verbunden wird dieser Vorschlag mit der Anregung, dies in einer Verfassung oder einem Verfassungsvertrag[217] zu verankern[218]. Die Verfassung für Europa wäre nicht mehr, aber auch nicht weniger als eine bereinigte Kodifizierung der bestehenden Grundlagen der Gemeinschaften[219]. Weniger positiv ausgedrückt könnte eine neue Verfassung für Europa zur Zeit nichts anderes sein als die bereinigte Rechtssammlung, die die unterschiedlichen Regelungen zusammenführen würde[220]. Sollte es tatsächlich zu einer kodifizierten europäischen Verfassung kommen, wäre es – nebenbei angesprochen – wünschenswert, darin auch eine instutionelle Bestandsgarantie für die Mitgliedstaaten als auch für deren Untergliederungen auszusprechen, die über die Festschreibung ihrer Mitarbeit im Regionalausschuß hinausgeht[221].

---

215 *Konow*, DÖV 1993, S. 405 (411/412).

216 *Konow*, DÖV 1993, S. 405 (411/412); *Graf Vitzthum*, AöR 115 (1990), S. 281 (305/306).

217 Vgl. hierzu grundlegend Weber, JZ 1993, S. 325 ff.; *Hilf*, in: Hommelhoff/Kirchhof (Hrsg.), Staatenverbund, S. 75 (84); *Pernice*, EuR 1984, S. 126 ff., insbesondere zum sog. *Spinelli*-Entwurf einer Europäischen Verfassung.

218 *Hilf*, VVDStRL 53 (1994), S. 7 (19/20), mit dem Hinweis, daß der Begriff der Verfassung in das Europarecht bereits eingeführt und nicht an eine europäische Staatlichkeit gebunden sei; *Blanke*, ZG 1991, S. 133 (139 ff.).

219 *Hilf*, VVDStRL 53 (1994), S. 7 (20).

220 *Huber*, VVDStRL 53 (1994), S. 119 (Aussprache).

221 *Stewing*, Subsidiarität und Föderalismus in der Europäischen Union, S. 175; *Graf Vitzthum*, AöR 115 (1990), S. 281 (305); *Hilf*, VVDStRL 53 (1994), S. 7 (19), jeweils m. w. N.

Eine ausdrückliche Kompetenzverteilungsregelung zwischen Union und Mitgliedstaaten könnte auf zweierlei Weise erfolgen: Zum einen könnte man – nach dem Vorbild der Art. 30, 70 ff. GG – nur einen Katalog ausschließlicher Unionskompetenzen entwickeln und im übrigen die Zuständigkeitsvermutung bei den Mitgliedstaaten belassen[222]. Alternativ dazu wäre es denkbar, sowohl für die Unions- als auch die Mitgliedstaatsebene ausdrückliche Kompetenzen zu statuieren.[223] Die erste Lösung hätte den Vorteil, neu auftretende Lebenssachverhalte sofort der Auffangkompetenz der mitgliedstaatlichen Ebene zuweisen zu können. Der andere Vorschlag wäre insofern aus nationaler Sicht vorteilhaft, weil von der ausdrücklichen Zuerkennung von Kompetenzen der Mitgliedstaaten eine Signal- oder Appellfunktion ausginge, diese nationalen „Reservate" nicht anzutasten. Mit der Garantie der nationalen Zuständigkeit bliebe hinsichtlich dieser Kompetenzen die innerstaatliche Verteilung nach dem Grundgesetz wirksam, so daß auch die Bundesländer an dieser Sicherung partizipierten.

Eine enumerative Aufzählung der sogenannten ausschließlichen Gemeinschaftskompetenzen in einem Katalog wäre wohl ohne weiteres möglich; schwieriger – wegen der zielgerichteten Ausrichtung der Gemeinschaft – wäre aber eine strikt sachgebietsbezogene Kompetenzabgrenzung zu bewerkstelligen[224]. Eine solche horizontale Gliederung der Kompetenzen stünde jedenfalls in einem Spannungsverhältnis zu dem Hauptziel der Gemeinschaft, wettbewerbsbehindernde Regelungen in den Mitgliedstaaten zu harmonisieren[225].

cc) Maßstab bei der Beurteilung der „ausreichenden" Zielverwirklichung durch die Mitgliedstaaten (Problem der Heterogenität der EG-Mitgliedstaaten)

(1) Problemaufriss

Das Subsidiaritätsprinzip des Art. 3b EGV bindet die Kompetenz der Gemeinschaftsorgane primär an die (negative) Voraussetzung, daß ein bestimmtes Gemeinschaftsziel auf der Ebene der Mitgliedstaaten nicht ausreichend erreicht werden kann. Die im Plural gehaltene Formulierung „der Mitgliedstaaten" gibt

---

222 So *Stewing*, Subsidiarität und Föderalismus in der Europäischen Union, S. 175 ff.

223 Vgl. *Weber*, VVDStRL 53 (1994), S. 117 (Aussprache).

224 *Hilf*, VVDStRL 53 (1994), S. 7 (20).

225 *Everling*, in: Hrbek (Hrsg.), Die Entwicklung der EG zur Politischen Union und zur Wirtschafts- und Währungsunion unter der Sonde der Wissenschaft, S. 12 (19); *ders.*, EuR 1987, S. 214.

keine Auskunft darüber, wie diese Frage bei unterschiedlichen Standards in den einzelnen Mitgliedstaaten zu beantworten ist. Im Fall nationaler Disparitäten, wie sie insbesondere in den Bereichen Umwelt- und Sozialpolitik anzutreffen sind, wird man die Frage eines gemeinschaftsrechtlichen Handlungsbedarfs nicht abstrakt, sondern nur konkret unter Zugrundelegung des erreichten bzw. angestrebten relativ homogenen Integrationsstandes *aller* Mitgliedstaaten beantworten können[226].

Dabei werden sich zahlreiche Probleme bei der Beurteilung im einzelnen ergeben. Zunächst wird die Ausgangslage in bezug auf den zu regelnden Sachverhalt häufig sehr unterschiedlich sein; insofern kann es bereits an einem einheitlichen Regelungsbedürfnis fehlen. Diskrepanzen gibt es aber auch hinsichtlich der ökonomischen und administrativen Infrastrukturen bei den einzelnen Mitgliedern.[227] Was allerdings eventuelle Vollzugsdefizite in den Mitgliedstaaten angeht, können davon nicht nur etwaige nationale Maßnahmen betroffen sein; auch ein gemeinschaftsrechtlicher Akt wäre - mangels Vollzugskompetenzen der Gemeinschaft - auf die innerstaatliche Durchsetzung durch die nationalen Behörden angewiesen[228].

Auch hinsichtlich der Bedeutung, die einem bestimmten Problem zugemessen wird, wird es nicht selten eine große Bandbreite innerhalb der einzelnen Staaten geben. Leistungsfähigere Staaten werden Regelungszuständigkeiten für sich mit der Begründung beanspruchen, daß Gemeinschaftsregelungen nicht besser als ihre - von ihnen selbst hoch bewerteten - nationalen Normen sind. Ärmere Mitglieder werden dagegen häufig schon aus ökonomischen Gründen auf eine gesamteuropäische Regelung hoffen.[229] Dabei ist auch zu beachten, daß Konflikte im Zusammenhang mit dem Subsidiaritätsprinzip in der Regel nicht zwischen der Gemeinschaftsebene und der nationalen Ebene insgesamt, sondern zwischen den einzelnen Mitgliedstaaten, die im Rat darüber zu befinden haben, welche Aufgaben die Gemeinschaft wahrnehmen soll, auftauchen[230].

---

226 *Blanke*, ZG 1991, S. 133 (141).

227 *Renzsch*, ZParl 1993, S. 104 (113).

228 Vgl. *Konow*, DÖV 1993, S. 405 (410), auch zum Begriff der „Durchführungssubsidiarität".

229 *Renzsch*, ZParl 1993, S. 104 (113), weist darauf hin, daß Brüssel geneigt sein wird, mit dem „goldenen Zügel" vor allem in schwachen Mitgliedstaaten und Regionen hineinzuregieren.

230 *Renzsch*, ZParl 1993, S. 104 (112/113).

(2) Lösungsansatz: Differenzierung nach der Leistungsfähigkeit der Mitgliedstaaten

Dem genannten Problem der Heterogenität der Mitgliedstaaten und ihrer Untergliederungen könnte man möglicherweise durch einen differenzierten Erlaß von Regelungen je nach der Leistungsfähigkeit des einzelnen Mitgliedstaates gerecht werden. Eine solche Lösung setzt voraus, daß die Europäische Union bei gewissen Regelungen, insbesondere solchen, die die regionale Ebene berühren, auf Einheitlichkeit verzichtet oder eine Regelung überhaupt unterläßt. Eine Differenzierung von Regelungen nach der Leistungskraft der Mitgliedstaaten und ihrer regionalen Einheiten, beispielsweise im Bereich des Umweltschutzes, könnte den Subsidiaritätsgedanken des Art. 3b EGV und das Gebot, die Geschichte, die Kultur und die Traditionen sowie die nationale Identität der Mitgliedstaaten zu wahren, in ein Verhältnis praktischer Konkordanz bringen.[231] Durch die Verankerung eines Subsidiaritätsprinzips im Gemeinschaftsrecht anstelle eines Kataloges mit ausdrücklichen Kompetenzzuweisungen kommt es zu einer fließenden Kompetenzabgrenzung zwischen Gemeinschaft und Mitgliedstaaten; dem Prinzip liegt mit den Merkmalen *„nicht ausreichend“* und *„besser“* im Kern ein relativer Abgrenzungsmaßstab zugrunde.

Nach dem vom Europäischen Rat 1992 in Edinburgh beschlossenen „Gesamtkonzept für die Anwendung des Subsidiaritätsprinzips“ soll beim Erlaß von Gemeinschaftsmaßnahmen auch auf „bewährte einzelstaatliche Regelungen sowie die Struktur und das Funktionieren der Rechtsordnungen der Mitgliedstaaten“ Rücksicht genommen werden; unter dem Vorbehalt „ordnungsgemäßer Durchführung sollten die Maßnahmen der Gemeinschaft den Mitgliedstaaten alternative Möglichkeiten bieten, um die Ziele der Maßnahmen zu erreichen“[232]. Dort wurde den Gemeinschaftsorganen auch auferlegt, bei jeder Prüfung einer gemeinschaftsweiten Regelung auch den Erlaß von Mindestnormen, die von einzelnen Mitgliedstaaten übertroffen werden dürfen, festzulegen[233]. In diesem Fall hätten die Gemeinschaftsrechtsakte dann den Charakter von Auffangregelungen, die von den Ländern mit besserem Standard – auf Kosten der Einheitlichkeit der Lebensverhältnisse – überboten werden dürften. Dazu gehört auch eine Abstufung nach der Regelungsintensität: Die Richtlinie ist der Ver-

231 *Schindler*, VVDStRL 53 (1994), S. 70 (82/83).

232 Abs. 3 (iii) der Leitlinien; abgedruckt im Bulletin der Bundesregierung Nr. 140 vom 28.12.1992, S. 1280 (1282).

233 Wie vor, Abs. 3 (iv), S. 1282. Während Art. 189 EGV für die Verordnung die unmittelbare Geltung in jedem Mitgliedstaat vorschreibt, gilt die Richtlinie nur für diejenigen Mitgliedstaaten, an die sie gerichtet wird.

ordnung, die Rahmenrichtlinie ist der Richtlinie und die Empfehlung sowie die fakultative Verhaltensregel ist wiederum der Rahmenrichtlinie gegenüber das mildere Regelungsinstrument und daher im Zweifel vorzuziehen[234]. Es sollte darüber hinaus nicht ausgeschlossen werden, daß einzelne Staaten von bestimmten Regelungen – insbesondere in nichtwirtschaftlichen Bereichen – befreit, daß Sonderregelungen für einzelne angenommen oder daß einzelnen Mitgliedstaaten Sonderaufgaben, etwa solche im militärischen Bereich, übertragen werden. Um Auflösungstendenzen entgegenzuwirken, darf von der Einheitlichkeit der Regelungen allerdings nur innerhalb strikter Grenzen und nur aus sachlich zwingenden Gründen abgewichen werden.[235]

Die Praxis nach dem soeben dargestellten Verfahren ist nicht unumstritten. Eine Differenzierung nach der Leistungsfähigkeit der Mitgliedstaaten geht allemal auf Kosten der Homogenität des Integrationsniveaus und widerspricht der *ratio essendi* des auf Dynamik angelegten Gemeinschaftsrechts[236]. Gewiß muß sichergestellt werden, daß nicht trotz – oder gerade wegen? – des Subsidiaritätsprinzips die schwächsten Mitgliedstaaten den Handlungsrahmen der Gemeinschaft bestimmen werden[237]. Eine Differenzierung sollte daher nur als ultima ratio zur Überbrückung unüberwindbarer nationaler Divergenzen dienen, wenn alle integrationsfreundlicheren Maßnahmen, wie z. B. befristete Übergangsklauseln, nicht in Betracht kommen oder gar bereits versagt haben[238].

B. MÖGLICHKEITEN ZUR KOMPENSATION BEREITS EINGETRETENER DEFIZITE

Während das Subsidiaritätsprinzip dazu dienen soll, Kompetenzabwanderungen an die europäische Ebene möglichst zu verhindern, ist nunmehr zu beleuchten, ob und ggf. wie die Bundesländer nach erfolgter Kompetenzübertragung an der Schaffung von Gemeinschaftsrechtsakten effektiv beteiligt werden können.

---

234 Wie vor, Abs. 3 (v), S. 1282; vgl. auch *Schindler*, VVDStRL 53 (1994), S. 70 (83).

235 *Schindler*, VVDStRL 53 (1994), S. 70 (83); zur Frage, ob die differenzierte Integration die Eingliederung der mittel- und osteuropäischen Staaten in die Europäische Union erleichtern kann, vgl. unten S. 371 ff.

236 *Blanke*, ZG 1991, S. 133 (141).

237 *Renzsch*, ZParl 1993, S. 104 (113): „Der Sache nach heißt dies, daß das Subsidiaritätsprinzip als Kompetenzsperre leerläuft."

238 Näher zum Themenkreis der differenzierten Integration unten S. 373 ff.

I. Entwicklungsmöglichkeiten des Ausschusses der Regionen (Art. 198a – c EGV)?

Alle Strategien der deutschen Länder, verlorenes Terrain möglichst weitgehend zu kompensieren, zielten bisher auf eine Beteiligung am innerstaatlichen Entscheidungsprozeß. Mit der Etablierung eines Ausschusses der Regionen verfolgten sie dagegen das Ziel, sich unmittelbar auf europäischer Ebene einzubringen[239]. Schon mit der Einrichtung von Verbindungsbüros in Brüssel (sog. „Länderbüros") haben sich die Länder seit Mitte der achtziger Jahre auf der europäischen Ebene engagiert[240]. Diese „Frühwarnsysteme der Länder"[241] dienen insbesondere der informellen Vertretung der jeweiligen Länderinteressen sowie der Unterstützung des Informationsflusses[242]. Die Regionen können durch eine aktive Mitwirkung im Entscheidungsprozeß der Europäischen Union auch zu einer erhöhten Akzeptanz von europäischen Entscheidungen und damit zu mehr Bürgernähe beitragen.

Die Chancen auf Vertiefung dieser Idee der unmittelbaren Repräsentation auf der europäischen Bühne waren insbesondere deshalb hoch, weil der Regionalismus in Europa (Schlagwort: *„Europa der Regionen"*[243]) schon zur Zeit der Maastrichter Vertragsverhandlungen eine Renaissance erlebte[244]. Hinter diesem Schlagwort verbergen sich jedoch bei genauerer Betrachtung ganz unterschiedliche Konzepte. Für die einen geht es dabei um Kooperationen mit anderen Regionen mit entweder gleicher oder auch unterschiedlicher und insofern komplementärer Struktur. Andere hingegen verstehen unter diesem Begriff die Aufwertung der Regionen zu den zentralen Bausteinen des europäischen Gemeinwesens unter gleichzeitiger Verdrängung der Mitgliedstaaten aus ihrer bisherigen Rolle.[245]

---

239 Vgl. zum Ganzen: *Clement*, StWuStP 1993, S. 159 ff.

240 Ausführlich, auch zum geschichtlichen Hintergrund, *Fastenrath*, DÖV 1990, S. 125 ff. und *Borchmann*, AöR 112 (1987), S. 586 (596 ff.).

241 *Rupp*, ZRP 1990, S. 1 (3).

242 *Blumenwitz*, in: Gedächtnisschrift für Eberhard Grabitz, S. 1 (13).

243 Vgl. zu diesem Thema: *Benz*, VerwArch 1993, S. 328 ff.; *Häberle*, Die Verwaltung 1992, S. 1 ff.; *ders.*, AöR 118 (1993), S. 1 ff.

244 *Hrbek*, in: Festschrift für Bodo Börner, S. 125 (135); *Häberle*, Die Verwaltung 1992, S. 1 (9): „Zauberwort"; ausführlich zum Thema Regionalismus *Häberle*, AöR 118 (1993), S. 1 ff.

245 *Hrbek*, in: Festschrift für Bodo Börner, S. 125 (135).

1. Entstehungsgeschichte

Vor dem Abschluß des Maastrichter Vertrages wurde die dritte, d. h. subnationale Ebene in den Gemeinschaftsverträgen überhaupt nicht berücksichtigt. Mit der Etablierung eines Ausschusses der Regionen durch den Unionsvertrag ist den subnationalen Einheiten zwar ein entscheidender Durchbruch gelungen[246]; aus Sicht der Länder handelt es sich jedoch nur um einen Etappensieg[247]. Die Länder-Regierungschefs hatten bereits auf der Ministerpräsidentenkonferenz im Oktober 1989[248] eine Arbeitsgruppe mit dem Auftrag eingesetzt, einen Bericht über die Stellung der Länder und Regionen bei der Entwicklung der Europäischen Gemeinschaft zu erstellen. Die Arbeitsgruppe hat in ihrem Bericht[249] konkrete Vorschläge zur Länderbeteiligung an Entscheidungsprozessen in der Gemeinschaft vorgelegt. Zur unmittelbaren Beteiligung der Länder auf europäischer Ebene nennt die Arbeitsgruppe zwei Modelle, „die dem jeweiligen Entwicklungsstand einer Europäischen Politischen Union Rechnung tragen" müßten: Die – kurzfristig durch entsprechende Änderungen der Verträge realisierbare – Einrichtung eines Mitwirkungsorgans mit umfassenden Anhörungsrechten (Regionalrat) und die – im Rahmen weiterer Integrationsschritte mögliche – Schaffung einer dritten Kammer auf europäischer Ebene als eigenständiges Vertretungsorgan, das den anderen Organen der EG gleichgestellt ist (Regionalkammer)[250]. Die Länder-Ministerpräsidenten haben demgemäß in ihrer Sitzung vom 22. Juni 1990 einen „Regionalrat" mit echten Mitwirkungsrechten gefordert[251]. In der auf der Minsterpräsidentenkonferenz im Dezember 1990 verabschiedeten „Münchner Erklärung zum Föderalismus in Europa"[252] wurde ein dreistufiger Aufbau der zukünftigen Politischen Union und ein Mitwirkungsrecht der Länder in einem eigenständigen Regionalorgan gefordert. Nach der Einführung des Regionalausschusses in Art. 198a – c EGV mit vorwiegend beratender Funktion fordern sie nunmehr dessen Aufwertung zu einem echten Regionalorgan[253].

---

246 *Kleffner-Riedel*, Regionalausschuß und Subsidiaritätsprinzip, S. 210, m. w. N.

247 Näher zu den Bestrebungen, eine institutionalisierte Vertretung der Regionen zu schaffen: *Clement*, StWuStP 1993, S. 159 (162 ff.).

248 Vom 25./27.10.1989.

249 Vom 22.5.1990; abgedruckt bei *Bauer* (Hrsg.), Europa der Regionen, S. 41 ff.

250 Abgedruckt bei *Bauer* (Hrsg.), Europa der Regionen, S. 41 (58 ff.).

251 Abgedruckt bei *Bauer* (Hrsg.), Europa der Regionen, S. 92 (93).

252 Vom 20./21.12.1990; abgedruckt bei *Bauer* (Hrsg.), Europa der Regionen, S. 117 ff.

253 *Clement*, StWuStP 1993, S. 159 (167/168).

Es ist daher zunächst kurz auf den derzeit bestehenden Ausschuß der Regionen einzugehen, bevor ein möglicher Ausbau zu einer echten zweiten bzw. dritten Kammer untersucht wird.

2. Organisation und Rechte des Regionalausschusses gemäß Art. 198a – c EGV

Der durch den Maastrichter Vertrag neu geschaffene Regionalausschuß in den Art. 198a – c EGV ist nicht als Organ der Gemeinschaft, sondern – in Anlehnung an den Wirtschafts- und Sozialausschuß (Art. 193 – 198 EGV)[254] – als mit beratender Aufgabe ausgestattetes Gremium konzipiert[255]. Gemäß Art. 198a EGV ist der Ausschuß ein beratendes Gremium „aus Vertretern der regionalen und lokalen Gebietskörperschaften"; er besteht aus 189 Mitgliedern, die insgesamt 140 Regionen und Gebietskörperschaften repräsentieren[256]. Von den 24 deutschen Vertretern sind drei aus dem kommunalen Bereich zu entsenden[257]. Am 9. / 10. März 1994 hat sich der Ausschuß in Brüssel konstituiert[258].

Die Aufgaben des Regionalausschusses liegen seiner Zusammensetzung und Zweckbestimmung nach im regionalen und lokalen Bereich. Seine Sachkenntnis und insbesondere die Erfahrungen, die die in ihm vertretenen Gebietskörperschaften beitragen können, konzentrieren sich folglich auf jene Politiken der Union, die Auswirkungen auf die grundlegenden Zuständigkeiten und Interessen der unter der zentralstaatlichen Ebene angesiedelten Körperschaften haben, und dementsprechend natürlich auch diejenigen institutionellen Kanäle, die im Unionsvertrag festgelegt sind, um die Beteiligung dieser Körperschaften am Entscheidungsprozeß der Gemeinschaft sicherzustellen.

Nachdem die Länder zunächst beansprucht hatten, die „dritte Ebene" allein zu vertreten, konnten sich die Gemeinden und Gemeindeverbände im Rahmen der Ratifizierung des Unionsvertrages von den deutschen Sitzen im Ausschuß insgesamt drei erstreiten[259]. Dennoch verlangten die Präsidentinnen und Präsi-

---

254 Vgl. *Kleffner-Riedel*, Regionalausschuß und Subsidiaritätsprinzip, S. 161.

255 *Hrbek*, in: Festschrift für Bodo Börner, S. 125 (138).

256 *Blumenwitz*, in: Gedächtnisschrift für Eberhard Grabitz, S. 1 (11).

257 Festgelegt in § 14 ZBLG; die Beteiligung der Gemeinden und Gemeindeverbände widersprach den Vorstellungen der deutschen Länder, vgl. *Blumenwitz*, in: Gedächtnisschrift für Eberhard Grabitz, S. 1 (11 / 12).

258 *Blumenwitz*, in: Gedächtnisschrift für Eberhard Grabitz, S. 1 (10) m. w. N.

259 Diese drei Sitze werden zur Zeit wie folgt besetzt:

→

denten der deutschen Landesparlamente auf ihrer Sitzung am 27. / 28. Oktober 1994 in Ludwigsburg, daß in der nächsten Amtsperiode des Ausschusses möglichst nur die den Mitgliedstaaten unmittelbar nachgeordnete Ebene vertreten sein sollte. Diese Forderung ist allerdings im Hinblick auf die verfassungsrechtliche Ordnung nach dem Grundgesetz, die auf die selbständigen Gebietskörperschaften Bund, Länder und Gemeinden abstellt, nicht unproblematisch. Zudem sieht § 14 ZBLG ausdrücklich eine Vertretung der Gemeinden und Gemeindeverbände mit drei gewählten Vertretern im Regionalausschuß vor.

Das in Art. 198a EGV vorgesehene Vorschlagsrecht der Mitgliedstaaten, in Deutschland die Bundesregierung, widersprach dem Selbstverständnis der Bundesländer als Gebietskörperschaften mit Staatsqualität. Bei der Verabschiedung des Gesetzes über die Zusammenarbeit von Bund und Ländern in Angelegenheiten der Europäischen Union gelang es ihnen, in § 14 Satz 1 eine Regelung durchzusetzen, die die Bundesregierung verpflichtet, die von den Ländern benannten Vertreter vorzuschlagen.[260]

Mit der Etablierung des Regionalausschusses tendiert der EU-Vertrag zwar zu einem dreigliedrigen Aufbau der Europäischen Union, nimmt aber mit dem Begriff „Europa der Regionen“ nicht unmittelbar die bundesstaatliche Struktur der Bundesrepublik Deutschland auf[261].

Die Anhörung des Regionalausschusses ist obligatorisch vorgeschrieben in den Bereichen „allgemeine und berufliche Bildung und Jugend“ (Art. 126 Abs. 4 EGV), Kultur (Art. 128 Abs. 5 EGV), Gesundheitswesen (Art. 129 Abs. Abs. 4 EGV), transeuropäische Netze (Art. 129d Abs. 1 EGV) sowie „wirtschaftlicher und sozialer Zusammenhalt“ (Art. 130b, 130d - e EGV)[262]. Ein Verstoß gegen diese Beteiligungspflichten führt zur Rechtswidrigkeit und damit zur Nichtigkeit des betreffenden Gemeinschaftsrechtsaktes[263].

- Deutscher Städtetag: ein Oberbürgermeister,
- Deutscher Landkreistag: ein Landrat,
- Deutscher Städte- und Gemeindebund: ein Bürgermeister.

Vgl. dazu *Blumenwitz*, in: Gedächtnisschrift für Eberhard Grabitz, S. 1 (11 / 12) und *Haneklaus*, DVBl. 1991, S. 295 (296 / 297).

260 *Blumenwitz*, in: Gedächtnisschrift für Eberhard Grabitz, S. 1 (12).

261 *Scholz*, NVwZ 1993, S. 817 (819).

262 *Clement*, StWuStP 1993, S. 159 (161).

263 *Blumenwitz*, in: Gedächtnisschrift für Eberhard Grabitz, S. 1 (11).

Der Ausschuß *kann* darüber hinaus gehört werden, wenn entweder der Rat oder die Kommission dies für zweckmäßig erachtet (Art. 198c Satz 1 EGV). Daneben ist dem Ausschuß auch ein Selbstbefassungsrecht eingeräumt (Art. 198c Satz 6 EGV).

Ob sich in diesem Gremium die Interessen der Regionen Europas und insbesondere der deutschen Bundesländer effektiv repräsentieren lassen, muß jedoch insbesondere angesichts der nur beratenden Stellung des Ausschusses bezweifelt werden[264]. Zwar ist der Ausschuß in vielen Bereichen, die in Deutschland Länderkompetenzen berühren, obligatorisch in das Rechtsetzungsverfahren einzubeziehen, jedoch fehlt es an einer korrespondierenden Berücksichtigungspflicht des Rates bzw. der Kommission[265]. Die Rechtsetzungsorgane sind nicht einmal verpflichtet, eine Nichtberücksichtigung der Ausschußstellungnahme zu begründen[266]. Die Länder sehen in der Einrichtung des Regionalausschusses daher nur einen ersten Schritt zu einer Regionalkammer mit echten Mitwirkungsrechten[267].

3. Ausbau zu einer zweiten bzw. dritten Kammer möglich?

Der Ausschuß der Regionen wurde trotz seiner gegenwärtigen Nebenrolle von den deutschen Ländern vor allem deshalb als „akzeptabel“ gewürdigt, weil er aus ihrer Sicht die Basis für eine Föderalisierung der Gemeinschaft bzw. Union darstellt, die es nunmehr weiterzuentwickeln gilt[268]. Immerhin haben sich die Länder mit der Etablierung des Regionalausschusses Perspektiven für eine direkte Mitwirkung auf europäischer Ebene eröffnet, die ihnen gegenüber der mittelbaren Beteiligung nach Art. 23 GG mehr Einfluß am Entscheidungsverfahren verspricht. Der Bundesrat hat daher mit Beschluß vom 18. Dezember 1992 gefordert, den Ausschuß der Regionen zu einer echten *dritten Kammer* auszubauen[269].

In der Literatur werden zur qualitativen Aufwertung des Regionalausschusses verschiedene Lösungsansätze vorgeschlagen: Ausgangspunkt der Überlegungen

---

264 Vgl. *Hrbek*, in: Festschrift für Bodo Börner, S. 125 (141).

265 *Kleffner-Riedel*, Regionalausschuß und Subsidiaritätsprinzip, S. 208; *Stein*, VVDStRL 53 (1994), S. 26 (41); *Clement*, StWuStP 1993, S. 159 (161).

266 *Kleffner-Riedel*, Regionalausschuß und Subsidiaritätsprinzip, S. 208, m. w. N.

267 *Fischer*, ZParl 1993, S. 32 (35), m. w. N.

268 *Hrbek*, in: Festschrift für Bodo Börner, S. 125 (138), m. w. N.

269 Abgedruckt in der *Bundesrats*-Drucksache 810/92.

ist, das zum Gemeinschaftsorgan aufgewertete Gremium gleichberechtigt neben andere Rechtsetzungsorgane zu stellen. Je nachdem, ob man das vorgeschlagene Regionalorgan als einziges mitgliedstaatlich repräsentiertes Gesetzgebungsgremium – anstelle des heutigen Rates – neben dem Europäischen Parlament sieht[270] oder ob es neben die bisher am Rechtsetzungsverfahren beteiligten Organe Rat und Parlament treten soll[271], spricht man von einer *zweiten* oder *dritten Kammer*. Bei der Zwei-Kammer-Lösung stellt sich die weitere Frage, ob die mitgliedstaatliche Ebene über die nationalen Kontingente der Mitglieder des Parlaments hinaus auch in der zweiten Kammer gemeinsam mit den Regionalvertretern repräsentiert sein soll[272]. Wird der Regionalrat als drittes Rechtsetzungsorgan neben Rat und Parlament gestellt, sollte sein Einfluß auf den Inhalt und das Verfahren danach abgestuft werden, in welchem Maße die Regionen innerstaatlich zuständig und durch die europäische Regelung betroffen sind. Der nach diesem Modell die mitgliedstaatliche Ebene repräsentierende Rat würde in den betreffenden Kompetenzbereichen entsprechend an Einfluß verlieren.[273]

Problematisch ist, daß es in Europa eine einheitliche „dritte Ebene“, die in einem solchen Organ zu repräsentieren wäre, zumindest noch nicht gibt. Auf europäischer Ebene fehlt es an einer durchgängigen Strukturierung in Union, Mitgliedstaaten und Regionen, die mit in etwa gleichen Rechten ausgestattet sind[274]. Angesichts der erheblichen Statusunterschiede zwischen den subnationalen Ebenen der Mitgliedstaaten wäre eine Mediatisierung aller europäischen Regionen in einem Organ, das an der Rechtsetzung maßgeblich beteiligt ist, mit dem Grundsatz der Gleichheit der Staaten kaum vereinbar[275].

---

270 So z. B. *Volkert*, in: Merten (Hrsg.), Föderalismus und Europäische Gemeinschaften, S. 251 (254).

271 So z. B. *Pernice*, DVBl. 1993, S. 909 (919, 924).

272 *Seidel*, EuR 1992, S. 125 (141); dagegen: *Volkert*, in: Merten (Hrsg.), Föderalismus und Europäische Gemeinschaften, S. 251 (254).

273 *Pernice*, DVBl. 1993, S. 909 (919/920).

274 *Stewing*, Subsidiarität und Föderalismus in der Europäischen Union, S. 180; vgl. auch *Eiselstein*, ZRP 1991, S. 18 (23), mit dem Hinweis, „daß in einem solchen Organ auch Regionen von Zentralstaaten mitentscheiden würden, die zu Hause keine eigenen Rechte haben, und deren verfassungsrechtliche Position so – entgegen der an sich gegebenen Souveränität jedes Mitgliedstaates hinsichtlich seiner internen Verfassung – verändert würde.“

275 *Stein*, VVDStRL 53 (1994), S. 26 (42); *Eiselstein*, ZRP 1991, S. 18 (23).

Dieser Befund führt zu dem Schluß, daß die Aufwertung des Regionalausschusses zu einer echten zweiten oder dritten Kammer bei der gegenwärtigen Heterogenität der Regionen noch nicht verwirklicht werden kann[276]. Daher kann zur Zeit allenfalls an eine Beteiligung in einem zum „Unionsrat" entwikkelten Rat gedacht werden, in dem die Regionalvertreter gemeinsam mit den nationalen Ministern die mitgliedstaatliche Ebene vertreten[277]. Der Anteil der Regionalvertreter könnte mit zunehmendem Institutionalisierungsgrad der Regionen insgesamt und zunehmender Angleichung in der innerstaatlichen Kompetenzausstattung schrittweise erhöht werden, wobei am Ende dieser Entwicklung eine Zweiteilung in *Regionalrat* einerseits und *Staatsrat* andererseits denkbar wäre[278].

Eine derartige Aufwertung des Regionalausschusses zu einer Regionalkammer setzte ferner eine Änderung der Gemeinschaftsverträge und damit entsprechende Mehrheiten unter den Mitgliedstaaten voraus. Die Chancen auf Realisierung dieses Vorhabens sind – schon angesichts der zahlenmäßigen Unterlegenheit der Mitgliedstaaten mit föderalen Zügen[279] – tatsächlich als gering zu veranschlagen[280]. Dies gilt insbesondere für die Etablierung einer unionsunmittelbaren demokratisch legitimierten Aktionsebene für die Regionen, die mit dem jetzigen Rat zu verschmelzen wäre oder ihn gar ersetzen würde[281].

---

276 So z. B. *Stein*, VVDStRL 53 (1994), S. 26 (42); nach *Schindler*, VVDStRL 53 (1994), S. 70 (82), sei eine drei- oder mehrstufige Föderation, in der den Einheiten jeder Stufe ein bestimmter Teil der Staatlichkeit zukommt, zwar grundsätzlich denkbar, komme für Europa jedoch nicht in Frage, da sie voraussetzen würde, daß die Einheiten der subnationalen Ebene der europäischen Staaten eine grundsätzlich gleiche Stellung hätten. Da sie tatsächlich aber eine außerordentliche Verschiedenartigkeit aufwiesen, sei die Idee, sie zu vereinheitlichen, um allen einen gleichen Bestand von Zuständigkeiten und von Mitwirkungsrechten auf den höheren Ebenen zu sichern, zutiefst unföderalistisch, da sie die geschichtliche Eigenart der Mitgliedstaaten sowie deren Verfassungsautonomie mißachte; sie entspreche damit eher zentralistischem Planungsdenken als lebendigem Föderalismus. Vgl. auch *Blanke*, ZG 1991, S. 133 (146).

277 *Stewing*, Subsidiarität und Föderalismus in der Europäischen Union, S. 179/180.

278 *Stewing*, Subsidiarität und Föderalismus in der Europäischen Union, S. 180.

279 Vgl. *Graf Vitzthum*, AöR 115 (1990), S. 281 (305 ff.).

280 *Hrbek*, in: Festschrift für Bodo Börner, S. 125 (135); *Volkert*, in: Merten (Hrsg.), Föderalismus und Europäische Gemeinschaften, S. 251 (254).

281 *Hilf*, VVDStRL 53 (1994), S. 7 (16).

II. KONZENTRATION AUF VOLLZUGSKOMPETENZEN?

Möglicherweise ist die Zukunft der deutschen Länder in einer dreistufig aufgebauten, föderal strukturierten Europäischen Union in einer Stärkung ihrer Vollzugskompetenzen zu suchen. Ein solcher Gedankengang setzt voraus, daß man vom üblichen Modell horizontaler Gewaltenteilung abweicht und stattdessen eine vertikale Trennung zugrundelegt, in dem Gesetzgebungs- und Verwaltungskompetenzen funktionsadäquat der jeweils geeignetsten Ebene zugeordnet werden[282].

Untersucht man die Auswirkungen der europäischen Integration auf die drei verfaßten Gewalten der Bundesländer, ergibt sich, daß fast ausschließlich der Bereich der Landesgesetzgebung von Kompetenzübertragungen an die europäische Ebene betroffen ist. Der Niedergang der Landesgesetzgebung insgesamt ist aber nicht nur auf die europäische Rechtsetzungstätigkeit zurückzuführen; die Gesetzgebungshoheit der Länder ist schon aufgrund des Expansionsdranges der Bundesgesetzgebung, wozu auch die bereits genannte extensive Interpretation des Art. 72 Abs. 2 GG ihren Teil beigetragen hat, erheblich ausgedünnt worden[283]. Geblieben ist den Bundesländern vor allem der Bereich des Verwaltungsvollzuges[284]. Aus diesem Grunde wird teilweise vertreten, der Föderalismus der Gegenwart könne aufgrund der Konzentrationstendenzen zum Bund hin ohnehin nicht allein von der Gesetzgebung der Länder leben[285].

Infolge gestiegener und weiter steigender Mobilität der Bevölkerung erscheint es in der Tat nicht sinnvoll, jedes Bundesland mit einer eigenen vollwertigen Rechtsordnung auszustatten[286]. Wegen zunehmender Güter- und Dienstleistungsmobilität wird es auch in Zukunft erforderlich sein, allgemeinverbindlichen Regelungen in Form von Rechtsakten möglichst einheitlich Geltung zu verschaffen, insbesondere um den Anreiz zu nehmen, die Standortwahl nach der jeweils „günstigsten" Gesetzeslage zu treffen.

Die im Grundsatz seit 1949 bestehende bundesstaatliche Ordnung nach dem Grundgesetz, die *bundesstaatliche Gewaltenteilung*, hat die Legislativkompe-

---

282 *Pernice*, DVBl. 1993, S. 909 (924).

283 *Mußgnug*, VVDStRL 53 (1994), S. 145 (Aussprache).

284 *Hilf*, VVDStRL 53 (1994), S. 7 (12); *Pernice*, DVBl. 1993, S. 909 (914 ff.); *Grabitz*, AöR 111 (1986), S. 1 (9 ff.).

285 *Mußgnug*, VVDStRL 53 (1994), S. 145 (Aussprache).

286 Gegen einen solchen „Gesetzespartikularismus" *Mußgnug*, VVDStRL 53 (1994), S. 144/145 (Aussprache).

tenzen im Schwerpunkt dem Bund, die Vollzugskompetenzen im Schwerpunkt den Ländern zugewiesen[287]. Mit den Exekutivzuständigkeiten untrennbar verbunden ist die Organisations-, Personal- und Budgethoheit, die den Bundesländern das nötige politische Gewicht garantiert[288]. Diese Akzentuierung wird sich in Zukunft noch verstärken, weil sich durch das Anwachsen europäischer Rechtsetzungskompetenzen der Vollzugsbedarf auf kommunaler wie auf Landesebene erhöhen wird[289]. In diesen Teil des vom *Bundesverfassungsgericht* als unentziehbar definierten „Hausguts"[290] darf die Gemeinschaft nur punktuell durch Vorgaben für das Verwaltungsverfahren, insbesondere im Konnex mit Regeln des materiellen Umweltschutzrechts, einwirken[291]. Dabei darf die Bedeutung der Exekutive als Komplementärfunktion zur Gesetzgebung im System kooperativer Rechtsverwirklichung nicht unterschätzt werden[292].

Die Kompetenzverlagerung auf die Europäische Union könnte den für die Durchführung zuständigen Bundesländern sogar die Chance einer Kompetenzsteigerung im Vollzugsbereich bieten[293]: Die Mehrzahl der nach Europa transferierten Kompetenzen entstammt der Gesetzgebungszuständigkeit des Bundes. Wird durch einen europäischen Rechtsakt eine bundesgesetzliche Regelung ersetzt, werden sich die Handlungsmöglichkeiten der Länder generell erhöhen, weil das europäische Recht wegen des notwendigerweise breiter gestreuten Anwendungsgebietes, das mit dem Rechtsakt abzudecken ist, einen höheren Abstraktionsgrad aufweist und den Ländern damit einen weiteren Spielraum bei der Ausführung im Sinne des Art. 83 GG bietet[294]. Den Bundesländern obliegt damit die für die Entwicklung von Makrostrukturen wirtschaftlich wie rechtlich unerläßliche „regionale Feinsteuerung"[295]. Der Aktionskreis auf dem Gebiet

---

287 *Mußgnug*, VVDStRL 53 (1994), S. 145 (Aussprache).

288 *Isensee*, in: HdB StR IV, § 98, Rdnr. 276; *Stein*, VVDStRL 53 (1994), S. 26 (33); *Mußgnug*, VVDStRL 53 (1994), S. 145 (Aussprache).

289 *Mayntz*, AöR 115 (1990), S. 232 (243 f.); *Hilf*, VVDStRL 53 (1994), S. 7 (12).

290 BVerfGE 34, 9 (19/20); das *Bundesverfassungsgericht* hat es in dieser Entscheidung ausdrücklich offengelassen, was zum unentziehbaren Teil des „Hausguts" gehört; maßgebend sei, daß „dem Land die freie Bestimmung über seine Organisation einschließlich der in der Landesverfassung enthaltenen organisatorischen Grundentscheidungen [...] verbleiben."

291 Beispielsweise bei Maßnahmen nach Art. 130s EGV, vgl. *Pernice*, DVBl. 1993, S. 909 (913); *Stein*, VVDStRL 53 (1994), S. 26 (33/34).

292 *Pernice*, DVBl. 1993, S. 909 (921).

293 *Pernice*, DVBl. 1993, S. 909 (921).

294 *Stein*, VVDStRL 53 (1994), S. 26 (28); *Pernice*, DVBl. 1993, S. 909 (921).

295 *Pernice*, DVBl. 1993, S. 909 (921).

des Vollzugs wird erst recht erhöht, wenn sich die europäischen Rechtsetzungsorgane einer bisher in der Bundesrepublik überhaupt nicht geregelten Materie annähmen und die Länder nunmehr mit der Ausführung des europäischen Rechtsaktes betraut würden.

KAPITEL 5: DIE ROLLE DER LANDESPARLAMENTE ALS UNMITTELBAR DEMOKRATISCH LEGITIMIERTE ORGANE IN DEN LÄNDERN

Das Schlagwort von der „Unitarisierung“ beschreibt ein bedeutendes Problem der modernen Verfassungsentwicklung in der Bundesrepublik Deutschland. Sie hat nicht nur dazu geführt, daß der Bund seine Gesetzgebungskompetenzen zu Lasten der Länder deutlich erweitert hat; hinzu kommen die Auswirkungen vielfältiger Kooperationsformen zwischen dem Bund und den Ländern einerseits sowie den Ländern untereinander andererseits, für die der Begriff „kooperativer Föderalismus“ gefunden wurde und die nicht ohne Folgen für das eigenstaatliche Gewicht der Länder geblieben sind. Die angesprochene Politikverflechtung zwischen Bund und Ländern hat eine weitere Dimension durch die Mitgliedschaft der Bundesrepublik Deutschland in der Europäischen Union erhalten – was mit weiteren Kompetenzverlusten für die Länder verbunden war und ist. Im folgenden Kapitel soll insbesondere untersucht werden, wie sich der fortgeschrittene und weiter fortschreitende europäische Integrationsprozeß auf die Parlamente der deutschen Länder ausgewirkt hat und in der Zukunft auswirken wird.

A. EINFÜHRUNG

Für die Landtage ist zunächst der Verlust an Regelungskompetenzen an den Bund, in wachsendem Maße aber auch an die Europäische Union, zu unterstreichen. Zwar ist dazu gegenläufig in gewissem Umfang eine Ausweitung der gesetzgeberischen Zuständigkeiten, verursacht durch die Ausweitung des Parlamentsvorbehalts, zu konstatieren, die maßgeblich durch die Rechtsprechung des *Bundesverfassungsgerichts* zur Wesentlichkeitstheorie, vor allem für den Schulbereich[1], angetrieben worden ist. Allerdings ist auf der anderen Seite der mögliche Handlungsspielraum in der Landespolitik begrenzt, weil die großen gesetzgeberischen Aufgaben der Nachkriegszeit weitgehend gelöst, die Regelungsnotwendigkeiten bedeutender Art daher inzwischen relativ gering sind. Der Schwerpunkt der letzten Jahre etwa lag in der Gesetzgebung zum Rundfunkwesen und zu den Medien.[2]

---

1 Vgl. BVerfGE 34, 165 (192 / 193); 41, 251 (259 / 260); 45, 400 (417 / 418); 47, 46 (78 / 79).

2 *Klatt*, in: Hessischer Landtag, Die Rolle der Bundesländer in einem geeinten Deutschland und geeinten Europa, S. 95 (117).

Im Rahmen fortschreitender Integration vergrößerte sich nicht nur das politische Ungleichgewicht zwischen Bund und Ländern, sondern in der Folge auch das zwischen Landesregierungen und Landtagen[3]. Die Landespolitik – im Sinne von Verwaltungsführung definiert – ist ohnehin bei den Landesregierungen konzentriert[4]; da es den Landesregierungen über den Bundesrat gelungen ist, den Kompetenzverlust durch den Ausbau innerstaatlicher Mitwirkungsrechte im Rahmen des Art. 23 GG zumindest teilweise wieder aufzufangen, werden die Landtage häufig als Hauptleidtragende der europäischen Integration genannt[5]. Setzt die Europäische Union aufgrund der ihr übertragenen Kompetenzen sekundäres Gemeinschaftsrecht auf dem Gebiet binnenföderaler ausschließlicher Länderkompetenzen, sind die Landesparlamente und nicht der Bundesrat betroffen[6].

Der Kompetenzausgleich über den Bundesrat verbürgt den Landesparlamenten jedoch keine hinreichende Mitwirkung als Äquivalent für verlorengegangene Gesetzgebungsbefugnisse[7]. Der Bundesrat fungiert als oberstes Bundesorgan gewissermaßen als Treuhänder von Länderinteressen und insbesondere von ausschließlichen Ländergesetzgebungsbefugnissen[8]. Dabei handelt der Bundesrat durch Mehrheitsbeschluß, was wiederum das verfassungsrechtliche Problem aufwirft, ob die Majorität über die Frage, ob und in welcher Weise die verlorenen originären Gesetzgebungszuständigkeiten der unterlegenen Minderheit zu ersetzen sind, zur Entscheidung befugt ist[9].

---

3 Die Lage der Landtage weist insofern eine gewisse Vergleichbarkeit zu der des Bundestages auf: Es geht jeweils um die Verlagerung genuin legislativer Tätigkeiten von den Parlamenten zur Exekutive des Bundes bzw. der Länder im Bundesrat. Insofern kann auf die Ausführungen oben S. 239 verwiesen werden.

4 *Klatt*, in: Hessischer Landtag, Die Rolle der Bundesländer in einem geeinten Deutschland und geeinten Europa, S. 95 (117).

5 *Pernice*, DVBl. 1993, S. 909 (920); *Fuhrmann-Mittlmeier*, Die deutschen Länder im Prozeß der europäischen Einigung, S. 247; *Enquete-Kommission Verfassungs- und Parlamentsreform des Schleswig-Holsteinischen Landtages*, Schlußbericht, Drucksache 12 / 180, S. 66.

6 *Blanke*, Föderalismus und Integrationsgewalt, S. 406; *Bethge*, in: Kremer (Hrsg.), Die Bundesrepublik Deutschland und das Königreich Spanien 1992, S. 22 (47); *Ress*, EuGRZ 1986, S. 549 (557).

7 *Schröder*, JöR 35 (1986), S. 83 (100), m. w. N.

8 *Schweitzer*, VVDStRL 53 (1994), S. 48 (60), unter Hinweis auf *Bethge*, in: Kremer (Hrsg.), Die Bundesrepublik Deutschland und das Königreich Spanien 1992, S. 22 (43).

9 Vgl. *Bethge*, in: Kremer (Hrsg.), Die Bundesrepublik Deutschland und das Königreich Spanien 1992, S. 22 (47); kritisch *Rubel*, JA 1993, S. 12 (15); a. A. *Stavenhagen*, in: →

B. PROBLEMATIK DER KOMPENSATION

Die Verlagerung der Koordination des Länderstandpunktes in den Bundesrat hat zur Folge, daß die Wahrnehmung dieses Willensbildungsprozesses zu EU-Angelegenheiten allein von den Landesregierungen, als Mitglieder des Bundesrates, beansprucht wird. Dieser „Regierungenföderalismus" der Bundesrepublik hat nach Ansicht der Landesparlamente Bereiche in der Staatsleitung entstehen lassen, die der parlamentarischen Kontrolle entzogen sind. Sie befürchten, die Insuffizienz der Parlamentskontrolle habe einen beträchtlichen Abbau demokratischer Strukturen zur Folge, dessen verfassungsrechtliche Grenzen bald erreicht sein könnten.[10] Das Demokratiedefizit, welches auf der europäischen Ebene mühsam abgebaut wird, wächst so auf der unteren Ebene wieder nach[11]. Der durch das Bundesratsverfahren in Art. 23 Abs. 5 GG angelegte kooperative Föderalismus, der die Entwicklung zum „Regierungen-Bundesstaat" vorantreibt, beeinflußt daneben den Gewaltenteilungsgrundsatz in negativer Weise, da er die Stellung der gesetzgebenden Gewalt, also der Länderparlamente, nun auch noch in regionalbezogenen Gemeinschaftsrechtsangelegenheiten gegenüber der Exekutive schwächt[12].

Die Beschränkung auf die Landesregierungen gab es zwar im Rahmen des Länderbeteiligungsverfahrens von 1979 ebenso, jedoch ergeben sich mit der Verlagerung in den Bundesrat nach häufig anzutreffender Ansicht zusätzliche prinzipielle Hindernisse für eine Beteiligung der Landesparlamente aufgrund der verfassungsrechtlichen Einbettung des Bundesrates, insbesondere der alleinigen Mitgliedschaftsrechte der Landesregierungen (Art. 50, 51 GG). Entscheidend ist daher, ob und in welchem Umfang eine Einbeziehung der Landesparlamente in den Willensbildungsprozeß des Bundesrates rechtlich zulässig ist[13].

Im verfassungsrechtlichen Schrifttum wird das Kompensationsmodell über den Bundesrat zwar häufig beklagt, jedoch konstatiert, daß ideale Alternativen

---

Hrbek / Thaysen (Hrsg.), Die Deutschen Länder und die Europäischen Gemeinschaften, S. 51 (54); vgl. auch *Wolf*, JZ 1993, S. 594 (599).

10 *Enquete-Kommission Verfassungs- und Parlamentsreform des Schleswig-Holsteinischen Landtages*, Schlußbericht, Drucksache 12/180, S. 66.

11 *Pernice*, DVBl. 1993, S. 909 (920).

12 *Blanke*, Föderalismus und Integrationsgewalt, S. 405.

13 *Johne*, Die Reaktionen der deutschen Landesparlamente auf die Herausforderungen des Integrationsprozesses in den Europäischen Gemeinschaften, S. 46.

dazu nicht erkennbar seien[14]. So habe insbesondere das von 1979 bis 1986 praktizierte Länderbeteiligungsverfahren gezeigt, daß eine unmittelbare Beteiligung aller Landesparlamente die Willensbildung zwischen Bund und Ländern in Angelegenheiten der Europäischen Union gänzlich ineffektiv machen und sachgemäße Lösungen erschweren würde[15].

C. NORMATIVE GRUNDLAGEN FÜR EINE MITWIRKUNG DER LANDESPARLAMENTE

Es ist zunächst zu erörtern, auf welche verfassungsrechtlichen Prinzipien sich eine Beteiligung der Parlamente in den Bundesländern stützen kann. Die oben im ersten Kapitel[16] vorgenommene Untersuchung zu den Grenzen der durch den europäischen Integrationsprozeß bewirkten Strukturveränderungen des föderativen Gefüges der Bundesrepublik Deutschland hat die verfassungsrechtlichen Vorgaben für die Stellung und die Funktion der Landesparlamente bereits deutlich gemacht: Der Bestand der Bundesstaatlichkeit und der der Eigenstaatlichkeit der Länder, das Demokratiegebot, die Wesentlichkeitstheorie des *Bundesverfassungsgerichts*[17] und das Erfordernis der Gewaltenbalance zwischen den Verfassungsorganen innerhalb der Länder stellen normative Bezugspunkte dar, an denen sich Veränderungen der Stellung und Funktion der Landesparlamente zu orientieren haben.

Sowohl die Funktionsfähigkeit der bundesstaatlichen Struktur als auch der damit verbundene Bestand an Eigenstaatlichkeit der Länder setzen funktionsfähige, mit entsprechenden Machtbefugnissen ausgestattete Landesparlamente voraus. Dabei gebieten diese Verfassungsprinzipien nicht erst dann eine Erweiterung der Befugnisse der Landesparlamente, wenn deren – kaum bestimmbares – Mindestmaß an Legislativkompetenzen erreicht erscheint; vielmehr erfordern die Funktionsfähigkeit des Bundesstaates und die Garantie der Eigenstaatlichkeit der Länder eine fortwährende Beteiligung, die auch eine Anpassung im Sinne von Erweiterung oder Mitwirkung der Landesparlamente in neuen Politikbereichen einschließt, als Legitimationsgrundlage. Die Einbeziehung der Landesparlamente stellt insofern einen permanenten Verfassungsauftrag dar.

---

14 *Blanke*, Föderalismus und Integrationsgewalt, S. 407, unter Hinweis auf *Graf Vitzthum*, VVDStRL 46 (1988), S. 7 (47).

15 *Blanke*, Föderalismus und Integrationsgewalt, S. 406.

16 Siehe oben S. 31 ff.

17 BVerfGE 49, 89 (126 ff.); 47, 46 (78 / 79); 34, 165 (192 / 193); 41, 251 (259 / 260); 45, 400 (417 / 418).

In gleicher Weise wirken das Demokratiegebot (Art. 20 Abs. 1 i. V. m. Art. 79 Abs. 3 GG) und die Wesentlichkeitstheorie des *Bundesverfassungsgerichts*[18]. Permanente Einbeziehung und Beteiligung der Landesparlamente in der Politikgestaltung werden hiernach zum Verfassungsgebot. Innerhalb der Bundesländer führt die verfassungsrechtlich gebotene Gewaltenbalance zwischen Landesregierung und Landesparlament zum gleichen Resultat. Der notwendige Gewaltenausgleich setzt einer Entparlamentarisierung politischer Entscheidungen nicht nur Grenzen; in Anbetracht der bisherigen Entparlamentarisierungsprozesse, sowohl aufgrund der innerstaatlichen Unitarisierungstendenzen als auch im Bereich der Beteiligung an EG- bzw. EU-Politik, beinhaltet er auch ein Verfassungsgebot zur Re-Parlamentarisierung von Politikgestaltung und politischer Entscheidungsfindung bei eingetretenem Ungleichgewicht.

Daneben ergibt sich das Erfordernis der Beteiligung der Landtage an politischen Entscheidungen der Landesregierung aus der parlamentarischen Kontrollfunktion der Landesparlamente gegenüber der Regierung[19]. Parlamentarische Kontrolle darf dabei nicht von vornherein nur als nachträgliche Sanktionsmöglichkeit hinsichtlich bereits getroffener Entscheidungen verstanden werden. Eine effektive Kontrolle der Legislative gegenüber der Exekutive muß sich vielmehr schon im Vorfeld einer Entscheidung an den unterschiedlichen Auffassungen von Regierung und Parlament zu bestimmten Sachfragen orientieren. Das Recht des Parlaments, eine Stellungnahme zu einer Sachfrage zu formulieren und diese der Regierung bei ihrer Entscheidungsfindung anheim zu stellen, stellt sich mithin als Bestandteil des parlamentarischen Kontrollrechts dar.[20] Darüber hinaus ist auch im Rahmen der parlamentarischen Kontrolle die permanente demokratische Rückkopplung unverzichtbar. Die demokratische Legitimation politischen Handelns ist nicht allein durch den Wahlakt der Bevölkerung bei den Parlamentswahlen als gewährleistet anzusehen, vielmehr erfordert sie gerade bei Regierungsentscheidungen die permanente Rückkopplung mit der Volksvertretung[21]. Je mehr dem Parlament die Wahrnehmung seiner Kontroll-

---

18 BVerfGE 49, 89 (126 ff.); 47, 46 (78 / 79); 34, 165 (192 / 193); 41, 251 (259 / 260); 45, 400 (417 / 418).

19 Vgl z. B. die Regelung des Art. 23 LVerf SH, die ein Frage- und Auskunftsrecht der Abgeordneten sowie eine Aktenvorlagepflicht der Landesregierung gegenüber dem Parlament und seinen Ausschüssen statuiert.

20 *Bernzen*, ZParl 1973, S. 92 (93); *Eicher*, Der Machtverlust der Landesparlamente, S. 59; *Johne*, Die Reaktionen der deutschen Landesparlamente auf die Herausforderungen des Integrationsprozesses in den Europäischen Gemeinschaften, S. 41 / 42.

21 *Johne*, Die Reaktionen der deutschen Landesparlamente auf die Herausforderungen des Integrationsprozesses in den Europäischen Gemeinschaften, S. 42.

funktion vorenthalten wird, desto mehr ermangelt Regierungspolitik seiner demokratischen Grundlage[22]. Auch diese Überlegung rechtfertigt eine begleitende, auch präventiv wirkende Kontrollfunktion der Landesparlamente[23].

Nach überwiegender Ansicht ergeben sich die Grenzen einer die Entscheidungsfindung der Regierung begleitenden parlamentarischen Kontrolle aus dem *Gewaltenteilungsgrundsatz*[24]. Aus diesem Grundsatz wird regelmäßig der Schluß gezogen, das Einwirken der Landesparlamente in Bereiche, in denen der Regierung eigene Entscheidungskompetenzen zugewiesen sind, dürfe nur unterhalb der Schwelle verbindlicher Weisungen verbleiben[25]. Stellungnahmen des Parlaments dürften hier nur die Wirkung politischer Aufforderungen entfalten[26]. Die Frage, ob dieser Ansicht zugestimmt werden kann, wird sogleich ab S. 319 behandelt.

Beteiligungsrechte der Landesparlamente in Angelegenheiten der Europäischen Union können aber auch aus dem – oben bereits dargestellten[27] – *Kompensationsgedanken* heraus gerechtfertigt werden. Zwar wird das Prinzip der Kompensation in der verfassungsrechtlichen Literatur überwiegend nur im Zusammenhang mit einer Beteiligung der Länder an der innerstaatlichen Willensbildung in europäischen Angelegenheiten diskutiert[28]. Der Gedanke ist aber auch – und gerade – für die Landesparlamente fruchtbar zu machen. Mit Hilfe des Kompensationsprinzips wird beabsichtigt, den Ländern Mitwirkungsrechte als Ausgleich für entgangene Kompetenzen einzuräumen. Weil dieser Ansatz innerhalb des Verbandes Land nicht zwischen den einzelnen Verfassungsorganen unterscheidet, trifft er auch keine Aussage hinsichtlich der Frage, welchem Organ die hinzugewonnenen Beteiligungsrechte zugute kommen sollen. Welche Organe in welchem Umfang die Mitwirkungsrechte ausüben dürfen, ist auf-

---

22 *Eicher*, Der Machtverlust der Landesparlamente, S. 69.

23 *Johne*, Die Reaktionen der deutschen Landesparlamente auf die Herausforderungen des Integrationsprozesses in den Europäischen Gemeinschaften, S. 42.

24 Vgl. die umfangreichen Nachweise bei *Müller*, DÖV 1993, S. 103 (104).

25 *Kratzsch*, DÖV 1975, S. 109 (115); *Schmidt*, DÖV 1973, S. 469 (474); BVerfGE 8, 104 (120); *Eicher*, Der Machtverlust der Landesparlamente, S. 69.

26 *Johne*, Die Reaktionen der deutschen Landesparlamente auf die Herausforderungen des Integrationsprozesses in den Europäischen Gemeinschaften, S. 43.

27 S. 65 ff.

28 *Blanke*, Föderalismus und Integrationsgewalt, S. 403 ff.; *Schröder*, JöR 35 (1986), S. 83 (97 ff.); *Kruis*, in: Festschrift für Willi Geiger, S. 155 (173); vgl. auch *Tomuschat*, in: Magiera / Merten (Hrsg.), Bundesländer und Europäische Gemeinschaft, S. 21 (36 – 39); a. A. *Klein*, in: VVDStRL 50 (1991), S. 56 (91).

grund einer analytischen Betrachtung der durch die europäische Einigung bei den einzelnen Organen eingetretenen Verluste zu ermitteln. Dabei ist zunächst festzustellen, daß nicht alle Organe der Länder gleichermaßen durch die Abgabe von Hoheitsrechten an die europäische Ebene betroffen sind. Während die Länderexekutiven schon durch die europäische Rechtsetzungstätigkeit an sich zusätzlichen Vollzugsbedarf verbuchen konnten, haben sie durch die Mitwirkung im Bundesrat nach Art. 23 GG ihren Aktionsradius nochmals erweitern können. Dagegen sind die Länderlegislativen bisher – mit Ausnahme ihnen allgemein zugestandener Informationsrechte[29] – weitgehend leer ausgegangen, obwohl sie nach dem in der Bundesrepublik bestehenden Demokratiemodell im Grundsatz zumindest dann einzubinden wären, soweit ausschließliche Gesetzgebungskompetenzen der Länder betroffen sind[30]. Insofern stellt die Wahrnehmung des verfassungsrechtlich gebotenen Ausgleiches durch die im Bundesrat vertretenen Landesregierungen eine unangemessene Verkürzung des Kompensationsgedankens dar[31]. Die Verbindung von Kompensations- und Demokratieprinzip gebietet mithin eine grundsätzliche Beteiligung der Landesparlamente in europäischen Angelegenheiten[32].

Mit vergleichbarer Begründung kann auch das Prinzip der Bundestreue[33] für die grundsätzliche Mitwirkung der Landesparlamente herangezogen werden. Erkennt man eine Pflicht zur Einbeziehung der durch einzelne Übertragungsakte besonders betroffenen Länder an, ist nicht erkennbar, warum diese Beteiligung auf die Landesregierungen bzw. auf den Bundesrat beschränkt bleiben sollte[34].

D. FORDERUNGEN DER LANDESPARLAMENTE

Die Landtage verfolgten die ersten Schritte der Einbindung Deutschlands in die westliche Staatengemeinschaft zunächst mit Interesse. Doch schon in den

---

29 Siehe unten S. 326 ff.

30 *Müller*, DÖV 1993, S. 103.

31 *Johne*, Die Reaktionen der deutschen Landesparlamente auf die Herausforderungen des Integrationsprozesses in den Europäischen Gemeinschaften, S. 43.

32 Vgl. *Goll*, ZG 1989, S. 258 (261/262).

33 Siehe dazu ausführlich oben S. 61 ff.

34 *Goll*, ZG 1989, S. 258 (261/262); *Johne*, Die Reaktionen der deutschen Landesparlamente auf die Herausforderungen des Integrationsprozesses in den Europäischen Gemeinschaften, S. 44.

siebziger Jahren wurden ihnen die Grenzen ihres Einflusses bewußt.[35] Seither beklagen die Landesparlamente ihre durch die europäische Einigung verursachten Kompetenzverluste[36].

Die Bestrebungen der Landesparlamente in der Folgezeit waren von dem Gedanken getragen, daß sie nur durch Veränderungen institutioneller Art weiterhin ihrer Funktion als oberste Organe der politischen Willensbildung gerecht werden könnten[37].

Von der *Konferenz der Präsidentinnen und Präsidenten der deutschen Landesparlamente* wurden schon früh konkrete Anregungen zur Beteiligung der Landtage an der Europapolitik der Landesregierungen unterbreitet, an deren Formulierungen sich in der Folgezeit entsprechende Forderungen und Beschlüsse einiger Landesparlamente orientierten[38]. Bereits in der Sitzung vom 25. April 1974 waren sich die Parlamentschefs darin einig, „daß jedenfalls bei Gesetzesvorhaben des Bundes, die zur Beeinträchtigung von Kompetenzen der Landesparlamente führen könnten, diese rechtzeitig und angemessen beteiligt werden sollten“[39].

Später schlug die Landtagspräsidentenkonferenz in ihrer Entschließung vom 4. November 1986 – vor dem Hintergrund der Ratifizierung der Einheitlichen Europäischen Akte – konkretere Verfahrensregelungen für eine Beteiligung der Landtage an EG-Rechtsetzungsvorhaben vor. In dieser Note unterstützten die Parlamentschefs zunächst das Verlangen des Bundesrates, im Zustimmungsgesetz eine Beteiligung am Willensbildungsprozeß zu EG-Vorhaben vorzusehen[40]. Daneben wurde aber auch beansprucht, durch die Landesregierungen „über alle Vorhaben im Rahmen der Europäischen Gemeinschaften, die für das Land von Interesse sein könnten“, unterrichtet zu werden. Daneben beantragten sie, das Recht zur Willensbildung in EG-Angelegenheiten im Bundesrat nicht

35 *Fuhrmann-Mittlmeier*, Die deutschen Länder im Prozeß der europäischen Einigung, S. 248.

36 *Müller*, DÖV 1993, S. 103, m. w. N.

37 *Fuhrmann-Mittlmeier*, Die deutschen Länder im Prozeß der Europäischen Einigung, S. 250.

38 *Johne*, Die Reaktionen der deutschen Landesparlamente auf die Herausforderungen des Integrationsprozesses in den Europäischen Gemeinschaften, S. 66; *Borchmann*, AöR 112 (1987), S. 586 (621/622).

39 Vgl. *Linck*, DVBl. 1974, S. 861.

40 Später in Art. 2 des Zustimmungsgesetzes zur Einheitlichen Europäischen Akte (EEAG) vom 19.12.1986 verwirklicht.

allein bei den Landesregierungen anzusiedeln, sondern auch die Landesparlamente dergestalt einzubeziehen, daß die ihre Auffassungen in die Willensbildung mit einbringen könnten. Sie verlangten daher das Recht zur Stellungnahme gegenüber den Landesregierungen, bevor diese ihr Votum im Bundesrat zu Vorhaben der Gemeinschaft abgeben, wenn es sich um Materien handelt, die in die ausschließliche Kompetenz der Länder fallen oder ihre wesentlichen Interessen berühren. Überdies sollten die Landesregierungen dazu verpflichtet werden, bei einer Abweichung von einem Parlamentsvotum ihre maßgeblichen Gründe mitzuteilen[41]. Damit sollte zwar nicht de jure, aber de facto eine Hemmschwelle errichtet werden, die zu einer Bindung der Landesregierungen an das Parlamentsvotum führen sollte[42].

In der Entschließung vom 15. September 1988 schlug die Landtagspräsidentenkonferenz eine modifizierte Verfahrensregelung vor[43]. Danach sollte sich die Unterrichtungspflicht nicht mehr auf alle Vorhaben der Europäischen Gemeinschaften, „die für das Land von Interesse sein könnten", beziehen, sondern nur auf solche, „die für das Land von herausragender landespolitischer Bedeutung sind und wesentliche Interessen des Landes unmittelbar berühren". Das Recht zur Abgabe einer Stellungnahme sollte den Parlamenten nur noch bei Tangierung ausschließlicher Landeskompetenzen zufallen, hingegen nicht mehr bei bloßer Betroffenheit wesentlicher Interessen. Auch hinsichtlich der Begründungspflicht der Landesregierung bei einem Abweichen vom Parlamentsvotum wurde die Forderung dahingehend abgemildert, daß nunmehr nur noch eine wesentliche Abweichung dem Begründungszwang unterliegen sollte.

Zuletzt haben die Präsidentinnen und Präsidenten der deutschen Landesparlamente auf ihrer Sitzung am 27. / 28. Oktober 1994 in Ludwigsburg die Forderung erhoben, an der innerstaatlichen Mitwirkung bei Entscheidungen in Europa-Angelegenheiten besser beteiligt zu werden. Dabei wurde hervorgehoben, daß die Landesparlamente zwar die Opfer von Gesetzgebungsübertragungen nach Brüssel seien, Mitwirkungsrechte als Ersatz jedoch nur die Landesregierungen über den Bundesrat erhalten hätten. Die Präsidentinnen und Präsidenten verlangten daher, verstanden auch als Beitrag zu mehr Bürgernähe in der Europäischen Union, die Landesparlamente an der landesinternen Willensbildung in europäischen Angelegenheiten künftig stärker zu beteiligen.

---

41 Die Formulierung dieser Verfahrensregelungen lassen eine deutliche Ähnlichkeit zu den Bestimmungen in Art. 2 EEAG erkennen.

42 *Haas*, DÖV 1988, S. 613 (620).

43 Näher dazu *Goll*, ZG 1989, S. 258 (259 / 260).

Im einzelnen forderte die Konferenz von den Landesregierungen eine frühzeitige Unterrichtung über landesrelevante Vorhaben der Europäischen Union, damit sich die Landesparlamente noch vor den jeweiligen Beratungen im Bundesrat mit den Vorhaben befassen könnten. Soweit Akte der Europäischen Union Gesetzgebungskompetenzen der Länder betreffen, sollten die Landesregierungen die Stellungnahmen der Landesparlamente dazu berücksichtigen. Sind ausschließliche Gesetzgebungskompetenzen der Länder – wie etwa im Bildungsbereich – durch ein Vorhaben betroffen, sollten sich die Landesregierungen im Bundesrat an die Stellungnahmen der Landtage halten müssen. Die Präsidentenkonferenz hat sich ferner dafür ausgesprochen, die Mitspracherechte der Landesparlamente in Europafragen durch die Verankerung einer *Europaklausel* in den Landesverfassungen verfassungsrechtlich abzusichern.

E. PARLAMENTARISCHE MITWIRKUNGSRECHTE AM BEISPIEL DES SCHLESWIG-HOLSTEINISCHEN LANDTAGES

Die Beteiligung der Landtage bei der innerstaatlichen Willensbildung zu länderrelevanten EU-Vorhaben ist unterschiedlich geregelt. Am Beispiel *Schleswig-Holsteins* soll im Folgenden exemplarisch die Entwicklung nachgezeichnet werden[44].

Im September 1984 brachte die seinerzeit in der Opposition stehende SPD-Fraktion im Schleswig-Holsteinischen Landtag einen Antrag ein, in dem die Landesregierung u. a. aufgefordert wurde, dem Landtag jährlich einen Bericht über alle Schleswig-Holstein betreffenden Förderungsmöglichkeiten durch die Europäische Gemeinschaft zu erstatten. Darüber hinaus sollte die Landesregierung regelmäßig die Schleswig-Holsteinischen Abgeordneten im Europäischen Parlament über ihr Abstimmungsverhalten im Bundesrat zu EG-Angelegenheiten unterrichten und sie vor für das Land bedeutsamen Entscheidungen konsultieren[45]. Der Landtag forderte demgegenüber noch nicht, in den Willensbildungsprozeß der Landesregierung in europäischen Angelegenheiten einbezogen zu werden. Die in einen Beschlußantrag umgewandelte Anregung, einen interfraktionellen Arbeitskreis „Europapolitik“ zu errichten[46], wurde vom

---

44 Zu den Lösungen in anderen Bundesländern vgl. *Fuhrmann-Mittlmeier*, Die deutschen Länder im Prozeß der europäischen Einigung, S. 254 ff.; *Schweitzer*, VVDStRL 53 (1994), S. 48 (61), weist auf Lösungsansätze in den Bundesländern Nordrhein-Westfalen und Rheinland-Pfalz hin; *Goll*, ZG 1989, S. 258 (259), beschreibt die Lage in Baden-Württemberg.

45 *Schleswig-Holsteinischer Landtag*, Drucksache 10/625 vom 13.9.1984.

46 *Schleswig-Holsteinischer Landtag*, Pl.Prot. 10/34 vom 24.10.1984, S. 2052, und Drucksache 10/884 vom 11.3.1985 (Antrag).

Landtag seinerzeit mehrheitlich abgelehnt[47]. Im Ergebnis wurde lediglich der Erfahrungsaustausch zwischen der Landesregierung und den Schleswig-Holsteinischen Abgeordneten des Europäischen Parlaments sowie die Verpflichtung, jeweils einmal pro Legislaturperiode einen Bericht über die das Land betreffenden Förderungsmöglichkeiten vorzulegen, festgeschrieben[48].

Neben diesen eher zaghaften Versuchen gab es erst im Rahmen der zu Beginn der 12. Wahlperiode eingesetzten *Enquete-Kommission Verfassungs- und Parlamentsreform*[49] weitergehende Überlegungen zu einer Beteiligung des Schleswig-Holsteinischen Landtages in Angelegenheiten der Europäischen Gemeinschaft. Die Kommission empfahl in ihrem Schlußbericht, die informationelle Beteiligung des Landtages in bestimmten Politikbereichen, zu denen auch Bundesrats- und EG-Angelegenheiten zählten, in der Landesverfassung zu verankern[50]. Die von ihr vorgeschlagene Formulierung wurde nach geringfügiger Modifizierung vom *Sonderausschuß zur Beratung des Schlußberichts der Enquete-Kommission* in dessen Beschlußempfehlung an den Landtag übernommen[51]. Der Landtag nahm diesen Vorschlag als Art. 22 in die neue Landesverfassung von Schleswig-Holstein (LVerf SH), die die Landessatzung ablöste, auf[52]. Die endgültige Fassung beschränkt – im Gegensatz zur Empfehlung der Enquete-Kommission – die Unterrichtungspflicht der Landesregierung auf „Gegenstände von grundsätzlicher Bedeutung". Auch ein ausdrückliches Recht auf *Stellungnahme* ist dort mit Rücksicht auf den verfassungsrechtlich relevan-

---

47 *Schleswig-Holsteinischer Landtag*, Pl.Prot. 10/46 vom 12.3.1985, S. 2788.

48 *Schleswig-Holsteinischer Landtag*, Drucksache 10/869; Pl.Prot. 10 / 46, S. 2788.

49 Eingesetzt durch Antrag aller im Schleswig-Holsteinischen Landtag vertretenen Fraktionen, Drucksache 12/14 vom 23.6.1988; Beschluß vom 29.6.1988, Pl.Prot. 12/3, S. 90.

50 *Enquete-Kommission Verfassungs- und Parlamentsreform des Schleswig-Holsteinischen Landtages*, Schlußbericht, Drucksache 12/180, S. 66/67.

51 *Schleswig-Holsteinischer Landtag*, Drucksache 12/620 (neu) vom 28.11.1989, S. 16, 62 – 64; Beschlußempfehlung nach nochmaliger Beratung: Drucksache 12 / 826 vom 22.5.1990; vgl. auch *Schleswig-Holsteinischer Landtag* (Hrsg.), Schlußbericht der Enquete-Kommission Verfassungs- und Parlamentsreform, S. 80 ff.

52 *Schleswig-Holsteinischer Landtag*, Pl.Prot. 12/55 vom 30.5.1990, S. 3303. Art. 22 Abs. 1 LVerf SH hat folgenden Wortlaut:

„Die Landesregierung ist verpflichtet, den Landtag über die Vorbereitung von Gesetzen sowie über Grundsatzfragen der Landesplanung, der Standortplanung und der Durchführung von Großvorhaben frühzeitig und vollständig zu unterrichten. Das gleiche gilt für die Vorbereitung von Verordnungen und Verwaltungsvorschriften, für die Mitwirkung im Bundesrat sowie für die Zusammenarbeit mit dem Bund, den Ländern, anderen Staaten der Europäischen Gemeinschaften und deren Organen, soweit es um Gegenstände von grundsätzlicher Bedeutung geht."

ten Kernbereich exekutiver Tätigkeit und Verantwortung nicht etabliert worden. Dennoch ist die Verankerung eines notfalls vor dem *Bundesverfassungsgericht* einklagbaren[53] Anspruchs auf frühzeitige und vollständige Unterrichtung als bedeutender Fortschritt für die Interessen des Parlaments zu werten.

Nach Art. 22 Abs. 1 LVerf SH ist die Landesregierung u. a. verpflichtet, den Landtag in den Sachbereichen „Mitwirkung im Bundesrat" und „Zusammenarbeit mit dem Bund, den Ländern, anderen Staaten der europäischen Gemeinschaften und deren Organen" frühzeitig und vollständig zu unterrichten, soweit es um Gegenstände von grundsätzlicher Bedeutung geht. Durch die Verpflichtung zur frühzeitigen Unterrichtung soll sichergestellt werden, daß der Landtag vor der abschließenden Behandlung einer Angelegenheit eine Stellungnahme abgeben kann. Dieses Informationsrecht des Schleswig-Holsteinischen Landtages unterscheidet sich insofern von dem – ähnlich ausgestalteten – Fragerecht, dem Auskunftserteilungs- und dem Aktenvorlagerecht (Art. 23 LVerf SH), als es die Landesregierung verpflichtet, von sich aus initiativ zu werden, ohne daß es eines Anstoßes durch einzelne Abgeordnete, den Landtag oder die von ihm eingesetzten Ausschüsse bedarf[54].

Die Verankerung eines Parlaments*informations*anspruches in der Schleswig-Holsteinischen Landesverfassung soll nach dem Willen des Verfassunggebers dazu beitragen, daß der Landtag seiner ihm ausdrücklich zugeschriebenen Funktion als oberstes Organ der politischen Willensbildung gerecht werden kann. Um einen – ggf. verfassungsrechtlich relevanten – Eingriff in den Kernbereich exekutiver Tätigkeit und Verantwortung zu umgehen, hat man sich lediglich für eine informationelle Beteiligung des Landtages entschieden.[55] Aus der Begründung des Landtags-Sonderausschusses zu dieser Verfassungsnorm geht hervor, daß die frühzeitige und vollständige Unterrichtung auch dazu dienen soll, den Landtag in die Lage zu versetzen, Entschließungen zu den entsprechenden Sachfragen zu fassen[56]. Mit der *„frühzeitigen"* Unterrichtung soll erreicht werden, „daß es nicht im Belieben der Landesregierung liegt, zu wel-

53 Da das Land Schleswig-Holstein über kein eigenes Landesverfassungsgericht verfügt, hat es die Zuständigkeit gemäß Art. 44 LVerf SH an das *Bundesverfassungsgericht* übertragen. Die Begründung der Entscheidungskompetenz durch das Land ist auf der Grundlage des Art. 99 GG möglich; vgl. auch BVerfGE 1, 208 (218).

54 *Enquete-Kommission Verfassungs- und Parlamentsreform des Schleswig-Holsteinischen Landtages*, Schlußbericht, Drucksache 12/180, S. 67.

55 *Enquete-Kommission Verfassungs- und Parlamentsreform des Schleswig-Holsteinischen Landtages*, Schlußbericht, Drucksache 12/180, S. 67.

56 *Schleswig-Holsteinischer Landtag*, Drucksache 12/620 (neu), S. 62 (63/64).

chem Zeitpunkt sie den Landtag informiert“[57]. Art. 39 der Geschäftsordnung des Landtages konkretisiert die Regelung in der Landesverfassung dahingehend, daß die Unterrichtungen der Landesregierung von der Präsidentin oder dem Präsidenten des Landtages unverzüglich den Fraktionen zuzuleiten und gleichzeitig den zuständigen Ausschüssen zu übermitteln sind[58].

F. EINFLUSSNAHME DER LANDESPARLAMENTE AUF DIE LANDESREGIERUNGEN IN BUNDESRATSANGELEGENHEITEN

I. ZULÄSSIGKEIT EINER EINFLUSSNAHME DER LANDESPARLAMENTE GEGENÜBER DEN IM BUNDESRAT VERTRETENEN REGIERUNGSMITGLIEDERN

Eine Beteiligung der Landesparlamente an Bundesratsangelegenheiten wird in der Wissenschaft intensiv diskutiert[59]. Umstritten ist vor allem der Grad eines solchen Mitwirkungsrechts. Die Breite der Argumentation erstreckt sich dabei vom bloßen Recht der unverbindlichen Meinungsäußerung bis hin zu einer weitgehenden rechtlichen Bindungswirkung der Stellungnahmen der Landesparlamente zu Bundesratsangelegenheiten.

Für die vorliegende Untersuchung ist von Bedeutung, ob die – den Gewaltenteilungsgrundsatz tangierende – Veränderung der Machtbalance zwischen den Landesparlamenten und den Landesregierungen eine Mitsprache der Parlamente im Bundesrat bei der Beratung von EU-Vorhaben dergestalt rechtfertigt, durch bindende Empfehlungen an die im Bundesrat vertretenen Mitglieder der Landesregierungen Einfluß zu nehmen.

1. Von der verfassungsrechtlichen Literatur übernommene Argumentationslinie des Bundesverfassungsgerichts

Die überwiegend vertretene Ansicht hält eine Instruktion der Mitglieder der Landesregierung im Bundesrat unter Hinweis auf ein Urteil des *Bundesverfas-*

---

57 *Schleswig-Holsteinischer Landtag*, Drucksache 12/620 (neu), S. 62 (63/64).

58 Geschäftsordnung des Schleswig-Holsteinischen Landtages i. d. F. vom 5.5.1992 (GVOBl. S. 321), vom 18.12.1992 (GVOBl. S. 22) und vom 26.3.1993 (GVOBl. S. 172).

59 Vgl. z. B. *Schweitzer*, VVDStRL 53 (1994), S. 48 (61 ff.); *Borchmann*, AöR 112 (1987), S. 586 (621/622); *Müller*, DÖV 1993, S. 103 ff.

sungsgerichts zur Volksbefragung in Hamburg und Bremen[60] für verfassungsrechtlich unzulässig. Das Gericht hat in den Gründen ausgeführt, der Bundesrat sei ein kollegiales Verfassungsorgan des Bundes, das nicht aus den Ländern gebildet, sondern aus Mitgliedern der Landesregierungen bestehe (Art. 51 Abs. 1 GG). Die durch Art. 50 GG angeordnete Mitwirkung des Bundesrates bei der Gesetzgebung und Verwaltung des Bundes werde also nur durch die Mitglieder der Landesregierungen, deren Rechtsstellung durch die Verfassung festgelegt sei, vermittelt. Unter Bezugnahme auf die Entstehungsgeschichte der Art. 50 und 51 GG hat das Gericht zur Stellung des Bundesrates als föderativ verfaßtes Bundesorgan dargelegt, daß sich der Verfassunggeber gerade nicht für ein auf dem Gedanken der Repräsentanz des Landesstaatsvolks beruhendes Senatsprinzip entschieden habe, sondern für eine Vertretung der Landesregierungen im Bundesrat. Dies bedeute, daß weder die Landesparlamente noch „gar" das jeweilige Landesvolk zu einem Hineinwirken in die Entscheidungen des Bundesrates befugt seien. Selbst eine unverbindliche Instruktion der Mitglieder im Bundesrat durch das Landesvolk sei nach der Struktur des Bundesrates ausgeschlossen.

Die überwiegende Ansicht im Schrifttum hat sich dieser Begründung im wesentlichen angeschlossen und ergänzend ausgeführt, die geforderte Mitsprache der Landesparlamente stelle ein Hinübergreifen in die Zuständigkeit von Bundesorganen bei der Regelung von Bundesangelegenheiten dar und sei daher wegen Verletzung des Gewaltenteilungsgrundsatzes verfassungsrechtlich unzulässig[61]. Darüber hinaus stelle ein verbindliches Weisungsrecht einen Eingriff in den Kernbereich der Regierungsgewalt dar[62]. Obwohl sich das Gericht primär mit der Frage zu befassen hatte, ob eine Instruktion der Bundesratsvertreter durch das Landesvolk unmittelbar – mittels Volksbefragung – zulässig ist, wird die gegebene Begründung überwiegend auf Weisungen durch die Landesparlamente übertragen[63].

---

60 BVerfGE 8, 104 (120/121).

61 *Blumenwitz*, in: Bonner Kommentar, Art. 51 GG, Rdnr. 15; *Kratzsch*, DÖV 1975, S. 109 (112/113); *Haas*, DÖV 1988, S. 613 (621); *Pernice*, DVBl. 1993, S. 909 (920).

62 *Blumenwitz*, in: Bonner Kommentar, Art. 51 GG, Rdnr. 17; zu den verfassungsrechtlichen Kompetenzen der Regierung, die ihrem „Hausgut" zuzurechnen sind (sog. staatsleitende Regierungsentscheidungen), gehören neben den Bundesrats- und EU-Angelegenheiten die Bereiche Staatsverträge und Verwaltungsabkommen, Absprachen auf Fachministerkonferenzen und Planungsentscheidungen; vgl. *Linck*, in: Schäffer (Hrsg.), Die Kontrollfunktion der Landesparlamente, S. 13 (20).

63 So z. B. *Fuhrmann-Mittlmeier*, Die deutschen Länder im Prozeß der Europäischen Einigung, S. 251/252; *Haas*, DÖV 1988, S. 613 (621). Das Gericht hat zu etwaigen Weisun-

→

Kann die Frage eines verbindlichen Weisungsrechts aus verfassungsrechtlicher Sicht nach der Entscheidung des *Bundesverfassungsgerichts* nicht zugunsten der Landesparlamente beantwortet werden, stellt die Frage nach dem zulässigen Grad einer Einflußnahme der Landesparlamente auf Bundesratsentscheidungen der Landesregierungen unterhalb der Schwelle verbindlicher Instruktionen einen weiteren Diskussionspunkt dar. Ausgangspunkt dieser Überlegungen ist die Feststellung des Gerichts in derselben Entscheidung, wonach es – trotz ablehnender Haltung zu einem Weisungsrecht – eine Rechenschaftspflicht der Mitglieder der Landesregierung gegenüber dem Landesparlament, die sich auf die parlamentarische Verantwortlichkeit der Regierung gegenüber dem Parlament gründet, für grundsätzlich zulässig erachtet hat[64].

2. Interpretationen der Entscheidung im Schrifttum

Die einzelnen hierzu vertretenen Auffassungen gelangen unter Einsatz verschiedener Auslegungsansätze zu unterschiedlichen Ergebnissen. Zum Teil wird die – restriktivste – Auffassung vertreten, das *Bundesverfassungsgericht* lasse in dieser Entscheidung nicht einmal eine unverbindliche Einflußnahme der Landesparlamente auf Bundesratsentscheidungen der Regierungsmitglieder zu[65]. Danach folge aus der Stellung der Mitglieder der Landesregierungen im Bundesrat als Bundesorgan allenfalls eine reine Informationspflicht gegenüber dem Parlament, da nach den vom *Bundesverfassungsgericht* entwickelten Grundsätzen gerade keine Weisungsabhängigkeit bestehen dürfe. Folgt man diesem Gedanken, beschränkte sich das parlamentarische Kontrollrecht prinzipiell auf eine *nachträgliche* Prüfung mit der Möglichkeit der Rüge, Mißbilligung oder Abwahl der Regierung[66].

Nach anderer Ansicht wird hingegen auch eine politisch empfehlende Einflußnahme des Landesparlaments in Bundesratsangelegenheiten für verfassungskonform gehalten[67], teilweise mit der Maßgabe, daß es sich um Fragen

---

gen durch das Landesparlament nur am Rande Stellung genommen: „Das besagt jedoch noch nichts dafür, daß das Landesparlament oder gar das Landesvolk zu einem Hineinwirken in die Entscheidungen des Bundesrats befugt seien.“ (BVerfGE 8, 104 (120).

64 BVerfGE 8, 104 (121); zustimmend *Kratzsch*, DÖV 1975, S. 109 (113), mit umfangreichen Nachweisen, und *Müller*, DÖV 1993, S. 103 (104).

65 *Portz*, in: Greß (Hrsg.), Landesparlamente und Föderalismus, S. 149 (149 / 150); *Scholz*, in: Festschrift für Karl Carstens, S. 831 (842).

66 So *Scholz*, in: Festschrift für Karl Carstens, S. 831 (842);

67 *Linck*, DVBl. 1974, S. 861 (864 ff.); *Haas*, DÖV 1988, S. 613 (622).

handeln muß, die das jeweilige Land speziell und unmittelbar berühren[68], teilweise mit einer Beschränkung auf verfassungspolitisch und gesamtstaatlich bedeutsame Angelegenheiten[69]. In allen anderen Fällen soll nach dieser restriktiven Auffassung nur eine nachträgliche Regierungskontrolle durch die Landesparlamente in Bundesratssachen in Betracht kommen[70], also Debatten, Meinungsäußerungen und Empfehlungen der Landtage *vor* der Beschlußfassung des Bundesrates ausgeschlossen sein[71]. Daneben wird auch zwischen der ausschließlichen Gesetzgebungskompetenz des Bundes nach Art. 73 GG, wo auch eine lediglich empfehlende Stellungnahme unzulässig sein soll, und den Kompetenzen nach Art. 74 und 75 GG unterschieden[72]. Eine weitere Auffassung gesteht den Landesparlamenten auch ein „mitlaufendes Kontrollrecht" dergestalt zu, durch vorherige Befassung und Beschlußfassung den Entscheidungsprozeß der Regierung noch zu beeinflussen[73].

Das Fazit der herrschenden Auffassung lautet also, daß die Tätigkeit der Landesregierung im Bundesrat zwar voll und ganz der parlamentarischen Verantwortlichkeit unterliegt, der Regierung daraus allerdings keine Weisungsgebundenheit erwachsen darf. Die Landesregierung könnte somit wegen ihres Abstimmungsverhaltens grundsätzlich auch durch ein konstruktives Mißtrauensvotum abgewählt oder, falls die jeweilige Landesverfassung dergleichen nicht vorsieht, in sonstiger Weise zum Rücktritt gezwungen werden[74].

Nur eine Minderansicht hält demgegenüber auch eine rechtlich verbindliche Einflußnahme für verfassungsrechtlich zulässig. Zu dieser Annahme gelangt ein

---

68 Beispielsweise wenn es um den Weinbau in Rheinland-Pfalz oder den Kohleabbau in Nordrhein-Westfalen geht, vgl. *Kratzsch*, DÖV 1975, S. 109 (113), unter Hinweis auf *Schmidt*, DÖV 1973, S. 469 (475); *Linck*, DVBl. 1974, S. 861 (865).

69 So der Beschluß der Landtagspräsidentenkonferenz vom 25.4.1974; abgedruckt bei *Linck*, DVBl. 1974, S. 861 (861), in Fn. 2.

70 *Kratzsch*, DÖV 1975, S. 109 (113); *Schmidt*, DÖV 1973, S. 469 (475).

71 Nach *Schmidt*, DÖV 1973, S. 469 (475), dürfe das Landesparlament nicht „ganz allgemein zu beliebigen Fragen, die gerade im Bundesrat behandelt werden", Stellung nehmen, weil das „der bundesstaatlichen Kompetenz- und Interessenverteilung" des Grundgesetzes widerspreche. Anders verhalte es sich ihm zufolge bei Fragen, die „Land und Leute unmittelbar" betreffen; mit diesen „Angelegenheiten seines Zuständigkeitsbereichs" dürfe sich das Landesparlament „jederzeit aus beliebigem Anlaß" auch ohne Gesetzgebungs- und Verwaltungzuständigkeit des Landes „befassen"; es sei befugt, „dazu eine Meinung zu bilden und diese Meinung auch bekanntzugeben".

72 *Scholz*, in: Festschrift für Karl Carstens, S. 831 (847).

73 *Ravens*, ZParl 1979, S. 539 (541/542); vgl. auch *Müller*, DÖV 1993, S. 103 (105).

74 *Heyen*, Der Staat 1982, S. 191 (195).

Teil deren Anhängerschaft mit der Begründung, daß Art. 50 GG, der die Länder und nicht die Landesregierungen nenne, die eigentliche Kompetenznorm darstelle und Art. 51 insoweit nur rein formal das Vertretungsorgan im Bundesrat bestimme[75]. Andere wiederum stützen dieses Ergebnis auf eine gegenüber der herrschenden Ansicht abweichenden Interpretation der Auswirkungen des Gewaltenteilungsgrundsatzes auf die vorliegende Konstellation[76]. Schließlich wird darauf hingewiesen, daß die Befassung mit Europaangelegenheiten nicht zum originären Aufgabenbereich des Bundesrates gehöre und daher eine andere Beurteilung geboten sei[77].

II. Ist die Position der Länder ausbaufähig?

Nach der Darstellung des derzeitigen Meinungsspektrums ist zu erörtern, ob die Position der Landtage noch verbesserungsfähig ist. Sieht man einmal von der Möglichkeit einer zur Zeit – wegen der gerade abgeschlossenen Verfassungsreform – wenig aussichtsreichen Initiative zur Änderung des Grundgesetzes ab, stellt sich die Frage, ob ein Landesparlament durch Änderung seiner eigenen Verfassungsgrundlagen erreichen könnte, daß die Landesregierung vor der Abgabe einer Stellungnahme im Bundesrat in europäischen Angelegenheiten, die die Gesetzgebungskompetenz bzw. sonst die wesentlichen Interessen des Landes berühren, die Stellungnahme des Landesparlaments einholen und gemäß dieser Stellungnahme in der Länderkammer abstimmen müßte.

Dabei sind die vorgenannten Ansichten, die sich sämtlich auf die Entscheidung des *Bundesverfassungsgerichts* zur Volksbefragung in Hamburg und Bremen[78] stützen, auf den Prüfstand zu stellen mit dem Ziel, die wirklichen Grenzen der Rechte von Landesparlamenten hinsichtlich der Beteiligung an EU-Vorhaben auszuloten.

1. Problem der 'Verbindlichkeit'

Heyen[79] hat die gängige Unterscheidung der herrschenden Ansicht zwischen der – vorgeblich unzulässigen – *verbindlichen* Instruktion und der *unverbindlichen* Einflußnahme, die durch die – konkret ausgesprochene oder zumindest im

---

75 *Heyen*, Der Staat 1982, S. 191 (196 ff.).

76 *Voigt*, BayVBl. 1977, S. 77 (100).

77 *Goll*, ZG 1989, S. 258 (262 ff.).

78 BVerfGE 8, 104 (120/121).

79 *Heyen*, Der Staat 1982, S. 191 (195/196).

Raum stehende – Androhung einer Sanktion im Falle der Zuwiderhandlung gegen die Vorstellungen der Parlamentsmehrheit ausgelöst wird, in Angriff genommen. Die Zulassung einer parlamentarischen Rechenschaftspflicht durch das *Bundesverfassungsgericht*[80] hat in der Tat zur Folge, daß ein Landesparlament befugt ist, eine Ministerpräsidentin oder einen Ministerpräsidenten – und damit ggf. auch einen Landesminister – seines Amtes zu entheben (wie dies beispielsweise in *Schleswig-Holstein* durch ein konstruktives Mißtrauensvotum erfolgen kann[81]), wenn sie oder er im Bundesrat eine Stellungnahme abgegeben hat, ohne zuvor das Votum des Landtages eingeholt und mit ihm abgestimmt zu haben. Dieses Kontrollrecht der Landesparlamente wird der Wirkung nach selbst von der restriktivsten Auffassung als über eine bloße nachträgliche Kontrolle hinausgehend angesehen[82].

Im Ergebnis hat der Landtag damit eine handfeste Einflußmöglichkeit zur Verfügung, ohne den Vorwurf auf sich ziehen zu müssen, sich ein Weisungsrecht angemaßt zu haben. Es ist daher festzuhalten, daß die Einflußnahme mittels Weisung und diejenige mittels Androhung einer Sanktion, betrachtet man die politischen Auswirkungen und nicht die formale rechtliche Gestalt des dafür eingesetzten Mittels, dieselbe Faktizität beinhalten.

2. Berufung auf den Gewaltenteilungsgrundsatz

Fraglich ist, ob der Haupteinwand der herrschenden Auffassung, die Einflußnahme der Landesparlamente widerspreche dem Gewaltenteilungsprinzip, letztlich tragfähig ist. Dagegen lassen sich Bedenken ins Feld führen.

Zunächst wird in der Literatur eingewandt, die fragliche Einflußnahme tangiere den Gewaltenteilungsgrundsatz entgegen herrschender Ansicht überhaupt nicht[83]. Im parlamentarischen Regierungssystem – das hier betroffen sei – gelte stattdessen der Grundsatz, daß die Staatsleitung Parlament und Regierung zur gesamten Hand übertragen sei[84]. Dies folge daraus, daß Regierung und Parlamentsmehrheit im parlamentarischen System faktisch eine Einheit bildeten, der auf der anderen Seite die Minderheitsfraktion(en) als Opposition gegenüberstünden. Viele der nach der klassischen Gewaltenteilungslehre wahrzunehmen-

80 BVerfGE 8, 104 (121).

81 Art. 35, 27 Abs. 1 LVerf SH.

82 Vgl. *Haas*, DÖV 1988, S. 613 (622).

83 Vgl. dazu *Voigt*, BayVBl. 1977, S. 97 (100).

84 *Friesenhahn*, VVDStRL 16 (1958), S. 31 ff.

den Funktionen des Parlaments seien nunmehr zwischen dem „Regierungslager“ auf der einen und der Opposition auf der anderen Seite aufgeteilt[85].

Hält man entgegen dieser Ansicht das Prinzip der Gewaltenteilung im Grundsatz für anwendbar, stellt sich dennoch die Frage, ob es in concreto ein instruktives Weisungsrecht des Landtages in Bundesratssachen verbietet. Die drei Gewalten sollen nämlich nicht – so die Rechtspechung des *Bundesverfassungsgerichts* – unverbunden nebeneinanderstehen, sondern sich im Hinblick auf den Zweck der Mäßigung der Staatsgewalt gegenseitig kontrollieren und begrenzen[86] sowie im Hinblick auf die sachgerechte Organisation des Staates in rationaler Weise zusammenarbeiten[87], sofern deren jeweilige Kernbereiche unangetastet bleiben[88].

3. Übertragbarkeit der Rechtsprechung des Bundesverfassungsgerichts auf die Mitwirkung des Bundesrates in Europaangelegenheiten?

Zu prüfen ist schließlich, ob der von der herrschenden Auffassung aufgestellten These, die Entscheidung des *Bundesverfassungsgerichts* zur Volksbefragung[89] sei auch auf die Willensbildung im Bundesrat in Fragen der Europäischen Union zu übertragen, gefolgt werden kann.

Vorweg ist zur Berufung auf die genannte Entscheidung des Gerichts in der Literatur kritisch anzumerken, daß deren Aussagekraft zu den Mitwirkungsrechten aufgrund des Zeitpunkts der Entscheidung, dem Jahre 1958, aus heutiger Sicht relativierend zu beurteilen ist[90]. Die Verteilung der Kompetenzen zwischen Bund und Ländern im Bundesstaat der fünfziger Jahre ist mit der heutigen, durch die Tendenz zur Unitarisierung geprägten Situation nicht vergleichbar. Die De-Possedierung der Landesparlamente bei gleichzeitiger Erweiterung

---

85 Während die Gesetzentwürfe überwiegend von der Regierung kämen, blieben Kritik, Kontrolle und Alternative im wesentlichen der Oppositionsminderheit überlassen; *Voigt*, BayVBl. 1977, S. 97 (100). Vgl. dazu auch den „Oppositionsartikel“ 12 der Schleswig-Holsteinischen Landesverfassung.

86 BVerfGE 9, 268 (279/280); zustimmend *Ravens*, ZParl 1979, S. 539 (542).

87 Vgl. *Jarass*, in: Jarass/Pieroth, Art. 20 GG, Rdnr. 16.

88 *Heyen*, Der Staat 1982, S. 191 (200).

89 BVerfGE 8, 104 (120/121).

90 *Johne*, Die Reaktionen der deutschen Landesparlamente auf die Herausforderungen des Integrationsprozesses in den Europäischen Gemeinschaften, S. 50.

der Bundesratsbefugnisse läßt die Frage aufkommen, ob die für die bundesstaatliche Ordnung notwendige Ausbalancierung zwischen dem Bundesstaats- und dem Bundesratsprinzip einerseits und dem Demokratiegrundsatz andererseits nicht mittlerweile eine stärkere Betonung des demokratischen Elements durch Rückkopplung der Bundesratsentscheidungen der Landesregierungen an das jeweilige Landesparlament erfordert. Eine neue höchstrichterliche Entscheidung unter Zugrundelegung der gegenwärtigen Verfassungswirklichkeit könnte hier die Akzente neu setzen.[91]

Aber auch in der Sache sind Bedenken anzumelden. Die in Bezug genommene Entscheidung des *Bundesverfassungsgerichts* befaßt sich mit der Frage, ob und inwieweit eine Beeinflussung der Mitglieder des Bundesrates in seinem originären Aufgabenbereich durch ein Landesvolk zulässig ist. 1958 – dem Jahr der Entscheidung – gehörte zu den Aufgaben der Länderkammer die Mitwirkung bei der Gesetzgebung und Verwaltung *des Bundes* (Art. 50 GG a. F.). Eine Mitwirkung in europäischen Angelegenheiten war seinerzeit weder auf Verfassungsebene statuiert noch in sonstiger Weise vorgesehen, weil die Auswirkungen des europäischen Integrationsprozesses auf die Bundesländer noch – gemessen am heutigen Ausmaß – gering waren. Mit der Reform des Grundgesetzes 1992 ist dem Bundesrat dann zusätzlich die Mitwirkung in europäischen Angelegenheiten – die zuvor bereits durch Art. 2 EEAG einfachgesetzlich geregelt gewesen war – durch Neufassung der Art. 23 und 50 GG übertragen worden. Art. 50 GG stellt die „Angelegenheiten der Europäischen Union“ nunmehr ausdrücklich neben die Mitwirkung „bei der Gesetzgebung und Verwaltung *des Bundes*“, so daß klargestellt ist, daß es sich bei der kompensatorischen Mitwirkung der Länderkammer in Bereichen ehemaliger Landeskompetenzen nicht um Bundesangelegenheiten handelt. Hierbei liegt gewiß keine Zufälligkeit in der Wortwahl vor; Hintergrund ist vielmehr der Umstand, daß das Beteiligungsverfahren der Länder in EU-Angelegenheiten nur deshalb über den Bundesrat läuft, weil mit seiner Hilfe relativ rasch ein einheitliches Ländervotum erzielt werden kann.

Vor der Errichtung der Mitwirkungsregelung für den Bundesrat wurde – in Form des Länderbeteiligungsverfahrens von 1979 – gezeigt, daß zum Ausgleich verlorengegangener Rechte der Länder auch eine unmittelbare Beteiligung der Länder ohne Einschaltung eines Bundesorgans als grundsätzlich zulässig in Betracht zu ziehen ist. Auf ein solches Verfahren findet aber die Argumentation des *Bundesverfassungsgerichts* offenkundig keine Anwendung, weil derartige Absprachen auf der Länderebene direkt getroffen werden und es somit der Frei-

---

91 *Johne*, Die Reaktionen der deutschen Landesparlamente auf die Herausforderungen des Integrationsprozesses in den Europäischen Gemeinschaften, S. 51.

heit der Länder insgesamt oder – je nach der getroffenen Absprache – des jeweiligen Landes unterliegt, wie es seine Haltung bildet. Für die heute in Kraft befindliche Länderbeteiligung hat man den Weg über den Bundesrat gewählt, weil die praktischen Erfahrungen mit dem Länderbeteiligungsverfahren gezeigt haben, daß Stellungnahmen überhaupt nicht oder zumindest nicht rechtzeitig zwischen den Ländern abgestimmt werden konnten[92]. Die später erfolgte Einschaltung des Bundesrates ist aber keine geeignete Grundlage für den weiterreichenden Schluß, daß das an den Bundesrat zusätzlich angebundene Beteiligungsverfahren nun in allen Punkten jenen Grundsätzen folgen müßte, welche für Bundesratsangelegenheiten im eigentlichen Sinne verbindlich sind[93].

Da es sich bei der Beteiligung an EU-Vorhaben um einen Ersatz für entzogene Kompetenzen der Länder – und nicht um Gesetzgebung des Bundes, an der die Länder über den Bundesrat aus bestimmten Gründen beteiligt werden sollen – handelt, ist es unter verfassungsrechtlichen Gesichtspunkten nicht nur sinnvoll, sondern sogar geboten, auch die Landtage zu beteiligen. Sind die Länder über den Bundesrat in EU-Angelegenheiten zur Mitsprache berechtigt, weil es um eine ihnen entzogene Kompetenz geht, läßt sich der Vorrang der Länderregierungen gerade gegenüber den Landesparlamenten, d. h. den eigentlichen Verlierern in diesem Prozeß, nicht unter Berufung auf die Stellung des Bundesrates rechtfertigen[94]. Diesem Argument wird in der Literatur entgegnet, es sei deshalb schon im Ansatz verfehlt, weil die Inanspruchnahme einer Kompetenz durch europäische Organe den Ausschluß der Bundesländer von der Rechtsetzung zur Folge habe und es demzufolge nichts mehr zu kompensieren gäbe[95]. Dieser recht formale Einwand verkennt jedoch, daß die europäische Rechtsetzungstätigkeit – in ihrer Gesamtheit gesehen – eine Veränderung der bundesstaatlichen Ordnung herbeigeführt hat, die es nach allgemeiner Ansicht zu kompensieren gelte. Entscheidet man sich zur annähernden Wiederherstellung der verfassungsrechtlichen Balance zwischen Bund und Ländern grundsätzlich für einen Ausgleich verlorengegangener Länderkompetenzen, hat man nur noch zu ermitteln, bei welcher Stelle, d. h. bei welchem Organ innerhalb eines Landes der Kompensationsausgleich angesiedelt werden sollte[96].

92 Dieses Problem bestünde nach der Wiederherstellung der deutschen Einheit mit nunmehr 16 Bundesländern noch verstärkt.

93 *Goll*, ZG 1989, S. 258 (263).

94 *Goll*, ZG 1989, S. 258 (264).

95 *Haas*, DÖV 1988, S. 613 (620).

96 Vgl. *Goll*, ZG 1989, S. 258 (264/265).

Im Ergebnis ist festzustellen, daß die Entscheidung des *Bundesverfassungsgerichts* zur Volksbefragung nicht auf die Willensbildung des Bundesrates in europäischen Angelegenheiten übertragen werden kann. Damit ist zugleich der Einwand der herrschenden Ansicht, eine verbindliche Einflußnahme der Landesparlamente auf die Regierungsvertreter im Bundesrat sei mit dessen Stellung unvereinbar und daher unzulässig, aus dem Feld geräumt.

Eine Doppelzuständigkeit von Landtag und Regierung wäre möglicherweise geeignet, der Entwicklung zum „Regierungenföderalismus" und dem Demokratiedefizit entgegenzuwirken, zumal es sich bei den Landesparlamenten um vergleichsweise bürgernahe Gremien handelt[97]. Voraussetzung eines solchen Mitwirkungsrechts wäre allerdings, daß es in der jeweiligen Verfassung des Landes eingerichtet würde. Neben der rechtlichen Zulässigkeit – dazu sogleich unter 4. – ist aber auch die politische Entschlossenheit der Landtage erforderlich. Sie müssen – bildlich gesprochen – dieses offene Gewässer erfahren, statt im Hafen den Aufbruch zu verschlafen[98].

4. Der Bundesrat als Länderkoordinationsorgan im Wege der Organleihe?

Es wurde bereits aufgezeigt, daß die Länder heute deshalb über den Bundesrat beteiligt werden, weil – wie die praktischen Erfahrungen mit dem unmittelbaren Länderbeteiligungsverfahren von 1979 gezeigt haben – der bei EU-Vorlagen bestehende Zeitdruck ein Verfahren erforderlich macht, das eine schnellstmögliche Stellungnahme der Bundesländer gewährleistet. Im Hinblick darauf erweist sich die Bundesratsbeteiligung als das effektivste Verfahren.[99] Der Bundesrat erfährt diese Inanspruchnahme daher nicht in seinem bisherigen originären Aufgabenbereich, vielmehr bedienen sich die Länder dieses Bundesorgans zur Koordination der 16 verschiedenen Regionalinteressen. Bei der Entscheidung für den Bundesrat hat auch eine ausschlaggebende Rolle gespielt, sich die Erfahrung dieses Organs seit dem Bestehen der Bundesrepublik und die personelle und sachliche Infrastruktur zunutze zu machen.

Bedient sich ein Verband eines fremden Organs zur Umsetzung seiner Aufgaben und Interessen, liegt typischerweise die Situation einer – beispielsweise

97 *Goll*, ZG 1989, S. 258 (266).

98 *Goll*, ZG 1989, S. 258 (269).

99 *Müller*, DÖV 1993, S. 103 (105).

aus dem Kommunalrecht bekannten[100] – *Organleihe* vor. Eine solche ist allgemeiner Ansicht zufolge gegeben, wenn ein bestimmtes Organ neben den Aufgaben *seines* Verwaltungsträgers gewisse Aufgaben eines *anderen* Verwaltungsträgers wahrzunehmen hat und insoweit als dessen Organ tätig wird[101]. Diese Situation ist bei der Willensbildungstätigkeit des Bundesrates in Angelegenheiten der Europäischen Union gegeben: Der nach der eigentlichen Konzeption des Grundgesetzes nur für die Willensbildung in nationalen Angelegenheiten zuständigen Länderkammer wird – in erster Linie aus Gründen der Zweckmäßigkeit – die Kompetenz eingeräumt, den Willen der Bundesländer zu koordinieren. War der Bundesrat bisher – nicht nur formal, sondern auch von den Aufgabeninhalten her – dezidiert als reines Bundesorgan zu qualifizieren, so übernimmt er in europäischen Angelegenheiten erstmals die Funktion eines *Koordinationsorgans* der Länder[102].

Typisch für eine Organleihe ist weiterhin, daß dem Organ zwar bestimmte Aufgaben zur eigenverantwortlichen Ausführung übertragen werden, die abgebende Stelle sich jedoch stets ein – auch für den Einzelfall gültiges – Weisungsrecht[103] vorbehält. Dies bedeutet im Verhältnis zwischen den Landesparlamenten und den Regierungsvertretern im Bundesrat, daß die Einflußmöglichkeiten der Parlamente in diesem Bereich in Richtung auf eine verbindliche Beschlußfassungsmöglichkeit gestärkt werden müßten, sofern ausschließliche Gesetzgebungskompetenzen der Länder durch das EU-Vorhaben betroffen sind. Ein solches Recht zur verbindlichen Stellungnahme der Landesparlamente setzte jedoch in den Bundesländern regelmäßig eine Änderung der jeweiligen Landesverfassung voraus.[104] Die Vorbereitung solcher Beschlüsse der Landtage

100 Vgl. z. B. das schleswig-holsteinische Gesetz über die Errichtung allgemeiner unterer Landesbehörden, das den Landräten der Kreise bestimmte Landesaufgaben überträgt.

101 *Maurer*, Allgemeines Verwaltungsrecht, § 21 Rdnr. 54.

102 *Schambeck*, in: Merten (Hrsg.), Föderalismus und Europäische Gemeinschaften S. 27 (39 /40).

103 Vgl. z. B. § 2 des bereits zitierten schleswig-holsteinischen Gesetzes über untere Landesbehörden.

104 *Müller*, DÖV 1993, S. 103 (105 / 106), die im Ergebnis allerdings wegen der Vielfalt der möglichen Länderinteressen und der mit einer Verfassungsänderung verbundenen Hindernisse Zweifel an der Effektivität einer rechtlich verpflichtenden Mitwirkung von Landesparlamenten in europäischen Angelegenheiten hegt. Sie schlägt stattdessen das Modell eines einheitlichen Sonderausschusses, der sich aus Mitgliedern aller Landtage zusammensetzt, vor. – Vgl. auch *Pernice*, DVBl. 1993, S. 909 (920), mit dem Vorschlag, die Positionen der Länder auf den Fach- oder Europaministerkonferenzen – unter Mitwirkung ihrer Parlamente und erforderlichenfalls durch Mehrheitsbeschluß – abzustimmen und sie in Brüssel von einem durch sie benannten Vertreter zu repräsentieren. – Siehe

→

könnte durch eigens zu diesem Zweck eingerichtete Europa-Ausschüsse erfolgen, die ressortübergreifend für alle das jeweilige Land betreffenden EU-Vorhaben zuständig wären, sofern diese – wie zum Beispiel in Schleswig-Holstein – nicht bereits installiert sind.

5. Verbieten die Bestimmungen der Art. 50 und 51 GG den Ländern die Ausgestaltung der Willensbildung im Bundesrat?

Die in der Einleitung aufgestellte Frage, ob ein Landesparlament selbst durch Änderung seiner Verfassung erreichen kann, daß Regierungsvertreter im Bundesrat vor Abgabe ihres Votums die Stellungnahme des Parlaments einzuholen und sich mit ihm auseinanderzusetzen haben, hängt schließlich davon ab, ob das Parlament durch Bestimmungen der Bundesverfassung, namentlich durch die Art. 50 und 51 GG, daran gehindert ist, eine eigene Regelung im Rahmen seiner *Verfassungsautonomie* vorzunehmen. Interpretiert man Art. 50 GG als eigentliche, den Art. 30, 70 und 83 GG vergleichbare Kompetenznorm für den Bundesrat, dann legt Art. 51 GG lediglich fest, daß die Mitglieder der Regierungen die Länder im Bundesrat *repräsentieren* müssen[105]. Da Art. 51 GG hingegen – so die Argumentation – keine Bestimmung darüber treffen will und kann, wie die Willensbildung innerhalb der Länder zustandekommt, lebt insoweit die Verfassungskompetenz der Länder wieder auf und eröffnet ihnen einen eigenen verfassungspolitischen Gestaltungsspielraum[106].

Diese Auffassung wird darüber hinaus mit einem systematischen Argument untermauert, das in der Tat nicht leicht von der Hand zu weisen ist: Art. 28 Abs. 1 GG konkretisiert das Bundesstaatsprinzip, indem er die Verfassungsautonomie der Länder sowohl voraussetzt als auch begrenzt. Durch diese Vorschrift hat das Grundgesetz zum Ausdruck gebracht, in welcher Weise es den Landesverfassungsgeber binden will. Zur Pflicht gemacht wird ihm nur die Beachtung der Grundsätze des republikanischen, demokratischen und sozialen Rechtsstaates im Sinne des Grundgesetzes; im übrigen genießen die Länder für

---

hierzu auch *Ress*, EuGRZ 1986, S. 549 (558), der in diesem Zusammenhang für eine Neuauflage des Länderbeteiligungsverfahrens von 1979 plädiert. – *Starzacher*, VR 1993, S. 217 (220), favorisiert schließlich eine Änderung des Art. 51 GG, damit die Länder durch von den Landesparlamenten gewählte Vertreter im Bundesrat repräsentiert werden könnten.

105 So *Heyen*, Der Staat 1982, S. 191 (196 ff.).

106 Vgl. hierzu auch *Goll*, ZG 1989, S. 258 (264).

ihre verfassungsmäßige Ordnung Gestaltungsfreiheit[107]. Legt man Art. 51 GG mit der herrschenden Meinung so aus, daß er verbindliche Instruktionen auf Bundesratsmitglieder verbiete, kann man die Vorschrift nur als Abweichung von der grundsätzlichen Regelung des Art. 28 Abs. 1 GG begreifen. Die Bejahung einer solchen Ausnahme bedarf aber – und darin ist der hier vorgestellten Ansicht beizupflichten – wegen des damit verbundenen Eingriffs in die Verfassungsautonomie der Länder besonderer, vorliegend jedoch nicht erkennbarer Rechtfertigung[108].

Im Ergebnis ist daher festzustellen, daß es den Ländern im Rahmen ihrer Verfassungsautonomie grundsätzlich gestattet ist, die Einwirkungsrechte der Landesparlamente auf die Landesregierungen durch Änderung der Landesverfassung zu stärken[109].

III. Exkurs: Vergleich mit dem beigetretenen Bundesstaat Österreich

Als denkbarer Ansatz für eine Beteiligung der Landesparlamente soll abschließend kurz die im – erst kürzlich beigetretenen – *Bundesstaat Österreich* gewählte Lösung vorgestellt werden.

1. Die Beteiligung der österreichischen Länder an der europäischen Rechtsetzung

Auch in Österreich berührt die Teilnahme an der europäischen Integration die bundesstaatliche Ordnung. Die Übernahme des Gemeinschaftsrechtssystems wird wie in Deutschland dazu führen, daß eine Reihe von Rechtsetzungsbefugnissen, die nach geltendem österreichischem Verfassungsrecht in Gesetzgebung und Vollziehung Ländersache sind, auf Gemeinschaftsorgane übergehen. Und auch in Österreich fällt die Vertretung auch in bisherigen Länderangelegenheiten im derzeit noch wichtigsten EG-Rechtsetzungsorgan, im Rat, dem Bund zu. Aus diesem Grunde wird auch in Österreich über eine angemessene Mitwirkung der Länder an der nationalen Willensbildung in EU-relevanten Angelegenheiten

107 BVerfGE 4, 178 (189); 64, 301 (317).

108 *Heyen*, Der Staat 1982, S. 191 (198/199).

109 *Schweitzer*, VVDStRL 53 (1994), S. 48 (62); dagegen *Klein*, VVDStRL 53 (1994), S. 114 (Aussprache).

und eine Strukturreform der bundesstaatlichen Kompetenzverteilung diskutiert.[110]

Durch die B-VG-Novelle 1992 ist die Mitwirkung der Länder in Angelegenheiten der Europäischen Union auf der Verfassungsebene etabliert worden[111], die in Einzelheiten der deutschen Regelung des Art. 23 GG ähnelt[112]. Im Zuge dieser Novelle wurde Art. 10 B-VG dahingehend ergänzt, daß der Bund verpflichtet ist, die Länder (und auch die Gemeinden!) über alle Vorhaben im Rahmen der europäischen Integration, die den selbständigen Wirkungsbereich der Länder berühren oder sonst für sie von Interesse sein könnten, zu *unterrichten* und ihnen binnen angemessener Frist *Gelegenheit zur Stellungnahme* zu geben. Geben die Länder fristgerecht eine *einheitliche Stellungnahme* zu einem europäischen Vorhaben in Angelegenheiten ab, in denen die Gesetzgebung Ländersache ist, so ist der Bund bei zwischenstaatlichen Verhandlungen und Abstimmungen an diese Stellungnahme gebunden. Er darf – vergleichbar in Deutschland – nur aus zwingenden außen- und integrationspolitischen Gründen davon abweichen.[113] Im Unterschied zu dem deutschen Modell zeigt sich, daß die österreichische Lösung die Mitwirkung der Länder nicht dem – in Österreich freilich ganz anders als in Deutschland strukturierten[114] – Bundesrat überträgt, sondern durch eine unmittelbare Einbeziehung der Länder der Staatlichkeit der Länder stärker Rechnung trägt[115].

2. Die verfahrensmäßige Ausgestaltung des österreichischen Ländermitwirkungsverfahrens, insbesondere die Einbeziehung der Landtage

Gemäß Art. 10 Abs. 6 B-VG sind die näheren Bestimmungen über das Mitwirkungsverfahren der österreichischen Bundesländer an der europäischen Ge-

---

110 *Schäffer*, DÖV 1994, S. 181 (186).

111 ÖBGBl. 1992/276.

112 *Schäffer*, DÖV 1994, S. 181 (191), und *Öhlinger*, in: Festschrift für Herbert Helmrich, S. 379 (388/389), weisen darauf hin, daß der österreichische Bundesrat mit dem deutschen Bundesrat kaum zu vergleichen ist, weil in Österreich beispielsweise abweichend vom deutschen Modell die Bestellung der Bundesratsmitglieder durch die Landtage nach Maßgabe des Kräfteverhältnisses der Landtagsfraktionen erfolgt (Art. 56 B-VG).

113 *Schäffer*, DÖV 1994, S. 181 (191); *Schweitzer*, VVDStRL 53 (1994), S. 48 (64).

114 Dazu *Schäffer*, DÖV 1994, S. 181 (191).

115 *Öhlinger*, in: Festschrift für Herbert Helmrich, S. 379 (389); *Schäffer*, DÖV 1994, S. 181 (191).

setzgebung in einer Bund-Länder-Vereinbarung (BLV)[116] vorzusehen[117]. In dieser – gleichzeitig mit der Verfassungsänderung – getroffenen Vereinbarung ist ausdrücklich festgelegt worden, daß der Bund Stellungnahmen der Länder bei der Festlegung der österreichischen Haltung in den EG-Organen grundsätzlich zu erwägen hat (Art. 5 Abs. 1 BLV). Liegt hingegen eine *einheitliche Stellungnahme* der Länder vor, ist diese für den Bund bei seinen Verhandlungen verbindlich (Art. 6 Abs. 1 BLV). In welcher Art und Weise die Länder eine einheitliche Stellungnahme herbeiführen, wird ausdrücklich als ihre Sache erklärt (Art. 6 Abs. 2 Satz 1 BLV), jedoch wird ihnen eine Ländervereinbarung gemäß Art. 15a B-VG nahegelegt (Art. 6 Abs. 2 Satz 2 BLV)[118].

Die Länder haben sich dann in einer Übereinkunft untereinander verständigt, eine *Integrationskonferenz der Länder* (IKL), die sich aus allen Landeshauptmännern (vergleichbar den Ministerpräsidenten der deutschen Länder) und *Landtagspräsidenten* zusammensetzt, zu gründen, an der das Bundesratspräsidium zur Teilnahme berechtigt ist[119]. In dieser Konferenz steht jedem Land eine Stimme zu, die vom jeweiligen Landeshauptmann abzugeben ist[120]. Mit der Etablierung der IKL ist erstmals kraft mittelbarer verfassungsrechtlicher Ermächtigung eine Zwischenländereinrichtung mit eigenem Beschlußrecht geschaffen worden[121]. Zu einer „einheitlichen Stellungnahme" im Sinne des Art. 10 B-VG, an die der Bund gebunden ist, bedarf es lediglich fünf Ja-Stimmen ohne Gegenstimme[122]. Zu dieser Lösung hat man sich aufgrund der deutschen Erfahrungen mit dem Länderbeteiligungsverfahren von 1979 entschieden, dessen Einstimmigkeitserfordernis die Vereinbarung praktisch unanwendbar machte[123].

Insbesondere zur Ausräumung teilweise geäußerter landesverfassungsrechtlicher Bedenken am Zustandekommen der Bund-Länder-Vereinbarung hat ein Teil der Länder Landesverfassungsgesetze erlassen, die die aufgetretenen Probleme beseitigen sollen[124]. Das Land *Oberösterreich* beispielsweise hat ein

---

116 ÖBGBl. 1992/775.

117 *Schweitzer*, VVDStRL 53 (1994), S. 48 (64/65).

118 *Schweitzer*, VVDStRL 53 (1994), S. 48 (64/65).

119 *Öhlinger*, in: Festschrift für Herbert Helmrich, S. 379 (389).

120 *Schweitzer*, VVDStRL 53 (1994), S. 48 (65).

121 *Schäffer*, DÖV 1994, S. 181 (193).

122 *Öhlinger*, in: Festschrift für Herbert Helmrich, S. 379 (389).

123 *Schäffer*, DÖV 1994, S. 181 (193).

124 Vgl. *Schweitzer*, VVDStRL 53 (1994), S. 48 (65), m. w. N.

solches Gesetz erlassen, in dem auch das *Zusammenwirken von Landeshauptmann und Landtag* geregelt wird: Erläßt der durch den Landeshauptmann unterrichtete Landtag eine Stellungnahme in Form einer Entschließung, so ist der Landeshauptmann in Landesgesetzgebungsangelegenheiten daran gebunden; er darf nur aus zwingenden, die Länderinteressen *insgesamt* betreffenden Überlegungen abweichen[125]. Damit ist die verfassungsrechtliche Problematik, ob der Landeshauptmann nur zur Setzung von Vertretungsakten befugt ist, oder auch eine interne Willensbildungsbefugnis hat, kompromißartig gelöst: In Landesgesetzgebungsangelegenheiten bleibt der Landtag als Legislative grundsätzlich bestimmend, für außergewöhnliche Fälle von übergeordneten bundesstaatlichen Interessen geht die Befugnis auf den Landeshauptmann über[126].

Ob das österreichische oder das deutsche Modell besser funktioniert und mehr zur Bewahrung des Föderalismus beiträgt, wird erst die künftige Staatspraxis zeigen[127]. Jedenfalls wird mit der in Österreich verwirklichten Lösung gezeigt, daß eine unmittelbare Beteiligung aller einzelnen Länder *einschließlich ihrer Parlamente* im Grundsatz möglich ist. Durch eine derartige Lösung ließe sich auch in Deutschland zum einen die bundesstaatliche Ordnung nach dem Grundgesetz stärken; zum anderen bezöge sie die Landtage als eigentliche Verlierer bei der Abgabe von Ländergesetzgebungskompetenzen an die europäische Ebene in den Mitwirkungsprozeß mit ein. Durch die Abkehr vom strikten Stimmeneinhelligkeitsprinzip kann der Gefahr vorgebeugt werden, daß die zeitraubende Abstimmung *aller* Länder untereinander die Abgabe einer rechtzeitigen *einheitlichen* Stellungnahme vereitelt.

G. ABGEORDNETE AUS DEN LANDESPARLAMENTEN IN DEN AUSSCHUSS DER REGIONEN?

Ein für die Landesparlamente bedeutendes Kapitel ist die etwaige Mitwirkung im europäischen Regionalausschuß. Zum einen besteht für sie die Möglichkeit, sich durch den Ausschuß unmittelbar auf europäischer Ebene einzubringen und damit der vielzitierten Landes-Blindheit der Gemeinschaft entgegenzuwirken. Daneben hat speziell die Einbringung von Parlamentariern den Vorzug, das häufig beklagte Demokratiedefizit europäischer Entscheidungen ein Stück weit zu reduzieren.

---

125 *Schweitzer*, VVDStRL 53 (1994), S. 48 (66); vgl. auch *Schäffer*, DÖV 1994, S. 181 (193).

126 *Schweitzer*, VVDStRL 53 (1994), S. 48 (66).

127 *Schäffer*, DÖV 1994, S. 181 (191).

Die unmittelbare Beteiligung von Vertretern der Landesparlamente ist problematisch, weil nach Art. 198a EGV im Ausschuß lediglich Vertreter der regionalen und lokalen Gebietskörperschaften sitzen sollen. Indes ist es möglich, Mitglieder der Landesparlamente als Vertreter der Gebietskörperschaften in den Ausschuß zu entsenden und so eine unmittelbare Beteiligung von Landesparlamenten zu ermöglichen.

Während man sich in Niedersachsen und in Nordrhein-Westfalen für die Entsendung auch eines Landtagsabgeordneten in den Regionalausschuß entschieden hat, werden die übrigen Länder ausschließlich von Regierungsmitgliedern, in der Regel der Europaministerin oder dem Europaminister bzw. -senator, vertreten[128].

128 *Blumenwitz*, in: Gedächtnisschrift für Eberhard Grabitz, S. 1 (12).

ZUSAMMENFASSUNG DER WESENTLICHEN ARBEITSERGEBNISSE UND AUSBLICK

A. WESENTLICHE ARBEITSERGEBNISSE

KAPITEL 1: AUSWIRKUNGEN DER BISHERIGEN GEMEINSCHAFTSTÄTIGKEIT AUF DIE DEUTSCHEN BUNDESLÄNDER

1. Die Verwirklichung der Ziele des europäischen Einigungsprozesses ist zwangsläufig mit der *Verlagerung von Kompetenzen* auf die europäischen Gemeinschaften und – seit dem Inkrafttreten des Maastrichter Vertrages – auf die Europäische Union verbunden. Zu den wichtigen Feldern europäischer Politik gehörten zunächst – der Zielsetzung der Europäischen Wirtschaftsgemeinschaft entsprechend – die Vollendung des Binnenmarktes und die Entwicklung einer gemeinsamen Wirtschafts- und Währungspolitik. Die europäische Staatengemeinschaft engagiert sich jedoch zunehmend auch auf nichtwirtschaftlichen Gebieten, wie beispielsweise im Umweltschutz, in der Forschungs- und Technologieförderung und – als zweite bzw. dritte Säule der Europäischen Union nach dem Maastrichter Vertragskonzept – in der Außen- und Sicherheitspolitik sowie in den Bereichen Justiz und Inneres. In der Bundesrepublik Deutschland, dem einzigen Mitgliedstaat der Europäischen Union mit einer ausgeprägt föderativen Struktur, in dem neben dem Bund auch die Länder die Qualität von etablierten Gliedstaaten haben[1], wird dieser Fortschritt wegen der Auswirkungen der Kompetenzverlagerungen auf die Rechte der Länder und damit auf die bundesstaatliche Ordnung nach dem Grundgesetz insgesamt seit jeher mit besonderer Aufmerksamkeit beobachtet.

Aus der genannten *föderativen Struktur der Bundesrepublik Deutschland* ergeben sich zwei eng miteinander verknüpfte Problemkreise, denen in der vorliegenden Untersuchung nachzugehen war: Zunächst geht es um die Ermittlung der mit der europäischen Integration verbundenen Kompetenzverluste für die deutschen Bundesländer und deren Auswirkungen auf die bundesstaatliche Ordnung, mithin um die Frage, inwieweit bei fortschreitender Integration die Qualität der Länder als staatliche Einheiten mit eigenständigem politischem Gestaltungsspielraum auf der Grundlage verfassungsmäßig verankerter Kompetenzen in Mitleidenschaft gezogen wird. Daneben ist von ausschlaggebener Bedeutung für die Länder, ob und wie sie – wenn schon eine Beteiligung unmittel-

1 Im Unterschied dazu gibt es andere Mitgliedstaaten mit „präföderaler" Struktur wie Belgien, Italien, Spanien; vgl. hierzu *Schäffer*, DÖV 1994, S. 181 (185), mit umfangreichen Nachweisen, und *Weber*, DVBl. 1986, S. 800 (800/801).

bar auf Gemeinschaftsebene vertraglich nicht vorgesehen ist – an der innerstaatlichen Willensbildung in Angelegenheiten der Europäischen Gemeinschaft bzw. der Europäischen Union mitwirken können.

2. Die Entwicklung zur Europäisierung von ehemals nationalen Kompetenzen wird durch die deutsche Verfassungsordnung selbst ermöglicht. Das *Integrationsoffenheit des Grundgesetzes* gestattet es, nationale Hoheitsrechte an die europäische Ebene zu übertragen, deren Ausübung innerstaatlich als verbindlich anerkannt wird. Vor dem Inkrafttreten der Integrationskompetenzklausel in Art. 23 Abs. 1 GG, die eine Beteiligung des Bundesrates obligatorisch vorsieht, reichte nach überwiegender Ansicht ein einfaches Bundesgesetz zur Übertragung von Kompetenzen auf die „zwischenstaatliche Einrichtung" nach Art. 24 Abs. 1 GG – zumindest nach dem Wortlaut des Grundgesetzes – aus. Die Regelung ermächtigte infolge der Auswirkungen auf die grundgesetzliche Kompetenzverteilung zwischen Bund und Ländern zu Verfassungsdurchbrechungen auf einfachgesetzlichem Wege.

Dieserart verursachte Verfassungsdurchbrechungen sind jedoch nicht uneingeschränkt zulässig. Nach der vom Schrifttum überwiegend anerkannten, aber auch vereinzelt kritisierten Judikatur des *Bundesverfassungsgerichts* ermächtigte Art. 24 Abs. 1 GG nicht dazu, im Wege der Einräumung von Hoheitsrechten für zwischenstaatliche Einrichtungen die Identität der geltenden Verfassungsordnung der Bundesrepublik Deutschland durch Einbruch in ihr Grundgefüge, in die sie konstituierenden Strukturen, aufzugeben[2]. Die Integrationskompetenz des Bundes nach Art. 24 Abs. 1 bzw. 23 Abs. 1 GG findet somit ihre Grenze an den durch Art. 79 Abs. 3 GG geschützten Grund- und Strukturprinzipien des Grundgesetzes. Auch bei fortschreitender Integration muß ein Kernbereich der materiellen föderalen Struktur der Bundesrepublik gewahrt bleiben.

3. Das *Bundesstaatsprinzip* wird zwar im Staatsnamen und in Art. 20 Abs. 1 GG als tragendes Leitprinzip der bundesdeutschen Verfassung herausgestellt; sein Inhalt wird jedoch nicht näher erläutert, sondern ergibt sich aus einer Gesamtschau der einzelnen veränderbaren bundesstaatlichen Verfassungsbestimmungen. Das *Bundesverfassungsgericht* hat bereits in einer seiner frühesten Entscheidungen das bundesstaatliche Prinzip als eine „Grundlage der Verfassung" bezeichnet und es „zu den elementaren Grundsätzen des Grundgesetzes" gezählt[3], jedoch auf die Herausarbeitung einer eigenen Bundesstaatstheorie verzichtet.

---

2 BVerfGE 73, 339 (375/376).

3 BVerfGE 1, 14 (34).

Die bundesstaatliche Ordnung ist in Art. 79 Abs. 3 GG jeglicher Verfassungsänderung entzogen worden. Diese *„Ewigkeitsgarantie"* sichert die Bundesstaatlichkeit in doppelter Weise: Die Vorschrift stellt nicht nur den in Art. 20 Abs. 1 GG niedergelegten Grundsatz des Bundesstaates, sondern auch die Gliederung des Bundes in Länder sowie die grundsätzliche Mitwirkung der Länder an der Gesetzgebung vor Änderungen durch den pouvoir constitué unter Schutz. Die Norm wirkt somit als „Föderalismusanker" dem „Integrationshebel" des Art. 24 bzw. Art. 23 GG entgegen.

4. In der Vergangenheit wurde verschiedentlich versucht, eine Pflicht des Bundes zum Ausgleich verlorengegangener Länderkompetenzen aus Art. 50 GG, dem Grundsatz der Bundestreue oder dem Gedanken der Kompensation herzuleiten. Dies erwies sich jedoch im Hinblick auf die verfassungsrechtliche Zulässigkeit bzw. Gebotenheit dieser Grundsätze als außerordentlich problematisch. Die Frage steht heute allerdings nicht mehr im Vordergrund, weil der Verfassunggeber mit der Etablierung einer Kompensationspflicht auf verfassungsrechtlichem Plateau in den Absätzen 2 bis 7 des Art. 23 GG den dargebotenen Grundgedanken eines abgestuften Kompensationsausgleiches verwirklicht hat.

5. Die Länder haben sich seit der Ratifizierung des Vertrages über die Montanunion (EGKS-Vertrag) um eine förmliche Anerkennung und Absicherung ihres Anspruchs auf Mitwirkung bei der innerstaatlichen Behandlung von europäischen Angelegenheiten, jedenfalls soweit ausschließliche Länderkompetenzen bzw. ihre wesentlichen Belange tangiert sind, bemüht. Die Bundesregierung hat für diese Haltung zwar stets Verständnis aufgebracht, sich in der Sache jedoch – vor der Einführung des „Europa-Artikels" 23 GG – auf die Position zurückgezogen, Art. 24 Abs. 1 i. V. m. Art. 32 Abs. 1 GG räume ausschließlich ihr die Vertretungsbefugnis in den Gremien der Gemeinschaft ein. Daneben verwies sie auf die Besonderheiten des Entscheidungsprozesses in den EG-Institutionen, die einen Handlungsspielraum für die Bundesregierung unabdingbar machten und es verbieteten, die Bundesregierung seitens der Länderkammer durch ein verpflichtendes Mandat einzuengen. Sie war letztlich erst im Rahmen der Ratifizierung der Einheitlichen Europäischen Akte (EEA) nach zähen Verhandlungen erstmals dazu bereit, ihr integrationspolitisches Handeln in den Institutionen der Gemeinschaft an das Votum des Bundesrates zu binden, soweit es sich um Gebiete ausschließlicher Länderkompetenz oder um einen sonstigen Fall wesentlicher Betroffenheit der Länder handelte.

Die zuvor praktizierte unmittelbare Beteiligung der Länder auf der Grundlage des *„Schmidt/Rau-Abkommens"* vom 19./26. September 1979, das erst im Jahre 1986 durch das Bundesratsmitwirkungsverfahren nach Art. 2 des Gesetzes über die Einheitliche Europäische Akte (EEAG) abgelöst wurde, hat sich im Ergebnis als nicht praktikabel erwiesen, weil insbesondere die aufgrund des Einstimmigkeitsprinzips erforderliche Abstimmung aller Bundesländer nicht zeitgerecht geleistet werden konnte. In der Folgezeit verlangten die Länder rechtlich abgesicherte und ggf. verfassungsgerichtlich überprüfbare Verankerungen ihres innerstaatlichen Mitwirkungsanspruchs in EG-Angelegenheiten bei qualifizierter Länderbetroffenheit. Zu diesem – energischer geführten – Vorgehen hatten zweierlei Entwicklungen im Zusammenhang mit dem Integrationsprozeß Anlaß gegeben: Zum einen die Zunahme von EG-Rechtsakten, die die Länder nicht nur tangierten, sondern in ihr „Hausgut" eingriffen, zum anderen die seinerzeit begonnenen Bestrebungen, die Gemeinschaft institutionell auszubauen und auf andere, nichtwirtschaftliche Gebiete auszudehnen.

In Art. 2 des am 28. Februar 1986 verabschiedeten *Gesetzes über die Einheitliche Europäische Akte* (EEAG) konnten die Länder in Art. 2 ein *Beteiligungsverfahren unter Einschaltung des Bundesrates* durchsetzen, das die Bundesregierung erstmals dazu verpflichtete, vom Votum des Bundesrates in Angelegenheiten, die innerstaatlich der ausschließlichen Gesetzgebungskompetenz der Länder unterliegen, „nur aus unabweisbaren außen- und integrationspolitischen Gründen" abzuweichen (Art. 2 Abs. 3 Satz 2 EEAG). Obwohl dies zunächst als großer Fortschritt für die Länder gewertet wurde, zeichnete sich in der folgenden Praxis ab[4], daß insbesondere die unterschiedliche Bewertung von Kompetenzfragen zwischen Bundesregierung und Bundesrat zu Schwierigkeiten in der Einzelfallanwendung führte. Daneben wurden von der Bundesregierung und von einem Teil des Schrifttums verfassungsrechtliche Bedenken, die in erster Linie die nur einfachgesetzliche Form des Gesetzes im Visier hatten, ins Feld geführt, die die Schwachstellen der Regelung deutlich machten. Damit gewannen die im Laufe der Entwicklung zunehmend lauter gewordenen Rufe nach einer Verankerung der Länderbeteiligungsrechte unmittelbar auf der Verfassungsebene Bedeutung.

Kapitel 2: Die Stellung der Deutschen Bundesländer in der Europäischen Union

1. Der Wortlaut des Art. 23 Abs. 1 Satz 1 GG gestattet den Organen der Bundesrepublik Deutschland, zur Verwirklichung eines vereinten Europas bei der Entwicklung der Europäischen Union mitzuwirken, wenn sie den dort genannten Strukturanforderungen genügt. Durch die Verwendung des Begriffs der

---

4 Vgl. z. B. die Problematik im Zusammenhang mit der Zustimmung zur EG-Rundfunkrichtlinie; das vom Freistaat Bayern und acht weiteren Ländern angestrengte Verfahren (Bund-Länder-Streitigkeit) vor dem *Bundesverfassungsgericht* ist inzwischen entschieden worden, abgedruckt in EuZW 1995, S. 277 ff. mit Anm. *Häde*.

„Europäischen Union", deren Gründung im Vertrag von Maastricht beschlossen worden war, wird verdeutlicht, daß jedenfalls die Ratifizierung des Unionsvertrages von der Gestattung umfaßt sein soll. Da dieser Vertrag auf die Weiterentwicklung zu „einer immer engeren Union der Völker Europas" angelegt ist, wird man mit der Bezugnahme auf die „Europäische Union" auch die im Unionsvertrag angelegten Integrationsmaßnahmen als grundsätzlich von der Ermächtigung des Art. 23 Abs. 1 GG gedeckt ansehen müssen.

Die *Struktursicherungsklausel* (Art. 23 Abs. 1 Satz 1 GG) soll die deutsche Delegation in erster Linie dazu anhalten, bei den Verhandlungen über weitere Vertragsänderungen die genannten Fundamentalprinzipien nach Möglichkeit durchzusetzen, insbesondere dann, wenn es zu einer kodifizierten europäischen Verfassung kommt. Vor möglicherweise überzogenen Erwartungen des Verfassunggebers muß jedoch gewarnt werden: Zum einen wäre es verfehlt, die Formulierungen des Grundgesetzes zum Maß aller Dinge machen zu wollen; zum anderen ist kaum zu erwarten, daß sich die anderen Mitgliedstaaten – wie es die anmaßenden Formulierungen der Gesetzesbegründung nahelegen – von den Geboten Deutschlands derart beeindrucken lassen werden, daß sie ihre eigenen Vorstellungen einer Kodifizierung von Verfassungsprinzipien zurückstellen werden. Sollte gar jeder der 15 Mitgliedstaaten auf diese Weise verfahren wollen, führte dies zu einem unlösbaren Konflikt.

Innerstaatlich stellt sich die Frage, was geschieht, wenn es der deutschen Delegation nicht gelingt, die in Art. 23 Abs. 1 Satz 1 GG genannten Vorstellungen bei der Entwicklung der Europäischen Union durchzusetzen. Um nicht einen nach den Maßstäben des Grundgesetzes verfassungswidrigen Vertrag ratifizieren zu müssen, bliebe wohl als ultima ratio nur noch die Möglichkeit, die Zustimmung zu der geplanten Integrationsmaßnahme zu verweigern. Sollte nämlich eine unter diesem Blickwinkel innerstaatlich verfassungswidrige Vertragsänderung einmal ratifiziert sein, ist eine Intervention Deutschlands auf der Ebene der Europäischen Union unter Berufung auf nationales Verfassungsrecht nicht mehr möglich.

2. Die durch den neuen Art. 23 GG gestatteten integrativen Maßnahmen werden – ebenso wie die bereits erfolgten Integrationsschritte – *Auswirkungen auf die deutschen Bundesländer* haben. Wie bereits ausgeführt, wollte der verfassungsändernde Gesetzgeber mit der Neufassung des Art. 23 GG zumindest die im Maastrichter Vertrag angelegten Integrationsmaßnahmen gestatten. Deshalb stellt sich die Frage, ob die mit dem Unionsvertrag verbundenen, durch die Integrationskompetenzklausel in Art. 23 GG grundsätzlich gestatteten Integrationsmaßnahmen die durch Art. 79 Abs. 3 GG geschützte bundesstaatliche Ordnung so sehr verändern werden, daß eine dahingehende Ermächtigung nicht durch den verfassungsändernden Gesetzgeber hätte vorgenommen werden dürfen.

Zwar ist die Entwicklung der Europäischen Union an die Prinzipien des Föderalismus und der Subsidiarität sowie allgemein über Art. 79 Abs. 3 GG an die „Gliederung des Bundes in Länder" gebunden, so daß eine Auszehrung der Länder weitgehend unterbunden werden sollte. Der Nutzen einer formalen Manifestation der Länderrechtsstellung erschiene jedoch zweifelhaft, wenn sich die Europäische Union – auf der Grundlage des Maastrichter Vertrages – zu einem eigenen (Bundes-)Staat entwickelte, so daß ein dreistufiges Staatsgebilde entstünde. In der Verfassungspraxis ist ein auf drei Hierarchieebenen dauerhaft agierender Staat bisher ohne Beispiel; im verfassungsrechtlichen Schrifttum wird vor einer solchen Einrichtung gewarnt[5]. Daher ist bei einer Etablierung eines europäischen Staatswesens zu befürchten, daß aus Gründen einer effektiven Bündelung aller bei der Bundesrepublik verbliebener Souveränitätsrechte entweder die deutsche bundesstaatliche Einheit aufgelöst und durch einen Staatenbund ersetzt würde oder die Bundesländer ihre Staatsqualität verlören. Für letztere Möglichkeit spricht die nach wie vor stärkere Stellung des Bundes auf Gemeinschaftsebene, die es ihm ermöglicht, einer Erosion seiner Staatlichkeit schon im Ansatz zu begegnen. Daneben wäre es für Deutschland in einem europäischen Bundesstaat mehr denn je erforderlich, in Europa mit einer Stimme zu sprechen, um der Gefahr einer Interessenzersplitterung zu begegnen.

3. Infolge des durch den Maastrichter Vertrag bewirkten Integrationszuwachses ist ein *europäischer Bundesstaat* nicht gegründet worden. Insgesamt mangelt es der Europäischen Union noch an einer eigenen demokratisch legitimierten Staatsgewalt sowie an einem eigenen Staatsvolk; ihr fehlen somit im Stadium des Maastrichter Vertrages noch die wesentlichen Attribute der Staatlichkeit. Dabei ist zwar unbestritten, daß die Befugnisse der europäischen Organe – insbesondere durch den Kompetenzzuwachs, der infolge des Maastrichter Vertrages ausgelöst worden ist – längst die Grenzen eines ausschließlich ökonomisch ausgerichteten Zweckverbandes überschritten haben. Infolge einer extensiven Definition des Wirtschaftsbezugs, aber auch durch die Vergemeinschaftung der im Grunde wirtschaftsfremden Gebiete der Außen-, Sicherheits- und Innenpolitik sind die Kompetenzlinien auf nahezu sämtliche Politikfelder vorgedrungen. Fest steht insoweit auch, daß die Einführung einer *Gemeinschaftswährung* nicht unerhebliche Auswirkungen auf die Wirtschafts-, Struktur-, Steuer- und Sozialpolitik haben wird. Eine Kompetenzsteigerung reicht jedoch allein nicht aus, um eine ursprünglich mitgliedstaatlich getragene Einrichtung mit Staatsgewalt auszustatten.

---

5 Vgl. *Thürer*, VVDStRL 50 (1991), S. 97 (134).

Insofern kann jedenfalls mangels Staatsqualität der Europäischen Union eine Gefährdung des deutschen Bundesstaates – zumindest noch – ausgeschlossen werden. Die Bundesrepublik verfügt nach wie vor über die klassischen Elemente eines Staates; insbesondere hat die mit dem Unionsvertrag verbundene Kompetenzübertragung nicht den Verlust der eigenen Staatsgewalt bewirkt: Maßgebliches Entscheidungsorgan in der Europäischen Union ist – nach wie vor – der Europäische Rat, der ausschließlich aus Vertretern der Mitgliedstaaten besteht. Die Fülle der Staatsgewalt und die „compétence-compétence" liegen weiterhin bei den Mitgliedstaaten. Ob in der gegenwärtigen Phase bereits von einem Staatenbund, oder – wie es das *Bundesverfassungsgericht* vorsichtig umschrieb – einem *Staatenverbund*[6] gesprochen werden kann, ist derzeit umstritten, für die hiesige Untersuchung jedoch nicht erheblich.

Damit setzt der Unionsvertrag die durch *Art. 79 Abs. 3 GG geschützten Prinzipien* nicht außer Kraft, weshalb es zu seiner Ratifizierung – entgegen anderslautender Ansicht in der verfassungsrechtlichen Literatur – keiner Entscheidung der verfassunggebenden Gewalt bedurfte.

Die Umgestaltung der Europäischen Union von einem Staatenverband in einen Bundesstaat mit der Folge eines Souveränitätsverlustes der Mitgliedstaaten würde voraussetzen, daß die Unionsgewalt, die derzeit gemeinsam von den Mitgliedstaaten ausgeübt wird, von einem der Europäischen Union zugeordneten Souverän wahrgenommen wird. Neben die Mitgliedstaaten als weiterhin verbleibendem zweiten Träger hätte die europäische Wähler- und Bürgerschaft über ein Unionsparlament als primärer Träger der neuen Unionsgewalt zu treten. Da nach dem Verfassungsverständnis aller Mitgliedstaaten jegliche Staatsgewalt vom Volk auszugehen hat, wäre die Errichtung eines Unionsparlaments das maßgebliche Fundament bei der Umstrukturierung der Europäischen Union.

Unbestreitbar dabei ist, daß es in der Europäischen Union ein Volk oder eine Nation – vergleichbar dem Staatsvolk der Mitgliedstaaten – von dem alle Unionsgewalt ausgehen könnte, derzeit nicht gibt. Anstelle eines Europäischen Volkes kann indes die Gesamtheit der Bürger der Europäischen Union als Willensgemeinschaft treten. Das einigende Band wäre eine echte Unionsbürgerschaft mit Rechten und Pflichten gegenüber der Europäischen Union, die mit der derzeitigen Unionsbürgerschaft nicht vergleichbar wäre. Letztere wird als „unechte" Unionsbürgerschaft ausschließlich durch die nationale Staatsbürgerschaft vermittelt und umfaßt gegenständlich außer dem Freizügigkeitsrecht nur

---

6 Vgl. BVerfGE 89, 155 ff. Ausführlich dazu *Schneider*, in: Gedächtnisschrift für Eberhard Grabitz, S. 677 ff.; vgl. auch *Hilf*, in: Gedächtnisschrift für Eberhard Grabitz, S. 157 ff.

das kommunale Wahlrecht und die Wahlberechtigung zum Europäischen Parlament vom Wohnsitz aus.

4. In einem engen Zusammenhang mit dieser Problematik steht die Frage, ob und inwieweit der europäische Zusammenschluß nach Maastricht die *Souveränität* des Mitgliedstaats Bundesrepublik beeinträchtigt. Auch ohne Etablierung eines europäischen Staatswesens könnte die Bundesrepublik möglicherweise dennoch die Stellung eines souveränen Bundesstaates, wie ihn Art. 79 Abs. 3 i. V. m. Art. 20 Abs. 1 und 2 GG verlangt, verloren haben. Ein Souveränitätsverlust der Bundesrepublik hätte auch für die Bundesländer erhebliche Auswirkungen: Obwohl die Länder im Bundesstaat keine originäre völkerrechtliche Souveränität besitzen, wird ihnen vom *Bundesverfassungsgericht* eine eigene Hoheitsmacht, basierend auf der Grundlage der bundesstaatlichen Verfassungsordnung des Grundgesetzes, zugestanden[7], die bei einem Souveränitätsverlust des Bundes in ihrer eigenen Existenz gefährdet wäre.

Die vorgenommene Untersuchung hat ergeben, daß der *Souveränitätsbegriff* aufgrund vielfältiger internationaler Beziehungen *im Wandel* ist und mit dem klassischen Verständnis im Sinne einer effektiven und organisierten Herrschaftsgewalt im inneren Bereich und der rechtlichen Unabhängigkeit im äußeren Bereich nur dann – auch weiterhin – vereinbar ist, wenn man den Begriff qualitativ in den Souveränitätsstatus und die Souveränitätsausübung aufteilt. Danach bleibt ein Staat souverän, solange er das Letztentscheidungsrecht zur Übertragung und Ausübung von Hoheitsrechten innehat. Diese Letztentscheidungskompetenz ist den Mitgliedstaaten nach der hier vertretenen Auffassung erhalten geblieben, weil ihnen – zumindest faktisch – ein Ausscheiden aus der Union auch ohne Zustimmung der anderen Mitgliedstaaten nicht verwehrt werden könnte. Allerdings wäre bei der Gründung eines europäischen Bundesstaates ein Souveränitätsverlust der Bundesrepublik Deutschland anzunehmen.

Problematisch im Hinblick auf die fortbestehende Souveränität Deutschlands wird sich letzten Endes die im Unionsvertrag angelegte *Trennung zwischen Wirtschafts- und Währungsverantwortlichkeit* erweisen. Die Währungsunion wird – wenn es überhaupt zu einer fristgerechten Verwirklichung kommt – ohne politische Union mittelfristig Widersprüche und Ungleichgewichte zwischen ihren Mitgliedern sowie zwischen diesen und den umliegenden Staaten hervorrufen. In der Praxis stieße die Währungsunion sehr bald auf das Erfordernis einer Haushaltspolitik, einer Regionalpolitik und einer Solidaritätspolitik gegenüber den ausgeschlossenen Staaten, die alle nur von einer echten *europäischen Regierung* realisiert werden könnten.

---

7 Vgl. BVerfGE 1, 14 (34).

Der Zusammenhang zwischen der Währungsunion und der politischen Union legen also nahe, diese beiden Fragen im Rahmen eines einzigen Prozesses anzugehen. Es wird sich de facto als kaum möglich erweisen, das Ziel der Währungsunion isoliert zu betrachten und die politische Union auf die lange Bank zu schieben; beide Aspekte müssen vielmehr als zwei zusammengehörige Zielsetzungen angesehen werden.

5. Für die Souveränitätsfrage ist auch das Urteil des *Bundesverfassungsgerichts* zum Vertrag von Maastricht vom 12. Oktober 1993[8] von maßgebender Bedeutung, wonach die Europäische Union gegenwärtig von den Staatsvölkern über die nationalen Parlamente demokratisch legitimiert wird. Im sog. *Staatenverbund* der Europäischen Union, so hat das Gericht ausgeführt, erfolge demokratische Legitimation notwendig durch die Rückkopplung des Handelns europäischer Organe an die Parlamente der Mitgliedstaaten. Das Gericht hat auch die wichtige Funktion des Europäischen Parlaments durch die Einschätzung besonders hervorgehoben, daß bereits in der gegenwärtigen Phase der europäischen Entwicklung der Legitimation durch das Europäische Parlament eine stützende Funktion zukomme. Diese Funktion ließe sich – so das Bundesverfassungsgericht – stärken, wenn das Europäische Parlament nach einem in allen Mitgliedstaaten übereinstimmenden Wahlrecht gewählt würde und sein Einfluß auf die Politik und die Rechtsetzung der Europäischen Union wüchse.

Kapitel 3: Maßnahmen zur Festigung der Bundesstaatlichkeit im Zusammenhang mit der Gründung der Europäischen Union (Art. 23 Abs. 2 – 7 GG)

1. Das im „Europa-Artikel" 23 GG geregelte Verfahren gibt der *Mitwirkung der Länder in Angelegenheiten der Europäischen Union* eine neue rechtliche Qualität. Darin werden die Mitwirkung der Länder bei der Willensbildung (Abs. 4 und 5) und die Vertretung in den Gremien der Europäischen Gemeinschaft durch die Länder verfassungsrechtlich verankert (Abs. 6).

Im *Vorfeld* ist die Bundesregierung verpflichtet, der Länderkammer die Unterlagen zum frühestmöglichen Zeitpunkt und auf dem kürzesten Weg zu übersenden (Abs. 2 Satz 2). Die frühzeitige Übersendung der Dokumente soll es den Ländern ermöglichen, sich rechtzeitig ein Meinungsbild über die Vorhaben der Europäischen Union zu erarbeiten, damit es dem Bundesrat gelingt, seinen verfassungsrechtlichen Befugnissen nachzukommen und Einfluß auf die Verhandlungsposition der Bundesregierung zu nehmen.

---

8 BVerfGE 89, 155 ff.

Das Ausmaß der eigentlichen Länderbeteiligung ist dabei nach dem Grad der Betroffenheit ihrer innerstaatlichen Zuständigkeiten differenziert geregelt: Wie schon nach Art. 2 des Gesetzes über die Einheitliche Europäische Akte (EEAG) haben die Länder über den Bundesrat Gelegenheit zur Stellungnahme, wenn in Bereichen ausschließlicher Bundeskompetenzen ihre Interessen berührt sind. Wo ein Vorhaben der Europäischen Union im Schwerpunkt die Gesetzgebungszuständigkeit der Länder, die Einrichtung ihrer Behörden oder ihre Verwaltungsverfahren betrifft, ist künftig bei der Willensbildung die Auffassung des Bundesrates *maßgeblich* zu berücksichtigen; in der Praxis bedeutet dies ein Letztentscheidungsrecht der Länderkammer. Zudem wird in den Fällen der Betroffenheit ausschließlicher Gesetzgebungszuständigkeiten der Länder die Verhandlungsführung im Ministerrat von Ländervertretern im Ministerrang wahrgenommen.

2. Die bedeutsamste *Einschränkung des Letztentscheidungsrechts* des Bundesrates ist die Regelung des Art. 23 Abs. 5 Satz 2 Halbsatz 2 GG, die ihn dazu verpflichtet, in den Fällen qualifizierter Mitwirkung „die gesamtstaatliche Verantwortung des Bundes zu wahren". Diese Klausel wird für verschiedene Aspekte mit internationalem Bezug verwendet, die von der grundgesetzlichen Konzeption her ausschließlich dem Bund zugewiesen sind: Sie umfaßt neben den bereits im EEAG vorgesehenen Gebieten Außen- und Integrationspolitik (Art. 32, 73 Nr. 1 GG) insbesondere den Verantwortungsbereich Sicherheitspolitik (Art. 87a GG)[9]. Dieser Vorbehalt stellt – insbesondere wegen des weiten Anwendungsbereichs gemäß § 5 Abs. 2 Satz 2 ZBLG – eine nicht unerhebliche Relativierung der gewonnenen Partizipationsrechte der Länder dar.

Der in § 5 Abs. 2 ZBLG vorgesehene Konfliktlösungsmechanismus gebietet, zunächst eine einvernehmliche Lösung anzustreben, was im Falle des Scheiterns nach erneuter Beratung der Bundesregierung mit Vertretern der Länder zu wiederholen ist. Schlägt auch dieser Versuch fehl, kann der Bundesrat sein Letztentscheidungsrecht nur aufrechterhalten, wenn er seinen ursprünglichen Beschluß mit einer Zweidrittelmehrheit bestätigt; im übrigen fällt die Letztentscheidungskompetenz der Bundesregierung zu. Dem Bundesrat wird es in der Praxis aufgrund parteipolitischer Mehrheitsverhältnisse häufig nicht gelingen, diese hohe Hürde zu überspringen.

3. Nach *Art. 23 Abs. 6 GG* nehmen die Länder in den Gremien der Gemeinschaft die Sprecherrolle für die deutsche Delegation wahr, wenn im Schwerpunkt ihre ausschließlichen Gesetzgebungszuständigkeiten betroffen sind. Die Änderung des Art. 146 EGV hat dafür die gemeinschaftsrechtlichen Vorausset-

9 Vgl. § 5 Abs. 2 Satz 2 ZBLG.

zungen geschaffen. In den Bereichen ausschließlicher Ländergesetzgebungszuständigkeit, wie z. B. auf dem Gebiet der Kultusangelegenheiten, kann künftig der Mitgliedstaat Bundesrepublik durch einen Länderminister vertreten werden.

Das sachliche Mandat des Ländervertreters im Ministerrat wird zunächst durch die zu den jeweiligen Themen vorliegenden Bundesratsbeschlüsse bestimmt. Daneben ist allerdings – auch wenn die Länder die Delegationsleitung haben – eine Beteiligung der Bundesregierung obligatorisch, denn Art. 23 Abs. 6 Satz 2 Halbsatz 1 GG bindet die Wahrnehmung der Rechte an die Beteiligung und die Abstimmung mit der Regierung. Die Verpflichtung zum „Abstimmen" erstreckt sich auch auf das Vorgehen bei den Verhandlungen, wobei „Abstimmung" weniger als „Einvernehmen" und mehr als „Benehmen" aussagen soll[10]. In der Staatspraxis bedeutet dies, daß der die Bundesrepublik vertretende Landesminister seiner Verhandlungsführung zunächst die nach Art. 23 Abs. 5 GG ausgearbeitete Position zugrundezulegen hat. Bei Lageveränderungen im Rat muß der deutsche Vertreter ggf. laufend neue Kompromisse zwischen Regierung, Bundesrat und Bundestag nach den für die interne Willensbildung geltenden Regeln des Art. 23 Abs. 5 GG herstellen. Art. 23 Abs. 6 Satz 2 Halbsatz 2 GG bindet den Ländervertreter im Rat zusätzlich an die „gesamtstaatliche Verantwortung des Bundes". Auch dieser, der Regelung in Art. 23 Abs. 5 Satz 2 Halbsatz 2 GG vergleichbare Vorbehalt schränkt die Rechte der Länder nach Art. 23 Abs. 6 GG im Ergebnis erheblich ein.

Aber nicht nur die restriktiven Vorbehalte zugunsten der Bundesinteressen stellen die Praktikabilität des Verfahrens in Frage, sondern auch das Problem, daß sich der vertretende Landesminister zuvor mit seinen Kollegen aus den übrigen Bundesländern – ggf. im Bundesrat – abzustimmen hat, will er tatsächlich die Interessen aller deutschen Länder in Brüssel repräsentieren. Der Sinn dieser Regelung kann daher weniger in einer materiell verbesserten Einbringung der Länderbelange gesehen werden, sondern eher in der Möglichkeit, durch unmittelbare Teilnahme an den nichtöffentlichen Verhandlungen des Rates zumindest die entscheidungserheblichen Gründe kennenzulernen und eventuell im Detail noch etwas ändern zu können.

4. Die Mitwirkung in Angelegenheiten der Europäischen Union ist auch weiterhin nach der im Grundgesetz angelegten Zweiteilung in innere, d. h. den innerstaatlichen Bereich betreffende, und äußere Angelegenheiten dem Außenbereich zuzuordnen. Dies ist solange zwingend, als es an einer ausdrücklichen Statuierung einer *„europäischen Innenpolitik"* in der Verfassung fehlt. Es handelt sich damit auch künftig um auswärtige Angelegenheiten im Sinne des

---

10 Vgl. *Bundestag*, Drucksache 12/3896 unter B I 2f.

Art. 32 Abs. 1 GG. Allerdings würde der Bereich der auswärtigen Gewalt spätestens bei der Konstituierung eines europäischen Bundesstaates verlassen. Bereits im Vorfeld sollte bei der Auslegung der Bestimmungen, die den Ländern oder dem Bundesrat Mitwirkungsrechte einräumen, den Besonderheiten des Übergangsstadiums angemessen Rechnung getragen werden.

5. Die im Schrifttum geäußerten Bedenken hinsichtlich der *Vereinbarkeit* der einfachgesetzlichen Vorgängerregelung in Art. 2 Abs. 3 EEAG *mit dem Außenvertretungsanspruch der Bundesregierung nach Art. 32 Abs. 1 GG* ist nunmehr im Grundsatz durch die Schaffung des Art. 23 GG ausgeräumt worden, denn diese Regelung stellt für Angelegenheiten der Europäischen Union im Verhältnis zu Art. 32 Abs. 1 GG eine lex specialis dar. Die Subsidiarität des Art. 32 Abs. 1 GG gegenüber Art. 23 GG reicht freilich nur so weit, wie von der Vorschrift überhaupt eine speziellere Regelung getroffen wird. Die Vorrangstellung gegenüber Art. 32 Abs. 1 GG besteht nur in dem Maße, wie die in Art. 23 Abs. 2 bis 7 GG normierten Beteiligungsrechte reichen. Mithin lebt die generelle Regelung des Art. 32 Abs. 1 GG dann wieder auf, wenn der durch Art. 23 Abs. 2 bis 7 GG abgesteckte Rahmen mit der Kompetenzverschränkung zwischen Bundesregierung, Bundestag und Bundesrat verlassen wird. Art. 32 Abs. 1 GG kann also nur berührt werden, wenn dem Bundesrat Rechte zuerkannt werden, die über das in Art. 23 Abs. 2 bis 7 GG vorgegebene Maß hinausgehen.

Im Hinblick auf die vorstehenden Erörterungen könnte das auf Art. 23 Abs. 7 GG basierende Gesetz über die Zusammenarbeit von Bund und Ländern in Angelegenheiten der Europäischen Union (ZBLG), insbesondere in seinen Bestimmungen über die Konfliktlösung in § 5 Abs. 2 und 3, einen unzulässigen Eingriff in den Außenvertretungsanpruch der Bundesregierung nach Art. 32 Abs. 1 GG darstellen, wenn es dem Bundesrat Rechte einräumte, die den von Art. 23 GG abgesteckten Rahmen verließen. Nach hier vertretener Auffassung ergibt indes eine am Wortlaut, an der Entstehungsgeschichte sowie an der Systematik orientierte Auslegung der Vorschriften des ZBLG, daß sie durch die grundgesetzliche Ermächtigung gedeckt sind. Die Analyse ergibt, daß das Letztentscheidungsrecht des Bundesrates seinem Umfang nach schon durch Art. 23 Abs. 5 Satz 2 GG konstituiert wird, die Bestimmungen des § 5 Abs. 2 und 3 ZBLG *insofern* nur deklaratorischer Natur sind. Der zusätzliche Regelungsgehalt des § 5 Abs. 2 und 3 ZBLG liegt darin, Verfahrensregeln für den Konfliktfall bereitzustellen, um die zwangsweise Durchsetzung der Bundesratsauffassung als ultima ratio nach Möglichkeit zu vermeiden.

Was die *Einsetzung von Ländervertretern im Ministerrat* nach Art. 23 Abs. 6 GG betrifft, stellt sich das Verhältnis der beiden grundsätzlich auf gleicher Stufe stehenden Verfassungsnormen wie folgt dar: Die Zulassung von Landesministern in den Organen der Europäischen Union gemäß Art. 23 Abs. 6 GG tangiert den Außenvertretungsanspruch des Bundes nach Art. 32 Abs. 1 GG. Jedoch stellt Art. 23 Abs. 6 GG für diesen Bereich eine lex specialis dar, mit der Folge, daß der generelle Außenvertretungsanspruch des Bundes nach Art. 32 Abs. 1 GG in diesem Segment zwar entsprechend zurückgenommen, nicht aber unzulässig ausgehöhlt oder gar obsolet wird. Dem Art. 32 Abs. 1 GG verbleibt vielmehr der größte Teil seines bisherigen Anwendungsbereiches, wozu der Abschluß sämtlicher völkerrechtlicher Verträge mit Drittstaaten, Staatenverbindungen und zwischenstaatlichen oder supranationalen Staatengemeinschaften – mit Ausnahme der Europäischen Union – gehört.

6. Die Frage, ob sich die Länder die Mitwirkungsbefugnisse *auf Kosten des Bundestages* verschafft haben, kann nach hiesiger Ansicht im Ergebnis verneint werden. Es ist zwar zu konstatieren, daß die Pflicht der Bundesregierung zur *maßgeblichen* Berücksichtigung des Bundesratsvotums in Art. 23 Abs. 5 Satz 2 GG auf den ersten Blick in einem unvertretbaren Widerspruch zur „einfachen" Berücksichtigungspflicht hinsichtlich der Stellungnahmen des Bundestages zu stehen scheint. Die getroffene Regelung hat jedoch – entgegen einer im Schrifttum geäußerten Ansicht – die Anpassung der durch Art. 79 Abs. 3 GG geschützten staatlichen Strukturprinzipien systemgerecht, d. h. ohne Verschiebung der verfassungsrechtlich fixierten Machtbalance, an die durch die Hoheitsübertragungen an europäische Einrichtungen bedingten Veränderungen angepaßt.

Dabei ist zunächst zu berücksichtigen, daß die Ausgangslage in Bund und Ländern höchst unterschiedlich ist. Während der Bund von seinen zahlreichen Kompetenzen aus Art. 73 und 74 GG Gebrauch machen kann, sind die Länder gemäß Art. 70 GG auf die übrigen nicht aufgezählten oder (noch) nicht vom Bund an sich gezogenen Materien beschränkt. Hinzu kommt die durch die bisherige Rechtsprechung des *Bundesverfassungsgerichts* gedeckte extensive Interpretation der Bedürfnisklausel des Art. 72 Abs. 2 GG.

Die Entscheidung, dem Bundestag im Gegensatz zum Bundesrat kein Äquivalent für seine eingebüßten Bundesgesetzgebungskompetenzen zu gewähren, ist auch durch einen sachlichen Grund gerechtfertigt. Dabei ist maßgebend, daß eine Gleichbehandlung von Bundesrat und Bundestag in diesem Bereich verfassungsrechtlich nicht geboten ist. Zu diesem Ergebnis gelangt man hiesiger Auffassung zufolge durch einen Vergleich, welche Mittel mit welcher Qualität den beiden Bundesorganen zur Durchsetzung ihrer eigenen Vorstellungen gegenüber der Bundesregierung *insgesamt* zur Verfügung stehen. Diese Gegenüberstellung macht deutlich, daß die Bundesregierung in einem ungleich engeren politischen und rechtlichen Abhängigkeitsverhältnis zum Bundestag steht als zum Bundesrat, der zwar ein Bundesorgan darstellt, jedoch in erster Linie als –

mediatisierte – Länderinteressenvertretung zu gelten hat. So ist die – ohnehin vom Parlament kontrollierte – Regierung über den Kanzler vom Bundestag in ihrem Fortbestand abhängig (Art. 67 GG). Darüber hinaus kann der Bundestag die Regierung zur Verantwortung ziehen, wenn sie seine Stellungnahmen nicht beachtet. Schließlich ist auch zu berücksichtigen, daß das Mitwirkungsrecht des Bundestages – im Gegensatz zu dem des Bundesrates – nicht von einer tatsächlich vorliegenden Betroffenheit abhängig ist. Die Anpassung ist auch deshalb systemadäquat erfolgt, weil die Pflicht zur „einfachen" Berücksichtigung in der Systematik der Beteiligungsrechte die nächstniedrigere Stufe gegenüber derjenigen zur maßgeblichen Berücksichtigung darstellt. Einer in der Literatur vorgeschlagenen verfassungskonformen Auslegung des Art. 23 Abs. 3 Satz 2 bzw. Abs. 5 Satz 2 GG bedarf es daher nicht[11].

7. Durch die Neuregelung in Art. 52 Abs. 3a GG wurde die bereits im Jahre 1958 eingerichtete EG-Kammer zur *Europakammer* fortentwickelt und den Erfordernissen nach Inkrafttreten des Vertrages über die Europäische Union angepaßt. Die Europakammer bietet die Möglichkeit, die Entscheidungsabläufe beim Bundesrat an den Arbeitsrhythmus der EU-Organe anzupassen; sie kann sowohl in eiligen Angelegenheiten als auch in Fällen beraten, in denen Vertraulichkeit zu wahren ist.

Die Beschlüsse der Europakammer gelten als Beschlüsse des Bundesrates. Die Stimmabgabe erfolgt wie im Bundesratsplenum mit der dem jeweiligen Land zustehenden Anzahl der Stimmen, die nur einheitlich abgegeben werden können. Mitglieder der Europakammer sind je ein Mitglied oder ein stellvertretendes Mitglied des Bundesrates pro Land.

Kapitel 4: Sonstige Massnahmen zur Stärkung der föderalen Eigenständigkeit der Bundesländer – Speziell: Das gemeinschaftsrechtliche Subsidiaritätsprinzip

1. Das Subsidiaritätsprinzip gilt in der Diskussion um den Fortgang der europäischen Integration im Zuge der Maastrichter Vertragsverhandlungen als zentraler Schlüsselbegriff. Die mehrfache Verankerung dieses Prinzips soll im Hinblick auf den Aufbau Europas insbesondere folgende Elemente stärken:

- die demokratische Legitimität, indem die Herausbildung einer übermächtigen und von den Sorgen der Bürger abgekoppelten europäischen Zentralgewalt verhindert wird;

11 Vgl. *Di Fabio*, Der Staat 1993, S. 191 (210 ff.).

- die Transparenz, denn die Subsidiarität begünstigt eine klare Aufgabenteilung zwischen den verschiedenen Verwaltungsebenen, so daß der Bürger leichter erkennen kann, welche Handlungsbefugnisse die einzelnen Ebenen haben;
- die Effizienz, denn das Subsidiaritätsprinzip verlangt die Ausübung der Handlungsbefugnisse auf der dafür am besten geeigneten Verwaltungsebene.

Der Subsidiaritätsgrundsatz hat auf der Ebene des Gemeinschaftsrechts erstmals im Jahre 1987 durch die Einheitliche Europäische Akte in der den Umweltschutz betreffenden Vorschrift des Art. 130r Abs. 4 EWGV ausdrücklich Eingang gefunden.

Dagegen wurde das Subsidiaritätsprinzip im Vertrag von Maastricht als allgemeines, der Verteilung und Begrenzung von Aufgaben und Zuständigkeiten zwischen den Mitgliedstaaten und der Europäischen Gemeinschaft dienendes Prinzip im Gemeinschaftsrecht gleich mehrfach verankert. Die Vereinbarungen von Maastricht sprechen es an in Art. B des Unionsvertrages, wonach die Ziele der Union „unter Beachtung des Subsidiaritätsprinzips“, wie es in Art. 3b EGV konkretisiert ist, zu verwirklichen sind. Auch der Hinweis in der Präambel sowie in Art. A EUV darauf, daß „Entscheidungen möglichst bürgernah getroffen werden“ sollen, ist in diesem Zusammenhang zu nennen.

Die zentrale Vorschrift des Art. 3b EGV beinhaltet drei Komponenten: Er legt fest, daß die Gemeinschaft dem Prinzip der begrenzten Einzelermächtigung verpflichtet ist (Abs. 1), konkretisiert das bereits in Art. B EUV angeklungene Subsidiaritätsprinzip (Abs. 2) und schreibt den Verhältnismäßigkeitsgrundsatz für die Tätigkeit der Gemeinschaft fest (Abs. 3).

2. Die Subsidiaritätsfrage hat jedoch auch und gerade im Verhältnis zwischen der Gemeinschaft und den subnationalen Untergliederungen Bedeutung. Aus der Sicht der deutschen Länder gewinnt die Abgrenzung der Kompetenzen zur Gemeinschaft nach dem Subsidiaritätsprinzip deshalb besonderen Stellenwert, weil die bisherigen Refugien der Länder, wozu insbesondere die Kultur- und Bildungspolitik, der Umwelt- und Gesundheitsschutz und die regionale Strukturpolitik zählen, zum Bereich der nicht ausschließlichen Kompetenzen der Gemeinschaft gehören und daher mit Hilfe des Subsidiaritätsprinzips der einen oder der anderen Ebene zuzuordnen sind.

Das Subsidiaritätsprinzip enthält allerdings keine ausdrückliche Bezugnahme auf die subnationalen Entscheidungsträger wie beispielsweise die deutschen Bundesländer, obgleich gerade von diesen die Verankerung eines solchen Grundsatzes maßgeblich vorangetrieben worden ist. Obwohl damit für die subnationalen Einheiten kein subjektives Recht *der Gemeinschaft gegenüber* aus

Art. 3b EGV herzuleiten ist, können sich die Gemeinschaftsorgane bei ihrer Entscheidungsfindung dennoch den Argumenten der Untergliederungen nicht etwa völlig verschließen. Die Gemeinschaft ist vielmehr verpflichtet, vor dem Erlaß einer die subnationalen Untergliederungen tangierenden Regelung deren Notwendigkeit sorgfältig zu prüfen, da sie ohnehin gehalten sind, vor dem Erlaß einer gemeinschaftsweiten Regelung die Möglichkeit einer *ausreichenden* Zielverwirklichung auf nationaler Ebene eingehend zu analysieren. Im Rahmen der dabei anzustellenden Abwägung sind selbstverständlich auch die von den regionalen Untergliederungen vorgebrachten Gründe, die sich mit der *besseren* Aufgabenerledigung auseindersetzen, einzubeziehen, wenn die geplante Maßnahme in ihre Kompetenzen eingreift. Dafür spricht nicht zuletzt das in der Präambel sowie in Art. A des Maastrichter Vertrages enthaltene Bekenntnis, Entscheidungen „möglichst bürgernah" zu treffen.

Die Frage, ob durch die Subsidiaritätsregelung Rechte der subnationalen Untergliederungen, insbesondere der deutschen Länder, begründet werden, ist nach dem gegenwärtigen Stand der Institutionalisierung in der Gemeinschaft noch zu verneinen. Zwar hat die unternationale Ebene durch die Einrichtung des Regionalausschusses (Art. 198 a – c EGV) eine erhebliche Aufwertung erfahren. Durch diese Einrichtung haben die innerstaatlichen Untergliederungen erstmals die – nicht nur informelle – Möglichkeit erhalten, ihre Standpunkte in den europäischen Entscheidungsprozeß einzubringen und damit die Anwendung des Subsidiaritätsprinzips in der Praxis zu unterstützen. Die Einrichtung des Regionalausschusses hat indes keine Institutionalisierung der „dritten Ebene" zur Folge. Wegen der Heterogenität der regionalen Untergliederungen in den Mitgliedstaaten, von denen die deutschen Bundesländer den mit Abstand höchsten Institutionalisierungsgrad aufweisen, ist dies als nicht möglich angesehen worden. Dem Ausschuß kommt als vorwiegend politisch einzuordnende Einrichtung hauptsächlich – vergleichbar dem Wirtschafts- und Sozialausschuß – eine beratende Funktion zu; dagegen fehlt es ihm – zumindest noch – an echten Mitentscheidungskompetenzen. Eine Verpflichtung, vor dem Erlaß von Gemeinschaftsakten, die zu Eingriffen in landesrechtliche oder regionale Kompetenzen führen, die Notwendigkeit einer gemeinschaftsweiten Regelung in besonderer Weise zu prüfen, ist aus den betreffenden Bestimmungen – entgegen anderslautender Ansicht – nicht abzuleiten. Die aus Sicht der subnationalen Einheiten abwehrende, negative Komponente des Subsidiaritätsprinzips erlegt den Gemeinschaftsorganen lediglich die Pflicht zur Prüfung auf, ob eine *ausreichende* Zielverwirklichung auf nationaler Ebene, zu der auch die innerstaatlichen Untergliederungen gehören, gewährleistet ist bzw. wäre. Jedoch kann eine darüber hinausgehende Obliegenheit zur Berücksichtigung oder gar Kompensation von etwaigen mit der Kompetenzübernahme verbundenen Betroffenheiten der Untergliederungen jedenfalls dem Subsidiaritätsprinzip nicht entnommen werden.

Auch wenn die subnationalen Untergliederungen gegenüber der Gemeinschaft *unmittelbar* keine subjektiven Rechte aus dem Subsidiaritätsgrundsatz ableiten können, haben speziell die deutschen Länder die Möglichkeit, über den Bund *mittelbar* auf die Gemeinschaftstätigkeit mit Hilfe des Subsidiaritätsprinzips Einfluß zu nehmen. Gemäß § 7 ZBLG können die Länder die Bundesregierung dazu verpflichten, von der ihr vor dem Europäischen Gerichtshof wegen einer behaupteten Nichtbeachtung des Subsidiaritätsgrundsatzes zustehenden Klagemöglichkeit Gebrauch zu machen. Somit können die Bundesländer auf dem Umweg über die Bundesregierung Gemeinschaftsakte im Hinblick auf das Subsidiaritätsprinzip untersuchen lassen.

In *präventiver* Hinsicht haben die Länder nur die Möglichkeit, den Bund so weit als möglich auf politischem Wege von ihrer Haltung zu einem geplanten Gemeinschaftsrechtsakt zu überzeugen.

3. Die Verwendung der Kriterien „nicht ausreichend" und „besser" in Art. 3b EGV wirft die Frage auf, in welchem Verhältnis diese beiden Begriffe zueinander stehen. Nach der hier vertretenen Auffassung ergibt sich im Wege der Auslegung, daß ein Verhältnis abgestufter Subsidiarität mit Vorrang des Erforderlichkeitsaspektes beabsichtigt ist. Dieses Ergebnis ergibt sich sowohl unter Zugrundelegung der Wortlautinterpretation als auch nach den Grundsätzen der systematischen Auslegung. Zum einen legt Art. 3b Abs. 2 EGV mit der Formulierung *und daher* bereits eine Nachrangigkeit des Wirksamkeitskriteriums nahe. Daneben verdeutlicht die Stellung der „Nicht-ausreichend-Formel" vor der Konjunktion *daher*, daß erst die Erfüllung dieses Kriteriums die Zuständigkeit der Gemeinschaftsebene nach der „Besser-Formel" indiziert. Läßt sich also nach der primär vorzunehmenden Prüfung der „Nicht-ausreichend-Formel" feststellen, daß die Ziele der in Betracht gezogenen Maßnahmen auf Mitgliedstaatsebene mindestens *ausreichend* erreicht werden können, ist ein Tätigwerden der Gemeinschaft ausgeschlossen.

Auch in materieller Hinsicht kommt den Gemeinschaftsrechtsetzungsorganen kein dem deutschen Bundesgesetzgeber nach Art. 72 Abs. 2 GG vergleichbarer Beurteilungsspielraum zu. Dies ergibt sich vor dem Hintergrund der besonderen Entstehungsgeschichte des Art. 72 Abs. 2 GG, der nach dem Willen der Besatzungsmächte eine möglichst große Föderalisierung der Bundesrepublik erreichen sollte, wodurch ein Bedürfnis nach korrigierender Auslegung entstanden ist. Daneben ist zu berücksichtigen, daß auch politische, ökonomische, technische und soziale Faktoren zum deutlichen Überwiegen der Bundesgesetzgebung im Bereich der konkurrierenden Kompetenzen geführt haben.

4. Aufgrund der verwendeten unbestimmten Rechtsbegriffe und dem damit verbundenen Einschätzungsspielraum der Gemeinschaftsorgane stellt sich das

Problem der Wirksamkeit des Subsidiaritätsprinzips. Im Ergebnis wird der Grundsatz in erster Linie als politisches Gestaltungselement bei der Zuweisung von Kompetenzen an die verschiedenen Aktionsebenen nach der Formel „Entscheidung in Brüssel, wo immer nötig, Entscheidung vor Ort, wo immer möglich" dienen.

Wünschenswert wäre in diesem Zusammenhang, die bisher praktizierte Kompetenzzuordnung an die europäische Ebene nach Zielsetzungen durch einen numerus clausus eindeutig definierter Kompetenzen abzulösen. Ein Weg hierfür wäre es, den bisherigen weit gefaßten Zielkatalog des Art. 3 EGV durch einen sachgebietsbezogenen Kompetenzkatalog zu ersetzen oder zumindest in einen konkreten Aufgabenfächer umzuwandeln, der auf die vorhandenen konkreten Befugnisnormen im Vertrag verweist. Hierzu ist ein Verzeichnis über die Zuständigkeiten der Europäischen Union zu erstellen. Dabei sollte eine eindeutige Differenzierung in ausschließliche und nicht-ausschließliche Zuständigkeiten der Europäischen Union vorgenommen werden.

5. Ein weiteres, im Zusammenhang mit dem Subsidiaritätsprinzip untersuchtes Problem ist das der *Heterogenität* der Mitgliedstaaten und ihrer Untergliederungen. Nach hier vertretener Ansicht böte sich eine Lösung durch einen differenzierten Erlaß von Regelungen je nach der Leistungsfähigkeit des einzelnen Mitgliedstaates an. Dazu wäre es erforderlich, daß die Europäische Union bei gewissen Regelungen, insbesondere solchen, die die regionale Ebene berühren, auf Einheitlichkeit verzichtet oder eine Regelung insgesamt unterläßt. Eine Differenzierung von Regelungen nach der Leistungskraft der Mitgliedstaaten und ihrer regionalen Einheiten, beispielsweise im Bereich des Umweltschutzes, könnte den Subsidiaritätsgedanken des Art. 3b EGV und das Gebot, die Geschichte, die Kultur und die Traditionen sowie die nationale Identität der Mitgliedstaaten zu wahren, miteinander in Einklang bringen.

Jedenfalls ist festzustellen, daß die Verankerung eines Subsidiaritätsprinzips im Gemeinschaftsrecht anstelle eines Kataloges mit ausdrücklichen Kompetenzzuweisungen eine fließende Kompetenzabgrenzung zwischen Gemeinschaft und Mitgliedstaaten zur Folge hat. Damit liegt dem Prinzip mit den Merkmalen *„nicht ausreichend"* und *„besser"* im Kern ein relativer Abgrenzungsmaßstab zugrunde. Allerdings ist die Praxis nach dem soeben dargestellten Verfahren nicht unumstritten. Eine Differenzierung nach der Leistungsfähigkeit der Mitgliedstaaten geht sowohl auf Kosten der Homogenität des Integrationsniveaus und widerspricht auch der *ratio essendi* des auf Dynamik angelegten Gemeinschaftsrechts. Jedenfalls hätte man der Gefahr wirksam zu begegnen, daß die schwächsten Mitgliedstaaten den Handlungsrahmen der Gemeinschaft bestimmen. Eine Differenzierung erscheint daher nur als ultima ratio zur Überbrükkung unüberwindbarer nationaler Divergenzen als tauglich, wenn alle integrationsfreundlicheren Maßnahmen, wie z. B. befristete Übergangsklauseln, nicht in Betracht kommen oder gar bereits versagt haben.

6. Im Vertrag von Maastricht ist zum ersten Mal eine Beteiligung der Regionen und lokalen Gebietskörperschaften in beratender Funktion am Entscheidungsprozeß der Europäischen Union vorgesehen. Zu diesem Zweck wurde der Ausschuß der Regionen geschaffen (Art. 198a – c EGV), der durch seine Zusammensetzung und seine Aufgaben dazu beiträgt, die Union den Bürgern näher zu bringen und somit ihre demokratische Legitimität zu stärken. Die Einsetzung des Regionalausschusses stellt ein wichtiges Element im Hinblick auf die föderale Ausrichtung der Europäischen Union dar. Durch die Einbeziehung der subnationalen Ebenen in den Entscheidungsprozeß der Union kommen auch im institutionellen Bereich das Subsidiaritätsprinzip und das Ziel stärkerer Bürgernähe der Union zum Ausdruck.

Er ist nicht als Organ der Gemeinschaft, sondern – in Anlehnung an den Wirtschafts- und Sozialausschuß (Art. 193 – 198 EGV) – als mit beratender Aufgabe ausgestattetes Gremium konzipiert, das aus Vertretern der regionalen und lokalen Gebietskörperschaften besteht.

Eine insbesondere von den deutschen Bundesländern befürwortete Aufwertung des Regionalausschusses zu einer echten zweiten oder dritten Kammer kann bei der gegenwärtigen Heterogenität der Regionen noch nicht verwirklicht werden. Nach hiesiger Auffassung käme zur Zeit allenfalls eine Beteiligung in einem zum „Unionsrat" entwickelten Rat in Betracht, in dem die Regionalvertreter – zusammen mit den nationalen Fachministern – die mitgliedstaatliche Ebene vertreten. Dabei könnte der Anteil der Regionalvertreter mit zunehmendem Institutionalisierungsgrad der Regionen insgesamt und zunehmender Angleichung in der innerstaatlichen Kompetenzausstattung schrittweise erhöht werden, wobei am Ende dieser Entwicklung eine Zweiteilung in *Regionalrat* einerseits und *Staatsrat* andererseits denkbar wäre.

Eine derartige Aufwertung des Regionalausschusses zu einer Regionalkammer wäre aber nicht ohne eine Änderung der Gemeinschaftsverträge möglich, was wiederum entsprechende Mehrheiten unter den Mitgliedstaaten voraussetzte. Ob ein solches Vorhaben in Anbetracht der zahlenmäßigen Unterlegenheit der Mitgliedstaaten mit föderalen Zügen Aussicht auf Erfolg verspräche, erscheint derzeit mehr als fraglich.

Dennoch sollte es Ziel der Reformkonferenz 1996 sein, den Ausschuß der Regionen institutionell weiterzuentwickeln. Er sollte zusätzliche obligatorische Anhörungsrechte u. a. in den Bereichen Umwelt, Medizin und Weiterbildung sowie ein eigenes Klagerecht erhalten. Darüber hinaus wäre ein eigener organisatorischer Unterbau – anstelle der Anbindung an den Wirtschafts- und Sozialausschuß – wünschenswert.

7. Möglicherweise liegt die Zukunft der deutschen Länder in der Europäischen Union im Bereich des Gesetzesvollzuges. Denkbar wäre dies im Wege einer „vertikalen Gewaltenteilung“ zwischen Europäischer Union, dem Mitgliedstaat Bundesrepublik und den Bundesländern als subnationale Einheiten.

Je mehr Kompetenzen nach Europa abgegeben werden, um so höher wird der Vollzugsbedarf der innerstaatlich nach Art. 83 ff. GG grundsätzlich zuständigen Bundesländer ausfallen. Da die Europäische Union im Vollzugsbereich bislang kaum aktiv geworden ist, fiele den Ländern auch der Vollzug solcher Materien zu, die in der Bundesrepublik bisher überhaupt nicht geregelt waren. Insofern könnte die Kompetenzverlagerung auf die Union den Ländern sogar die Chance einer Kompetenzsteigerung im Vollzugsbereich bieten.

Kapitel 5: Die Rolle der Landesparlamente als unmittelbar demokratisch legitimierte Organe

1. Die Landesparlamente sind aus nationaler Sicht die eigentlichen Verlierer des Integrationsprozesses. Alle bisherigen Beteiligungsverfahren (bis auf das Länderbeteiligungsverfahren aus dem Jahre 1979) sehen eine Mitwirkung des Bundesrates vor, so daß – gemeinsam mit der Kompetenzverlagerung von den Ländern zum Bund – von einem „Exekutivföderalismus" gesprochen werden kann. Dabei ist auch zu berücksichtigen, daß der Wandel des bundesstaatlichen Gefüges, insbesondere die Tendenz zur Unitarisierung, die Gesetzgebungsfunktion der Landesparlamente zurückgedrängt hat. Bedingt dadurch ist die Kontrollfunktion in den Vordergrund der parlamentarischen Arbeit gerückt. Dies gilt um so mehr, als daß ehemalige, in die Kompetenz des Bundes oder der Europäischen Union übergegangene Gesetzgebungsbefugnisse der Landesparlamente nun auf Bundesebene vom Bundesrat mit wahrgenommen werden. Schon aus dieser Überlegung heraus rechtfertigt sich eine Ausweitung der parlamentarischen Kontrollfunktion zur verbindlichen Einflußnahme auf die Regierungsvertreter im Bundesrat.

2. Die Landesparlamente wurden in der Vergangenheit vor allem deswegen nur restriktiv beteiligt, weil eine unmittelbare Einflußnahme auf die Regierungsvertreter im Bundesrat verfassungsrechtlich allgemein für nicht zulässig gehalten wird. Auf die Willensbildung des Bundesrates in Angelegenheiten der Europäischen Union sind die vom *Bundesverfassungsgericht* herausgearbeiteten Grundsätze allerdings entgegen der herrschenden Ansicht nicht anwendbar, weil die Länderkammer hier nicht in ihrem originären Aufgabenbereich, der

Gesetzgebung oder Verwaltung des Bundes, sondern als Koordinationsorgan der Länder tätig wird. Die Inanspruchnahme des Bundesrates erfolgt zum einen wegen der in praktischer Sicht negativen Erfahrungen mit der unmittelbaren Länderbeteiligung von 1979 bis 1986, zum anderen wegen der Nutzbarmachung der beim Bundesrat bereits vorhandenen Personal- und Sachausstattung.

3. Die Untersuchung hat weiter ergeben, daß die Koordination der EU-Politik grundsätzlich von der sonstigen Bundesratstätigkeit getrennt zu betrachten ist. Daran ändert auch der Umstand nichts, daß Art. 50 GG nach seiner Neufassung nunmehr die Mitwirkung in Angelegenheiten der Europäischen Union ausdrücklich als Aufgabe dem Bundesrat zuweist, denn im Gegensatz zu der „Mitwirkung an der Gesetzgebung und Verwaltung *des Bundes*" handelt es sich hier im eigentlichen Sinne um ursprüngliche Belange der Länder selbst.

4. Ein Lösungsansatz könnte darin bestehen, für die Zulässigkeit einer unmittelbaren Einwirkung der Landesparlamente auf die Regierungsvertreter im Bundesrat den Gedanken der *Organleihe* fruchtbar zu machen. Die Voraussetzungen dieses Rechtsinstituts sind bei der Willensbildungstätigkeit des Bundesrates in Angelegenheiten der Europäischen Union gegeben. Der nach der eigentlichen Konzeption des Grundgesetzes nur für die Willensbildung in nationalen Angelegenheiten zuständigen Länderkammer wird – in erster Linie aus Gründen der Zweckmäßigkeit – die Kompetenz eingeräumt, den Willen der Bundesländer zu koordinieren. Der Bundesrat nimmt dabei keine Mitwirkungsrechte an der Bundesgesetzgebung bzw. Bundesverwaltung wahr, vielmehr werden Länderstandpunkte zu anstehenden EU-Rechtsetzungsvorhaben festgelegt, die landespolitische Zuständigkeitsbereiche betreffen. Mit der Aufgabe, verlorengegangene Länderkompetenzen und -interessen auszugleichen, wirkt der Bundesrat als *Koordinationsgremium* der Länder in deren ureigensten landespolitischen Angelegenheiten. Damit nimmt er de facto die Rolle eines Gremiums auf der „dritten Ebene" im kooperativen Föderalismus wahr, einer Koordinierungsstelle in den Beziehungen der Bundesländer untereinander.

Bei der Organleihe werden dem Organ gewöhnlich zwar bestimmte Aufgaben zur eigenverantwortlichen Erfüllung überantwortet, die abgebende Stelle behält sich jedoch stets ein – auch für den Einzelfall gültiges – Weisungsrecht vor. Diesen Gedanken auf das Verhältnis zwischen den Landesparlamenten und den Regierungsvertretern im Bundesrat übertragen, bedeutet dies, daß die Parlamente als „abgebende Stelle" auch weiterhin die Kontrolle über die Wahrnehmung der Kompensationsrechte auszuüben berechtigt sind. Die Überwachung beschränkt sich dabei nicht nur auf ein sog. „mitlaufendes Kontrollrecht" oder gar auf eine bloße nachträgliche Kontrolle, sondern schließt auch Maßnahmen in der aszendierenden Phase ein.

5. Im Ergebnis ist es daher den Ländern im Rahmen ihrer Verfassungsautonomie gestattet, die Einwirkungsrechte der Landesparlamente auf die Landesregierungen durch Änderung der Landesverfassung zu stärken. Dem steht die Vorschrift des Art. 51 GG nicht entgegen, weil sie lediglich eine Besetzung des Bundesrates mit Vertretern der Länderregierungen vorschreibt, nicht aber – wie sich dem systematischen Verhältnis der Norm zu Art. 28 Abs. 1 GG ergibt – verbindliche Instruktionen auf Bundesratsmitglieder verbietet.

6. Ein Blick in das Nachbarland Österreich zeigt, daß eine unmittelbare Beteiligung aller einzelnen Länder einschließlich ihrer Parlamente im Grundsatz möglich ist. Durch eine vergleichbare Lösung könnte man in Deutschland zum einen einen Beitrag zur Stärkung der bundesstaatlichen Ordnung nach dem Grundgesetz leisten; zum anderen bezöge sie die Landtage als eigentliche Verlierer bei der Abgabe von Ländergesetzgebungskompetenzen an die europäische Ebene in den Mitwirkungsprozeß unmittelbar mit ein, wodurch der innerstaatlichen Tendenz zur Verlagerung von Kompetenzen von der Legislative an die Exekutive entgegengewirkt würde.

B. AUSBLICK

Abschließend soll noch ein kursorischer Blick auf die mögliche Fortsetzung des europäischen Integrationsprozesses sowie auf die damit für die Bundesrepublik Deutschland insgesamt und die Bundesländer im besonderen verbundenen Konsequenzen geworfen werden.

I. FINALITÄT DES EUROPÄISCHEN EINIGUNGSPROZESSES

Der Präsident des *Europäischen Parlaments*, Klaus Hänsch, hat in seiner Antrittsrede am 20. Juli 1994 angekündigt, daß sich in den nächsten Jahren in Europa eine neue Ordnung für die nachfolgende Generation herausbilden wird, in der nichts mehr so sein wird, wie es in den vergangenen 40 Jahren gewesen ist[12]. Doch wohin wird der prophezeite Quantensprung führen?[13]

Die politische Debatte über die Zukunft in Europa wird heute von zwei faktischen Elementen beherrscht, die für eine ganze Reihe schwer zu lösender Probleme verantwortlich sind. Es handelt sich zum einen um den *Erweiterungsdrang der Union* und die damit in Ermangelung einer Stärkung ihrer Institutio-

---

12 Abgedruckt in: EA 1994, D 532 (D 534).

13 Vgl. hierzu *Pitschas*, StWuStP 1993, S. 503 (504 ff.), und *Scharpf*, StWuStP 1993, S. 475 ff.

nen verbundenen Risiken. Zum anderen geht es um den Ablauf zweier im Maastrichter Vertrag vorgesehener wichtiger Termine: Die Regierungskonferenz zur *Revision einiger Vertragsbestimmungen*, die im Laufe des Jahres 1996 einberufen werden muß (vgl. Art. N Abs. 2 EUV), sowie der spätestens am 31. Dezember desselben Jahres zu fassende Beschluß darüber, ob die *dritte Phase der Währungsunion* noch vor dem im Unionsvertrag vorgeschriebenen äußersten Datum des 1. Januar 1999 eingeleitet werden soll. Dabei ist zu betonen, daß der Erweiterungsdrang der Zielsetzung der Union entspricht und nicht aufgehalten werden kann und darf. Die friedliche Revolution von 1989 würde gänzlich ihren historischen Wert verlieren, wenn es der Europäischen Union nicht gelänge, die Staaten Mittel- und Osteuropas, die um Einlaß bitten, in den eigenen Einflußbereich zu ziehen. Wenn dies nicht geschieht, drohen sie zu Opfern des destabilisierenden nationalistischen Aufschwungs zu werden.

Im übrigen ist daran zu erinnern, daß die Union selbst den Kräften des Zerfalls preisgegeben wäre, wenn sie versuchte, sich ihrer eigenen Verantwortung zu entziehen, indem sie sich mit ihrer augenblicklichen Zusammensetzung begnügt und auf die Instrumente verzichtet, die sie benötigt, um sich selbst regieren zu können und in Europa und in der Welt eine aktive Rolle als Kraft des Fortschritts zu übernehmen. In Wirklichkeit kann sie auf ihrem Weg nicht stehenbleiben, weil das augenblickliche internationale Umfeld es ihr nicht erlaubt. Wenn es vielleicht vor dem Beitritt Finnlands, Österreichs und Schwedens noch einen Sinn gehabt hätte, die Erweiterung ein paar Jahre aufzuhalten, um die der Regierungskonferenz von 1996 übertragene institutionelle Reform abzuwarten, so wäre heute eine Rückbesinnung der Union auf sich selbst zu dem einzigen Zweck, den Status quo beizubehalten, mehr als sinnlos. Es muß vielmehr darum gehen, die Erweiterung voranzutreiben und zugleich zu verhindern, daß die Europäische Union dadurch auf eine große Freihandelszone reduziert wird. Dieses Ergebnis wird nur im Wege einer Stärkung der Union erzielt werden können. Dies ist ein Punkt, über den in Europa ein breiter, wenn auch im Hinblick auf die britische Regierung etwas vager Konsens besteht[14].

1. Integrationstiefe

Unabhängig von den Zusammenhängen, die zwischen der Währungsunion und der politischen Union bestehen, ist es eine Tatsache, daß in der europäi-

14 Vgl. den britischen Premierminister *Major* vor dem Unterhaus im Mai 1995, wo er deutlich machte, daß London sein nationales Veto niemals aufgeben und sich die britische Regierung bei der bevorstehenden Konferenz im Jahre 1996 einer Stärkung des Europäischen Parlaments widersetzen werde; in: FAZ vom 18.5.1995, S. 5.

schen politischen Debatte die Meinung vorherrscht, daß die Erweiterung der Union auf alle Fälle irgendeine *Stärkung der Institutionen* erforderlich macht. Die Mehrheit der Regierenden in Europa ist sich bewußt, wie ungeheuer wichtig die Fortsetzung des europäischen Aufbauwerks ist, und befürwortet eine Reform, die dies ermöglicht, unabhängig davon, in welchem Maße jeder einzelne von ihnen bereit ist, weitere Teile der eigenen Souveränität abzutreten. Für die Stärkung der Union wurden schon unzählige Formeln vorgeschlagen, die teils im krassen Widerspruch zueinander stehen. Sie lassen sich im wesentlichen in zwei Gruppen einteilen. Die einen verfolgen das Ziel, im Wege einer Rationalisierung der bestehenden Institutionen die Handlungsfähigkeit der Union zu verbessern; sie wollen das Modell der zwischenstaatlichen Zusammenarbeit auf Regierungsebene beibehalten. Die anderen streben eine Umwandlung der derzeitigen Unionsorgane im demokratischen und föderalistischen Sinne an.

Die europäische Einigung stellt, solange sie nicht an ihrem föderalen Ziel angelangt ist, einen *Übergangsprozeß* dar, dessen institutionelles Gefüge in jedem Stadium nur vorläufig und auch in gewisser Weise instabil ist. Die gegenwärtige institutionelle Struktur der Union ist eines dieser Stadien, und die Tatsache, daß sie föderale Elemente besitzt, kann als Anzeichen für ihre föderale Bestimmung eingestuft werden. Diese Bestimmung wurde bislang allerdings noch nicht umgesetzt, weil – wie festgestellt – die Souveränität weiterhin bei den Mitgliedstaaten liegt. Die politische Diskussion um die *institutionelle Reform* der Europäischen Union ist bereits kurz nach dem Vertrag von Maastricht in Gang gekommen. Der Europäische Rat hat aufgrund der Vereinbarung von Ioannina am 24. und 25. Juni 1994 in Korfu eine Reflexionsgruppe zur Vorbereitung der Regierungskonferenz von 1996 eingesetzt, die ihre Arbeit bereits im Sommer 1995 aufgenommen hat[15].

In Art. N des Vertrages über die Europäische Union ist festgelegt, daß im Jahr 1996 eine Konferenz der Vertreter der Regierungen der Mitgliedstaaten einberufen wird, um die Änderung bestimmter Vertragsbestimmungen zu prüfen. Darin spiegelt sich das Bewußtsein wider, daß der Vertrag angesichts des innovativen Charakters einiger Vorschriften sowie der tiefgreifenden Umwälzungen, die die Union durchmacht, besonders aufgrund ihrer kontinuierlichen Erweiterung durch den Beitritt neuer Mitgliedstaaten, in kurzen Zeitabständen einer Revision bedarf.

Daneben sind die *Entscheidungsverfahren* in der Europäischen Union zu verbessern. Die Kritik zielt dabei vor allem auf folgende Bereiche: Neben der häu-

---

15 Vgl. zu den Positionen der deutschen Bundesländer für die Reformkonferenz 1996: *Borchmann*, EuZW 1995, S. 570 ff.

fig beklagten mangelnden demokratischen Legitimation europäischer Entscheidungen[16] fehlt es den Entscheidungsverfahren an einer hinreichenden *Effizienz*. Das stetig wachsende Aufgabenspektrum droht schon jetzt die Leistungskraft der europäischen Bürokratie zu überfordern. Insofern wäre vor der Übertragung weiterer essentieller Aufgabenbereiche zu fordern, daß auf Gemeinschaftsebene selbst Verfassungszustände herangebildet werden, die unseren gegenwärtigen Vorstellungen zumindest im groben entsprechen.[17]

Partialinteressen einzelner Mitgliedsregierungen verhindern gleichwohl bei dem in wesentlichen Handlungsfeldern nach wie vor dominierenden Einstimmigkeitsprinzips weiterreichende Reformen. Darüber hinaus ist die geringe Transparenz und Bürgernähe der Entscheidungsverfahren der Europäischen Union Gegenstand häufig geäußerter Kritik. Bemängelt wird darüber hinaus die schwache *Stellung der Regionen* im Entscheidungsprozeß, da diese durch eine stärkere Mitwirkung an Entscheidungen über regionale Materien eine größere Bürgernähe sicherstellen könnten. Zudem können die Regionen ihre Verwaltungserfahrung einbringen und dadurch die Umsetzung der getroffenen Entscheidungen erleichtern. Unmut erregt auch die in vielen Bereichen *unklare Aufgabenabgrenzung* zwischen der Europäischen Union und ihren Mitgliedstaaten.

2. Integrationsbreite

Allen hier niedergelegten Gedanken liegt die Prämisse zugrunde, daß die Vertiefung der Integration nicht durch die *Aufnahme weiterer Mitglieder* im Zuge der sogenannten Osterweiterung, insbesondere der Staaten des ehemaligen RGW (COMECON) erheblich verlangsamt oder gar unterbrochen wird[18].

„Jeder europäische Staat kann beantragen, Mitglied der Union zu werden." So lautet kurz und bündig der Artikel O Satz 1 EUV. Der Kreis der bereits durch Europa-Abkommen assoziierten Beitrittskandidaten geht von den vier Višegrád-Staaten Polen, Ungarn, die Tschechische und die Slowakische Republik über Rumänien, Bulgarien und Slowenien bis hin zu den drei baltischen

16 Siehe dazu oben S. 101 ff.

17 *V. Simson / Schwarze*, Europäische Integration und Grundgesetz, S. 68 / 69, unter Hinweis auf *Steindorff*, AöR 116 (1991), S. 460 ff.

18 Der Präsident der Europäischen Kommission, *Jacques Santer*, hat in seiner Rede vor dem Europäischen Parlament am 21. 7. 1994 ausgeführt, es gehe nicht mehr um das Ob, sondern nur noch um das Wann und Wie einer späteren Erweiterung, von der die Stabilität in ganz Europa abhängig sei, abgeruckt in: EA 1994, D 536 (D 539).

Staaten Estland, Lettland und Litauen[19]. Die Erweiterungsklausel sagt damit zwar, *wer* einen einen Antrag stellen darf, schweigt jedoch darüber, *unter welchen Voraussetzungen* einem solchen entsprochen wird. Die Zugehörigkeit zum europäischen Kontinent ist wohl eine notwendige, keinesfalls aber hinreichende Bedingung für die Aufnahme in die Union. Der Unionsvertrag trifft keine nähere Bestimmung über die zusätzlichen Erfordernisse. Zunächst kann als gesichert gelten, daß potentielle Beitrittskandidaten den innerhalb der Union erreichten Stand wirtschaftlicher und politischer Integration, den „acquis communautaire" akzeptieren und rezipieren müssen. Darüber hinaus werden sie ihre nationalen Rechtssysteme und Politiken an bestehende gemeinschaftsrechtliche Regelungen anzupassen haben, wobei es Übergangsregelungen vorübergehender Natur geben darf.[20]

Anläßlich der jüngst durchgeführten Norderweiterung um die Staaten Schweden und Finnland und dem Beitritt Österreichs brauchte die wichtige Frage innerer Reformen noch nicht entschieden zu werden, denn die aufgenommenen Volkswirtschaften hatten sich aufgrund der langjährigen engen Handels- und Wirtschaftsbeziehungen mit der Gemeinschaft bereits weitgehend an deren Status quo angenähert. Nicht zuletzt die Stellung der vier Beitrittsstaaten als Nettozahler sowie ihre vergleichsweise geringen Probleme im Bereich der Strukturpolitik haben die Anpassung erleichtert.[21] Treten jedoch die sogenannten Višegrád-Staaten (Polen, Ungarn, die Tschechische und die Slowakische Republik) hinzu, wird die gemeinschaftliche Regional-, Struktur und Agrarpolitik in der gegenwärtig betriebenen Form nicht fortgeführt werden können[22].

Die Erweiterung weiterer Mitgliedstaaten würde freilich die Notwendigkeit institutioneller Reformen abermals deutlich zu Tage treten lassen. Dabei geht es zum einen darum, daß die Zahl der Europaparlamentarier nicht beliebig um die Mitglieder aus den neu dazugewonnenen Staaten erhöht werden kann. Es gilt

---

19 Mit der Aufnahme der Beitrittsverhandlungen mit der „nächsten" Gruppe, bestehend aus Polen, Ungarn und der Tschechischen Republik, wird bereits 1997/98 zu rechnen sein, vgl. *Janning*, EA 1994, S. 527 (529).

20 *Tebbe*, EA 1994, S. 389 (389/390).

21 *Tebbe*, EA 1994, S. 389 (391).

22 Der zwischen 1986 und 1993 bereits von 5 auf 16 Milliarden ECU erhöhte Strukturfonds, der nach den Beschlüssen des Europäischen Rates von Edinburgh bis 1999 auf voraussichtlich 29 Milliarden ECU anwachsen soll, müßte schon bei einer Aufnahme der vier – vergleichsweise strukturstarken – Višegrád-Staaten um weitere 25 Milliarden ECU erhöht werden, um den gegenwärtigen Standard halten zu können; *Tebbe*, EA 1994, S. 389 (393); vgl. auch *Janning*, EA 1994, S. 527 (529).

aber auch, bei der Kommission einen weiteren Zuwachs von Kommissaren im Zuge künftiger Erweiterungen zu verhindern; zur Steigerung der Effizienz dieses Kollegialorgans ist es nötig, von dem Prinzip des nationalen Proporzes und dem für kleine Mitgliedstaaten wichtigen Grundsatz „ein Land = mindestens ein Kommissar" Abschied zu nehmen[23]. Aber auch im Rat, der wohl auch künftig die zentrale Funktion bei europäischen Entscheidungen einnehmen wird, wird man zur (auch zeitlichen) Straffung der Entscheidungsfindung die Einstimmigkeitsregel durch das Erfordernis qualifizierter Mehrheiten ablösen müssen.[24]

3. Modell der differenzierten Integration als Konfliktlösung?

Zwar ist sich die Gemeinschaft darüber bewußt, daß angesichts der an die europäische Tür klopfenden jungen mittel- und osteuropäischen Demokratien Vertiefung und Erweiterung parallel betrieben werden müssen[25]. Andererseits ist nicht zweifelhaft, daß die zu rasche Aufnahme einer zu großen Anzahl von wirtschaftlich unterentwickelten Mitgliedern die Vertiefung gefährden könnte („softening by widening")[26]. Die Frage, wie groß die Europäische Union sein darf und sein soll – und ob sie sich auf den europäischen Kontinent beschränken soll – ist nicht abstrakt zu beantworten. Unabhängig vom Standpunkt zu den Mindestanforderungen, die die Institutionen der Union erfüllen müssen, um die Herausforderungen einer Erweiterung bewältigen zu können, hat man sich der Tatsache bewußt zu sein, daß von deren Reform nicht alle Mitgliedstaaten und Beitrittskandidaten gleichermaßen betroffen sein können. Beispielsweise würde die Aufnahme der EFTA-Staaten zu Vollmitgliedern keine besonderen Probleme aufwerfen, da deren wirtschaftliche Leistungskraft durchweg über dem EU-Durchschnitt liegt[27].

Anders ist die Lage bei den sich um eine funktionierende Marktwirtschaft bemühenden ehemaligen sozialistischen Staaten. Zwar haben insbesondere die

---

23 *Janning*, EA 1994, S. 527 (531).

24 *Tebbe*, EA 1994, S. 389 (394).

25 *Kirchhof*, in: Hommelhoff/Kirchhof (Hrsg.), Staatenverbund, S. 11: „Die Europäische Union verdient ihren Namen 'europäisch' nur, weil sie auf die Mitgliedschaft weiterer europäischer Staaten angelegt ist". Und weiter, auf Deutschland bezogen: „ ... ein in Mitteleuropa gelegener, in der Nachbarschaft zu Nicht-Mitgliedern der Europäischen Union stehender Staat muß bemüht sein, das wirtschaftliche, politische und rechtliche Gefälle zwischen seinen Nachbarstaaten und der Europäischen Union abzubauen und letztlich gänzlich zu beseitigen".

26 *Schmidhuber*, in: Festschrift für Herbert Helmrich, S. 395 (408).

27 *Schmidhuber*, in: Festschrift für Herbert Helmrich, S. 395 (408).

vier Višegrád-Staaten Polen, Ungarn, die Tschechische und die Slowakische Republik bei der Stärkung der Wettbewerbsfähigkeit ihrer Wirtschaft durch Schaffung marktwirtschaftlicher Rahmenbedingungen und privatwirtschaftlicher Strukturen teilweise beachtliche Fortschritte erzielt. Ihre Wirtschaftsstrukturen wären jedoch noch nicht in der Lage, im gemeinschaftlichen Binnenmarkt dem Druck westeuropäischer Konkurrenz standzuhalten.[28] Der Abstand des Bruttoinlandsprodukts zum Durchschnitt der Europäischen Union erscheint noch zu groß, um sogleich eine Vollmitgliedschaft zu begründen[29]. Der notwendige Aufholprozeß kann deshalb nur durch eine möglichst intensive und breite Zusammenarbeit auf der Grundlage von Assoziierungsabkommen mit der Option auf eine Vollmitgliedschaft bei annähernder Konvergenz erfolgen. Dabei sind je nach dem bisher erreichten Stand des jeweiligen Staates unterschiedlich intensive Formen der Integration und Kooperation anzustreben.[30]

Unabhängig von der Beurteilung des Beitritts der vier Višegrád-Staaten stellt sich grundsätzlich die Frage, wie der *Konflikt zwischen Integrationstiefe und -breite* zu lösen ist. Die Präferenzen werden dabei von den Mitgliedstaaten höchst unterschiedlich gesetzt: Während die Briten aus Angst um ihre Souveränität der Erweiterung gegenüber der Vertiefung den Vorrang einräumen[31], setzen die Franzosen die Prioritäten genau umgekehrt[32], wobei die Deutschen

---

28 *Tebbe*, EA 1994, S. 389 (392). Bei der Integration Rumäniens und Bulgariens wäre endgültig die mit dem Beitritt Griechenlands betretene Religionsgrenze des lateinischen Europa überschritten, während die Eingliederung des Baltikums von der politischen Entwicklung in Rußland abhängig ist; vgl. *Janning*, EA 1994, S. 527 (529). Allerdings beschränkt sich der Begriff „Europa“ nicht auf eine geographische und politische Bezeichnung, sondern er verkörpert auch die Idee gemeinsamer humanistischer Werte; der europäische Integrationsgedanke wurzelt daher nicht nur in einem gemeinsamen Wirtschaftsinteresse, sondern wesentlich in der Geistesgeschichte dieses Kontinents; näher hierzu *Koenig/Pechstein*, Die Europäische Union – Der Vertrag von Maastricht, S. 9.

29 Das Bruttoinlandsprodukt pro Einwohner beträgt ca. 1/4 des Durchschnitts der Staaten der Europäischen Union, Nachweis bei: *Schmidhuber*, in: Festschrift für Herbert Helmrich, S. 395 (408).

30 *Schmidhuber*, in: Festschrift für Herbert Helmrich, S. 395 (409/410).

31 Vgl. die an der Universität Leiden (Niederlande) gehaltene Rede des britischen Premierministers *Major* vom 7.9.1994 (abgedruckt in: EA 1994, D 547 [D 548, 552]): „Eine [...] klare Botschaft ist die, daß Europas Völker sich im allgemeinen den Glauben an den Nationalstaat und das Vertrauen in ihn bewahrt haben. [...] Unsere Perspektive ist eine Union zunehmender Vielfalt.“ Vgl. auch *Janning*, EA 1994, S. 527 (535), der zu bedenken gibt, daß die Erweiterung nicht zum Vorwand für eine verschobene Vertiefung herangezogen werden dürfe.

32 Der französiche Europaminister *Lamassoure* in einem Artikel in der Zeitung Le Monde, abgedruckt in: EA 1994, D 527: „Die Union noch auszuweiten, ohne sie zu reformieren, →

am liebsten beides möchten[33]. Im öffentlichen Diskurs werden zur Lösung dieser Frage Schlagworte höchst unterschiedlicher Provenienz und Reichweite eingesetzt: Vom Modell der „abgestuften Integration“ bis zu unterschiedlichen Varianten eines „Europa à la carte“[34].

Ein möglicher Lösungsansatz, um Erweiterung und Vertiefung in Konkordanz bringen zu können, bestünde darin, den auf den Erfahrungen der siebziger Jahre beruhenden Ansatz der abgestuften Integration[35] zu einem Modell der *differenzierten Integration* auszubauen[36]. Das Konzept der abgestuften Integration zielte darauf ab, Fortschritte in Richtung Integrationstiefe auch dann zu ermöglichen, wenn ein Teil der Mitgliedstaaten die dazu erforderliche Reife und Bereitschaft noch nicht aufwies; eine Abstufung des Integrationsprozesses bedeutete ein zeitliches Vorangehen einzelner auf einem Weg, den alle zu gehen beschlossen hatten[37]. Anlehnend an das Modell eines „Europa der konzentrischen Kreise[38]“ geht die differenzierte Integration ebenfalls von einer Kernbildung aus, läßt jedoch im Gegensatz dazu nicht nur einen Kern[39], der sämtliche Integrationsbereiche gleichzeitig vertieft, sondern mehrere Kerne mit wechseln-

---

würde den Tod der europäischen Idee bedeuten; aber umgekehrt muß man wissen, daß eines der grundlegenden Ziele der Reform sein wird, die Union einer Mitgliederzahl anzupassen, die nahe bei zwei mal zwölf liegt. [...] Nicht alle Staaten, die sich für das europäische Abenteuer interessieren [...] sind bereit, in allen Bereichen mit dem gleichen Rhythmus voranzuschreiten.“

33 Bundesaußenminister *Kinkel* in einer in Bonn gehaltenen Rede vom 24.8.1994 (abgedruckt in: EA 1994, D 540 [D 541]): „Europa auf Integrationskurs halten – in beiden Dimensionen: Vertiefung wie Erweiterung – das bleibt für uns absolut vorrangig! [...] Hierfür heißt es bis zur Jahrtausendwende die entscheidenden Weichen stellen – im Schulterschluß mit Frankreich!“

34 *Janning*, EA 1994, S. 527; ausführlich zu den möglichen Optionen: *Pitschas*, StWuStP 1993, S. 503 (518 ff.). Vgl. auch *Krämer*, in: Gedächtnisschrift für Eberhard Grabitz, S. 307 ff., zur abgestuften Integration und differenzierten Assoziation.

35 Vgl. dazu *Grabitz*, Abgestufte Integration, und *Coen*, EuZW 1995, S. 50 ff.

36 *Janning*, EA 1994, S. 527 (534); *Weidenfeld*, Internationale Politik 1995, S. 11 (12).

37 Dieses Modell „mehrerer Geschwindigkeiten“ wird von *Tietmeyer*, EA 1994, S. 457 (459), weiterhin favorisiert.

38 Vgl. *Tietmeyer*, EA 1994, S. 457 (459).

39 Beispielsweise den Kern bestehend aus den sechs Gründungsmitgliedern von Montanunion und EWG, der sich durch ein hohes Maß an Übereinstimmung über die Ziele des Integrationsprozesses auszeichnet; vgl. *Janning*, EA 1994, S. 527 (532/533).

den Mitgliedschaften zu[40]. Um den Binnenmarkt auf die beitretenden Staaten ausdehnen zu können, wäre die Annahme gewisser Grundbereiche, des „acquis communautaire", zumindest nach einer Übergangsfrist obligatorisch, während sie in den übrigen (Rand-)Bereichen über ein „opting-in" entscheiden könnten[41]. Die Führungsfunktion innerhalb eines solchen Systems würde sich auf Dauer faktisch auf die Staaten, die in allen Integrationsbereichen beteiligt sind, d. h. die die Schnittmenge der verschiedenen Kerne bilden, konzentrieren.[42]

II. Bis zu welcher Integrationstiefe reicht die Ermächtigung des Art. 23 Abs. 1 GG aus?

Problematisch ist die Feststellung, inwieweit der über den Maastrichter Vertrag hinausgehende *Ausbau der Union* innerstaatlich verfassungsrechtlich legitimiert werden soll, denn die offene Formulierung vieler Bestimmungen des Unionsvertrages und insbesondere die nach Art. N Abs. 2 EUV für das Jahr 1996 vorgesehene Reformkonferenz deuten an, daß die mit dem Vertrag verwirklichte Integration lediglich eine weitere Etappe auf dem Weg zum Endzustand des Integrationsprozesses darstellt.

1. Grundsätzliche Entwicklungsoffenheit der Vorschrift

Indem die Vorschrift des Art. 23 Abs. 1 Satz 1 GG den zukunftsorientierten Begriff „Entwicklung" verwendet, wird verdeutlicht, daß die Ermächtigung – über die Zielfestlegungen des Maastrichter Vertrages hinaus – als *grundsätzlich*

---

40 *Stoltenberg*, „Was die Europäische Union reformieren muß", FAZ vom 1.3.1995, spricht von einer „variablen Geometrie" und nennt als Beispiele für bereits vereinbarte Elemente einer solchen Ordnung das Schengener Abkommen über den Wegfall von Grenzkontrollen, den geplanten Ausbau einer übergreifenden Polizeistruktur gegen organisierte internationale Kriminalität sowie die Harmonisierung des Asylrechts.

41 *Stoltenberg*, „Was die Europäische Union reformieren muß", FAZ vom 1.3.1995, warnt vor einer zu starken Fragmentarierung und Ausfransung der Union; die Gemeinschaft sei gerade in jenen Phasen besonders erfolgreich gewesen, in denen es genau definierte gemeinsame Interessen und Herausforderungen gab und Gemeinschaftsgeist vorherrschte.

42 *Janning*, EA 1994, S. 527 (534/535); prädestiniert dafür seien nach seiner Ansicht Staaten, die Züge einer „Schicksalsgemeinschaft" trügen, wie z. B. Deutschland und Frankreich; jedoch werde hierdurch keine hegemoniale Ordnung geschaffen, weil auch die Kerne der Integration ihre Bedeutung ausschließlich im Kontext des politischen Systems der Europäischen Union gewönnen.

entwicklungsoffen anzusehen ist[43]. Diese Befugnis wird dem Wortlaut des Satzes 1 nach nicht auf ein Mindestmaß an Hoheitsrechten, die zwingend bei der Bundesrepublik verbleiben müssen, begrenzt, die Übertragung von Rechten wird lediglich an bestimmte Strukturmerkmale, die die Europäische Union aufzuweisen hat, geknüpft[44]. *Di Fabio* hat dazu kritisch bemerkt, der Anwendungsbereich der Integrationskompetenzklausel scheine bei unbefangener Lektüre weit über den bisher realisierten Stand an Prästaatlichkeit der Union hinauszureichen und könne somit im Grunde lediglich im Sinne einer „innerstaatlichen Gestattung zur Gründung eines europäischen Bundesstaates“ verstanden werden[45].

Im Hinblick auf die in Art. 79 Abs. 3 GG verankerte Garantie der souveränen Staatlichkeit aus Art. 20 Abs. 1, Abs. 2 Satz 1 GG handelt es sich um eine brisante verfassungsrechtliche und -politische Frage, ob die Europäische Union als Vereinigung von Staaten oder als eigener (Bundes-)Staat errichtet werden soll[46]. Die Entscheidung des *Bundesverfassungsgericht*es zum Maastricht-Vertrag hat zwar die Diskussion um Staatlichkeit und Souveränität vorerst entschieden. Sie läßt jedoch unter Umständen eine erneute Diskussion dieser Problematik im Zuge weiterer Integrationsmaßnahmen zu: Das Gericht stellte fest, daß spätere wesentliche Änderungen des im Unionsvertrag angelegten Integrationsprogramms und seiner Handlungsermächtigungen nicht mehr vom Zustimmungsgesetz zu diesem Vertrag gedeckt seien; auf einer solchen Grundlage ergehenden Rechtsakten fehlte die innerstaatliche Verbindlichkeit in der Bundesrepublik. Dementsprechend hat sich das *Bundesverfassungsgericht* für die

---

43 *Sommermann*, DÖV 1994, S. 596 (598); *Di Fabio*, Der Staat 1993, S. 191 (195); *Herdegen*, EuGRZ 1992, S. 589 (590); *Scholz* weist als Berichterstatter der *Gemeinsamen Verfassungskommission* darauf hin, „daß namentlich der neue Art. 23 GG sich auf jede Form einer Politischen Union Europas bezieht, daß es sich also nicht um einen (singulären) Maastricht-Paragraphen handele“, in: NVwZ 1993, S. 817 (819).

44 *Ossenbühl*, DVBl. 1993, S. 629 (631).

45 In: Der Staat 1993, S. 191 (197).

46 *Penski*, ZRP 1994, S. 192 (196). – Ausgeschlossen ist es, wegen der Entscheidung für die Integrationsfreundlichkeit des Grundgesetzes (Art. 24 GG) in Verbindung mit der europabezogenen Aussage der Präambel eine verfassungsimmanente Ausnahme zu Art. 79 Abs. 3 GG für den Fall einer europäischen Staatsbildung anzunehmen. Eine solche an der Systematik orientierte Auslegung der Unabänderlichkeitsklausel kann schon nicht auf den Willen des Verfassunggebers gestützt werden; dieser hat – wie bereits ausgeführt – die heute zu diskutierende Integrationsdichte nicht erkennen und sie daher nicht beurteilen können. Darüber hinaus unterliegt die Klausel des Art. 79 Abs. 3 GG im Gegensatz zu Art. 24 GG und der Präambel dem Unabänderlichkeitsvorbehalt, wodurch die beabsichtigte Vorrangstellung dieser Vorschrift verdeutlicht wird.

Zukunft die Prüfung vorbehalten, ob Rechtsakte der europäischen Einrichtungen und Organe sich in den Grenzen der ihnen eingeräumten Hoheitsrechte hielten.[47]

Wegen des gleitenden Überganges zwischen einem souveränen Staat und einem Gliedstaat einerseits, dessen Schwelle nur quantitativ bestimmt werden kann[48], und des Umstandes, daß weitere Kompetenzübertragungen auch nach Maastricht zu erwarten sind, werden die Fragen der Souveränität und der Bundesstaatlichkeit Deutschlands in naher Zukunft wieder an Aktualität gewinnen. Kommt es tatsächlich zu der im Unionsvertrag angelegten Vertiefung auf den Gebieten Außen- und Sicherheitspolitik sowie Justiz und Inneres zu echten gemeinsamen Politiken und tritt die Europäische Währungsunion hinzu, wäre der *Europäische Bundesstaat* erreicht[49]. Der Integrationsprozeß ist damit an einer Stelle angelangt, an der alle weiteren Maßnahmen der Vereinheitlichung daran zu messen sind, ob sie den irreduziblen Bereich, auf den der Mitgliedstaat für seine Existenz und seine Rolle in der Union angewiesen ist, nachteilig oder gar auflösend berühren[50].

2. Exkurs: Wandel der Staatlichkeit durch internationale Verflechtungen?

Im Schrifttum wird die klassische Aufteilung in Föderation und Konföderation als zwei gegensätzliche, sich gegenseitig ausschließende Formen zwischenstaatlicher Integration als überholt kritisiert und als Ergebnis eines doktrinären Ansatzes charakterisiert. Angesichts des Strukturwandels der internationalen, insbesondere der europäischen Staatenordnung sei eine Tendenz zur Erosion

---

47 *BVerfG*, EuGRZ 1993, S. 429 (448 / 439), unter Hinweis auf BVerfGE 58, 1 (30 ff.); vgl. auch *Mosler*, in: HdB StR VII, § 175, Rdnr. 60; kritisch zu der Frage, ob ein nationales Verfassungsgericht seine Maßstäbe autonom an das Gemeinschaftsrecht anlegen darf: *Everling*, in: Hrbek (Hrsg.), Die Entwicklung der EG zur Politischen Union und zur Wirtschafts- und Währungsunion unter der Sonde der Wissenschaft, S. 12 (16 / 17).

48 *Murswiek*, Der Staat 1993, S. 161 (169), hält diese Schwelle schon nach dem Vertrag von Maastricht für überschritten, vgl. oben S. 171 ff.

49 *Oppermann*, in: Der Vertrag von Maastricht in der wissenschaftlichen Kontroverse, S. 103 (109 / 110, 117); der dies faktisch allerdings noch in weiter Ferne sieht; vgl. auch Everling, in: Hrbek (Hrsg.), Die Entwicklung der EG zur Politischen Union und zur Wirtschafts- und Währungsunion unter der Sonde der Wissenschaft, S. 12 (18).

50 *V. Simson / Schwarze*, Europäische Integration und Grundgesetz, S. 68. Vgl. auch *Mußgnug*, VVDStRL 53 (1994), S. 146 (Aussprache), der den „point of no return“ herannahen sieht.

aller Elemente des klassischen Staatsbegriffs zu verzeichnen; die nationalen Verfassungsordnungen seien in eine internationale Dimension hineingewachsen, weshalb sich deren Staatlichkeit als solche gewandelt habe.[51] Dieser Anschauung zufolge wäre eine Art „gemeinschaftliches Modell" ein möglicher dritter Weg, der von keinem der beiden gegensätzlichen Begriffe abgedeckt würde[52].

In diese Richtung geht auch das von *Kirchhof*[53] entwickelte und in der Entscheidung des *Bundesverfassungsgerichts* zum Maastricht-Vertrag[54] – unter seiner Mitwirkung – vertiefte Konzept eines *Staatenverbundes.* Als typusbestimmende Merkmale des Verbundes werden genannt, daß er, auf Fortentwicklung angelegt, von den Mitgliedstaaten getragen ist und deren nationale Identität achtet; des weiteren, daß er hoheitliche Aufgaben wahrnimmt und dazu hoheitliche Befugnisse ausübt, die in erster Linie die Staatsvölker über die nationalen Parlamente demokratisch zu legitimieren haben und schließlich, daß seine Gemeinschaftsgewalt nur Kraft des deutschen Rechtsanwendungsbefehls im deutschen Hoheitsbereich verbindlich werden kann[55]. Nach Ansicht *Kirchhofs* findet Europa diese Voraussetzungen eines Staatenverbundes – und nicht einer Staatsgründung – vor: eine Gemeinsamkeit im Recht, einen Gemeinsamen Markt und die Kraft zu politisch abgestimmtem Staatenhandeln im fortbestehenden Pluriversum der Staaten[56].

Ob es neben der klassischen Einteilung in Föderation und Konföderation noch einen dritten Weg, der mehr als nur eine Beschreibung der Übergangsphase von der einen Form in die andere darstellt, gibt, ist indes zweifelhaft. Der Gegensatz von Föderation und Konföderation stand im Mittelpunkt der Debatte,

---

51 *Thürer*, VVDStRL 50 (1991), S. 97 (100, 122/123).

52 *Tomuschat*, in: Bonner Kommentar, Art. 24 GG, Rdnr. 47; kritisch auch *Schneider*, in: Hrbek (Hrsg.), Die Entwicklung der EG zur Politischen Union und zur Wirtschafts- und Währungsunion unter der Sonde der Wissenschaft, S. 115 (117/118); dagegen: *Kahl*, Der Staat 1994, S. 241 (244).

53 In: HdB StR VII, § 183, Rdnr. 37 ff., 50 ff., 68/69.

54 BVerfGE 89, 155.

55 BVerfGE 89, 155 (181 ff.); vgl. dazu auch die Rezension von *König*, ZaöRV 54 (1994), S. 17 (31 ff.).

56 *Kirchhof*, in: HdB StR VII, § 183, Rdnr. 38; zustimmend *Schröder*, DVBl. 1994, S. 316 (317 ff.), in seiner Rezension zur Maastricht-Entscheidung des Bundesverfassungsgerichts; kritisch dazu *Hilf*, VVDStRL 53 (1994), S. 7 (8/9). Vgl. auch *Di Fabio*, Der Staat 1993, S. 191 (200/201), mit dem Vorschlag zu einer „modernen Staatsidee"; siehe auch *Stern*, Staatsrecht I, § 1 II (S. 7 ff.); *Schilling*, AöR 116 (1991), S. 32 ff.

die die Entstehung der Vereinigten Staaten von Amerika begleitete. Es geht dabei um die Frage der Souveränität, die in der Föderation auf ein neues staatliches Gebilde übertragen wird; in der Konföderation bleibt die Souveränität dagegen ein Vorrecht der einzelnen Mitgliedstaaten. Diejenigen, die den Gegensatz Föderation – Konföderation als doktrinär bezeichnen, sind in Wirklichkeit nur Verfechter des Status quo; sie wollen verdecken, daß die Gründung einer Föderation einem radikalen Bruch gleichkommt, der eine außergewöhnliche Mobilisierung von Energien nach sich zöge. Indem sie das „gemeinschaftliche Modell" als dritten Weg vorschlagen, versuchen sie, sich der dramatischen Entscheidung zur Abtretung von Souveränität, d. h. der Annahme einer neuen Legitimität, zu entziehen[57].

Kahl hat die maßgebenden Passagen der Maastricht-Entscheidung des Bundesverfassungsgerichts einer kritischen Begutachtung unterzogen und dabei nachgewiesen, „daß der von Karlsruhe inaugurierte Begriff des 'Staatenverbundes' kein nennenswertes Eigenleben besitzt", „weil er in der Sache dem überkommenen *Staatenbund*" entspreche[58].

3. Einschaltung des pouvoir constituant?

Unabhängig davon stellt sich auch die Frage, ob es mit der Regelungsintention des Art. 79 Abs. 3 GG vereinbar ist, Souveränitätsabflüsse bis zur Konstituierung eines europäischen Staates zu gestatten oder ob schon im Vorfeld eine Verpflichtung zur Einschaltung des pouvoir constituant besteht[59]. Die Eigenheit des europäischen Integrationsprozesses besteht wie schon beschrieben darin, daß sich ein staatsgründender Zusammenschluß nicht uno actu, sondern durch neue Verträge, Vertragsmodifizierungen und eine auf Weiterentwicklung angelegte Praxis vollziehen würde. Wegen der Schwierigkeit, den einzelnen Akt zu bestimmen, der die Aufgabe der mitgliedstaatlichen Souveränität letztlich verursacht, böte es sich an, ein Verfahren zu entwickeln, das im Vorfeld des „Umschlagens" in einen Bundesstaat eingesetzt werden könnte. Dies wäre möglicherweise zur Vorbeugung einer Situation geeignet, in der ein Souveränitätsverlust plötzlich – verursacht durch eine einzelne Kompetenzübertragung oder eine geänderte Verfassungsrechtsprechung – eintritt und die Konstituante überhaupt nicht mehr über den Fortgang der Integration entscheiden, sondern

---

57 Vgl. dazu den oben S. 185 ff. zur Souveräntitätsfrage angestellten Vergleich mit der Situation anläßlich der Reichsgründung 1871.

58 *Kahl*, Der Staat 1994, S. 241 (245 ff., 257).

59 Vgl. zu diesem Thema die Rezension von *Hailbronner*, GYIL 37 (1994), S. 93 (96/97).

nur noch auf die veränderten Tatsachen reagieren könnte, indem sie den bereits vollzogenen Wandel verfassungsrechtlich legitimierte.

Art. 79 Abs. 3 GG will (und kann) freilich nicht die Integration in einen europäischen Bundesstaat generell verhindern[60]. Aus der Existenz dieser Sperre für den pouvoir constitué läßt sich jedoch schließen, daß das Volk nur als *pouvoir constituant* seine Stellung als Subjekt von Staatsgewalt abzuändern und aufzugeben befugt und bereit sein kann[61]. Sieht man einmal von Art. 146 GG in seiner umstrittenen Neufassung[62] ab, kennt die Verfassung selbst kein Verfahren für den Rückgriff auf die verfassunggebende Gewalt des Volkes. Unterstellt man, daß das Grundgesetz die verfassunggebende Gewalt dennoch kennt und – zumindest bei außergewöhnlichen Umgestaltungen seiner Ordnung[63] – anerkennt[64], wären verfahrensrechtliche Mindesterfordernisse, die sich aus allgemeinen Verfassungsgrundsätzen erschließen lassen, festzulegen[65].

Penski[66] hat den Versuch unternommen, einige Leitlinien, die noch besonderer Ausgestaltung bedürften, herauszuarbeiten. Zunächst wäre ein besonderes und eigenes Entscheidungsforum, entweder das Volk unmittelbar oder eine Vertreterversammlung, zu schaffen, um der besonderen, über die verfassungsändernde Gewalt hinausgehenden Repräsentativität Ausdruck zu verleihen. An diesem Forum müßten nicht nur der Gesamtstaat, sondern auch die Gliedstaaten maßgeblich beteiligt sein, um der aus Art. 144 GG zu entnehmenden „föderalen Repräsentativität" gerecht zu werden. Aus dieser Vorschrift – kombiniert mit einer entsprechenden Anwendung des Art. 79 Abs. 2 GG – sei

---

60 *Huber*, VVDStRL 53 (1994), S. 118/119 (Aussprache).

61 *Penski*, ZRP 1994, S. 192 (195); *Murswiek*, Der Staat 1993, S. 161 (162 ff., 165).

62 Einen Überblick über den Streitstand bietet *Jarass* in: Jarass/Pieroth, GG, Art. 146, Rdnr. 1. Vgl. allerdings *Herdegen*, EuGRZ 1992, S. 589 (594), der die weitere Übertragung von Kompetenzen an die Europäische Union als möglichen Anwendungsfall des Art. 146 GG betrachtet.

63 *Penski*, ZRP 1994, S. 192 (196).

64 *Murswiek*, Der Staat 1993, S. 161 (189).

65 Vor einer Aufgabe der traditionellen Nationalstaatlichkeit der Bundesrepublik Deutschland wäre allerdings eine breite Diskussion in der Bevölkerung unerläßlich, um die erforderliche Akzeptanz herbeizuführen, vgl. *Huber*, VVDStRL 53 (1994), S. 119 (Aussprache).

66 ZRP 1994, S. 192 (196).

darüber hinaus zu entnehmen, daß ein solcher Akt verfassunggebender Gewalt einer qualifizierten Mehrheit bedürfte[67].

Ob eine wie oben skizzierte Einschaltung der verfassunggebenden Gewalt jemals zum Einsatz kommen wird, hängt davon ab, welches Endziel mit dem Weg in die Europäische Union verfolgt wird[68]. Die Frage der politischen Finalität der Europäischen Union ist bisher offen geblieben[69]. Ursache dafür dürfte die Abneigung der verantwortlichen Politiker sein, sich mit längerfristigen Per-

---

67 *Penski*, ZRP 1994, S. 192 (196), sieht mit dem Verfahren zur Annahme des Grundgesetzes eine entsprechende Tradition als begründet an.

68 Im verfassungsrechtlichen Schrifttum projektiert *Philipp*, ZRP 1992, S. 433, einen neuen Bundesstaat als „Vielvölkerstaat von Ausmaßen, wie es ihn in der Geschichte noch nie gegeben hat", während *Thürer*, VVDStRL 50 (1991), S. 167 (Diskussionsbeitrag), keine „automatische Sachlogik" auf dem Weg zur Bundesstaatlichkeit erkennen kann und sich für die Charakterisierung eines „Gebildes ohne Vorbild" ausspricht; *Stauffenberg / Langenfeld*, ZRP 1992, S. 252, wiederum betrachten das (End-)Ergebnis des Integrationsprozesses als noch offen. Das *Bundesverfassungsgericht* hat die Entwicklungsoffenheit des Einigungsprozesses im Maastricht-Urteil bestätigt (in: EuGRZ 1993, S. 429 [439] unter Hinweis auf *Delors* [Aus Politik und Zeitgeschichte 1/93, S. 3 <4>]) und festgestellt, daß die Gründung „Vereinigter Staaten von Europa" derzeit nicht beabsichtigt sei (ebda. mit Hinweis auf eine Rede des Bundeskanzlers *Kohl* am 6.5.1993 in Köln [BullBReg. Nr. 39 vom 17.5.1993, S. 341 <343 ff.>]). – *Stein*, VVDStRL 53 (1994), S. 92 (96), weist zutreffend darauf hin, daß das im unklaren gelassene Ziel eine wesentliche Ursache für den überraschend aufgetauchten Widerstand gegen „mehr" Europa darstellt; kritisch auch *Klein*, VVDStRL 53 (1994), S. 113 (Aussprache), der eine Divergenz zwischen dem nach Art. 23 GG verfassungsrechtlich Zulässigen (und dem Finanzierbaren) sowie dem offenbar politisch Gewollten ausgemacht hat.

69 *Everling*, DVBl. 1993, S. 936 (940); die (politische) Frage der Finalität der europäischen Einigung wird – wenn überhaupt – kontrovers und häufig unklar beantwortet: Bundeskanzler *Kohl* beispielsweise sprach sich in der Debatte zur Ratifizierung des Maastricht-Vertrages im Bundestag zwar gegen einen „stringenten europäischen Zentralstaat", nicht jedoch gegen einen föderalen europäischen Bundesstaat nach deutschem Muster aus (*Bundestag*, Pl.Prot. 12/126, S. 10828, 10851 [Redebeitrag]); der Abgeordnete *Irmer* sah (in derselben Debatte) mit der Europäischen Union die unwiderrufliche Einbindung der Bundesrepublik in überstaatliche Strukturen voraus (ebda., S. 10819). Der auf dem Bundesparteitag 1994 in Hamburg vorgestellte Entwurf eines neuen Grundsatzprogramms der CDU vermeidet zwar den Begriff des „europäischen Bundesstaates", spricht aber dennoch von „bundesstaatlicher Gestaltung"; dazu *Brendlin*, Der Kanzler will neu anfangen, Hamburger Abendblatt vom 18.2.1994, S. 4; *Klein*, in: Hommelhoff/Kirchhof (Hrsg.), Staatenverbund, S. 103 (105), hält es für denkbar, daß es sich bei dem Abrücken von einer bundesstaatlichen Leitvorstellung um eine „listig-taktische Zurücknahme" handelt. Nach *Doehring*, VVDStRL 53 (1994), S. 134 (Aussprache), wollten zwar die sogenannten „Berufseuropäer" den europäischen Bundesstaat, hätten jedoch nicht den Mut, dies klar auszusprechen.

spektiven zu beschäftigen, weil die scheinbar fehlende Aktualität keinen Bonus beim Wähler verspricht[70]. Aber selbst wenn man sich unter den Mitgliedstaaten auf die Gründung „Vereinigter Staaten von Europa" einigen könnte, stünden der Herbeiführung einer Entscheidung des Volkes zumindest politische Hindernisse anderer Art entgegen[71]. Jedoch setzt im Verfassungsstaat das Recht der Politik – und nicht umgekehrt – Grenzen, deren Markierung im Geltungsbereich und zugleich am Maßstab des Grundgesetzes dem *Bundesverfassungsgericht* in letzter Zuständigkeit und Verbindlichkeit für politische Fragen von (bundes-)verfassungsrechtlicher Relevanz obliegt[72]. Das Gericht hat sich in seiner Maastricht-Entscheidung der Fragestellung entsprechend (noch) nicht damit auseinandersetzen müssen, ob und ggf. wie eine Vertiefung der europäischen Integration möglich wäre, die die Grenzen souveräner Staatlichkeit aus Art. 20 Abs. 1, Abs. 2 Satz 1 i. V. m. Art. 79 Abs. 3 GG überschreitet[73].

C. SCHLUSSBEMERKUNGEN

Die europäische Integration hat ihren Bürgern Frieden, Freiheit, Sicherheit und Wohlstand durch gemeinsame Entscheidungen auf der Grundlage gemeinsamer Interessen gebracht. Dies ist die bisher beste Antwort auf die enge und wachsende Abhängigkeit zwischen den europäischen Staaten. Zugleich ist zu beobachten, daß sich viele Bürgerinnen und Bürger der Europäischen Union von den Gemeinschaftsorganen nicht hinreichend repräsentiert fühlen. Sie verstehen nicht, wie deren Entscheidungen zustande kommen und wie sie darauf demokratischen Einfluß ausüben können. Viele fürchten auch, daß die kulturel-

---

70 *Klein*, in: Hrbek (Hrsg.), Die Entwicklung der EG zur Politischen Union und zur Wirtschafts- und Währungsunion unter der Sonde der Wissenschaft, S. 24 (25, 26, 30), der das Integrationsziel „Europäischer Bundesstaat" im Gegensatz zu einer „Union als Staatengemeinschaft" nicht für erstrebenswert hält; *Schneider*, ebda., hält die Festschreibung der Finalität der Union hingegen für „extrem kontraproduktiv", weil sie die Diskussion über den „richtigen" Weg blockieren würde.

71 Kritisch zur Abneigung der Regierenden, den wahren Willen des Volkes (als dem Souverän in der Demokratie) zu erforschen und nach ihm zu handeln, äußert sich *Rother* in seinem Beitrag „Die Art, mit Souveränen umzugehen" in ZRP 1994, S. 173 ff.

72 *Kahl*, Der Staat 33 (1994), S. 241 (244).

73 Eine dahingehende Begutachtung war nicht erforderlich, weil lediglich der mit dem Maastrichter Vertrag implizierte Integrationsstand die Entscheidungsgrundlage bildete und das Gericht insofern eine Überschreitung der Grenzen verneinte; vgl. BVerfGE 89, 155 ff.; so auch Bundesverfassungsrichter *H. H. Klein*, zitiert bei *Kahl*, Der Staat 33 (1994), S. 241 (242); seiner Ansicht nach bekräftige das Urteil allerdings nicht die Sperrwirkung des Art. 79 Abs. 3 GG gegenüber solchen Bestrebungen, die eine Auflösung der Nationalstaaten in einem europäischen Bundesstaat betreiben (ebda., S. 251).

le Vielfalt, eine der größten Stärken Europas[74], durch zu viel Harmonisierung bedroht sei.

Die Regierungskonferenz von 1996 bietet die Gelegenheit, die Europäische Union weiter zu entwickeln. Ziel muß es dabei sein, Demokratie, Bürgernähe und Handlungsfähigkeit nach innen wie nach außen zu stärken. Nur so bleibt die Unterstützung des europäischen Einigungsweges durch die Bürgerinnen und Bürger erhalten. Zudem ist eine derartige Reform die Voraussetzung für die bereits im Grundsatz beschlossene Erweiterung der Europäischen Union um Staaten Ost- und Mitteleuropas.

---

74 Vgl. die am 20. 7. 1994 gehaltene Antrittsrede des Präsidenten des *Europäischen Parlaments*, Klaus Hänsch, abgedruckt in: EA 1994, D 532 ff. (D 535).

LITERATUR

Apelt, Willibalt
Zum Begriff des Föderalismus, in: Festgabe für Erich Kaufmann, Stuttgart 1950, S. 1 - 71

Asmussen, Claus; *Eggeling,* Ulrich
Empfehlungen des Bundesrates zur Stärkung des Föderalismus in Deutschland und Europa, in: VerwArch 1993 (Heft 2), S. 230 - 259

Badura, Peter
Thesen zur Verfassungsreform in Deutschland, in: Bender, Bernd; Breuer, Rüdiger; Ossenbühl, Fritz; Sendler, Horst (Hrsg.), Rechtsstaat zwischen Sozialgestaltung und Rechtsschutz, Festschrift für Konrad Redeker, München 1993

ders.
Staatsrecht, München 1986

Baetge, Dietmar
Grundzüge des Vertrags von Maastricht, in: BayVBl. 1992, S. 711 - 717

Bauer, Joachim
Europa der Regionen, 2. Aufl., Berlin 1992

Baumhof, Christopher
Die deutschen Bundesländer im europäischen Einigungsprozeß, München 1990

Bayerischer Landtag
Die Landesparlamente im Spannungsfeld zwischen europäischer Integration und europäischem Regionalismus, München 1988

Benz, Arthur
Neue Formen der Zusammenarbeit zwischen den Ländern, in: DÖV 1993, S. 85 - 95

ders.
Regionen als Machtfaktor in Europa?, in: VerwArch 1993 (Heft 3), S. 328 - 348

Bernzen, Uwe
Entwicklungsmöglichkeiten des Landesparlaments auf das Verhalten der Landesregierung im Bundesrat, in: ZParl 1973, S. 92 - 94

Bethge, Herbert
Die Rolle der Länder im deutschen Bundesstaat und ihre rechtlichen Einflußmöglichkeiten auf die nationale Gemeinschaftspolitik, in: Kremer (Hrsg.), Die Bundesrepublik Deutschland und das Königreich Spanien 1992 - Die Rolle der Länder und der Comunidades Autónomas im europäischen Integrationsprozeß, S. 22 ff., München 1989

Bieber, Roland
Beschwerden über die Verfassung als Verfassungsbeschwerden?, in: NJ 1993, S. 241 -244

ders.
Funktion und Grundlagen direkter Wahlen zum Europäischen Parlament im Jahre 1978, in: ZParl 1976, S. 228 – 244

Birke, Hans Eberhard
Die deutschen Bundesländer in den Europäischen Gemeinschaften, Berlin 1973

Blanke, Hermann-Josef
Der Unionsvertrag von Maastricht – Ein Schritt auf dem Weg zu einem europäischen Bundesstaat?, in: DÖV 1993, S. 412 – 423

ders.
Föderalismus und Integrationsgewalt, Berlin 1991

ders.
Das Subsidiaritätsprinzip als Schranke des Europäischen Gemeinschaftsrechts?, in: ZG 1991, S. 133 – 148

Bleckmann, Albert
Mitwirkung der Länder der Bundesrepublik Deutschland in den Europäischen Gemeinschaften, in: RIW 1978, S. 144 – 147

ders.
Chancen und Gefahren der europäischen Integration, in: JZ 1990, S. 301 – 306

ders.
Der Vertrag über die Europäische Union, in: DVBl. 1992, S. 335 – 343

ders.
Europarecht, 5. Aufl., Köln u. a. 1990

Bleckmann, Albert; *Pieper,* Stefan Ulrich
Maastricht, die grundgesetzliche Ordnung und die „Superrevisionsinstanz“ – Die Maastricht-Entscheidung des Bundesverfassungsgerichts, in: RIW 1993, S. 969 – 977

Blumenwitz, Dieter
Das Subsidiaritätsprinzip und die Stellung der Länder und Regionen in der Europäischen Union, in: Gedächtnisschrift für Eberhard Grabitz, München 1995, S. 1 – 15

Bohr, Kurt (Hrsg.)
Rundfunk und Europäische Integration, Siegen 1992

Borchmann, Michael
Bundesstaat und europäische Integration, in: AöR 112 (1987), S. 586 – 622

ders.
Doppelter Föderalismus in Europa – Die Forderungen der deutschen Länder zur Politischen Union, in: EA 1991, S. 340 – 348

ders.
Regierungskonferenz 1996 – das Positionspapier der deutschen Länder, in: EuZW 1995, S. 570 – 573

Bos, Werner
Der Bundesrat als Träger der auswärtigen Gewalt, Tübingen 1976

Bothe, Michael
Die Kompetenzstruktur des modernen Bundesstaates in rechtsvergleichender Sicht, Berlin u.a., 1977

ders.
Erläuterungen zu Art. 20 GG, in: Reihe Alternativkommentare, Kommentar zum Grundgesetz für die Bundesrepublik Deutschland, Band 1, 2. Aufl., Neuwied 1989, zit.: AK

Brünneck, Alexander von
Die öffentliche Meinung in der EG als Verfassungsproblem, in: EuR 1989, S. 249 – 261

Bryde, Brun-Otto
Erläuterungen zu Art. 79, in: von Münch (Hrsg.), Grundgesetz-Kommentar, Band 3, Art. 70 bis 146 und Gesamtregister, 2. Aufl., München 1983, zit.: v. Münch 3

Burchard, Friedrich von
Vertrag über die Europäische Union: Auswirkungen auf die Rechtsetzungsverfahren nach dem EWGV, in: DÖV 1992, S. 1035 – 1044

Busch, Tobias
Bundesländer und Grundgesetz im Spannungsfeld der europäischen Integration, Pfaffenweiler 1990, zit.: Bundesländer und Grundgesetz

Castillo, Antonio López; *Polakiewicz,* Jörg
Verfassung und Gemeinschaftsrecht in Spanien – Zur Maastricht-Erklärung des Spanischen Verfassungsgerichts, in: EuGRZ 1993, S. 277 – 285

Classen, Claus Dieter
Maastricht und die Verfassung: kritische Bemerkungen zum neuen „Europa-Artikel“ 23 GG, in: ZRP 1993, S. 57 – 61

Clement, Wolfgang
Der Regionalausschuß – mehr als ein Alibi?, in: StWuStP 1993, S. 159 – 174

Coen, Martin
Abgestufte soziale Integration nach Maastricht, in: EuZW 1995, S. 50 – 52

Constantinesco, Vlad
Subsidiarität: Zentrales Verfassungsprinzip für die Politische Union, in: Integration 1990, S. 165 – 191

Dahm, Georg; *Delbrück,* Jost; *Wolfrum,* Rüdiger
Völkerrecht, Band I / 1, Die Grundlagen. Die Völkerrechtssubjekte, Berlin u. a. 1989

Di Fabio, Udo
Der neue Art. 23 des Grundgesetzes, in: Der Staat 1993, S. 191 – 216

Doehring, Karl
Staat und Verfassung in einem zusammenwachsenden Europa, in: ZRP 1993, S. 98 – 103

ders.
Internationale Organisationen und staatliche Souveränität, in: Festgabe für Ernst Forsthoff, München 1967, S. 105 – 132

ders.
Staatsrecht, 3. Aufl., Frankfurt am Main 1984

Dröll, Peter
Die deutschen Bundesländer und die Europäische Gemeinschaft, Pfaffenweiler 1992

Ehlermann, Claus-Dieter
Mitgliedschaft in der Europäischen Gemeinschaft – Rechtsprobleme der Erweiterung, der Mitgliedschaft und der Verkleinerung – , in: EuR 1984, S. 113 – 125

Eicher, Hermann
Der Machtverlust der Landesparlamente, Berlin 1988

Eiselstein, Claus
Verlust der Bundesstaatlichkeit?, in: NVwZ 1989, S. 323 – 330

ders.
Europäische Verfassunggebung, in: ZRP 1991, S. 18 – 24

Engholm, Björn
Europa und die deutschen Bundesländer, in: EA 1989, S. 383 – 392

Everling, Ulrich
Brauchen wir „Solange III“?, in: EuR 1990, S. 195 – 227

ders.
Überlegungen zur Struktur der Europäischen Union und zum neuen Europa-Artikel des Grundgesetzes, in: DVBl. 1993, S. 936 – 947

ders.
Kommentar zu den Deutungen und Perspektiven aus rechtswissenschaftlicher Sicht, in: Hrbek, Rudolf (Hrsg.), Die Entwicklung der EG zur Politischen Union und zur Wirtschafts- und Währungsunion unter der Sonde der Wissenschaft, Baden-Baden 1993

ders.
Sind die Mitgliedstaaten der Europäischen Gemeinschaft noch Herren der Verträge?, in: Festschrift für Hermann Mosler, S. 173 - 191, Heidelberg, New York 1983

ders.
Die Entwicklung der Europäischen Gemeinschaft zur Wirtschafts- und Währungsunion, in: NJW 1971, S. 1481 – 1486

ders.
Gestaltungsbedarf des Europäischen Rechts, in: EuR 1987, S. 214 – 235

Fastenrath, Ulrich
Kompetenzverteilung im Bereich der auswärtigen Gewalt, München 1986, zit.: Kompetenzverteilung

ders.
Länderbüros in Brüssel – Zur Kompetenzverteilung für informales Handeln im auswärtigen Bereich –, in: DÖV 1990, S. 125 – 136

Fechtner, Detlef; *Hannes,* Matthias
"Lessons from american federalism": Länder und Regionen in der Europäischen Gemeinschaft, in: ZParl 1993, S. 133 – 152

Fischer, Hans Georg
Die Zusammenarbeit in den Bereichen Justiz und Inneres – die „3. Säule" des Vertrages über die Europäische Union, in: EuZW 1994, S. 747 – 750

Fischer, Wolfgang
Die Europäische Union im Grundgesetz: Der neue Artikel 23, in: ZParl 1993, S. 32 – 49

Forsthoff, Ernst
Die öffentliche Körperschaft im Bundesstaat, München 1981, S. 108

Friesenhahn, Ernst
Parlament und Regierung im modernen Staat, in: VVDStRL 16 (1958), S. 9 – 73

Frowein, Jochen Abr.
Bundesrat, Länder und europäische Einigung, in: Bundesrat (Hrsg.), Vierzig Jahre Bundesrat, S. 285 – 315

Fuhrmann-Mittlmeier, Doris
Die deutschen Länder im Prozeß der Europäischen Einigung, Berlin 1991

Gilsdorf, Peter
Der Grundsatz der Subsidiarität und die Gemeinsame Agrarpolitik, in: Gedächtnisschrift für Eberhard Grabitz, München 1995, S. 77 – 102

Götz, Volkmar
Das Maastricht-Urteil des Bundesverfassungsgerichts, in: JZ 1993, S. 1081 – 1086

Goll, Ulrich
Mitwirkung der Landtage bei EG-Vorhaben: Preisgabe von Beteiligungsrechten? in: ZG 1989, S. 258 – 269

Goppel, Thomas
Die Bedeutung des Subsidiaritätsprinzips – Der Beitrag Bayerns zur Konkretisierung des Subsidiaritätsprinzips in der EG, in: EuZW 1993, S. 367 – 370

Grabitz, Eberhard
Die deutschen Länder in der Gemeinschaft, in: EuR 1987, S. 310 – 321

ders.
Die Rechtsetzungsbefugnis von Bund und Ländern bei der Durchführung von Gemeinschaftsrecht, in: AöR 111 (1986), S. 1 – 33

ders.
Abgestufte Integration – Eine Alternative zum herkömmlichen Integrationskonzept, Kehl und Straßburg 1984

Grabitz, Eberhard; *Hilf,* Meinhard
Kommentar zur Europäischen Union, Band II (Loseblatt), Stand: 7. Erg.Lfg., September 1994

Gramlich, Ludwig
Europäische Zentralbank und Art. 24 Abs. 1 GG, Baden-Baden 1979, S. 119 ff.

Grewe, Wilhelm G.
Zum Verfassungsrecht der auswärtigen Gewalt, in: AöR 112 (1987), S. 521 – 543

Groeben, Hans von der; *Boeckh,* Hans von; *Thiesing,* Jochen;
Ehlermann, Claus-Dieter
Kommentar zum EWG-Vertrag
3. Aufl., Baden-Baden 1983,
4. Aufl., Baden-Baden 1991, zit.: v. d. Groeben / Thiesing / Ehlermann

Haas, Evelyn
Die Mitwirkung der Länder bei EG-Vorhaben, in: DÖV 1988, S. 613 – 623

Häberle, Peter
Föderalismus, Regionalismus, Kleinstaaten – in Europa, in: Die Verwaltung 1992, S. 1 – 19

ders.
Der Regionalismus als werdendes Strukturprinzip des Verfassungsstaates und als europarechtspolitische Maxime, in: AöR 118 (1993), S. 1 – 44

Hänsch, Klaus
Antrittsrede des Präsidenten des Europäischen Parlaments am 20. Juli 1994 in Straßburg, in: EA 1994, D 532 – D 536

Hailbronner, Kay
Die deutschen Bundesländer in der EG, in: JZ 1990, S. 149 – 158

ders.
The European Union form the Perspective of the German Constitutional Court, in: GYIL 37 (1994), S. 93 – 111

Haneklaus, Winfried
Zur Frage der funktionsgerechten Regionalisierung in einer föderal verfaßten Europäischen Union, in: DVBl. 1991, S. 295 – 299

Heintzen, Markus
Subsidiaritätsprinzip und Europäische Gemeinschaft, in: JZ 1991, S. 317 - 323

ders.
Das staatliche Gewaltmonopol als Strukturelement des Völkerrechts, in: Der Staat 1986, S. 17 – 33

Heinz, Karl Eckhart
Europäische Zukunft – Bundesstaat oder Staatengemeinschaft? – Das Beispiel des Bismarck-Reichs –, in: DÖV 1994, S. 994 – 1000

ders.
Das Bismarck-Reich als Staatengemeinschaft – ein Beitrag zu den Lehren von Bundesstaat und Staatengemeinschaft, in: StWuStP 1994, S. 77 – 96

Herdegen, Matthias
Europäisches Gemeinschaftsrecht und die Bindung deutscher Verfassungsorgane an das Grundgesetz, in: EuGRZ 1989, S. 309 – 314

ders.
Die Belastbarkeit des Verfassungsgefüges auf dem Weg zur Europäischen Union, in: EuGRZ 1992, S. 589 – 594

Herzog, Roman
Erläuterungen zu Art. 20 GG, in: Maunz, Theodor; Dürig, Günter; Herzog, Roman; Scholz, Rupert, Grundgesetz (Loseblatt), Band II, München, Stand: 18. Lfg., September 1980, zit.: Maunz/Dürig

Hesse, Konrad
Grundzüge des Verfassungsrechts der Bundesrepublik Deutschland, 17. Aufl., Heidelberg 1990, zit.: Verfassungsrecht

ders.
Der unitarische Bundesstaat, Karlsruhe 1962

Hessischer Landtag
Landesparlamente und Föderalismus – Hat das parlamentarische System in den Bundesländern eine Zukunft?, Wiesbaden 1990

ders.
Die Rolle der Bundesländer in einem geeinten Deutschland und geeinten Europa – Eine Herausforderung für Landesparlamentarismus und Föderalismus, Wiesbaden 1992

Heyen, Erk Volkmar
Der Bundesrat – ein Rat der autonomen Kabinette?, in: Der Staat 1982, S. 191 – 202

Hilf, Meinhard
Europäische Union: Gefahr oder Chance für den Föderalismus in Deutschland, Österreich und der Schweiz?, in: VVDStRL 53 (1994), S. 7 – 25

ders.
Europäische Union: Gefahr oder Chance für den Föderalismus in Deutschland, Österreich und der Schweiz? (1. Erwiderung), in: VVDStRL 53 (1994), S. 88 – 91

ders.
Europäische Union und nationale Identität der Mitgliedstaaten, in: Gedächtnisschrift für Eberhard Grabitz, München 1995, S. 157 – 170

Hilf, Meinhard u. a.
Europäische Union: Gefahr oder Chance für den Föderalismus in Deutschland, Österreich und der Schweiz? (Aussprache und Schlußworte), in: VVDStRL 53 (1994), S. 106 – 153

Hobe, Stephan
Zentralelemente der EU nach dem Maastrichter Vertrag, in: JA 1993, S. 229 – 238

ders.
Die Unionsbürgerschaft, in: Der Staat 1993, S. 245 – 268

ders.
Das Staatsvolk nach dem Grundgesetz, in: JZ 1994, S. 191 – 195

ders.
The German State in Europe after the Maastricht Decision of the German Constitutional Court, in: GYIL 37 (1994), S. 114 – 136

Hochbaum, Ingo
Kohäsion und Subsidiarität – Maastricht und die Länderkulturhoheit –, in: DÖV 1992, S. 285 – 292

Hölscheidt, Sven; *Schotten,* Thomas
Die Erweiterung der Europäischen Union als Anwendungsfall des neuen Europaartikels 23 GG?, in: DÖV 1995, S. 187 – 193

Hommelhoff, Peter; *Kirchhof,* Paul (Hrsg.)
Der Staatenverbund der Europäischen Union, Heidelberg 1994

Hrbek, Rudolf
Deutungen und Perspektiven aus politikwissenschaftlicher Sicht, in: Hrbek, Rudolf (Hrsg.), Die Entwicklung der EG zur Politischen Union und zur Wirtschafts- und Währungsunion unter der Sonde der Wissenschaft, Baden-Baden 1993

ders.
Das Vertragswerk von Maastricht: Die EG auf dem Weg zur Europäischen Union, in: Wirtschaftsdienst 1992, S. 131 – 137

ders.
Der Ertrag der „Verfassungsdebatte“ von Maastricht: Ein Erfolg für den Föderalismus und die deutschen Länder?, in: Festschrift für Bodo Börner, Köln u. a. 1992

Hrbek, Rudolf; *Thaysen,* Uwe (Hrsg.)
Die Deutschen Länder und die Europäischen Gemeinschaften, 1. Aufl., Baden-Baden 1986

Huber, Ernst Rudolf
Deutsche Verfassungsgeschichte seit 1789, Band III – Bismarck und das Reich, 3. Aufl., Stuttgart 1988

ders.
Deutsche Verfassungsgeschichte, Band III, Stuttgart 1963

Huber, Peter M.
Bundesverfassungsgericht und Europäischer Gerichtshof als Hüter der gemeinschaftsrechtlichen Kompetenzordnung, in: AöR 116 (1991), S. 210 – 251

Hummer, Waldemar
Subsidiarität und Föderalismus als Strukturprinzipien der Europäischen Gemeinschaften?, in: ZfRV 1992, S. 81 – 91

Ipsen, Hans Peter
Die Bundesrepublik Deutschland in den Europäischen Gemeinschaften, in: Handbuch des Staatsrechts der Bundesrepublik Deutschland, Band VII, § 181, Heidelberg 1993, zit.: HdB StR VII, § 181

ders.
BVerfG versus EuGH re „Grundrechte“, in: EuR 1975, S. 1 – 19

ders.
Als Bundesstaat in der Gemeinschaft, in: Festschrift für Walter Hallstein, S. 248 – 265, Frankfurt am Main 1966

ders.
Europäische Verfassung – Nationale Verfassung, in: EuR 1987, S. 195 – 213

ders.
Europäisches Gemeinschaftsrecht, Tübingen 1972

ders.
Über das Grundgesetz, Tübingen 1988

ders.
Die europäische Integration in der deutschen Staatsrechtslehre, in: Festschrift für Bodo Börner, Köln u. a. 1992

ders.
Europäisches Gemeinschaftsrecht in Einzelstudien, Baden-Baden 1984

Isensee, Josef
Staat und Verfassung, in: Handbuch des Staatsrechts, Band I, § 13, Heidelberg 1987, zit.: HdB StR I, § 13

ders.
Idee und Gestalt des Föderalismus im Grundgesetz, in: Handbuch des Staatsrechts, Band IV, § 98, Heidelberg 1989, zit.: HdB StR IV, § 98

Janning, Josef
Europa braucht verschiedene Geschwindigkeiten, in: EA 1994, S. 527 – 536

Jarass, Hans D.; *Pieroth,* Bodo
Grundgesetz für die Bundesrepublik Deutschland, 2. Aufl., München 1992

Jekewitz, Jürgen
in: Reihe Alternativkommentare – Kommentar zum Grundgesetz für die Bundesrepublik Deutschland, Band 2, Art. 38 – 146, 2. Aufl., Neuwied 1989

Jellinek, Georg
Allgemeine Staatslehre, 3. Aufl., Berlin 1914

ders.
Die Lehre von den Staatenverbindungen, Berlin 1882

Jickeli, Joachim
Der Binnenmarkt im Schatten des Subsidiaritätsprinzips, in: JZ 1995, S. 57 – 64

Johne, Roland
Die Reaktionen der deutschen Landesparlamente auf die Herausforderungen des Integrationsprozesses in den Europäischen Gemeinschaften; institutionelle Veränderungen und Schaffung von Verfahrensregelungen zur Mitwirkung an EG-Politik, Frankfurt am Main 1992

Jooss, Gerhard; *Scheuerle,* Klaus-Dieter
Die bundesstaatliche Ordnung im Integrationsprozeß, in: EuR 1989, S. 226 – 236

Kabel, Rudolf
Die Mitwirkung des Deutschen Bundestages in Angelegenheiten der Europäischen Union – Gedanken zur Umsetzung der Art. 23 und 45 GG in die Geschäftsordnung des Deutschen Bundestages, in: Gedächtnisschrift für Eberhard Grabitz, München 1995, S. 241 – 270

Kahl, Bruno
Europäische Union: Bundesstaat – Staatenbund – Staatenverbund?, in: Der Staat 1994, S. 241 – 258

Kalbfleisch-Kottsieper, Ulla
Fortentwicklung des Föderalismus in Europa – vom Provinzialismus zur stabilen politischen Perspektive?, in: DÖV 1993, S. 541 – 551

Kelsen, Hans
in: ZöR 1927, S. 329 – 352

Kewenig, Wilhelm A.
Die Europäischen Gemeinschaften und die bundesstaatliche Ordnung der Bundesrepublik Deutschland, in: JZ 1990, S. 458 – 466

Kimminich, Otto
Der Bundesstaat, in: Handbuch des Staatsrechts der Bundesrepublik Deutschland, Band I, § 26, Heidelberg 1987, zit.: HdB StR I, § 26

Kinkel, Klaus
Rede zur deutschen Außenpolitik in einer neuen Weltlage, gehalten vor der Deutschen Gesellschaft für Auswärtige Politik e. V. (DGAP) am 24. August 1994 in Bonn, in: EA 1994, D 540 – D 544

Kirchhof, Paul
Die Identität der Verfassung in ihren unabänderlichen Inhalten, in: Handbuch des Staatsrechts, Band I, § 19, Heidelberg 1987, zit.: HdB StR I, § 19

ders.
Der deutsche Staat im Prozeß der europäischen Integration, in: Handbuch des Staatsrechts der Bundesrepublik Deutschland, Band VII, § 183, Heidelberg 1993, zit.: HdB StR VII, § 183

ders.
Gegenwartsfragen an das Grundgesetz, in: JZ 1989, S. 453 – 465

Kirchhof, Paul; *Ehlermann,* Claus-Dieter
Deutsches Verfassungsrecht und Europäisches Gemeinschaftsrecht, in: Europarecht, Beiheft 1/1991

Kirchner, Christian; *Haas,* Joachim
Rechtliche Grenzen für Kompetenzübertragungen auf die Europäische Gemeinschaft, in: JZ 1993, S. 760 – 771

Kisker, Gunter
Kooperation im Bundesstaat – Eine Untersuchung zum kooperativen Föderalismus in der Bundesrepublik Deutschland, Tübingen 1971

Kleffner-Riedel, Angelika
Die Mitwirkung der Länder und Regionen im EU-Ministerrat, in: BayVBl. 1995, S. 104 –108

dies.
Regionalausschuß und Subsidiaritätsprinzip, Frankfurt am Main u. a. 1993

Klein, Eckart
Der Verfassungsstaat als Glied einer europäischen Gemeinschaft, in: VVDStRL 50 (1991), S. 56 – 96

ders.
Kommentar zu den Deutungen und Perspektiven aus rechtswissenschaftlicher Sicht, in: Hrbek, Rudolf (Hrsg.), Die Entwicklung der EG zur Politischen Union und zur Wirtschafts- und Währungsunion unter der Sonde der Wissenschaft, Baden-Baden 1993

ders.
Entwicklungsperspektiven für das Europäische Parlament, in: EuR 1987, S. 97 - 112

Klein, Eckart; *Haratsch,* Andreas
Neuere Entwicklungen des Rechts der Europäischen Gemeinschaften,
1. Teil in: DÖV 1993, S. 785 – 798,
2. Teil in: DÖV 1994, S. 133 - 142

Koenig, Christian
Volksabstimmungen nach dem Grundgesetz auf dem Weg in die Vereinigten Staaten von Europa?, in: DVBl. 1993, S. 140 – 148

Koenig, Christian; *Pechstein,* Matthias
Die Europäische Union – Der Vertrag von Maastricht, Tübingen 1995

König, Doris
Das Urteil des Bundesverfassungsgerichts zum Vertrag von Maastricht – ein Stolperstein auf dem Weg in die europäische Integration?, in: ZaöRV 54 (1994), S. 17 – 51

Kössinger, Winfried
Die Durchführung des Europäischen Gemeinschaftsrechts im Bundesstaat, Berlin 1989

Kohl, Helmut
Erklärung der Bundesregierung zur aktuellen Entwicklung in der Europapolitik vom 25.9.1992, in: Bulletin der Bundesregierung Nr. 103 vom 26.9.1992, S. 965 – 968

Kohler, Beate
Der Abgeordnete als Vertreter des europäischen Volkes? Die Demokratietheorie vor der Bewährungsprobe, in: EuR 1978, S. 333 – 350

Kohler-Koch, Beate
Kommentar zu den Deutungen und Perspektiven aus politikwissenschaftlicher Sicht, in: Hrbek, Rudolf (Hrsg.), Die Entwicklung der EG zur Politi-

schen Union und zur Wirtschafts- und Währungsunion unter der Sonde der Wissenschaft, Baden-Baden 1993

Konow, Gerhard
Zum Subsidiaritätsprinzip des Vertrags von Maastricht, in DÖV 1993, S. 405 - 412

Krämer, Hans R.
Abgestufte Integration und differenzierte Assoziation, in: Gedächtnisschrift für Eberhard Grabitz, München 1995, S. 307 - 323

Kratzsch, Otger
Verfassungsrechtliche Probleme einer Mitwirkung der Landesparlamente in Bundesratsangelegenheiten, in: DÖV 1975, S. 109 - 116

Kraußer, Hans-Peter
Das Prinzip begrenzter Ermächtigung im Gemeinschaftsrecht als Strukturprinzip des EWG-Vertrages, Berlin 1991

Krüger, Herbert
Allgemeine Staatslehre, 2. Aufl., Stuttgart u. a. 1966

ders.
Souveränität und Staatengemeinschaft, Berichte der Deutschen Gesellschaft für Völkerrecht, Heft 1, 1957, S. 1 ff.

Kruis, Konrad
Variationen zum Thema Kompetenzkompensation, in: Festschrift für Willi Geiger, Tübingen 1989, S. 155 - 178

Kühn, Jürgen
Die Koordinierung der deutschen Europapolitik, in: Vorträge und Berichte des Zentrums für Europäisches Wirtschaftsrecht, Nr. 33, Bonn 1993

Laband, Paul
Das Staatsrecht des Deutschen Reiches, 1. Band, 4. Aufl. 1901, Freiburg, Tübingen, S. 55 ff.

Läufer, Thomas (Hrsg.)
Europäische Gemeinschaft - Europäische Union - Die Vertragstexte von Maastricht, Bonn 1992

ders.
Zum Stand der Verfassungsdiskussion in der Europäischen Union, in: Gedächtnisschrift für Eberhard Grabitz, München 1995, S. 355 - 368

Lamassoure, Alain
Artikel des französichen Europaministers, veröffentlicht am 31. Mai 1994 in der Zeitung Le Monde, abgedruckt in: EA 1994, D 527 - D 528

Lecheler, Helmut
Braucht die „Europäische Union" eine Verfassung? - Bemerkungen zum

Verfassungsentwurf des Europäischen Parlaments vom 9. September 1993, in: Gedächtnisschrift für Eberhard Grabitz, München 1995, S. 392 - 407

Leenen, Detlef
Typus und Rechtsfindung - Die Bedeutung der typologischen Methode für die Rechtsfindung, dargestellt am Vertragsrecht des BGB, Berlin 1971

Lenz, Carl Otto
Der Vertrag von Maastricht nach dem Urteil des Bundesverfassungsgerichts, in: NJW 1993, S. 3038 - 3039

ders.
Maastricht und das Grundgesetz, in: Festschrift für Herbert Helmrich, München 1994, S. 269 - 277

Lerche, Peter
Europäische Staatlichkeit und die Identität des Grundgesetzes, in: Festschrift für Konrad Redeker, München 1993

Lhotta, Roland
Der „verkorkste Bundesstaat" - Anmerkungen zur bundesstaatlichen Reformdiskussion, in: ZParl 1993, S. 117 - 132

Liesegang, Helmuth C. F.
Erläuterungen zu Art. 91a GG, in: von Münch (Hrsg.), Grundgesetz-Kommentar, Band 3, Art. 70 bis Art. 146 und Gesamtregister, 2. Aufl., München 1983, zit.: v. Münch 3

Linck, Joachim
Zur Einflußnahme der Landesparlamente auf die Landesregierungen in Bundesratsangelegenheiten, in: DVBl. 1974, S. 861 - 866

ders.
Die parlamentarische Kontrolle in den deutschen Landesparlamenten, in: Heinz Schäffer (Hrsg.), Die Kontrollfunktion der Landesparlamente, Wien 1995, S. 13 - 32

Magiera, Siegfried
Die Europäische Gemeinschaft auf dem Wege zu einem Europa der Bürger, in: DÖV 1987, S. 221 - 231

Magiera, Siegfried und *Merten,* Detlef (Hrsg.)
Bundesländer und Europäische Gemeinschaft, Berlin 1988

Major, John
Rede des britischen Premierministers zur künftigen Gestalt Europas, gehalten an der Universtität Leiden (Niederlande) am 7. September 1994, in: EA 1994, D 547 - D 552

Maunz, Theodor
Erläuterungen zur Präambel des Grundgesetzes, in: Maunz, Theodor; Dürig, Günter; Herzog, Roman; Scholz, Rupert, Grundgesetz (Loseblatt), Band I, München, Stand: 29. Lfg., September 1991, zit.: Maunz / Dürig

ders.
Erläuterungen zu Art. 32 GG, in: Maunz, Theodor; Dürig, Günter; Herzog, Roman; Scholz, Rupert, Grundgesetz (Loseblatt), Band II, München, Stand: 29. Lfg., September 1991, zit.: Maunz / Dürig

Maunz, Theodor; *Dürig,* Günter
Erläuterungen zu Art. 79 Abs. 3 GG, in: Maunz, Theodor; Dürig, Günter; Herzog, Roman; Scholz, Rupert, Grundgesetz (Loseblatt), Kommentar, Band III, München, Stand: 3. Lfg., Januar 1960, zit.: Maunz / Dürig

Maurer, Hartmut
Allgemeines Verwaltungsrecht, 8. Aufl., München 1992

Mayntz, Renate
Föderalismus und die Gesellschaft der Gegenwart, in: AöR 115 (1990), S. 232 - 247

Merten, Detlef
Föderalismus und Europäische Gemeinschaften, Berlin 1990

Möller, Franz; *Limpert,* Martin
Informations- und Mitwirkungsrechte des Bundestages in Angelegenheiten der Europäischen Union, in: ZParl 1993, S. 21 - 32

Möschel, Wernhard
Zum Subsidiaritätsprinzip im Vertrag von Maastricht, in: NJW 1993, S. 3025 - 3028

ders.
Politische Union für Europa: Wunschtraum oder Alptraum?, in: JZ 1992, S. 877 - 884

Mosler, Hermann
Die Übertragung von Hoheitsgewalt, in: Handbuch des Staatsrechts der Bundesrepublik Deutschland, Band VII, § 175, Heidelberg 1993, zit.: HdB StR VII, § 175

Müller, Mechthild
Die Mitwirkung der Landesparlamente in Bundesrats- und Europaangelegenheiten, in: DÖV 1993, S. 103 - 107

Müller-Brandeck-Bocquet, Gisela
Europäische Integration und deutscher Föderalismus, in: Politische Vierteljahresschrift, Sonderheft 23 / 1992, S. 160 - 182

Murswiek, Dietrich
Maastricht und der Pouvoir Constituant, in: Der Staat 1993, S. 161 - 190

Mutius, Albert von
Das Kommunalwahlrecht für Ausländer ist verfassungswidrig, in: Jura 1991, S. 410 - 415

Nass, Klaus Otto
Staaten oder Regionen? Die Bundesländer in der Europäischen Gemeinschaft, in: Festschrift für Hans v. d. Groeben, Baden-Baden 1987, S. 285 – 302

Nentwich, Michael
Institutionelle und verfahrensrechtliche Neuerungen im Vertrag über die Europäische Union, in: EuZW 1992, S. 235 – 243

Öhlinger, Theo
Ein Bundesstaat auf dem Weg in die Europäische Gemeinschaft, in: Festschrift für Herbert Helmrich, München 1994, S. 379 – 394

Ophüls, C. F.
Staatshoheit und Gemeinschaftshoheit – Wandlungen des Souveränitätsbegriffs, in: Festschrift für den Carl Heymanns Verlag, S. 557 – 590; Köln u. a. 1966

Oppermann, Thomas
Europarecht, München 1991

ders.
Der Maastrichter Unionsvertrag – Rechtspolitische Wertung, in: Hrbek, Rudolf (Hrsg.), Der Vertrag von Maastricht in der wissenschaftlichen Kontroverse, Baden-Baden 1993

Oppermann, Thomas; *Classen,* Claus Dieter
Die EG vor der Europäischen Union, in: NJW 1993, S. 5 – 12

Oschatz, Georg-Berndt; *Risse,* Horst
Bundesrat und Europäische Gemeinschaften, in: DÖV 1989, S. 509 – 519

dies.
Die Bundesregierung an der Kette der Länder? – Zur europapolitischen Mitwirkung des Bundesrates –, in: DÖV 1995, S. 437 – 452

Ossenbühl, Fritz
Maastricht und das Grundgesetz – eine verfassungsrechtliche Wende?, in: DVBl. 1993, S. 629 – 637

ders. (Hrsg.)
Föderalismus und Regionalismus in Europa, 1. Aufl., Baden-Baden 1990

Penski, Ulrich
Bestand nationaler Staatlichkeit als Bestandteil der Änderungsgrenzen in Art. 79 III GG, in: ZRP 1994, S. 192 – 196

Pernice, Ingolf
Europäische Union: Gefahr oder Chance für den Föderalismus in Deutschland, Österreich und der Schweiz?, in: DVBl. 1993, S. 909 – 924

ders.
Verfassungsentwurf für eine Europäische Union, in: EuR 1984, S. 126 – 142

Petersmann, Ernst-Ulrich
Die Verfassungsentscheidung für eine völkerrechtskonforme Rechtsordnung als Strukturprinzip der Schweizer Bundesverfassung, in: AöR 115 (1990), S. 537 – 576

Philipp, Wolfgang
Ein dreistufiger Bundesstaat?, in: ZRP 1992, S. 433 – 438

Pieper, Ulrich
Subsidiaritätsprinzip – Strukturprinzip der Europäischen Union, in: DVBl. 1993, S. 705 –712

Pipkorn, Jörn
Das Subsidiaritätsprinzip im Vertrag über die Europäische Union – rechtliche Bedeutung und gerichtliche Überprüfbarkeit, in: EuZW 1992, S. 697 – 700

Pitschas, Rainer
Europäische Integration als Netzwerkkoordination komplexer Staatsaufgaben, in: StWuStP 1993, S. 503 – 540

Pöhle, Klaus
Europäische Union à la Maastricht – Eine ernste Herausforderung für die Parlamente der EG, in: ZParl 1993, S. 49 – 63

Randelzhofer, Albrecht
Staatlichkeit und Souveränität, in: Handbuch des Staatsrechts der Bundesrepublik Deutschland, Band I, § 15, Heidelberg 1987, zit.: HdB StR I, § 15

Ravens, Karl
Landesparlamente und Bundesrat – Möglichkeiten, Grenzen und Praxis parlamentarischer Einflußnahme auf das bundespolitische Aktionsfeld der Landesregierungen, in: ZParl 1979, S. 539 – 544

Rennert, Klaus
Der Deutsche Föderalismus in der gegenwärtigen Debatte um eine Verfassungsreform, in: Der Staat 1993, S. 269 – 285

Renzsch, Wolfgang
Die Subsidiaritätsklausel des Maastrichter Vertrages: Keine Grundlage für die Kompetenzabgrenzung in einer Europäischen Politischen Union, in: ZParl 1993, S. 104 – 116

Ress, Georg
Die Europäische Union und die neue juristische Qualität der Beziehungen zu den Europäischen Gemeinschaften, in: JuS 1992, S. 985 – 991

ders.
Die Europäischen Gemeinschaften und der deutsche Föderalismus, in: EuGRZ 1986, S. 549 – 558

ders.
Das deutsche Zustimmungsgesetz zur Einheitlichen Europäischen Akte – Ein Schritt zur „Föderalisierung" der Europapolitik, in: EuGRZ 1987, S. 361 – 367

ders.
Die neue Kulturkompetenz der EG, in: DÖV 1992, S. 944 – 955

Rohn, Stephan; *Sannwald,* Rüdiger
Die Ergebnisse der Gemeinsamen Verfassungskommission, in: ZRP 1994, S. 65 – 73

Rojahn, Ondolf
Erläuterungen zu Art. 24 GG, in: von Münch (Hrsg.), Grundgesetz-Kommentar, Band 2, Art. 21 – 69, 2. Aufl., München 1983, zit.: v. Münch 2

Rother, Werner
Die Art, mit Souveränen umzugehen, in: ZRP 1994, S. 173 – 175

Rubel, Rüdiger
Das neue Grundgesetz,
1. Teil in: JA 1992, S. 265 – 271,
2. Teil in: JA 1993, S. 12 – 18

Rudolf, Walter
Mitwirkung der Landtage bei völkerrechtlichen Verträgen und bei der EG-Rechtsetzung, in: Festschrift für Karl Carstens, Bd. 2, S. 757 – 772; Köln 1984

Rupp, Hans Heinrich
Muß das Volk über den Vertrag von Maastricht entscheiden?, in: NJW 1993, S. 38 – 40

ders.
Maastricht – Eine neue Verfassung?, in: ZRP 1993, S. 211 – 213

ders.
Verfassungsprobleme auf dem Weg zur Europäischen Union, in: ZRP 1990, S. 1 – 4

ders.
Über die Notwendigkeit der parlamentarischen Legitimierung der Rechtsetzung der Europäischen Gemeinschaften, in: Festschrift für Wilhelm Karl Geck, Köln u. a. 1989, S. 625 – 648

ders.
Die Unterscheidung von Staat und Gesellschaft, in: Handbuch des Staatsrechts der Bundesrepublik Deutschland, Band I, § 28, Heidelberg 1987, zit.: HdB StR I, § 28

Ruppert, Andreas
Die Integrationsgewalt – Eine staatstheoretische und verfassungsrechtliche Studie zu Art. 24 Abs. 1 des Grundgesetzes, Hamburg 1969

Santer, Jacques
Erklärung des designierten Präsidenten der Europäischen Kommission vor dem Europäischen Parlament in Straßburg vom 21. Juli 1994, in: EA 1994, D 536 – D 540

Schachtschneider, Karl Albrecht; *Emmerich-Fritsche,* Angelika; *Beyer,* Thomas C. W.
Der Vertrag über die Europäische Union und das Grundgesetz, in: JZ 1993, S. 751 – 760, zit.: Schachtschneider u. a.

Schäffer, Heinz
Europa und die österreichische Bundesstaatlichkeit – Gedanken zur Bewahrung und Weiterentwicklung des Föderalismus im werdenden Europa -, in: DÖV 1994, S. 181 – 195

Scharpf, Fritz W.
Mehrebenenpolitik im vollendeten Binnenmarkt, in: StWuStP 1993, S. 475 – 501

Schede, Christian
Bundesrat und Europäische Union – Die Beteiligung des Bundesrates nach dem neuen Art. 23 des Grundgesetzes, Frankfurt am Main u. a. 1994

Schelter, Kurt
Subsidiarität – Handlungsprinzip für das Europa der Zukunft, in: EuZW 1990, S. 217 – 219

Schenke, Wolf-Rüdiger
Föderalismus als Form der Gewaltenteilung, in: JuS 1989, S. 698 – 703

ders.
Verfassung und Zeit – Von der „entzeiteten" zur zeitgeprägten Verfassung, in: AöR 103 (1978), S. 566 – 602

ders.
Die Verfassungsorgantreue, Berlin 1977, zit.: Verfassungsorgantreue

Scherer, Josef
Subsidiaritätsprinzip und EG-Agrarreform, in: DVBl. 1993, S. 281 – 291

Scheuner, Ulrich
Integration 1971, S. 145 – 157

ders.
Nationalstaatsprinzip und Staatenordnung, in: Schieder, Theodor (Hrsg.), Staatsgründung und Nationalstaatsprinzip, 1974, S. 9 ff.

Schilling, Theodor
Die deutsche Verfassung und die europäische Einigung, in: AöR 116 (1991), S. 32 – 71

ders.
Zur Wirkung von EG-Richtlinien, in: ZaöRV 48 (1988), S. 637 – 682

Schindler, Dietrich
Europäische Union: Gefahr oder Chance für den Föderalismus in Deutschland, Österreich und der Schweiz?, in: VVDStRL 53 (1994), S. 70 – 87

ders.
Europäische Union: Gefahr oder Chance für den Föderalismus in Deutschland, Österreich und der Schweiz? (4. Erwiderung), in: VVDStRL 53 (1994), S. 102 – 104

Schlaich, Klaus
Das Bundesverfassungsgericht, 3. Aufl., München 1994

Schmidhuber, Peter M.
Das Subsidiaritätsprinzip im Vertrag von Maastricht, in: DVBl. 1993, S. 417 – 422

ders.
Stand der Europäischen Integration – eine Zwischenbilanz, in: Festschrift für Herbert Helmrich, München 1994, S. 396 – 410

Schmidhuber, Peter M.; *Hitzler,* Gerhard
Die Verankerung des Subsidiaritätsprinzips im EWG-Vertrag – ein wichtiger Schritt auf dem Weg zu einer föderalen Verfassung der Europäischen Gemeinschaft, in: NVwZ 1992, S. 720 – 725

Schmidt, Hans-Jürgen
Zum Verhältnis von Bundesrat und Landesparlamenten, in: DÖV 1973, S. 469 – 476

Schmidt, Walter
Das Verhältnis von Bund und Ländern im demokratischen Bundesstaat des Grundgesetzes, in: AöR 87 (1962), S. 253 – 296

Schmidt-Jortzig, Edzard; *Schink,* Alexander
Subsidiaritätsprinzip und Kommunalordnung; Köln u.a. 1982

Schmitz, Stefan
Die Europäische Union als Umweltunion – Stand und Grenzen der Kompetenzen der Europäischen Union im Umweltbereich, erscheint 1996

Schnabel, Achim
Das Subsidiaritätsprinzip im Vertrag über die Europäische Union, in: BayVBl. 1993, S. 393 – 396

Schneider, Hans
Der Niedergang des Gesetzgebungsverfahrens, in: Festschrift für Gebhard Müller, Tübingen 1970, S. 421 – 434

ders.
Gesetzgebung, 2. Aufl., Heidelberg 1991

Schneider, Heinrich
Synthese und Schlußfolgerungen für weitere Forschungsarbeiten, in: Hrbek, Rudolf (Hrsg.), Die Entwicklung der EG zur Politischen Union und zur

Wirtschafts- und Währungsunion unter der Sonde der Wissenschaft, Baden-Baden 1993

ders.
Die Europäische Union als Staatenverbund oder als multinationale „civitas europea"?, in: Gedächtnisschrift für Eberhard Grabitz, München 1995, S. 677 – 723

Scholz, Rupert
Grundgesetz und europäische Einigung, in: NJW 1992, S. 2593 – 2601

ders.
Europäische Union und Verfassungsreform, in: NJW 1993, S. 1690 – 1692

ders.
Europäische Union und deutscher Bundesstaat, in: NVwZ 1993, S. 817 – 824

ders.
Das Subsidiaritätsprinzip im europäischen Gemeinschaftsrecht – ein tragfähiger Maßstab zur Kompetenzabgrenzung?, in: Festschrift für Herbert Helmrich, München 1994, S. 411 – 426

ders.
Landesparlamente und Bundesrat, in: Festschrift für Karl Carstens, Band 2, Köln u.a. 1984, S. 831 – 851

Schröder, Meinhard
Das Bundesverfassungsgericht als Hüter des Staates im Prozeß der europäischen Integration, in: DVBl. 1994, S. 316 – 325

ders.
Bundesstaatliche Erosionen im Prozeß der europäischen Integration, in: JöR 35 (1986), S. 83 – 102

Schütz, Hans-Joachim
Die EG-Kammer – Delegationsbefugnis und Geschäftsordnungsautonomie des Bundesrates, in: NJW 1989, S. 2160 – 2165

Schultze, Rainer-Olaf
Statt Subsidiarität und Entscheidungsautonomie – Politikverflechtung und kein Ende: der deutsche Föderalismus nach der Vereinigung, in: StWuStP 1993, S. 225 – 255

Schunck, E.; *De Clerck,* H.; *Guthardt,* Harald
Allgemeines Staatsrecht und Staatsrecht des Bundes und der Länder, 15. Aufl., Siegburg 1995, zit.: Allgemeines Staatsrecht

Schuppert, Gunnar Folke
Zur Staatswerdung Europas, in: StWuStP 1994, S. 35 – 75

Schwan, Hartmut Heinrich
Die deutschen Bundesländer im Entscheidungssystem der Europäischen Gemeinschaften, Berlin 1982

Schwartz, Ivo E.
Subsidiarität und EG-Kompetenzen – Der neue Titel „Kultur“ – Medienvielfalt und Binnenmarkt, in: AfP 1993, S. 409 – 421

Schwarze, Jürgen
Das Staatsrecht in Europa, in: JZ 1993, S. 585 – 594

ders.
Europapolitik unter deutschem Verfassungsrichtervorbehalt, in: NJ 1994, S. 1 – 5

ders.
Mitgliedschaft in einer zukünftigen politischen Union, in: DVBl. 1985, S. 309 – 317

Schweitzer, Michael
Europäische Union: Gefahr oder Chance für den Föderalismus in Deutschland, Österreich und der Schweiz?, in: VVDStRL 53 (1994), S. 48 – 69

ders.
Europäische Union: Gefahr oder Chance für den Föderalismus in Deutschland, Österreich und der Schweiz? (3. Erwiderung), in: VVDStRL 53 (1994), S. 98 – 101

Schweitzer, Michael, *Fixson,* Oliver
Subsidiarität und Regionalismus in der Europäischen Gemeinschaft, in: Jura 1992, S. 579 – 586

Schweitzer, Michael; *Hummer,* Waldemar
Europarecht, 3. Aufl., Neuwied, Frankfurt 1990

Seidel, Martin
Zur Verfassung der Europäischen Gemeinschaft nach Maastricht, in: EuR 1992, S. 125 – 144

Seidl-Hohenveldern, Ignaz
Völkerrecht, 7. Aufl., Köln u. a. 1992

Simson, Werner von; *Schwarze,* Jürgen
Europäische Integration und Grundgesetz, Berlin, New York 1992

Smend, Rudolf
Staatsrechtliche Abhandlungen und andere Aufsätze, Berlin 1955

ders.
Ungeschriebenes Verfassungsrecht im monarchischen Bundesstaat, in: Festgabe für Otto Mayer, Leipzig 1916, S. 245 – 270

Soell, Hermann
Sind die Gemeinschaftsaufgaben nach Art. 91a GG ein geeignetes Instrument zur Weiterentwicklung des föderativen Systems?, in: Festschrift für Ernst Forsthoff, München 1972, S. 397 – 431

Sommermann, Karl-Peter
Staatsziel „Europäische Union“, in: DÖV 1994, S. 596 – 604

Starzacher, Karl
„Europa – Ende des Föderalismus?“, in: VR 1993, S. 217 – 221

Stauffenberg, Franz Ludwig Graf; *Langenfeld*, Christine
Maastricht – Ein Fortschritt für Europa?, in: ZRP 1992, S. 252 – 259

Stein, Torsten
Europäische Integration und nationale Reservate, in: Merten, Detlef (Hrsg.), Föderalismus und Europäische Gemeinschaften, Berlin 1990

ders.
Europäische Union: Gefahr oder Chance für den Föderalismus in Deutschland, Österreich und der Schweiz?, in: VVDStRL 53 (1994), S. 26 – 47

ders.
Europäische Union: Gefahr oder Chance für den Föderalismus in Deutschland, Österreich und der Schweiz? (2. Erwiderung), in: VVDStRL 53 (1994), S. 92 – 96

Steinberger, Helmut
Das Grundgesetz auf dem Weg zur Europäischen Einheit, in: Festschrift für Herbert Helmrich, München 1994, S. 427 – 435

ders.
Der Verfassungsstaat als Glied einer europäischen Gemeinschaft, in: VVDStRL 50 (1991), S. 9 – 55

ders.
Entwicklungslinien in der neueren Rechtsprechung des Bundesverfassungsgerichts in völkerrechtlichen Fragen, in: ZaöRV 48 (1988), S. 1 – 15

Steinberger, Helmut u. a.
Der Verfassungsstaat als Glied einer europäischen Gemeinschaft (Aussprache und Schlußworte), in: VVDStRL 50 (1991), S. 140 – 195

Steindorff, Ernst
Verfassungsänderung durch die EG?, in: AöR 116 (1991), S. 460 – 466

Stern, Klaus
Das Staatsrecht der Bundesrepublik Deutschland – Band I, Grundbegriffe und Grundlagen des Staatsrechts, Strukturprinzipien der Verfassung, 2. Aufl., München 1984, zit.: Stern, Staatsrecht I

Stetten, Wolfgang von
Ein neues Föderalismusverständnis in der Bundesrepublik durch die Arbeit der Gemeinsamen Verfassungskommission?, in: Festschrift für Herbert Helmrich, München 1994, S. 303 – 312

Stewing, Clemens
Subsidiarität und Föderalismus in der Europäischen Union, Köln u. a. 1992

ders.
Das Subsidiaritätsprinzip als Kompetenzverteilungsregel im Europäischen Recht; in: DVBl. 1992, S. 1516 – 1518

Stoiber, Edmund
Auswirkungen der Entwicklung Europas zur Rechtsgemeinschaft auf die Länder der Bundesrepublik Deutschland, in: EA 1987, S. 543 - 556

Stoltenberg, Gerhard
Was die Europäische Union reformieren muß, in: FAZ vom 1.3.1995

Streinz, Rudolf
Der Verfassungsstaat als Glied einer europäischen Gemeinschaft, in: DVBl. 1990, S. 949 - 963

ders.
Bundesverfassungsgerichtlicher Grundrechtsschutz und Europäisches Gemeinschaftsrecht, Baden-Baden 1987, S. 125 ff.

ders.
Europarecht, Heidelberg 1992

Tebbe, Gerd
Das Problem der Osterweiterung, in: EA 1994, S. 389 - 396

Thürer, Daniel
Der Verfassungsstaat als Glied einer europäischen Gemeinschaft, in: VVDStRL 50 (1991), S. 97 - 139

ders.
Das schweizerische Nein zum Europäischen Wirtschaftsraum: Versuch einer „konstruktiven" Interpretation, in: Vorträge und Berichte des Zentrums für Europäisches Wirtschaftsrecht Nr. 26, Bonn 1993

Tietmeyer, Hans
Europäische Währungsunion und Politische Union - das Modell mehrerer Geschwindigkeiten, in: EA 1994, S. 457 - 460

Tomuschat, Christian
Erläuterungen zu Art. 24 GG, in: Dolzer, R. (Hrsg.), Das Bonner Grundgesetz, Band 4, Hamburg, zit.: Bonner Kommentar

ders.
Die Europäische Union unter der Aufsicht des Bundesverfassungsgerichts, in: EuGRZ 1993, S. 489 - 496

Tsatsos, Dimitris Th.
Europäische politische Parteien?, in: EuGRZ 1994, S. 45 - 53

Verdross, Alfred; *Simma,* Bruno
Universelles Völkerrecht, 3. Aufl., Berlin 1984

Vitzthum, Wolfgang Graf
Die Bedeutung gliedstaatlichen Verfassungsrechts in der Gegenwart, in: VVDStRL 46 (1988), S. 7 - 53

ders.
Der Föderalismus in der Europäischen und internationalen Einbindung der Staaten, in: AöR 115 (1990), S. 281 – 307

Voigt, Joachim
Einfluß und Wirkungsmöglichkeiten der Landesparlamente, in: BayVBl. 1977, S. 97 – 104

Waitz, Georg
Grundzüge der Politik nebst einzelnen Ausführungen, Kiel 1862

Walter, Christian
Die drei Entscheidungen des französischen Verfassungsrats zum Vertrag von Maastricht über die Europäische Union, in: EuGRZ 1993, S. 183 – 187

Weber, Albrecht
Zur künftigen Verfassung der Europäischen Gemeinschaft, in: JZ 1993, S. 325 – 330

ders.
Die Bundesländer und die Reform der Gemeinschaftsverträge, in: DVBl. 1986, S. 800 – 806

ders.
Die Wirtschafts- und Währungsunion nach dem Maastricht-Urteil des BVerfG, in: JZ 1994, S. 53 – 60

ders.
Zur Verfassungsstruktur der Europäischen Gemeinschaft nach Maastricht, in: Hrbek, Rudolf (Hrsg.), Der Vertrag von Maastricht in der wissenschaftlichen Kontroverse, Baden-Baden 1993

Weber, Karl
Kriterien des Bundesstaates, Wien 1980

Weidenfeld, Werner
Ernstfall Europa – Der Kontinent braucht konzeptionelle Klarheit, in: Internationale Politik 1995, S. 11 – 19

Weidenfeld, Werner; *Wessels,* Wolfgang (Hrsg.)
Europa von A – Z – Taschenbuch der europäischen Integration, Bonn 1991

Welck, Georg v.
Die Bundesländer und die Einheitliche Europäische Akte, München 1991

Wilhelm, Paul
Europa im Grundgesetz: Der neue Artikel 23, in: BayVBl. 1992, S. 705 – 710

Wimmer, Bernd
Sechs Bücher über den Staat, Übersetzung der französischen Ausgabe „Les six livres de la République, liv. I, chap. X, eingeleitet und herausgegeben von P.C. Mayer-Tasch, Bd. I, 1981; Bd. II, 1986

Winkelmann, Ingo
Innerstaatliche Kompetenzverteilung bei Vertragsabschlüssen in Angelegenheiten der Europäischen Union, in: DVBl. 1993, S. 1128 – 1136

Winter, Gerd
Institutionelle Strukturen der Europäischen Union, in: DÖV 1993, S. 173 – 184

Wolf, Joachim
Die Revision des Grundgesetzes durch Maastricht, in: JZ 1993, S. 594 – 601

Zippelius, Reinhold
Allgemeine Staatslehre, 10. Aufl., München 1988

ders.
Allgemeine Staatslehre, 12. Aufl., München 1994

QUELLENHINWEISE
– Stenographische Berichte, Materialien und Gesetzestexte –

Aktuelle Dokumente zur Zukunft der europäischen Integration
EA 1994, D 525 – 552

Ausschuß nach Art. 77 GG (Vermittlungsausschuß)
Beschlußempfehlung, Bundestags-Drs. 12 / 4247

Bericht
Subsidiarität – Mehr als nur ein Wort, in: ZRP 1994, S. 157 – 158

Bundesratsvorlage zum Grundgesetz
in: ZRP 1994 (Aus dem Bundestag), S. 86 – 87

Deutscher Bundestag
Gesetz über die Zusammenarbeit von Bund und Ländern in Angelegenheiten der Europäischen Union, BGBl. 1993 I, S. 313 – 315

Deutscher Bundestag
Gesetz über die Zusammenarbeit von Bundesregierung und Deutschem Bundestag in Angelegenheiten der Europäischen Union, BGBl. 1993 I, S. 311 – 312

Deutscher Bundestag
Bekanntmachung über das Inkrafttreten des Gesetzes über die Zusammenarbeit von Bundesregierung und Deutschem Bundestag in Angelegenheiten der Europäischen Union sowie des Gesetzes über die Zusammenarbeit von Bund und Ländern in Angelegenheiten der Europäischen Union, BGBl. 1993 I, S. 1780

Deutscher Bundestag
Maastricht-Debatte, Drucksachen, Band 460, Drs. 12 / 3896

Deutscher Bundestag
Maastricht-Debatte, Stenographische Berichte, Band 165, Pl.Prot. 12 / 126

Deutscher Bundestag
Unterrichtung durch das Europäische Parlament, Drs. 12 / 4054

Dokumentation zur plebiszitären Praxis und Verfassungsrechtslage in den Bundesländern
in: ZParl 1993, S. 14 – 21

Europäischer Rat in Edinburgh
Zum Subsidiaritätsprinzip, in Bulletin der Bundesregierung Nr. 140 vom 28.12.1992, S. 1277 – 1284

Gemeinsame Verfassungskommission
Bericht, Bundestags-Drs. 12 / 6000

Grundgesetz-Reform
in: ZRP 1994 (Aus dem Bundestag), S. 127 – 128

Präsidentinnen und Präsidenten der deutschen Landesparlamente
Empfehlung zum Informationsrecht des Abgeordneten und des Parlamentes sowie zu den Informationspflichten der Regierung, in: ZParl 1992, S. 573 – 582

Schleswig-Holsteinischer Landtag (Hrsg.)
Schlußbericht der Enquete-Kommission Verfassungs- und Parlamentsreform; Baden-Baden 1989

Sonderausschuß „Europäische Union (Vertrag von Maastricht)"
Beschlußempfehlung und Bericht, Bundestags-Drs. 12 / 3896

VERFASSUNGS- UND VERWALTUNGSRECHT UNTER DEM GRUNDGESETZ

Band 1 Jürgen W. Hidien: Die positive Konkretisierung der öffentlichen Zweckbindung kommunaler Wirtschaftsunternehmen. Zugleich ein Beitrag zu Inhalt und Grenzen der unternehmenswirtschaftlichen Betätigung der Kommunen. 1985.

Band 2 Eckhard Schmidtke: Verfassungsrechtliche Anforderungen an die kassen(zahn-)ärztliche Vergütung unter Berücksichtigung der Kostendämpfungsgesetzgebung des Bundes. 1986.

Band 3 Hans-Michael Wolffgang: Interkommunales Zusammenwirken durch Einbeziehung kreisangehöriger Gemeinden in den Vollzug von Kreisaufgaben. 1987.

Band 4 Friedrich D. Bacmeister: Die Reform des deutschen Kommunalverfassungsrechts durch die britische Besatzungsmacht. Wiedereinführung einer demokratischen Stadtverfassung in Lüneburg 1945 und die Neufassung der Deutschen Gemeindeordnung 1946. 1988.

Band 5 Birgit Spießhofer: Der Störer im allgemeinen und im Sonderpolizeirecht. 1989.

Band 6 Wolfgang Richter: Gentechnologie als Regelungsgegenstand des technischen Sicherheitsrechts. Rechtliche Steuerung unter Bedingungen der Ungewißheit. 1989.

Band 7 Peter Engel: Das schleswig-holsteinische Amt bei Erledigung der Selbstverwaltungsangelegenheiten der amtsangehörigen Gemeinden. 1990.

Band 8 Josef Christ: Raumordnungsziele und Zulässigkeit privater Vorhaben. Bindungswirkung nach der Raumordnungsklausel des § 35 Abs. 3 Satz 3 BauGB. 1990.

Band 9 Helmut Albert: Das Grundrecht auf Leben als Schranke für aufenthaltsbeendende Maßnahmen. 1990.

Band 10 Stephan Dewald: Die privatrechtliche Stiftung als Instrument zur Wahrnehmung öffentlicher Zwecke. 1990.

Band 11 Dimitris Triantafyllou: Haftungsrechtliche Probleme der Staatsaufsicht in der Wirtschaft. Für die Geldwirtschaft dargestellt unter Einbeziehung rechtsvergleichender Befunde. 1991.

Band 12 Wolfgang Buschmann: Kooperationspflichten im Versammlungsrecht. Unter besonderer Berücksichtigung sogenannter Großdemonstrationen. 1990.

Band 13 Armin Teschner: Die Amtshaftung der Gemeinden nach rechtswidrigen Beschlüssen ihrer Kollegialorgane. 1990.

Band 14 Biner Kurt Wenkholm Bähr: Verfassungsmäßigkeit des Einsatzes der Bundeswehr im Rahmen der Vereinten Nationen. 1994.

Band 15 Just Georg Ilgner: Die Rechtsordnung des deutschen Seelotswesens. Eine überkommen ständische Organisation eines staatlich gebundenen Berufs. 1993.

Band 16 Nicola Krekeler: Die Genehmigung gentechnischer Anlagen und Arbeiten nach dem GenTG unter Berücksichtigung europarechtlicher Vorgaben. 1994.

Band 17 Jan van Dyk: Kommunale Elektrizitätsversorgung in den fünf neuen Bundesländern. 1994.

Band 18 David Hawkes: Der Faktor Mensch im Gentechnikrecht. Eine Untersuchung zu den Grenzen probabilistisch geprägter Rechtsbegriffe im Umweltrecht. 1995.

Band 19 Iwan Chotjewitz: Die Organisationsgewalt nach den Verfassungen der deutschen Bundesländer. 1995.

Band 20 Christoph Sieger: Die maßgebende Sach- und Rechtslage für die Beurteilung der Rechtswidrigkeit des Verwaltungsaktes im verwaltungsgerichtlichen Anfechtungsprozeß. 1995.

Band 21 Lars-Hendrik Schröder: Das verwaltungsrechtlich organisatorische Verhältnis der strafverfolgenden Polizei zur Staatsanwaltschaft. 1996.

Band 22 Hans-Peter Donoth: Die Bundesländer in der Europäischen Union. Die bundesstaatliche Ordnung in der Bundesrepublik Deutschland bei der Verwirklichung der Europäischen Union - eine Analyse unter besonderer Berücksichtigung des neugefaßten Art. 23 GG. 1996.

Michael Paul

Die Mitwirkung der Bundesländer an der Rechtsetzung der Europäischen Gemeinschaften de lege lata und de lege ferenda

Frankfurt/M., Berlin, Bern, New York, Paris, Wien, 1996. XXXI, 121 S.
Europäische Hochschulschriften: Reihe 2, Rechtswissenschaft. Bd. 1963
ISBN 3-631-49543-9 br. DM 54.--*

Seit der Gründung der EG bemühen sich die deutschen Bundesländer darum, daß sie an der EG-Rechtsetzung beteiligt werden. Durch den Vertrag von Maastricht 1992 und den neuen Art. 23 GG sowie das EUZBLG ist diese Beteiligung der Länder auf eine neue Grundlage gestellt worden. In diesem Werk wird zunächst die Entwicklung der Länderbeteiligung bis zum Vertrag von Maastricht skizziert. Anschließend wird die jetzige Rechtslage unter besonderer Berücksichtigung des neuen Art. 23 GG und des EUZBLG untersucht und einer kritischen Würdigung unterzogen. Abschließend macht der Verfasser eigene Verbesserungsvorschläge. Gerade vor dem Hintergrund der laufenden europäischen Regierungskonferenz zur Weiterentwicklung der EG gibt dieses Buch einen guten Überblick über die Entwicklung und den derzeitigen Stand der Länderbeteiligung. Die kritische Analyse und die Vorschläge des Autors stellen in diesem Zusammenhang einen markanten Diskussionsbeitrag dar.

Aus dem Inhalt: Entwicklung der Länderbeteiligung bis zum Vertrag von Maastricht · Mitwirkung seit dem Vertrag von Maastricht · Art. 23 GG · Ausschuß der Regionen · Subsidiaritätsprinzip · EUZBLG · Bewertung der Länderbeteiligung · Bedeutungsverlust der Landtage · Vorschläge für eine Änderung der Länderbeteiligung

Peter Lang **Europäischer Verlag der Wissenschaften**
Frankfurt a.M. • Berlin • Bern • New York • Paris • Wien
Auslieferung: Verlag Peter Lang AG, Jupiterstr. 15, CH-3000 Bern 15
Telefon (004131) 9402121, Telefax (004131) 9402131
- Preisänderungen vorbehalten - *inklusive Mehrwertsteuer

FSC
www.fsc.org
MIX
Papier | Fördert
gute Waldnutzung
FSC® C083411

Kolibri 360 GmbH
Ferdinand-Jühlke-Straße 7
99095 Erfurt, Deutschland
produktsicherheit@kolibri360.de

Druck:
CPI Druckdienstleistungen GmbH
im Auftrag der
Kolibri 360 GmbH
Ferdinand-Jühlke-Str. 7
99095 Erfurt